资源型经济转型跨越发展丛书

MEITANTUWEI

煤炭突围

迈向经济强省的转型与跨越

（下）

■ 李中元 主编

山西出版传媒集团　山西人民出版社

煤 炭 突 围(下)

MEITANTUWEI

主　　编　　李中元

执行主编　　杨茂林

成　　员　　罗惊澜　罗　瑞　王　云　马东林

目　录

CEO 论转型

政府规制与市场竞争

清洁能源与自主创新

金融资本与风险投资

煤炭 纵横

特 稿

开创资源型经济转型跨越
可持续发展的新局面

王　君

一、充分认识山西在国家发展战略全局中的重要地位

新中国成立以来，山西凭借"浅内陆、近沿海"的区位优势，早期近代工业化形成的历史基础，富甲天下的煤炭资源优势，表里山河，"拊天下之背而扼其吭"的战略地位，成为两极格局对抗时我国工业化建设、三线国防工业建设、煤炭工业建设的经济重镇。山西经济发展的内在逻辑是国家全面发展的战略性需求。只要我国总的战略态势发生变革，国际政治经济格局，特别是能源战略格局发生重大变化，山西经济社会发展的路径就会发生重要的历史变迁。

改革开放以来，制约我国国民经济发展的历史瓶颈长期停留在交通、煤炭、电力上。薄一波同志说："我国和世界各国的经验都证明，充足的能源供应，是整个国民经济高速、持久、稳定发展的可靠基础，而煤炭不论现在或将来，都是我国能源构成的主要部分；大规模地开发山西煤炭资源，是全国实现四个现代化的一项紧迫的战略任务，也是加快山西发展，改善人民生活的有效途径。"国家战略在山西经济发展方式变革的历史进程中始终居于主导和核心地位，这是山西不同于全国其他地方的省情所在。

进入 21 世纪，国际政治经济格局发生史无前例的深刻变革，新兴经济体，主要是东亚西太平洋地区持续引领国际经济发展的大势。美国、欧

盟、俄罗斯、南非、印度、巴西——一切对当今世界有重要影响的经济体,持续加大对中国及其周边地区的投资,中国及周边地区的战略地位及国际影响力急剧上升。物极必反,任何事物的发展都具有两面性。国际资本在中国及周边地区高度聚集,骤然推高以中国为"投资—贸易中心"的区域贸易的价格。铁矿、原煤、石油、谷物,凡是与中国经济发展有密切关联的东西,只要风闻中国有什么采购、并购和投资行动,这些重要的战略性物资就会涨价。中国经济发展遭遇越来越严重的价格联盟的"围攻",以石油等化石原料为中心的能源供应成为最易受攻击的"重中之重"。煤炭是我国的能源保障之王。只要利用好煤炭这张王牌,我国的能源安全就有绝对保障。这是未来 30 年为保障国家能源安全,我国全面实施战略转型对山西经济发展提出的新要求。

同其他煤炭资源富集省份相比,山西在新中国成立以来为支援国家和兄弟省市建设,总采煤达 120 亿吨,在全国绝无仅有。山西煤炭资源储量丰富、煤质居优、品种齐全,市场化程度和机械化开采水平高,运输保障能力强,以煤为基多元开发的基础面广,人才、技术储备丰厚,基础设施和生产资本投入比重超前,综合竞争能力在全国领先。经历煤炭高速发展与重特大安全事故相互交织的艰难过程,市场监管机制和手段更加健全有效。20 世纪 90 年代以来,几次国际金融危机的轮番冲击,山西经济,特别是涉外经济比重较高的煤炭企业应对国际市场风险的能力显著提高。

当前,我国正处于转型发展的重要战略机遇期,社会主义初级阶段的基本特征依然未变,传统工业化进程在新技术革命浪潮的推动下正在经历史无前例的变革。发展经济背负的环境、气候、生态、历史、人文和社会公平正义的综合成本居高不下,曾经造就不少发达国家经济繁荣、社会发展、居民生活水平提高的增长模式难以为继。人类需要寻找新的可持续发展的模式。从旧的模式过渡到新的模式，我国经历过正反两方面的历史教训。转变发展方式就其囊括的范围、影响的深度、调整的秩序和产生的动力而言，本身就是一场深刻的革命。

山西站在一个新的历史起点，需要从国家战略的高度，谋划和布局自身的定位和策略。在应对我国及周边以"投资—贸易—金融—安全"为中心的经济政治新秩序的冲击过程中，承担和发挥其他省份无可替代的重要作用。

二、煤业兼并重组为山西转型跨越发展奠定坚实基础

2009 年以来，山西率先在煤业领域实施兼并重组，煤矿"小、散、乱、差"的局面得到彻底改观。全省煤矿矿井数由 2005 年的 4278 处减少到 1053 处；矿井平均规模由 2005 年的 16.8 万吨 / 年提高到 120 万吨 / 年。焦炭行业的产能从 2.2 亿吨，压缩为 1.2 亿吨；冶金行业压缩钢铁产能 5000 吨，占全国压缩总量的近 1/3；电力行业压缩 10 万千瓦以下的装机能力 400 万千瓦。

山西经济长期靠煤炭、焦炭、冶金、电力四大产业支撑的结构体系，开始从区域布局、产业组织、资本流通、价值关联等关键节点发生转变。全省经济活动随着政策、信息、人才、技术、投资、资本等核心要素的改流，出现有利于产业升级、结构转型、发展跨越的积极势头。以省会太原、煤都大同为代表的 11 个地市、近 100 个县域，均先后自上而下出现相同的产业变革进程，尔后又自下而上涌起一股转型投资、跨越购并的发展热潮。

山西煤炭领域全面彻底的兼并重组，打破原来以煤为基、低端循环、封闭扩张的落后状态，从生产关系领域矫正并理顺孤立、零散的地方经济

活动中心长期受制于煤炭资源无序开采的不协调关系；乡村、城镇、市县经济之间体系扭曲、定位不当、分配失衡的趋势得到遏制；省、市、县、乡、村五级地方公共资本与民间投资之间的责权利属界限予以明确。山西煤业兼并重组从根本上规范和优化了以不同主体结构代理和经营公共经济、企业经济、个体经济以及其他经济成分的地位和功能，把改革开放培育和创新的体制优势，向下向深作了前所未有的推广和延伸，为国家的长治久安和经济社会的公平进步，注入强大的制度性活力。

事实证明，山西煤炭领域进行的兼并重组，作为我国社会主义初级阶段，改革开放向纵深领域推进的一个重要组成部分，在全国资源型经济转型变革中，发挥了先行先试的重要作用。

三、先行先试建设我国最大的"综改试验区"

经济发展没有一成不变的模式，不仅为大多数发达国家"先贫后富、然后逐步陷入衰落，甚至是缓慢的衰落"所证明，也为30多年来沿海开放地区外向型的增长模式越来越难以为继的现实挑战所印证。"转型变革、跨越发展"不仅是沿海地区持续领先内地的战略优势所在，也是贯穿我国改革开放全过程的一条历史主线。

山西煤炭领域的兼并重组为可持续发展迈出了具有决定意义的一步，揭开以转变发展方式为时代特征的改革开放全方位、大规模、可持续地向社会、经济、政治、民生等深广领域推进的历史序幕。2010年12月，经国务院同意，国家发改委正式批复设立"山西省国家资源型经济转型综合配套改革试验区"，这表明山西的发展步入引领我国未来30年改革开放第一阵营的行列，在地跨中东西、覆盖城市乡村、惠及国有、民营及其他资本主体和广大城乡居民的广阔领域，放手先行先试，放量敢闯敢试。

6

　　进入本世纪以来，我国针对区域经济发展不平衡、城乡二元结构的弊端和外部环境的变化，先后批准设立八个体制内涵和区域功能互补有别的"综改试验区"。从国土面积、区位分工、经济结构、产业特征，尤其是保障国家能源安全的战略视角分析，"山西综改试验区"不仅是体量最大的，而且是包容范畴最全的，具有典型的中国内陆经济向现代市场转型的特征。

　　建设"山西综改试验区"核心是可持续发展，关键是体制机制创新，路径重心是加快产业技术变革的步伐，抢占以煤为基的现代煤化工、装备制造业、物流产业和高新技术产业的战略制高点。在关系我国以煤炭等石化原料为基础的能源安全领域，率先掌握一定的具有决定意义的关键技术和核心技术，尽快提高我国在相关领域的知识产权，增强我国企业集团和涉外资本的主导权和话语权。

（作者：山西省委副书记、省长）

高碳能源要低碳化利用

谢克昌

对一个城市来讲，很主要的方面是能源。当今发展的新潮流，世界进入低碳为主的大调整、大变革时期，而中国面临以高碳能源为主的高碳结构和低碳发展需求之间的矛盾。所以，在2009年全国人民代表大会常务委员会通过了关于积极应对气候变化的决议，正式提出了中国要加快发展高碳能源低碳化利用和低碳产业。在2010年的政府工作报告上，温家宝总理也提出要大力发展低碳技术，努力建设以低碳排放为特征的产业体系和消费模式。由此可见，发展低碳经济是人类生态社会建设的必然选择，应高度重视和加强高碳能源的低碳化利用。

一、高碳能源低碳化利用势在必行

目前，中国正处于工业化发展阶段，产业结构是以高能耗、低效率、重污染的重化工业为主。化石能源不仅占主导地位，而且是以高碳性更强的煤炭为主，化石能源的特点和可再生能源的现状决定了煤炭在相当长时期占据突出地位。就中国而言，能源消费结构以煤为主，它既是主要能源，又是重要的化工原料。但化石能源的碳排放系数都很高，这不容忽视。其中，煤炭约为 2.66 t CO_2/t 标准煤，石油为 2.02 t CO_2/t 标准煤，天然气为 1.47 t CO_2/t 标准煤。这 3 个数据说明，煤炭是化石能源中碳排放系数最高的。因此，煤炭作为含碳最高的高碳能源，如何实现它的低碳化利用是必须要正视的问题。

前些年，中国能源消耗大于 GDP 的增长，所消耗的能量中，煤作为一次能源的消耗量基本维持在 70%。2008 年，中国的 GDP 是 4326×10^8 美元，占世界总量的 7.14%，但能源消费却占到世界总量的 17.7%。其中，煤占到世界总量的 42.6%，石油将近 10%，天然气将近 3%。2009 年中国 GDP 的增长是 8.7%，能源消费量的增长是 10.5%。2010 年第一季度，中国电源新增产能，其中，火电增加的数量占到 78.7%，主要是燃煤发电。

在 2010 年第一季度，六大耗能行业的 GDP 能耗上升了 3.2%，说明中国化石能源为主的状况难以变更。在世界范围内也是以化石能源为主的，整个占到 88%。对中国来讲，化石能源的总数占到 93%，其中，煤炭占了 70%。在中国的电力结构中，火电占了 77% 左右，在化学工业的原料中，煤占了 50% 以上。

现在有一种说法，把天然气化作绿色能源，这个从道理上来讲是欠考虑的。低碳能源的碳排放肯定是很低的，比如，生物燃料，燃烧释放的碳相当于植物生长的碳量。对于核能，浓缩和运输过程中会产生碳的排放，但是发电是不会产生的。

除碳排放系数高外，煤炭的另一个特质，即储采比（指年末剩余储量除以当年产量得出剩余储量按当前生产水平尚可开采的年数）最大。当前，整个世界的煤炭储采比是 120a，而中国只有 41a。这充分表明，中国煤炭丰富只是相对于石油、天然气而言的。因此，即便煤在化石能源中的储采比最大，也必须高效地利用。从碳排放趋势来看，在可预期的未来，中国的碳排放量可能不会大幅降低，甚至保持现状也很困难。这是由于中国已提出大力发展可再生能源和核能，争取 2020 年非化石能源占一次能源消费比例达到 15% 左右。这意味着到 2020 年，中国煤炭、石油等高碳能源的消费比例仍然高达 70%~80%。

低碳技术是有助于降低经济发展对生态系统碳循环的影响，而实现碳中性的技术。作为低碳经济的基础，低碳技术是国际贸易和技术竞争的焦点，其主体是低碳能源技术。目前，中国的能源消费结构和产业结构都是高碳性的，今后几十年也难以得到根本性的转变。所以我们要看清这个现实。为了保障我们国家合理的发展空间，应该理智、慎重地看待低碳经济。当前，首要任务是积极发展低碳技术和绿色技术。两者的工作方向是高度一致的。在2010年两院大会上，胡锦涛主席提出了要积极发展可再生能源和新型、安全、清洁的替代能源，要加强煤的清洁高效综合利用。

二、社会发展与碳排放的关系

人类社会的发展初期，在前几十年、几百年，社会的繁荣程度比较低，消耗的能量很少，资源开发也比较少，因此，环境是清洁的。随着时间的推移，社会不断发展，大量资源消耗造成污染，这个时候是社会富裕加上污染共同存在。再往后发展，未来的社会既要保持繁荣和富裕，同时也是一个环境非常洁净的社会。这就是一个能源、资源和污染之间的关系。

预测未来，2020年中国的化石能源消费是 32.7×10^8 吨标准煤，要排放 88.8×10^8 吨碳。在2009年12月的哥本哈根会议上，欧盟国家提出2050年的碳排放要减50%。按照欧盟国家的设定和中国工程院或专家的预测，到2050年，中国的碳排放量将占到欧盟设定整个世界碳排放量的绝大部分。若按照欧盟国家的设定，中国的发展空间就要受到限制。因此，我们面对这种状况，必须使高碳能源低碳化利用，才有可能既得到快速发展，又能达到碳减排的要求。

化石能源的大量消耗，造成的环境形势十分严峻。

当前，中国的城市化率仅有 47%，要增强中国的城市化水平，未来新增城市人口将达到 1000×10^4 人 / 年，新增建设用地 15×10^4 平方公顷 / 年。生活废水、生活垃圾等等，都会大量的增加。由于城市化所造成的能源消耗增量，就有 175×10^4 吨 / 年标准煤。由于城市人均能耗是农村人均能耗的 3.5 倍，随着城市化进程的加速，必将造成环境污染的加重。据 2009 年环境保护部门检测的 488 个城市中，就有 258 个出现了酸雨；抽样的 7 个大城市中灰霾天气的出现率非常严重，预测超过 3×10^8 的人口暴露在对人体有害的空气中；七大水系中水质在一类到三类水只有 57.3%。湖泊的富营养化现象日益加重；地下水超采，造成 16 个省市的 70 多个城市发生地面沉降，饮用水受到严重的威胁；固体废物泛滥成灾。

整个的原始生态加速衰退，人均的生物承载能力已经超过了自然承载能力的一倍以上。2010 年 1 月 27 号，《纽约时报》发表的全球环境指数排名，中国排在第 121 位，比 2008 年时候的第 105 位，退后了 16 位。这个结果是通过环境健康、栖息地保护、温室气体减排、养地空气污染和减少垃圾废弃物等指标排序的。

2010 年关于生活质量排名，全球的生活城市中，北京排第 98 位，上海排第 114 位。这个排名主要是通过自然环境、住房消费品、娱乐、公共服务等等排序的。

由此可见，社会要发展，必然会加大碳排放，但是若要实现生态和谐的目标，必须采用低碳技术，保障生态经济、低碳经济和绿色经济。

三、低碳技术的含义

在生态经济、低碳经济、绿色经济等多种理念中，最核心的是低碳经济。低碳经济的核心则是低碳能源技术，其基础是传统的化石能源高效洁

净的利用和可再生能源等新能源的替代，即构建低碳型新能源体系。低碳能源技术的实质就是能源的洁净、高效、廉价开发和利用，包括可再生能源、新能源、煤炭能源的洁净化利用及温室气体排放与处理技术等五个方面，特别还要包括节能新技术。

未来能源构成包括：a.基础能源；b.绿色能源；c.替代能源。中国提出了节能控需的能源发展战略，即绿色多元、统筹协调、创新引领。对于基础能源，就是将煤炭和石油实现清洁、高效的低碳化利用；绿色能源，就是将天然气、水能、核能作为支柱；替代能源，就是将风能、太阳能和先进的核能形成产业。

未来，我们的理想能源结构是煤的总量逐渐减少，可再生能源和核能逐渐提高，这就是绿色化。到 2020 年化石能源所占的比例达到高峰，之后逐渐降低。要增加的是非水可再生能源、水电和核电。低碳能源技术是低碳技术的主体，而低碳技术是低碳经济的基础。煤炭能源的清洁高效利用是重要的组成。所以使煤炭降低排放，这就是低碳化利用。此外，还包括节能减排技术、核能技术、新能源技术和可再生能源技术。

所以从广义上讲，所有可以减少能源消费和碳排放的技术都可以称为低碳技术。煤炭的洁净高效利用，包括从开采到预处理到环境控制，到大量的煤用于燃烧的新的燃烧技术和燃煤发电技术以及洁净转化、化学品技术，把发电和化学结合起来，还有废弃物的处理和利用技术以及开采煤的伴生物的利用，等等。

对于节能减排的低碳技术来讲，包括的内容主要是高能耗行业的先进节能技术、先进建筑节能技术、先进的水处理和垃圾处理技术，特别要强调的是新型的热力系统和复杂工业系统的集成、优化以及涉及每位社会居民消费节能技术。

对于核能来讲，未来的技术，主要是热堆、快堆和聚变堆，还有热核聚变。天然气的水合物也是值得注意的地方。可再生能源，现在应该注意的是如何降低成本和它的规模化。水电技术、装备和设备的国产化，包括风力发电设备核心技术、风功率预测技术，还有太阳能光伏电池以及太阳能热发电技术。对于生物制能和地热能主要是开发利用，包括生物制能的汽化和固体颗粒成型。

四、低碳技术的支撑体系

对于高碳能源低碳化利用的支撑技术，高碳能源低碳化的基本要求是高效率、低排放、少污染，实现的方式包括从源头、过程到终端的全生命周期，即加大原煤入洗比重，减少原煤输出和直接燃烧，从源头上控制污染物排放；加快煤炭高效转化技术开发，如，多联产、先进燃烧、低碳产品合成等技术，降低煤炭消费强度，减少转化过程中的污染排放；加大煤炭及煤基产品消费环节污染物排放控制与治理技术的研发力度，如，CO_2 的捕集、利用和储存，实现煤炭及煤基产品的清洁化利用。其中，化学品和电力是高碳能源低碳化利用的最佳途径。

科技支撑分为三个层面。第一层次为基础性研究，包括对未来能源所需求的新材料、新工艺和新概念的创新。如，煤炭资源的分布、安全开发和煤层气开发的有关基础研究，还有煤炭洁净高效利用的基础研究，石油天然气资源高效开发，大型电力系统有关重大科学问题，还有清洁能源规模、无污染制备、运输和高密度存储的关键科学问题，有生物制能用的第三代乙醇酶和微藻液体燃料。第二层次主要涉及关键技术和前沿技术，也就是新技术的创新。如，间歇性能源的并网和分布式技术。可再生能源与常规能源并网，或分布式供电，能量的转换循环利用，要对传统能量系统

创造新的循环，提高能量转换效率以及先进燃烧技术和污染物处理，等等。第三个层次是对于重大攻关项目和战略性产业的支撑。要加快经济发展方式的转变，发展战略性的新兴产业，包括节能技术工程、能源资源的勘探、智能电网、快中子实验堆工程，等等。

为保证这些技术能够开发成功，国家"863"项目、重点基金等已经对基础研究进行了安排。如，煤燃烧发电技术、新型煤燃烧技术、煤制烯烃、煤制油，等等。不过，对于煤制油、煤制烯烃等技术，作为示范项目，还必须掌握好这些技术，避免将来被别人卡住脖子，但目前的技术水平不宜推广、扩大。

五、几点建议

在高碳能源低碳化利用中，要特别注重节能和提高能效，这是最现实的高碳能源低碳化利用方式。在目前的碳减排统计中，CO_2 填埋对碳减排的贡献为 14.7%，新能源是 21.0%，通过节能所带来的碳减排则超过了40%。

碳减排的主要技术是提高化石能源利用效率，特别是碳排放系数最高的煤炭利用的低碳化。鉴于目前高碳能源是中国的主要一次能源和高碳能源在转化及利用过程中的污染性，节能就相当于减排。数据表明，从2006年到2008年，由于中国单位 GDP 能耗逐年降低而节能 3.0×10^8 吨标准煤，相当于减排 $CO_2 7.5 \times 10^8$ 吨。从这个意义上讲，节能减排也是高碳能源低碳化的重要途径。

据粗略估计，包括节能减排在内的低碳型新能源体系，可以减少中国目前碳排放总量的 77.5%。城市是经济活动和人民生活的集中地，各国的能源消费主要集中在城市。如，美国 80% 的能源在城市消耗，欧盟是

69%，澳大利亚是 78%，中国是 75%。预测未来城市增加的比例相当大，到 2030 年的时候，城市能源消费增加到 46×10^8 吨标准煤，农村仅仅是 9.4×10^8 吨标准煤。随着经济发展和城市化水平的提高，未来中国城市的能源需求将持续快速增长。而我们的现状是化石能源为主，可再生能源在短期内还不能低成本、大规模地发展，为此，只能设法把化石能源低碳化利用。由于中国大城市的工业比重较高，消费水平提高得快，人均 CO_2 排放基本上达到了发达国家的城市水平。如，北京、上海和天津与伦敦、东京、纽约、旧金山的人均排放量接近。现在中国的城市化率为 47%左右，到 2050 年将达到 70%~75%。经济增速不能总是保持在两位数，因为没有那么多能源去支撑，所以要控制增长。但是，城市的经济贡献率却在逐年增长。我们的目标是，到 2020 年城市经济增长率占到 90%，到 2040 年实现能源消耗的零增长。这必须转变我们的经济发展方式。为选择合理的生产方式和消费方式，减少能源需求，提出几点建议：a.控制建筑量的快速增长，延长建筑物的寿命，以便 2030 年前节约 4.5×10^8 吨标准煤。中国现在的固定资产建设能耗中，建筑业占到 63.1%，其他设备制造业只占到 28.3%，因此，延长建筑的寿命是十分重要的。b.减少私家车的保有量。合理规划、引导交通运输的需求，引导高耗能产业、高碳产业低碳化发展。优化生产结构和服务方式，加快转型发展，提高能效减少排放。大力发展城市公交系统，发展节能型交通模式，优化运输结构。公路客运选择高能效、低排放的汽车。优化建筑能源服务结构，推广高效采暖技术，扩大 65%的采暖节能建筑比例，实现照明技术更替的"三步走"战略等。c.加强科技研发，促进终端用能技术水平改进，包括工业部门、商业民用部门和交通运输部门等。建设高效、洁净、低碳的能源供应体系，推动能源转换部门技术进步。树立人均能耗应控制在显著低于发达国家水平的思

想，倡导低碳生活，建设节约型和环境友好型社会。

六、结语

如果中国采用美国的消费模式，中国需要 5.3 个地球的承载力。如果像英国、法国、西班牙那样，需要 3.1 个地球的承载力，像德国、日本，也需要 2.5 个地球的承载力。实际上，中国已经消耗了 0.9 个地球的承载力。但是，全人类只有 1 个地球，我们不能也不应该像发达国家那样，保持高的人均能耗。

上海世博会为我们展示了一个美好的城市未来，因为上海世博会奉行的是绿色、低碳的理念，把很多绿色低碳技术应用和城市最佳实践区所表现出的理念，向全世界充分展示出城市美好的未来前景，提供了实现城市美好未来的最佳选择。如，太阳能发电技术、新能源汽车、半导体照明、垃圾无害化、减量化和资源化的技术。

（作者：中国工程院副院长、院士）

潞安集团煤油循环经济园区的探索与实践

任润厚

改革开放以来，我国耀眼的经济成就开始令世界炫目的时候，庞大而粗放的经济体在 1993 年出现了能源拐点——中国成为石油净进口国，并以每年千万吨的速度递增，石油对外依存度一路攀升，石油战略环境更显脆弱，中国能源安全存在极大隐患。山西潞安集团从保障国家能源安全出发，充分发挥自身煤质煤种、煤炭资源和区位发展优势，以煤的深度转化为主线，着力探索实践煤基合成油项目，延伸发展煤基多联产产业化，产出了第一桶煤基合成油，建成了煤油循环经济园区，走出了一条"高碳能源，低碳利用"的循环经济之路。本案例将潞安煤油园区作为研究对象，对煤基合成油及整个煤油园区的探索、实践和发展过程进行研究，以期为煤炭工业可持续发展提供一种全新的视角和思路。

一、决策背景

作为我国煤炭行业的先进企业，山西潞安集团发展煤基合成油，是战略发展的必然选择，是发挥自身优势、打造核心竞争力的必然之举，顺应了国家能源发展战略，得到了省委、省政府的大力支持，主要体现在：

（一）解决煤炭出路

亚洲金融危机以后，国内经济面临比较大的发展压力，经济增长逐渐放缓，出口形势急剧恶化，煤炭计划体制解体，煤炭市场产运需失衡，交易混乱，价格下跌，煤炭行业处于极端困难的时期，潞安也不例外。与此

同时，随着对旧井的技术改造和新井建设，煤炭产量大幅增加，虽然我们陆续建成了长北铁路交接场，实现了部分周边大用户的直达运煤；发展了公路外运，但大量煤炭仍不能全部外运，必须通过发展煤化工等煤炭深度加工产业，将大量剩余煤炭就地消化。

（二）实现可持续发展

长期以来，我国煤炭利用效率低、污染程度高、资源浪费严重，环境污染问题日益严重，特别是山西，随着煤炭资源持续的高强度开采，陷入了"资源诅咒"的怪圈，发展模式难以持续，由此，必须以煤炭为基础，拉长加粗产业链、发展煤化工，对煤炭进行深度转化，实现产业联动良性循环发展，实现成本、效益优势层层叠加和节能、环保，做到煤炭"吃干榨净"、最大限度地转化增值，从而使潞安产业优化升级、规模扩张和经济效益最大化。

2000年8月潞安集团改制后，就把战略管理引进了企业内部，将"立足煤，延伸煤、超越煤，以煤为基础，拉长产业链条，建设绿色新型能化集团"作为企业战略，以煤的深度转化为主线，发展新型煤化工，走上了"全面实施战略管理、建设绿色新型能化集团"的战略发展之路。

（三）得天独厚的发展条件

一是煤炭资源和煤炭品种优势。潞安矿区位于山西省上党盆地，是国家重要的煤炭生产基地，已探明煤炭可开采储量260亿吨，此外还有储量120多亿吨的下组高硫煤资源，为煤基合成油项目和建设煤化工基地提供了充足的资源保障。此外，潞安煤有效含碳量高、产气量高、热值高，内在含水和含氧量低，且低硫、低磷、低灰，是进行煤化工生产特别是煤变油的优选材料。同时，可利用原有矿井大面积开发尚未利用的下组高硫煤资源，在减少成本投入的同时综合利用资源。

二是丰富的水资源优势。潞安集团所在的长治地区是华北地区的富水区，水资源总量为22.96亿立方米。其中：地表水量19.86亿立方米，地下水量10.83亿立方米，重复水量7.73亿立方米。在水资源总量中，过境水量为5.04亿立方米，属于本市的水资源量为17.92亿立方米，其中河川径流量14.82亿立方米。规划利用的是后湾水库、矿井涌水、长治污水处理厂的中水，每年可为煤基合成油项目提供水量1.4887亿立方米，为进行煤化工提供了充足的水资源，满足"煤变油"项目的用水需求。

三是人才和技术优势。山西集中了中科院山西煤化所、化学工业第二设计院、中国煤炭科学院山西分院、天脊煤化工集团以及地方的一些科研院校等一批国内煤化工领域具有较强实力的科研、设计和生产单位，形成了一大批科研开发、工程设计、建设、生产为一体的煤化工产业基地。潞安集团与上述科研院校单位建立了长期战略合作伙伴关系，多年来开展了全方位的深度合作，很多专家都是潞安集团专家决策委员会专家成员，不仅为潞安集团科学决策提供了重要依据，而且为企业培养了一大批技术骨干人才，为煤化工产业奠定了坚实的基础。

四是区位发展优势。长期以来，潞安集团与长治市委、市政府和睦相处，共同发展。潞安集团主动融入区域经济，先后派出98名总工程师帮助区域煤炭企业发展，为区域的安全发展和经济发展作出了重要贡献；长治市委、市政府努力为潞安集团战略发展创造良好环境，帮助潞安集团与当地区域经济融合渗透，实现了优势互补、产业集群发展。

与此同时，长治区域内有电力、钢铁、水泥等一大批企业，煤炭就地消化能力强；拥有山西煤化工生产的骨干企业，电石生产规模也居全国前列，在发展煤基醇醚清洁燃料、焦化、煤炭间接液化、一碳、二碳和多碳

化工、延伸产业链方面，具有充裕的资源、良好的基础和巨大的潜力。

（四）发展煤基合成油得到国家和省的大力支持，发展前景十分广阔

我国能源资源具有"富煤缺油少气"的特点，加之国内经济的快速发展，石油需求量大，石油安全问题日益突出。发展现代煤化工成为必然趋势和必由之路。

国家和山西省全力支持新型煤化工项目，特别是煤基合成油多联产产业化项目。国家发改委、银监会、中科院等部门的领导站在国家能源安全战略的高度，始终关注煤炭间接液化合成油技术进展，支持具有自主知识产权煤基合成油技术发展。

早在 2001 年，山西省政府就与中国科学院签订了《发展山西煤间接液化合成油产业的框架协议》；2002 年，山西省主要领导批示：煤基合成油事关国家能源安全，山西最具有办好此事的各种优势，要用新的机制尽快实现产业化，把山西建成煤基合成油基地；2003 年，山西省专门成立了煤基合成油项目管理组；2004 年，省煤基合成油项目管理组与长治市人民政府、潞安矿业集团公司、中科院山西煤化所、天脊煤化工集团公司签订了《长治市煤基合成油示范厂项目合作框架协议》，由五方共同在长治建设山西煤基合成油示范项目；2005 年，山西省主要领导就《关于在长治市以潞安矿业集团为业主，建设煤基合成油万吨级示范厂的建议》做了重要指示，指出：要严密论证，稳妥推进，化解风险，为今后大规模发展打好基础。同年，山西省政府把潞安集团煤基合成油项目列入"十一五"发展规划和高新技术产业化项目，大力发展煤基合成油项目。

根据省领导的指示精神，潞安集团完成了《潞安 520 万吨煤基合成油

多联产项目预可行性研究报告》，从资源、环境、基础条件、技术路线多方面进行了基础研究和技术论证。

早在 2001 年，潞安集团就开始紧密关注、跟踪国内外煤炭间接液化技术的发展，根据企业的资源条件和煤质特点，先后进行了"潞安矿区煤炭产品开发技术经济研究"、"潞安 140 万吨煤炭间接液化项目方案研究"、"潞安煤用于高炉喷吹技术开发与应用研究"、"型煤技术经济研究"、"潞安矿区新矿井煤质评价报告"、"潞安矿区煤炭地下气化技术调研"等多项研究工作，对直接关系煤基合成油项目的潞安煤气化技术、间接液化技术、煤质煤种分析评价、经济技术分析等因素，做了大量的技术储备工作。

2004 年，潞安专门召开了"煤化工发展战略研讨会"，邀请国内的一批煤化工专家参加，制定了潞安发展煤基合成油产业的前期规划。同年，潞安主要领导又专程到中科院山西煤化所，参观了煤基合成油品工程研究中心小店中试基地的千吨级合成装置；中科院山西煤化所主要领导专程到潞安，表示愿意为潞安项目提供技术支持。

（五）煤基合成油生产技术逐渐成熟

煤基合成油的专业术语叫煤基液体燃料合成技术，是以固体状态的煤炭为原料，通过化学加工过程，使其转化成为汽油、柴油、液化石油气等液态烃类燃料和高附加值化工产品的技术。

我国"煤基合成油"技术研究，始于 20 世纪 50 年代，中科院山西煤化所承担了这一项目的研究，中间几起几落。2001 年，为了满足国家能源战略对间接液化技术的迫切需要，国家"863 计划"和中国科学院联合启动了"煤变油"重大科技项目。中科院山西煤化所等部门承担了这一项目

的研究。2002年9月,山西煤化所千吨级中试装置试车成功,打通了流程,并获得了油品大样。次年8月,中试项目通过装置改造,进入了长期稳定运转和技术优化匹配的试验阶段。

经过长时间的实验,我国具有自主知识产权的煤基合成油生产由实验室进入示范项目建设阶段。2005年5月,煤基合成油示范项目公开招标,吸引了包括神华集团、中海油集团等十几家能化大集团企业。经过精心准备,在山西省委、省政府的大力支持下,潞安集团代表山西省政府参加竞标。经过激烈的角逐,潞安集团凭借得天独厚的资源和科技创新的软、硬实力,以总分第一名的成绩,获得该项目技术转让权,世人瞩目的国家级煤间接液化技术示范项目,争回了山西,落户到了长治,建在了潞安。

二、决策行动

2006年2月22日,潞安集团21万吨/年煤基合成油示范厂奠基开工。该项目被列为国家"863"、"973"高新技术项目和中科院知识创新工程重大项目,得到了中科院、科技部和山西省委、省政府的高度重视和大力支持,中科院、科技部、省领导多次深入现场调研,解决问题;潞安集团制定了"特区政策",在机制、政策、人力、财力上给予全力支持,集团主要领导亲自挂帅,分管领导常驻现场,各职能部门提供"保姆式服务";项目实施分级负责、责任到人,各项目建设单位倒排工期、交叉作业。为了全面加快项目建设进程,潞安集团先后开展了两次"百日会战"。

在项目建设过程中,经过专家论证、民主决策,潞安集团明确了:潞安发展煤基合成油,不能只注重油品,必须站在长远可持续发展的高度,致力于建设煤油循环经济园区,发展以低能耗、低污染、低排放为基础的低碳循环经济。山西省将潞安集团作为全省循环经济试点企业,以煤制油、劣质煤开发、化肥生产、喷吹煤生产、瓦斯发电、矸石制砖、水的循环利用为主线，建设煤油循环经济园区。

（一）园区建设内容

600万吨/年屯留煤矿及配套模块选煤厂、2×13.5万千瓦煤矸石综合利用电厂、新型建材厂、21万吨/年煤基合成油示范项目（包括铁基和钴基两种催化生产技术），"1830"化肥以及余吾煤业瓦斯抽采、羿神焦化、慈林山和郭庄矿下组煤开发、IGCC发电项目等，目的是把煤炭开采、洗选加工、高硫下组煤开发、瓦斯抽采利用、焦炉煤气利用、矸石发电、煤基合成油、化肥、联合循环发电、氮气干熄焦、硫黄回收等融为一体，实现减量化、资源化和再利用。

经过一年零六个月的努力拼搏，2008年12月22日，示范项目产出中国第一桶完全具有自主知识产权的钴基间接液化费托合成油；2009年8月，继钴基催化剂出油之后铁基浆态床生产出合格油品；2009年10月，2×13.5万千瓦煤矸石综合利用电厂正式运行；2009年12月联产的"1830"化肥项目投产；2010年10月回收利用低热值尾气的IGCC发电项目建成投产，初步形成了集"煤炭开采、洗选加工、煤基合成油、精细化工，以及瓦斯、焦炉煤气、矸石、尾气综合利用"为一体的特色园区。

（二）园区的循环流程

屯留矿开采的优质动力煤，直接作为碎煤加压气化原料，其余送模块化洗煤厂进行洗选，洗精煤作为喷吹煤出售，中煤和矸石作为余吾煤矸石电厂燃料使用。

屯留、石圪节、慈林山等煤矿开采的下组原煤经筛分后，作为煤基合成油的原料煤使用。在气化加压过程中，煤经干馏产生的初级油品在煤气

水处理和煤气净化装置中分别产生焦油和粗苯，园区内配置了焦油加工及粗苯精制装置，同时处理从羿神焦化和周边焦化厂收集的煤焦油和粗苯，生产芳烃类系列产品和精苯产品。

煤气化装置产生的含硫粗煤气经净化后脱硫化氢及二氧化碳，净化气进入 F–T 合成装置，含硫尾气经硫收装置处理后达标排放，同时副产工业硫黄。副产的高纯度二氧化碳部分用于"1830"化肥厂生产尿素等产品，部分返回煤气化装置及甲烷转化装置作为汽化剂使用，调节原料气的氢碳比例。

屯留煤矿预抽采瓦斯气、焦炉气和合成油排放的高热值尾气送入甲烷转化装置经转化后进入净化装置，脱除二氧化碳后大部分送 F–T 合成装置，剩余部分经变压吸附（PSA）提氢装置，氢气送到下游油品加氢、焦油精制、粗苯加氢合成氨装置，富一氧化碳气送入 F–T 合成装置。F–T 合成的粗产品经油品加工后产生硬蜡、软蜡、石脑油、柴油、LPG（液化石油气）等系列产品。

屯留矿井通风气与合成油装置排放的低热值尾气调配后作为 IGCC 发电站的燃料使用。

园区内所有装置产生的工业废水、生活污水及居民区的生活污水统一进入园内的综合水处理厂分级处理，处理后根据水质的好坏分别作为锅炉水、循环水补充水、办公楼及居民区的绿化用水和冲洗水、洗煤厂补充水，实现了污水零排放。

碎煤加压气化装置和矸石电厂排出的炉渣根据其成分和特性分别用于水泥配料、炉渣砖原料、修路路基材料、填充煤矿采空塌陷区，其余送到矿山修复整理区域作为填充物。

余吾煤矸石综合利用热电厂主要为园区内提供动力蒸汽，剩余蒸汽发电，低位热能用于园区内办公楼、工业厂房和居民区的冬季采暖和热水供应。

潞安集团的煤基合成油多联产产业化项目有两个突出特色：

一是钴基、铁基两种催化剂工艺都在正常运行，潞安集团是世界上唯一一个同时掌握两种工艺进行煤基合成油的企业。

二是潞安集团煤基合成油不是简单地把煤变成油，而是充分体现低碳发展理念，以煤基合成油为基础，在生产柴油、石脑油、润滑油的同时，生产航空煤油、洗化油、含氧化合物等六大系列 200 余种化学品，实现煤基合成油的多联产、产业化，建设循环经济的煤油园区。不仅把矿井预抽瓦斯以及附近焦化厂的焦炉煤气作为原料补充，利用合成油过程中的富余氢气、氮气，处理二氧化碳废气联产"1830"化肥，使二氧化碳排放总量减少一半，而且大规模利用因环保要求 50 年弃采的高硫高灰劣质下组煤资源，为延长矿井服务年限、推进现代煤化工产业发展探索了一条新路。

目前，21 万吨／年示范项目实现了长周期稳定运行，生产的高品质柴油、石脑油、石蜡、硫黄等产品销往河南、山东、上海、广东、香港等地，并成功进入上海世博会。

三、决策评析

潞安集团坚持"高品位、低碳化、全循环、多联产"发展理念建设的煤基合成油示范项目，以循环经济园区为载体，把煤炭开采、洗选加工、高硫下组煤开发、瓦斯抽采利用、焦炉煤气利用、矸石发电、煤基合成油、化肥、联合循环发电、氮气干熄焦、硫黄回收等融为一体，实现了节能减排、资源综合化利用。

其中，30 万吨／年尿素装置，可每年减少 27 万吨二氧化碳排放；焦

炉煤气和预抽瓦斯气与二氧化碳重整，每年可减少 14 万吨二氧化碳排放，走出了一条煤化工多联产低碳排放的路子。

截至目前，示范项目获得国家发明专利 40 余项，具有自主知识产权的"潞安煤基合成油多联产低碳化技术与应用"、"钴基合成油固定床技术与工业示范装置"两项科技成果，先后通过了专家鉴定，潞安煤基合成油关键技术达到国际领先水平，项目全部实现国产化，是在政府主导支持下，产学研用紧密结合的一个成功范例。潞安煤油循环经济园区成为国家循环经济示范园区，潞安集团成为国家循环经济试点企业。

潞安煤油循环经济园区建设得到了中央领导、中科院、山西省委和省政府的充分肯定和高度评价。习近平副主席、李克强副总理分别听取了潞安煤油循环经济园区的发展汇报，肯定潞安成绩，鼓励潞安发展。中共中央政治局委员、国务委员刘延东称赞潞安煤油循环经济园区是"高碳能源低碳利用的典范"；山西省委书记袁纯清称赞潞安煤油循环经济园区是山西乃至全国转型发展的典范，省长王君就潞安煤基合成油多联产示范项目多次作出重要指示，并亲自安排部署相关工作。中科院江绵恒副院长把潞安煤油循环经济园区誉为国家节能减排、发展循环经济的一个示范点。

通过示范项目建设的长周期运营，潞安集团积累了丰富的经验，蓄积、培养了一大批高素质的技术人才和高技能产业工人，为煤基合成油产业化多联产项目建设奠定了坚实基础。目前，潞安集团正在抓紧进行年产 540 万吨煤基合成油多联产产业化项目的前期准备工作，发展构想是：

一是建成我国首个 540 万吨 / 年煤基合成油多联产项目。

二是依托潞安集团目前已经建成的煤基合成油循环经济工业园区，持续进行新技术示范和新工艺开发，从产品输出逐步转向技术输出。

三是建立研发和工程技术团队，开展技术研发和集成创新，打造清洁煤化工技术研发平台和人才培养基地。

四是将潞安煤基合成油多联产项目建设成为保障我国能源安全的战略石油储备"动态油库"。

潞安集团540万吨／年煤基合成油及化学品多联产项目，得到了国家发改委、国家能源局的充分肯定；山西省委、省政府将该项目列为全省转型发展、跨越发展的"一号工程"，并将天脊煤化工公司划归潞安集团，进一步壮大了技术力量；长治市将该项目列为区域新能源基地建设的"第一项目"，变项目报批为"送批"，为潞安集团提供"保姆式服务"，全面创优建设环境。

（作者：山西省副省长）

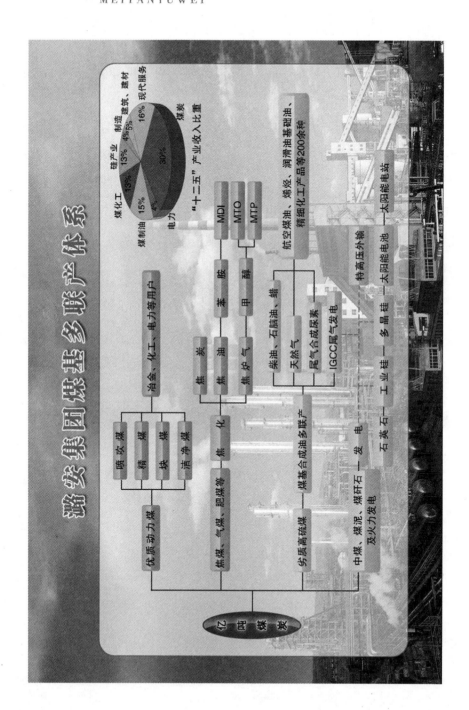

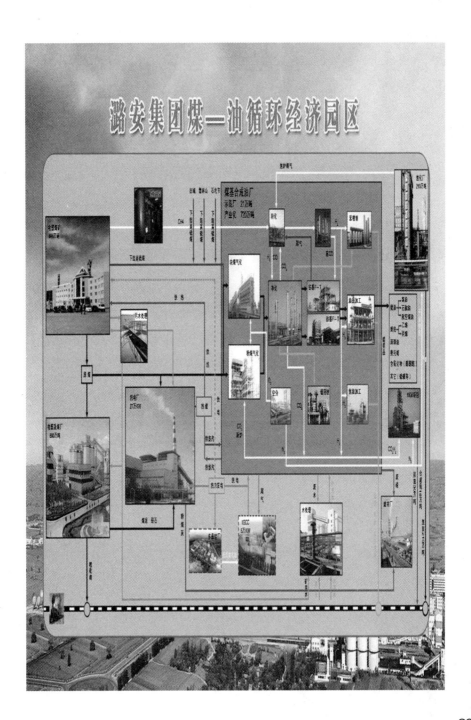

煤炭突围

MEITANTUWEI

专家论转型

煤与瓦斯共采　引领煤炭科学开采

袁　亮

一、我国煤炭科学开采现状

煤炭是我国的主导能源，国家《能源中长期发展规划纲要（2004～2020年)》已经确定，中国将"坚持以煤炭为主体、油气和新能源全面发展的能源战略"，中国工程院《国家能源发展战略2030～2050》明确我国2030年煤炭需求高达38亿吨。显然，在相当长的时期内，煤炭作为我国的主导能源不可替代。

我国探明煤炭资源量5.57万亿吨，其中－1000米以下的资源量为2.95万亿吨，占53%，同时，我国煤矿地质条件极其复杂，95%为井工开采，70%以上国有煤矿是高瓦斯矿井。在这种条件下，近10年来，我国煤炭产量年增幅达2亿多吨，2010年全国煤炭产量32.5亿吨，贡献巨大，难度巨大。

党中央、国务院高度重视煤矿安全和瓦斯防治工作，2005年以来，国家先后在淮南、晋城、沈阳、南昌等地召开了煤矿瓦斯防治工作现场会，并出台了一系列适合我国煤矿安全生产实际的政策法规和文件，各省、市、自治区及煤矿生产企业认真落实，取得了显著成效。"十一五"期间，在煤炭产量持续增加的情况下，煤矿事故总量、事故死亡人数、百万吨死亡率持续下降，煤矿安全生产形势持续稳定好转。与2005年相比，2010年全国煤矿瓦斯事故减少269起、少死亡1548人，分别下降了65%

和 71.3%，百万吨死亡率从 2005 年的 2.81 下降到 2010 年 0.749 的历史最好水平。2005 年以来，全国煤矿瓦斯抽采量大幅上升，促进了煤矿安全生产。2010 年，全国煤矿瓦斯（煤层气）抽采量达 91 亿立方米（其中井下瓦斯抽采量 76 亿立方米，地面煤层气产量 15 亿立方米）。

但是，必须清醒地认识到，我国煤矿安全生产形势依然严峻。随着开采规模和开采深度的变化，我国大部分煤矿将成为低透气性高瓦斯开采条件，此类条件下瓦斯治理是世界性难题，长期以来没有解决，造成煤矿瓦斯事故多发，安全高效开采难以实现。根据统计，2003 年至 2009 年期间，全国 10 起死亡百人以上的矿山特别重大事故中，有 8 起是煤矿事故。

通过对事故的原因分析发现：80% 以上的重特大事故均存在地质情况不清、灾害升级、重大技术难题未解决、安全投入欠账、人才匮乏严重、现场管理不到位等重大问题，却盲目生产甚至扩大生产。按照目前保证安全生产的科技水平，达到"科学产能"的产量只有 1/3，即 8 亿~10 亿吨，其水平与美国相当。从煤矿产量和事故死亡人数的关系来看，乡镇煤矿产量占 39%，死亡人数占 72%~77%，南方十省产量仅占 17%~19%，死亡人数占 54%~58%。

2010 年，我国煤矿瓦斯事故死亡人数下降到 623 人，百万吨死亡率下降到 0.749。但是与世界先进水平的差距仍然较大，2009 年澳大利亚百万吨死亡率为 0.01，美国为 0.018，南非为 0.07，印度为 0.176，俄罗斯为 0.19，波兰为 0.266。因此，我国煤矿安全生产形势依旧严峻，要实现根本好转，任重而道远。

二、煤与瓦斯共采关键技术

近年来，我国在低透气性煤层煤与瓦斯共采基础理论的研究方面取得了一系列重大突破，探索成功了一整套如低透气性煤层群卸压开采抽采瓦斯、无煤柱煤与瓦斯共采等具有自主知识产权、世界领先的关键技术，为我国低透气性复杂地质条件下煤炭资源的安全高效开发提供了重要的技术支撑。煤与瓦斯共采的主要关键技术为：

（一）低透气性煤层群卸压开采抽采瓦斯技术

低透气性煤层的瓦斯治理是世界性难题，随着开采规模和开采深度的变化，我国大部分煤矿将成为低透气性高瓦斯开采条件，低透气性煤层群卸压开采抽采瓦斯技术攻克了低透气性煤层瓦斯治理的世界难题。其技术思路为：在煤层群中选择安全关键层首先开采，形成岩层移动、煤层膨胀卸压，使邻近煤层中 80% 以上的瓦斯由吸附状态解吸为游离状态，预先在首采层形成的应力降低区和裂隙发育区内布置瓦斯抽采工程，待首采层卸压开采后抽采上下被卸压煤层卸压解吸瓦斯。成果现场试验效果显著，被卸压煤层瓦斯压力由 4～6MPa 下降到 0.2～0.5MPa，瓦斯含量由 13 立方米/吨～36 立方米/吨降为 5 立方米/吨左右，煤层膨胀变形达到 26.33%，瓦斯抽采后被卸压煤层卸压角与传统保护层相比扩大了 17°～20°，煤层透气性系数由 0.01135 平方米/（MPa.d）增加到 32.687 平方米/（MPa.d），增加了 2880 倍，煤层硬度 f 值由 0.5 提高到了 2.5。主要技术成果包括：

1. 首采煤层顶板抽采富集区瓦斯技术。通过数值模拟研究，揭示了首采层瓦斯富集区位于两巷采空侧上方的环形裂隙区，将抽采瓦斯钻孔或者巷道沿煤层走向布置在顶板岩层的环形裂隙圈内，抽采卸压瓦斯。

2. 大间距上部煤层抽采被卸压煤层解吸瓦斯技术。研究发现首采层卸压开采后，上向卸压范围为走向卸压角 80.8°~84.7°，倾向卸压角 83°～85°，上向卸压层间距达 10～150 米，采用在被卸压煤层底板弯曲下沉带预先布

置巷道钻孔抽采卸压瓦斯的技术方法，瓦斯抽采率达 65% 以上。

3. 多重开采下向卸压增透瓦斯抽采技术。研究发现多重卸压开采后，下向卸压范围为走向卸压角 99.3°～100.1°，倾向卸压角为 102°～110.0°，下向卸压距离达 15～100 米，采用预先布置巷道和穿层钻孔抽采卸压瓦斯，瓦斯压力由 3.6MPa 降至 0.2MPa，透气性系数增大了 570 倍，抽采率达 50% 以上。

4. 地面布置钻孔抽采被卸压煤层解吸瓦斯技术等。发明开采卸压煤层地面钻孔结构及抽采工艺，研究发现采后 30 米钻孔抽出高浓度瓦斯，单孔抽采瓦斯最高达 22190 立方米／天，平均 14943 立方米／天，单孔年抽采瓦斯 300 万立方米，实现了单孔瓦斯浓度 60%～95%，瓦斯抽采率 64.71%，抽采半径 229～810 米，地面钻孔可有效抽采采动影响区的瓦斯，也可作为采空区抽采孔。

（二）无煤柱煤与瓦斯共采技术

在煤层群中选择瓦斯含量低、安全可靠的薄煤层（0.4～1.0 米）首先开采，采用 Y 型通风改变通风流场，形成首采保护层工作面前部采煤、后部在采空区护巷并抽采卸压解吸瓦斯，实现煤与瓦斯共采。主要成果包括：首采层采空区留巷钻孔法抽采瓦斯技术、留巷钻孔法上向钻孔抽采卸压煤层瓦斯技术、留巷钻孔法下向钻孔抽采卸压煤层瓦斯技术。

技术成果应用效果显著，首采卸压层工作面瓦斯抽采浓度由 60% 提高到 70%～90%，抽采率由 60% 提高到 70% 以上，上下邻近的被卸压高瓦斯煤层瓦斯压力降至 0.2～0.4MPa 以下，瓦斯含量抽采至 3 立方米／吨～5 立方米／吨以下，首次达到了上向 150 米、下向 100 米的有效卸压范围，高浓度瓦斯作为资源抽采至地面直接利用，治理和利用成本降低了 50% 以上。

（三）地面煤层气开发技术

受美国、加拿大、澳大利亚等国家煤层气快速发展的影响，加之国家出台一系列优惠政策，近年来，煤层气业务和企业迅速发展。到2010年底，全国共钻煤层气井5400多口，探明煤层气地质储量2900多亿立方米，累建产能超过30亿立方米/年（地面抽采），实现年产量15亿立方米，商品气量11.8亿立方米，建成管输、压缩/液化能力56亿立方米/年。

在地质综合评价技术、钻井技术、压裂技术、排采技术等煤层气开发技术方面均取得突破。山西省晋城煤业集团在沁水盆地探索开发出了清水钻井、活性水压裂、定压排采、低压集输等成套工艺，单井最高日产达6万立方米，为实现气化山西提供了重要的技术支撑。

（四）煤矿瓦斯（煤层气）利用技术

煤矿瓦斯（煤层气）的主要成分 CH_4 是温室气体，其温室效应是二氧化碳的25倍。据不完全统计，我国每年因煤矿开采排入空气中的煤矿瓦斯总量高达200亿立方米，既浪费能源，又破坏环境。

近年来，我国在煤矿瓦斯（煤层气）利用方面取得一系列关键技术突破，成功开发出一系列的低浓度瓦斯、超低浓度瓦斯利用关键技术，将瓦斯利用浓度下探到4%以下。

三、煤与瓦斯共采两种模式

（一）淮南模式

淮南矿区瓦斯地质条件极为复杂，是我国高瓦斯复杂地质条件的典型

代表。历史上，由于瓦斯治理等技术难题没有解决，瓦斯爆炸事故频繁发生，淮南矿区曾是煤炭部认定的全国瓦斯事故重灾区。经过近 20 年的探索研究，在低透气性煤层群深井开采复杂地质条件的矿区，第一个实现了煤与瓦斯共采技术的重大突破，形成了卸压开采抽采瓦斯煤与瓦斯共采技术体系、无煤柱煤与瓦斯共采技术体系、井下本煤层煤与瓦斯共采技术体系，解决了矿区瓦斯治理难题，实现了煤炭的科学开采。

2000 年以来，煤与瓦斯共采技术在淮南矿区全面推广应用，改变了安全生产周期。2010 年，淮南矿区瓦斯抽采量由 1997 年的 1000 万立方米增加到 3.5 亿立方米，瓦斯抽采率由 5% 提高到 65%，瓦斯超限次数由近万次下降到目前的 2 次，连续 14 年避免了瓦斯爆炸事故，煤炭产量由 1000 万吨提高到近 7000 万吨，创低透气性高瓦斯矿区国际领先水平。电力装机规模达到 1200 万千瓦，成为黄河以南最大的煤电一体化企业，并率先建成国家级煤电能源基地。10 年来，引进大学生、研究生 5500 余人，人均工资突破 10 万元，居煤炭行业前列。

煤与瓦斯共采理论与技术解决了低透气性高瓦斯煤层气的瓦斯治理难题，受到了国家和煤炭行业的高度认可和肯定。2008 年以来，国家发改委、国家煤矿安全监察局分别发文要求全国煤矿推广应用该技术。煤矿瓦斯治理国家工程研究中心在安徽、山西、陕西、辽宁、河北、重庆等高瓦斯矿区几百个煤矿开展了技术服务，特别是在山西、陕西、安徽成立了 10 余个项目部，驻点服务，被服务单位瓦斯治理水平得到很大提高，安全形势得到明显好转。山西华晋焦煤公司的沙曲矿瓦斯涌出量高达 473 立方米 / 分钟，是我国目前单井瓦斯最大的煤矿之一，2008 年全矿瓦斯超限达3300 多次，瓦斯浓度均在 2.5% 以上，为瓦斯爆炸事故的发生埋下了重大的安全隐患。2009 年推广应用煤与瓦斯共采技术以来，工作面回风流瓦斯浓度降至0.8%以下，实际控制在0.2%~0.4%，瓦斯超限次数显著降低，2011年上半年该矿的瓦斯超限次数实现了安全生产。

2006年以来，煤矿瓦斯治理国家工程研究中心为煤炭行业培训技术和管理人员近8000人次，并成功举办5届国际煤矿瓦斯治理技术研讨会，煤与瓦斯共采技术研究成果受到国际采矿界的高度关注与肯定，世界采矿大会国际组委会主席、波兰国家中央研究院院长杜宾斯基院士给予了高度的评价。

（二）晋城模式

经过近20年的积极探索和实践，晋城煤业集团突破了国际专家公认的高阶煤不利于地面钻井煤层气开发的"禁区"，探索开发出了清水钻井、活性水压裂、定压排采、低压集输等一整套具有自主知识产权、适合不同地质条件的地面与井下抽采技术和装备，形成了一整套煤层气开采模式和工艺，在地面煤层气开发方面走在了全国的前列。

2010年，晋城煤业集团井上下抽采煤层气15.73亿立方米，占全国总量的18.4%，其中地面抽采煤层气9.08亿立方米，井下抽采瓦斯6.65亿立方米，利用煤层气10.13亿立方米，占全国总量的29.7%。通过抽采，矿区瓦斯超限现象得到有效控制，煤炭安全产能得到明显释放。

四、煤炭科学开采相关建议

（一）宏观政策

一是认真贯彻落实党的十七届五中全会精神，切实把煤矿安全生产规划目标、主要任务、政策措施和重点工程纳入各级政府"十二五"经济社

会发展总体规划和煤炭工业总体布局和规划之中，在发展中落实安全，在安全中促进发展，促进煤矿安全生产与经济社会协调发展。

二是加快转变煤炭工业发展方式，进一步调整优化煤炭产业结构，加快推进煤矿企业兼并重组，坚决淘汰落后生产能力，提高煤炭生产集约化程度和科技水平，不断改善煤矿安全生产条件，实现我国煤炭科学开采。

三是加大煤矿瓦斯（煤层气）开发利用力度，促进煤矿安全生产。国家从体制和机制上为煤层气的开发利用提供保障，加强顶层设计。进一步出台鼓励煤矿瓦斯（煤层气）开发和利用的相关政策和措施，引导并支持资金、人才资源向煤矿瓦斯（煤层气）开发利用企业聚集，支持国家级煤矿瓦斯（煤层气）开发与利用研发平台建设。鼓励山西等主要产煤省区先行先试，破解影响产业发展的政策"瓶颈"，构建我国煤矿企业及煤层气开发企业为开发利用主体的新局面。

（二）技术对策

一是高度重视基础研究和科技攻关，加大国家科技重大专项、973、863和科技支撑计划的支持力度；针对我国主要产煤省区不同资源赋存条件，超前开展瓦斯地质赋存规律、灾害防治等全面系统的基础研究和科研攻关，搞清深部煤炭开采过程中的构造场、应力场、裂隙场和瓦斯场的分布规律；开展我国深部矿井开采所带来的高瓦斯、高地压、高承压水、高地温等灾害防控的基础研究及关键技术攻关；持续研究攻关针对不同矿区的"三低一高"条件地面开发煤层气和煤矿区深部采煤采气一体化的煤与瓦斯共采关键技术及工艺装备，提高煤矿瓦斯（煤层气）抽采效率，实现煤矿瓦斯抽采和利用最大化，形成以抽促采、以用促抽、以抽保安全的科学开采新格局。

二是总结和推广我国在煤矿瓦斯（煤层气）开发利用方面的成功经验。坚持煤矿瓦斯（煤层气）开发的"两条腿走路"战略，尽快实现我国煤矿瓦斯（煤层气）开发利用安全、能源和环境三重效益的最大化：短期内无法采用地面煤层气开采的矿区，推广"淮南模式"，走煤矿区采煤采气一体化、煤与瓦斯共采的路子，力争用5~10年时间，煤矿区瓦斯抽采量达到150亿~250亿立方米；适合地面煤层气开发条件的地区，优先安排勘探开发，突破关键技术和政策瓶颈，解决"气权矿权重置"等问题，推广"晋城模式"，走先抽煤层气后采煤的路子，用5~10年的时间，使地面抽采煤层气达到150亿~250亿立方米以上，确保煤矿瓦斯（煤层气）抽采总量达到300亿~500亿立方米以上。同时，支持开展煤矿瓦斯（煤层气）浓缩、液化、提纯研究，推进规模化、产业化发展，提高产品附加值，并加强煤矿瓦斯（煤层气）集输管网规划和工程建设，实施分步能源系统建设，力争实现利用浓度的全覆盖，使我国煤矿瓦斯（煤层气）利用达到世界先进水平，利用率达60%~80%。

三是要全面贯彻安全、高效、绿色的科学开采理念，实现装备现代化、系统自动化、管理信息化，从源头上实现瓦斯灾害的根本防控。高瓦斯和煤与瓦斯突出煤层要全面实现先抽后采、煤与瓦斯共采；大力推行可保必保、应抽尽抽的瓦斯治理战略，全面推广无煤柱煤与瓦斯共采技术，走煤矿区瓦斯综合治理与地面煤层气抽采相结合的路子，把瓦斯作为洁净能源全面利用。

（作者：中国工程院院士，煤矿瓦斯治理国家工程研究中心主任，北京大学世界新能源战略研究中心研究员）

未来十年能源发展的转型

周凤起

今天的主题一个是山西的经济发展转型，另一个是世界新能源发展战略。根据这两个主题我想谈一谈对中国未来十年能源发展的转型的个人认识。我不太了解山西的情况，山西省可以根据自己的情况向国家发展转型的政策相靠拢，同时发挥自己的优势。我分四个方面展开：一是我国能源发展状况；二是我国能源发展面临的挑战；三是我国未来能源发展的思路；四是能源向绿色低碳发展方式转型。

一、我国能源发展状况

能源供应能力增强。2010年全国一次能源生产总量29.6亿吨标准煤，一次能源消费总量32亿吨标准煤；原煤产量32.0亿吨，占世界的45%；建设了13个大型煤炭基地，产量占全国的87.5%，生产集中度大大提高；全社会用电量41923亿千瓦时，累计发电装机容量达到9.6亿千瓦；5年几乎完成了前50年的装机总量。原油产量稳定在1.9亿吨；新增石油地质探明储量42亿吨。天然气产量940亿立方米，消费量1200亿立方米，分别是2005年的1.9倍和2.6倍；5年新增地质探明储量2.5亿立方米。非常规天然气勘探开发取得进展，煤层气抽采利用量超过32亿立方米，页岩气试验探采工程已经启动。石油储备从无到有。一期项目4个基地相继建成并投入使用，总规模1640万立方米，目前已经满储。

能源结构调整取得成效，淘汰落后产能取得进展。一是电力工业"上大压小"。至 2010 年底，全国累计关停 7210 万千瓦小火电机组，提前一年半实现了"十一五"期间关停 5000 万千瓦小火电机组的任务，全国燃煤电站每千瓦时供电标准煤耗 339 克，比 2005 年下降 31 克。二是整顿小煤矿。"十一五"期间累计关闭小煤矿 9000 多处，淘汰落后产能 4.5 亿吨/年。三是水电继续发展。"十一五"期间新增投产机组 9000 万千瓦，接近我国水电有史以来前 95 年的总和，水电装机突破 2 亿千瓦。四是核电建设加快。2005 年以来，国家核准了 13 个核电项目，共 34 台机组、3702 万千瓦，在建核电机组 28 台、3097 万千瓦，占世界的 40% 以上。五是风电发展迅猛。2010 年中国（不包括台湾地区）累计安装风电机组装机容量 4473 万千瓦，年同比增长 73.3%，其中，风电并网装机容量 3107 万千瓦。

二、 我国能源发展面临的挑战

应对气候变化和保护环境的压力越来越大。第一，城市大气污染。目前我国是世界上最大的 SO_2 和 CO_2 排放国，大气污染物排放总量居高不下。其中，颗粒物是影响我国环境空气质量的首要污染物。目前大多数城市人口长期生活在可吸入颗粒物超标的环境空气中。第二，有毒有害废气污染治理滞后。近年来，重化工业快速发展，结构性污染进一步突出，工业污染出现了由大中城市向小城镇和农村转移的趋势，特别是一些焦化行业集中的城市，大气环境中强致癌物苯并芘超标严重。第三，区域大气污染。一是酸雨发生面积约 120 万平方公里，重酸雨发生面积约 6 万平方公里。二是全球气候变暖。三是 CO_2 排放快速增长，2007 年，中国已成为世界最大的 CO_2 排放国，至今脚步仍在加快。第四，控制温度上升目标。在全球气候变暖的大背景下，国际上确立了控制温度上升的目标。这既是一项关系到全球排放空间的重大问题，也是确定未来责任分担的核心内容。欧盟

煤炭突围（下）

MEITANTUWEI

主张全球平均温度与工业化前相比上升幅度不超过 2℃，大气中温室气体稳定浓度低于 450ppm 二氧化碳当量，这种域值将使全球未来允许的二氧化碳排放空间大大压缩。

能源资源约束矛盾仍将长期存在。我国能源资源总体上比较丰富，但人均资源占有量远低于世界平均水平：煤炭只有世界人均水平的 60% 左右，石油、天然气只有世界人均水平的 7% 左右，优质能源不足。同时，浪费能源资源的现象大量存在，能源利用效率相对低下，消费方式仍然粗放。

能源发展方式转变缓慢。这些年来，我们主要依靠增加煤炭产量、增加石油进口的方式来满足经济较快发展对能源不断增长的需求。不少企业主要通过规模扩张，做大做强，来提高企业的能力和市场占有份额。这些现象的产生存在着极其复杂的体制、机制因素。转变能源发展方式道路还很漫长。

《国民经济和社会发展第十二个五年规划纲要》指出：必须清醒地看到，我国发展中不平衡、不协调、不可持续问题依然突出，主要是经济增长的资源环境约束强化，投资和消费关系失衡，收入分配差距较大，科技创新能力不强，产业结构不合理，等等。坚持把建设资源节约型、环境友好型社会作为加快转变经济发展方式的重要着力点。深入贯彻节约资源和保护环境的基本国策，节约能源，降低温室气体排放强度，发展循环经济，推广低碳技术，积极应对全球气候变化，促进经济社会发展与人口资源环境相协调，走可持续发展之路。要推动能源生产和利用方式变革，坚持节约优先、立足国内、多元发展、保护环境，加强国际互利合作，调整优化能源结构，构建安全、稳定、经济、清洁的现代能源产业体系。

44

三、我国未来能源发展的思路

我国未来能源发展思路要实现"五大转变"：一是从偏重保障供给向引导消费、科学调控转变；二是从严重依赖煤炭向多元发展绿色、低碳化能源转变；三是从过度依靠国内能源向立足国内和加强国际合作并重转变；四是从生态环境保护滞后于能源发展向生态环境保护与能源协调发展转变；五是从资源依赖型发展模式向科技创新驱动型发展模式转变。

强化节能优先战略。过去5年，我国能源消费年均增加1.68亿吨标准煤，按此发展，"十二五"末，一次能源消费总量将超过40亿吨标准煤。如果将各地规划数加起来将超过50亿吨标准煤，这是难以为继的。必须通过努力，争取2020年我国能源技术效率达到国际比较先进的水平，2030年达到国际领先水平。力争2020年能源消费总量控制在45亿吨标准煤以内，2030年能源消费总量力争控制在50亿吨标准煤左右。2050年将能源消费总量控制在50亿~55亿吨标准煤之间。

要建立有利于推动节能的社会制度和相应的体制机制，在"十二五"规划期间单位GDP能耗下降16%，到2030年使我国单位GDP能源强度达到或接近发达国家水平。

抓紧基础能源的调整。要稳步推进煤矿升级改造，加大油气资源开发，优化火电开发；合理控制煤炭产量，大力推进煤炭清洁高效利用，扩大电力、天然气在终端消费中的比重。

一是调整煤炭的发展战略。要从竞相扩大产能推高煤炭消费，调整为合理科学开发，高效洁净利用。目前煤炭占我国能源消费的近70%，是压倒性的主导能源。转变发展方式将会明显减缓煤炭增长速度。能源多元化的发展，将要求煤炭总量在2030年前达到峰值，占一次能源的比重在

2030 年下降到 50% 左右，2050 年下降到 40% 以内。

二是加强全球石油发展战略。包括节油，加强勘探，油气并举，海外扩展，确保进口，争取替代的综合发展战略。石油是当前我国能源消费中第二大能源，占我国能源消费总量的 18%，近十几年来，石油消费量一直较快增长，1999 年为 2 亿吨，2010 年突破 4 亿吨。如果今后每年新增石油消费 2000 万吨，2020 年就要达到 6 亿吨。而国内石油剩余探明储量仅 20 余亿吨，无力供应全部需求。因此要在节约用油的前提下，继续争取国内稳产增产，重点解决进一步扩大利用境外资源、保障进口安全，同时积极寻求各种合理替代的燃料。

三是优化发展火电。促进大容量、高参数洁净煤发电技术进步，着力调整煤电内部结构是燃煤发电发展的重要方向。继续提高先进高效的大型机组比例，及时退役中小机组（当前我国 20 万千瓦及以下机组约有 1.4 亿千瓦，10 万千瓦及以下的纯凝机组仍有 2680 万千瓦）。提高热电联产普及率。我国热电联产集中供热比例较低，2015 年热电联产集中供热普及率若提高到 50%，需新增热电联产机组 6000 万千瓦。有条件的中小机组要尽快改造为热电联供。

重点发展绿色支柱能源。使核电、水电、天然气成为我国绿色低碳能源的有力支柱。

一是把核电发展提高到战略能源选择的地位。"十二五"期间，争取新开工核电项目 3800 万千瓦，到 2015 年，核电投运装机容量达到 4000 万千瓦左右，发电量达到 3200 亿千瓦时，占一次能源消费比重的 2.2%，装备制造能力 1000 万千瓦。2020 年本来对核电寄予厚望，希望能提供 7000 万到 8000 万千瓦的装机，但是日本福岛核电事故后又要重新考虑了。

二是把天然气发展放到能源结构调整的重要位置。要把天然气放到和石油并重的地位,理顺其体制,改变天然气发展的附属地位,加快对煤层气、页岩气非常规天然气资源的开发和基础设施管理。扩大利用境外管道天然气和 LNG 资源。同时加大进口力度,使天然气的实际供应量 2020 年达到 3000 亿立方米,2030 年达到 4000 亿~5000 亿立方米,占一次能源的 10% 以上(11%~14%)。

三是在保护生态和做好移民工作的前提下积极发展水电。我国水电技术成熟、先进,经济性好,技术可开发量 5.42 亿千瓦,水电装机容量刚刚突破 2 亿千瓦,仍有较大开发潜力。2020 年实现非化石能源消费比重达 15%,一半以上需要水电来完成。要继续推动水电建设和开发,特别是大中型水电建设,既要有序发展,也要快速发展:2020 年水电达到 2.9 亿千瓦,发电量达到 9200 亿千瓦时,2030 年水电占一次能源消费的 10% 以上,形成另一个绿色能源支柱。

四是努力发展非水可再生能源。力争尽早使风电、太阳能,以及生物质能等非水可再生能源成为新的绿色能源支柱。2020 年前要重点解决风电提高经济效益和太阳能显著降低成本以及非连续电力和大规模利用的并网技术问题;发展适应这些可再生能源发展的电网技术、储能和用能方式,使其具备大规模市场化应用的条件。在风电和太阳能发电还不具备市场竞争力时,扶持重点要放在自主知识产权、先进技术创新和先进制造能力的培养以及规模应用示范上。一旦具备条件,就可以加快扩大规模应用,争取在 2020 年前使风电、2020 年到 2030 年间使太阳能开始从有限补充或后备能源成为具备技术经济条件的新的绿色支柱能源并开始大规模应用。因地制宜充分发展各种生物质能源利用技术,降低生物质能源利用的成本,充分利用具有双赢条件的生物质能源资源(例如结合城市废弃物处理、污水处理,畜禽养殖沼气等),在用好现有生物质能源资源方面取得实质性

成效。由于生物质能源的收集成本高，发展生物质能源必须提高生物质能源利用价值，发展液体替代燃料最有经济前途，又能缓解石油进口压力。在不与人争粮、不与粮争地、不与牲畜争饲料的前提下，争取扩大可应用的生物质资源，发展生物质液体燃料和其他商品能源。

《国民经济和社会发展"十二五"规划纲要》第十一章提出推动能源生产和利用方式变革：发展安全高效煤矿，推进煤炭资源整合和煤矿企业兼并重组，发展大型煤炭企业集团。有序开展煤制天然气、煤制液体燃料和煤基多联产研发示范，稳步推进产业化发展。加大石油、天然气资源勘探开发力度，稳定国内石油产量，促进天然气产量快速增长，推进煤层气、页岩气等非常规油气资源开发利用。发展清洁高效、大容量燃煤机组，优先发展大中城市、工业园区热电联产机组，以及大型坑口燃煤电站和煤矸石等综合利用电站。在做好生态保护和移民安置的前提下积极发展水电，重点推进西南地区大型水电站建设，因地制宜开发中小河流水能资源，科学规划建设抽水蓄能电站。在确保安全的基础上高效发展核电。加强并网配套工程建设，有效发展风电。积极发展太阳能、生物质能、地热能等其他新能源，促进分布式能源系统的推广应用。

四、能源向绿色低碳发展方式转型

绿色低碳发展转型目标。中国政府决定：到 2020 年全国单位国内生产总值二氧化碳排放比 2005 年下降 40%~45%，作为约束性指标，纳入"十二五"及其后的国民经济和社会发展中长期规划，并制定相应的国内统计、监测、考核办法加以落实。中国还将通过大力发展可再生能源、积极推进核电建设等行动，到 2020 年使非化石能源占一次能源消费的比重达到 15% 左右。通过植树造林和加强森林管理，森林面积比 2005 年增加

4000 万公顷，森林蓄积量比 2005 年增加 13 亿立方米。

"十二五"能源控制指标。为实现 2020 年的节能减排目标，到 2015 年我国一次能源消费总量要求控制在 40 亿到 42 亿吨标准煤。2015 年煤炭消费量拟控制在 38 亿吨，国内生产 37 亿吨。天然气利用规模可能会达到 2600 亿立方米，在一次能源消费中的比例将从目前的 3.9% 提高到 8.3% 左右。"十二五"期间我国非化石能源占一次能源的消费比重要达到 11.4%，水电装机达到 2.7 亿千瓦，其中抽水蓄能达到 3000 万千瓦。风电装机目标为 1 亿千瓦，光伏发电装机目标为 10GW，生物质能发电装机 1300 万千瓦，生物燃气年利用量 300 亿立方米，固体成型生物质燃料年利用量 2000 万吨。此外，核电装机达到 4000 万千瓦。

（作者：国家发展和改革委员会能源研究所原所长，北京大学世界新能源战略研究中心研究员）

宏观决策导向调节居民幸福感的路径分析

——以山西地方宏观决策导向的演化过程为例

李中元　罗　瑞

一、问题背景

东部沿海地区经过 30 年的高速发展，宏观决策导向逐步对准民生之本，核心诉求是着力提高居民的幸福水平。广东开全国风气之先，率先在"十二五"规划中提出"幸福广东"的发展目标，标志着中国地方经济的宏观决策导向，进入一个以幸福增值为核心的历史阶段。

宏观决策走出"唯 GDP"中心论，进入以民生为根本的幸福增值通道，是在一个正确的阶段提出正确的施政目标。能否真正落到实处，不成为一种客套、一句空话，则需要解决宏观决策行为影响居民幸福感的一系列问题，逐一破解传统政策路径下大而化之、单一粗放的施政模式，切实找到可以微调居民幸福感的手段和节点。

本文试图以山西地方宏观经济决策导向的动态演化过程为对象，探讨如何通过管理方式的转变，卓有成效地引导和调节居民幸福感，有效应对工业化中后期社会矛盾层叠、社会阶层分化给社会管理带来的挑战，真正实现愿望、过程与效果的统一。

二、文献回顾

据不完全统计，近半个世纪不同学科围绕"幸福"研究的论文大约

2500篇，研究方向基本遵循两条主线，一条是心理科学，另一条是经济科学，前者对后者的研究具有基础性和指导性的作用。其他学科的交叉和延伸，基本缘此演化过来，尔后逐步在各自学科内渗透和推广，如社会科学、管理科学等。从研究手段看，开发量表是各学科共同的一个趋向。值得关注的是西方学者注重微观性应用研究，我国偏好哲学、道德、文化等以价值建构为着力点的形而上学的研究。不少立论的基础不以当代社会转型、经济改革和居民生活方式的嬗变为源泉，而是通过对中国传统社会、文化、道统和秩序的多重广义解读为归因，努力寻找构建当代文明的再造路径。即使与西方处于同一学科范围之内，也程度不同地存在偏好宏观的倾向。这从一个侧面反映我国基础性应用研究需要进行深刻的思维变革和知识创新。

（一）渊源

中国先秦时代和古希腊时代，是东西方早期对于"幸福"认知的两大历史渊源。《易》、《书》、《诗》等领先儒家道统的典籍，老子的幸福观，孔子、孟子、荀子，《大学》、《中庸》、《易传》，我国先秦时代的幸福认知体系经历先民社会1500多年的积淀基本形成。如《易·否·上九》"倾否，先否后喜"。《兑·九四》"商兑未宁，介疾有喜"。《尚书·洪范》的"富、康宁、考终命、攸好德"。《诗·小雅·瞻彼洛矣》"君子至止，福禄如茨"。老子"祸兮福之所倚，福兮祸之所伏"。孔子及其后代的观点林林总总，蔚为大观。古希腊以柏拉图为代表的认知崇尚超越一般道德的幸福观，认为有王者气质的人最幸福，最不幸的是专制的独裁者。作为计量幸福的历史先驱，他用一种独特的方法求出王者的生活比独裁者快乐729倍。在《尼各马科伦理学》中，亚里士多德还提到了幸福就是"生活优裕、行为优良"的观点。

古代中国对于"福"的认知，不只是局限于个别先贤的超前领悟和神

秘主义的冥想归真,而是以"自然人"的生活效用和可以体验的实践过程为内容,真实具体,有形有色,具有普遍应用和自我管理的价值,存乎实践,见诸言行。与此形成鲜明对照的是古希腊的先贤先哲们,他们对于幸福的感悟更多的是抽象价值的心灵体验。既远离一般奴隶的生活过程,也无法摆脱神秘主义故有的玄虚色彩。西方幸福认知起源状态的有神论和虚幻玄妙的神秘主义,对西方后世学者界定幸福的科学内涵增加不少烦忧。如同 1938 年罗伯特·默顿在他的博士论文中,试图从清教伦理和英格兰工业发展的相关性与一致性来归纳 17 世纪英格兰科学突飞猛进的历史原因那样,这种色彩在当代幸福主义的认知体系中始终是一个挥之不去的阴影。

(二) 发展过程

幸福认知的发展过程,可以粗略地划分为三个阶段: (1) 公元前 5 世纪—17 世纪;(2)17 世纪—20 世纪 50 年代;(3)20 世纪 50 年代迄今。

18 世纪后,英国功利主义的代表边沁提出"最大多数人的最大幸福"(the greatest happiness of the greatest number)的原则,释出描述快乐与痛苦的七要素:(1)强度(intensity);(2)持续期(duration);(3)确定程度(certainty or uncertainty);(4)切近程(propinquity or remoteness);(5)增值(fecundity);(6)纯度(purity);(7)扩展范围(extent),激发人们对幸福感的实证研究。

19 世纪后期,西季威克给出幸福实证研究的假设取向。两人的思想给经济学家带来深度的感染和启发,如边际效用价值理论的创立者杰文斯,还有马歇尔及其弟子庇古,而后者更是在前者的"消费者剩余"理论基础上,提出边际效用基数论,为幸福经济学奠定分析基础。

20 世纪 60、70 年代,西方发达国家的社会指标运动使幸福研究迈向一个更加深广的领域。幸福观演化到一个比较成熟的阶段,为心理科学、经济科学、管理科学等现代科学广泛应用，研究手段得以提高。各学科通过对其核心要素的提取，逐步在应用上实现个人、组织和公共管理的服务化。涌现心理咨询、医院诊疗和社会服务等专门以改善和提高他人幸福感为内容的社会活动。抛开中外不同学科对于"幸福"内涵的历史倾向，有一点是惊人的相同：不同国家的政府和公共服务组织都在一致寻求改善和提高居民幸福水平的施政路径和长效举措。

（三）核心概念和研究手段

西方幸福感的研究不外乎三种行为人假设，"经济人"、"社会人"和"心理人"，核心概念是主观幸福感（Subjective well-being）。自 1967 年 Wanner Wilson 发表《自称幸福感的相关因素》以来，幸福研究的技术特征更加鲜明，各学科相继开发出不少针对特定群体的量表，如针对青少年、老年人、在校大学生和特定症候群的检测量表（表 1）。

表 1　幸福测量方法及量表（部分）

	自编问卷
	国际大学生调查量表 ICS
	纽芬兰纪念大学幸福量表 MUNSH
	总体幸福感量表
	生活满意度量表
	中国城市居民主观幸福感量表
	Campbell 主观幸福感指数量表
测量法	康奈尔指数问卷 CMI
及量表	单项人面量表
	单项目自陈主观幸福感量表
	生活质量综合评定问卷 GQ0LI
	Kanunan 和 Tlett 情感量表
	主观幸福感用阶梯量表
	Ryff 心理幸福感量表
	中国人幸福感量表
	张兴贵青少年主观幸福感量表

公共管理关注居民的幸福水平，是因为宏观政策对于稳定和提高居民的生活质量面临新的挑战。尤其是 20 世纪后 30 年，大部分发达国家经济增长普遍放缓，资源约束日益紧迫，灾难性污染事件频频发生，国民幸福指数等宏观指标应运而生。20 世纪 70 年代后期，幸福研究的理论模型开始出现。80、90 年代解决模型可靠性的量测技术得到重大发展，实际应用获得空前拓展。Diener 2000 年发表《主观幸福感——快乐科学与社会指标》，标志着幸福已经成为促进人类生存与发展的终极目标所在。2002 年丹尼尔·卡尼曼（Daniel Kahneman）因为借助于应用心理研究领域的综合洞察力，给经济学带来革命性的创新而获得诺贝尔奖，提出建构新的学科幸福学（Hedonomics），成为引领幸福科学研究的新方向。

三、应用性研究存在的问题

社会学、心理科学、教育科学、经济科学和管理科学等不同科学，为解决幸福理论应用面临的问题，建构各自领域的检测量表、评价指数和通用模型。由于体验物质财富丰裕过程的经历不同，不同发展水平的国民对于幸福的心理反应和内在需求是不同的。西方发达国家国民物质财富心理体验的形成，建立在初始产权制度长期没有发生历史性变革的条件下，通过完善的以私人竞争为核心的市场制度培育而成。对于中国这样一个处于深刻历史变革的转型社会，对于国内处于不同改革开放区域、不同发展阶段的国民，他们对物质财富丰裕水平变化的感受不仅彼此不同，而且不同于实现工业化、从传统工业社会进入后工业社会的国家。套用前者几代人体验财富的行为表现，以及以此为基础抽象而成的分析框架，并且对应于他们几代人相对稳定的心理体验过程和固定的心理特征，上升并衍化成以他们的文化本位为主格的判断模式，那种关于生活和幸福的心理本位制未必适应和满足我国正在成长的财富增加过程和国民心理体验。不仅实际的心理体验不同，而且由此养成的对于物质财富和精神财富的文化诉求、心理本位和价值观也是不同的。

发达国家和地区基本完成物质财富的聚集，进入精神财富的生产和消费阶段，国民心理的社会体验主要集中于这个区间。物质财富创造的过程客观上对国民心理体验的塑造、刻画和影响退居其次，让位于对物质财富的持有、投资、转移和消费，集中在对精神财富的生产和消费领域，全社会无形固定资本的投入和增值，也比我国规模大、发展快。

我国仍然处于社会主义的初级阶段，不论东部沿海地区，还是中西部欠发达地区，先富起来的国民毕竟属少数，大部分国民仍处于物质财富不甚丰裕的阶段。社会性物质财富创造的过程仍然占据主要地位，简单、初级的个性化创富方式仍然比各行各业系统性的劳动财富增加方式具有竞争性优势。即使物质财富比较丰富的少数群体，其创造物质财富的社会活动过程，同普遍、公平的增加一般国民物质财富的过程有着本质区别。能否作为整个社会创造物质财富的一般方式，尚存有疑问。他们感受物质财富丰裕过程的先富、快福的快餐式心理体验，是否能作为全社会普遍的心理体验，也缺乏足够的社会基础和历史支撑。

国民心理体验过程的不同，自然产生不同的心理感受和历史积淀。上述学科普遍面临如何吸收、消化和处理财富创造过程不同、国民心理体验不同、总的财富价值观念不同等历史差别问题。真理与手段的一致性，也就是客观规律、阶段性结论与特定的应对手段，必须服从反映真理的一系列问题的本质属性。由于考察幸福的研究手段外在于我国不同地区、不同丰裕水平的国民感受，客观上存在研究手段与我国国民创造财富、体验财富丰裕水平变化的过程脱节，国民文化主格和基本财富价值观念错位，一

味套用这样的手段刻画和解释我国不同地区、不同发展阶段国民幸福的感知过程，容易本末倒置，掩盖财富创造过程中的真实情景，不利于形成适合一般劳动阶层的财富创造方式和财富信仰，也容易损害财富增长应有的道德准则和公平公正机制。

四、路径合成与选择

(一) 宏观决策导向

宏观决策导向的选择是一个复杂的利益均衡过程，存在多种可能的选择（图1）。

选择一：宏观决策导向→政策施行过程→公共财富增长优先→居民财富增加提升；

选择二：宏观决策导向→政策施行过程→居民财富增加优先→公共财富增加提升；

选择三：宏观决策导向→政策施行过程→公共财富增长优先→公共财富增加为基础调优调稳居民财富增加；

选择四：宏观决策导向→政策施行过程→居民财富增加优先→居民财

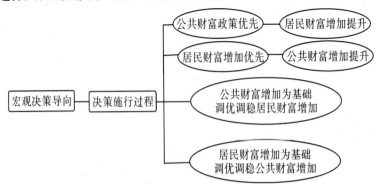

图1 宏观决策导向选择

富增加为基础调优调稳公共财富增加。

（二）财富创造方式

一个社会的财富创造方式从根本上划分存在两种类型：（1）个性化的财富创造方式；（2）社会化的财富创造方式。由于资本所有体制的不同，土地、劳动力、资本等其他要素的初始价格、资本化水平、价值增值方式和最后剩余，在整个价值链的交易环节分属于不同的所有者，形成权利、地位极为不等的一系列占有、支配、处分和分配等关系的复杂组合。单纯提供活劳动的廉价劳动力与提供其他资本要素的所有者，在财富创造的整个活动空间始终面临要素收益的不平等竞争。公共资本应当严守中立性和非营利性，对准保障劳动者权利的基本制度，不参与或变相参与以赢利为目的的竞争性行业，避免加重单纯提供活劳动的劳动人口，长期处于资本、土地等其他要素所有者压制的困境。财富创造方式的选择不是宏观决策的一个直接难题，而是居民无法规避的一种劳动困境，可能的选择如下（图2）：

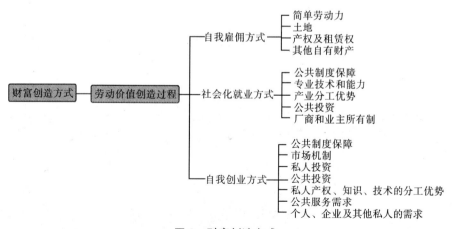

图 2　财富创造方式

选择一：财富创造方式→劳动价值创造过程→自我雇佣方式（结合"简单劳动力、土地、产权及租赁权、其他自有财产"）；

选择二：财富创造方式→劳动价值创造过程→社会化就业方式（结合"公共制度保障、专业技术和能力、产业分工优势、公共投资、厂商和业主所有制"）；

选择三：财富创造方式→劳动价值创造过程→自我创业方式（结合"公共制度保障、市场机制、私人投资、公共投资、私人产权、知识、技术的分工优势、公共服务需求、个人、企业及其他私人的需求"）。

（三）居民幸福感

居民幸福感作为一个抽象的概念，表达存在一个从表层到中间若干过渡层，最后直达底层的层次嵌套和内容替代的过程，是多因素复杂演化的聚集体。居民群体性演化的代际差别增加了主观幸福感的不一致，呈现经济不同发展水平的阶段性特征和不同财富群体的个性差异（图3）。

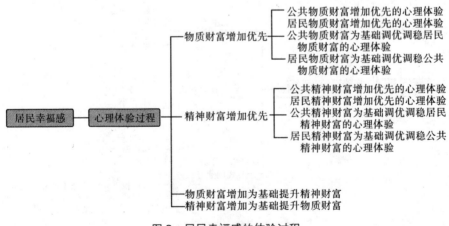

图3 居民幸福感的体验过程

居民幸福感的体验路径：

路径一：居民幸福感→心理体验过程→物质财富增加优先→公共物质财富增加优先的心理体验；

路径二：居民幸福感→心理体验过程→物质财富增加优先→居民物质财富增加优先的心理体验；

路径三：居民幸福感→心理体验过程→物质财富增加优先→公共物质财富为基础调优调稳居民物质财富的心理体验；

路径四：居民幸福感→心理体验过程→物质财富增加优先→居民物质财富为基础调优调稳公共物质财富的心理体验；

路径五：居民幸福感→心理体验过程→精神财富增加优先→公共精神财富增加优先的心理体验；

路径六：居民幸福感→心理体验过程→精神财富增加优先→居民精神财富增加优先的心理体验；

路径七：居民幸福感→心理体验过程→精神财富增加优先→公共精神财富为基础调优调稳居民精神财富的心理体验；

路径八：居民幸福感→心理体验过程→精神财富增加优先→居民精神财富为基础调优调稳公共精神财富的心理体验。

（四）合成关系

宏观决策导向的四种选择、财富创造方式的三种选择、居民幸福感的八种体验路径，合成多达96种之多的传导模式（图4）。

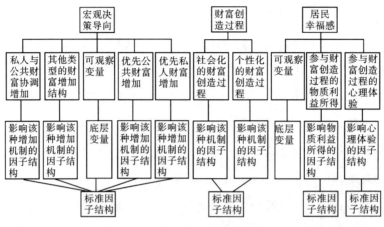

图 4　合成模式

（五）居民幸福感与经济增长阶段的关系

居民幸福感与宏观决策导向存在相互对应的关系，这种关系依赖于经济增长的阶段和发展水平，呈现阶梯性的递变（图 5）。在由一般贫困向普

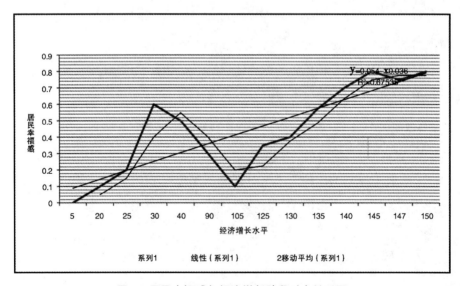

图 5　居民幸福感与经济增长阶段对应关系图

遍解决温饱的过渡时期，宏观经济的增长能够明显地提高居民幸福感。在由基本解决温饱向局部富裕的过渡时期，宏观经济增长就存在与居民幸福感分离和背离的现象。在社会财富分配进入两极分化宽幅震荡的时期，宏观经济增长对居民幸福感的影响作用普遍降低，甚至边缘化，不再具有基本的提升作用，相反社会公平与公正则成为影响居民幸福感的重要因素。社会财富分配的结构普遍进入一个合理的自我调整时期，个性自主发展的因素占有主导地位，而宏观经济增长的作用随同自身增长幅度的扁平化而归于一般和中性，直到经济增长主要与个人劳动自愿和劳动能力相统一。由公共权力通过制度承诺推行的宏观经济活动，采取普遍集中、大规模资本聚集和技术高度社会化的经济增长模式，也会伴随公共制度职能的转变，转向其他能效更高的侧面和领域，靠承诺体现公共政策和服务品质的价值传导机制，将由直接的竞争性服务所替代。

（六）路径选择

截至 2010 年山西人均地区生产总值 26385 元，按 2010 年平均汇率计算达到 3900 美元（图 6）。参照美国经济学家 H.钱纳里运用 20 世纪 70 年

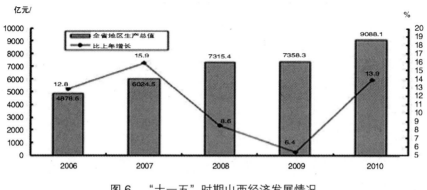

图 6　"十一五"时期山西经济发展情况

代的数据提供的标准,考虑当前和今后山西经济、社会、环境、民生、科技和社会公平公正水平的建设进程,总的看仍处于传统工业化模式的中期阶段。

换句话说,山西未来国民创造和体验财富的过程仍然以物质财富的增加为主,精神财富的增加为辅。宏观决策导向影响居民幸福感的微调节点和手段应当对准经济发展、社会进步、综合协调度、可持续发展和市场组织五个战略侧面约74项关键因素（表2）。从现阶段山西经济增长的动力机制出发,综合经济结构和市场组织变化的路径,利用主成分因子法(principal component factoring)分析,提取五个核心因素进行分析。

从居民就业水平、单位时间的劳动价值、每百元工业增加值的资源效率和科技教育支撑水平看,经济增长方式存在一定的落后性和不可持续性。经济保持一定速度的高增长,仍是推进转型跨越发展的必要前提和主要动力。在私人资本投资尚无力主导经济转型、跨越发展时,依靠政府宏观决策的指导,借助必要的公共财力和政府信用增加投资,推动经济发展仍是宏观决策的优先方向。如何在宏观经济的高增长与居民幸福感的提升之间,构建一个动态、双优的均衡度和满意度,推动经济发展、社会管理、公共服务和生态和谐步入以民生为本的可持续发展通道,着力提高居民的幸福感,现实的路径是（图7）:

"山西地方宏观决策导向→政策施行过程→居民财富增加优先→居民财富增加为基础调优调稳公共财富增加→财富创造方式→劳动价值创造过程→社会化就业方式(结合'公共制度保障、专业技术和能力、产业分工优势、公共投资、厂商和业主所有制')→居民幸福感→心理体验过程→物质财富增加优先→居民物质财富为基础调优调稳公共物质财富的心理体验。"

表 2 影响宏观决策导向的关键因素

	经济规模	# $ 总量
	经济结构	第二产业增加值%# $ 总量 第三产业增加值%# $ 总量
	经济效益	人均 # $ 工业企业百元资金提供利税
经济发展基本面	经济外向度	实际利用外资总额
		人均实际利用外资额
		进出口总额
		进出口总额%# $ 总量
	人口素质	人口密度
		自然增长率
		每万人有普通高校学生数
社会进步方向	生活质量	农民人均纯收入 城镇居民人均可支配收入
		职工平均工资
		人均可支配收入
		恩格尔系数 农村居民 城镇居民
		城镇居民使用面积
		农村居民使用面积
	社会管理方面	人均居住面积 人均图书册数
		职工基本医疗保险参保比例
		职工基本养老保险参保比例
		失业率 城镇失业人员
		每十万人刑事案件发案数
		每十万人交通事故死亡数
	环境优化	人均公共绿地面积
		建成区绿地覆盖率 生活污水处理率
		工业废物综合利用率
协调方向	经济与社会协调度 经济与环境协调度	人均 # $ 增长%,人均可支配收入增长
		人均 # $ 增长%,人口自然增长
		# $ 增长%,废水排放量增长
	社会与环境协调度	人均可支配收入增长%,生活垃圾无害化处理率增长
	社会与资源协调度	人均可支配收入增长%,用电增长
	区域协调度	城乡经济发展速度比

63

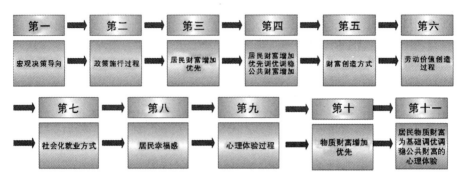

图 7　现实路径选择

五、研究方法与结果

多水平混合效应模型（Multilevel mixed-effects linear）是指面板数据（panel data）存在分层效应，一个变量嵌套于另一个变量。宏观决策导向与居民幸福感存在变量之间复杂的嵌套关系，层次之间的因果效应明显。

（一）模型设定

模型设定为：

$y=X\beta+Zu+\varepsilon$

其中，X 表示固定效应变量，Z 表示随机效应变量。随机部分（$Zu+\varepsilon$）的方差为：

$$Var[u\begin{matrix} u \\ \varepsilon \end{matrix}]=\begin{bmatrix} G & 0 \\ 0 & \sigma_\varepsilon^2 I_n \end{bmatrix}$$

第 i 组表示为：$y_i=X_i\beta+Z_iu_i+\varepsilon_i$

q 个随机效应 u_i 的协方差矩阵为 Σ，对于两个水平的模型，第 (i,j) 组表示为：

$$y_{ij}=X_i\,\beta+Z_{ij}{}^{(1)}\,u_i{}^{(1)}+Z_{ij}{}^{(2)}\,u_{ij}{}^{(2)}+\varepsilon_{ij}$$

其中，$u_i{}^{(1)}\sim N(0,\Sigma_1)$；$u_i{}^{(2)}\sim N(0,\Sigma_2)$；$\varepsilon_{ij}\sim N(0,\sigma_\varepsilon^2 I)$。

假设1：$E\left[\varepsilon_i|X_i,\ \alpha_i\right]=0$。

即干扰项 ε 与解释变量 X 的当期观察值、前期观察值以及未来观察值均不相关，模型中的解释变量严格外生。

假设2：$Var\left[\varepsilon_i|X_i,\ \alpha_i\right]=\delta^2 I_T$，即同方差，模型的（OLS）估计量是BLUE的。

（二）变量选取

表3 变量（单位：元，亿元，万美元，%）

部分一

变量	指标	1998	1999	2000
宏观决策导向	GDP 总量	16010799	16671000	18457200
	人均 GDP	5072	5230	5768
	实际利用外资总额	59205	98677	63188
财富创造方式	第二产业增加值 /GDP 总量	53.5	47.1	46.5
	第三产业增加值 /GDP 总量	33.6	43.3	43.8
	进出口总额	169978	128739	176438
居民幸福感	自然增长率	9.92	9.86	7.480
	农民人均纯收入	1859	1772.62	1905.6
	城镇居民人均可支配收入	4099	4342.6	4724.1
	职工平均工资	5087		6918
	居民储蓄额	1437.0605	1614.3945	1748.421

部分二

2001	2002	2003	2004	2005	2006	2007	2008
20295300	23248000	28552200	35714000	4179.5	4715	5733.4	7055.8
6226	7082	8641	10741	12495	14106	16945	20742
56600	39352	63636	62184	106369	132438	191471	172174
47.1	48.8	51.3	53.7	56.3	57.8	60	4179.7
44.5	42.7	41.2	39	37.4	36.4	35.3	2370.5
194098	231174	308417	538173	554597	662779	1157047	1439004
7.16	6.72	6.22	6.25	6.02	5.75	5.33	5.31
1956.1	2149.82	2299.4	2589.6	2891	3000	3666	4097
5391.1	6234.37	7005.03	7902.9	8914	10027.7	11565	13119
	9357	10730	12943	15645	18300	21525	25828
1979.7268	2307.3176	2781.5374	3342.3062	4119.6865	4796.1838	5422.393	7048.6087

注：数据根据《山西统计年鉴2009》、《山西统计年鉴2005》、《山西统计年鉴2003》整理。

通过分析参数，解释变量的估计系数、标准差与进行截面回归一致，固定效应模型中的个体固定效应和随机干扰项的方差估计显著。第一水平的居民储蓄与第二水平的产业结构、人均GDP、城镇居民可支配性收入、农村居民的平均收入存在较强的因果关系。

表 4　数据结果

Wald chi2(3)　=　732.01

Log restricted–likelihood = –82.696469　　　Prob > chi2　　=　0.0000

----

sdrurr |　　Coef.　Std. Err.　z　P>|z|　[95% Conf. Interval]

---------------+--

sigdp | 20.7693　17.09443　1.21　0.224　–12.73516　54.27377

tigdp | 6.464938　20.56202　0.31　0.753　–33.83589　46.76576

tvie | .0039324 .0003622　10.86　0.000　.0032224　.0046423

Random–effects Parameters | Estimate　Std. Err.　[95% Conf. Interval]

------------------------------+-------------------------------------

year: Identity　　　　　　　　 |

　　　　　　　　sd(_cons) | 428.4422　　　　　.　　　.　　　.

------------------------------+-------------------------------------

　　　　　　　sd(Residual) | 160.6658　　　　　.　　　.　　　.

LR test vs. linear regression: chibar2 （01）　=　　0.00 Prob >= chibar2 = 1.0000

六、结论与对策

宏观决策导向对居民幸福感有重要影响。不考虑财富创造方式的交互作用，主要通过宏观经济增长的利益传导机制，间接作用于居民收入。但是，这种作用容易被城乡之间和群体之间的收入差距减弱。由于财富创造

方式实际上起着塑造一国居民心理的作用，心理体验与主观感受作为财富创造活动的产物有着相对稳定的固定效应。嵌套财富创造方式的作用之后，宏观决策导向对居民幸福感的影响出现变化，这种变化更多地表现为居民个人体验财富增加的心理感受。换句话说，通过调整财富创造方式，宏观决策可以有效调节居民的幸福感。

要提高居民幸福感，宏观决策导向需要着眼于适度放缓以 GDP 为中心的经济增长，转到调整和优化财富创造方式的路径，重点是推动全社会劳动和就业方式的转型。在调整现有产业结构的基础上，逐步减少物质资产的固定投入，大力增加社会管理、公共服务和精神资产的固定投入。对城市居民而言，重点通过就业结构的转型，扭转和改善劳动者报酬增长不合理的现象。对农村居民而言，应当加大公共基础服务，拓宽家庭经营活动的覆盖面，降低参与社会服务行业的门槛，提高参与新型工业化和城市化的技能。

参考文献：

[1] 冯俊科. 西方幸福论 [M]. 长春：吉林人民出版社. 1992

[2] 柏拉图，刘静译. 理想国 [M]. 北京：外文出版社，1998:162~173

[3] 邢占军. 主观幸福感测量研究综述 [J]，心理学，2002 (3)

[4] 叶南客，陈如等. 幸福感、幸福取向：和谐社会的主体动力、终极目标与深层战略 [J]. 社会科学研究，2008， (1)

[5] [魏]王弼注，楼宇烈校释. 老子道德经注 [M]. 北京：中华书局，2009

[6] Ricardo J. Caballero, and Eduardo M. R. A. Engel.Heterogeneity and Output Fluctuations in a Dynamic Menu-Cost Economy [J]. The Review of Economic Studies, 1993, 60 (1): 95~119

[7] Nazrul Islam. Growth Empirics: A Panel Approach[J]. The Quarterly Journal of Economics, 1995, (4) ,1127~1170

[8] Paul Evans.Using Panel Data to Evaluate Growth Theories [J]. International Economic Review, 1998, 39 (1)：295~306

（作者：李中元，山西省社会科学院党组书记、院长，北京大学世界新能源战略研究中心研究员；罗瑞，澳门科技大学博士）

用时代思维迎接时代挑战

王义堂

我是山西人，我爱自己的家乡。我为山西取得的每一个成就欢欣鼓舞，我为山西的每一个进步击掌相庆。我向所有过去、现在为了山西的繁荣富强作出了贡献的山西人，特别是非山西籍的朋友表示自己的敬意。身在异乡，日里夜里常想故乡的事：山西，如何转变经济增长方式？如何实现跨越发展？

任务艰巨繁重，工作千头万绪，最重要、最紧迫、最有决定意义的第一是转变思维方式，第二是转变思维方式，第三还是转变思维方式。

20年前，还在山西工作时，我写过一篇文章：山西人，快转变观念！20年后，我仍要疾呼：山西人，快转变思维方式！

这样说，绝不是说山西人的观念落后、思维方式落后，而是企盼山西能尽快通过思维方式的转变，实现经济增长方式的转变，实现跨越发展，走在全国的前头，让我们在任何地方都能昂起头来，得意洋洋地说：我是山西人！

我们正处在一个我们的先辈从来没有经历过、我们自己也难以完全预料到的高速发展时期。瞬息万变的信息技术对社会生活的改变，使"日新月异"这个词变得那样陈旧，那样苍白无力。社会生活本身的改变，呼唤着、迫使着思维方式的转变。日本大地震发生后，面对发生在全国各地的抢购碘盐风潮，有的地方政府立即召开会议，要求商店采取措施，每个顾客限购两袋盐；有的地方成立领导组、派出工作组，要求党员干部带头不抢购；一些生产运输企业则紧急动员职工大量生产运输食盐。当时，我正在江苏省睢宁县调研，睢宁县委书记王天琦的手机半个小时内收到了30多条全县各地发生抢盐事件的短信。他没有着急召开常委会，而是通过手机先了解了全县食盐储存情况，向全县干部群众群发了1万多条短信，干部群众又互相转发，同时通过互联网向网民通报情况。仅仅两个小时，全县的抢盐风潮渐渐平息。抢盐风潮的兴起是手机短信和互联网惹的祸，抢盐风潮的平息同样靠的是手机短信和互联网。对同一事件的不同处理方式，反映了不同的思维方式。一种是计划经济时代的思维方式，一种是工业时代的思维方式，一种是我们长期形成的搞群众运动的思维方式，而睢宁县采取的则是信息时代的思维方式。

旧的思维方式在解决一些新的社会问题时，还有事半功倍的效果。但解决另一些社会问题时，就值得怀疑了。就说北京解决交通拥堵问题吧。首都首都，现在是全国第一堵，名副其实的"首堵"。公正地说，北京市有关方面也极为重视，通过多种渠道解决堵车问题。例如，改造城市道路、实行车辆限购和车号限行、外地车辆定时限行、提高停车费，等等。这些措施都有效，但很有限，特别是有效的时间很短。每实行一项新的措施，交通拥堵状况总能好转一段时间，但很快就死灰复燃，甚至是变本加厉。我算过一笔账，北京市的二环、三环、四环、五环加起来是240公里，都按八车道计算，共1920公里，大小车辆平均每辆车按占道5米计算，总共可放384 000辆车，仅仅是现有车辆的十几分之一。如果所有车辆都动起来，这四条环线仅仅能容纳现有车辆的六十分之一。北京再有钱，全国再支援，修路再加快，也解决不了这一难题。

山重水复中，思维方式会帮我们走出困境。如果我们用信息时代的思维方式来解决信息时代的社会问题，情况可能会好得多。如果我们充分利

用信息技术的发展成果，在党政机关、银行证券、广播电视、报社学校、科研机构等等所有能实行移动办公的地方都实行移动办公，人们大可不必天天开着车上班，许多单位甚至不必要求员工在北京办公，而完全可以在山清水秀、鸟语花香、空气清新的深山、海滨、江河湖畔办公，《人民日报》的同志完全可以在晋祠公园办公，这会减少多少出行的车辆？如果北京市民绝大多数采取网上购物的生活方式，又会减少多少出行车辆？不仅会减少车辆的压力，也会大大减轻北京的住房压力，北京的上班族，平均每人每天还可以减少两个小时的路途奔波。把这些节省下来的时间和体力用到工作上，会创造多少财富；用到生活上，也会大大提高我们的生活质量。

不合时宜、脱离实际的思维方式在我们的生活中司空见惯。昨晚中央电视台播放了高铁减速的消息。我们认真思索一下，最近接二连三的高铁事故，哪一点是速度惹的祸？不都是管理问题吗？不都是信息技术上出的错？假若速度一减再减，还叫高铁吗？

移动办公，国外许多地方都已实行，国内一些公司也已实行，信息技术、计算机技术为我们提供了更大的便利。目前最大的障碍在我们的头脑中，是在我们头脑中那种过时的思维方式。

由此我们得出结论：一个时代的社会问题，需要一个时代的思维方式来解决；一种思维方式也只能解决一个时代的社会问题。农业时代的思维方式，只能解决农业时代的社会问题；工业时代的思维方式，只能解决工业时代的社会问题；信息时代的社会问题只能用信息时代的思维方式解决。

当然，思维方式的转变绝不是一件轻而易举的事。一方面，正像我们的血管里流着先辈们的血液一样，我们的意识深处也积淀着先辈们的思维传统并奉为不二法则。另一方面，我们现有的思维方式，不仅是我们多少年辛苦和心血的积累，而且确实为我们带来事业的成功。因此，转变我们的思维方式，不仅要有清醒的认识，更要有敢于舍弃的品格，要有自我否定精神。

思维方式决定着我们的工作方式，也决定着我们的生活方式。最早转变思维方式的地方，必然是最早实现跨越发展的地方；最早实现思维方式转变的人，必然是最早朝气蓬勃投入新的创造的人们。他们的命运将是令人尊敬的，他们的历史将是令人钦佩的！

（作者：人民日报社技术部主任，北京大学世界新能源战略研究中心顾问）

从国际战略的角度看山西能源转型

王逸舟

我从国际关系角度，对山西能源问题说点个人看法，供大家参考。

第一，作为一个新兴大国，中国的崛起要经历相当长的时期，经历一个工业化为主的阶段。在这个阶段上，我们将面临日益严重的能源瓶颈，对外部化石能源的依赖会不断上升，对此要有足够的准备。

现在的新兴大国共分两个类型，一种是像巴西、俄罗斯这样一些资源和能源比较丰厚的新兴国家，另一种是像中国这样自然资源和人均能源在世界上相对缺少的国家。新兴工业化大国里，中国的能源短缺尤其严重。有报道讲，工业发展所需的二三十种主要化石能源里，过去在改革开放之前我们对其多数都拥有矿藏而且都够用，现在自给自足率严重下降，多数化石能源都存在自产比重不断下降、进口日益扩大的势头。有人说，我们可以用货币在世界市场上购买它们嘛。是的，我们可以和利比亚、伊拉克、伊朗、俄罗斯这些拥有丰厚资源的国家进行交往。但是现实情况是，那些拥有丰富自然资源的国家，往往也处于政治上不安定、外交上有麻烦、安全上缺乏保障的地带。这中间的原因复杂多样，不是这里一时片刻能够说清的。但有一点很清楚：由于各方面复杂因素的影响，我们和资源丰富型国家未来的合作可能会遇到不同类型的麻烦与挑战，就像近些年在伊拉克、利比亚、伊朗和独联体某些地方见到的那样。我想，这是对我们的一个重要警醒：考虑到中国工业化进程不会马上终止，能源资源短缺问题在未来一段时间将日益凸显，而新能源的取代（比如用核能、风能和太阳能作为主要工业能源）不可能是一个容易的、短期的进程。中国发展因此而存在一个长期存在的软肋，即对外部能源的依赖，是国际安全角度讲的"特殊脆弱性"。

举例来说，从 1993 年之后，中国从一个石油输出国变为石油输入国，近年来逐步成为全球最大的石油进口国之一。现在我们消费的石油中有 55%需要进口，而进口的多数区域及国家属于国际安全领域里有风险的地带，如中东海湾地区、俄罗斯与中亚地区、南中国海地区。一旦出现大的战乱或海盗袭击事件，我们的海上运输线就可能中断，原先的供货合同就不能按期执行。当初萨达姆执政时期的伊拉克政府曾与我国的一些石油公司和地方企业签订过 70 亿~80 亿美元的合同，美军占领、政权一更迭，所有这些合同都作废了，对我们有关企业和地方政府是不小的损失。目前沙特、伊朗、科威特、苏丹、安哥拉、利比亚等海湾或北非国家都有与中国加大能源方面合作的渴望，事实上跟其中很多国家签了很大的单，但它们的政治稳定性和国际安全性存在众所周知的问题；假如发生以色列与伊朗之间的冲突，我们国家能源安全局面就可能受到某些冲击。我曾到阿联酋的迪拜开会，中美俄三方专家在那次会上评估，假如波斯湾发生战争，包括中国在内的很多国家的油轮货轮就无法通过那一区域，只好绕道从南非好望角或太平洋彼岸的巴拿马运河走，不仅成本会大幅上升，交货周期也将大大延长，对于相关国家无疑是重大打击。中国不是一个中小国家，我们的原油需求不是一个小数目，类似国际危机的冲击对于中国远甚于对绝大多数国家的影响。同样情景也可发生在铁矿石供货方面。中国现在已是全球第一大钢材生产国，占到世界总量的几乎一半，仅目前中国在建的和新增的钢铁产量就超过美国的总产量。这么大的块头，却有一个脆弱的软肋：我国钢材生产所需的铁矿石，过去完全自给自足，现在超过 2/3 需

要进口！且不说价格上容易受人摆布，单是安全性方面就成问题：比如，往坏处设想，假使运输铁矿石的船队受到海盗袭击，或者未来某一天被假想敌国的舰队拦截，我们的钢厂就会停产，工人会有更多失业，更不用说涉及相关行业的连锁反应有多少了。

上述假设提示了中国经济发展模式存在的一个严重缺陷：我们过去这些年 GDP 的高速增长，主要是建立在对地球矿物资源的大量采掘之上的；一旦自然资源消耗殆尽，这类量的扩张将自动停止下来。记得小时候经常听到中国"地大物博"的说法，现在不少经济学家却使用中国经济"紧运行"的概念（人均自然资源相对短缺的局面下推进现代化、工业化、城镇化）。其实，过去主要是因为经济没有活力，机器没有高速运转，所以显得物产充裕、资源丰富；现在中国这架人类史上最大的经济发动机几十年高速运转，有再多的自然资源也显得不够。务必提醒各位注意一个事实：中国不是 1.3 亿人口（日本这个级别），更不是 1300 万人口（如同世界上多数国家的人口数量），而是拥有占全球人口 1/5 的 13 亿多。我们的发展模式如果长期主要依赖化石资源，尤其是外部供应的话，势必引起这样那样的矛盾与紧张，造成中国发展的脆弱性和受制于人。按照科学发展观的要求，将它转变成科技带动型、资源节约型、环境友好型的模式，不仅我们的子孙后代受益无穷，中国现实面对的各种国际纠纷和批评无形中就失去了存在的基础。在此，我也想对目前国内各级政府加大经济刺激计划、追求 GDP 做大做强的路径提一点看法。保增长、保就业、保民生、保稳定无疑是全球经济危机和衰退面前的当务之急，但顾及这些方面的时候，一定要使资金使用和资源投入真正用于可持续发展的方向，遵循改革思路和创新激励要求，切不可盲目扩大已经过剩的那些产品、产业和领域，更不能饮鸩止渴、解决了暂时的问题却造成更严重的后患。从国际关系学者的眼光观察，真正能在国际产业结构中占据主导位置的，一定是那些能够占据制高点即新兴产业的国家，而非那些单凭规模取胜、不问产业的性质是"朝阳"还是"夕阳"的国家。所以说，当下的全球经济危机也有一个好处：它能起到"大浪淘沙"的作用，几年之后一批曾经的"明星国家"可能继续崛起也可能轰然倒下，昙花一现（如十多年前的亚洲金融危机击垮印尼）；真正经受住冲击考验的，一定是具备了新的技术、新的智慧和新的产品的国家（如同 20 世纪 70 年代石油危机塑造了发达国家一批节能型建筑和产业一般）。面对全球经济金融危机，面对发展中世界的乱象和发达国家的乏力，中国要争取成为新型大国，一个善于把握机会、抓住危中之机的国家，而这种先机并不是简单重复旧的工业化道路与能源利用方式能够获得的。

第二，我国现有的产业和产品结构不仅造成环境退化，也容易阻碍科技提升，使中国崛起的质量受到影响。必须意识到这个问题的严重性，切实加以改进。

从世界政治角度观察，中国的生态环境恶化和低端技术结构是另一个大问题。现代人的体质随着我们工业化的发展而下降，让我们感到忧虑。不夸张地讲，当今中国既是全球主要制造业的基地，也是全球最大的工业污染地之一，过去 25 年间，我到过 40 多个国家，亲身感受中国环境问题的日益严峻。比如，20 世纪 80 年代时我从来没有听说对中国造成环境问题的批评，90 年代开始听到"下风口"国家如日本、韩国一些人的抱怨，说他们国家经常受到中国季风携带的工业粉尘的危害，再后来说是美国西海岸也能检测到中国工业颗粒物了，而近期北欧有的国家声称在北极圈上空臭氧层附近甚至发现了其污染源来自中国的一些工业颗粒。这中间肯定有夸大和歪曲的成分，但总体上中国工业化的某些消极后果是可以察觉

的。这也是为什么我们的外交官和领导人在国际会议上这方面面临的压力越来越大的原因。气候变化是当今人类面临的共同挑战，但很多国家把责任都推到中国头上。对此必须想办法应对，既要有国际关系和外交领域的顽强与巧妙斗争，也要有国内实际的减排行动，以回击中国造成污染的论调。哪怕为我们自己和子孙后代着想，也必须加紧改进的步骤。我出生在湖北省武汉市，这个城市曾经号称是"百湖之市"，是全国湖泊最多的城市，但是在过去40年工业化高速推进的时期，武汉市的湖泊数量从将近130个下降到现在的刚刚30出头，整整100个湖泊从我们眼前消失了。我觉得，这不是湖北武汉独有的景象，它实际上是整个国家工业化进程带来的一个普遍现象，是我们国家历史上，也许是人类历史上前所未有的生态危机的一个缩影。如果对此没有强烈的忧患意识，我们国家可能就无法摆脱"GDP上去了，生态下来了"的厄运，最终让整个民族乃至更大范围的人民付出沉重代价。山西的转型能否成功，这个中国能源生产和输出大省的经济结构调整朝着什么方向演进，实际上也是整个中国经济在新阶段上转型能否成功的一个试金石，是中国实现真正长久发展、可持续增长的一次重大实验。

另一方面观察，传统模式的转换还有一层压力，即：如果不转换现有的生产模式和技术水平，只是让惯性冲动带着前行，我们国家可能永远停留在世界科技和制造业的中低端而不是高端位置。在世界科技领域，用王选院士的话说，大体上是"我们造壳、人家造芯"。我们主体产业处于世界金字塔相对比较低端的位置，在劳动密集型企业、初级加工业中，中国占很大的份额，但高端产业占比过低，中国在最高级的产业中缺乏话语权。尽管我们过去有两弹一星，今有"神舟"系列飞船、"蛟龙号"深海探测装置、"银河号"计算机等等重大科技的进步，但是大的局势并没有根本扭转，即中国仍然处在全球科技较低的层次上。迄今为止中国的崛起，基本上是数量、规模的崛起，而不是科技的崛起、质量效率的崛起。这种旧的发展方式对于一些领导者很熟悉，使用起来也简单，但它用得越久弊端越明显。我们现在需要制止旧模式的惯性发展，把发展从重数量崛起，努力跨越到以质量、科技崛起的层次上去。确实，中国经济发展很快，我们的增长在全球经济增量部分占不小比重；听上去，这是了不起的进步，比起过去的中国肯定如此，比起其他新兴大国也毫不逊色。但是仔细分析，这个论点是有盲区的。中国确实有些地方比较厉害，如规模大、人口多、市场前景可观。但有些方面却很弱，如人力资本的状态、科技创新能力、环境保护领域、知识产权领域、高端服务业领域等等。

来看看全球实物产品结构的金字塔：在玩具、食品、家具、钓鱼竿、小机电等含金量比较低、技术要求不高的产品中，中国占了很大的比重，有定价权，在全球市场上呼风唤雨。但是在金字塔的中间层次，中国占的比重开始下降。到了全球科技与制造业的高端范围，中国货与创意（包括制度设计）更寥寥无几。中端如特殊钢材、计算机芯片、大飞机、航母；高端如宇宙开发、新材料制造、前沿科技创意、最好的科技制度安排。我亲耳听已故的王选院士讲，在计算机领域，我们现在还只能是造壳，芯多半还是别人的；他认为，在某些方面中国台湾、新加坡甚至都比中国内地强。在中关村的各种电子商店，人们看到的多半是日本、韩国的新产品，或者是对它们的模仿，超过日本、韩国的东西很罕见。大飞机又是一个典型，中国虽然是全球最大的航空业市场之一，但自己只能造支线和国内飞行的中型飞机，造不出拥有完全独立知识产权、主要用于洲际运营、广泛使用的大飞机。在国际各种航线上的大量飞机，基本上是两大方向生产：美国的波音和欧洲的空客（俄罗斯也能生产大飞机，但商业化程度和占据

全球市场能力比较低)。最高端的领域,中国占的比重更少,例如外空开发、火星探索、极地及地心奥秘的掌握;一些特殊创意,比如《科学》与《自然》杂志上发表的作品,中国都是偏少的,与我们的人口比重或经济规模极不相称。甚至连家具、机电、钢铁和日用品中的高档货,我们也无法生产出能与欧美日抗衡的产品。比如,虽然全球十把钓鱼竿可能有九把是中国制造,但很可能欧美生产的那一把,就比我们的九把科技含量高、价格更贵,而且更有名(具备特殊商标等知识产权);一双意大利原产的皮鞋可能比好多双国产的值钱;一款瑞士制造的手表可能比国内几百块所谓的"高档手表"卖得好、卖得贵;一口由德国生产、在他们国家广泛使用的普通家用炒菜锅,可能含有国内任何厨具厂家没有的高技术高端设计元素。大家知道,温总理在纽约曾指出,美国一些人指责中国是没有道理的,且不说你们不卖高科技产品给我们;而且,中国厂家卖5000万件衬衫,也换不来美国波音公司一架飞机。想想看,这些衬衫需要多少纺织女工和棉农的劳作,以及多长的时间;再想想美国波音公司生产流水线的能力,就知道差距多大。

拿这次会上讨论的能源问题来讲,我也举一个例子:中国是稀土原料的主要生产和供应大国,但我们的原料多半没有深加工就出口了,很多产区无序竞争、低价出口、盲目开采,造成原产地的污染、单一化结构等问题;而日本等发达国家对这种原料进行深度加工、提纯,制造出稀土的中间产品或精原料,通过特有的科技手段使其价值一下子提高了好多倍,最终造成目前这种中国作为原始出口方而日本拥有高端稀土供应话语权的局面。如果我们从上到下不意识到这种局面的危险性与严重性,不深究科技的落后以及激励方面的深层次原因,那么,缺乏强大科技基石的中国,就不可能真正强盛,也很难在全球高地上站稳。

这次听到了有关专家和企业介绍的煤气开发和综合利用的新思路新技术，很受启发和鼓舞，衷心期待这些好东西能够推广开来，帮助山西作为能源产地和输出大省发挥更大作用，同时为整个国家在新时期实现经济转型和可持续发展提供力量。

北京大学世界新能源战略研究中心依托国际关系学院，为山西请来各方面的专家，其中也包括北京大学的校友，各位从技术角度、经济角度、国际关系角度等等，为山西结构转型提了很多有益的建议，而且还会做更多的事情。这是我们大家共同的事业，值得一道努力。

（作者：北京大学国际关系学院副院长，世界新能源战略研究中心副主任、教授）

关于煤炭产业经济基础理论问题的研究探讨

吕春成

一、煤炭产业的特征分析

煤炭产业是基础产业，又是采掘业，兼有两者的特点，这些特点与市场经济联系起来，从产业经济的角度来进行分析，煤炭产业除具备其他产业的一般性以外，同时有自己的特殊性。一是煤炭产业所需投资资金大、建设周期长。建设一个矿区，从资源勘探到设计、施工，及至形成铁路、供电、供水、生活区等配套设施，最快也得一二十年，所需投资资金巨大，这使其难以适应市场经济追求资本尽快回收的准则。二是煤炭产业投资风险大。煤炭产业面临着资源变化、自然灾害、生产安全、市场供求变化以及政策法律等诸多风险，且远远高于其他产业。这大大削弱了其对投资的吸引力。三是产品结构相对单一。就矿井（或露天矿场）本身而言，它的产品始终是单一的，矿井一旦建成，就只能产煤，不可能再生产别的产品。它不像加工工业，可以随着社会需求和市场条件的变化调整其产品结构，不断开发新产品，以实现最佳效益。四是价格形成复杂。煤炭是不可再生的自然资源，它在地域的分布、品质的优劣以及开采的难易程度等方面都有很大差异，这就决定了在行业内部、地区之间、煤矿之间存在着显著的级差收益。同时，由于采煤成本的完全化和外部成本内部化以及社会成本企业化等一系列问题的存在，使得煤炭价格形成比较复杂。

二、煤炭产业结构的优化与升级

国内外理论和实践表明，煤炭产业的主要问题是结构性问题。煤炭产业结构的改善不仅是煤炭产业本身的结构改善，同时也包括煤炭结构如何调整以更好地适应能源结构、产业结构和经济结构升级的问题。

（一）煤炭产业结构的演进规律及动力机制

煤炭产业结构的内容主要包括规模结构、产品结构、产量结构、质量结构和企业组织结构等多个方面。煤炭产业结构具有从低级阶段不断向高级阶段演进的规律性，其演进的动力机制是在需求的拉动下，由技术进步和竞争两个因素与需求三者之间形成的反馈机制维持产业演化的不断进行，使产业结构从一种形式演变为另一种形式。

1.演进规律。煤炭产业结构演进同其他产业一样，遵循着从低级到高级的演进规律。从发达与发展中国家煤炭产业演进过程来看，规模结构、产品结构问题始终是煤炭产业结构演进的重点和优化的方向，这与煤炭产业发展过程中长期存在的煤炭企业规模小、产业集中度低、产品结构单一、深加工和就地转化偏低有着密切的关系。具体而言，从煤炭产业的规模结构入手，可以从根本上淘汰市场存量中过剩的生产能力和落后的生产力，有效减少行业内部的无序竞争，推动煤炭企业规模和整体实力不断壮大，大规模实施企业兼并重组，逐步提高行业的集中度，是煤炭产业持续健康发展的主要途径，这对于以煤炭为主要能源的国家而言，还关系到国民经济的稳定和安全。另一方面，随着世界范围内工业结构的调整和产业结构的升级，以煤炭为主导的能源结构将逐渐向以油气为主的能源结构转型，对原煤的需求必然会不断降低。因此，这就要求煤炭产品结构必须适

应产业结构和工业结构的调整，以发展洗煤为基础，不断延伸产业链，开展包括煤炭气化、液化在内的煤炭深度加工，加快洁净煤技术的开发和应用研究，推动煤炭产品结构的调整。

2. 动力机制。煤炭产业结构演进的动力主要包括需求拉动、科技推动以及竞争促进三大因素。A. 需求的方向和水平指示着产业产品生产的方向和水平，需求结构作用于煤炭产出结构之上，形成了对煤炭产业结构演化的巨大拉动力，成为煤炭产业经济发展的"发动机"。B. 技术进步直接改变着煤炭产业进行资源转换的方式，不断提高煤炭产业的资源转换能力，从而推动煤炭产业结构演变。同时，技术进步也刺激着需求结构的变化，扩大着煤炭资源的利用范围。C. 在市场经济条件下，竞争自始至终、随时随地推动着煤炭产业结构的发展变化。竞争实质上是一种机会选择，它在一定程度上决定着资源的流向，并通过投资这一开关触发煤炭产业结构的演化，即通过投资来改变煤炭产业的资源配置结构。

（二）煤炭产业结构的优化及根本条件

产业结构优化的根本标志是产业技术配置的不断提高。煤炭产业结构优化除了规模结构和产品结构以外，还反映在产业的产出结构、生产能力结构、资源配置结构等不同方面。其优化的根本条件是能否保证产业技术配置不断提高，不断高效地产出满足社会需要的产品。

1. 结构优化。煤炭产业结构优化的具体表现为：A. 在煤炭产业产出结构中，一方面，技术含量高的产品比重不断增加，即从以原煤开采为主逐步转向以第二、第三产业且技术含量较高的产品为主；另一方面，在煤炭产业某一产品的核心层次、形式产品层次和附加层次各层次中，技术含量比重不断提高，满足社会需要的能力不断增强。B. 煤炭产业的生产能力结构中，高产高效矿井的比重越来越大，原煤生产的集中度越来越高，原来服务于煤炭开采的辅助企业同时具备服务社会的能力，且面向非煤产业的新产品的生产能力不断扩大。C. 煤炭产业的资源配置结构中，资本的技术构成比重不断加大，新技术、新设备和高素质劳动力、新材料日益成为生产要素的主要部分，整个产业呈现出从劳动密集型向资金密集型和技术密集型不断迈进的态势。D. 煤炭产业的经营方式上，表现为经营方式从粗放经营向集约化转变，不断提高产业资源的利用程度。E. 煤炭产业企业竞争方式上，非价格竞争的形式成为主要竞争形式，企业竞争优势主要来源于基于高素质人才和高技术等资源的有效配置而形成的产品差异优势。F. 煤炭产业中生产企业与销售企业间的联系越来越紧密，企业内部的生产分工协作关系越来越紧密，组织化严密程度越来越高。G. 煤炭产业与产业环境间的交换良性化，煤炭产业系统的运行和产出，更加适应政策、社会（社区）、经济、科技、自然资源等产业环境的变化，实现有效的生态环境保护和煤炭资源的合理利用。

2. 根本条件。要实现煤炭产业结构优化升级，必须保证煤炭产业演化动力机制的正常运行。A. 保持煤炭产业产出与社会需求一致，这是产业演化动力机制正常运行的前提。否则，会因社会需求拉力和技术进步的推力方向不一致而导致产业生产过剩，破坏煤炭产业结构进一步演化的条件。从宏观调控角度来看，这就要求提高煤炭产业产品需求层次，大力推广使用洁净煤和发展非煤产业，满足社会发展的需求。B. 要保持科技进步对煤炭产业演化的推动。包括：①煤炭产业能够及时获得所需技术。②技术在煤炭企业间无转移障碍，关键在于技术人才的流动体制和技术信息渠道的畅通。③煤炭产业中企业技术水平的不断提高。④降低产业退出障碍，有利于技术水平低的煤炭企业退出煤炭产业。C. 要保证竞争因素对煤炭产

业结构升级的促进作用，即保证煤炭产业内的适度竞争环境。其条件为：①利益机制正常。即产业中各煤炭企业为相对独立的利益主体，有决策自主权，能正常参与竞争。②平等竞争。反对不正当竞争和垄断，煤炭产业的竞争规则要有利于非价格竞争形式等高水平的竞争手段。③竞争机制中投资开关的开启和关闭适当。即投资机制要保证煤炭产业资源的优化配置。④提高煤炭产业进入门槛。新企业进入煤炭产业，不仅要求技术含量高，也必须有最低规模要求。

（三）煤炭产业关联与链条延伸

产业关联是产业与产业之间通过产品供需而形成的互相关联、互为存在前提条件的内在联系。煤炭产业的前后向关联的效应都较大，通过产业价值链的有效延伸，将会使资源的各种潜在效用在各个相互关联的产业环节中得到循环和充分利用，发挥最大的经济和生态效益。

1. 产业关联。维系煤炭产业关联的方式因各产业在产业链中位置的不同而有所差异，可以进行以下分类：A. 前向关联关系。所谓前向关联关系就是通过提供供给与其他产业部门发生的关联。主要指煤炭加工及综合利用相关产业，延伸价值链，进行煤炭深加工，推进煤气化、液化及水煤浆技术的应用等。B. 后向关联关系。所谓后向关联关系就是通过自己的需求与其他产业部门发生的关联。煤炭企业与供应商建立价值联盟，实现双赢甚至多赢。煤炭企业反向为供应商提供技术、人力、资金等方面的支持，实现研发创新成果共享，包括提高供应规模获得价格优势，开发新材料（设备）获得技术优势等。C. 环向关联关系。煤炭产业依据前后向的关联关系组成了产业链，而此产业链通过复杂的技术经济联系往往又会形成一个环，对于这种环状的产业关联，一般称之为煤炭产业的环向关联关系。

如采用原煤或中煤发电而又被企业使用等情况就属于这一类。经济学家钱纳里和渡边经彦对美国、日本、挪威和意大利4国的煤炭产业的研究表明，煤炭相比其他产业的前向关联效应大；而煤炭加工产业的前后向关联的效应比较大。煤炭资源产品链是通过产业关联来体现的，这种生产技术经济的联系有单、双向关联，直接、间接关联和前向、后向关联等几种。一般来讲，通过前向关联延长资源产品链，可以提高资源加工深度，充分利用资源，使资源增值，从而更好地发挥资源效益和经济效益。

2.链条延伸。煤炭产业链是围绕满足煤炭企业生产过程所涉及的一系列具有上下游关系的企业集合。煤炭产业链条延伸的选择空间较大，煤炭前向关联度较后向关联度大，煤炭加工工业后向关联度和前向关联度都较大，这为构造煤炭产业链提供了理论依据。在煤炭产业链方式选择上：A.确定煤炭产业链延伸方向。煤炭企业价值链的延伸和拓展应以基本价值链为依托，向价值链的上下游纵向延伸或水平横向延伸。鉴于未来能源结构调整和煤炭资源深度加工产品市场的发展，煤炭企业价值链的延伸方向以下游为主，并且逐步发展到由价值链延伸到产业链，把煤炭企业建设成为以煤为基础，煤和非煤相关产业并举的多个价值主链的综合高效型企业。B.煤炭产业链延伸方式。以煤炭资源为基础的价值纵向延伸方式有以下几种：①原煤—洗选—中煤—中煤发电；②原煤—洗精煤—配比（汽煤、肥煤、焦煤配比）—焦化—焦炭、焦油、粗苯、煤气—煤化工；③原煤—煤炭液化—煤化工；④原煤—煤炭气化—煤气—煤化工；⑤原煤—发电—高能耗产业；⑥原煤—发电；⑦煤炭物流。煤炭企业可根据实际情况，进行科学预测和充分论证，在实施过程中，可结合矿区特点进行有机组合，最终确定具有经营特色和市场竞争力的煤炭产业链延伸方式。

三、基于 SCP 范式的煤炭产业组织分析

哈佛大学麦森（Mason）和贝恩（Bain）教授的市场结构（Structure）—企业行为（Conduct）—经济绩效（Performance）的分析框架（简称 SCP 分析）方法，是构成产业组织理论的核心内容，现已逐渐成为现代产业组织研究的主要方法。依照产业组织理论，煤炭产业的市场结构直接影响并决定该产业内部的煤炭企业行为，进而影响并决定煤炭产业的整体绩效。

（一）煤炭市场结构

市场结构是对市场内竞争程度及价格形成等产生战略性影响的市场组织特征。描述市场结构的指标很多，主要有买主和卖主的数目、市场集中度、产品差异化、企业规模经济、行业进入和退出壁垒等。

1.市场集中度。市场集中度是指某一特定的市场中少数几个最大厂商（通常是前四位或前八位）所占有的市场份额，是衡量某一市场内厂商之间市场份额的指标，反映着该市场的寡占程度。随着市场集中度的理性提升，煤炭产业的发展经历了由分散竞争型向寡头垄断型自然过渡。在世界主要产煤国家中，前三四家煤炭企业市场占有率已经提高到 40% 以上，美国、德国、英国、澳大利亚等国家的煤炭企业，通过世界范围内的兼并或重组等方式，已经实现了国际化经营。寡头垄断的市场结构在一定程度上有利于提高煤炭产业竞争的层次和水平。

2.差异化。产品差异是指企业在所提供的产品上，造成足以引起买者偏好的特殊性，使买者将它与其他企业提供的同类产品相区别，以达到在市场竞争中占据有利地位的目的。煤炭产品的品牌、文化和功能的差异极其微略，其差别性主要表现在以下三个方面：一是不同煤炭企业所生产的煤炭产品本身的差别，如煤种、品种的不同；二是由于企业销售条件的不同所引起的产品差别；三是购买者在心理上相信一些企业产品存在的差异。由于原煤是各类煤炭企业的主力产品，在同一矿区的相同煤层，煤炭的质量是天然形成的和基本一致的，不会因生产方式和生产规模的不同而发生明显的变化。总体而言，煤炭产品的差异化是不大的或不明显的。

3. 市场壁垒。市场壁垒可分为进入或退出壁垒，就是妨碍企业进入或者退出某一产业的因素或障碍。主要有规模经济壁垒、必要资本壁垒、产品差异化壁垒、必要费用壁垒和政策法律壁垒等。煤炭产业生产的特点决定了煤炭产业应有较高的进退壁垒：一是从事煤炭生产经营活动需要较大规模的投资，大规模投资增加了筹资难度和退出阶段的沉没成本过高，从而形成了市场进退的资本壁垒；二是煤炭生产受资源限制很大，某企业一旦拥有了一定范围的煤炭资源开采权，就应制约其他企业进入这一范围；三是煤炭企业相对稳定的用户要求相对稳定的销售渠道以及较为稳定的市场占有率，从而形成煤炭产业的进退壁垒。在不同条件下，不同经济类型的煤炭企业进入或退出煤炭产业的自由程度具有很大的不同。

（二）煤炭市场行为

煤炭产业的市场行为可从定价行为、非价格行为、自组织行为三个方面来进行分析。

1. 定价行为。定价行为是企业行为的重要内容。煤炭产业竞争的焦点主要集中在价格上，在市场经济条件下，由供需双方企业根据市场供求关系协商确定煤炭价格，随着市场化程度的进一步深入，煤炭价格将最终取决于市场供求关系、资源稀缺程度和环境损害成本等三方面的影响。煤炭价格基本是随着国际和国内能源的供求关系的变化而不断地波动起伏的。

这种价格的连续波动起伏加剧了煤炭企业生产经营的不确定性，增加了企业的风险。在能源危机和环境保护的双重压力下，煤炭价格还呈现出了长期持续上涨的态势。

2. 非价格行为。非价格竞争是指在产品的价格以外或销售价格不变的情况下，借助于产品有形和无形差异、销售服务、广告宣传及其他营销手段等非价格形式销售产品、参与市场竞争的一种竞争形式。对于煤炭企业而言，就是要提高煤炭产品质量，优化煤炭产品结构，开发适销对路的产品，发展煤炭洗选加工、煤炭液化、型煤等洁净煤技术，满足客户更广泛的差异化需求；在市场交易中，通过改革销售方式、强化公关意识、树立良好形象、提供优质服务以及扩大品牌效应等策略增加顾客的"忠诚度"，从而减少竞争对手价格战的影响，扩大市场占有率。

3. 自组织行为。企业自组织行为是指企业在利润冲动和竞争压力的作用下，为适应外部各种条件的变化而自动进行的相应组织结构调整或组织创新，企业自组织是实现产业组织优化的能动力量，在产业组织理论中具有特殊重要的意义。这种行为在煤炭产业中体现在煤炭企业的兼并重组和组建联盟两大方面，以经济规模为目的的兼并重组深化了煤炭产业内的专业化分工协作，有助于提高经济运行的效率和优化产业结构。组建价格或者技术联盟，在一定程度上有利于增加调控市场价格的能力，还有利于共同开发节能性和有利于环境保护的煤炭技术，如洁净煤技术等。这样既可降低研制费用，防范研制失败的风险，同时又可以使技术扩散的速度加快，有利于煤炭产业的技术进步。

（三）煤炭市场绩效

市场绩效是指在一定的市场结构中，通过一定的市场行为所形成的价格、产量、成本、利润、产品质量和品种以及技术进步等方面的最终经济成果。从煤炭产业的发展来看，以上市场绩效指标集中体现在以下几个方面：一是集中化水平的提升。比如，世界十大煤炭公司的煤炭产量约占全球产量的25%，有5家公司的煤炭产量超过1亿吨，其中排名第一的皮博迪公司达到1.94亿吨，力拓公司达到1.49亿吨。预计2010年世界十大生产商将占全球生产总量的60%。二是核心竞争力的增强。如皮博迪公司拥有世界上最先进的露天采煤技术和世界一流的管理水平；鲁尔公司采煤技术和煤矿机械制造水平一直处于世界领先地位；固本能源的长壁产煤技术、煤层气的开采和高硫煤使用技术也处于世界领先水平；萨索尔公司的煤化工技术具有竞争优势。三是经营上的国际化。全球十大煤炭公司都实现了跨国经营，其中六大公司的业务地域涵盖了各大洲，生产企业所在国的数量一般在10至20个国家之间，其中3家公司海外经营盈利能力超过了本土。四是产业上的多元化。比如，大型跨国煤炭公司的产业现已呈现出相关多元化的格局，基本形成了产业链，煤炭等产品在集团内部直接进行消化和深加工，大幅度减少了初级产品直接进入市场的数额，降低了产品的综合成本，提高了产品的附加值，把集团产业优势转化成为竞争优势，提高了综合盈利水平。

四、煤炭产业布局

产业布局是产业在一国或一地区范围内的空间分布和组合的经济现象。在静态上看是指形成产业的各部门、各要素、各链环在空间上的分布态势和地域上的组合。在动态上，产业布局则表现为各种资源、各生产要素甚至各产业和各企业为选择最佳区位而形成的在空间地域上的流动、转移或重新组合的配置与再配置过程。产业布局具有代表性的理论主要有：

杜能的《孤立园》，韦伯的工业区位论、成本学派、市场学派、成本—市场学派理论以及以国家为出发点的增长板理论和点轴理论。产业布局的影响因素主要有：①原材料、市场和运输。②劳动力。劳动力因素对产业布局的影响包括两个方面：劳动力成本和劳动力质量。③外部规模经济性。④政府职能与政府干预，如产业布局政策等。

煤炭产业布局状况主要是由煤炭资源分布、煤炭消费地和煤炭运输通道状况共同决定的。煤炭资源在地域上的分布是自然形成的，是不可改变的；煤炭消费布局的变化和煤炭运输通道状况在一定程度上可以改变煤炭工业布局。例如，我国煤炭资源主要分布在北部和西部，而主要耗煤产业布局向东部和南部倾斜，使得北煤南运、西煤东调的趋势加强，运输压力增大；同时由于东部和南部煤炭市场好，加上煤炭运输通道长期紧张，使得东部和南部煤炭资源开发强度过大，部分矿区和矿井提前报废。因此，优化煤炭产业布局要从调整主要耗煤产业、改善煤炭运输通道和调整煤炭建设布局三方面入手。

除了以上因素，影响未来煤炭产业布局的主要因素有：①交通等基础设施。开发煤炭资源所需相关设备和装备运量大，产品运输量更是巨大，对交通设施的依赖性强。交通及其他基础设施建设投资多、周期长。因此，未来煤炭工业布局首先遇到的是基础设施问题。在可能的情况下，应尽可能选择平均运距最短的方案。②环境压力。开发利用煤炭资源造成的污染问题十分严重。煤炭开采首先是破坏土地，煤矿塌陷导致地面工程设施和房屋损坏；而洗煤水的排放又严重污染周围水体和土壤；燃煤又是大气污染的主要原因。随着世界范围内环保政策执行力度加大，这些情况势必影响今后煤炭产业的布局。③新资源的发现和替代能源的利用。在基础条件好的地区和区域市场附近发现有可利用替代煤炭资源，将减少经济发展对煤炭资源的依赖。同样，随着经济的发展，核能及其他替代能源的大量开发利用等因素都将对未来煤炭产业的发展和布局产生长远影响。

五、煤炭产业政策

煤炭产业发展政策是国家为实现经济发展目标和资源有效配置而制定的规划、干预和引导煤炭产业科学、健康、可持续发展的总体经济政策。

（一）政策体系

煤炭产业政策包括的内容很广，主要有结构政策、组织政策、技术政策和外贸政策。完整的煤炭产业政策包括目标选择和实施对策两大部分。煤炭产业政策的目标选择从产业结构看，就是要依据它在国民经济中的基础、支柱地位获得应有的支持与倾斜力度，并推动内部产业结构的合理调整与升级；从组织政策上看，就是要规范行业内的竞争秩序，既要有合理的企业规模又要维持自由竞争的环境。

煤炭产业政策是整个产业政策的一部分，与产业政策有共同之处。政府可以用四种手段来实施产业政策。首先是政府直接干预。即通过调配物资、直接投资、强制的行政管制等。它们直接影响各产业及产业内的企业发展，推动企业集团的形成与分化。其次是经济手段。即采用有差异的财政政策、金融政策、价格政策、工资政策等，借以改变某些产业及产业内企业所处的环境条件，影响生产要素的流动，扶持或限制某些产业和企业的发展。再次是立法措施。即通过一定的法律程序，干预产业结构及产业内部结构和产业组织的形成。最后是政府进行指引和协调。主要是按照市场原则和市场信号提供信息服务。通过劝导、指引、协商和合作，来协调企业的行为，使之符合产业政策目标的要求。

(二) 政策调控

市场经济条件下的产业政策既应承认煤炭作为一种商品的价值,坚持等价交换的原则,又不能任凭市场去进行自发的调节。这就要求政府部门自觉地运用价值规律,对市场的运行进行模拟,对供需前景进行科学的预测,在此基础上,采取有效措施对市场进行必要的调控,防止和避免市场的不正常波动和某些行业(如铁路运输等)可能出现的垄断给煤炭工业造成的损害。

产业政策的调控应该是根据总量平衡的要求,按一定的界线和合理的标准,对煤炭所需的投入给予必要的保证,对煤炭的销售和价格在市场出现波动时给予必要的保护,对煤炭的级差收益进行合理的调整。从而保证煤炭在生产全过程(包括建设阶段)中所耗费的劳动,在合理的范围内得到完全和充分的补偿,使煤炭的简单再生产和必须的扩大再生产得以正常地进行。

世界大多数产煤国家,对煤炭产业都有许多保护和扶持性政策,也对煤炭市场进行必要的干预。当然,也有实行自由放任政策的国家,如美国、澳大利亚和南非。但这些国家的煤炭产业有其特殊的优势。一是煤炭资源条件得天独厚,而且差异很小;二是煤炭产量在满足国内需求后尚有较多的剩余,可大量出口。这是对煤炭产业实行完全市场经济的充分而必要的条件。对于世界大多数产煤国而言,研究和制定适合的煤炭产业政策,可以推动煤炭产业的结构升级,以产业政策来为煤炭产业的健康发展创造必要的内外部环境,以政府的产业政策来弥补市场机制的不足,从而促进煤炭产业的健康发展,以煤炭产业的健康发展来促进整个国民经济健康发展。

六、煤炭产业竞争力研究

产业竞争力是一个综合的系统工程，涉及经济、技术、教育、环境等各个方面。在对煤炭产业竞争力影响因素的研究中发现，煤炭产业结构、煤炭企业行为以及煤炭产业环境对煤炭产业竞争力成效产生着显著的影响，在此基础上来探讨和建立煤炭产业竞争力的评价体系。

（一）内涵界定

为了定义煤炭产业竞争力，需要从不同方面对煤炭产业竞争力的构成和作用进行分析。A. 煤炭产业之间的竞争，是围绕着向使用产品的相关产业提供价值或满足的煤炭产品和服务展开的。煤炭企业的竞争重点同一般企业一样，都包括一致性质量、产品可靠性、及时交货、低价格和新产品创新等。因此，煤炭产业的竞争力应由稳定的生产能力、销售与运输计划和组织能力、实现规模经济和控制成本的能力组成。B. 煤炭产业是一个高风险的产业，安全生产风险极高。煤矿生产、安全技术开发研究投入大，装备要求高。C. 在成本递增规律作用下，煤炭产业要想具有竞争优势，必须用科技等手段来谋求成本的降低。如水煤浆制备与输送技术便应运而生。E. 煤炭在开采、燃烧、利用过程中，产生了比较多的环境损害和污染。要保护煤炭资源和生态环境，就必须加强合作，加大煤炭资源、生态环境保护科技投入，降低成本，形成煤炭产业持久的竞争优势。

由以上分析可以看出，煤炭产业竞争力涉及的因素包括煤炭资源、生产能力、开采与加工技术等，因此，煤炭产业竞争力可以定义为：某地区的煤炭产业在拥有有限的煤炭资源和持续、稳定的生产能力的基础上，通过提高产品性能、降低产品成本和科技创新等手段，能够在国际市场上比

其他国家或地区生产或提供更好的煤炭产品（包括服务），实现规模经济和持续谋取利润的综合能力。

（二）评价原则

煤炭产业竞争力是衡量煤炭产业发展状况的重要指标，同时，评价煤炭产业竞争力又是一个复杂的问题。建立科学、操作性强的煤炭产业竞争力评价体系不仅可以直观地评价某一国家（地区）的煤炭产业竞争力，而且，可以通过改善评价模型中的因素指标，促进煤炭产业竞争力的提高。

在建立煤炭产业竞争力评价体系的过程中应遵循以下原则：一是科学性原则。评价指标的选择要准确，每一个指标的确能科学地反映出煤炭产业竞争力的一个方面。二是完备性原则。各个指标能形成一个完整的体系，这其中应该包括一部分"软指标"（即由专家测评而确定其数值的统计指标）。三是合理性原则。评价指标在进行量化研究时，尤其在数据的综合过程中，所使用的方法一定要合理。四是简洁性原则。一个好的评价模型，不仅要合理，还必须简洁或实用。同时，简洁不仅可以保持评价体系的稳定性，而且便于进行横向和纵向的经济竞争力比较。

（三）指标体系

在国内外竞争力研究理论的基础上，特别是哈佛商学院著名学者迈克尔·波特教授的"钻石模型"，研究发现煤炭产业竞争力的强弱与相当多的因素相关，归纳起来主要体现在煤炭产业结构、煤炭企业行为、煤炭产业环境，它们共同构成了对煤炭产业竞争力的评价体系。

1.煤炭产业结构子系统。在产业组织理论中，产业结构是影响产业绩效的关键因素，对于不同产业，类似的产业结构将对产业绩效产生不同的影响。研究表明，煤炭产业结构，包括资源禀赋、区位条件、市场集中度以及产业壁垒等，对煤炭产业竞争力具有相当程度的影响。

2. 煤炭企业行为子系统。企业是产业的微观主体，产业竞争力是建立在产业中无数个企业追求生存和发展的合力之上的，因此，企业行为必然会对产业竞争力产生影响。研究认为，煤炭企业数目多、规模小会导致煤炭产业竞争力低，要保持煤炭产业的竞争力，煤炭企业必须从矿井大型化、企业集团化、产业链条化这三个方面努力，尽快把自己做大做强。研究还认为，强化管理、降低生产成本，是提高煤炭企业效益的关键，低水平的学习与创新能力将导致煤炭产业竞争力下降。

3. 煤炭产业环境子系统。一般情况下，产业环境是通过影响和作用于产业结构与企业行为，从而影响产业竞争力的，同时也有一些产业环境因素比如税收政策会直接影响到产业竞争力。研究发现，煤炭产业环境，特别是煤炭产业地位、法律环境、产业政策以及相关产业，对煤炭产业竞争力的影响相当大。

根据以上分析，煤炭产业评价体系可主要由煤炭产业结构、企业行为和产业环境 3 个子系统及其包含 12 个重要因素构成。其中，煤炭产业结构包含了区位条件、资源禀赋、市场集中度和产业壁垒这 4 个重要因素；煤炭企业行为包含了企业规模、管理体制、劳动生产率和学习与创新能力这 4 个重要因素；煤炭产业环境包含了产业地位、法律环境、政策环境和相关产业这 4 个重要因素。从动态的运行机制来看，煤炭产业结构和煤炭企业行为之间相互影响，而煤炭产业环境分别影响了煤炭产业结构和煤炭企业行为，同时又影响到了煤炭企业行为对煤炭产业竞争力的作用过程。

参考文献:

[1] 毛林根.产业经济学 [M],上海:上海人民出版社,1996

[2] 周德其.论煤炭产业结构调整与重组 [J].华东经济管理,2001,(6):126~127

[3] 贺继红.煤炭产业绩效分析与对策 [J].统计与信息论坛,2001,(1):58~60

[4] 张绍强,张运章.我国煤炭资源、生产与环境概况 [J].环境保护,2006(7):53~57

[5] 纪成君.我国煤炭产业现实市场结构分析 [J].煤炭经济研究,1999,(2):20~22

[6] 迈克尔-波特.竞争战略 [M].北京:华夏出版社,1997

[7] 马建堂.结构与行为——我国产业组织研究 [M].北京:中国人民大学出版社,1993

[8] 刘海滨,王立杰.我国煤炭资源综合开发布局与模式研究 [J].自然资源学报,2004,(5):401~406

[9] 张命林.集团化发展战略是我国煤炭产业可持续发展的必由之路 [J].当代经济,2007,(6):78~79

[10] 彭建勋.建设大型煤炭企业集团发挥煤炭工业整体竞争优势 [J].煤炭企业管理,2004,(2):20~22

[11] 秦远建,李必强.产业集约化及我国产业实现集约化途径研究 [J].武汉理工大学学报(社会科学版),2001,(6):540~543

[12] 张青.煤炭企业集团发展与战略研究 [M].北京:中国矿业大学出版社,2002

[13] 刘传庚,李克荣,魏振宽.我国煤炭产业经济发展趋势研究 [J].中国工业经济,2000,(11)

[14] 苏立功,吴道荣,姜智敏,等.煤炭产业经济政策研究报告 [R].中国煤炭经济研究会,2004

[15] 吕涛.煤炭行业需加强产业政策的研究 [J].内蒙古煤炭经济,2004,(1):14~16

[16] 黄清.调整产业政策才能防止煤炭经济异常波动 [J].中国煤炭,2004,30(8):17~18

[17] 金碚. 竞争力经济学 [M]. 广州：广东经济出版社，2003

[18] 范中启. 对中国煤炭产业竞争力的探究 [J]. 煤炭经济研究，2005 (2)：38~40

[19] 潘克西. 国家能源战略与煤炭产业组织 [J]. 上海经济研究，2003 (2)：33~37

[20] 李克荣，刘传庚，魏振宽. 论当前我国煤炭产业的主要问题 [J]. 管理世界，2001，(6)：190~191

[21] 辛文昉. 从产业关联看煤炭工业 [J]. 煤炭经济研究，2003(6)：12~13

[22] 植草益. 产业组织论 [M]. 北京：中国人民大学出版社，1998

（作者：山西财经大学对外交流学院院长、教授）

资源型城市土地资源补偿问题分析

李　龙　王德章

一、引言

资源型城市的发展问题是我国面临的重大问题，"资源的诅咒"[1] 存在于我国许多资源型城市。由于我国目前资源型城市比较多，学者对资源型城市的发展与转型进行了研究。

王吉生（2005）认为时至今日，大约有 150 座资源型城市，开始面临资源枯竭、产业转型以及城市如何持续发展的困境，此类资源型城市尤以东北地区最为典型和集中。在东北地区 36 个地级城市中，就有 14 个属于资源型城市，其他 22 个属于资源加工型城市。在资源型城市中有 6 个是人口超过 50 万人的大中城市。宋冬林（2004）根据中国矿业协会的统计得出，中国目前已经形成了 390 多座以采矿为主的资源型城市，其中：20% 处于成长期，68% 处于成熟期，12% 处于衰落期。全国约有 400 多座矿山已经或者将要闭坑，约有 50 多座矿城资源处于衰减状态，面临着严重资源枯竭的威胁。李国蓉（2004）认为在中国现在矿业城镇中，处于幼年期的有 82 个，中年期的有 290 个，老年期的有 54 个，中年期矿业城镇所占比例较大。邹兰（2004）认为中国依赖单一资源的城市和地区数量很大，大约有 400 多个。

---

① 徐康宁，王剑.自然资源丰裕程度与经济发展水平关系的研究.经济研究，2006(1)：78~89

从以上资料可以看出，我国的资源型城市大约有 400 个左右。关于资源型城市土地问题的研究国内很少专门的资料，大多是在关于环境的资料中有所提及。另外，在建立资源型城市可持续发展评价指标体系中有关土地资源方面的压力指标。资源型产业的定义为，从事不可再生资源开发的产业，相当于国际标准产业分类的第二大项矿业和采石业，以及中国国民经济行业分类中的 B 类采掘业，具体包括固体矿、液体矿和气体矿藏的开采，即煤炭采选业、石油和天然气开采业、黑色金属矿采选业、有色金属矿采选业、非金属矿采选业和其他矿采选业②。我国资源型城市又可以分为煤炭城市、石油城市、有色金属城市等，我国的煤炭城市数量最多，其次是石油城市。因此，在本文的研究中主要针对煤炭类城市。在矿产资源开发过程中，土地资源与矿产资源的冲突十分明显。本文试图解释这种冲突，并为解决这种冲突提供理论依据。

二、资源型城市土地利用存在的问题

资源型城市土地的特征与一般城市土地特征并不相同，这也是资源型城市土地问题的特殊地方。一般城市土地稀缺，而资源型城市土地相对充足；一般城市土地资源具有高附加值经济特性，而资源型城市土地的高附加值得不到体现。资源型城市土地利用存在问题如下：

（一）土地污染严重，破坏突出

煤矿开采与土地资源冲突主要有四个方面：一是因采煤而塌陷土地；二是粉煤灰、煤矸石占用土地；三是煤矿基建用地，包括工业广场、生活

---

② 张米尔. 市场化进程中的资源型城市产业转型. 机械工业出版社，2004：8~11

服务设施、文化教育、卫生用地以及各项配套建设用地等；四是压煤村庄的搬迁占地。其中塌陷和粉煤灰、煤矸石占用土地问题十分突出。

对于以采矿为主的城市，由于矿产资源的开发出现的地表塌陷、水质污染、煤矸石占地现象十分严重，对城市生态环境造成危害。辽宁省抚顺市每年因采掘工业而产生大量的废石、废土近 1300 万吨，抚顺西露天矿从 1914 年到 2000 年共采出煤炭 2.6 亿吨，油页岩 5 亿吨，剥离岩石量 16 亿立方米。西露天矿矿坑东西长 6.6 公里，南北宽 2 公里，占地 13.2 平方公里，采场总容积 17 亿立方米。西露天矿 3 个舍场表面积达 24 平方公里，原有植被、农田全部被排弃的矸石所覆盖，原有植物所剩无几。舍场排弃大量的煤矸石、杂煤和油页岩长期曝露氧化，形成大面积自燃发火区。

抚顺城区建在煤田上，由此带来了煤炭开采与城市建设之间的矛盾十分突出。由于煤炭开采不断向市中心发展，采煤塌陷对城市的破坏问题愈加尖锐，现已出现灾难性后果，严重制约了抚顺市城市建设和社会稳定。抚顺采煤塌陷区总面积达到 11 万平方公里以上，此区域内共有居民 2.5 万户，从 1985 年起到目前为止已累计搬出 8000 户，尚有 1.7 万户，涉及人口 10 万人[③]。区域内各类建筑物 160 万平方米，工矿企业 110 户，机关事业单位 20 余个，其他经营和社会服务网点数以千计。由于采煤塌陷影响，采沉区中半数以上的房屋、土地与公共设施遭到不同程度的破坏，搬迁安置问题十分突出。多年来，国家已补助抚顺的沉陷区搬迁资金数亿元，但与实际需要还相差甚远。

资源型城市土地利用变化表现出矿产资源开采的高强度干扰。如从大

---

③ 王青云.资源型城市经济转型研究.中国经济出版社，2003

庆草地减少的空间分布上看，大庆市市区中北部、杜尔伯特自治县的西部，草地的退化和占用严重，湿地面积减少，等等。矿区内生态环境和地质环境恶化，从生态环境来看，一是地貌破坏日益加重，耕地、草原"三化"蔓延；二是地下水位大幅下降，地表水、地下水污染严重，使得水资源匮乏，地下水位急剧下降，采水中心地区的水位已达到了极限。从地质环境上来看，地下污染日趋严重，地层变形加重，局部区块出现异常现象。矿区内的地质状况发生了变化，出现了地层沉降、地面隆起、裂缝等现象。

（二）城市空间结构的松散，土地利用缺乏统一规划

如果完全从经济角度出发，城市一般设置在那些比别的地方有比较优势的位置。一个城市的结构通常可以用运输成本来解释，运输成本不仅导致城市的初期发展，还会决定城市的形状，诸如纽约、芝加哥、亚特兰大、休斯敦和旧金山等城市都是在交通运输转运地点上发展起来的。而资源型城市的发展则不同，资源型城市的地理位置通常是交通不便的地方，这使城市发展先天不足。

按照城市经济学的观点，城市的产生主要在于其聚集效应和规模经济。资源城市一般是以矿产为基础发展起来的，其城市社区一般缘矿而建，随着矿区的发展而发展。矿业产业由于受资源储存条件及地质开采条件的制约，企业受矿产资源"大集中、小分散"的分布格局影响，多数都分散在远离市区的山区，使得矿业城市空间结构一般比较分散，呈现出"点多、线长、面广"的局面。矿业城市分散型的城市空间结构使得城市未能形成良好的集聚效应和规模效应，难以使城市建设水平有很大提高，不利于形成具有强大吸引和辐射力的地域中心，不利于城市发展模式由粗

放式向集约式的转化。

甘肃的白银市呈典型的"哑铃"状结构。市辖白银区和平川区相距60余千米；云南省东川市（1998年降格为县级）政府驻地新村镇与东川矿务局驻地汤丹镇、主要铜矿区因民镇和落雪镇均相距20~40千米，呈典型的"卫星"式结构，城市功能得不到有效发挥。

三、政策建议

（一）避免资源冲突，对土地资源利用进行有效规制

城市建设要科学选址，按照规划利用土地。由于资源型城市"缘矿而建"，因此在选址的时候要以科学为指导，避免把城市建在矿上。同时，城市土地供应要着重结合城市规划和土地利用总体规划对城市发展的空间分布引导，与城市用地发展方向、环境发展目标相适应，供地应以城市总体规划所确定的主导发展方向为主要供地区域，避免其他区域出现大面积的与主导方向功能相同的土地供应，防止出现空间竞争削弱主导方向的发展力。

优化城市功能和空间结构。城市土地供给应注意供应地块的大小适宜，地块过小，城区空间破碎程度大、功能零碎，不利于发展方向的引导和整体功能的发挥；地块过大，要求用于开发的资金充足，一旦开发商无力开发，则造成土地闲置和资源浪费。所以供地时要注意地块大小与功能结合，地块之间功能的协调及空间布局整体性的发挥。结合发展目标，注重与基础设施配套，加强市政设施对城市发展方向的引导作用。在新城区，首先保证基础设施、市政设施建设用地的供应，并结合规划合理布局。在老城区积极推行旧城改造计划，更新加强旧城区的基础设施及市政

公共设施的建设，科学布局，使之既满足老区功能发挥的需要，又要避免日后重复建设和重复改造的发生。

城市土地总体价格因规划管理的优化而带来的效用提高性增长。城市规划管理虽然不能立竿见影地直接改变城市土地总体价格，但科学的土地利用规划，却能随着时间的推移逐步改变城市发展的客观条件，促进土地利用效率的提高④。

树立经营城市的理念。城市经营是目前国际上比较通行的关于城市规划、建设和管理的一种理论和实践模式。它是运用市场经济的手段，对城市可经营的有形或无形的资源进行重新组合和优化配置，提高这些资源利用的综合效益，实现城市可持续发展的一系列活动过程。我国资源型城市的发展处在一个特殊时期，首先资源型城市面临资源枯竭的不利局面，另外还要面对中国的城市化。斯蒂格利茨认为："新世纪对于中国有三大挑战，居于首位的就是中国的城市化。中国的城市化将是区域经济增长的火车头，并产生最重要的经济利益。"因此，在城市化发展中加强土地资源的管理、集约高效利用、优化配置城市土地显得至关重要。笔者认为，必须通过经营城市土地来加以有效解决。

(二) 资源冲突补偿

土地资源和矿产资源都属于自然资源，但二者存在同一垂直空间时就产生了严重的冲突，即在开采矿产资源的同时不可避免地会对土地资源造成破坏。破坏来自于矿产资源开采过程中对土地的污染使土地的收益下降；矿产的过度开采造成地面的破坏，使土地不适于其他生产活动，或者

④ 彭俊，陈方正. 城市土地价格的静态守恒与动态增长特征研究. 同济大学学报 (自然科学版)，2005 (6)：38~43

土地收益下降。一旦土地资源遭到破坏，对其进行补偿是必要的。因为我国的矿产开发的一个结果是建立一座新的城市，所以在矿产开发结束后，依然要保持本地区的持续繁荣。这就不免要提高具备长期收益的土地资源的收益率（也称其为地租），因此对破坏土地进行补偿是必要的。

土地收益可以表示为右图1：

土地收益是一个比较稳定的值，在这里我们假设初始状态为农业用地其年收益为 r_0。

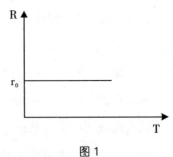

图 1

矿产收益可以表示为右图2：

图中横轴代表时间，纵轴代表收益。曲线表示矿产收益，由于开采矿产需要先期投入，因此，初期矿产的收益为负值，而到了 t_1 时刻矿产收益达到最大，直到 t_2 时期处于稳定的收益期。t_2 到 t_3 为衰退期，在 t_3 时刻，矿产资源枯竭，收益为 0。

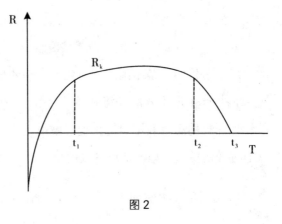

图 2

图 3 是矿产开发后土地收益变化及补偿模型。在模型中，r_0 是土地原始收益，R_k 为矿产收益，r_1 为矿产收益对土地收益造成损失及补偿曲线，r_2 是矿产收益对土

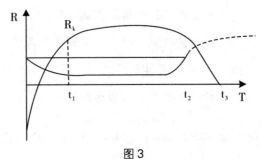

图 3

地资源造成损失没有补偿曲线。由于矿产资源的开发造成土地收益的直接损失为黑线所围部分。从图中我们可以看到土地资源与矿产资源的冲突十分明显，而对土地资源的补偿应该选择在 t_2 时刻前，同时这种补偿一定要使土地的收益达到或者超过矿产开发前的水平，如果处理得当超过是完全可能的，因为土地原始状态是农地，而经过一段时间开发后变为城市土地，其收益要高于农地收益，因此，为保持资源型城市的繁荣"超过"应该是个合理的选择。这个补偿的过程应该在矿产收益达到 t_2 点之前就完成，如果此前没有完成可能造成很严重的后果，资源收益下降而土地收益得不到补偿，总收益必然下降。人们对此会有预期因此造成其他资源外逃。此时，没有其他外力的推动，资源型城市将陷入彻底的衰败。对于没有补偿 r_2 曲线情况会更糟。矿产资源收益是短期的，而土地资源收益是长期的，土地资源收益水平低，当然经济就会衰败。

对于补偿的标准，我们分为两部分，一部分是由于土地收益减少的直接损失，它是可以计算的；另一部分是恢复土地收益水平所作的投入，这部分成本要根据对土地资源破坏程度和当时的技术条件来确定。对于直接损失可以用以下公式来计算：设每年土地收益损失为 r_0，资本化率为 i，年限为 n。则收益损失为：

$$s=r_0+\frac{r_0}{1+i}+\frac{r_0}{(1+i)^2}+\cdots\cdots+\frac{r_0}{(1+i)^2}$$

$$=\frac{r_0}{i}\left[1-\frac{1}{(1+i)^n}\right]$$

如果是无限年期，那么公式变为：$s=\frac{r_0}{i}$

在这里我们要注意这只是对土地资源本身进行的补偿。在实践中，我们还要加上为恢复土地收益能力的投资 r_h，此补偿应该是：

$B=s+r_h$

我们以上讨论的是一般用地的补偿，实践中，还存在许多住宅和居民区，如果土地资源的破坏已经使住宅和居民区不再适宜居住，还要考虑搬迁的成本，这笔费用更加惊人。

参考文献

[1] 秦明周. 美国土地利用与管制 [M]. 北京：科学出版社，2004

[2] 何立恒，鲍其胜. 功能导向城市土地的经营模式 [J]. 南京林业大学学报（自然科学版），2005（9）：57~61

[3]（日）植草益著，朱绍文等译. 微观规制经济学 [M]. 北京：中国发展出版社，1992

[4] 王万茂. 土地资源管理学 [M]. 北京：高等教育出版社，2003

[5] 赵贺. 中国城市土地利用机制研究 [M]. 北京：经济管理出版社，2004

[6] 王青云. 资源型城市经济转型研究 [M]. 北京：中国经济出版社，2003

[7] 齐建珍. 资源型城市转型学 [M]. 北京：人民出版社，2004

[8]（美）奥沙利文. 城市经济学 [M]. 北京：中信出版社，2002

（作者：李龙，东北财经大学产业经济学博士；王德章，哈尔滨商业大学副校长，博士生导师，博士）

山西省煤矸石烧结砖的热值利用
与节能量测算研究

潘 云

节能工作不仅是山西建设资源节约型、环境友好型社会的战略举措，更是贯彻落实科学发展观、实现可持续发展目标的重要手段。一直以来，建材行业作为山西的耗能大户，其能耗指标远远高于国内外发达国家和地区。"强化节能、保护环境"现已成为山西建材行业发展中必须解决的首要问题。利用煤矸石制作烧结砖项目本身就是节能、利废、环保的项目，该项目消耗煤矸石等工业废渣且节约大量土地，充分利用了煤矸石中的热值，并对生产过程中产生的大量余热进行合理的回收和利用，这是山西继煤矸石发电后的又一项煤矸石综合利用工程，是消除这种工业废料（不符合发电要求的煤矸石）的有效、彻底的途径之一，不仅有利于促进煤炭产业的资源二次利用和转型发展，也有利于促进砖瓦建材行业"绿色"可持续发展。

一、山西煤矸石烧结砖热值利用的必要性

煤矸石是同煤炭伴生的含碳量较低的岩石，煤炭工业生产过程中会排放出大量的煤矸石。煤矸石作为煤炭开采和加工过程中排放的"废弃物"，主要有三种类型：岩石巷道掘进（包括井筒掘进）产生的煤矸石，主要由煤系地层中的岩石如砂岩、粉砂岩、泥岩、石灰岩、岩浆岩等组成；煤层开采产生的煤矸石，由煤层中的夹矸、混入煤中的顶底板岩石如炭质泥

（页）岩和黏土岩组成；煤炭洗选时产生的煤矸石（即洗矸），主要由煤层中的各种夹石如黏土岩、黄铁矿结核等组成。煤矸石中一般常见的矿物有：黏土类矿物、碳酸盐类矿物、铝土矿、黄铁矿、石英、云母、长石、炭质和植物化石。常见的黏土类矿物种类有高岭石类、水云母类、蒙脱石类、绿泥石类，其中高岭石类和水云母类分布最普遍。

山西煤矸石的矿物组成主要是高岭石类，这种煤矸石经简单的加工煅烧之后，形成莫来石的生成物，它耐火度高（1810℃），热膨胀系数小（45×10^{-3}），加热过程中体积变小而均匀，透气性好。煤矸石是无机质和有机质组成的混合物，无机质中主要有矿物质和水，构成矿物质成分的元素达数十种之多，一般主要含有硅铝成分，其中 SiO_2 和 Al_2O_3 的平均含量一般分别波动于 40% ~ 60% 和 15% ~ 30% 之间（砂岩煤矸石的 SiO_2 含量可高达 70%，铝质岩煤矸石的 Al_2O_3，含量可达 40% 之上），Fe_2O_3 和 CaO 的含量波动最大；煤矸石中有机质随着含煤量的增高而增高，它主要包括碳、氮、氢、氧、硫等，碳是有机质的主要成分，煤矸石中含碳量愈高，发热量就愈大。煤矸石的特点主要是硬度大、比重大、灰分高、发热量低，伴有铝、铁、硅、钙等多种元素。煤矸石的化学成分是决定煤矸石工艺利用性能和其工业用途的主要指标。

山西 118 个县级行政区中 94 个县地下有煤，91 个县有煤矿，共分大同煤田、宁武煤田、太原西山煤田、沁水煤田、霍西煤田和河东煤田六大煤田，这些煤矿的开采必然导致了大量煤矸石的生成。从山西省部分有代表性的煤矿煤矸石放射性强度检测结果得知，山西省从北到南的几处具代表性的煤矿所产煤矸石，无论是内照射指数，还是外照射指数均小于 1，其产销与使用范围将不受限制。随着不同产地、不同层位、不同开采方式，煤矸石的化学组成变化很大，但一般在一定范围内浮动。山西省六大煤田的代表性煤矸石检测资料显示，绝大部分煤矿的煤矸石 SiO_2 含量高，一般均在 40%～60% 之间，Al_2O_3 含量低，大部分在 20% 左右，Fe_2O_3 变化幅度较大。碳含量大于 6%、发热量低于 2090 千焦/千克的煤矸石可用作水泥的混合材、混凝土骨料和其他建材制品，也可用于复垦采煤塌陷区和回填矿井采空区；含碳量为 6%～20%、发热量介于 2090 千焦/千克～6270 千焦/千克的煤矸石可以生产砖、水泥等制品；含碳量大于 20%、发热量为 6270 千焦/千克～12550 千焦/千克的矸石一般用于燃料。根据山西煤矸石化学成分检测数据分析，适合用于全内燃和超内燃烧砖的煤矸石约占 80% 左右，且数量巨大，用其做砖，不仅可以做到烧砖不用煤，节约大量煤炭，还能有效节约土地、保护环境，推进山西墙体材料的革新。因此，发展煤矸石烧结砖项目，充分利用其自身的热值和热量，具有巨大的节能潜力，符合我省建设国家清洁能源基地的战略要求，也有利于产业结构优化调整和我省节能目标的实现。

二、山西煤矸石利用以及烧结砖发展现状

山西是煤炭大省，含煤面积 6.2 万平方公里，查明保有储量 2653 亿吨，占全国的 26%。山西省的煤炭产量占到国内煤炭总产量中 1/4 左右，而且其煤炭质量要好于其他地区。2008 年全省煤炭产量 6.8 亿吨左右，同比增长 9%；煤炭出省销量 5.8 亿吨，同比增长 8.2%。2009 年，受到国际金融危机、兼并整合等因素影响，山西煤炭产量 6.2 亿吨，预计 2010 年山西煤炭产量增加 12%，达到 7 亿吨。经相关统计，全省煤矿企业矸石累计堆存量 82903.75 万吨，约占全国总量的 1/3，现已形成 300 多座矸石场。每年还以 5000 万吨的速度增长，当年综合利用量仅 800 万吨左右。近年来，山西省煤矸石综合利用量呈明显上升趋势。2008 年煤矸石产生量占全

省工业固体废物产生量的 36%，综合利用量 800 万吨，综合利用较高的地区有太原市、临汾市、晋中市、朔州市，煤矸石综合利用主要集中于建材、发电和化工等行业。虽然山西煤矸石的综合利用量呈现上升趋势，但是仍有很大的利用空间有待开发。

我国利用煤矸石制砖经历了四个发展过程。1965 年以前为第一阶段，煤矸石制砖在四川省和辽宁省开始研究和工业性试验出产品；第二个阶段为 1965～1985 年，中国的煤矸石制砖处于低水平发展阶段，生产工艺简单、设备性能落后，产品质量只能满足当时低水平国家标准的要求，生产企业有：辽宁省黑山县砖厂、四川省永荣煤矸石砖厂、四川省荣山煤矸石砖厂、四川省沫江煤矸石砖厂等；第三阶段为 1986～2000 年，中国煤矸石制砖发展较快，实现了跨越式的发展，除了自行研发的煤矸石制砖设备外，许多企业在引进法国、美国、意大利、德国等主要设备的基础上，结合中国的国情消化吸收，装备的整体性能大幅度提升，单机产量增长，机械自动化水平有了较大的发展；2000 年以来为第四阶段，利用煤矸石制砖发展较快，技术上趋于成熟，又跨上了一个新台阶，企业的生产规模由 20 世纪最高年产量 6000 万块上升到了 1 亿块以上，并且改变了建筑中使用的单一围护结构，山西潞安、阳泉和北京龙泉生产线，产品具备了节能、装饰和围护承重等多种功能，对我国煤矸石制砖今后的发展有很好的示范导向作用。山西煤矸石制砖虽然起步相对较晚，但技术起点却较高，并且发展速度非常迅猛，截至 2010 年山西煤矸石制砖企业 170 家，最大设计产能为 36000 万块标砖，95% 以上为隧道窑，年产量达到 447224 万块标砖。其中，利用煤矸石制砖的典型例子是山西省潞安矿业集团自 2002 年初从意大利引进的一条煤矸石制砖生产线，该生产线建成投产以来，日消耗煤矸石约 1000 多吨，每年可消耗煤矸石约 40 多万吨，产砖约 1.3 亿块，同时可节约煤矸石占地约 2.5 万平方米，与黏土制砖相比，还可少浪费土地约 3.5 万平方米，且节约了大量能源资源。

三、山西煤矸石烧结砖的热值利用与节能量测算

从以上分析来看，山西发展煤矸石烧结砖热值利用在技术上已经成熟，并且具有非常丰富的工业实践经验和一定的行业发展基础，存在着较大的节能量空间。根据《企业节能量计算方法》（GB/T13234～2009，代替 GB/T13234—1991）的表述和规定，"节能量"是指满足同等需要或达到相同目的的条件下，能源消费减少的数量。"企业节能量"是指企业统计报告期内实际能源消耗量与按比较基准计算的能源消耗量之差。计算方法是通过比较项目实施前后的能耗情况来计算节能量，这是目前国内普遍采用的是节能量测算方法。计算公式涉及了一些术语：基准期是指节能措施实施之前定义的一段周期长度。报告期是在节能措施实施之后测量和验证节能量的一段时间。基准期运行条件和报告期运行条件分别指的是在基准期和报告期时段内各自的工厂产量、能耗、产能利用率以及设备运行等情况。

（一）节能量计算公式

$$\Delta E_c = \sum_{i=1}^{n} (E_{Dbi} - E_{Dj}) M_j = \sum_{i=1}^{n} \Delta ED_{ui} \times M \tag{1}$$

公式中：

$\triangle E_c$ 为按产量计算的总节能量，吨（标准煤）；

E_{Dbi} 为第 i 个制砖企业当年的单位产品能耗，吨（标准煤）/万块标砖；

E_{Dji} 为第 i 个制砖企业基准年的单位产品能耗，吨（标准煤）/万块标

砖；

M_i 为第 i 个制砖企业当年的实际产量，万块标砖；

n 为煤矸石制砖企业的数量，个；

$\triangle E_{Di}$ 为第 i 个制砖企业的单位产品能耗节能量，吨（标准煤）/万块标砖。

在该节能量公式（1）基础上，根据能源的梯级利用原理，综合考虑煤矸石烧制砖的原料配比、工艺技术以及主要设备情况，构建了煤矸石砖热值利用节能量测算模型。主要包括内燃烧砖节能量模型、余热干燥砖坯节能量模型和余热建筑供暖以及发电节能量模型。

1. 内燃烧砖节能量计算。煤矸石烧结砖生产线以煤矿固体废弃物——煤矸石为制砖原料，无需加入任何燃料，利用煤矸石自身含有的发热量来焙烧制品，其发热量的高低在很大程度上影响煤矸石砖的产量和质量。根据近年来生产经验总结，煤矸石发热量在 1672~2090 千焦时为最佳，在不用外投煤的情况下靠煤矸石自身的发热将砖烧好，实现了全内燃烧砖。因此，发展煤矸石砖，利用其自身的热量，节能潜力非常巨大。该阶段节能量计算公式如下：

$$\Delta E_{cl} = \sum_{i=1}^{k_1} \left(Q_{si}\tau_{si}E_{si} + Q_{si}\tau_{si}E_{si}\sigma_{si} \right) + \sum_{i=1}^{k_2} \left(Q_{li}\tau_{li}E_{li} + Q_{li}\tau_{li}E_{li}\sigma_{li} \right) \qquad (2)$$

公式中：

$\triangle E_{cl}$ 为使用煤矸石作为替代燃料的当年节能量，吨（标准煤）；

k_1、k_2 分别为隧道窑和轮窑制砖企业的数量，$k_1 + k_2 = n$，个；

s、l 分别表示为隧道窑制砖和轮窑制砖企业；

Q_i 为第 i 个制砖企业当年的设计产能，万块标砖；

τ_i 为第 i 个制砖企业的实际产能利用率，$\tau_i = M_i/Q_i$，%；

E_{si} 为隧道窑万块砖煤耗，吨（标准煤）/万块标砖；

E_{li} 为轮窑万块砖煤耗，吨（标准煤）/万块标砖；

σ_i 为烧结砖的孔洞率；%。

根据制砖企业生产实践，通常烧成每块砖所需原料的内燃值约为 550×4.18 千焦 ~ 650×4.18 千焦，折合每万块砖煤耗约为 785.71 千克 ~928.57 千克。由于利用煤矸石自身含有的发热量来焙烧制品，可按照《JC428-91 砖瓦工业隧道窑热平衡、热效率测定与计算方法》和《JC791-2007 轮窑热平衡、热效率测定与计算方法》，通过以下公式来进行测算：

$$E_Q = \frac{1}{2}\left(\frac{1}{k_1}\sum_{i=1}^{k_1}E_{si} + \frac{1}{k_2}\sum_{i=1}^{k_1}E_{li}\right)$$

$$= \frac{1}{2 \times 4.182 \times 7000}\left(\frac{1}{k_1}\sum_{i=1}^{k_1}Q_{DWsi}m_{si} + \frac{1}{k_2}\sum_{i=1}^{k_1}Q_{DWsi}m_{li}\right) \qquad (3)$$

公式中：

E_Q 为全省煤矸石制砖企业每万块砖平均耗标准煤，千焦；

Q_{DWi} 为第 i 个煤矸石制砖企业内燃料干燥基低位发热量，千焦/千克；

m_i 为第 i 个煤矸石制砖企业每万块砖内燃料（干燥基）掺配量，千克。

根据山西制砖企业的矸石所占比例、烧失量、砖的重量等因素以及生产数据，取全省煤矸石制砖企业每块砖内平均掺煤矸石量约为 1.35 千克，经换算可得 m_i 约为 1.35×10^4 千克；山西的煤炭资源分布在全省 11 个市的 94 个县（区），煤矸石的分布即在煤炭资源的分布区域内，通过抽样对煤矸石发热量进行统计分析，可知适于制砖最佳热值（1.67/千克 ~ 2.09/千克）的约占 11.48%；不适宜制砖的低热值矸石（< 1.67/千克）约占 13.11%，超热值（> 2.09/千克）矸石约占 75.41%，在此基础上结合煤矸

石企业制砖中矸石所掺平均比例54%，可估算全省煤矸石制砖企业所用煤矸石的平均干燥基低位发热量（QDWi）为1732千焦/千克。依据以上数据和公式（3），可测算得到每1万块烧结砖含800千克左右标煤的热量。

根据《JC982-2005砖瓦烧结窑炉》中5.1.1条规定：隧道窑万块砖煤耗小于4.97千焦×106千焦，轮窑万块砖煤耗小于4.60千焦×106千焦，按标准煤热值7000千卡计算，隧道窑万块砖耗标准煤 Esi 为1.696吨，轮窑万块砖耗标准煤 Evi 为1.569吨。2010年全省煤矸石烧结砖企业数量（n）约为171家（不包含煤矸石掺比30%及以下企业，考虑试产和停产的企业），其中隧道窑制砖企业数量 k_1 约为157家，轮窑制砖企业数量 k_2 为14家，全省总设计产能 Q 约为1127944万块标砖，实际产量 M 为447224万块标砖，现有产能利用率 τ 约为37%左右，煤矸石烧结砖瓦平均孔洞率约为20%左右。依据以上数据和公式（2）计算该阶段共节约煤炭约84.43万吨标煤，其中隧道窑制砖节约煤炭约78.12万吨标煤，轮窑制砖节约煤炭约6.30万吨标煤。

2. 余热利用节能量计算。煤矸石制作烧结砖是利用煤矸石本身所含热能烧砖，在焙烧窑内经过预热、烧结、冷却三个过程。煤矸石砖烧成温度通常为950℃～1050℃，经过高温焙烧、保温后进入冷却段，砖体温度仍可达到800℃左右，此时砖已烧结，晶型转化基本完成。进入冷却带的砖带有大量热量，这部分热量通过热辐射、对流的方式向窑顶、窑墙、窑车以及助燃空气传递，致使窑体、窑车和多孔砖本身蓄热偏多，最终散发到大气中，造成极大的浪费。焙烧窑生产是连续性的，在冷却段每个位置的环境温度也是相对稳定的，此时的热源洁净无烟尘，这就为余热利用提供了稳定的热源。目前，煤矸石烧结砖余热利用在生产过程中得到广泛应用，主要利用方式有余热干燥、供暖、热水以及发电等等。

（1）余热干燥节能量计算。余热干燥是利用风机从焙烧窑冷却段抽取热风，送往干燥室干燥砖坯。为满足余热干燥抽取热风的需要，在窑体冷却段设置多组取热支管，在送热风机的作用下，热风首先通过支管进入送热总管道，而后被送入干燥室干燥砖坯。取自焙烧窑冷却段的热气体无尘且无有害物质的气体，可用于成型后湿砖坯的干燥，含水率由16%左右降至2%左右，以便使砖坯进入焙烧窑后易于燃烧。干燥室干燥水汽经排潮风机排空，这是目前焙烧窑余热的主要利用方式。该阶段一次码烧干燥室的热源来自于隧道窑或轮窑烧砖的余热和烟热，无需另外热量，加强了热能的二次利用，其计算公式如下：

$$\Delta E_{c2} = \frac{10Gw\eta}{4.182 \times 7000}\left(\sum_{i=1}^{k_1}Q_{si}\tau_{si}E_{li} + \sum_{i=1}^{k_1}Q_{li}\tau_{li}E_h\right) \tag{4}$$

公式中：

ΔE_{c2} 为使用余热和烟热干燥砖坯的当年节能量，吨（标准煤）；

G 为砖坯质量，千克；

w 为砖坯成型水分，%；

η 为热风炉效率，%；

E_h 为干燥室每万块砖坯热耗，千焦/千克。

根据山西煤矸石制砖企业实际生产数据并参考相关文献和规范，可知干燥室每万块砖坯热耗 E_h 约为5016千焦/千克，全省砖坯平均质量 G 约为2.5千克，砖坯成型平均水分 w 约为16%，制砖企业热风炉平均效率 η 约为60%。依据以上数据和公式计算该阶段共节约煤炭约12.87万吨标煤，其中隧道窑制砖节约煤炭约11.84万吨标煤，轮窑制砖节约煤炭约1.03万吨标煤。

（2）余热供暖和发电节能量计算。利用先进的低温余热锅炉技术，将

隧道或轮窑产生的余热进行有效收集并转化为可用的蒸汽或热水，用于生产和生活洗澡、厂区供热等，使煤矸石热量得到充分利用，余热锅炉系统省去了锅炉的燃烧系统工程和建筑工程，不仅不产生粉尘污染和化学污染，且不消耗能源，无需配备风机等设备，节约运行费用。同时，还可利用纯低温余热发电技术来有效回收热能，纯低温余热发电是利用550℃左右的烟气余热产生低压过热蒸汽，以推动蒸汽轮机做功发电，该系统的特点是结构简单、便于管理，已实现完全利用余热，无需外加热源发电。经过十几年发展，中国的低温余热发电技术已成熟可靠，以水泥窑余热发电技术为代表，除汽轮机本体效率比日本略低外，总体技术水平已经赶上国际先进水平，目前已在国内的石油化工、建材、水泥、制糖等行业中普遍推广，具有较为成熟可靠的技术工艺。在主要考虑余热建筑供暖和发电方面利用情况下，该阶段节能量计算公式如下：

$$\Delta E_{c3} = \Delta E_{c3b} + \Delta_{Ec3} = \frac{1}{6000} \sum_{i=1}^{n} Q_i \tau_i \alpha Q_b + \frac{1}{5000} \sum_{i=1}^{n} Q_i \tau_i \beta Q_e \qquad (5)$$

公式中：

ΔE_{c3} 为使用余热供暖和发电的当年节能量，吨（标准煤）；

ΔE_{c3b}、ΔE_{c3e} 分别为利用余热供暖和发电的当年节能量，吨（标准煤）；

α、β 分别为利用余热供暖和发电所占比例，%；

Q_b、Q_e 分别为供暖节能量和发电节能量，吨（标准煤）。

其中，余热建筑供暖可根据下面的公式进行测算。

$$Q_b = 3600 \times 24D \frac{KF (t_n - t_w) \alpha}{4.182 \times 7000 \times 1000000} \qquad (6)$$

公式中：

D 为采暖周期（1 年 5 个月），150 天；

K 为围护结构的传热系数，瓦 / 平方米·度；

F 为围护结构的传热面积，平方米；

t_n 为冬季采暖室内计算温度，℃；

t_w 为采暖室外计算温度，℃；

a 透风系数，一般建筑物 a=1.00；框架式建筑或建筑在不避风高地上的建筑物，风速小于 4 米 / 秒、风力缓和的地方，a=1.25～1.50；风速大于 4 米 / 秒、风力强劲的地方，a=1.50～2.00。

根据煤矸石制砖余热供暖实践和测算，年产 6000 万块煤矸石空心砖厂可安装两台 4 吨余热锅炉，可满足山西地区约传热面积 F 约为 16000 平方米的建筑物采暖（围护结构的传热系数取 1.35 瓦 / 平方米·度，室外计算温度 –14℃，室内计算温度 18℃，a 为 1）。在煤矸石制砖企业采用烧结砖废气余热发电技术回收烟气余热余能方面，可选配 500 千瓦～1000 千瓦的余热发电系统，年产标砖 5000 万块的制砖企业全年可发电 600 万度电，按照 GB-T2589-2008 综合能耗计算通则规定：1 万度电约合折标煤 1.229 吨。根据以上数据和公式（5）、（6），按照占总产量比重（α）40% 的企业进行余热供暖，占总产量比重（β）20% 的企业进行余热发电，经测算该阶段可实现节能量约为 2.08 万吨标煤，其中供暖节能约为 0.85 万吨标煤，发电节能约为 1.23 万吨标煤。

四、结论和建议

砖瓦业是建材工业的重要产业之一，在经济建设中发挥着举足轻重的作用，近年来，山西砖瓦行业在节能减排降耗方面取得了很大的成绩，特别是煤矸石制砖以及余热利用方面成效显著，具有巨大的节能潜力。充分

利用山西煤矸石资源,进一步加快发展煤矸石烧结砖,可实现节煤、节地、建筑节能、减少硫气体和二氧化碳排放,产生巨大的经济效益和社会效益以及环境效益。

通过以上测算,2010 年山西省煤矸石烧砖行业,每 1 万块烧结砖约含800 千克左右标煤的热量,通过对煤矸石热值的梯级利用,可实现内燃烧砖阶段节能约为 84.43 万吨,余热干燥阶段节能约 12.87 万吨,余热建筑供暖和发电节能约 2.08 万吨,共计节能量约为 99.38 万吨。在此基础上进一步测算可知,随着山西煤矸石烧结砖行业产能利用率的不断提高,煤矸石制砖行业还存在巨大的节能潜力,具体见表 1。

表 1   山西煤矸石制砖企业节能量变动趋势表

单位:吨(标准煤)

产能利用率	$\triangle Ec_1$	$\triangle Ec_2$	$\triangle Ec_3$	$\triangle Ec$
37%	844265.8	128717.4	20823.66	993806.9
50%	1140900	173942.4	28140.09	1342982.0
60%	1369080	208730.9	33768.1	1611579.0
70%	1597260	243519.4	39396.12	1880176.0
80%	1825440	278307.9	45024.14	2148772.0
90%	2053619	313096.4	50652.15	2417368.0
100%	2281799	347884.8	56280.17	2685964.0

根据以上测算结果和数据分析,提出以下几点建议:

(1)建议进一步加快山西煤矸石制砖企业规模化和大型化发展,通过扩大市场规模、淘汰落后产能、提高工艺技术等措施,逐步提升行业的产能利用率,充分发挥煤矸石在制砖行业的节能潜力。

(2)虽然目前有各种各样的余热回收利用方式,但仍普遍存在着余热利用率低、浪费严重的问题，因此，建议加快研发和利用制砖工艺与余热锅炉结合技术，在不影响制砖工艺的前提下，遵循生产过程中产生余热、余压、余能利用"梯级利用，高质高用"的原则，优先把高热量余热余能用于做功、供暖，低热量余热用于制砖物料的预热、干燥窑砖坯的烘干。

（3）目前煤矸石制砖余热发电尚处于前期开发阶段，其市场潜力虽然巨大，但仍有大量问题需要解决，需要各方面给予重视和支持。特别在技术方面，应加强对此技术的攻关，集中解决其技术难题，稳定生产工艺，提高自控水平，并为此技术的推广与示范提供信息支持。

（4）建议各煤矸石制砖企业与供暖企业、煤炭企业加强合作，通过强强联合和项目建设示范，为后续余热利用的大规模推广积累经验。

（5）加强煤矸石制砖行业管理，充分发挥行业协会、政府主管部门的服务职能，提供信息、技术、政策及管理支持，以降低节能项目实施门槛，促进行业节能工作的开展。

（6）政策保障，落实、协调各种优惠政策，包括节能奖励和补贴，上网电价优惠，利用 CDM 机制、优先立项、优惠信贷等相关支持，为煤矸石制砖企业持续发展创造条件。

（7）规范市场秩序、发展绿色建材，加强对黏土砖的取缔、监管力度，整顿市场，综合运用各种措施，包括政府采购、项目 / 技术推介目录等手段，为煤矸石制砖等新型环保建材拓宽市场空间。

参考文献：

［1］GB/T13234-2009 企业节能量计算方法 ［S］.北京：中国标准出版社，2009

［2］隋广田.论煤矸石烧结空心砖原料制备和码烧生产工艺的技术特点 ［J］.中国煤炭，200127 （9）：31~33

[3] 陈海军，郭利坤. 怎样使煤矸石砖烧结得又好又快 [J]. 砖瓦，2007（5）：23~24

[4] JC428-91 砖瓦工业隧道窑热平衡、热效率测定与计算方法 [M]. 北京：中国建材工业出版社，2008

[5] JC791-2007 轮窑热平衡、热效率测定与计算方法 [M]. 北京：北京科文图书业信息技术有限公司，2008

[6] JC982-2005 砖瓦烧结窑炉 [M]. 北京：中国建材工业出版社，2006

[7] 刘奇志，王德永. 谈煤矸石烧结砖厂余热利用 [J]. 砖瓦，2008（1）：44~45

[8] 孙兴平，王文谋，邓建国. 煤矸石烧结空心砖的节能减排分析 [J]. 砖瓦，2010（2）：25~27

[9] 张迪，刘昕，宋玲玲，丁伟东，等. 煤矸石制砖余热发电研究 [J]. 环境保护，2009（10）：86~88

（作者：山西省社会科学院副院长、研究员）

加大经济战略调整力度
加速山西转型发展进程

杨茂林

对当代中国来说，转型发展是一项急迫的有战略意义的系统工程，其本质要求是转变经济发展方式。党的十七届五中全会指出，要坚持把经济结构战略性调整作为加快转变经济发展方式的主攻方向，坚持把科技进步和创新作为加快转变经济发展方式的重要支撑，坚持把保障和改善民生作为加快转变发展方式的根本出发点和落脚点，坚持把建设资源节约型、环境友好型社会作为转变经济发展方式的重要着力点，坚持把改革开放作为加快转变经济发展方式的强大动力，提高发展的全面性、协调性、可持续性，实现经济社会又好又快发展。这无疑为山西转型发展规定了价值取向，提供了指导思想。

目前，山西经济社会总体上正处在由夯实基础、蓄积后劲向发展提速、结构转换的历史拐点，已进入经济调整、城乡统筹、改革突破、民生改善的转型发展的关键时期。省委书记袁纯清同志指出，面对工业化、信息化、城镇化、市场化、国际化加快推进的历史趋势，面对工业化跃升期、城镇化加速期、节能环保攻坚期、新技术革命成长期、基础设施建设加大期的时代要求，全面转型是山西的必由之路，加快跨越是山西的必然选择。但是必须看到，由于山西转型发展具有复杂性、艰巨性和系统性的特征，涉及国民收入分配、城镇化建设、生态建设和战略性新兴产业发展等领域，触动国家、区域、各级地方政府、社会各阶层、不同企业和居民

等利益，波及国际与国内、经济与非经济、制度与文化、历史与未来等方面，所以会表现出思想保守不想转、利益关系不愿转、体制约束不能转、能力缺乏不会转的复杂情况。对此，需要从战略高度进行认识，在理清国家经济增长模式与山西省情嵌套重叠、交错衍生关系基础上，把握山西转型发展的战略制高点，培育转型发展的核心竞争力，解决转型发展的体制创新难题，推动山西形成全面协调可持续发展的战略格局，实现再造一个新山西的宏伟目标。

本课题将着眼于关系山西区域经济发展的长远性、前瞻性、全局性的重大问题，从战略高度认识和把握山西转型发展的方向和内容，着力研究和探索资源型经济转型发展的途径和措施。这里，所谓转型发展战略是指山西省决策层必须根据外部环境变动趋势，通过转变发展方式这条主线，推动山西经济从主要依靠煤炭开采、低端加工向煤炭资源深度开发、加工转变，由外延扩张向内涵提升转变，由传统产业单一发展向多链条、多层面、多领域发展转变，由粗放、高耗、低效、单一线性发展向集约、低碳、高效、多元循环发展转变，全面推动山西能源新产业的建设与发展。山西转型发展是主动求新求变的过程，也是经济结构优化升级、体制机制创新变革的过程。

一、顺应趋势，突出区域优势，明确把握转型发展的战略制高点

古人言，不谋全局者不足谋一域。任何一个国家或地区的转型发展，只有在宏观上明确把握战略制高点，才能在发展思想上形成新高度，在发展内容上实现新突破，在战略部署上作出新举措，从而提高核心竞争力，保证国家或区域的根本利益。山西转型发展不能例外。因此需要对国际市

场形势、国内宏观经济形势、与山西发展有紧密关系的区域经济情况等进行分析，主动顺应全球化、信息化条件下，特别是后危机时代经济社会出现的新变化、新趋势，准确把握全球或区域经济依靠知识创造、技术创新、人力开发、能源变革的新要求、新任务。

一是在全球化持续深入的同时，出现了低碳化发展和新能源战略的新趋势、新要求。进入后危机时代，经济格局变动、产业重新布局、科学技术重构、发展模式转型的新局势已初露端倪。联合国气候变化大会提出了以低碳经济和新能源革命为主题的绿色要求，凸显出占领技术制高点的经济政治要求；世界各国纷纷确立实施着力点不同的新战略，其中能源战略成为它们经济发展的重头戏，包括美国、日本、欧盟、俄罗斯以及印度、巴西等国家和组织对能源的需求日益扩大，对能源在国家经济安全中的地位更加重视。尤其是美国一反金融制胜的传统战略，提出"能源新政"，实施"新能源战略"，目的是加强新能源技术的研发、应用与推广，变革能源基础、动力技术和生产方式，推动形成新的经济形态，逐步实现主体能源的清洁化和专用能源的通用化，为适应和推进新一轮动力革命作准备。这种形势从表面看国际经济此消彼长的自然现象，但其深层则透视出中国传统的发展战略优势已被外部变化消解的实质。事实上，世界低碳发展的要求和美国以新能源技术为核心的变革，对中国经济持续发展的挑战是超乎人们想象的。从全球产业链看，中国自身内在资本积累缓慢，核心技术缺乏，廉价产品处于利润链底端，但同时能源过度消耗，环境遭到严重破坏。在中国外向型经济增长空间受到严重挤压的情况下，以廉价劳动力为基础、以消耗能源和污染环境为代价、以加工出口依赖外需为导向的发展模式已经难以为继。这一方面要求中国必须与世界大势同步，另一方面又要立足自身条件作出适应性调整，其核心就是加快低碳发展，特别是

125

国家能源战略的适应性变革，以中长期国家能源战略为重点，改变过度依赖石油进口的能源手段，充分发展现有资源产业，抢时间、争速度，加快构建能够快速、高效应对国际经济变化和能源变革的新平台、新机制，逐步掌握发展的主动权。

二是未来 10 至 30 年，我国转变增长方式将持续成为国家制定政策和部署项目的战略重点，推动经济转型将成为今后较长一个时期经济社会发展的基本任务。在此进程中，总的趋势是新型工业化将加速推进，向着高新技术、高附加值、低能耗、低排放的现代集约生产方式转变；农业生产将向着集约型、科技型的发展方式转变，逐步成为保数量、重质量、多元化、规模化、特色化发展的绿色农业；城镇化将快速推进，区域经济将有序步入协调发展的新阶段。这将对转变增长方式提出了更加急迫的要求，目的是缓解沉重的资源（特别是能源）环境承载压力。事实上，我国煤炭消费占能源消费的比重达到 70%，石油对外依存度依然在扩大，如果不走低碳发展和能源新产业道路，以能源新技术推进新能源革命，我国的经济发展和能源安全都会遇到致命的问题。对此，《国民经济和社会发展第十二个五年规划纲要》提出了十分明确的指导思想、主要目标、政策导向和主要措施，并重点强调要坚持节约优先、立足国内、多元发展、保护环境，加强国际互利合作，调整优化能源结构，构建安全、稳定、经济、清洁的现代能源产业体系。

"十一五"期末，特别是"十二五"开局之年，全国各区域经济体适应国家战略重点和政策重心的转移，都把加快转型发展、抢占新兴产业面向未来的制高点作为根本的战略举措。如重庆市要建设通信设备、高性能集成电路、节能环保、生物医药等十大产业集群；四川省要形成以先进制造业为主的产业结构并重点扶持装备制造业等八大产业；陕西省计划到

"十二五"末新兴产业增加值占到全省经济总量的 15%等。尤其值得注意的是，包括河南、陕西、内蒙古、黑龙江在内的省份都把能源新产业作为新目标，把新型煤化工、精细化工作为突破口，正在筹划、建设一批百万吨规模的大项目；内蒙古自治区鄂尔多斯则明确提出"不当煤老大，要当煤化工老大"，着力构建世界级新型煤化工基地。全国许多资源型经济体正在瞄准能源新技术革命，积极推动形成一种发展能源新经济的格局。这种以转变增长方式推动战略性新兴产业发展、推进包括传统煤炭产业在内的能源变革的趋势，对山西经济可持续发展的挑战更是超乎人们想象的。从表层看，山西必须解决以煤电为主的产业结构重型化、初级化的问题，但深层却折射出山西必须全方位地改变传统发展路径、主动培植核心竞争力、整体提升经济水平的本质要求，即围绕国家发展战略发挥自身优势，在建设安全高效煤矿和发展大型煤业集团，煤制天然气、煤制液体燃料和煤基多联产研发示范、产业化发展，煤层气资源开发利用，清洁高效、大容量燃煤机组发展，大型坑口燃煤电站和煤矸石等综合利用电站等方面，全面提升发展能力和发展水平，从根本上推动传统煤炭产业向能源新产业发展，走上"以煤为基，以煤兴产，以煤兴业，多元发展"的新型工业化道路。

三是未来山西发展将更多地依赖于经济社会分工越来越精细的区域中心和区域联盟。从国家层面看，在东中西部发展战略确定的条件下，中国经济将逐步从东南沿海地区向中西部地区发展，从而带动内需市场，发掘经济潜力，形成自身经济的内部循环系统。因此，今后势必朝着突破行政区划限制、逐步调整国民经济空间发展战略布局的方向发展，目的是统筹协调经济区域发展中的基础设施建设、产业布局、资源开发利用和生态环境保护等问题，促进国民经济持续健康发展。其中，"长三角"、"珠三

角"、"环渤海"作为最为重要的区域经济中心，以及中部六省作为独具特色的区域经济"联盟"，都将在推动各区域经济转型升级、分工协调、优化整合、可持续发展等方面发挥重要作用。在这种经济发展格局中，山西经济呈现出比较强的基础性和互补性，如对"珠三角"经济来说，山西在能源产业、材料业、机械制造、旅游业等领域，特别是煤炭、电解铝、不锈钢、永磁材料、旅游等方面有其较强的基础性和互补性；对"长三角"经济而言，山西在包括煤炭产业、电力产业、煤化工、装备制造、材料工业等工业项目上的地位和作用尤为突出；至于对"环渤海"经济，山西则是该区域中能源和原材料辐射能力很强的基地，如天津港和秦皇岛港是山西煤炭的出海口，环渤海是山西能源输出的重点地区，因此是其经济发展的物质保障。因此，如何充分借用区域发展和中部崛起的合力，并以资源优势和分工条件，确立良好的区域合作关系，建立顺畅的外部发展网络，既充分发挥经济的互补作用，又逐步发展资源的独有优势，就是转型发展要解决的历史与现实难题。

新中国成立以后，山西经济受国家地域分工以及投资政策的影响，主要是为国家经济建设提供原材料支持，所以往往是通过煤炭等资源被动地卷入区域经济交往；自1992年始，山西单纯依靠煤炭等发展经济的边际效应已达到极限，其在区域经济中的位次逐步后移，影响力和重要性不断下降。这主要是因为山西经济对国内区域伙伴的依赖重于对国际市场的依赖。据统计，我国每年依靠东部沿海地区的外向型经济平均在国外市场开拓有25000亿美元的市场份额；2009年、2010年，山西省进出口总额分别是85.5亿、125.8亿美元，占全国平均份额的0.342%、0.434%。这一方面说明山西在有效利用国际市场、获得资本和技术、提高自身资源配置效率方面尚有广阔空间，但另一方面则表明国际市场主要是通过沿海地区与山西经济高度相关的区域的间接传导或冲击来影响山西经济的基本面的。所以 1992 年迄今，在国家宏观政策直接主导的作用逐步减弱的情况下，紧密区域伙伴的影响逐步增强，最后形成国际市场影响、国家宏观政策影响集中通过紧密区域伙伴主导山西发展的状况。为了打破这种状况，我们必须加大对外开放力度，做强基础地位，强化互补作用，其核心就是积极争取能源新技术，特别是关键的、核心的低碳技术，以煤炭资源为基础，以能源新产业发展为资本，以增量变革为重点，推动发展由主要依靠资源开采、初加工向资源深度开发、深加工转变，进一步转变到内涵式发展的轨道上来。以此为基础，我们要借助上述区域中心或区域"联盟"的发展，发挥区域经济分工与交往的优势，加快山西经济与国内国际经济的对接。只有这样，山西经济才能突破边缘困境，逐步在国际国内两大市场发挥更加重要的作用。

综上所述，我们认为，煤炭不仅是能源资源，也是碳材料资源，更是发展新兴产业的重要资本和推进工业新型化的重要基础。山西作为我国重要的能源重化工经济体，不仅要挖好煤、更要用好煤，不仅要做好煤炭产业本身、更要做好煤炭的延伸发展，必须"以煤为基，以煤兴产，以煤兴业，多元发展"，推动能源新产业大发展，因此必须而且有条件、有基础顺应国际能源变革趋势，主动迎接能源技术革命。具体地说，山西应在全球化背景和条件下，抓住国际能源变革和区域分工变化的机遇，以资源优势和经济强势在三个层面上进行对接，从根本上确立转型发展战略制高点：一是在国际层面，加快与新能源技术的对接，积极争取高层级的国际技术合作，借鉴和创新高新技术领域跨国、跨地区合作的办法和途径，努力把山西建成中国乃至亚太地区重要的能源新经济中心。二是在国家层面，加快与国家新能源战略布局对接，瞄准国家新能源产业发展的方向和

目标，突出煤炭延伸与能源新产业发展的内容与要求，发挥传统能源大省的历史优势，借助国家能源体制变革的政策利好，确立自己在国家未来能源版图上的战略地位。三是在区域层面，加快与区域内产业升级、环境优化、体制创新的要求对接，加大区域合作力度，加强自己在区域经济分工体系中不可或缺的地位，建立区域经济发展竞争优势。其中，由于紧密区域合作伙伴是山西资本、技术、信息、产品和服务最近的客源市场，也是山西借之参与国际国内分工的便捷通道，因此是需要积极调整、优化发展的重要关系。这样做不仅可以有效重构自身发展的外部网络，寻求建立山西转型发展的战略支撑点和赢利点，拉平山西与其紧密区域伙伴的垂直型差距，而且可以借助这个外部网络的整体优势，建成以客户为中心的赢利增长机制，较好地解决投资和收益两张皮的问题。

结论是：紧紧抓住低碳化发展和能源新技术革命蕴涵的历史机遇，加速推进煤炭产业向能源新产业发展，是山西经济融入世界、与国际市场有效对接的重要资本，是山西经济有效参与国家发展乃至区域经济分工合作并发挥重要作用的基本途径，因此是山西转型发展的核心内容与战略制高点。通过转变发展方式，积极主动地发展能源新产业，推动多元产业协调发展，以解决由于区域经济分工和资源依赖历史形成的发展综合征，既是为山西转型发展破题，也是为人类经济发展所面临的共性问题破题。

二、立足煤炭，发展能源新产业，着力打造转型发展的核心竞争力

近几年，世界煤炭能源需求大幅回升，煤炭生产、消费和贸易呈显著增长趋势。2007 年，世界煤炭生产量为 63.96 亿吨，比 2006 年增长 3%；煤炭消费量 37.18 亿吨油当量，比 2006 年增长 4.5%，增幅远远高于同期

石油消费量。其中，中国居第一位，23.7亿吨标准煤，占世界总量的41.1%；美国紧随在后，10.39亿吨标准煤，占18.7%；其后是澳大利亚、印度、南非、俄罗斯等国。同年，煤炭在一次能源消费总量中占有28.6%的份额，仅次于石油35.6%的份额。这是因为许多能源大国不同程度地将能源重心向煤炭倾斜，也因为煤炭生产的进步和洁净煤技术的成熟增强了煤炭在能源市场上的比较优势，导致发电用煤需求急剧增长，以及煤炭生产国际化水平的提高和海运成本的下降，提高了煤炭国际贸易的能力。

我国能源结构多煤少油，煤炭在一次性能源结构中居绝对地位。目前，煤炭在我国一次能源生产和消费中所占比重均在70%以上，我国电力供应结构中，火电占比仍然高达80%以上。《中国可持续能源发展战略》研究报告指出，到2050年，煤炭在一次性能源生产和消费中所占比例不会低于50%。因此，煤炭在我国能源供需中的基础地位很长时间内难以改变，而且在正常情况下，只要经济增长保持一定速度，煤炭需求就将会继续增长。我国《国民经济和社会发展"十二五"规划纲要》指出，未来我国能源生产和利用要坚持节约优先、立足国内、多元发展和保护环境，同时必须大力发展新能源产业，推进能源结构多元化发展，到"十二五"末，非化石能源占一次能源消费的比重将达到11.4%，与"十一五"末相比，提升3.1个百分点。

在这种资源禀赋格局和能源发展趋势中，山西作为传统煤炭资源大省，立足煤炭、发展新能源产业具有新的更加重要的意义。改革开放初期，基于"能源重化工基地"的战略定位，并服从于全国经济建设的能源需求，山西成为全国的煤电能源供应大省，为国家经济社会建设做出了巨大贡献。进入21世纪，在能源与粮食共同成为当今世界两大战略需求的背景下，山西煤炭凭借其良好品质和庞大产能，依然是国家能源战略的重

要组成部分，对国家经济建设起着不可或缺的重要作用。所以，《国民经济和社会发展"十二五"规划纲要》明确提出，"十二五"期间，国家要重点建设山西等五大国家综合能源基地，它们将成为我国未来重要的煤炭生产基地，共同发挥为未来国内经济发展提供能源保障的作用。但关键在于，山西不能再走煤电初级发展的老路，而必须立足煤炭，走能源新产业的发展道路。这是历史已经证明的，更是山西经济社会发展迫切要求的。

山西经济发展立足煤炭，走能源新产业的道路，能够解决历史遗留问题。众所周知，改革开放以来山西形成了以煤炭为核心的产业结构和经济结构，以及依靠原煤开采、初加工和销售的赢利增长结构，在这种结构中，煤炭企业、当地居民、地方财政及其他各相关利益人建立了一种共享合约，结成了一种"利益联盟"，只要合约存在，其任何相关方都不愿意该合约的利润增长链被打破。由于这种利益结构得到当地居民的"同意"，得到地方政府适应性很强的政策支持，加之相关企业在规模上超越当地自给自足经济的规模，日久变为一种最大的经济支撑，形成典型的资源依赖。一方面，这种依赖使得山西进行任何规模的政策调整、产业平衡、产业优化，都不能不顾及煤炭、炼焦、钢铁、冶金等行业的反应。另一方面，这种依赖不断得到固化、强化，制造出三种严重对立，即政府管制部分的经济活动与市场主导部分的经济活动的对立，国有资本与民营资本的对立，强大的城市经济规模与弱小的农村产业活动的对立，由此无法使不同产业之间形成分工清晰、专业精细的产业链，限制了山西内部市场的垂直一体化发展。与此同时，这种依赖造成了大量欠账，如人为地割裂了经济、社会、文化协调发展的历史进程，形成了历史债务；过分粗放式的煤炭增长破坏了生态环境，形成了环境债务；过度的资源开发造成了诸如水危机、农作物危机、生命危机、健康危机等后遗症，形成了人口债务；而恢复和修复生态自身的平衡需要再投入大量的资源，则形成了可怕的经济债务。对山西而言，以煤炭为主的能源产业与本地区经济社会可持续发展密切相关，煤炭生产既是产业经济问题、环境生态问题、城乡统筹问题，也是社会问题和民生问题。只有从煤炭入手转变发展方式，以煤为基发展能源新产业，才能摆脱路径依赖的窠臼，打破传统利益的结构，消除各种对立的因素，最终清偿各种历史的债务。

山西经济发展立足煤炭，走能源新产业的道路，能够解决转型发展问题。煤炭能源与山西渊源之深、关系之切，在山西地位之重、作用之大的状况，将会在一个相对长的时期内持续存在，并体现出以煤炭为主导的产业发展特征。因此，无论从战略重要性还是问题严重性看，煤炭产业的转型发展都是山西转型发展的突破口，也是山西重新确立其核心竞争力、实现可持续发展的基本途径。因此，山西转型发展必须立足于煤炭转型发展。只有从煤炭产业转型发展入手，全力推进能源新产业，发展能源新项目，彻底改变山西产业结构单一化、重型化的状况，解决产业链条短、企业规模小、产品低端化的问题，才能全面提高山西新型工业化的水平以及高新技术产业的比重，形成强大的发展后劲。在煤炭产业转型发展基础上，以新的理念和技术方法开发利用煤炭资源，加速推动煤炭能源新产业的发展。在发展能源新产业问题上，必须坚定不移地贯彻落实科学发展观，彻底改变传统的资源观、扭曲的发展观、粗放型的发展方式，全力抢占能源新产业制高点，确立我省煤炭经济发展的新理念、新思路，走集约发展、内涵发展、绿色发展、综合高效发展和文明和谐发展的道路，实现由煤炭资源基地向综合能源基地、由煤炭工业大省向煤炭经济强省的战略转变，把我省建设成为国家最重要的可持续发展的能源新产业和工业基地。

　　山西立足煤炭、走能源新产业的道路，必须坚持集约发展，引导和推动煤炭资源的整合重组，科学发展煤炭产业；坚持高效发展，加大煤炭加工转化的力度，实行煤电油气化并举，全力发展煤化工和精细化工，建设新型综合能源基地；坚持清洁发展，广泛采用煤炭清洁技术，大力发展煤炭循环经济，提高资源的综合利用度，实现煤炭能源最大限度的利用和环境生态的最大限度保护；坚持安全发展，综合运用科技、经济、法律等手段，加强改善煤矿安全条件，建立完善安全生产长效机制。具体地说，就是要从四个方面稳步推进煤炭产业转型发展，走上煤炭能源新产业的道路：一是在全省煤炭资源整合重组的基础上，以先进的技术和生产组织方式实现煤炭采、选、洗的集约化、科学化，重点是建设若干现代化大型矿井与煤资源转化加工产业并举、核心竞争力较强、产能亿吨级和几千万吨级、销售收入几百亿元的大型煤炭集团。

　　二是大力推进煤炭加工转化，积极发展电力、焦炭、煤层气和焦炉煤气、煤基醇醚燃料和煤基合成油等综合能源产品，形成一次、二次能源并举，煤、电、气、油各类能源共同发展的新格局。第一，要大力发展洁净煤技术，提高终端能源消费的清洁化水平。煤炭直接用于终端消费，不仅利用效率低，而且会造成严重的环境污染问题，为此要通过科技创新将煤炭转换成清洁、易传输的电力，再供终端用户使用。第二，要积极开辟能源新产业的新途径，大力推进煤层气开发和利用。煤层气是一种优质洁净能源，是上好的工业、化工、发电和居民生活燃料，其开发利用不仅能提高煤矿生产安全的水平，有效减排温室气体，而且把煤层气用作发电燃料、工业燃料和生活燃料、汽车燃料、化工原料，能够产生巨大的经济效益。山西是全国煤层气资源最为丰富的地区之一，大约在 10 万亿立方米以上，占全国的 1/3，且分布集中、埋藏浅、甲烷含量高，大规模开发前景广阔，是山西发展能源新产业的重要基础。第三，要充分利用煤炭能源新产业深加工产品所具有的清洁环保、成本低廉的优势，大力发展煤制油、煤代油技术和产品，使其在中长期成为重要的交通用能源①。煤炭能源新产业，特别是醇醚燃料是潜力巨大的替代能源。如甲醇作为燃料和原料，需求将大幅增长；基于成本优势，甲醇制烯烃成为较有前景的煤化工发展方向。

三是把握机遇全力发展煤化工业，力争使煤化工业成为年销售额上千亿元的新的支柱产业，把山西建设为国家重要的煤化工基地。要围绕"气、醇、烯、苯、油"的发展路径，构筑山西现代煤化工的产业板块。鼓励煤炭企业与化工企业联合重组，形成上下游一体化发展的组织结构。为此，要加强研发能力建设，加快关键技术研发，加紧关键优秀人才的引进和培养等。

四是大力推进科技创新和技术进步，加快发展与煤炭产业及能源新产业相关的服务业。其重点是在煤炭、电力、煤化工、新能源和煤机装备等占优势的行业，每年培育若干家年营业规模超千万甚至亿元以上的生产服务企业；孵化和引进创业性投资，每年鼓励和扶持专门服务于传统产业节能降耗、升级改造的替代性、接续性和集约性企业若干家，推动第二产业内部的生产性服务业比重达到45%。为此，要利用山西建设国家资源型经济转型综合配套改革试验区的有利时机，有效整合传统产业与新兴产业升级改造的结构性优势，大力吸纳中部、东部乃至西部结构性演变释放的产

---

① 事实上，当油价高于35美元/桶时，煤制醇醚燃料具有竞争优势。对煤基和气醇醚燃料作经济分析的结果是，每立方米1元的天然气价格生产的醇醚燃料成本对应的约是400元/吨的煤炭价格；原油价格跌倒40美元/桶，煤制烯烃仍有竞争优势。

业空间，优化三次产业结构，在三个产业内部拓展和延伸专门服务，增加中间产品投入，壮大产业资本，上规模，增效益；要放手发展专门服务于煤电产业转型、煤化工升级、新能源发展的生产性服务业，以煤炭开采、洗选、加工，煤化工节能降耗，电力优化、生产、输送，煤、电、热、化工多式联产，矿区复垦修复以及其他生产性产业的部件、零件、载具、设备的采购、供应、组装、维修，关联产业关键环节的人力、物力、技术和网络支撑为中心的生产性服务集群；要推动区域分工向专、精、细发展，逐步把山西建成能源新产业领域内服务中东部、辐射全中国的生产性服务业大省。

我们认为，从煤炭产业转型发展入手，通过煤炭产业向能源新产业转型发展，是山西转型发展战略要解决的基本问题，也是山西破解资源依赖、消除发展瓶颈、重新确立山西的发展优势与提高核心竞争力的根本所在。只有这样，才能彻底改变山西长期以来重物质投入、轻环境品质，重低成本优势、轻自主创新，重资本积累、轻福利共享的发展特征，实现经济高速增长与兼顾结构优化、效益增加、发展持续和利益均衡的有机统一，实现人与物、质与量、好与快的有机统一，实现人与自然的和谐发展。

三、咬定问题，创新体制机制，不断优化转型发展的政策性环境

综合山西转型发展，特别是经济结构调整进展缓慢、效果不佳的情况，我们认为，促进转型发展的体制机制不完善、政策措施不灵活应该是主要原因，也是亟待解决的重要问题。简言之，创新体制机制是山西转型发展能否成功的根本。

在计划经济体制下，山西经济逐步形成了以矿产资源和原材料初加工

为主导的产业结构；改革开放以来，这种结构虽然有过不断调整，但由于受自身资源状况、计划经济体制惯性以及发展路径依赖等因素的影响，山西转型发展没有得到应有重视，调整经济结构、转变发展方式曲折前行。在传统与现代因素交集、国际与国内问题叠加、现实与未来要求共存的发展背景下，山西转型发展凸显出艰巨性、复杂性、紧迫性、长期性交织的特征。2009 年，受国际金融危机冲击以及自身结构转型等内外部因素的叠加影响，山西经济大幅调整低位运行，全省生产总值增长速度深度回落，产业结构重型化和大进大出的区域贸易结构使山西资源型经济的局限性、脆弱性、落后性暴露无遗。

依据山西资源型经济在全国和区域经济中嵌套重叠、交错衍生的关系结构，根据山西可持续发展的实际要求，山西转型发展面临的主要问题有两类：一类是共性问题，即其结构重心和利益比重偏重于国家和区域层面，在本质上具有全国共性的特点。这类问题一般牵扯到国家和区域层面，涉及面大、影响深远，解决起来成本高、风险大，需要先行先试，充分争取国家的支持和区域的合作，通过全国和区域一体化发展予以解决。另一类是个性问题，即其结构重心和利益比重集中体现了以山西利益为核心的价值诉求，主要由山西省情决定，在本质上具有山西区域发展的个性特征。这类问题既表征着山西存量资产的原始价值，也反映了市场对山西价值增长的合理预期和风险水平，需要山西树立转型发展的思想和胆气，谋划大思路，出手大举措，打开新局面。山西转型发展应当区别和把握这两类不同问题，在积极争取国家政策的条件下，协同解决一般问题，重点解决特殊问题。但毋庸置疑，无论是一般问题还是特殊问题，都是关系山西转型发展的前瞻性、全局性、可持续性的重大问题，必须同等重视，重点解决。主要有：

一是不同资本参与市场活动的地位和权利存在差异和障碍。山西市场主体格局表面看多元化，但从经济结构、资本结构、利润分配和制度性偏好分析，国有资本或准国有资本仍处于支配地位，国有企业主导的市场竞争机制存在着严重缺陷；同时，民营资本参与市场角逐的利润空间被边缘化，民营资本投入渠道狭窄、融资成本过高的问题比较突出，中小企业发育困难、成长缓慢，与投资和贸易等相关的金融市场发育程度较低。

二是驱动方式长期不变，资源和要素价格严重扭曲。山西经济增长的驱动方式长期停留在高要素投入驱动上，导致资源消耗过大，劳动力价格与资本价格扭曲，科技贡献水平低，核心竞争力长期得不到提升。山西传统支柱产业多属资源高度密集行业，长期粗放开发，内部结构扭曲，没有形成各种要素依资本增值规律进行系统循环的有效途径，投入成本远远低于资源提供的租金收入，使价值链流程和资本增值活动始终在低位恶性运行，呈现低位次、初级化的结构特征。

三是结构不合理突出，经济资源错配和浪费严重。总体上看，山西产业发展呈现出三次产业发展不协调、第二产业内部结构不优、整体发展水平低、低科技含量低的基本特征，传统产业和重点行业主要延续粗放的发展模式，所以在需求、供应、要素投入和国民经济收入分配等结构方面问题很多，由此产生的高投入、高消耗、高污染、低效率问题长期存在。特别是由于产业结构调整受多方面影响始终没有到位，所以产业结构不合理特征更为明显，产业结构单一化重型化问题长期得不到有效解决，致使中低端产能严重过剩，现代产业体系步伐缓慢，传统产业与战略性新兴产业耦合过程滞后，新产业发展和新项目储备严重不足，保障创新能力成长的现代服务业落后。

四是经济总量偏小，国内市场份额较低，尚未达到又好又快的要求。

山西最大问题是发展不足，经济总量、发展速度、城乡居民收入等横向比较，差距不断拉大，没有出现高速、稳定、周期较长的增长过程；同时由于一系列新增外部性约束不断加大，山西在环境保护、气候变化、减低碳排放水平等方面形势严峻。

五是能源技术变革与资源密集型产业严重脱节。应该说，能源领域的技术积累和变革客观上为资源密集型产业的转型发展储备了丰厚的技术条件，而山西没有抓住适当机会，未能使山西以煤炭生产为核心的资源密集型产业与国际能源技术变革、国内技术储备进行有效对接，没有形成良性融通的格局。这是因为山西长期受计划经济体制的约束，地方经济规模和水平都很不够，本身与区域之外的横向经济关系单一而薄弱，在变革发展的新形势面前，内外经济技术往来的市场通道难以很快建立起来，加之科技水平较低和创新能力不足，造成吸收消化外部资金技术的能力较差。在山西，非资源企业对资源型企业依赖性较强，技术依赖于资源型企业或技术发展方向被资源型企业左右，导致产品的单一性和固定资产的专用性，从而使许多企业在技术上形成路径依赖而固守老技术，忽视对技术的学习、引进、革新和创新等。

六是科技创新严重不足，劳动者素质普遍不高。主要表现为资源型企业的垄断性导致企业创新不足。山西许多资源型企业拥有政府无偿配置的垄断性资源开采权，无需在竞争性市场购资源买开采权，企业仅靠坐收拥有资源开采权所带来的资源经济租金就可以有好收益，所以企业创新动力不足。而且长期以来，山西许多资源型企业是中央所属企业，其基础设施、配套系统基本都是自行建立起来的，具有明显的自给性和封闭性，从而导致其他企业在城市中缺乏市场和生存空间，能够生存下来的许多企业对资源型企业有极大的依附性，借以分享资源型企业的垄断性利润，所以

也缺乏创新动力。由于经济结构单一化、初级化、资源型突出，所以劳动者的素质长期得不到快速提升。

七是资源与生态透支严重，环境质量比较恶劣。多年以来，山西工业增加值占地区生产总值的比重逐年攀升以及高资源消耗、高能量消耗、高污染排放行业比重快速提高的势头没有得到根本遏制。2009 年，山西省GDP 总量占全国经济总量的 2.2%，而其能源消耗总量却达到了 4.3%以上，结果是结构性污染突出，大气污染负荷高，水污染形势严峻；生态衰退严重，地表植被、生态景观、生物多样性受到损害，生态环境脆弱；水资源短缺、水土流失严重的趋势有进一步加剧的趋势。据统计，在 20 世纪高速发展的 10 年里，山西每年由于环境恶化和生态破坏所造成的经济损失几乎占 GDP 总量的 20%。这种高消耗、高污染、高破坏的状况反映出山西经济活动科技水平低、创新能力低、核心竞争力缺乏的事实，是山西经济发展动力、活力、后劲严重不足的根本所在。

八是公共管理错位和落后并存，公共服务与市场竞争的要求、居民福利的需求存在相当差距。经济增长和经济发展需要优化市场主体关系，转变职能，依法行政，提高政府服务能力。在山西，比较明显的是，一方面，企业和经济发展的环境问题迭出；另一方面，企业发展格局往往背离了产业集聚市场准则，政府主导了所有重大的投资活动，政府或者公共投入总是跑在市场投资主体的前面，市场难以形成自我促进的投资机制，与此相伴生的是公共管理的极度市场化。比如在企业的空间布局上，政府行政性主导企业集聚现象严重，造成了经济资源的严重浪费。

此外，在公平发展和社会稳定方面，贫富差距严重存在，社会稳定存在隐患。随着人口增长及结构之间出现变化，代际公平问题进一步显现；城乡发展，特别是贫困乡村和中心城镇之间的差距，折射着城乡居民财富分配上的不平等问题；农村富余劳动力、自我雇佣者、有组织劳动者和国家公务员在劳动报酬上不断拉大距离，其他社会性权利从地区经济、政治、文化中心向边缘地带扩散过程中显现出程序性不公平和社会性不公正等问题，都不断给经济发展带来冲击。

随着国际国内制约经济发展的外部条件日趋严苛，上述问题的负面作用日益显性化。但不容置疑的是，这些问题都反映或折射出山西转型发展在体制机制支持方面的局限性和脆弱性，体制机制建设滞后、创新不足已成为山西经济可持续发展的关键问题。其主要表现是：（1）现代企业制度建设还不完善和规范，还没有形成适应市场经济体制要求的、比较合理的国有经济布局和结构，产业组织模式陈旧，大企业大集团规模较小、数量较少；民营经济和中小企业规模较小、活力不足，民营企业发展的体制机制亟待完善；投融资管理体制改革滞后，支持转型跨越发展的金融财税制度还没有建立起来；资源有偿使用制度和生态环境补偿机制远未健全。（2）产业发展的宏观调控机制不健全，传统产业领域的总量调控机制、落后产能淘汰机制、衰退产业的退出机制、新兴产业的扶持机制没有完全建立起来，三次产业产业间、区域间的兼并重组和要素流动不快，"以煤为基、多元发展"的格局尚未形成。（3）鼓励技术创新和科技成果产业化的市场环境和激励机制还不成熟；科研院所的作用没有得到充分发挥，财税对科技投入的支持远远没有到位。（4）外商投资领域开放度远远不够，企业对外贸易交流与合作的支持体系亟待完善；各类园区的管理体制效率不高、功能不明确和作用不突出问题严重存在，产业集群发展滞后，园区带动能力有限等。(5)转变政府经济管理职能、激发市场投资活力急需加大力度，依法行政需要进一步强化，大部制改革有待进一步深化等。可以说，山西这些年转型发展遇到的困难、碰到的障碍、出现的阻力，都与不

适宜、不合理、不科学的体制机制有密切关系。因此，加快山西转型发展，核心是解放思想，转变观念，重点是改革一系列与转型发展不相适应的、阻碍科学发展的体制机制。2010年，中央经济工作会议提出要从制度安排入手，以优化经济结构、提高自主创新能力为重点，以完善政绩考核评价机制为抓手，不断在经济发展方式转变上取得实质性进展。这为山西以体制机制创新推动转型发展指明了方向。

我们认为，围绕转型发展要实现的目标和要解决的问题，山西体制机制改革创新必须坚持顶层设计和系统推进，从宏观的、总体的、制度的最高处着手，敢于先行先试，主动借鉴学习，实现重点突破，坚决破除传统体制与市场机制不相适应的部分，创建以完善的市场经济体制机制、积极的产业协调组织体制机制、成熟的企业创新发展体制机制、全方位的公共服务能力为核心的制度支撑体系。

一是加快调整和完善所有制结构，在全省普遍建立起适应市场经济体制要求的规范的现代企业制度，形成比较合理的有利于转型发展的经济布局和结构。要重点深化煤炭能源领域的国有企业改革，促进国有资本向能源新产业等重要行业、关键环节、基本服务领域集中，不断增强国有经济的活力、控制力、影响力。特别是国有资源型大企业要向战略性新兴产业发展，向高新技术产业、文化旅游产业发展，通过资源开发利用最大化使企业的自身优势变成全省经济的整体优势；要以资产资本化、资本股权化、股权多元化为重点，实施跨地域、跨行业、跨所有制的兼并重组，实现低成本扩张、高端化发展，作全省转型发展的先锋队和排头兵。对重点企业要落实计划单列、适度放权等政策，在资源、土地、资金、科技、人才等方面实行倾斜支持，推动它们做大做强。要继续完善促进民营企业多元发展的体制机制，进一步清理限制民营经济发展的规章文件，建立健全民营经济服务体系；放宽和规范民营经济在市场准入、财政税收、信用担保和融资等方面政策措施，按规定落实民营企业在投资、税收、土地使用和对外贸易等方面应享受的待遇，凡是法律未禁止的领域和行业，都允许民营经济进入；鼓励民营资本投向转型发展项目，帮助他们拓宽融资渠道，引导和鼓励他们建立健全现代企业制度等。

二是加快健全和完善财税金融政策，建立有利于转型发展的财税金融支持体系。要推进财政管理体制改革，积极发挥公共财政的作用，主动应对国内外经济发展的机遇和挑战，促进全省转型发展大局。要加大税收制度改革，推动全省增值税由生产型向消费型转变，降低企业税收负担，鼓励企业进行技术改造或技术研发，提高自主创新能力。要积极推进金融改革，引导优化信贷地域结构和投向结构，着力服务全省经济结构调整和转型发展。值得强调的是，要加强地方支持全省技术创新和科技成果产业化的财税政策，建立财政科技投入的稳定增长机制，推动产学研有机结合，保障重大科技工作的自主创新。

三是加快建立健全资源有偿使用制度和生态环境补偿机制，处理好经济发展、资源利用、环境保护的关系，解决好资源有限和环境容量对经济发展的制约。第一要深化资源价格改革，完善资源能源价格形成机制和环保收费改革。完善资源价格形成机制，将资源开发和使用过程中的环境代价、资源枯竭后的退出成本计入资源定价中，逐步建立能够反映资源稀缺程度、市场供求关系和环境成本的价格形成机制；改变环境低价或没有价格的局面，对向环境排放污染的要提高收费标准，提高准入门槛。为此，要全面推进水价改革。对高污染、高耗水等限制类工业企业和淘汰类企业加收 1 倍至 3 倍的水资源费；加快推行差别水价、阶梯式水价、超定额加价等节水型水价制度。要深化能源价格改革，严格执行"差别电价"和超

限额累进加价政策，积极开发风能、水电等可再生能源，推动脱硫、节电和减排。要改革和完善排污收费制度。制定高于治理成本的排污收费标准，为企业治理污染提供激励；从可计量、便于征收的二氧化硫排放入手，完善排污费制度。第二要加快建立健全生态环境补偿机制，不断加强区域性生态补偿力度。建立生态补偿机制，是促进环境外部成本内部化、实现环境有偿使用和绿色转型的重要途径。为此，要拓宽生态建设和环境保护资金筹措渠道。鼓励私人投资到生态环保产业，在股票市场中形成绿色板块，积极吸引国外资金直接投资于生态项目的建设；煤炭行业要积极开展生态补偿制度的试点工作。结合国务院在我省开展的煤炭工业可持续发展政策实施试点，积极探索煤炭开采的生态补偿机制；要进一步完善生态补偿的收费制度，积极探索建立生态破坏保证金（或抵押金）制度。

四是加大产业转型体制机制创新力度，建立系统完善的推动产业协调发展的制度体系。关键问题是调整产业结构，找准传统产业内部要素低位集中、低位循环的切入点，主要通过市场机制使存量资本和新增投资流向价值链中段和高端，拉长价值流程，实现高附加值。为此，要围绕"以煤为基、多元发展"的总体布局，建立健全山西产业转型发展的组织协调机制，重点是传统产业领域的总量调控机制、落后产能的淘汰机制、衰退产业的退出机制、新兴产业的扶持机制等，加速三次产业产业间、区域间的兼并重组和要素流动，推动传统重度工业化部门技术升级，加速主导产业在自然资源中的位置转换，遏制资源密集、产业低成本开发的势头。要在全面增强内部产业的专业化水平基础上，瞄准区域一体化发展趋势，重点做好产业对接，积极向支持现代产业体系，特别是支持能源新产业、新型装备制造业、现代物流业、信息服务业、文化产业和金融等方面的服务经济靠拢，不断提高自身在区域市场分工格局中的地位和作用。要根据转型发展的需要和产业转型的要求，加快建立动态有序的资源、资本、科技、人才、土地等要素协调、系统配置的机制，保证各类优质资源对重大领域、重要行业、重点项目的跟进支持，促进各类优质资源向能源新产业等战略性新兴产业倾斜流动。

五是强化企业主体意识，增强企业创新能力，建立适应市场经济发展的企业组织管理体系。在市场经济条件下，转型的主体是企业；确立其主体意识、提高其创新能力至关重要。首先要在企业组织体制上，实现由传统的生产能力强、技术创新和市场营销能力弱向现代的技术创新和市场营销能力强，生产组织体系精干的转变。其次要加大研发经费投入力度，提高企业研发经费占销售额的比重，满足国内国外市场竞争的要求；同时要充分发挥政府财政资金激励企业自主创新的引导作用，通过税收、市场准入、金融、政府采购等方面的法律法规和政策措施等支持鼓励企业的新产品研发等活动[1]。再次要加强企业人力资源开发，强化创新激励机制。企业应加快建立健全客观、公正的人才评价体系和激励机制。一方面政府根据主导产业发展和技术创新的要求，制定并实施高层次人才引进计划，同时提高企业科研工作站的质量，制定优惠政策配合资金引导以吸引各类留学人员投资高新技术企业；另一方面企业应采取多种激励手段，在引进人才的同时，调动现有科技人才和技术工人的积极性和能动性，营造良好的用人、育人的环境和机制，形成一支数量充足、结构合理、与企业发展适应的人才队伍。第四要建立完善的中介服务体系，促进"产、学、研"有机结合。重点是加强和完善技术中介机构的建设，规范中介机构工作职

---

[1]国际上一般认为，企业研发经费占销售额的比重为5%，企业才有竞争力。山西省目前的 R&D 经费在全国31个省、市、自治区中位列第21名，列中部六省倒数第一。

能；加快技术市场体系的建立，放宽科技孵化领域的条件限制；鼓励科研机构转制，培育专业服务市场。把体制创新和技术创新结合起来，就一定能极大地促进企业创新发展，在市场竞争中不断形成新的优势。

六是推动政府职能适应市场经济发展的目标与要求，探索建立服务支持、依法促进山西转型发展的地方政府管理体制。山西转型发展首先是政府转型发展，要以政府治理机制的改革创新推动产业的转型升级，以政府服务能力的完善提高促进体制机制的创新发展。山西转变政府职能，核心是不越位、不错位、不缺位，重点是简政放权、提升服务。为此要制定符合转型要求的产业政策，使企业转型有明确的政策导向，特别是制定鼓励性的政策，为企业提供及时有效的支持；继续削减和调整行政审批事项，主动落实首办责任制和限期办结制，积极开辟转型发展重大项目的绿色通道；提供包括行业创新平台、投融资平台在内的公共服务，充分发挥政府资金的引导作用，建立和完善政府资金与社会资金的联动机制、政银企沟通的交流机制，充分激发市场投资活力，使政府对于经济增长的预期能够完全释放市场内部的信息，切实把政府职能转变到主要为市场主体服务和创造良好发展环境上来。要围绕中心，服务大局，继续推进依法行政，着力发挥法制在推动转型发展、实现又好又快发展中的作用。为此要加强和改善相关立法工作，为全省转型发展提供制度保障；加强干部的法制培训和教育，建设法治政府，营造转型发展的法制环境。需要强调的是，政府转变职能的重点是正确处理政企关系，推动二者在转型发展的目标框架下加强合作，充分发挥各自优势资源的互补性，以最低成本实现山西转型发展大业。

七是大力推动各个领域对外开放，加大涉外经济体制改革力度。要把招商引资作为加强对外开放的重大举措，结合国家产业政策和山西具体实际，全面实施开放引进战略，拓宽投资领域，扩大外资规模，鼓励外资依法通过各种形式参与山西经济活动；与此同时，要全面加强区域合作，主动融入环渤海地区发展，积极互动长珠区域发展，全面联手中部地区发展，进一步拓展发展半径。要积极探索各类园区管理体制改革，优化园区发展布局，完善园区发展模式，提升其资源集聚与整合的能力和水平，特别是发挥园区在引进国际国内能源产业高新技术、承接产业转移等方面的重要作用，使园区真正起到对资源型经济转型的带动作用。要加紧推动企业"走出去"，逐步完善相应的服务机制，加强政策支持力度；要引导行业协会、商会等中介社团为企业提供法律、商务咨询等服务，加快构建政银企平台，为企业"走出去"创造有利条件。要坚持以开放发展新型业态，集聚先进生产要素，在改革创新中实现转型发展。

八是牢固树立强省富民的政绩观，深化干部人事制度改革，进一步完善干部政绩考核制度和评价标准。要牢固树立强省富民信念，使其内化为干部，特别是领导干部的政绩观，极大地焕发精神风貌，提高服务意识和责任意识，激发蕴藏在全省人民中的强大力量。要以干事创业光荣、碌碌无为可耻为导向，提高选人用人的公信力，不断完善公开选拔、竞争上岗和差额选拔的程序和办法，不拘一格地把那些德才兼备、廉洁正派、能够适应转型发展的好干部选上来、用起来。要改革政绩考评机制，通过建立转型发展指标评价体系，实现从侧重经济指标向评价综合指标转变，从注重短期利益和本地发展向重视长远利益和区域协调转变。重点是按照科学发展观的要求，探索建立转型发展指标评价体系，实行领导责任制和资源环境问责制，同时将产业结构、消费模式、增长方式与节能减排结合起来，正确引导领导干部讲成本、重质量、求效益。目前，省级考评体系已经建立起来。市、县级考评体系要针对不同的产业结构、发展基础，制定

不同的考评体系,建立个性化的考评指标。市级考评体系中,临汾市、阳泉市、大同市等市要突出环境指标的考评;县(市、区)考评体系中,要根据各自不同水、土资源承载力的评价结果,加大资源和环境严重超载地区相关指标的考评力度。个性化的考评指标是动态的,应随着省、市整体发展形势的变化趋势、本地产业结构和资源环境的变化程度做相应调整。要避免在各市和各县之间进行比较,因为不同的区域定位和资源禀赋,很大程度上决定着本区域的产业结构,而不同的产业结构会产生不同的资源消耗和环境污染。要通过对领导干部年度考核,把考核结果和干部的奖惩升降挂钩,做到能者用、好者上、庸者下,让吃苦的人吃香,让有为的人有位,形成良好的用人导向和风气。

四、扭住能源,推进多元发展,努力形成转型发展的战略性格局

如果说立足煤炭、发展能源新产业是山西转型发展的必由之路,那么,以煤炭产业为核心的能源新产业与其他产业的多元协调发展就是山西转型发展的基本途径。因此,从根本上说,山西转型发展战略是以煤炭产业转型为突破口、以能源新产业发展为基础的系统工程。诚如前述,山西转型发展之所以选择煤炭产业为突破口和以能源新产业为基础,是基于国际国内发展趋势和山西省情做出的基本判断;之所以是系统工程,是因为转型发展在山西已经超越了煤炭产业结构调整和优化升级的范畴,是一个涉及产业体系建设、发展理念创新、发展方式转变、体制机制变革等诸多因素的复杂系统。在山西,不能脱离煤炭这个优势产业讨论转型发展,也不能单纯依靠煤炭破解转型发展这个复杂命题,必须以煤为基,多元发展,才能推动形成转型发展战略的新格局。

鉴于上述认识，我们提出，山西转型发展战略要从山西实际出发，深入贯彻落实科学发展观，紧紧扭住"一个核心内容"，促成"两个整体提升"，推动"三个高端发展"，落实"四大根本举措"，以近期、中期、远期目标顺序推进转型发展，把山西建成国家的新型能源和工业基地、全国重要的现代制造业基地、中西部现代物流中心和生产性服务业大省，建成中部地区经济强省和文化强省。

1.扭住"一个核心内容"，就是确立发展能源新产业的核心地位，即以煤为基，立足煤炭大省的基础优势，促成煤炭产业向能源新产业发展，勇立全国乃至世界能源新产业发展的潮头。对此，山西有要求有机遇，也有基础有条件。

首先，能源产业具备经济与政治的双重特征，具有一般产业难以撼动的战略地位。山西作为重要的能源和工业基地，在国家能源版图上的地位举足轻重，作用不可动摇，其发展必须考虑和顾及国家与区域发展的总体要求。同时，在社会主义市场经济条件下，山西保持战略地位也必须与增加山西经济总量、提高山西经济效益统一起来考虑，实现山西经济社会又好又快发展。事实是，改革开放以来，山西在突出能源战略性地位和作用方面做了大量工作，但是在扩大经济总量、增强经济效益上做的却远远不够，其中一个重要表现或原因就是经济结构调整迟缓，转型发展步履艰难，产业结构的单一化、初级化、重型化问题以及经济发展方式粗放等问题一直没有解决。山西省"十二五"规划提出，要在建设国家新型能源和工业基地基础上建设中部地区经济强省，这个目标与任务无疑是对上述问题的回应与要求，是对自身经济利益的认识与考虑，必须通过转型发展才能实现或完成。所以，核心问题仍然在于积极应对国际能源领域的新挑战，努力抓住未来产业发展的制高点，承接国际国内能源产业发展的新技

术和新任务，全面提高内部能源自我供应的水平，构建和完善"体制灵活、应对有效、内外结合、平衡有余"的能源体制。只有这样，才能以能源新产业发展引领山西转型发展，推动经济发展方式转变，达到扩大经济总量、增强经济效益的目的。

其次，国际金融危机对我国沿海地区经济发展造成的冲击，除了会减低当地赢利、挤出部分产能外，还会在经济增长和推动经济发展方式上出现新变化，包括产业内部的技术重组、产品结构转型升级等。这种变化反映到国家宏观经济的区域平衡上，势必会为山西转型发展提供新的机遇。第一，横向获取资本、技术和设备的渠道增加，竞价谈判能力增强，投资成本减少；第二，战略性能源保障任务减低，内部能源产业的存量优势增加，低成本进行能源产业结构转型升级获得较好的外部条件；第三，国家能源内外供应不平衡的格局需要维持一段时间，能源领域在国家战略中的重要地位提高了能源产业的战略价值，增强了能源产业政策的主导作用；第四，在"能源政治"、"能源新政"所主导的新一轮经济变革中，国家新的能源战略如何推进和展开，尚待先行先试，这在时间和空间上为山西转型发展提供了机遇。所以，山西要看到其中蕴藏的战略利益和发展空间，及时抓住国家转型发展的战略时机，积极利用沿海发达地区总体经济增长以及经济增长模式变动的趋势，全面启动能源新产业推进计划，推动山西以煤炭产业为核心全面进行资本重组、技术升级和结构转型。

第三，在国际金融危机刷新国家、区域利益竞争格局的同时，山西率先破局，完成了历史上规模最大的资源重组；借助率先变革能源产业、整合煤炭资源的势头，山西开启了能源领域再次发展、推动转型、从传统能源基地向新型能源和工业基地跨越的步伐。事实上，由于煤炭资源整合和煤矿兼并重组，山西已经站在新一轮调整产业结构、转变发展方式的起点上。山西煤炭资源整合和煤矿兼并重组对一个以能源原材料产业为主导的资源型经济省份实现转型，对一种以传统产业为支柱的粗放式经济发展模式实现转变，都具有重大战略意义。一是有利于加快迎接新能源技术变革、推动山西煤炭能源新产业与国际新能源变革对接的步伐，加快启动高等级国际技术合作的步伐，全面创新高新技术跨国、跨地区、跨部门、跨资本的经济合作模式，推动山西在能源新技术领域闯出一片天地，占有一席之地。二是有利于更快更好地适应国家能源发展战略的新要求。目前，我国新能源体制正在创建过程中，未来的国家能源战略格局将对各地区现行的经济发展方式提出更高的要求，各区域经济将在新一轮能源技术冲击下，出现比以往更为深刻的变革。因此，山西要借煤炭整合重组的有利时机，携传统能源大省的历史优势，及时并充分地利用好国家能源体制改革的政策利好，发展和巩固自己在国家未来新能源版图上的重要地位。

第四，中央批准山西省为国家资源型经济转型综合配套改革试验区，为山西转型发展在体制机制创新建设方面提供了前所未有的发展条件。与之前国家已经批准的八个综合配套改革试验区相比，山西综改试验区有着鲜明特色，即是唯一的全省域、全方位、系统性的进行资源型经济转型综合配套改革试验区，目标是紧紧围绕产业的优化升级、战略性新兴产业的发展，探索整个产业结构的调整和资源型经济的全面转型。按照综改试验区建设要求，山西省必须通过大胆探索、先行先试、率先突破，破解长期制约全省经济社会发展的瓶颈，实现资源型地区的全面协调可持续发展，与此同时，国家将会支持山西在推进资源型经济转型方面创造的一些新经验好经验，协调各方力量给予支持。借助综改试验区建设，国家已承诺提供两方面的优惠政策：一是改革的先行先试权，重点是推动生产关系的调整与变革，促进生产力的发展；二是可大面积优先移植和推广其他综改试

验区已有的一些好经验好政策，包括城乡统筹、"两型"社会建设以及中部地区比照西部开发和东北振兴等方面实行的一些政策等，争取率先走出一条在更大范围内实现资源型经济转型发展的新路子，为全国其他地区加快资源经济转型起到示范带动作用。

2. 促成"两个整体提升"，就是借助越来越精细化的经济分工，以更加广阔的视野和胸怀，加快融入国家区域发展格局的步伐，全面进入系统协调、分工合理、专业精细的一体化体系，并逐步确立起新的区域优势。

首先要提升以煤炭产业为核心的能源新产业的整体发展水平，提高煤炭开采的机械化、信息化、智能化水平，提高煤炭洗选率，推动煤炭安全生产状况的根本好转，实现煤炭本身的高效、绿色和安全发展。要借助煤炭资源整合推动煤炭产业的合理布局、提升改造和体制创新；通过高新技术促进转型发展，提高煤炭产业和延伸产品的科技含量，拉长煤炭生产的产业链条，提高煤炭产业整体化发展水平和核心竞争力，实现煤炭大省向能源强省的跨越。因此，必须立足于优化煤炭资源经济基础地位的战略格局，对准现有能源产业的核心结构，在保持经济总量的增长不低于历史最高水平的前提下，一手抓传统外围产业的增量扩张，把经济总量搞上去，一手抓现有核心产业结构的节能增效和技术升级，把经济增量的比重均衡回调到30%的合理水平。以这两手作为转型发展的经济工作面，然后集中精力，重点攻克能源新产业、能源新技术、能源新经济等方面的难题，把山西建设成为以能源资本为核心，能源新技术和先进装备为支撑，引领山西、支撑全国、对接世界的新型能源和工业基地。

其次要提升山西产业体系的整体发展水平，提升传统产业，壮大优势产业，发展战略性新兴产业，实现产业结构的多元化、合理化、高级化发展。第一，要遵循产业结构演进的规律，尊重主导产业过程转换的顺序，以技术密集化和信息化为产业发展的方向，以自主创新和技术进步为产业演进的动力，推动工业重心从目前以资源、原料工业和燃料动力工业为基础的产业体系，逐步走向以新型工业化为主导、信息化为引领的现代产业体系，最终培育起山西多元化的支柱产业体系。第二，加快提升焦炭、冶金、电力、建材等传统产业，加快壮大现代煤化工、装备制造、新型材料、文化旅游、物流会展、特色食品等优势产业，加快发展节能环保、生物医药、信息网络、研发设计、新能源等新兴产业，在对传统产业进行提升改造的同时，实现多元产业协调发展；发展高效农业、设施农业、特色农业，不断强化农业的基础地位，扩大农业的发展内涵；通过培育新兴支柱产业，发展以工业性服务业、现代物流业、文化旅游业为代表的现代服务业，特别要大力推动文化的大发展大繁荣，努力使文化产业成为山西国民经济的支柱产业。

3. 推动"三个高端发展"，始终让资源跟着高端技术走，跟着高端产业走，跟着高端利润走，让资源在高端发展中实现最高值、最优值、最大值。这是山西产业发展的目标要求。首先要抓技术链的高端，围绕重点发展的产业，不断引进、消化、吸收先进技术，加强研究、开发、转化实用技术，向资源转化的技术前沿进军。特别要瞄准高端技术环节、突破高端技术、集聚高端人才，加快建立具有较高原创水平的技术创新体系，引导和带动产业结构向高端攀升，争取在全社会研发投入占 GDP 比重、高新技术产业产值占规模工业产值比重、自主知识产权和自有品牌产品产出占本土工业企业产出比重等方面不断出现新发展。其次要抓产业链条的高端，用信息化、自动化和高科技推动主导产业向产业链的高、精、尖延伸再延伸，开发具有国际先进水平的高端品牌产品并形成新业态和新模式。第三要抓利润链条的高端，通过对传统产业的创新发展，在不断加工转化过程

中获得几何级数增长,实现发展效益最大化。

通过推进高端发展从整体上加快产业结构调整,重点应放在:第一,改造提升煤焦冶电传统优势产业,促进内涵升级。温家宝总理在考察山西时曾经指出:"在相当长的时间内,煤炭是山西的优势,在全国也具有全局意义。这不是一个省的问题,而是关系整个国民经济的发展,十分重要。"山西应从国家经济发展大局中找准定位,根据资源环境生态承载力,将产业结构调整的重点放在改造提升煤焦冶电四大传统支柱产业上,提高产品附加值,促进内部结构优化升级。一方面要控制高消耗资源和高污染排放的上游产业规模,如原煤采掘、各类矿产品采掘、炼焦、生铁、铝土熟料等行业,发展中下游产业,如洁净煤、焦油加工、资源综合利用、特种钢材等高附加值产品,提升传统产业的技术水平和档次;另一方面通过技术结构调整降低单位经济量的资源和环境容量消耗,加强煤炭企业兼并重组整合,推进煤炭工业集约、高效、清洁和安全发展。

第二,振兴以装备制造业为主体的先进制造业,实现跨越发展。目前,山西省装备制造业已形成金属制品、通用装备制造、专用设备制造、交通运输装备制造、电器装备制造、电子及通信装备制造等门类较全的产业体系,这是我省继煤焦电冶之后的第五大支柱产业。发展以装备制造业为主体的先进制造业,一是形成具有国际水平的五大装备制造国家示范基地,包括煤机成套制造、铁路装备制造、重型机械制造、纺织机械制造、液压元器件(系统);二是形成具有国内先进水平的五大新型装备制造基地,包括重型汽车及新型燃料汽车、新型能源装备、钕铁硼永磁元器件、能源环保装备、电子装备及信息化系统等制造基地;三是形成具有较强区域优势的四大产业集群,包括铸造、锻造、不锈钢深加工、铝镁合金深加工等产业集群。

第三，发展以生产性服务业为重点的现代服务业，加大结构调整力度。以生产性服务业建设推动现代服务业发展，重点是要推动金融业、物流业、信息服务业、科技服务业、商务会展业、文化创意等产业的发展。一是打造国际性的煤焦领域会展业和金融服务业，围绕太原煤博会、太原煤炭交易中心和焦炭交易中心等平台延伸出来的新产品、新技术，做好后续配套服务，形成新型服务业发展链条。二是拓展煤及煤层气和煤化工的服务性经济领域，建设煤基气态能源产业示范中心，充分发挥科技对服务业发展的支撑和引领作用，加快技术研发、创意产业和服务外包示范建设。三是大力发展信息服务业，加强信息数据库和网络应用系统平台建设，形成区域性技术服务和集散中心。四是以太原为中心，侯马、大同、长治为副中心，构建现代煤焦专业物流体系。五是加强教育和人才培养，大力引进现代物流、商务会展、商贸流通等领域急需的高层次人才。

4. 落实"四条根本举措"，统筹兼顾工业新型化、农业现代化、市域城镇化和城乡生态化，推动转型发展并形成新的利益和价值圈层。其中，要通过新型工业化，依靠科技进步、劳动者素质提高、管理创新，围绕煤炭资源和能源新产业，构建现代产业体系，提升经济发展层级与水平，实现煤炭工业大省向煤炭经济强省的发展，单一煤电"基地"向立体能源"中心"的发展。同时，要通过特色城镇化形成多样化的消费需求，引导生产要素的合理流动，增加经济发展的内源性动力，拓展经济持续发展的战略性空间，带动经济结构的调整和优化升级，由自然资源大省向经济强省、人文资源大省向文化强省转变。

5. 从山西转型发展要实现的目标分析，其周期大致需要30年的时间，并可按照近期、中期、远期的目标顺序逐步推进。在近期，大致用5年左右的时间，对那些支撑山西转型发展的有明显优势的支柱产业，通过技术

革新和产业集聚、产业集群的手段，加速产业层次由低到高的发展，促进产业链条由窄向宽的延伸；对于必须淘汰的，筹集必要的社会辅助基金，给予一定的退出补偿和保护，促进产业资本的自我更新。在中期，大致用10年左右的时间，依靠战略性新兴产业和经过改造升级的优势产业，构建以资本混合结构为核心的市场竞争体系，创造出良好的服务能力和发展环境。在远期，大致用15年左右的时间，充分利用传统经济优势和新兴产业优势，不断追踪和捕捉区域变动整合的有利时机，形成以新能源产业、装备制造业、工业服务业、文化旅游业为基础的经济强省和文化强省。

值得指出的是，山西转型发展是一个从被动发展走向主动发展、从外在约束走向内在自觉的过程。在此过程中，特别在转型开局之时，需要有政府的引导和市场跟进的巨大合力，才能越过决定转型前后利益平衡的关键点，保证转型发展的方向和目标。所以，启动转型的巨大压力和加速转型的内在要求，决定了山西转型发展首先需要采取政府主导的手段，然后逐步过渡到企业主导、政府引导的阶段，最后走上完全依靠市场机制主导和推进的良性发展轨道。

总之，山西转型发展必须打破原有的利益格局和利益集群，最终创造出一种外在的市场机制，能够瞬时、灵敏、快捷地反馈经济自身内在的发展要求，及时根据市场态势，自我积极进行调整，由人为推动的大规模市场重组，向完全由市场内在的良性机制主导过渡。为此，我们要最大限度地利用国家政策，从山西实际发展阶段和水平出发，借助市场一体化进程，在引进、学习、消化和提高中创新和完善体制机制，共享信息、人才等各种资源。同时，我们要寻机加入周边经济圈，借助环渤海经济一体化、中部地区一体化和东中西梯次发展的不同序列，抓住发展机遇，合理配置资源，实现经济结构和经济增长的最优化。在此基础上，我们必须利用传统基础产业先行优势，顺势启动技术革新，率先提高与资源性产业有关的技术水平，做好优化提升工作，营造出战略主动权和主导权。通过经济转型发展，我们将不断解决环境保护、气候变化、减低碳排放水平等外部约束问题，不断提高经济发展质量和生态环境品质，保证山西经济在保持较高水平增长的前提下，能在工业化中后期阶段有一个速度较高、过程较稳、周期较长、质量较高、效益较好的可持续增长过程。

历史与现实都在严肃地提醒我们，转型发展对山西是一场前所未有的革命。这场革命的目的，说到底是为了让山西人民的生命更有价值，生命更有尊严，生活更加美好，生存与发展的环境彻底改善，并且让这种价值、尊严、幸福和改善有可持续性。这场革命要想取得胜利，根本在转变发展方式，难点在调整经济结构，关键在创新体制机制、优化发展环境。因此，山西必须痛下决心转型，义无反顾转型，富有成效地加快转型，只有转型成功了，我们才能彻底告别落后的生产方式，坚定走入先进生产力的行列，恰似那凤凰涅槃，浴火重生。

参考文献：

[1] 袁纯清. 以转型发展为主线，为实现山西经济社会跨越发展努力奋斗 [N]. 山西日报，2010-07-29

[2] 王君. 政府工作报告 [N]. 山西日报，2011-01-26

[3] 山西省国民经济和社会发展第十二个五年规划纲要 [Z]. 2011 年 1 月

[4] 李中元，等. 2011：山西经济社会形势分析与预测 [M]. 太原：山西经济出版社，2010

[5] 吴敬琏. 当代中国改革 [M]. 上海：上海远东出版社，2004

[6] 李雨潼. 我国资源型城市经济转型问题研究 [M]. 长春：长春出版社，2009

[7] 王钦. 抢占未来发展的战略制高点 [N]. 人民日报，2011-01-06

[8] 孙晓仁，等. 21 世纪世界能源发展的 10 个趋势 [J]. 科技导报，2004（5）

[9] 国务院关于加快培育和发展战略性新兴产业的决定[Z].(国发〔2010〕32号)

[10] 汪玉奇.中国中部地区发展报告(2011)[M].北京:社会科学文献出版社,
2010

（作者：山西省社会科学院党组成员、研究员、博士；北京大学世界新能源战略研究中心研究员）

生存与发展　这是一个问题

孙丽萍

　　转型是主动求新求变的过程，是一个创新的过程。转型发展是一场深刻的社会变革，贯穿于经济社会发展的全过程、各领域。六集政论片《转型之路》就是山西在全国大规模进行发展转型之际，能够让我们在思想上、观念上、发展模式与道路上都可以得到有益借鉴和启示的一部优秀电视片。该片在世界视野、环球经济探索当中，构建起山西发展模式的基本框架。用醒目的标题分述"资源诅咒"、"大矿时代"、"产业重构"、"矿城转型"、"绿色转身"和"创新驱动"六大板块内容，让人警醒、思考、获益，也让人享受。

　　《转型之路·大矿时代》以 2008 年为例，告诉了人们一组在发达国家产煤区与当代中国的生产力存在的巨大差距，列举了我国与美国、澳大利亚、日本等国在煤炭生产领域中存在的理念上的重要差别，同时对转型成功的国家和地区的工业化道路，结合企业个案进行了有力度、有高度的分析，结合山西的实际情况，为山西未来的发展模式提供了一个全方位、可行性的全新的坐标体系。尤其可贵的是，在该片里可以看到制作者们源于对山西、全国、世界发展大势的熟悉，源于对现代经济学基本理论的掌握，对历史、文化的相当积累和研究，使得该片具有深厚的学术功力和学理分析，站在学术的前沿，对资源型城市、资源型经济进行的深刻认识、准确把握和精辟解读。转型之路是必然之路，是生存之路，对于今日山西尤其如此。正如发展研究中心主任张复明所说："如果我们能在资源开发

行为、资源产权、资源财富分配、资本财富分配、资本财富向工业化资本化转化这些方面建立起更加科学严密的制度的话，我们就能够有效地避免荷兰病和资源诅咒这样一些问题的出现。"

山西是中部典型的资源型经济发展地区，而资源型经济"最为可怕之处就是对创新活动的挤出"。问题十分明确，问题十分严重，问题十分棘手，问题十分急迫。恰恰是资源产业对管理、技术的挤出效应，导致了资源型经济发展对煤炭重工业的路径依赖。山西怎么办？百姓怎么想？产业发展要从哪里兴？转型发展要向哪里去？在《转型之路·创新驱动》中通过生动优美而又富有说理性的画面、场景、故事、人物告诉我们："对于资源型地区而言，摆在人们面前的是资源创富的三种命运。面对资源财富的诱惑，许多地区落入了资源优势陷阱，苦苦挣扎，难以自拔；少数国家和地区尽管掉进了陷阱，但依靠成功的转型，从陷阱里爬了出来；第三种命运无疑是令人羡慕的，在理性发展的前提下，少数国家和地区巧妙地绕开了资源陷阱，机敏地采走了鲜花，实现了对资源型经济的成功规避。"我想，这也是制片者、撰稿人想要追求的目标——走第三种道路，走最好的道路，或者说我们也期望在落入资源型经济陷阱的时候，能够勇敢而快速地爬起来，站在前人失败的教训或成功的经验基础上，避免重复失败的老路，开创在高新技术引领、高端人才引领下的发展转型。只有这样，该片的作用才能最后得以完全体现。

今天的煤炭业发展要在循环经济的模式中，用世界眼光、战略思维进行推进，山西不会再是往日的小打小闹、遍地煤窑、四处冒烟、矿难不断的时代了。"发展中转型、转型中发展的双重使命，同时落在了资源型地区城市化发展的肩头。在过度资源依赖的藩篱中突围，在过于偏重的工矿职能中转身，承载着城市转型梦想的旅程正在从这里开始。"山西的转型发展离不开煤炭，正如袁纯清书记所讲："思想的大门打不开，发展的大门也打不开。思想有多远，发展就有多远。"因此提出了山西"以煤为基，以煤兴业，以煤兴产，多远发展"的战略。按照科学发展观的总体要求，准确把握发展的战略机遇期，我们就能在转型发展中走得更好，步子更快。

（作者：山西省社会科学院副院长、研究员）

温室气体 CO_2 排放因素扩展分解模型研究

——以山西省为例

王 云

引言

随着全球经济活动的日益扩大和化石燃料使用的快速增长，二氧化碳、甲烷、氮氧化物、氟碳化物等温室气体的排放急剧增加，由此而导致的温室效应和全球气候变化越来越受到了国际社会的广泛关注，控制二氧化碳等温室气体的排放已成为世界各国为缓和气候变化而不可推卸的责任。温室气体减排不仅是缓和气候变化的问题，还是环境、经济、社会以及政治的热点，其核心问题是经济问题，因为减少温室气体排放量的任何政策都会涉及各国的经济发展，这是当前国际社会的敏感和焦点问题之一。在温室气体中，二氧化碳是最重要的温室气体，其对温室效应的贡献约占全部温室气体的50%，研究还表明在过去的20年中全球大约有3/4左右的人为二氧化碳排放量来源于化石燃料燃烧。因此，要有效地控制二氧化碳的排放特别是因化石能源消费造成的二氧化碳排放，研究和分析影响二氧化碳排放量的因素就显得尤为重要，二氧化碳排放的影响因素问题现已成为世界各国研究的焦点，因为这些影响因素将直接关系到世界各国的二氧化碳的减排措施、政策及战略的制定。

二氧化碳排放因素分解研究始于20世纪70年代，在Ehrlich等关于人类活动对环境影响因素的讨论中首次提出了IPAT方程，即I=PAT，其中：

I (Impact) 为人口对环境的影响，P (Population) 为人口规模，A (Affluence) 为人均财富或人均产出，T (Technology) 为单位经济产出对环境的影响，由技术进步决定。在 I=PAT 方程的基础上，Kaya 在 IPCC (Intergovernmental Panel on Climate Change) 研讨会上提出了 Kaya 恒等式，该恒等式是 IPAT 方程的一个具体应用，它通过构造链式乘积的形式分解出多个影响因素，将人类活动产生的二氧化碳与人口、人均 GDP、能耗强度等因子联系起来。在 Kaya 恒等式的基础上，Greening 等采用分解模型分析了美国能源和碳排放强度下降的主要原因，认为能源结构的调整不是主要原因，天气的变化才是主要原因。Wang 等采用对数均值迪氏分解法 LMDI (Logarithmic Mean Divisia Index method) 对我国 1957~2000 年的 CO_2 排放进行了分解，结果表明代表技术因素的能源强度是减少碳排放的最重要的因素，而能源结构也起到一定的作用，经济增长则带来碳排放的增加。徐国泉等采用简单平均的迪氏分解法对我国 1995~2004 年人均碳排放进行了分解。胡初枝等通过对我国部门能源消费数据使用简单的碳排放公式计算得到的 1990~2005 年 CO_2 排放量进行了简单平均的因素分解，认为规模和能源强度是正负两类最主要的因素，并且指出不同产业碳排放差异较大，产业结构的变化对碳排放减少有一定影响。郭运功等[12] 运用对数平均迪氏指数 (LMDI) 法，对上海市能源消费导致的碳排放强度和二氧化碳排放量进行了结构分解分析。

一、研究方法和模型

目前国内外对二氧化碳排放分解模型研究各具特色，但也存在一定的局限性，如分解中没有同时考虑产业结构和能源结构，未被考虑的相关影响因素的作用隐含在其他某些影响因素的分解效应之中而导致分解结果不

尽合理等等。在以上相关研究的基础上，本文对二氧化碳因素分解模型进行了扩展，将能源总消费分为生产和生活两类能源消费，并在生产能源消费中同时考虑产业和能源结构两个因素，扩展后的模型中重要的相关因素有能源结构、人口规模、经济增长、产业结构、能耗强度、生活水平、能源碳排放系数等。研究中常用的因素分解法大体上可分为两类：①基于投入产出表的结构性因素分解方法 SDA（Structural Decomposition Analysis），②指数因素分解方法 IDA（Index Decomposition Analysis）。其中，指数因素分析方法因简单易行而得到了广泛应用，Ang 在比较了各种不同的指数分解方法后认为 LMDI 在其理论性、适用性、使用以及解释等方面具有优势，成为研究中首选的分解方法。

基于以上考虑，依据 Kaya 恒等式基本原理和相关参考文献，选取 LMDI（Log–Mean Divisia Index）分解方法，分别建立了 CO_2 排放、能源消费（包括生产能源消费和生活消费能源消费）以及汇总叠加等扩展模型，并应用该扩展分解模型对山西省 1998~2008 年的二氧化碳排放的影响因素进行定量分析。

（一）二氧化碳因素扩展分解模型

$$C = \sum_i C_i = \sum_i E \times \frac{E_i}{E} \times \frac{C_i}{E_i} = \sum_i E \times S_i \times F_i \tag{1}$$

$$\Delta C = C^t - C^0 = \sum_i C_i^t - \sum_i C_i^0 = \Delta C_E - \Delta C_S + \Delta C_F \tag{2}$$

$$\Delta C_E = \sum_i \frac{C_i^t - C_i^0}{\ln\left(\frac{C_i^t}{C_i^0}\right)} \ln\left(\frac{E_i^t}{E_i^0}\right)$$

$$\Delta C_S = \sum_i \frac{C_i^t - C_i^0}{\ln\left(\frac{C_i^t}{C_i^0}\right)} \ln\left(\frac{S_i^t}{S_i^0}\right)$$

$$\Delta C_F = \sum_i \frac{C_i^t - C_i^0}{\ln\left(\frac{C_i^t}{C_i^0}\right)} \ln\left(\frac{F_i^t}{F_i^0}\right) \tag{3}$$

公式中：下标 i=1，2，3，分别为三种化石能源，煤炭、石油、天然气；C 为二氧化碳排放总量；C_i 为第 i 种化石能源消费产生的二氧化碳排放量；E 为能源消费总量；E_i 为第 i 种化石能源的消费量；S_i 为第 i 种化石能源在化石能源中的比例；F_i 为第 i 种化石能源的二氧化碳排放强度；上标 t 和 0 分别为现期和基期；ΔC 为现期相对于基期二氧化碳排放变化量，ΔC_E 为能源消费效应；ΔC_S 为能源结构效应；ΔC_F 为能源碳排放强度效应。

（二）能源消费分解扩展模型

该模型将能源总消费量分为生产能源消费和生活能源消费，由此而扩展出生产能源消费模型和生活能源消费模型，并与人口规模、经济增长、产业结构、部门结构、能耗强度、生活水平（人均生活能源消费量）等因素之间建立相应的关系。

$$E = E_P + E_R = \sum_j E_{P,J} + E_R \tag{4}$$

1. 生产能源消费分解模型。

$$E_P = \sum_j E_{pj} = \sum_j N \times \frac{G}{N} \times \frac{G_i}{G} \times \frac{E_{pj}}{G_i} = \sum_j N \times Q \times I_j \times M_j \tag{5}$$

$$\Delta E_P = E_P^t - E_P^0 = \sum_j E_{pj}^t - \sum_j E_{pj}^0 = \Delta E_{N1} + \Delta E_Q + \Delta E_I + \Delta E_M \tag{6}$$

$$\Delta E_{N1} = \sum_j \frac{E^t_{p,j} - E^0_{p,j}}{\ln\left(\frac{E^t_{p,j}}{E^0_{p,j}}\right)} \ln(\ )\left(\frac{N_j^t}{N_j^0}\right)$$

$$\Delta E_Q = \sum_j \frac{E^t_{p,j} - E^0_{p,j}}{\ln\left(\frac{E^t_{p,j}}{E^0_{p,j}}\right)} \ln\left(\frac{Q_j^t}{Q_j^0}\right)$$

$$\Delta E_I = \sum_j \frac{E^t_{p,j} - E^0_{p,j}}{\ln\left(\frac{E^t_{p,j}}{E^0_{p,j}}\right)} \ln\left(\frac{I_j^t}{I_j^0}\right)$$

$$\Delta E_M = \sum_j \frac{E^t_{p,j} - E^0_{p,j}}{\ln\left(\frac{E^t_{p,j}}{E^0_{p,j}}\right)} \ln\left(\frac{M_j^t}{M_j^0}\right) \tag{7}$$

公式中：下标 j=1，2，3，分别为三种产业，即第一、第二、第三产业；E_p 为生产部门能源消费量；E_R 为人民生活能源消费量；N 为人口规模，即人口规模因素；G 为 GDP；G_j 为第 j 个产业的产出；$E_{p,\ j}$ 为第 j 个产业部门能源消费量；Q 为人均 GDP，即经济增长因素；I_j 为第 j 个产业的产出比例，即产业结构因素；M_j 为第 j 个产业的能源强度，即能源强度因素；ΔE_{N1} 为生产能源消费量的人口规模效应，ΔE_Q 为生产能源消费量的经济增长效应，ΔE_I 为生产能源消费量的产业结构效应，ΔE_M 为生产能源消费量的能耗强度效应。

2.生活能源消费模型。

$$E_R = N \times \frac{E_R}{N} = N \times P \tag{8}$$

$$\Delta E_R = E_R^t - E_R^0 = \Delta E_{N2} - \Delta E_P \tag{9}$$

$$\Delta E_{N2} = \frac{E^t_R - E^0_R}{\ln\left(\frac{E^t_R}{E^0_R}\right)} \ln\left(\frac{N^t}{N^0}\right)$$

$$\Delta E_P = \frac{E_R^t - E_R^0}{\ln\left(\frac{E_R^t}{E_R^0}\right)} \ln\left(\frac{P^t}{P^0}\right) \tag{10}$$

公式中：P 为人均生活能源消费量；ΔE_R 为现期相对于基期的生活能源消费量的变动；ΔE_{N2} 为生活能源消费的人口规模效应；ΔE_P 为生活能源消费的生活水平效应。

（三）二氧化碳排放因素汇总叠加分解模型

在以上模型公式（1）–（10）的基础上，通过联立可得各相关因素对二氧化碳排放量的影响，即 CO_2 排放因素分解叠加汇总模型。

$$\Delta C = \frac{\Delta E_{NT} + \Delta E_{N2}}{\Delta E}\Delta C_E + \frac{\Delta E_Q}{\Delta E}\Delta C_E + \frac{\Delta E_I}{\Delta E}\Delta C_E + \frac{\Delta E_M}{\Delta E}\Delta C_E + \frac{\Delta E_P}{\Delta E}\Delta C_E + \Delta C_S + \Delta C_F$$

$$= \Delta C_N + \Delta C_Q + \Delta C_I + \Delta C_M + \Delta C_P + \Delta C_S + \Delta C_F \tag{11}$$

公式中：ΔC 表示现期相对于基期二氧化碳排放量的变动，ΔC_N、ΔC_Q、ΔC_I、ΔC_M、ΔC_S、ΔC_F、ΔC_P 分别表示二氧化碳排放的人口规模效应、经济增长效应、产业结构效应、能耗强度效应、能源结构效应、能源碳排放强度效应、生活水平效应。

二、数据来源和应用——以山西为例

我国是二氧化碳排放大国，面临着越来越大的环境压力。省级经济区域作为我国二氧化碳减排政策落实的着力点，各省区能否切实做好二氧化碳减排工作将直接关系到全国节能减排工作绩效与低碳经济实施成效。山西是我国重要的煤炭大省和能源基地，同时也是二氧化碳排放大省，长期存在的以"高资源消耗、高能源消耗、高碳排放"为特征的重工业结构，使得山西承载着前所未有的温室气体排放压力，随着山西经济的高速发展尤其是工业结构的不合理性加速了能源利用速度，二氧化碳排放量将会急剧增加，其排放量上升的速度将会严重影响山西经济的可持续发展。可以说，以山西为代表的重化工业省份减排工作实施成效直接影响到中国二氧化碳减排工作绩效的考核。因此，本文以山西为例，应用以上建立的模型进行分析研究，从中寻求影响二氧化碳排放的重要因素以及准确衡量各因素的作用大小，为制定有效控制二氧化碳政策提供参考。

目前我国没有二氧化碳排放量的直接监测数据，因此大部分的测算研究都是基于对能源消费量的测算得来。本研究采用的基础数据主要来自《山西省统计年鉴》（1998~2009)和《山西省能源报告》，能源消耗的碳排放系数主要参阅相关文献，通过比较计算取平均值为各能源消耗碳排放系数,具体见表1,并假定能源的二氧化碳排放强度保持不变,即 ΔC_F 为 0。

通过计算得出山西省化石能源燃烧的二氧化碳排放量以及 GDP、人口、人均收入等相关基础数据分别见表2、表3 和表4。

表1　各类能源的碳排放系数（吨碳／吨标准煤）

Tab.1　Coefficient of carbon emissions of different energy

能源类型	EIA/DOE	日本能源经济研究所	国家科委气候变化项目	徐国泉	均值	F_i★
煤炭	0.7020	0.7560	0.7260	0.7476	0.7329	2.687
石油	0.4780	0.5860	0.5830	0.5825	0.5574	2.044
天然气	0.3890	0.4490	0.4090	0.4435	0.4226	1.550
水电、核电	0.0	0.0	0.0	0.0	0.0	0.0

注：★二氧化碳实际排放量计算，二氧化碳实际排放量为实际碳排放量乘44/12,其中44和12分别为二氧化碳分子量和碳的原子量。

表2 1998~2008年山西省能源消费量与CO_2排放量

Tab.2　Data for energy consumption and CO_2 emissions for Shanxi, 1998~2008

年份	消费总量 E(10^4吨)	煤炭 消费量 E_1(10^4吨)	消费比例 S^1(%)	排放量 C_1(10^4吨)	石油 消费量 E_2(10^4吨)	消费比例 S^1(%)	排放量 C_2(10^4吨)	天然气 消费量 E_3(10^4吨)	消费比例 S^1(%)	排放量 C_3(10^4吨)
1998	5618.27	3922.77	0.70	10541.66	275.53	0.05	563.13	1419.97	0.25	2200.29
2001	6966.97	6261.91	0.90	16827.63	319.24	0.05	652.46	385.82	0.06	597.84
2002	8097.90	7369.03	0.91	19802.79	339.55	0.04	693.97	389.32	0.05	603.26
2003	9037.51	8254.17	0.91	22181.43	359.67	0.04	735.09	423.67	0.05	656.49
2004	9550.56	8310.83	0.87	22333.69	420.95	0.04	860.34	818.78	0.09	1268.73
2005	10117.06	8107.10	0.80	21786.21	537.46	0.05	1098.46	1472.50	0.15	2281.69
2006	11196.06	8887.65	0.79	23883.78	599.03	0.05	1224.30	1700.57	0.15	2635.09
2007	12135.45	9784.12	0.81	26292.87	634.74	0.05	1297.28	1716.59	0.14	2659.91
2008	12472.37	9850.08	0.79	26470.12	919.76	0.07	1879.81	1702.53	0.14	2638.13

表3 1998~2008年各产业和居民生活能源消费量

Tab.3 The industrial and residential energy consumption, 1998~2008

年份	第一产业能源消费量$E_{p,1}$(10^4吨)	第二产业能源消费量$E_{p,2}$(10^4t 吨)	第三产业能源消费量$E_{p,3}$(10^4吨)	生活能源消费量E_R(10^4吨)
1998	344.61	4166.93	411.96	694.77
2001	354.92	5388.48	505.33	718.24
2002	365.63	6405.03	556.57	770.67
2003	355.75	7242.17	606.17	833.42
2004	303.42	7675.98	705.65	865.51
2005	299.45	8209.93	772.15	835.53
2006	306.75	9187.19	831.11	871.01
2007	242.46	10139.83	873.06	880.10
2008	227.20	10062.85	1132.27	1049.83

表4 1998~2008年山西省GDP和人口情况

Tab.4 Data for GDP and population for Shanxi, 1998~2008

年份	GDP G(万元)	第一产业 G_1(万元)	第二产业 G_2(万元)	第三产业 G_3(万元)	人口 N(万人)	人均收入 Q(元/人)
1998	16110800	2072500	7612500	6425800	3172.2	5078.746611
2001	20295300	1710900	9560100	9024300	3271.63	6203.421536
2002	23248000	1978000	11343100	9926900	3293.71	7058.302036
2003	28552200	2151900	14633800	11766500	3314.29	8614.876791
2004	35713700	2763000	19194000	13756700	3335.07	10708.53086
2005	41795200	2624200	23531600	15639400	3355.21	12456.80598
2006	47149900	2392200	27483300	17274400	3374.55	13972.2037
2007	57333500	2696800	34385800	20250900	3392.58	16899.67517
2008	70557600	5055300	41797100	23705200	3410.64	20687.4956

三、计算结果和分析

应用以上模型和数据对山西省 1998~2008 年二氧化碳排放的相关因素进行系统分解和量化分析的具体结果如下。

(一) 二氧化碳排放模型结果分析

根据公式(1)、(2)和(3)，以 1998 年为基年，逐年变动累积得到的结果见图 1。

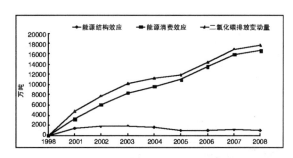

图 1 1998~2008 年山西省二氧化碳排放模型分解结果累积图

Fig.1 Decomposition results of CO_2 Emission Model over 1998~2008 in Shanxi

结果显示，在 1998~2008 年之间，山西省二氧化碳的排放量呈逐年增长态势，1998~2005 年之间二氧化碳排放量增长相对缓慢，但在 2005 年后加速增长，2005~2008 年之间二氧化碳碳排放量的平均增速达到了 55.04%左右。山西省二氧化碳排放量的增加基本上可以由能源消费量的变动来进行解释，能源结构的变动对二氧化碳排放量的影响较小。能源消费效应是正向的，也即增加了二氧化碳排放量，其贡献率逐年增加，而能源结构效应是负向的，抑制了二氧化碳的排放，其贡献率逐年降低。以 1998 年为基期，2008 年为现期，2008 年相对 1998 年二氧化碳排放量的变动中，能

源消费效应的贡献度约为93.83%，能源结构效应贡献度仅约为5.59%，具体见表5。

表5 1998~2008年山西省二氧化碳排放模型分解结果

Tab.5 Decomposition results of CO$_2$ Emission Model between 1998 and 2008 in Shanxi

年份	贡献率（$\Delta C_E / \Delta C$）	贡献率（$\Delta C_S / \Delta C$）
2001	30.45%	68.87%
2002	21.92%	77.62%
2003	18.29%	81.33%
2004	13.61%	86.07%
2005	7.84%	91.90%
2006	6.29%	93.49%
2007	6.46%	93.33%
2008	5.95%	93.83%

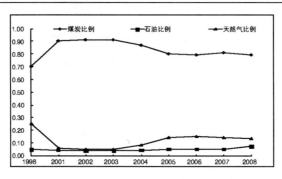

图2 1998~2008年山西省能源结构变化

Fig.2 Energy structure over 1998~2008 in Shanxi

山西省能源供给一直以来以化石燃料为主。从1998年以来，煤炭在化石能源中的比例有所下降，石油和天然气的比重有所上升，但在2008年煤炭的消费量仍占能源总消费量的79%左右，具体见图2。在三种化石能源中，煤炭的二氧化碳排放强度最高，石油次之，天然气最低。因而，能源结构的这种变动有利于减少二氧化碳的排放，但贡献度较小。

（二）能源消费扩展模型结果分析

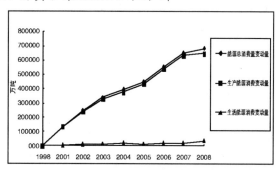

图3　1998~2008年山西省能源消费模型分解结果

Fig.3　Decomposition results of Energy Consumption Model over 1998~2008 in Shanxi

从图3可以看出，1998年至2008年之间，山西省能源总消费量处于持续增长趋势，其消费增加量基本上可以由生产能源消费量的变动来解释，生活能源消费量的变动对能源总消费量的影响很小，特别是在2005年以前。2005年之后，生产能源消费量和生活能源消费量都开始增加，前者增加非常快，从而导致能源消费总量也快速上升。

表6　1998~2008年山西省能源消费模型分解结果

Tab.6　Decomposition results of Energy Consumption Model between 1998 and 2008 in Shanxi

年份	生产消费贡献率（$\Delta E_P / \Delta E$）	生活消费贡献率（$\Delta E_R / \Delta E$）
2001	98.260%	1.740%
2002	96.939%	3.061%
2003	95.945%	4.055%
2004	95.658%	4.342%
2005	96.871%	3.129%
2006	96.840%	3.160%
2007	97.156%	2.844%
2008	94.817%	5.180%

1998~2008 年之间能源消费总量的变动中，生产能源消费变动的贡献度约在 95%~98%，生活能源消费变动的贡献度仅约为 2%~5.18%，这与山西省生产能源消费量和生活能源消费量的比例是有关的，1998~2008 年间生产能源消费占据了总能源消费量的 80%以上，而且呈现逐渐上升的趋势，2008 年接近 92%。具体见表 6 和图 4。

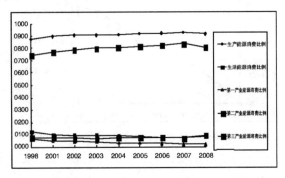

图 4　1998~2008 年生产能源消费量和生活能源消费量的比例

Fig.4　Energy consumption proportions of production and living over 1998~2008 in Shanxi

根据公式（5）、（6）和（7），以 1998 年为基期，生产能源消费逐年变动累积得到的结果见图 5。

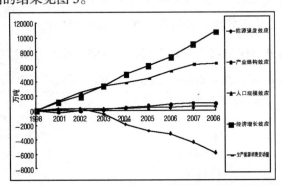

图 5　1998~2008 年生产能源消费模型分解结果累积图

Fig.5　Decomposition results of Energy Consumption Model of Production

over 1998~2008 in Shanxi

从图5中可以看出，影响生产能源消费量的最主要的两个因素是经济增长和能耗强度变动，其中，经济增长增加了二氧化碳排放，能耗强度变动减少了二氧化碳排放。山西省近年来经济的快速增长主要是由于钢铁、水泥、电解铝等领域的固定投资的大幅度增加，进而导致了对一次性能源的大量消费，导致了二氧化碳排放量的增加。图6反映了山西省能耗强度的变化，可以看出，自2002年以来，GDP的能耗强度和各个产业的能耗强度都有很大幅度下降，特别是第二产业的下降幅度较大。产业结构的变动则增加了生产能源消费量，在1998~2008年期间，第一产业和第三产业产出比例下降，但第二产业的产出比例有所上升（见图7）。从图6中可以看出，第一产业和第三产业的能耗强度相差不大，而第二产业的能耗强度远高于第一产业和第三产业，因而，1998~2008年产业结构的变动增加了生产能源消费量。根据图5，人口规模效应是正向的，自1998年以来山西人口持续增加，而在其他变量保持不变时，人口增加要生产更多的产品，

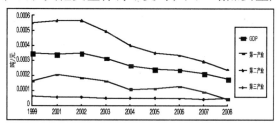

图6　1998~2008年山西省各产业能耗强度变化

Fig.6　Energy intensity of each industry over 1998~2008 in Shanxi

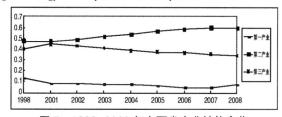

图7　1998~2008年山西省产业结构变化

Fig.7　Industrial structure over 1998~2008 in Shanxi

则消费更多的能源，从而导致二氧化碳排放量的增加。

根据公式（8）、（9）和（10），以 1998 年为基期，生活能源消费模型分解结果如图 8 所示。

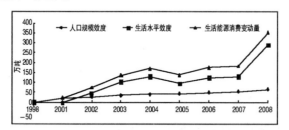

图 8　1998~2008 年生活能源消费模型分解结果累积图

Fig.8　Decomposition results of Energy Consumption Model of Living over 1998~2008 in Shanxi

从图 8 中可以看出，1998~2008 年之间人口规模对生活能源消费量变动的贡献比较稳定，因而累积曲线几乎是线性增长。生活水平的变动对生活能源消费量产生的影响较大，其贡献率变动不稳定，但总体上呈现增长态势，特别在 2008 年生活水平变动的贡献急速增加。

（三）二氧化碳排放因素汇总叠加结果分析

在公式（1）-（10）分解结果的基础上，根据公式（11），叠加后的结果如图 9。

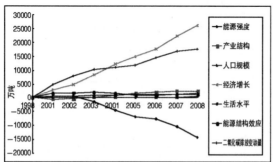

图 9　1998~2008 年山西省二氧化碳排放因素汇总叠加分解结果累积图

Fig.9　Added decomposition results of CO$_2$ emission factors over 1998~2008 in Shanxi

表7 二氧化碳排放各影响因素贡献率

Tab.7 Contribution of each CO_2 emission factor

年份	能源强度	产业结构	人口规模	经济增长	生活水平	能源结构
2001	13.69%	−11.54%	9.96%	57.26%	−0.08%	30.71%
2002	8.24%	−2.32%	8.02%	62.60%	1.42%	22.05%
2003	−12.69%	3.34%	7.52%	81.02%	2.43%	18.38%
2004	−41.74%	8.72%	8.13%	108.40%	2.82%	13.67%
2005	−57.09%	12.45%	8.76%	126.07%	1.94%	7.87%
2006	−53.84%	13.37%	8.37%	123.70%	2.09%	6.31%
2007	−62.75%	14.76%	8.10%	131.55%	1.85%	6.48%
2008	−80.33%	13.80%	8.50%	148.10%	3.97%	5.96%

图9和表7全面地反映了各影响因素对1998~2008年山西省二氧化碳排放量变动的贡献程度，结合以上分析可以看出：（1）经济增长和能耗强度下降是影响山西省1998~2008年二氧化碳排放的两个最重要的因素。能耗强度的下降大幅度地减少了二氧化碳的排放，但无法抵消经济增长导致二氧化碳排放的增加量。（2）经济增长所导致的二氧化碳排放源于经济增长对能源的需求，其贡献率从2001年的57.26%逐年增加到了2008年的148.10%，这是经济增长与二氧化碳减排之间的矛盾，为了在减缓二氧化碳排放的同时不会影响经济增长，需要更多地考虑其他因素的作用，如能耗强度的下降、产业结构的调整以及能源结构的优化等等。（3）能耗强度下降无疑是二氧化碳减排最有力的贡献因素，1998~2002年间山西能耗强度下降的速度较慢，2002年以来下降速度不断加快，2008年其贡献率约为–80.33%，山西是能源重化工基地，高耗能在产业结构中占有主导地位，随着能源领域的不断技术进步，其能耗强度还存在一定的下降空间。（4）产业结构的调整增加了二氧化碳的排放，其贡献率从2001年

–11.54%逐年增加到2008年的13.80%，这与山西省的工业化进程是相关的，特别是近年来重工业的发展。在1998~2008年之间，能耗强度的下降大幅度地抑制了二氧化碳的排放，但已经显示出了瓶颈，未来能耗强度的进一步下降则需要依靠产业结构的升级。（5）人口规模效应在生产领域和生活消费两个方面都起到了作用，其贡献率基本维持在7.52%~9.96%，人口增加导致更多的生产，生产的过程需要消费能源，同时更多的人口也导致居民生活中更多的能源消费，控制人口规模有利于二氧化碳的减排。（6）能源结构的优化减少了二氧化碳的排放，但由于能源结构的变化不是很大，所以其贡献度较小，从2001年的30.71%逐年降低到2006年6.31%后基本维持不变。这主要与山西以煤为主的能源禀赋相关，进一步发展水能、风能以及太阳能等可再生能源,优化能源结构将有利于增加对二氧化碳减排。(7)结果表明二氧化碳排放与经济增长之间存在紧密的联系,而发达国家的发展实践表明,实现温室气体排放与经济增长的"强脱钩"是完全可能的,如英国等。如何实现两者"脱钩"需要更为深入的分析和研究,而该模型与"Tapio脱钩指标"的结合将为进一步的量化研究提供基础。（8）提高能源效率，降低能源强度，发展水能、风能、太阳能等可再生能源，优化能源结构，大力发展规模化农业和第三产业，促进产业结构升级等等，虽然分析结果显示这些措施效应总体上并不显著，但从长远来看，其作为战略性的减排政策方向是重要的和必需的；与这些传统减排措施相比，从"源头"和"终端"来控制二氧化碳的排放相对地显示出巨大的减排空间，加快发展低碳技术LCT（low-carbon technology）和CCS（Carbon Capture and Storage）将成为越来越重要的政策选择。（9）基于Kaya恒等式基本原理和LMDI分解法建立二氧化碳排放、能源生产消费和生活消费以及汇总叠加因素等扩展模型，可以对影响二氧化碳排放的相关因素进行较完整的分解和系统的量化，在数据可得的情况下还可进一步细化分解，如：部门结构分析、能源类型分析等等，这将有利于各级政府更为准确、系统地制定二氧化碳减排的措施、政策及战略。

四、结论和建议

1. 1998~2008 年间，山西省二氧化碳的排放量呈逐年增长态势，特别是在 2005 年后加速增长，2005~2008 年之间二氧化碳排放量的平均增速达到了 55.04% 左右，二氧化碳排放量的增加基本上可由能源消费量的变动来进行解释，能源消费效应是正向的，即增加了二氧化碳排放量，其贡献率逐年增加，从 2001 年的 68.87% 逐步增加到 2008 年的 93.83%；而能源结构效应则是负向的，抑制了二氧化碳的排放，能源结构的变动对二氧化碳排放量的影响较小，其贡献率逐年降低，从 2001 年的 30.45% 逐步降低到 2008 年的 5.59%。

2. 1998~2008 年间能源消费总量的变动中，生产能源消费变动的贡献度约在 95%~98%，生活能源消费变动的贡献度仅在 2%~5.18%，这与山西省生产能源消费量和生活能源消费量的比例是有关的，1998~2008 年间生产能源消费占据了总能源消费量的 80% 以上，而且呈现逐渐上升的趋势，2008 年接近 92%。其中，影响生产能源消费量的最主要的两个因素是经济增长和能耗强度变动，其中，经济增长增加了二氧化碳排放，能耗强度变动减少了二氧化碳排放。

3. 汇总叠加后的数据分析显示，山西省二氧化碳排放主要受经济增长和能源强度的影响，其中经济增长对二氧化碳的影响是正向的，其贡献率从 2001 年的 57.26% 逐年增加到了 2008 年的 148.10%，增加了二氧化碳的排放量；而能源强度对二氧化碳的影响是负向的，其贡献率则从 2001 年

的 13.69% 逐年降低到 2008 年的 –80.33%，这在很大程度上抑制了二氧化碳的排放。由于山西产业结构的"重工业化"倾向，使得产业结构的调整增加了二氧化碳的排放，其贡献率从 2001 年 –11.54% 逐年增加到 2008 年的 13.80%。能源结构、人口规模以及生活水平效应总体上影响不显著，其中，能源结构的抑制作用并没有发挥应有的作用，这与山西以煤为主体的资源禀赋特征有着紧密的联系。

参考文献

[1] IPCC. Climate Change 1995:The Science of Climate Change [M]. New York: Cambridge University Press, 1996

[2] 杨桂山. 全球海平面上升机制和趋势及其环境效应 [J]. 地理科学，1993, 13 (3)：250~256

[3] 刘强，刘嘉麒，贺怀宇. 温室气体浓度变化及其源与汇研究进展 [J]. 地球科学进展，2000, 15 (4)：454~460

[4] 丁维新，蔡祖聪. 沼泽甲烷排放及其主要影响因素 [J]. 地理科学，2002, 22 (5)：619~625

[5] 高峰，孙成权，曲建升. 全球变化研究的新认识——IPCC 第三次气候评价报告第一工作组概要 [J]. 地球科学进展，2001, 16 (3)：442~445

[6] Paul R. Ehrlich, John P. Holdren. Impact of Population Growth [J]. Science, 1971, 171 (3977) :1212~1217

[7] Kaya Y. Impact of carbon dioxide emission control on GNP growth: interpretation of proposed scenarios [A]. Presented at the IPCC Energy and Industry Subgroup, Response Strategies Working Group, Paris, 1990

[8] Greening L A, Davis W B, Schipper L. Decomposition of aggregate carbon intensity for the manufacturing sector: comparison of declining trends from 10 OECD countries for the period 1971–1991 [J]. Energy Economics, 1998, 20 (1)：43~65

[9] Wang Can, Chen Jining, Zou Ji. Decomposition of energy–related CO_2

emission in China: 1957–2000 [J]. 2005, Energy 30 (1)：73~83

[10] 徐国泉，刘则渊，姜照华. 中国碳排放的因素分解模型及实证分析：1995~2004 [J]. 中国人口资源环境，2006，16 (6)：158~161

[11] 胡初枝，黄贤金，钟太洋，谭丹.中国碳排放特征及其动态演进分析 [J]. 中国人口资源环境，2008，18 (3)：38~42

[12] 郭运功，林逢春，白义琴，吴玫玫.上海市能源利用碳排放的分解研究 [J]. 环境污染与防治，2009，31 (9)：68~81

[13] Ang. B W. Decomposition analysis for policy making in energy: which is the preferred method? [J]. Energy Policy, 2004, 32 (9)：131~1139

[14] Ang. B W, Zhang F Q. Inter-regional comparisons of energy—related CO2 emissions using the decomposition technique [J]. Energy,1997,24(4):297~305

[15] 山西省统计局. 山西统计年鉴 (1999~2009) [M]. 北京：中国统计出版社，1999~2009

[16] 汪刚，冯宵. 基于能量集成的 CO_2 减排量的确定[J]. 化工发展，2006，25 (12)：1467~1470

[17] 孟昭利. 企业能源审计方法 [M]. 北京：清华大学出版社，2002

[18] 庄贵阳.低碳经济:气候变化背景下中国的发展之路 [M]. 北京：气象出版社，2007

[19] Tapio. Towards a Theory of Decoupling: Degrees of Decoupling in the EU and the Case of Road traffic in Finland Between 1970 and 2001 [J]. Transport Policy, 2005, 12 (2) :137~151

[20] 郑鑫，杨静，王利生.我国化石能源燃烧产生的 CO_2 排放量预测 [J]. 水电能源科学，2009，27 (5)：224~227

（作者：山西省社会科学院副研究员，华中科技大学煤燃烧国家重点实验室工学博士）

煤炭突围

CEO论转型

煤炭资源型企业转型跨越发展的"晋煤模式"

武华太

2010 年 12 月，山西省正式被国家设立为"资源型经济转型综合配套改革试验区"，这是山西省加速转型跨越发展面临的一个前所未有的大机遇、大品牌、大平台。煤炭工业是山西省国民经济发展的重要支柱。山西省的转型发展，最重要的就是煤炭工业的转型发展。煤炭企业转型如何转，转向何方，具有更强的现实性和紧迫性。

近年来，晋城煤业集团牢固树立"以煤为基、多元发展"的理念，充分发挥煤炭和煤层气两种资源优势，大胆先行先试，优化产业链条，发展循环经济，破解瓶颈制约，加快构建煤基多元化产业体系，推进企业由单一煤炭企业向现代新型能源企业加快转变，探索形成了煤炭资源型企业转型跨越发展的"晋煤模式"，取得了产业转型升级和规模实力跨越的显著成效。2010 年，晋煤集团实现经营总额 660 亿元，实现利润 44 亿元以上，分别比 2005 年底翻了近两番和两番多，比 2000 年底翻了五番多和八番多（图 1）；非煤产业所占比重由 2000 年的 29% 提升至 2010 年的 63%，企业

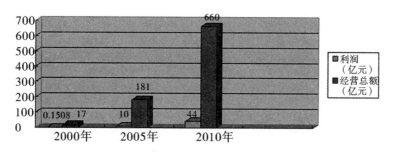

图 1

产业结构更加优化，抗风险能力和可持续发展能力日益增强（图2）。

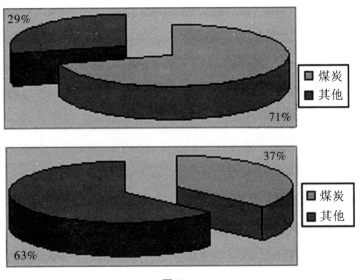

图2

具体来讲，"晋煤模式"的主要内涵是：突出安全的基础和核心地位，强化安全管理，夯实安全基础，使安全成为企业转型跨越发展的根本保障；突出先行先试这一制胜法宝，用战略的超前、技术的先行、体制机制的创新，在率先试验、先闯先干中实现率先突破和发展；突出循环经济的发展方式，围绕"煤—气—化、煤—气—电、煤—焦—化"三条循环经济产业链，建设和改造循环经济园区，变单一线性发展为立体循环发展，构建富有晋煤特色的循环经济发展模式，提升企业转型跨越发展的速度和质量。

一、在发展策略上突出先行先试，加快企业发展模式的转型

（一）以保障矿井安全和开发新型清洁能源为使命，争做"气化山西"领军企业

瓦斯（煤层气）是制约煤矿企业安全生产的最大隐患。为了从根本上治理瓦斯灾害、保障矿井和矿工生命安全、开发利用新型清洁能源，早在1993 年，晋煤集团就率全国之先，在沁水潘庄井田开展了煤层气开采试验。经过近 20 年的大胆探索和艰辛实践，晋煤集团形成了"井上下联合抽采"、"采煤采气一体化"和"三级瓦斯治理"的瓦斯治理和开发利用模式，突破了世界公认的无烟煤不利于地面钻井抽采的"禁区"，探索出了一套具有自主知识产权、适合不同地质条件的煤层气井下地面开采技术、装备和工艺，成为国内煤层气开发利用的龙头企业。2010 年 5 月，经国土资源部批准，晋煤集团正式获得成庄和寺河（东区）区块煤层气采矿许可证，成为我国首个从国土资源部获得采气权的煤炭企业。截至 2010年底，企业已累计施工地面煤层气井 2500 余口。2010 年，企业共完成煤层气抽采量 15.73 亿立方米、利用量 10.13 亿立方米，分别占到了全国总量的 18% 和 30%。同时，面对煤层气气权不足的制约，晋煤集团依托现有的技术、装备和人才优势，创新思路，积极实施"走出去"战略，加强与地方政府和企业的合资合作，与阳煤集团、国新能源集团、晋中市政府等签署了《煤层气开发利用协议》，不断壮大煤层气开发利用规模，推进"气化山西"战略部署加快推进。此外，晋煤集团在我国煤炭企业中首家引入清洁发展机制（CDM），先后与世界银行碳基金、日本碳基金等 5 家

机构签订了"碳减排购买协议",共出售二氧化碳减排额度 1075 万吨,在第一个减排期(2008~2012 年),可获收益约 1 亿美元。

(二)以低成本扩张战略为手段,迅速壮大煤化工产业规模

无烟煤生产企业发展煤化工,符合煤炭企业价值链分布特性,产业链天然而成,具有显著的比较优势。但是单纯依靠新建项目发展煤化工,成本高,建设周期长。晋煤集团通过发挥资源优势,实施低成本扩张战略,在全国 10 个省、直辖市控股了 18 家化工生产和销售企业,形成了 1200 万吨/年的总氨产能、1000 万吨/年的尿素产能,率先实现了煤化工产业的规模化发展。同时,面对国家禁止新上固定床间歇气化炉的政策限制,晋煤集团未雨绸缪,先人一步,快人一拍,一方面加强自主创新,大力开展航天炉粉煤加压气化、富氧气化等技术研究,另一方面积极加强与国内知名煤化研究院所和企业的合作,探索无烟煤新的使用炉型和延伸路径,永葆企业煤炭产业核心竞争优势。

(三)以生产型服务业集聚为载体,打造煤机制造新型产业

全国大多数大型煤炭企业集团都附属有煤矿机修厂,负责煤矿采掘设备的日常维修和服务。这些煤机企业,大都依附于煤矿企业生存发展,自身"造血"能力不足,竞争实力不强。晋煤集团牢牢把握全省推进煤矿企业兼并重组资源整合的历史契机,在整合重组下属煤机制造资源的基础上,加快推进生产型服务业集聚,打造煤机制造新型产业,引进了世界一流的机器人焊接、铸造流水线和国内外先进的智能化加工、检测设备,成功研制出了具有自主知识产权的 7.6 米高端液压支架、短臂采煤机,形成了一整套适合于大、中、小型现代化矿井的成套煤炭开采装备和技术工

艺。目前，晋煤集团的煤机产业已经拥有了集研发、制造、租赁、试验、维修、工艺和服务工程一体化的能力，具有较强的核心制造能力，发展空间十分广阔。

（四）以人力资源管理创新为核心，加快推进企业管理转型

煤炭企业实现转型发展，绝不仅仅限于产业结构的转型，而是要推进企业组织结构、管理方式等的全面转型。晋煤集团结合企业实际，对接集团化企业管理要求，扎实推进以人力资源管理创新为核心的管理转型，在煤炭行业率先提出并实施了"3451"的人才战略工程。

"3"即"岗位操作序列、专业技术序列、经营管理序列"三大员工序列管理。对管理序列员工，重点是责任落实、全面考核；对专业技术序列员工，重点是提高待遇、全面激励，为其钻研技术、建功立业提供条件、创造环境；对岗位操作序列员工，重点是加强培训、提高素质。通过三大序列员工管理，变过去的身份管理为岗位管理。"4"即"高端创新型人才培养和引进工程、主导和新兴产业紧缺人才开发吸纳工程、青年英才培养和开发工程、人才队伍素质提升工程"四大人才工程。"5"即"完善人才选拔任用机制、优化人才培养开发机制、改进人才评价考核机制、建立人才流动配置机制、健全人才激励保障机制"五大机制。"1"即健全完善一套人力资源管理制度。

与此同时，晋煤集团牢固树立"责权明确、自主管理"的理念，加快实施主导产业板块化经营、相近业务专业化重组、组织结构扁平化改造，加快构建"两级战略主体、三种管控模式"的集团化管理体系，创新完善集团化管理体系,实施集团化企业制度的本土化管理,促进企业加快转型。

二、在产业布局上突出低碳循环，加快企业发展方式的转型

（一）用循环发展的举措经营好资源，发展集约型经济

一是推行煤炭绿色开采，打造煤炭亿吨基地，提高煤炭集约高效生产水平。首先，依靠科技进步和技术创新，加快大型矿井建设，走集约化高产高效道路，新建投产了成庄矿（800万吨）、寺河矿（1080万吨）、赵庄矿（600万吨）三座特大型现代化矿井。新建矿井在设计、工艺、装备、效率、安全等方面，都达到了国际水平。目前，企业大采高工艺的回采煤量已占全部煤炭产量的43.46%，掘进机械化程度已经达到91.69%。其次，充分发挥煤炭大集团技术、管理、团队和装备优势，加强资源整合，加快整合矿井升级改造，淘汰落后生产工艺，促进整合矿井生产力水平显著提升。第三，对资源枯竭的老矿实施精采细收，开展了"三下采煤"和无煤柱开采技术研究，不断提高煤炭资源回收率。2010年，集团公司完成原煤产量4777万吨、商品煤销量3918万吨，分别比2005年翻了近一番。企业煤炭资源回收率由2000年的78.98%提高到目前的86.18%。

二是加强资源综合利用，促进企业绿色发展。晋煤集团加强煤泥、煤矸石、矿井水等煤炭伴生资源的开发利用，建成投运了成庄矿5万千瓦煤泥、煤矸石资源综合利用电厂，生产能力为195500万块/年的煤矸石砖厂，年可消耗煤泥22.6万吨、煤矸石55万吨；建成投运了11座矿井污水处理厂、10座生活污水处理厂，日处理能力6.71万吨，矿井水和生活污水处理能力达到了100%；利用粉煤灰井下覆岩离层注浆，缓解地表塌陷；利用煤矸石充填复垦工艺，填沟造地，累计造田1500余亩，最大限度地降低企业生产经营活动对自然环境的影响，实现绿色发展、和谐发展。

（二）用循环发展的举措建设好园区，发展低碳型经济

晋煤集团紧紧围绕"煤—气—化"一体化发展路径，坚持项目化推进，园区化承载，加快改造、新建 100 万吨／年煤制油、2×60 万吨／年煤制烯烃两个煤化工园区，实现高碳产业低碳运营。对于 100 万吨／年煤制油园区项目，晋煤集团在现有 10 万吨／年煤制油项目的基础上，加强工艺改造，积极扩大甲醇制油规模，用煤的气化和煤层气联合制甲醇，既解决了单纯煤制油成本高、不经济的问题，创造出"1＋1＞2"的效果，又扩大了煤层气利用规模，减少了碳排放，具有显著的环保效益。对于 2×60 万吨／年煤制烯烃化工园区项目，将按照"多联产、低碳化、循环化"的发展方向，采用国内成熟的航天炉、鲁奇炉气化技术，清洁利用晋城矿区储量丰富的 15 号高硫、高灰、高灰熔点"三高"劣质煤和煤层气资源。预计项目建成后，年可利用"三高"劣质煤 750 万吨、煤层气 14 亿立方米，年可生产甲醇 300 万吨、煤制烯烃 120 万吨、精细化工产品 60 万吨，年可实现销售收入达 180 亿元，利税 52 亿元。仅利用煤层气一项，就相当于年减排二氧化碳 2100 万吨。

（三）用循环发展的举措延伸产业链，提升产业链经济

晋煤集团依托煤炭和煤层气资源优势，加快构建、完善三条循环产业链。在"煤—气—化"产业链上，加大循环技术研发力度，建设大型煤化工园区建设，加快推进煤气化一体化发展，促进产业链深度延伸，推动煤化工产业优化升级，积极向产品附加值高的现代新型煤化工领域进军。在"煤—气—电"产业链上，大力发展瓦斯发电、煤泥和煤矸石坑口发电等节能环保、社会效益好的特色发电项目。目前，企业拥有煤层气电力装机

容量 18.9 万千瓦，在建煤泥、煤矸石发电装机容量 27 万千瓦。在"煤—焦—化"产业链上，通过对外合资合作，企业已经取得了三交一号矿井的资源，项目建成后，不仅进一步丰富了企业的煤种，也为企业依托焦煤资源，发展煤焦化工奠定了基础。

三、进一步巩固提升"晋煤模式"，建设极具核心竞争力的现代化新型能源集团

"十二五"期间，晋煤集团将沿着"固煤、稳肥、增气、扩化、强机、兴电、育新"发展路径，进一步发挥资源优势，实施"六大工程"，建设、完善"煤—气—化、煤—焦—化、煤—气—电"三条循环产业链，努力建设"核心竞争能力强、风险管控能力强、循环发展能力强、自主创新能力强、三支人才队伍强；产业结构优、经营业绩优、公司治理优、企业形象优、文化环境优"的现代化新型能源集团。

一是固煤夯基工程。将煤炭作为基础产业，摆在更加突出的位置，科学制定老三矿开采时间和顺序，提升"三下"采煤和无煤柱开采能力，做到"应采尽采、应收尽收"，提高煤炭资源回收率；以矿权办理和项目立项为着力点，千方百计推动东大、郑庄、樊庄、龙湾、三交一号、巴艾、胡底、坪上 8 对新井的手续核准和开工建设；积极实施"煤化同建、煤气同增"策略，加强对外合作，全视野、宽领域、多方式增加煤炭资源储备；依托大矿先进的管理经验和技术装备，努力把每个整合矿井建设成为"生产系统简单、环节能力可靠、装备优、用人少、安全好、一井一面"的中小型现代化精品矿井，力争到 2015 年，形成 200 亿吨以上煤炭资源储量、1 亿吨 / 年煤炭产能。

二是稳肥扩化工程。将煤化工作为支柱产业，稳定基础化工总量，大

力发展现代新型煤化工和精细化工，加快扩建和新建 100 万吨／年煤制油、2×60 万吨／年煤制烯烃两个现代煤化工循环工业园区，探索"煤—气—化"一体化发展路径。力争到 2015 年，形成合成油产量 100 万吨／年（2×60 万吨／年烯烃）、部分精细化工产品，以及 2000 万吨／年以上总氨产量。

三是保安增气工程。将煤层气作为重点产业，立足对内治理瓦斯，服务矿井安全生产；对外加强合作，积极争取煤层气资源，切实抓好"安、气、井、点、网、量、站、标准、技术、成本"10 个关键环节，加快发展壮大煤层气产业，不断扩大煤层气布点范围，争做"气化山西"领军企业。力争到 2015 年，形成煤层气年产能 120 亿立方米、年抽采量 100 亿立方米的规模。

四是强机发展工程。将煤机作为新型产业，对内强化服务，对外开拓市场，坚持"高端化、系列化、成套化"的发展方向，加大科技创新力度，培育具有核心自主知识产权的技术工艺；围绕"三机一架"的产品定位，积极和制造能力强的大企业合作，联手打造一流的成套煤机设备；大力开展对中小型现代化煤矿各个生产环节成套设备的研发、制造和销售，探索实施成套设备对外租赁业务，扩大市场份额，壮大经济规模，全力打造独具晋煤特色，集"研发、制造、安装、租赁、维修、技术服务"六大功能于一体的煤机产业制造服务基地。力争到 2015 年，煤机产品外部销售额达到 50% 以上，成为企业转型发展新的比较优势。

五是特色兴电工程。将电力作为特色产业，积极走瓦斯发电、煤泥煤矸石低发热量原料煤坑口发电等节能环保、社会效益好的电力产业发展之路，加快建设胡底、郑庄瓦斯电厂，打造世界最大的瓦斯发电集群，建设赵庄、樊庄、郑庄等大型坑口低热值燃料电厂，力争到 2015 年，总装机

容量达到 2709 兆瓦、年发电量达到 145 亿千瓦时。

六是育新突破工程。在巩固、整合、提升现有生产服务性产业的基础上，依托三条主产业链的发展，发挥集团公司资源丰富、资金雄厚、网络健全，铁路、公路、水路三路并举，车、站、场设施设备齐备的比较优势和独特的区位优势，加快发展现代物流贸易业；围绕节能减排和"亮化山西"，立足开发 LED 下游产品的发展定位，大力发展以生产常规照明灯具、移动灯具、特种灯具为重点的大功率 LED 项目，培育发展企业转型发展的战略型新兴产业。

在实施好"六大工程"的同时，进一步加大企业在实施战略管理、推进技术进步、深化改革创新、发展循环经济、突破环境约束等方面的先行先试力度，推进人、财、物、技术、项目、投资等要素集约、高效、科学化管理，为企业"十二五"转型跨越发展奠定坚实基础。

根据规划，到 2015 年，晋煤集团将实现"51·52、再造两个新晋煤"的发展目标（"5 个 1"是指：原煤产量 1 亿吨，煤层气抽采量 100 亿立方米以上，合成油产量 100 万吨，在岗员工年人均收入 10 万元，进入中国企业 500 强前 100 名；"5 个 2"是指：原煤生产百万吨死亡率 0.2 以下，煤化工总氨产能 2000 万吨以上，电力装机容量 2000 兆瓦以上，实现经营总额 2000 亿元以上，实现利润 200 亿元)，为促进全省经济转型跨越发展，实现再造一个新山西的宏伟目标，做出新的更大贡献。

（作者：晋城煤业集团党委书记、董事长）

从保障国家能源安全的高度
审视山西能源产业发展问题

刘　波

能源安全问题关系到国家经济安全。山西是我国的能源大省，在全国能源供应格局中占有重要地位。从全局高度审视山西能源产业发展问题，对于加快推进山西转型发展和保障国家能源安全都具有重要意义。

一、山西是我国重要的能源基地，长期肩负着保障国家能源安全供给的责任和使命

1. 山西能源产业在全国占有重要地位，为山西和全国经济建设做出了重大的贡献。山西是我国的能源大省和有着重要影响的能源基地，历经改革开放以来的高速发展，能源产业成为山西经济名副其实的支柱产业，成为山西国民经济发展的"领头羊"，为山西乃至全国经济持续快速发展做出了重大贡献。主要表现在以下三方面：

一是山西能源产业的发展有效缓解了能源供需紧张局面，保障了国家能源安全。山西是国内最重要的能源重化工基地，一直肩负着为全国经济建设提供能源支撑的重任。无论是在国家经济建设高速发展时期，还是遭遇自然灾害等特殊困难时期，山西都不折不扣执行中央指示，大量的优质能源产品及时地源源不断地运往祖国各地。山西煤、焦产量位居全国各省之首，火电发电量位居全国前列，能源产品输出辐射全国，有力保障了国家能源安全。二是山西能源产业的快速发展，支持、带动了全省国民经济

的快速发展。山西能源产业的快速发展，对山西GDP增长、财税收入的增加，贡献十分巨大。与此同时，还带动了以能源、原材料为主体的工业产业，如冶金、化工、建材等产业的快速发展。进入"十一五"以来，能源产业经济实力继续增强，为促进山西社会发展、基础设施改善、居民收入增加，提供了大量的资金支持。三是山西能源产业发展，还极大地促进了全省交通运输业的发展。从铁路建设来看，适应晋煤运输，山西先后修建了"双沁、孝柳、侯月"等地方铁路。同时在国家投资支持下，对石太、南北同蒲铁路干线进行了全线电气化改造，新建了大秦双线电气化铁路。

2. 山西能源产业基础雄厚，发展迅速，同时也存在一些矛盾和问题。山西能源产业发展迅速，取得了显著成就。从供给能力来看，山西能源生产供应能力大大增强。山西能源产业在国家和省能源开发建设政策的引导和支持下，能源投资高速增长，能源产业基础设施迅速增加，大批现代化装备的煤炭、焦炭、电力企业快速投产，能源产业整体生产、供应能力大大提高，成为全国最大的煤炭、焦炭生产供应基地和电力的主要输出省。从装备水平来看，技术装备不断更新，现代化水平迅速提高。山西能源产业在快速发展的同时，高度重视提升技术装备和现代化水平。煤炭工业的安全、信息化管理技术和综合机械化采煤等现代化成套设备广泛使用，以山西焦煤、同煤、阳煤等五大煤炭集团为代表的大型现代化煤矿，采煤机械化程度已近100%，进入世界先进水平行列。电力工业近年来300MW、600MW等级的超高压大型现代化发电机组正在成为发电装备的主力军。与此同时建成的覆盖全省的1000kV、500kV等级不同的输电网络，也基本实现了自动化、现代化管理。焦化工业在实施"发展大机焦、限制小机焦、坚决取缔土焦和改良焦"战略后，产业集中度进一步增强，现代化生产水平大幅度提升。

同时，我们也要看到，在以煤炭为主的能源产业发展过程中依然还存在一些突出的矛盾和问题。主要表现在：一是形成了以能源开发为主的畸形产业结构。这种畸形的产业结构，导致了第三产业发展不协调，第二产业内部结构不优，整体发展水平较低。二是带来了严重的资源破坏和浪费。三是造成了严重的环境污染和生态破坏。

二、加快推进能源产业转型，为确保国家能源安全和全省产业转型做出新的贡献

在未来一个时期，能源产业仍将是山西经济的支柱产业，并将在我国能源供给和经济建设中继续发挥重要作用，这是由我省以煤炭为主的能源资源的性质所决定的。从确保国家能源安全的角度，审视山西能源产业发展，我们应在巩固和稳定传统能源产业的基础上，加快推进能源产业转型，确保国家能源安全，推动山西转型发展。

1. 进一步提高能源产业的技术和装备水平，巩固煤炭等传统能源产业。一是加大科技攻关力度。围绕煤炭资源高精度快速勘探技术、煤矿高效集约化生产配套技术、煤矿重大安全隐患防治技术、煤炭洁净加工转化与利用技术、矿区污染治理和环境保护技术等加强科技攻关。二是建立以煤炭企业为主体的技术创新体系。大型煤炭企业要加快科技投入，建立和完善技术研发中心，重视战略规划机构的建设，加强与科研机构和各类院校的联合，推进技术创新体系建设。把企业技术创新体系建设作为大型国有煤炭企业领导班子的考核内容。三是推进煤矿重大装备国产化。充分发挥市场配置资源的基础性作用和企业的市场主体作用，加强组织协调和政策引导，重点围绕大型煤矿综合采掘和露天开采设备、大型运输提升和洗选设备的国产化，组织跨行业大协作处理好引进与研发、制造与使用、投

资与收益的关系，推进重大装备国产化。四是加快安全高效矿井建设。采用高新技术和先进适用技术，加快现有煤矿的技术改造，推行一个矿井一个工作面的新井建设，提高煤矿装备现代化、系统自动化、管理信息化水平，加快安全高效矿井建设。

2.大力培育和发展新能源产业，优化能源产业内部结构。在大力提升传统能源产业的基础上，还应积极培育和发展新能源产业，如太阳能利用、沼气、风能等新能源产业。大力发展新能源和可再生能源，以逐步改善我省以煤炭为主的能源产业结构，促进常规能源资源更加合理有效地利用，缓解与煤炭资源相关的环境污染问题，使我省能源、经济与环境的发展相互协调，实现可持续发展目标。一是要加强规划。发展规划的指导思想要以市场为导向，选择成熟的、具有市场前景的技术、产品作为产业发展的重点，提出合理的发展目标、采取规范市场的措施，进一步推动新能源和可再生能源技术的开发和应用。二是要培育需求。新能源产业能否兴起，并转化为推进我省经济高速增长的现实力量，固然取决于材料、技术、装备、人才和产业政策等一系列因素的有效突破。然而，成败的关键还在市场。因此，培育新能源开发市场，要从扩大市场需求入手，集中力量首先把新能源开发与应用的市场谋划好、培育好，才能从根本上为新能源产业的发展创造良好的生态环境，形成新能源开发与新能源产业发展的良性互动。三是要有政策、资金支持。一个新兴产业要发展，没有可操作的政策和启动示范引导、资金支持是很难形成气候的。山西作为煤炭可持续发展试点省份，应当在新能源发展上起到示范作用，必将为全国新能源开发利用起到重大的辐射推动作用。

3.以循环经济区域建设为切入点，最大限度地实现能源产业链的延伸。各产业之间必须实现有机结合，互惠互利，共同发展。山西能源产业是以煤炭产业为基础、以煤为原料而发展起来的，在发展中有着相互关联、互为因果的密切关系。因此，各产业间必须实现有机结合，互惠互利，共同发展。如建立煤、电产业互惠合作机制，强化焦化企业与下游用户的联合经营，使其产品拥有稳定的市场需求，最大限度地回避风险。大力发展煤炭循环经济园区，以构建"经济、生态、循环、区域"的循环经济发展模式为重点，不断延伸企业间、产业间的循环链条。目前我省已有同煤塔山、焦煤古交、潞安屯留、晋煤寺河等14个在建煤炭循环经济园区，这些园区具有典型的示范作用，已逐渐成为山西煤炭工业转型发展的样板和新的经济增长点。

4. 着力在煤层气、天然气、焦炉煤气、煤制气等蕴藏丰富的新能源领域实现快速发展。近年来，随着山西节能减排、新能源开发和经济结构调整工作的全面展开，山西煤层气、天然气、焦炉煤气、煤制气产业一体化发展势头强劲，取得了显著成效。煤层气勘探开发利用全面起步，产业初具规模；天然气和焦炉煤气综合利用步伐加快，利用率明显提高；煤制天然气也已纳入"四气"综合发展计划。管网等市场基础设施不断完善，政策和发展环境进一步优化。"四气"产业已成为山西建设新型能源产业基地的新兴产业之一。

推进"四气"产业一体化发展，对于促进山西节能减排目标实现、构建资源节约型社会、发展新能源产业、调整能源消费结构，具有重要战略意义；对改善民生，改善环境，再造我省碧水蓝天，构造宜居山西、和谐山西，将发挥不可替代的作用。推进山西"四气"产业一体化发展，符合循环经济"减量化、再利用、资源化"原则，充分体现了"资源环境效益"优先原则，是建设我省资源节约型社会和环境友好型社会的必然选择。

（作者：山西能源产业集团有限责任公司党委书记）

变废为宝　瓦斯零排放

王志春

山西省矿产资源十分丰富，煤炭资源得天独厚，与煤炭伴生的煤层气资源也极其丰富。煤层气俗称瓦斯，它以吸附态赋存于煤层及邻近岩石层中，当其浓度达到 5%~16% 时，遇明火便爆炸。中国煤矿安全事故 80% 与它有关。然而，它又是一种比石油、天然气更清洁、高效、安全的新型能源。山西的瓦斯开发利用前景广阔。以下分五个方面对山西的煤层气开发进行论述：

一、资源丰富、四分天下有其一

我国的煤矿瓦斯储量 36.8 万亿立方米；年抽排瓦斯 88 亿立方米；年风排瓦斯 150 亿立方米。在这三项瓦斯指标中，山西占全国的 1/3 或 1/4，可谓四分天下有其一。

山西 10 万亿立方米的瓦斯储量大致相当于 200 亿吨原煤的能量即我国约 6 年产煤总量，或大致相当于 100 亿吨原油即我国约 50 年的产油量。山西是我国瓦斯的集中分布区，但是山西瓦斯目前利用情况不容乐观，其利用状况大致分三类：

一是甲烷 >30% 的高浓度瓦斯用于汽车燃料、锅炉燃烧、发电和民用燃气，利用情况较好，是全国的典范。二是甲烷 <30% 的低浓度瓦斯大量排空，利用率不足 10%。三是甲烷 <1% 的通风瓦斯几乎全部排空。如果我们要进一步细分瓦斯利用状况，情况则是：第一类甲烷浓度大于 80% 的特

高浓度瓦斯,地面抽采煤层气主要用于民用、汽车燃料、发电等;第二类是甲烷浓度在 25%~80% 的高浓度瓦斯,主要用于民用、化工、发电、燃烧等;第三类是甲烷浓度在 6%~25% 的低浓度瓦斯,目前小部分用于发电,大部分直接排空;第四类是 1%~6% 的瓦斯直接放散;第五类是甲烷浓度 <1% 的"通风瓦斯",目前由于技术的原因,主要是风排。从目前瓦斯利用状况中,我们发现,当前,低浓度瓦斯不能有效利用的问题比较突出,它造成了能源浪费、环境污染、温室效应和安全隐患。

二、综合利用、节能减排促安全

目前白白排放的瓦斯如果综合利用,可以达到安全、节能、减排、增效四重效果。

一是安全。我国煤矿安全生产的原则过去是以风定产、先抽后采、监测监控。但是抽取瓦斯要花费大量的人力、物力、财力,且没有收益,煤矿的自觉性不强,靠政府主管部门强制执行和监管维持,抽采处于被动状态,难度非常大,抽采数量也非常少。现在我们以用代抽,一方面,煤矿在利益的驱使下,变被动为主动,积极性提高;另一方面,瓦斯发电,综合利用,既能清洁能源,也能节能减排;更重要的是,煤矿安全性也增强了,可谓一举多得,显现了多重效益。

二是节能。据初步估算,伴随每吨煤加上涌出瓦斯量约相当于 1.05 吨煤,例如阳煤集团在开采过程中,每吨煤涌出瓦斯量多于 20 米,如果充分利用这一宝贵资源,就相当于整个煤矿多采出 5% 煤炭。

我们可以进一步把瓦斯换算成电力,平均每 1000 标准立方米纯瓦斯约相当于 3500 度电力和 3.5 吨蒸汽的总和,100 万吨煤矿涌出的瓦斯约相当于 5000 万度电力,瓦斯如果得到有效开采和利用,可以有效地补充常

规能源转化为电力。

三是减排。甲烷的温室效应相当于二氧化碳的 21.5 倍，在山西按涌出量 10 立方米 / 吨计算，每采 1 万吨煤约相当于 1000 吨碳排放；100 万吨矿井约等于 10 万吨二氧化碳排放，去年山西产煤 7 亿吨煤，约合 7000 万吨碳排放，大致相当于 1750 万辆小轿车产生的碳排放，约与我国一年的小轿车生产量持平。假设排到空气中的瓦斯都能得到很好的利用，就相当于我国每年少开了 1750 万辆小轿车，减排效果十分明显。

四是增效。抽排 1 立方米的甲烷约等于 3.5 度的电力,以电力上网 0.509 元 / 度价格计算,那么 3.5 度约相当于 1.78 元,抽采 21.6 亿米甲烷约相当于 75.6 亿度电力,约相当于 38 亿元实际收益和无法估量的碳收益，这大大增强了资源的复合收益。

三、技术成熟、高效利用零排放

现在瓦斯利用技术日益多样化，近几年技术发展迅速，瓦斯利用技术逐渐成熟。但目前，山西省对瓦斯的应用却有些滞后，仍然局限于地面抽采和高浓度瓦斯的利用。

近几年瓦斯的技术进步也推动了相关生产标准的变革。2005 年 12 月，低浓度瓦斯发电技术在淮南通过国家安监总局鉴定。2010 年 7 月，低浓度瓦斯安全利用发电相关标准正式实施，煤矿安全规程因此修改。根据新安全规程，甲烷浓度小于 25％的，采用符合相关安全标准的输送及发电技术指标的，可以开发利用。也可以说，从 2010 年 7 月低浓度瓦斯安全利用进入有法可依的规范化发展阶段，从此低浓度瓦斯可以直接发电或与通风瓦斯掺混氧化利用。

近几年瓦斯技术发展迅速，通风瓦斯（甲烷＜1％）也有了利用技术。

通风瓦斯一般利用瓦斯氧化装置制取蒸汽或者发电，抽采瓦斯的安全输送可以发电，产生的热能也能发电，这个过程中可以做到零排放。

这样，每年 20 多亿标准立方米的瓦斯，通过瓦斯安全输送系统输送到瓦斯发电站发电，这个过程中产生的过剩瓦斯掺混气体与风排瓦斯一起转化成过热饱和蒸汽进入蒸汽轮机，瓦斯的最终利用可分为两类：高品位能源用来发电，山西瓦斯可发电 70 亿度；低品位能源则用余热系统制冷或采暖。通过这一系列技术，瓦斯实现了零排放。

四，安全为天、标准规范严执行

煤层气的主要成分是甲烷，甲烷在空气中的浓度达到 5%~16%时，遇明火就会爆炸，这是煤矿瓦斯爆炸事故的根源。

利用瓦斯的主要目的之一是促进安全，瓦斯利用过程的安全是一切工作的前提。只有符合行业标准，精确掌握关键技术使用和标准，严格按照安全规程遵章运行，才能保证百分之百的安全。

胜动集团共启用了四组方案，实现电站安全：一是 AQ1077 发电站安全要求，二是 AQ1078 细水雾方法安全输送技术规范，三是 AQ1074 瓦斯干式阻火器技术条件，四是 AQ1075 发电机组低浓度瓦斯内燃机技术条件。这四个标准几乎全部考虑到了常规的和非常规的意外情况。从瓦斯发电机组、到瓦斯发电站、到抽送装置、再到输送，只要严格遵循这些标准，不管设备故障、风雨雷击、突然断电、操作失误、人为破坏，都能确保这个电站是安全的。

瓦斯发电机组采用爆炸燃烧做功的原理，本身就是火源，安全利用标准考虑了所有危险的可能，已经过 5 年 100 个电站的应用验证。其详细的标准为：（1）AQ1077 电站安全标准，包括：电站布局、配套系统、工艺

规范、设计资质、运行管理等； （2）AQ1078 细水雾方法标准，包括：水雾发生、雾化标准、最低安全限制、温度防护、脱水前提等； （3）AQ1074 干式阻火器标准，包括：极限阻火值、机组≥900 米 / 秒、管路≥1600 米 / 秒的试验方法； （4）AQ1075 发电机组则适用燃料甲烷＜25% 阻火器的数量及位置、型式检验等。

五、胜动集团——产业发展的引领者

胜动集团是我国最早专业研究燃气内燃机的企业，燃气利用创造了多项国内和世界第一。1985 年研制出我国第一台燃气发动机；2000 年推出国内首台瓦斯发电机组；2005 年世界第一套低浓度瓦斯安全输送及发电系统成功运行；2009 年参加编写的瓦斯安全输送利用等标准已颁布，现已经正式实施；2010 年通风瓦斯氧化系统通过鉴定，瓦斯利用下限 0.25%，实现了瓦斯零排放。

胜动集团具备多方面领先特点：

1. 瓦斯发电关键技术创新者。胜动拥有 70 多项专利，填补两项世界空白，独家掌握细水雾瓦斯安全输送发电等专项技术，整机水平与世界先进水平保持同步。

2. 新型能源产业成套技术提供商。拥有专业化的咨询设计、运行管理公司和资质，提供从项目立项、技术研发、核心部件制造、电站建设、运营管理的 EMC、EPC 等服务，是国内第一批通过认证的合同能源管理公司。

3. 国家相关标准制定参与者。参与了燃气发电主要标准编制，编制了《JB/T10629-2006 燃气机通用技术条件和试验方法》、《AQ1074 ~ 1078-2009 低浓度瓦斯利用系列标准》、《NY/T1704-2009 沼气电站技术规

范》。

4. 国内外市场开发的先行者。胜动分布式能源利用，产业应用到全国除西藏外所有省、市、自治区，出口到五大洲的 30 多个国家。在世界各地共建设新能源综合利用项目 600 多个，总装机 150 万千瓦，年实现新能源发电 70 亿千瓦时，减排二氧化碳 2000 万吨。

我们的服务，不仅仅是设备的提供商，还是成套技术及总包工程服务商和瓦斯利用项目投资商。

我们的目标是，给瓦斯赋予更多效能，让山西拥有更多可能。

(作者：胜动集团总裁、北京大学世界新能源战略研究中心副理事长)

煤炭突围

政府规制与市场竞争

自然垄断产业的政府管制分析及改革思路

张振宇

一、对自然垄断产业的认识

最早提出自然垄断理论的是英国古典经济学家约翰·穆勒，他主要是从自然资源的特性上来理解自然垄断的，这和我们今天的说法有了很大的区别，穆勒以后的德国学者基本也持该观点。在该阶段，经济学家们主要是从自然因素或自然条件的角度来阐述自然垄断的，把自然垄断的原因归结为制度的垄断和自然要素的稀缺性，因此，在自然垄断理论的萌芽阶段，自然条件决定论居于主流地位。1887 年，亚当斯把自然垄断界定为产业的规模经济状况。他认为，对于规模效益递增的产业只有实行政府管制，才能维护大规模生产优势，同时避免垄断企业滥用垄断势力，保护消费者的利益。亚当斯是最早主张自然垄断产业实行政府管制的经济学家。1902 年，法罗把从没有发生过竞争或者发生竞争而最终失败的产业称为自然垄断产业。他是最早对自然垄断的特征进行了描述的经济学家，提出自然垄断具有以下经济特征：该产业提供某种必需产品或服务；该产业的厂址有天然优势；产品不可储存；存在规模收益；用户需要稳定可靠的供给，而这种供给通常只能由一个企业才能实现。1937 年，埃利提出了自然垄断的三种特征：依赖于独特的资源；依赖于信息封闭或者某种特定的优惠或专利；依赖于产业的特殊性。

现代经济学界对自然垄断的认识基本上是在规模经济与范围经济的基

础上理解的，他们认为自然垄断是一个产业的产品或服务由一家厂商生产经营比由两家或更多厂商同时生产经营成本更低的情形。例如，斯蒂格利茨（1997）在其《经济学》有关进入障碍一节中认为，当一个厂商的平均成本在市场可能容纳的产量范围内不断下降时，自然垄断就会出现；而当平均成本随产出的增大而下降时，亦即当产出处于边际成本小于平均成本的阶段时，存在着规模经济效益。这些观点都认为引起自然垄断的原因在于规模经济的存在。植草益在《微观规制经济学》一书中认为自然垄断是指由于存在着资源稀缺性和规模经济效益、范围经济效益所形成的，从而使得提供单一物品和服务的企业或联合起来提供多数物品和服务的企业形成一家公司（垄断）或极少数企业（寡头垄断），可以把这种由于技术或特别的经济理由而形成的垄断或寡头垄断称为"自然垄断"或"自然寡头垄断"。这与鲍莫尔、沃特森、萨缪尔森和诺德豪斯的观点一致。

多数学者认为自然垄断具有的规模经济或范围经济效益，充其量只能作为自然垄断性的充分非必要条件，而对其有决定意义的是成本弱增性。当生产维持在成本弱增的产出范围内时，即可得出仅有一家企业经营更高效率的结论。由于在提供产品或服务时必须有一个独有的、庞大的网络系统，需要高额的固定资本投入；同时，资产专用性强，沉淀成本巨大。因此，使得该产业具有"恐吓性"的进入壁垒和退出障碍。产业内企业（或为单一企业）轻松地享受着垄断稀缺资源所带来的好处，而产业外企业无心也无力进入该产业（即使无进入管制也如此），这就使得最终由高固定成本、低边际成本特性产生的自然垄断产业，在理论上无法实现有效竞争，即出现"马歇尔困境"。

二、政府管制的动因以及在我国的实践现状

由于自然垄断产业所具有的特征，国家必须赋予特定企业以垄断经营权。在全世界，自然垄断产业都是受政府管制的产业，管制的基本理由在于市场失灵。政府管制的具体原因如下：一是自然垄断产业存在定价悖论。在单一企业生产条件下，自然垄断厂商可能凭借其垄断势力制定垄断价格，消费者由此受害。因此，需要政府介入实施价格管制。二是自然垄断产业存在效率悖论。在自然垄断产业，既定的市场容量只能容纳一家最有效率的厂商存在。如果任由厂商自由竞争，则存在巨额重复投资，尤其是网络的重复建设。在此情况下，只能由政府出面进行管制。通过进入管制阻止其他厂商进入，保证一家有效率的厂商独家生产经营。以此来维护自然垄断的产业特性，促进资源的配置最优化。三是自然垄断产业存在信息不对称性。在自然垄断产业中，信息不对称非常明显，相对于生产者而言，消费者具有明显的信息劣势，以至于消费者在购买和消费中根本无选择的自由。在这种情况下，需要政府管制，以使消费者得到安全可靠和公平合理的服务。

基于以上分析，政府管制可以定义为："政府为实现某些社会经济目标而对经济主体作出的各种直接的法律约束力的限制、规范，以及由此引出的政府为督促经济主体行为符合这些限制、约束、规范而采取的行动和措施。"我国经济社会普遍存在的政府管制，不是由于"市场失灵"，而是源自计划经济的惯性和本能，其根源在于政府角色的冲突和错位。我国政府集社会管理者、市场规制者和国有资产所有者三职于一身，如此的"三位一体"必将带来转轨经济中的"角色冲突"，政府会利用它作为管理者的垄断性权力，来谋取它作为所有者的利益。我国目前的政府管制实质上

就是一种"反竞争政策"。我国政府对自然垄断产业管制主要表现在价格和进入限制上，主要表现在以下方面：

一是不能有效地激励企业，造成效率低下。我国自然垄断产业价格还是采取传统的企业上报成本加上政府许可的利率决定的，成本上涨，在利率不变的前提下价格随之上涨。因此，政府管制价格实质上是只管利润率，并未管住成本，这是垄断产业普遍存在的现象，因而不能够有效地刺激企业提高生产效率。有的企业为了提高价格曲意地增加成本，一方面导致企业内部人浮于事，另一方面导致企业资源大量的浪费。在审核调价方案时也存在很大的问题，比如利润率的确定，至今没有明确规定任何产业的合理利润标准，更不用说对不同来源的资本规定不同的报酬率了。

二是损害了消费者的利益。由于地方政府和行业部门从自身利益的角度出发，通过带有地区封锁和行业垄断内容的歧视性价格或收费政策搞市场分割和地区封锁，严重损害了竞争，更没有从消费者的角度考虑消费的需求与福利，无法达到社会效用最大化。另外，垄断行业的厂家利用垄断地位，擅自延伸经营范围或附加各种不合理的交易条件，进行强买强卖，赚取由垄断带来的不正当收费，也损害了消费者的利益。在政府行政壁垒的保护下，自然垄断企业的垄断弊端往往比一般垄断企业更加明显和严重。现实生活中的自然垄断企业成本在呈现越来越高趋势的同时，各种垄断的弊端也日益明显和严重，在产量、质量、服务、产品多样性等各方面的状况令人很不满意。

三是管理者也是经营者。由于历史的原因，我国自然垄断行业至今大多数还是属于国有，国家既是管理者又是经营者，那么在进行管制时的客观性就值得怀疑了。最重要的是企业和消费者在价格上是一个此消彼长的关系，是两个对立面，那么，在指定价格管制时，是以消费者利益为重，还是以企业利益为重也是政府必须考虑的事情。

总之，我国对垄断产业的价格管制，并没有脱离计划经济的束缚，而且我们还由于过渡时期管制外部环境的巨变而使管制体系处于混沌状态。尤其是随着信息技术与交通的高速发展，全球经济的日趋形成，商品和要素在国际上的流动日趋频繁，迫切需要各国放松阻碍产品和生产要素国际上流动的管制。随着以信息技术和其他高科技为中心的技术创新突飞猛进，在以前的自然垄断产业领域形成了新产业进入所需的技术基础，通过管制来维持自然垄断的依据已经薄弱了，特别是在电信和能源领域。技术变革的结果，有必要放松对新产业结构和新产业组织形成和变化的管制，原有政府管制体制急需变革。

三、对策建议

针对自然垄断产业效率低下的现象，有人提出引入竞争、私有化的观点，即"自然垄断消失论"。当然，现实中的确有一些传统的自然垄断产业需要放开管制、引入竞争机制。但是，我国在放开管制时不能对所有的自然垄断产业都放开。

（一）加强法制建设，为自然垄断产业政府管制体制改革与新体制的运行提供基本准则

根据我国在立法、执法实践方面所存在的问题，借鉴发达国家在政府管制法律建设方面的经验，为适应社会主义市场经济的要求，我国自然垄断产业管制应采取"以立法为先导"的原则。根据自然垄断产业的技术特征，现行的政府管制和改革的目标等因素，由全国人大颁布相应的法则。主要内容应包括：确定体制改革的目标、程序；设立相对独立的执法机

213

构，明确其权责，规定企业经营许可证的内容，明确企业的责权利关系；对价格、服务、质量、企业进入产业的条件、竞争企业间的关系等重要政策问题做出规定。建立对自然垄断产业政府管制的法律框架；按照法律设立专门政府管制机构，依法监督执行有关管制法规；消费者组织等社会团体对政府管制机构实行社会监督等内容。

(二)放松自然垄断产业的进入管制,逐步形成有效的竞争格局

借鉴经济发达国家在自然垄断产业政府管制体制改革中的经验教训，我国以有效竞争为导向改革自然垄断产业的政府管制体制，可实行自然垄断性业务与非自然垄断性业务相分离的政策。从总体而言，自然垄断产业具有自然垄断性，但在特定的自然垄断产业中，总是既有自然垄断性业务又有非自然垄断性业务。显然，对于自然垄断性业务，政府应该只允许一家或很少几家企业经营，以维护规模经济；而非自然垄断性业务的规模经济不显著，可由多家企业进行竞争性经营。在自然垄断产业实行有效竞争的一个比较可行的管制政策思路是：首先区分自然垄断性业务与非自然垄断性业务，然后把自然垄断性业务从其他业务中独立出来，由一家或极少几家企业垄断经营。政府以这类业务作为管制的重点，建立模拟竞争机制的管制机制，而对非自然垄断性业务，则由多家企业竞争经营。政府对经营垄断性业务的企业或者不允许其同时经营竞争性业务，或者对不同性质的业务实行独立核算，以控制企业利用自然垄断性业务领域的力量对其竞争企业采取反竞争战略。从而充分地发挥竞争机制的作用，在总体上使整个自然垄断产业处于规模经济与竞争活力相兼容的有效竞争状态。

（三）要对自然垄断产业进行不同于以往传统管制的再管制

自然垄断产业放松管制、引入竞争也可能给消费者带来不利影响，损害社会福利。例如，由于竞争激化可能导致一些企业倒闭，从而会影响供给稳定，因此，必须进行普遍服务、保证供给规制；另外，必须继续对可能出现的垄断企业进行行为管制。迫于竞争的压力，某些企业可能采取降低生产标准、以次充好等手段危害消费者利益。因此，自然垄断产业放松规制主要指的是放松经济性规制，而对涉及安全、卫生、环保等方面的社会性规制反而应该大力加强。

（四）鼓励民营经济进入垄断产业，实现投资主体多元化

现在，受财政限制，政府的投资不能满足自然垄断产业的巨大投资需求，而自然垄断产业中，国有企业的积累更不能解决投资问题。再者，我国已经加入 WTO，自然垄断产业必将逐渐对外开放，将允许国外各种所有制的投资者进入垄断产业，所以我国政府应该鼓励本国的民营经济进入自然垄断产业。从深层次看，鼓励民营经济进入自然垄断产业，不仅能在相当程度上解决自然垄断产业的投资问题，分散投资风险，更为重要的是政府不能以原来对付国有企业的管制方法和手段去管制民营企业。这将在客观上促进形成以政企分离为特色的政府管制新体制。

（作者：国务院发展研究中心研究员，管理世界杂志社社长助理、副编审）

超前防范　强化监管
为转型跨越发展提供强有力保障

张根虎

如何更好地贯彻落实国务院《关于进一步加强企业安全生产工作的通知》精神，更好地为我省转型跨越发展提供强有力的安全保障，是摆在省安监局面前的重要任务。

一、国家安监总局党组中心组暨全国安监系统领导干部学习研讨会的基本情况和主要精神

2010 年 7 月 26 日 ~30 日在北戴河召开研讨会的主要任务：一是学习贯彻党中央关于深入贯彻落实科学发展观、加快经济发展方式转变的重大决策部署和加强安全生产工作的重要指示精神，深入分析面临的新形势、新任务，推动安全生产创新发展；二是学习领会国务院《关于进一步加强企业安全生产工作的通知》精神，研讨强化监管执法、推动责任落实的方法途径；三是研究部署下半年重点工作任务，紧紧抓住继续深入开展"安全生产年"活动这条主线，全面落实"三个突出"（预防为主、加强监管、落实责任）和"三个加强"（宣传教育和队伍建设、安全基础工作、协作联动），持续深化安全生产"三项行动"和"三项建设"，促进全国安全生产形势的持续稳定好转。

研讨会上，国家安监总局党组书记、局长骆琳同志代表总局党组作了题为"服从服务推动科学发展，加快经济发展方式转变大局，以改革创新

精神做好新形势下的安全生产工作"的工作报告。国家安监总局副局长赵铁锤、王德学、孙华山、梁家琨，中纪委驻总局纪检组组长周福启同志结合分管工作分别作了专题发言。国家发改委副主任刘铁男同志作了宏观经济形势报告。研讨会结束时，国家安监总局副局长杨元元作了总结讲话。

这次研讨会的精神集中体现在骆琳同志的讲话中，共分三部分：

第一部分，深刻领会中央关于加快经济发展方式转变重大决策的重要意义，坚持围绕中心服务大局，进一步加强和改进新形势下的安全生产工作。骆琳同志指出，一是推动科学发展、加快经济发展方式转变，为进一步加强安全生产工作提供了难得的历史机遇；二是推动科学发展、加快经济发展方式转变，为做好新形势下的安全生产工作指明了方向和重点；三是推动科学发展、加快经济发展方式转变，对安全生产工作提出了新课题、新要求。我们要紧密结合实际，进一步增强做好新形势下安全生产工作的责任感、使命感和紧迫感，更加自觉地从大局高度来思考、谋划和部署安全生产工作，积极探索建立把加强安全生产与加快经济发展方式转变结合起来一道进行的工作机制，使我们的工作更好地适应形势发展的需要。

第二部分，认真学习、深刻领会国务院《通知》精神，增强贯彻执行《通知》的自觉性、主动性和坚定性。骆琳同志指出，国务院《关于进一步加强企业安全生产工作的通知》是继 2004 年国务院《关于进一步加强安全生产工作的决定》之后的又一重要文件，充分体现了党中央、国务院对人民群众生命财产安全的高度负责和对安全生产工作的高度重视。《通知》在明确提出企业安全生产工作的总体要求和主要目标任务的基础上，从企业安全管理、政府安全监管、行业安全准入、政策引导、技术保障、应急救援、考核和责任追究、经济增长方式转变 8 个方面，对企业安全生

产和安全生产各项工作提出了全面系统的要求。

第三部分，以全面贯彻落实国务院《通知》精神为有利契机和强大动力，扎实抓好下半年工作，在防范遏制重特大事故上切实见到成效。骆琳同志强调，下半年要重点抓好以下六项工作：一是集中开展"打非治违"专项行动，坚决扭转一些地方和行业领域非法违法和违规违章现象反弹回潮的严重态势；二是切实加强重点行业领域的安全治理，有效防范重特大事故的发生；三是认真做好安全规划工作，明确下一步安全生产奋斗目标；四是加强应急管理，严肃认真做好事故查处工作；五是统筹兼顾，全面推进安全生产各项工作；六是进一步加强安监队伍建设，为履行职责、完成任务提供可靠的组织保证。

二、围绕"安全生产年"活动，全面加强安全生产工作，取得了阶段性成效

在省委、省政府的正确领导下，通过各级、各部门和各单位的共同努力，全省安全生产形势继续明显好转。上半年全省共发生各类安全生产事故 5540 起，死亡 1253 人，事故起数和死亡人数同比分别下降 15.83% 和 16.8%；全省各类事故死亡人数为国家下达年度控制指标的 40.39%，比进度控制目标少 278 人。进入 7 月份，继续保持了良好态势。1~7 月份，全省共发生各类安全生产事故 6419 起，死亡 1454 人，事故起数和死亡人数同比分别下降 16.31% 和 17.20%。

2010 年，各级、各部门和各单位深入贯彻落实党中央、国务院和省委、省政府关于加强安全生产工作的一系列决策部署，深入开展"安全生产年"活动，多措并举抓安全，为我省经济社会发展创造了良好的安全生产环境。主要抓了以下几方面的工作：

（一）统筹安排全年工作，扎实推进"安全生产年"活动深入开展

各级、各部门和各单位继续深入开展"安全生产年"活动，不断深化安全生产"三项行动"和"三项建设"。以省政府1号文件下发了《关于2010年安全生产工作的意见》，以省政府办公厅1号文件下发了《关于继续深入开展"安全生产年"活动的通知》，对"安全生产年"各项工作任务进行了安排部署。年初安全工作会议上，分管安全副省长与各市政府签订了年度安全生产目标责任书，同时省政府各位副省长与各自分管部门签订了年度安全生产目标责任书，把控制指标、年度重点工作和责任逐项分解落实到各级、各部门。严格执行了月通报、季发布、年中年终考核制度。各级安监部门不断强化"三项建设"，提高安全保障能力。阳泉市和晋城市按照财政收入的2‰、太原市按照1‰设立了安全生产专项资金。太原市投资2800万元建设全市安全生产四级信息网络，配备了9辆监管执法专用车；忻州市狠抓乡镇安监站建设工作，增加330余人全额事业编制；阳泉市加快了应急中心建设，办公楼主体已完工，预计10月份投入使用。

（二）全面加强安全生产"两个主体"责任落实，保证安全生产各项措施落实到位

按照省政府第66次常务会议要求，研究制定了关于加强煤矿、非煤矿山、尾矿库、道路交通、危险化学品等12个行业（领域）安全生产工作的若干规定。在煤矿、非煤矿山等重点行业推行企业法定代表人安全生产承诺制，目前，共有97561家企业签订了承诺书，占重点行业企业总数

的 84.36%。其中煤矿、非煤矿山、化工、冶金、有色、机械、轻工、烟草、建筑、消防、水利、军工、质监等行业企业已完成法定代表人安全生产承诺书签订工作。督促企业建立健全安全生产管理机构,配齐安全管理人员,煤矿配齐配强"六大员",非煤矿山配齐"五大员"(主要负责人和分管安全、生产、机电、技术的副矿长),其他行业企业也配备了相应的安全管理人员和专业技术人员。全省各级大力推进安全标准化建设,制定出台了非煤矿山、冶金机械等 11 个安全标准化考评办法,各类企业积极开展安全标准化达标创建活动,全省有 245 座矿井达到一级或二级标准化矿井。朔州市政府下发《朔州市重点行业安全标准化建设实施方案》,在全市煤矿、非煤矿山、危险化学品等 7 重点行业 210 多个企业推行安全标准化建设,全市标准化建设资金投入预计将达到 60 多亿元。

推动各级、各部门严格实行"三落实"制度,把企业安全监管责任落实到监管部门、分管领导和具体监管人员。全省共建立安全监管小组 1194 个,监管企业 6719 家。其中,市县政府建立煤矿安全监管"五人小组" 149 个,对 628 座地方煤矿实行监管;各级安监部门建立了 313 个监管小组,对全省 5082 个非煤矿山、尾矿库进行监管;省局对直接监管的 129 家生产经营单位明确了监管责任人,并在《山西日报》进行了公告。全省安监部门都制定了年度执法工作计划,省安监局对直接监管的 140 家企业,按照执法计划检查了 118 家,占年度目标的 84.28%。各市县安监局对列入执法工作计划的企业也检查过半。吕梁市以市政府文件出台了《关于进一步落实企业安全生产主体责任的意见》、《关于全面实行安全生产"一岗双责"强化安全生产责任制的意见》等六个文件,进一步推进"两个主体"责任落实;晋中市强化基层责任落实,着力推广网络化监管体系。

（三）深化安全生产专项整治，进一步规范安全生产秩序

根据省政府安排部署，按照"企业全面自查自整，市县政府组织检查，省行业主管部门垂直督导"的方式，继续深入开展安全生产专项整治。对已开展了的行业和领域，按照深化、巩固、提高的要求继续深化整治。对冶金、有色、烟花爆竹等行业（领域），按照省市县三级联动的模式，开展了安全生产专项整治。非煤矿山和尾矿库深化整治中，对 2009 年列入尾矿库闭库计划的 1054 座尾矿库闭库验收工作进行了检查，各市闭库治理工程全部完工的有 1049 座，占应闭库总数的 99%，完成闭库验收的有 1012 座，占总数的 96%。对 2009 年化工行业安全生产专项整治中各类隐患整改情况进行了"回头看"检查。省市县安监部门还成立了相应的职业健康监管机构，开展了粉尘与高毒物品危害治理专项行动，促进企业不断重视和加强改善作业环境。临汾市开展了打击非法违法生产经营"春雷"行动，共取缔关闭 742 家企业；大同市投入专项整治资金 2.8 亿元，其中各县市通过财政安排专项整治资金 2500 多万元，深化专项整治取得了新的进展和成效。

（四）扎实开展安全生产大检查，及时消除事故隐患

按照国务院安委会《关于立即开展安全大检查的通知》要求，省政府安委会及时进行了安排部署。4 月 15 日，省政府安委会召开了安全大检查推进电视电话会议，所有生产经营单位普遍开展了自查整改工作，落实隐患治理资金 1.01 亿元。省政府安委会及时派出 8 个督查组，分两次对 11 个市和 27 个省直有关部门进行了督查，全省各级政府共组成 1011 个督查组，抽调督查人员 5919 人，排查重大隐患 167 条，已整改销号 63 条，限

期整改 104 条，市政府挂牌督办的重大隐患 42 条。其中，全省各级安监部门共组成 392 个督查组，共检查 13326 个企业，发现一般隐患 21930 条，已整改 19953 条，限期整改 1976 条。长治市建设综合信息平台，对重大隐患、重大危险源实施 24 小时在线动态监管；晋城市成立了专家组，采取了"部门查管理隐患，专家查现场隐患"的检查方法，收到了良好的效果。

（五）加强安全生产宣传教育，营造有利于安全生产的社会氛围

按照省政府 59 次常务会议和王君省长指示精神，协调《山西日报》和山西电视台等主流媒体对 11 个市的市长和省安监局、煤监局、煤炭厅等单位主要领导进行了专访，对安全生产专项整治和推进安全发展中出现的先进单位、个人进行了集中报道。以"安全发展、预防为主"为主题，组织开展了第九个安全生产月活动。每天在山西卫视黄金时段播出安全生产公益短片；组织 70 多家单位举办了"省城安全生产宣传咨询日"活动；组织驻晋中央和省内 10 多家主流媒体记者，开展了"三晋安全行"活动，登发稿件 30 多篇；在山西电视台举办了全省职工安全文艺晚会，省委、省人大、省政府、省政协领导及各界群众观看了演出；组织了应急预案演练周、"安康杯"竞赛、创建"青年安全示范岗"、安全知识竞赛等一系列活动，营造了有利于安全生产工作的社会氛围。加强安全培训工作，上半年培训市县政府分管领导和监管部门业务骨干 2298 人，培训高危行业企业负责人、安全管理人员 2789 人，培训"六大员"5000 余人，组织了1413 人参加注册安全工程师继续教育培训。运城市制定了 10 万农民工、一线操作工岗位教育安全培训计划，目前已培训 5 万人。

（六）严肃对待事故、严格责任追究，为安全工作提供强有力的纪律保证

各级、各部门严格按照"四不放过"和"依法依规、实事求是、注重实效"的原则，严肃查处各类事故。1~6月，全省各级安全监管监察部门共查处各类事故79起，已结案53起，按期结案率为91.38%。4月下旬，省纪委、省安监局等部门联合组织了我省2007年以来发生的重特大安全事故责任追究落实情况进行了专项检查，共检查事故37起，其中重特大事故27起、较大事故10起，涉及779名责任人。建议给予党纪政纪处分的685人，已落实630人，占人数的91.8%；移送司法机关处理的359人，已作出判决的261人，占总人数的72.7%。专项检查组正在督促各级及各有关部门抓好有关责任人的处理和缴纳罚金的落实工作。

2010年，我省安全生产工作虽然取得了新的进展，但安全生产形势依然十分严峻。

一是较大以上事故没有得到有效遏制。全省较大事故起数、重大事故起数十分逼近进度控制指标，全省上半年共发生一次死亡10人以上事故3起，死亡60人，发生特大事故1起。

二是部分行业（领域）事故起数和死亡人数有所上升。1~6月份，消防火灾、建筑等行业事故死亡人数较2009年同期大幅上升。其中建筑业发生事故起数和死亡人数同比分别上升85.71%和61.54%，消防火灾死亡人数同比增加12人，上升400%。2010年，我省工程项目大量开工，安全生产压力依然非常大。

三是个别市安全生产控制指标超过进度控制目标。太原市、阳泉市上半年超过控制进度指标。太原、阳泉、临汾市上半年事故死亡人数同比增

加，增加人数主要是道路交通事故死亡人数。

四是非法违法生产经营建设行为时有发生，安全监管责任落实不到位。当前，经济持续回升、市场需求转暖，"三非"、"三违"、"三超"现象在一些行业和地区时有发生。我省较大事故中因非法违法造成的事故起数和死亡人数都占到50%以上。如2010年的2月28日闻喜县中鑫矿业公司青山选矿厂尾矿库重大险情、5月18日盂县辰通煤业有限公司瓦斯爆炸事故、6月3日晋煤集团天安公司东沟煤业郊南煤矿透水事故均为非法组织生产导致发生的事故，都存在安全监管责任不落实的问题。

依然严峻的形势充分反映出一些地方政府及其部门和企业思想认识不到位、安全基础薄弱、安全责任不落实、安全管理不严格、隐患排查治理不认真和非法违法、违规违章现象严重等问题依然存在，说明我省安全发展是一项长期而艰巨的任务，需要通过各级不懈努力才能得以实现。

三、认真贯彻落实国务院《通知》和省政府《规定》精神，狠抓工作落实，为我省实现转型跨越发展提供强有力的安全保障

根据国家安监总局和省委、省政府的安排部署，结合袁纯清书记在全省领导干部大会上的讲话精神，下一阶段全省安全生产工作总的要求是：认真贯彻落实党中央、国务院和省委、省政府关于加强安全生产工作的一系列决策部署，服从服务于转型发展、跨越发展大局，以改革创新的精神深入贯彻落实国务院《关于进一步加强企业安全生产工作的通知》和省政府加强重点行业领域安全生产工作若干规定，有效防范和坚决遏制重特大事故，紧紧抓住"安全生产年"活动这条主线，进一步突出预防为主、加强监管和落实责任，加强宣传教育和队伍建设、安全基础工作和协作联动，大力强化基层基础工作，推进"安全乡村"创建活动，全面深化安全

生产专项整治，严厉打击非法违法生产经营建设行为，推动安全生产"三项行动"和"三项建设"深入发展，促进全省安全生产形势由明显好转向稳定好转、根本好转转变，为我省经济社会实现跨越式发展提供安全保障和相对稳定的安全生产环境。

（一）认真学习、深刻领会国务院《通知》和省政府《规定》精神，狠抓贯彻落实，强化监管手段

针对 2010 年相继发生的多起重特大事故所暴露出来的部分企业安全生产基础薄弱、管理滑坡、违规违章严重等突出问题，国务院制定了《关于进一步加强企业安全生产工作的通知》；省政府出台了煤矿、非煤矿山、尾矿库、危险化学品、烟花爆竹、冶金有色、道路交通、消防、防汛（水库堤坝）、校园校舍、特种设备、建筑施工等 12 个重点行业和领域加强安全生产工作的若干规定。《通知》和《规定》的出台，充分体现了党中央、国务院和省委、省政府对人民群众生命财产安全的高度负责和对安全生产工作的高度重视。作为国务院和省政府安全生产工作的规范性、指导性和纲领性文件，通篇贯穿着"以人为本"的科学发展观，体现了继承与创新的统一，治标与治本的统一，企业主体责任与政府监管责任的统一，当前与长远的统一。会后，各级要迅速行动起来，切实抓好学习宣传和贯彻落实。一要广泛宣传，深入动员。各级安监部门要主动向党委政府提出建议，于近期召开一次政府常务会和安委会专题会议，把安委会成员单位和各方面的思想认识统一到国务院《通知》和省政府《规定》精神上来。要召开一次管辖范围内各类企业负责人会议，对相关内容进行宣讲解读，并提出贯彻落实的具体要求。要通过各种宣传方式面向企业，面向基层，面向职工群众和社会公众，进行广泛宣传和深入学习贯彻，做到各级地方

政府和各类生产经营单位都知道，全部从业人员和执法监管人员都知道。二要抓紧研究制定配套措施和具体实施办法。为结合实际抓好《通知》的贯彻落实，省局已研究起草了《山西省人民政府进一步加强企业安全生产工作的通知》，印发会议进行讨论，同时针对省政府《规定》中的条款进行了解读，并印制成册。各级安监部门也要结合本地实际，研究制定出针对性和操作性强的实施办法。三要加强监督检查，切实提高贯彻《通知》和《规定》精神的执行力。各级安监部门要采取切实措施，督促指导地方政府和企业认真贯彻落实《通知》和《规定》，加强和改进企业安全生产工作。所有企业特别是高危行业企业，都必须紧密结合行业和单位实际，就贯彻落实《通知》和《规定》做出具体的安排部署并认真抓好落实；逐条对照《通知》和《规定》要求，认真查找安全生产工作存在的差距，研究制定切实可行的改进措施。各级政府和安监部门视企业具体情形，规定出整改期限，到期之后仍然达不到要求的，要依法严厉处罚，情节严重的要依法予以停产整顿，直至提请当地政府关闭取缔。

（二）深化安全生产专项整治，集中开展"打非治违"专项行动，坚决扭转一些地方和行业领域非法违法现象反弹回潮的严重态势

年初，省政府作出继续深化安全生产专项整治的决定，近期，国务院安委会又作出集中开展严厉打击非法违法生产经营建设行为专项行动的工作部署，各级要搞好有机结合，将国务院和省政府一系列安排部署落到实处，有效防范和坚决遏制重特大事故发生。

一要按照深化、巩固、提高的要求，继续深入开展专项整治。各级一定要克服麻痹松懈思想和畏难情绪，严格按照省政府关于持续深入开展安

全生产专项整治的通知要求，继续抓好各个环节和步骤的整治工作。目前，专项整治已进入到省级督查阶段，省局将协调各有关部门对本行业专项整治工作进行垂直监督和指导。督查期间将抽查一半以上的县（市、区），每个县的一类企业抽查率不低于30%、二类企业抽查率不低于20%、三类企业抽查率不低于10%。各级、各部门、各单位要安排部署好第五阶段"回头看"再检查和总结，重点跟踪抽查一类企业的取缔关闭和二类企业重大隐患的整改情况，直至消除隐患，整改到位。

二要迅速开展"打非治违"专项行动。根据国务院安委会《关于集中开展严厉打击非法违法生产经营建设行为专项行动的通知》精神，省安委办将尽快拿出专项行动工作方案，在省政府统一领导和组织下，从8月份开始到10月份，在煤矿、非煤矿山、交通运输、建筑施工、危险化学品、烟花爆竹、民用爆炸物品、冶金等8个行业，开展为期三个月的打击非法违法生产经营建设行为专项行动。各级安委办也要根据上级的通知精神和行动方案制定相应的措施并组织抓好落实。

在专项行动中力求做到"七要"：一要统筹协调。充分利用联席会议、联合执法等工作机制，及时解决专项行动中遇到的重点难点问题，推动工作顺利实施。二要突出重点。重点打击无证、证照不全或过期生产经营建设的；关闭取缔后又擅自恢复生产经营建设的；停产整顿、整合技改未经验收合格擅自组织生产的；未按要求无证上岗作业等共性的非法违法生产经营建设行为。同时还要针对非煤矿山、危险化学品、烟花爆竹、冶金等具有行业和领域特点的非法违法生产经营建设行为实施重点打击。三要集中力量。最大限度地集结执法力量，形成强大合力，按照"准、狠、严"的要求，依法依规实施精确打击、有力打击、有效打击。四要造成声势。充分利用各种媒体，宣传"打非治违"的重要意义和政策措施，曝光揭露

非法违法和违规违章典型案例，公告打击处理结果，营造强大的有利的舆论氛围。五要注重实效。坚决避免搞形式、走过场，要通过真打真治，重打重治，真正打在痛处，治住要害，使本地区安全生产秩序明显改善，非法违法和违规违章现象得到有效遏制，因非法违法所导致的事故大幅度减少。六要巩固成果。把集中打击治理和加强制度建设、建立长效机制结合起来，解决当前存在的普遍性、多发性、规律性问题，进一步巩固集中打击治理的成果。七要严肃责任追究。对打击非法违法生产经营建设行为不力的地区和单位要坚决按照有关规定实行严格的责任追究。

（三）着力强化责任落实，进一步规范企业安全生产行为

各行业企业和各级政府监管部门要通过贯彻落实《通知》和《规定》精神，进一步强化责任，促进各项安全措施的有效落实。

企业层面：要严格安全管理，健全完善严格的安全生产规章制度，严格按照规程、规范和标准要求进行生产，坚持不安全不生产，严禁"三非"、"三违"、"三超"组织生产经营建设活动；要严格落实《山西省安全生产事故隐患排查治理制度》，及时排查治理安全隐患，切实做到整改措施、责任、资金、时限和预案"五到位"，对停产整改逾期未完成的不得复工复产；严格落实企业法定代表人安全生产承诺制度，强化生产过程管理的领导责任，结合行业特点建立完善企业领导干部轮流现场带班制度，金属非金属地下矿山要有矿领导带班并与工人同时下井、同时升井；强化职工安全教育培训，抓好职工三级培训，主要负责人、安全管理人员和特种作业人员必须经过培训考核合格后方可持证上岗；全面开展安全达标，制定完善岗位安全生产技术规范和工作标准，深入开展以岗位达标、专业达标和企业达标为内容的安全生产标准化创建活动，在规定的时限内

实现企业达标。

政府层面：要实施更加有力的监督管理，强化安全生产综合监管和行业主管部门职责，形成安全生产综合监管与行业监管指导相结合的工作机制；认真贯彻落实安全生产联席会议制度、联合执法制度、事故隐患排查和治理制度等，加强团结协作，形成"打非治违"的合力，对重大安全隐患治理实行逐级挂牌督办、公告制度；加强安全生产监督检查，将每个企业的安全监管责任落实到监管部门、分管负责人和具体监管人员，做到监管责任"三落实"；强化企业安全生产属地管理，市、县安监管部门要按照职责分工，对当地企业包括中央、省属企业实行严格的安全生产监督检查和管理；严格落实建设项目审批、监管的责任，强化项目安全设施核准审批和日常安全监管；加强社会监督和舆论监督，设立举报箱，公布举报电话，接受人民群众的公开监督。定期组织召开安全生产新闻发布会，发挥新闻媒体的舆论监督，对舆论反映的客观问题要深查原因，切实整改。

（四）继续加大基层基础建设，着力提高安全生产保障水平

"双基"工作是安全生产的基础和关键，抓住了"双基"，就抓住了影响安全生产的主要问题。为此，一要制定落实安全生产规划。全力推进安全生产"十一五"规划的落实，尽快启动安全生产"十二五"规划的编制工作，把安全生产纳入当地政府总体规划中，同步明确安全生产奋斗目标、主要任务、政策措施和重点建设项目。二要继续推进安全乡村建设。我局起草的《山西省安全乡村创建活动实施方案》（代拟稿），已上报省政府，待省政府批复同意后，各级要按照安全乡村（社区）的创建标准、工作要求、创建目标和具体实施步骤，全力督促推进创建活动扎实有效开展，确保按计划完成基层安全监管网络建设，尽快形成安全监管"四级机

构、五级网络"。三要继续提高企业的准入门槛。省局将结合实际,逐步制定修订有关行业生产、安全技术的地方标准,提高企业安全标准和从业人员准入门槛。对非煤矿山、危险化学品、冶金有色等行业要制定落实专项安全技术作业规程和岗位安全操作规程。要严格安全生产准入前置条件,把符合我省产业政策和安全生产标准作为高危行业企业准入的前置条件,实行严格的安全标准核准制度。要通过延期换证淘汰不符合产业政策和落后产能的企业,进一步提高企业本质安全度。四要继续推动安全生产标准化创建活动。各行业都要制定企业安全达标期限,推动和完成申报企业安全标准化创建活动,尽快树立和推广一批各级各类安全标准化样板企业,发挥典型示范和带动作用。五要继续推广安全适用技术和装备。要协调督促有关部门制定产业结构调整目录,强制淘汰不符合有关安全标准、安全性能低下、职业危害严重、危及安全生产的落后技术、工艺、装备和企业。大力推广先进适用技术和新装备、新工艺、新标准。要按计划在地下矿山推广人员定位技术、远程实时监控系统、地压监测系统、帷幕注浆技术;在露天矿山强制推行中深孔爆破技术、机械化铲装技术、液压锤二次破碎技术和非电起爆系统;在选矿企业推广尾矿综合利用技术和干式排尾技术,完成省重点企业尾矿库在线监测系统;在化工企业推广采用自动化控制、安全连锁控制技术,大型和高度危险化工装置要设置紧急停车系统。在安全距离不足的加油站大力推广应用 HAN 阻隔防爆技术。要按照国务院和省政府有关通知要求,按期完成技术装备的安装配备和技术升级改造,逾期未完成的依法暂扣安全生产许可证。六要继续加强安全生产教育培训。与教育部门协作共同开办危险化学品、非煤矿山主要负责人和安全管理人员大专培训班,提高管理层的专业素质。制定和落实非煤矿山、危险化学品等高危行业用工制度,努力推行变招工为招生,严格实行先培训后上岗的规定。对主要负责人、安全管理人员、特种作业人员要严格落实培训时间、标准和考核，做到100%持证上岗。七要继续加大安全投入。充分利用各级政府贯彻落实国务院《通知》的有利时机，将安全生产专项经费、安全监管装备配备等纳入政府财政预算，争取政策支持。进一步完善高危行业企业安全生产费用财务管理制度，研究提高安全生产费用提取下限标准，加强对企业安全生产费用提取和使用管理的监督检查。积极探索和推进非煤矿山、危险化学品、烟花爆竹等高危行业安全责任保险，建立安保互动机制，推动企业强化安全管理。

（五）紧紧抓住直接监管的企业，加大执法检查力度，坚决杜绝非煤矿山、危险化学品、冶金有色等行业企业发生重特大事故

要严格执行国家安监总局第24号令，认真制定和落实执法工作计划，做到上下衔接、不漏一企、不留死角。要将国务院《通知》和省政府《规定》纳入执法检查计划和现场检查方案抓好落实。要加强日常监管，紧紧盯住容易诱发安全生产事故的重点环节和部位，检查企业是否落实了金属与非金属地下矿山防透水、防中毒窒息、防冒顶片帮、防跑车坠罐等事故的措施；落实露天矿山防坍塌、防爆破事故的措施；落实尾矿库安全监控措施，严防垮坝溃坝事故。要深刻吸取辽宁大连新港区输油管道火灾事故教训，认真排查治理油、气等危险品运输、管道输送及化工生产经营企业等存在的安全隐患，严防燃烧爆炸和泄露污染事故；要督促指导工商贸企业落实安全防范措施，严防冶金、有色等企业煤气爆炸，以及有限空间作业中毒窒息、工业粉尘爆炸等事故。

（六）大力推进应急救援体系建设，加强应急救援管理，充分发挥应急救援在事故抢险工作中的应有作用

要主动协调政府及有关部门抓紧建设省安全生产应急指挥中心，修订《山西省安全生产应急救援体系建设实施方案》，推进各市应急管理工作机构建立。进一步整合应急救援资源，在全省重点装备5~6个区域性安全生产应急救援基地。推动建立省级安全生产救援物资储备库，编制全省矿山企业应急救援物资储备标准，加强应急物资的储备管理。要积极配合国家有关部门，依托大同煤矿集团有限责任公司，建设大同国家级矿山应急救援队，同时要依托太原钢铁集团、中条山有色金属集团、太化集团、山西焦化等大企业救护队，建立起我省非煤矿山、危险化学品应急救援的骨干队伍。要主动争取政府财政支持，配备性能可靠、机动性强的装备和设备，保障必要的运行维护费用，切实从人员、技术、装备等方面提升复杂环境下的应急救援能力，形成省、市、县（市、区）三级安全生产应急救援指挥机构及区域、骨干、专业应急救援队伍体系。要建立完善企业安全生产预警机制，对可能危及安全生产的自然灾害进行预测、预报、预警、预防，引导各行业企业落实安全防范和应急处置措施。要编制修订完善企业应急救援预案，定期进行安全生产风险分析和应急演练。要加强应急值守工作，建立24小时值班、领导带班和日报告制度，确保信息按时准确上报。

（七）严格责任追究，强化事故超前防范

要按照"四不放过"原则和"依法依规、实事求是、注重实效"的要求，认真查处各类生产安全事故。要加大对事故企业负责人的责任追究力度和事故企业的处罚力度，触犯法律的，依法从重追究事故企业主要负责人或企业实际控制人直至上级企业负责人的法律责任，用事故教训推动工作。按照国务院《通知》要求，加大重特大事故的考核权重，发生重特大生产安全事故的，要根据情节轻重，追究相关领导责任。要加大事前责任追究力度，对不执行上级机关、主管部门有关安全生产的决定、命令、指示，从事非法违法生产经营建设活动，安全生产防范措施落实不到位，安全隐患排查治理不彻底的企业负责人和相关人员，视同发生安全生产责任事故重处相关责任人，以儆效尤。要通过目标责任考核，强化超前防范。认真落实省政府安全生产考核评价体系，进一步健全完善安全生产工作目标责任制，严格执行月通报、季发布、年中和年底考核制度，对各地区、各有关部门和企业完成年度生产安全事故控制指标和工作目标情况进行严格考核奖惩，实行安全生产"一票否决"。

（八）进一步加强安监队伍建设，为履行职责、完成任务提供可靠的组织保证

通过大力开展以"争做安全发展忠诚卫士和创建为民务实清廉安监机构"和创建"五型机关"为主题的创先争优活动，抓好全省安监队伍的思想建设、作风建设和业务能力建设；通过举办全省市县领导干部安全生产提高班、安监系统青年业务骨干培训班、执法人员资格培训班以及挂职锻炼等形式，不断提高监管人员的履职能力；通过表彰先进、树立榜样、正面引导、多方激励等方法途径，尤其要通过领导带头，充分发挥各级干部的带头表率作用，树立安监干部的良好形象；通过关心各级干部特别是基层同志的工作、学习和生活，把严格要求与关心爱护更好地统一起来，进一步增强我们这支队伍的凝聚力、战斗力和创造力。

汛期和高温季节各行业企业的安全生产工作。要突出抓好非煤矿山、尾矿库、危险化学品等企业防治水、防溃坝、防坍塌（滑坡）、防火灾及雷电、大风等灾害防范工作。要加强与气象部门的联系，及时掌握汛情和高温预测预报，及时发布预警信息，确保汛期安全生产工作有序、有力、有效。

充分认清当前安全生产形势任务和肩负的职责使命，进一步强化政治意识、大局意识、宗旨意识、忧患意识和服务意识，必须始终紧紧咬住有效防范重特大事故这个最重要的目标，采取过硬措施，坚决遏制重特大事故发生，确保把事故总量和各项指标控制在年度目标之内，为加快经济发展方式转变和促进经济社会跨越式发展，做出我们新的应有的贡献。

（作者：山西省安全生产监督管理局党组书记、局长）

资源型城市转型发展的关键
是实现高碳产业低碳化

张　保

长治是一个以煤炭为主的资源型城市，产业结构具有明显的重型化、高碳化特征。改革开放以来，长治累计生产煤炭 8.5 亿吨，约占同期山西省总产量的 10.3%，为全国的经济建设做出了巨大贡献。长治因煤而兴，依靠煤炭保持了多年两位数的经济高增长，综合实力名列山西省第二位，但长治也因煤而痛，由于过度依赖煤炭，形成了一煤独大、结构单一的格局，煤、焦、冶、电等重化工产业占全市工业总产值的 80%，煤炭及其关联产业所创造的增加值占全市 GDP 的 60%。以煤为主的产业结构抵御风险能力弱，2008 年国际金融危机对长治经济造成了严重冲击。从某种意义上说，这种冲击表面上是对长治经济增长的冲击，实质上是对长治发展方式的挑战，是对能源产业"耗散化"、煤炭开采无序无度的"叫板"。以二产为主特别是以煤为主的产业结构还导致一系列生态环保问题，每燃烧 1 吨煤就要产生 2.6 吨二氧化碳。2009 年，全市二产的比重高达 62.8%，而二产每万元增加值耗标煤是一产的 5 倍、三产的 4 倍。在二产能耗中，工业耗能占 78%，其中焦、电、冶、化占 50%。近年来尽管我们通过节能减排、植树造林等措施，有效改善了生态环境，但总体上二氧化碳的排放仍然偏高。

如何利用好国家在山西设立资源型经济转型综合配套改革试验区、科技部将长治确定为可持续发展试验区的历史机遇，加快转型跨越发展的步

伐，如何破解因煤而立、因煤而兴、因煤而困的历史性难题，把高碳产业导入低碳发展的轨道，成为摆在我们面前一项紧迫的任务。可以说，转变发展方式、实现高碳产业低碳发展，是一项迫在眉睫、不得不为的战略性任务。走低碳发展之路是加快转变长治发展方式的战略选择，实现低碳增长是长治可持续发展的必由之路，发展低碳经济是提升长治竞争力的关键所在。捕捉碳、储存碳、利用碳是建设生态长治的主要渠道，是长治应对后金融危机，巩固发展煤炭兼并重组成果的有力武器。长治能否抢占转型发展的制高点，能否在全省"传统产业全循环、新兴产业抓高端"的发展浪潮中实现率先发展，关键取决于对低碳经济发展的调整和适应能力。

资源型城市走转型发展之路，必须以科学发展观为指导，建立起低碳绿色发展的新观念、新结构、新方式、新秩序。

一、把低碳绿色新观念贯穿于生产生活消费的各个环节

低碳经济是低碳发展、低碳产业、低碳生活等经济形态的总称，是以低能耗、低排放、低污染为特点，以实现可持续发展为目标的生产方式和生活方式。思想是行动的先导，发展低碳经济，实现经济转型，首先要转变思想观念，在生产生活和消费等各个方面真正树立起绿色低碳的新观念。在长治这样的资源性城市，发展低碳经济既要克服"不可能"、"慢慢来"的畏难情绪，更要防止"抛弃煤"、"否定煤"的偏激行为。过去我们把煤炭性城市、资源型地区结构不合理的原因归结为"煤之过"，"成也在煤、败也在煤"，认为丰富的煤炭资源造成了一些地区的"荷兰病"。其实如果不是靠煤炭资源，许多地方就不可能摆脱贫困，而在一个连温饱生计问题都无法解决的地方，转型发展、低碳经济就更无从谈起了。对资源型地区来说，"好事出自煤，坏事不一定在煤"，高碳产业也

可实现低碳发展。我们强调转型发展不是要抛弃煤，产业结构的合理化不能只追求简单的比例关系，产业结构的新型化也不能一味地"破旧立新"，而是要在煤炭的精细化加工、低碳化发展上做文章，要以煤为基、以煤兴业、以煤兴产、多元发展，在培育新兴产业上下工夫，实现支柱产业多元化，构建起多元稳固的经济结构。富煤、少气、缺油的现状，决定了我国在现阶段以及今后相当长的一个时期，能源结构仍然是以煤为主，离开煤炭谈转型发展还不太现实，科学的态度应该是善待煤、敬畏煤、依靠煤但不依赖煤。

依靠煤就是要用低碳经济的理念发展煤炭产业，在精细化、低碳化上做文章。一方面要进行煤炭精深加工，发展煤炭洗选、型煤、水煤浆、焦炭及煤炭液化、气化等技术，减少煤炭的直接消耗，实现传统能源的洁净化、低碳化。另一方面要进行煤炭的二次甚至多次转化，瞄准下游高端和终端产品，逐步形成煤电化、煤气化、煤油化等多联产业链，实现由生产初级煤炭产品到提供多种优质能源和化工产品的转变，努力走出一条"依托煤炭、延伸煤炭、超越煤炭"的科学发展之路。

不依赖煤就是要积极发展非煤替代产业，实现二次创业。选择替代产业，要结合当地的自然资源、经济基础、区位优势、市场前景以及国家的产业政策等，客观分析比较竞争优势，合理定位产业布局和分工，从具有发展潜力的产业入手，培育新的经济增长点，逐步实现主导产业非煤化、多元化。结合长治的实际，我们要改造提升冶金、建材、化工等产业，大力培育发展光电子、先进制造业、绿色生态农业、食品加工业、制药业、旅游服务和现代服务业，形成多元产业"群龙共舞"、良性互动的产业格局。要从产业结构、能源结构、产业链的各个方面，从产品设计、生产、消费等各个环节，在农业、工业、建筑、交通等各个领域，大力推广低碳

技术，全过程寻求低碳发展。要在日常生活中戒除高耗能的便利消费、一次性消费、面子消费、奢侈消费，大力倡导低碳、绿色的生产生活消费方式。

二、低碳绿色发展目标要分阶段、分步骤实施

要把长治转型发展放在全国科学发展的大格局下来布局和谋划，放在全球煤炭发展的大趋势下来布局和谋划，放在山西"三个发展"的战略部署上来布局和谋划。必须依托煤炭经济优势，来确定长治经济转型发展的战略目标、战略布局、战略措施和战略步骤。长治的转型发展从战略上来说应分两个阶段实施：

（一）第一阶段是前转型阶段

这一阶段的主要任务是围绕煤、依托煤展开结构调整和转型发展，重点是搞好煤炭资源整合和煤矿兼并重组，彻底改变煤炭开采多、小、散、乱、差的状况，实现煤炭产业的集约、高效发展。2008 年以来，我们按照省委、省政府的部署，扎实开展煤炭资源整合和煤矿兼并重组，已经取得重大阶段性成果。全市煤矿数量由 292 座压减到 110 座，压减 63%，形成了一批现代化大型煤炭集团，平均单井规模为 93 万吨，提高 2.4 倍，机械化开采率达到 100%，煤炭回采率、洗选率都有很大提高，并且在兼并重组过程中，所有煤矿都延伸了产业链或兴办起与煤矿同等规模的非煤产业。通过兼并重组，逐步形成了合理的煤炭供需结构、合理的三次产业结构和三次产业内部结构、合理的管理结构、合理的分配结构等，为下一阶段的转型发展创造了条件。

（二）第二阶段是后转型阶段

在第一阶段彻底完成煤炭资源整合和煤矿兼并重组的基础上，利用靠煤炭产业积累起来的雄厚资金、管理经验和市场脉络，积极推进煤炭企业多元化发展，培育发展非煤产业，加快产品和产业结构调整步伐，大力发展现代制造、光电信息、新能源、新材料、生物医药、食品加工、文化旅游、现代服务业等战略性新兴产业，并将其逐步培育成支柱产业，同时在低碳经济研发、低碳技术推广、增加碳汇、促进碳吸收、炭捕获、碳储存等方面上下工夫，在发展低碳农业、低碳建筑、低碳交通、低碳生产、低碳消费上下工夫，全方位、多层次、大力度推进转型发展，从重增长、轻环保向在环保中求发展转变，从环保滞后经济发展向新账不欠、旧账快还转变，从运用行政办法推进低碳发展向运用法律、经济、科技、行政综合办法转变。大力发展"静脉产业"，运用循环方式把煤炭废弃物转化为再生资源，实现废弃物的减量化、再利用、资源化、再循环。以发展循环经济为核心推进节能减排创新，以集群经济为核心，推进产业结构创新，以知识经济为核心推进内涵发展创新，以战略性新型产业为核心推进转型发展，真正实现由煤炭资源大市向现代产业大市的转变。2009年，我们采取政府引导、企业参与、市场运作的方式，由政府点播少量种子资金，引导大量民间煤炭资本，投向高科技产业和非煤产业，创设了独具特色的资源资本运行机制，突破了产业发展的资金瓶颈，为民营资本进入高科技产业拓宽了途径，宏源 LED 显示、淮海成功微汽发动机、HF 燃油乳化、益东五星宾馆等投资数十亿元的非煤大项目都是由煤矿企业投资兴办的。为了办好 LED 显示项目，我们专门邀请著名激光技术专家、中国工程院院士许祖彦以及清华大学教授和国家 863、973 专家组召集人陈皓明等国内众多

光电学知名专家共同"把脉会诊"，以垂直整合方式建设我国第一个技术原创型 LED 产业集群，当年开工建设、当年投产达效，实现了产业结构优化的重大突破，在培育发展新兴支柱产业方面迈出了可喜步伐。

三、用战略的思维和超前的眼光谋划低碳绿色产业发展

推进资源型地区的转型发展，实现高碳产业的低碳化，要立足现实，着眼未来，创新思路，开阔眼界，既要改造提升，又要培育壮大，还要"无中生有"。结合长治的实际，要重点采取三种方式：

（一）延伸的办法

对煤、焦、冶、电等传统产业，着力改造提升，提高产业素质和质量效益，加大以技术改造为主的内涵效益型投资，实施煤焦冶电提能技改工程，重点抓好一批技改项目，以循环经济为导向，延伸主导产业产品链条，培育壮大一批大企业、大集团，全力打造优势产业基地，实现传统高碳产业的低碳发展。

（二）培育的办法

对具有一定优势、成长性转好且低污染、低消耗、高效益的装备制造、中西制药、新型材料、旅游文化、食品加工、现代物流等产业，着力培育壮大，加大扶持力度，使其尽快发展壮大。我们已经制定了"1+8"产业调整振兴规划，重点发展新兴能源、煤化工、新材料、装备制造、光电子、中西制药、汽车、食品加工和现代服务业，努力把长治打造成全省乃至全国新兴能源产业基地。通过对传统产业的调整和新兴产业的培育，提升市场竞争力和市场占有额度，形成绿色低碳的支柱产业。

(三) 植入的办法

以世界眼光和宽广胸怀，大胆引进符合低碳经济发展要求、科技含量高、能源消耗低、带动系数大、就业机会多的 LED 光电显示、微车制造、燃油乳化节能等战略性新兴产业，实现"无中生有"。从制度、环境、政策等各个方面引导煤炭资金和各种社会资源向这些产业和领域流动，打造具有国际竞争力的战略性新兴产业基地。这将是长治实现可持续发展的决定性产业。目前，这些产业项目发展势头很好，LED 工业园区正在积极争取列为省级园区，HF 燃油乳化项目已经落地，微型汽车进入试生产阶段。

四、在全社会建立起低碳绿色发展的新秩序

要完善制度和机制，营造良好的社会氛围，建立起各种产业协调发展、社会生态和谐相融的新秩序。

(一) 建立起煤炭开采利用和煤焦、煤电、煤冶、煤化、煤油、煤运新秩序

建设一批规模化、集约化、机械化、信息化的现代化矿井，进一步规范煤炭开采秩序，保障煤炭工业的可持续发展。提高资源综合利用水平，把煤矿兼并重组与发展循环经济、资源循环利用、淘汰落后产能结合起来，鼓励支持电力、冶金、化工等与煤炭相关联的大型企业以参股方式参与煤炭兼并重组，支持同行业间的横向联合和不同行业之间的纵向联合，建立一体化、相关联的多元产业体系，形成资源综合利用、循环发展的新格局。在煤炭生产中引入清洁发展机制 (CDM)，在焦、电、冶、化等主要煤炭消费环节引入整体煤气化联合循环 (IGCC) 和碳捕捉储存 (CCS)

清洁技术，最大限度地实现煤炭的低碳化发展。

（二）建立起稳定和增加碳汇的新秩序

发挥好煤炭可持续发展基金的调控作用，将采煤过程中造成的资源、安全、环境等外部成本内部化，加大以煤补农、以煤补林、以工促农的工作力度，发挥好森林、水面、湿地、土地的固碳作用，加快植树造林步伐，在成功创建全国绿化模范城市的基础上，积极创建国家森林城市、国家生态园林城市，通过森林固碳、草地固碳、农地固碳、退化土地固碳、湿地固碳等方法，稳定和增加碳汇，为建设低碳城市奠定基础。

（三）建立起社会再生产新秩序

把煤炭开发利用和解决矿业、矿山、矿区、矿工"四矿"问题结合起来，建立起群众利益永续化、主体责任永续化的长效机制，保证煤炭开采过程中以及今后更长时期的地质灾害治理、社会公益事业、群众生活保障以及新农村建设的永续投入。在不断提供工业生产资料的同时，注重扩大对农业、服务业以及人民群众生活资料的投资，实现农业和工业的协调发展、地区之间的协调发展、生产和生态之间的协调发展。

发展低碳经济不仅是一场大规模的环境革命，更是涉及生产模式、生活方式、价值观念的一场深刻经济革命、产业革命。长治要真正走上科学发展的道路，必须在新的起点上早谋划、早行动，抢占低碳经济发展先机。要认真研究资源型经济转型综合配套改革试验区的有关政策，大胆先行先试，努力建设资源节约型、环境友好型社会，争取成为全省资源型经济转型综合配套改革试验区的先导区。要不断丰富低碳绿色发展的内涵，围绕建设新型能源基地、发展文化旅游产业、创建生态园林城市、加快改善民生、促进城乡一体化发展等开展广泛的调查研究，不断提高低碳绿色发展的质量和水平。要尽快研究制定建设低碳城市的发展规划、实施方案，完善低碳发展的策略措施、奖惩办法、激励机制，全力消除低碳经济发展的体制机制性障碍，努力走出一条资源型城市建设低碳城市、高碳产业实现低碳发展的新路子。

(作者：长治市委副书记、市长)

转型发展：资源型城市科学发展之路

张旭光

孝义市是典型的资源型城市，也是资源枯竭城市，要确保"全国百强"的位置，实现全面、协调、可持续发展，唯一出路就是加快转变经济发展方式，实行转型发展。

一、克服资源依赖心理，转变发展理念，为转型发展提供思想先导

孝义 946 平方公里的市域面积中含煤面积占 80%以上，规模以上企业中煤及其相关产业占绝大多数；地区生产总值和财政收入的 70%由煤炭企业及其相关产业提供；全市 45 万人有一半靠资源吃饭。这种发展模式，在给孝义带来丰厚效益的同时，也使干部群众逐步形成对资源过分依赖的心理定式和行为惯性。因此，要转型发展，首先要转变思想观念。通过举办报告会、座谈会、讨论会，利用广播、电视、报纸等媒体，请国家和省里有关领导及专家学者系统宣讲资源依赖型经济的局限、困难、出路，反复宣传孝义作为资源枯竭城市的发展现状、面临的困难，克服干部群众存在的资源依赖心理，强化危机意识，转变发展观念，使广大干部群众认识到依靠资源可以获得巨大的利益、短期的发展，但绝不会获得长远的、持续的发展，更不会实现科学的发展。经过大学习、大讨论，特别是随着学习实践科学发展观活动的深入开展，全市干部群众的认识进一步提高，思想进一步解放，观念进一步更新，对煤炭资源过分依赖的意识弱了，谋求

转型发展的意识强了；安平乐道、不思进取的思想淡了，居安思危、积极奋进的思想浓了；因循守旧、等待观望的少了，主动转型、开拓创新的多了。全市上下逐步形成了转型发展的新理念，为实现转型发展创造了良好的思想舆论环境。

二、发挥现有产业优势，改造提升传统产业，为转型发展提供坚实基础

过分依赖资源的发展不是长久之计，抛开现有产业基础另起炉灶也非明智之举。孝义丰厚的资源既铸就了支柱产业、重点企业，也积累了厚实的资本、技术和人才优势。这是转型发展、持续发展、科学发展的物质基础。实现转型发展，必须在发挥原有产业优势的基础上，对其进行系统的改造和全面的提升，彻底改变资源性产品初级化、粗加工、低效益的状况，推进资源产品的深加工、精细化，延长产业链，提高资源开采利用效益和资源产业的经济效益。为此，从本世纪初开始，我们就对煤焦企业进行关闭、整合、重组、改造和提升。一是坚决取缔"小、散、土"的炼焦企业，建设现代化焦化基地。2002 年全部关闭土焦炉，2003 年在全省率先结束了改良焦生产时代。从 2008 年开始，对焦化产业的发展进行了新的规划，整合提升现有焦化产业，高起点建设具有世界先进水平的焦化工业基地。二是整合提升煤炭企业，提高煤炭企业的技术水平、开采效率和经济效益。2008 年以来，我们彻底关闭规模小、技术低、产能小的煤矿，引进汾西矿业集团、山西煤炭运销集团等资源重组主体，高标准规划、高起点建设、高水平管理矿井，推进现有矿井机械化升级改造和安全技术改造，建设全省一流的现代化煤炭生产基地。三是以实施循环经济项目为切入点，以高科技改造嫁接传统产业，推动传统产业新型化、集团化、规模

化、高效化，进一步提高煤焦化产业核心竞争力。

三、发挥资本、科技作用，创新发展新兴产业，为转型发展提供战略支撑

转型发展的根本目的，是逐步构建起能够充分发挥地区资源优势、提高资源利用效益、保证科学发展的长效机制。因此，我们在改造提升传统产业、为科学发展提供坚实经济基础的同时，根据孝义的实际和发展需要，坚持以科学发展观为指导，大力发展非资源性产业。一方面，利用孝义的资本优势和区位优势，大力发展现代生态农业。目前，孝义市具有一定带动能力的农业龙头企业已达到 30 个，农民专业合作社 55 个，有 41 项农产品、28 万亩特色基地获得国家、省无公害认证。另一方面，把发展现代服务业作为发展新兴产业的突破口来抓，提出以现代商贸、餐饮、物流、旅游、金融服务、文化产业等为重点，建设辐射周边区域的现代服务业基地。从 2008 年开始，总投资 51 亿元的 28 个现代服务业项目全部开工，到 2012 年底，服务业的比重将占到全市 GDP 的 45% 以上，成为孝义新的支柱产业。为解决经济转型需要的资金问题，从 2008 年初开始，市里出台了相关文件，放宽民营企业的市场准入门槛，积极鼓励非公有资本进入基础设施、城乡公用事业及其他行业和领域，使民营企业积累和沉淀的雄厚资金，在转型发展，特别是发展新兴产业中发挥了重要作用。

四、发挥政府的调控引导作用，营造良好发展环境，为转型发展提供坚强保障

在孝义这样依靠丰富煤炭资源富裕起来的地方，在能源供应日益紧张、煤炭价格不断飙升、超额利润非常丰厚、各种利益关系错综复杂的情

势下，要关闭、重组、整合为数众多、牵扯各方利益的煤焦企业，转变经济发展方式，必然遇到诸多困难。我们在转型发展中，高度重视政府的主导作用：一是在充分论证的基础上，制定了孝义转型发展的规划，确定了经济转型的方向、目标和步骤；二是采取坚决有力的措施，限制和取缔污染环境、破坏生态、浪费资源的企业，淘汰落后的生产工艺，鼓励和支持技术先进、资源利用率高的新兴企业发展壮大；三是制定相应的政策法规，实施倾斜性产业政策和财政政策，优化民营经济发展环境；四是大力发展社会事业，逐步完善社会保障体系，加大教育投入，实施科技、人才战略，为经济转型和可持续发展提供技术和智力支持。

资源枯竭城市的经济转型是一个庞大而复杂的社会系统工程，是一个长期而艰巨的过程，只有从政策、资金、体制、机制等层面，把全市干部群众的积极性、创造性调动起来，把资金、人才、经验、智慧挖掘出来，才能形成全社会参与经济转型的合力。经过这几年的转型发展，孝义的传统产业实现了规模化经营，技术水平、经济效益和核心竞争力大大提升；新兴产业迅速崛起，蓬勃发展，在整个经济发展中显示出了强大的活力；循环经济初步形成，产业链条不断延伸，不仅提高了资源的利用效率和经济效益，也增强了资源性企业的核心竞争力和资源型地区的经济实力，使孝义这个资源即将枯竭的城市获得了可持续发展的生机和活力，走上了科学发展的道路。

（作者：中共孝义市委书记）

在转型跨越中率先崛起

裴少飞

　　长治县位于上党盆地的南端，辖 11 个乡镇，1 个工业园区，254 个行政村，人口 32 万，面积 483 平方公里。"十一五"期间，在省、市的坚强领导下，团结带领全县广大干部群众，依托丰富的资源优势和独特的区位优势，抢抓机遇、乘势而上，经济社会得到长足发展。到 2010 年底，全县国内生产总值达 90 亿元，年均递增 26%；财政总收入突破 30 亿元，比"十一五"规划确定的目标翻了一番；农民人均纯收入达到 7150 元，年均递增 9%；固定资产投资总额达到 43 亿元，年均增长 43.7%；社会消费品零售总额达到 16.1 亿元，年均递增 16.6%；规模以上工业增加值年均递增 32%。主要经济指标完成情况均达到或超过"十一五"规划确定的目标，在全市名列前茅，并继续保持了全省十强。

　　2010 年 10 月 25 日，省委书记袁纯清在我县观摩指导时，提出了"长治县'十二五'要向全国百强县冲刺"的殷切期望，使我们备受鼓舞。我们认为：长治县作为晋东南中部城镇群的重要一环，作为全省近年来转型发展全面起步、经济成长性看好的县区之一，完全能够在新一轮的跨越发展中有新建树、有大作为，在全省乃至中部地区转型跨越发展中率先崛起。

　　根据省、市领导提出的攻坚方向，结合我县实际，我们确立了集上下之智、举全县之力，以科学发展为主题，以转型跨越为主线，紧紧围绕县委"四个发展"，以冲刺全国百强为目标，以培育新兴非煤产业和新能源基地为着力点，以作风建设为保证，打造华北一流的新材料产业园、医药健康产业园、装备制造产业园、光伏能源产业园、煤化工产业园、农产品物流园和上党地区特色文化旅游产业园，逐步实现从资源大县向经济强县和文化旅游大县的转变的发展思路。

一、科学规划、借势谋远，奏响转型跨越发展主旋律

当前，全省各地都在抢抓机遇，加快产业转型，抢占发展制高点。特别是我省被确定为国家资源型经济转型综合配套改革试验区以及各类促转型、谋发展政策的相继出台后，各地呈现出竞相发展的良好局面。在经济转型普遍加速提档的大形势下，谁能抓住这一历史机遇，及时转型、成功转型，谁就能掌握发展的主动权。

从发展的态势来看，长治县北倚长治市，南接晋城市，207 国道、长晋高速公路、长陵公路、太焦铁路纵贯县境南北，加之长安高速和侯日铁路大通道开工建设以及正在积极争取长治机场迁建项目，使长治县拥有上党地区最便捷的交通优势；县内煤炭资源丰富，是全国 100 个重点产煤县之一，年产原煤 2000 多万吨；有"天下都城隍"、炎帝遗迹羊头山、五凤楼、八义瓷窑遗址、北魏石窟等景色迷人的旅游胜地，自然风光秀丽，人文景观众多。独特丰富的区位优势、资源优势和人文优势为长治县的经济发展奠定了坚实的基础。

2009 年以来，县委、县政府组织带领全县广大干部群众围绕"四个发展"总体思路，制定出台"八大规划"，大力实施"6131"转型发展战略，抢抓机遇，迎难而上，大打产业转型、同城发展、生态治理、文明创建攻坚仗，取得突破性进展，我县先后被评为全国文化先进县、国家卫生县城、省级文明和谐县城等先进单位和荣誉称号。这些都为长治县"十二

五"期间的转型跨越发展增添了新的活力。

在此基础上,经过充分论证,我县确立的经济社会的发展目标是:确保 2013 年全县经济和社会发展主要指标达到全国百强县后 20 位平均水平,跨入百强县行列;力争 2015 年达到全国百强县 60 至 70 位平均水平,地区生产总值超过 360 亿元,财政总收入超过 100 亿元,农民人均纯收入达到 13000 元,城镇居民可支配收入增加 10000 元,达到 35000 元,其他经济和社会发展指标均达到全国百强县中等以上水平。即:经济翻一番,力争发展速度更快点,冲刺全国百强,实现"五个一"目标。

二、快人一拍、率先发展,努力抢占未来发展制高点

加快转型跨越、冲刺全国百强是当前和今后一个时期我县经济社会发展的重大战略任务。按照"由地下转地上、由黑色变绿色"的思路,我们积极推进产业结构调整,在优化结构中构筑多元稳固的产业新格局,集中力量狠抓以下八个重点。

(一) 全面优化产业结构

依据加强项目建设,冲刺全国百强县的战略目标,"十二五"期间,我们将实施 165 个转型跨越项目、总投资超过 1000 亿元。力争到"十二五"末,构筑"三条经济带",即以长陵公路为轴线的产业聚集带,以县城至长治市区城际快速通道为轴线的田园城市带,以县境内陶清河为轴线的生态经济带。做强"四个产业园",即科工贸产业聚集园、太行山农产品物流产业园、民营企业创业园、化工建材产业园。形成"五大产业群",即以易通集团钕铁硼永磁材料为龙头的新材料产业集群,以振东集团为龙头的医药健康产业集群,以成功汽车为龙头的装备制造产业集群,以日盛

达光伏发电为龙头的新能源产业集群，以犇盛化工为龙头的煤化工及建材产业集群。要通过以"三带"、"四园"、"五群"聚集优势产业，实现以煤为基、多元发展，构筑区域竞相发展新优势。2011 年将重点抓好成功汽车 30 万辆生产线建设，易通集团 10000 吨钕铁硼永磁材料、5000 台磁选机生产线建设，振东医药健康产业系列产品开发，日盛达公司 500MW 太阳能电池组件开发，高河煤矿 600 万吨矿井建设，六大主体煤矿千万吨扩能改造等八大项目。

（二）改造提升传统产业

坚定不移地推进煤炭企业兼并重组。重组整合之后，全县保留矿井 30 座，产能规模为 2650 万吨，平均单井规模由 32 万吨提升到 90 万吨。同时，筛选一批适合我县煤质、煤种的高端煤化工产品和项目，加快研发薄煤层采煤机、新型液压支架、新型提升运输系统、新型安全生产装备等产品和技术。力争到"十二五"末，建成一批新兴煤化工项目，使其成为我县新的支柱产业。

（三）加快发展服务业

加大政策支持力度，统筹发展各类服务业，加快提高服务业在经济中的比重。重点推进金融服务、中介服务、信息服务、商贸服务等现代服务业，开发"养老经济"、"楼宇经济"、文体健身休闲娱乐等新兴产业，加快发展商贸、物流、信息、中介、文化、教育、旅游、休闲健身、房地产等产业，力争把我县的"无烟产业"、"希望产业"做强做大。

（四）加快推进农业现代化

落实好国家、省、市各项强农惠农政策，形成具有我县特色的"以城带乡、以煤补农、工业反哺农业"的长效机制。加大投入和政策支持力度，在特色种植业、养殖业、农产品加工、流通业等农业产业结构转型升级方面下硬工夫；有序发展乡村旅游、乡村文化、乡村服务业等非农产业，促进农民增收。加大对农民的培训转移力度，提高农民职业技能和创收能力。加强农村基础设施建设和公共服务，搞好社会主义新农村建设规划，加快改善农村生产生活条件。吸引农民向县城、小城镇和中心村集聚，引导土地向规模经营集中。因地制宜规划和开发一批高起点、高档次的产业园区、高科技园区，构筑资源共享、利益共沾、功能完善的公共资源一体化平台。

（五）加快同城发展步伐，促进城乡区域协调发展

以晋东南城市群和大长治"1+6"上党城市群为承载，加快产业聚集，形成以"四园"为支撑的北部、中部、南部三大发展板块，实现与上党城市群紧密衔接、产业互动、组团发展、集群推进的同城发展格局。依托中心城镇、城乡统筹发展示范区、中心村统筹发展试验区，降低城乡居民自由流动的门槛，促进农业转移人口在城镇落户并逐步纳入城镇保障体系；启动一批房地产开发、商贸服务、文化体育、休闲娱乐、"养老经济"等新兴产业，提高综合承载能力，方便农民就近转移就业。加快基础设施建设，完善城镇学校、医院、文化等公益设施，推动公共服务、公益设施、交通通讯、文化教育卫生等公共设施建设，提高综合服务功能和承载力，提升城市的品位和形象。同时，加快实施"一城八区"规划，扩大县城规

模，增加县城人口，进一步增强同城发展的人口和产业集聚功能，推进城市化进程。重点抓好县城至长治市区城际快速通道建设工程、县城至各乡镇 15 分钟快速交通网、县城集中供气工程、集中供暖热源工程、供排水工程及教育园区建设、新建县医院等基础设施项目。

（六）深入实施文化旅游强县战略

长治县是中华农耕文明发祥地之一，山川秀丽，历史悠久，源远流长。要实现由人文资源大县向文化强县的跨越，必须全面加强文化建设。一是加快发展文化产业。培育发展骨干文化企业，加快文化产业基地、园区和产业集群建设，发展新型文化业态。重点要打造"天下都城隍，人间幸福地"品牌；提升"黎都灯会"、"黎都旺火"、"黎都社火"三大传统地域文化品牌影响力；培育壮大全县休闲娱乐文化产业和演艺文化产业。二是大力发展文化事业，加强文化基础设施和基层文化队伍建设，实施文化惠民工程，基本建成覆盖城乡、惠及全民的公共文化服务体系。三是加强社会主义精神文明建设，推进社会主义核心价值体系建设，强化理想信念教育，提高文明素质，不断拓展群众性精神文明创建活动。下一步，我们将从三个方面加大工作力度：第一，加强对外宣传，打造品牌。举办第二届文化旅游暨天下都城隍祈福节，进一步扩大知名度和影响力。第二，做好以天下都城隍为龙头的景点景区策划、包装、规划、设计等工作。突出我县"福"文化的特色，打造天下第一祈福地，吸引全国各地祈福、祈子、祈求平安、祈求健康的香客、游客到我县来。第三，理顺文化旅游产业项目的投融资和运营管理体制机制，加快项目实施步伐。

（七）加强生态建设

重点是加快推进县城至长治市区城际快速通道、陶清河为轴线的田园城市带、生态经济带建设，全力实施陶清河流域生态景区治理开发和海子河生态景区开发建设工程。抓好煤矿塌陷区的生态修复治理及陶清河沿岸污水处理工程。落实节能减排目标责任制，大幅降低能源消耗强度和主要污染物排放。加强资源节约和管理，推进循环经济、绿色发展。

（八）着力保障和改善民生

主要从以下几个方面考虑：第一，继续实施12年免费教育，适时启动幼儿园免费教育，大力发展职业技术教育，促进教育多元化发展。第二，积极扩大就业，构建和谐劳动关系。重点做好高校毕业生、农村转移劳动力和城镇就业困难人员就业工作。第三，健全覆盖全县城乡的社会保障体系，完善最低生活保障制度，让全县城乡人民生活有基本保障，无后顾之忧。第四，健全覆盖城乡居民的基本医疗保障体系，优先满足群众的基本医疗卫生需求。第五，加大公益事业和公共基础设施建设改造力度，完善城乡基本公共服务体系。第六，加快经济适用住房、廉租房建设及农村危房改造等，切实解决中低收入家庭等困难群体的住房困难问题。

五年发展看头年，头年起步是关键。2011年是"十二五"计划的开局之年，任务艰巨、责任重大、使命光荣。我们必须以昂扬向上的勇气，敢打必胜的锐气，真干、大干、实干。

一是干大的。坚持把项目建设作为发展接续产业的重中之重，科学谋划引项目、立足资源上项目，依托骨干企业上项目、把握政策导向上项目，精心组织上项目、创优环境保项目、扶企攻坚成项目，形成以大手笔、大气魄，干大事业、上大项目，赢得大转型、大跨越、大发展的发展格局。实行领导干部包项目、包任务责任制，对重点项目实行责任到人、倒排工期、阶段考核、严格奖惩，用制度促落实、促转型、促发展。

二是干高的。坚持走出去，突出产业招商、专业招商、以商招商和网络招商，赴发达地区和国外开展系列招商活动，集中宣传推介优势项目，靠资源的魅力吸引投资者，形成招商、亲商、安商、富商的浓厚氛围。充分发挥科工贸园区等各类园区的支撑作用和示范带动作用，积极承接产业转移。坚持招商引资和招才引智相结合，吸引更多的国内外人才、引进先进技术为我县转型跨越发展服务。

三、转变作风、创优环境，实现资源型城市的华丽转身

瞄准"五个一"目标，推进"四个发展"，是全县上下的第一要务。我们必须把转变作风、创优环境作为重要抓手，在"加快"上下工夫，在"转变"上动真格，在"行动"上见实效。概括起来，要做到以下四点。

（一）搞好服务一线干

坚持一切工作具体化，任务在一线布置、督查在一线进行、问题在一线解决、服务在一线提供、效果在一线检验。创新服务方式，坚持能办则办、特事特办、急事快办的原则，对项目建设中的审批事项，证照办理要开辟"绿色通道"，实行"一站式"、"一条龙"、"无障碍"办理制度。对于列入转型发展规划的重点项目，依照政策、法律给予担保、奖免、贴息等财政奖励和支持。

(二) 转变作风扎实干

大力弘扬"右玉精神、太行精神",动员全县干部群众以顽强的毅力、扎实的作风,自加压力,负重前行,真抓实干,冲刺百强。关键强化三个字:首先是个"实"字,工作要务实、办事要踏实、说话要真实、做人要诚实。其次是个"勤"字,要勤于学习、勤于思考、勤于工作、勤政敬业。第三是个"干"字,要真干、实干、大干,定了的工作马上干,白天干不完的黑夜加班加点干,工作日没干完的星期天继续干,形成干实事、干大事、干正事的风气。

(三) 严格考核激励干

加强对工作落实情况的督促检查,对全面工作和重点专项工作,进行定期不定期检查、抽查,实行建账、查账、交账制度。正在进行的查进度,已经完成的查效果,没有完成的查原因,彻底改变重部署轻检查,有责任无追究的状况。实行年度目标责任考核。将重要目标任务量化成百分制,打分排队结果要公布,并与领导干部奖惩使用挂钩,引入末位淘汰制,形成互比互学、竞相发展的浓厚氛围。

(四) 旗帜鲜明地反对不正之风

坚决贯彻省委狠刹"三风"的总体要求和市委"三禁止、一杜绝"(严禁上班时间打牌、下棋、玩麻将和游戏;严禁上班时间到茶社、歌厅、桑拿等休闲娱乐场所参加高消费娱乐活动;严禁利用职务之便吃拿卡要;杜绝上班迟到早退、脱岗、串岗)的纪律禁令,坚决执行县委确定的会风会纪和中午禁酒纪律,旗帜鲜明地反对不正之风。

转型跨越正当时，率先发展谱新篇。我们坚信，在省委、市委的有力领导下，长治县33万人民，一定会依托黎都大地的绚丽底色，瞄准"五个一"、冲刺百强县目标，大打一场转型发展、跨越发展、率先发展攻坚战，以无愧于时代的业绩，率先转型，率先崛起，为全省转型跨越发展做出应有的贡献。

（作者：中共长治县委书记）

坚持科学发展　奋力转型跨越

杨勤荣

大同市南郊区是一个城市近郊区。全区辖 3 镇、7 乡、190 个行政村，总面积 1068 平方公里，总人口 29.7 万人。"十二五"时期，是全面建设小康社会的关键期，也是加快转变经济发展方式的攻坚期。我们要立足新起点，挖掘新优势，以转型发展为主线，跨越发展为目标，以工业新型化、农业现代化、城乡一体化、区域生态化为基本路径，强化举措，真抓实干，努力建设富裕文明的新南郊，在全省竞相发展的大潮中走在前列。"十二五"末，全区地区生产总值达到 240 亿元，年均递增 15%；财政总收入达到 125 亿元，年均递增 15%；一般预算收入达到 10 亿元，年均递增 15%；农民人均纯收入达到 13000 元，年均递增 15%。

一、以项目建设为抓手，在推动经济转型上取得新突破

项目建设是推动经济转型的有力支撑。我们要按照"巩固提升传统产业，大力发展非煤产业，积极培育新兴产业"的思路，大上项目，上大项目，以项目建设引领产业升级，承载转型跨越。

巩固提升传统产业，坚持"以煤为基，多元发展"的思路，全力推进煤矿兼并重组工作，把 16 座兼并重组煤矿建成规模化、集约化、机械化、信息化的现代化矿井，使全区 17 座煤矿的产能保持在 1000 万吨以上（年产原煤 240 万吨的国投塔山煤矿已经建成正常生产），再加上同煤集团年产原煤 2000 万吨的同煤塔山煤矿和年产原煤 1000 万吨的同忻煤矿，全区

原煤产量可达到 4000 万吨以上。积极发展煤炭精细加工项目、煤化工项目，提高附加值，延长产业链，逐步构建煤炭生产、运销及深加工一体化的发展格局。

大力发展非煤产业，继续壮大电力、建材、冶金、装备制造等产业，重点抓好总投资 60 亿元的塔山电厂二期 2×60 万千瓦发电项目、同煤集团 2×33 万千瓦热电联产项目；加快推进年产 200 万吨的云中水泥新型干法水泥生产线和大同冀东水泥两条日产 4500 吨水泥熟料生产线达产达效；尽快开工同忻化工建材公司 4 万吨、4.8 亿块煤矸石烧结砖项目；扶持中晋镁业、宇大机械煤机加工项目做大做强。

积极培育新兴产业，着力引进煤层气、煤制天然气、风能、太阳能、LED 等新能源、新材料项目，抓好投资 10 亿元的华能公司 10 万千瓦风电项目、投资 5 亿元的大唐新能源 5 万千瓦风电项目，加快建设投资 36 亿元的同煤集团 120 万吨甲醇一期项目，推进投资 7260 万美元、年产 160 万吨工业气体项目尽快开工，积极争取同煤集团投资 274 亿元、建设 1.8G 太阳能电池组件光伏产业项目落户南郊，培育新的增长点，打造新的发展极。

以大同建设晋冀蒙现代区域性中心城市，打造国际一流旅游目的地为契机，不断提升商贸流通业，加快发展现代物流业，做大做强文化旅游业，重点抓好投资 130 亿元的大同奥特莱斯芭蕾雨现代服务产业园、投资 20 亿元的庞大集团汽车园林文化广场等项目，全力构建具有城郊特色的现代服务产业体系。

抓好项目建设，推动经济转型，要牢牢把握以下三点：

一是强力推进工业园区建设。充分发挥塔山工业园区的"洼地"功能和积聚效应，以发展循环经济为重点，依托煤电优势，引进一批符合国家

产业政策、产业关联度高、市场前景好的大企业、大集团、大项目入驻园区，继续延伸"煤电—建材"、"煤—化工"两条循环经济链条，合理布局，集群发展，努力把塔山工业园区打造成为国家级循环经济示范园区。

二是继续加大招商引资力度。紧紧抓住国家扩大内需的投资举措，东部产业转移的难得机遇，开阔视野，拓宽范围，主动出击，到沿海地区招商，到全国各地引资，投入感情，付出真情，交朋友，引客商，跑项目，争资金。特别是要多方面扶持民营企业，多角度解决发展难题，多渠道吸引民间投资，力争将民间资本转化为激发经济增长的内动力，使民营经济成为推动转型跨越发展的主力军。

三是不断优化发展环境。继续强化"发展就是责任，管理就是服务"的理念，严格执行首办负责制、限时办结制、服务承诺制和行政问责制，简化审批程序，提高行政效能，搞好服务，搭好平台，多给企业排忧解难，多为项目提供方便，让更多的企业家、创业者、投资人了解南郊，投资南郊。

二、以农民增收为核心，在发展现代农业上取得新突破

实现转型跨越发展，重点在农村，难点在增收。因此，我们要发挥优势，因地制宜，举特色旗，走规模路，发展现代农业，促进农民增收，推动农村发展。

一是抓住发展特色农业这个主题。以"一县一业、一村一品"为目标，围绕瓜果、花卉、蔬菜等产业，打造一批"一村一品"特色农业示范村，带动全区特色农业快速发展。到2015年，全区新建日光温室大棚2万栋，各类温室大棚总量达到2.7万栋，特色农业产值达到2亿元。

二是抓住高效畜牧养殖这个优势。坚持数量扩张和质量提升双管齐

下，大力发展以奶牛养殖为主的畜牧业。"十二五"末，全区规模奶牛养殖园区发展到 60 个，奶牛存栏达 3.5 万头，青贮玉米种植面积达到 5 万亩，畜牧业总产值达到 8.5 亿元，农民人均畜牧业纯收入达到 2500 元。

三是抓住龙头企业带动这个支撑。遵循"优势融合、扶优扶强"的原则，大力扶持华晟果蔬饮品公司和夏进乳业公司等发展前景好、带动能力强的龙头企业，形成龙头带基地、基地带农户的农业产业化新格局。"十二五"末，力争培育出 3 个销售收入上 5 亿元、5 个销售收入上亿元的农产品加工企业，年加工乳品能力达到 20 万吨，年加工果蔬能力达到 360 万吨，农产品加工企业销售收入达到 20 亿元。

四是抓住农业园区示范这个途径。在扶持已经建成的农业特色园区扩大规模，提升档次，增加效益的同时，抓好西韩岭乡万栋现代农业示范园区建设，建设口泉、古店 3 个千栋现代设施农业示范园区，推动现代农业规模化、集约化、产业化发展。

同时，要加强农业基础设施建设，改善农业生产条件，提高土地产出能力，为发展现代农业打好基础，开辟空间。加强农民技能培训，提高农民就业能力，鼓励农民就地创业，加快农村劳动力转移步伐，拓宽农民增收渠道。严格落实各项支农惠农政策，积极稳妥推进土地流转，不断健全市场服务体系，促进农业增效、农民增收、农村发展。

三、以共建共享为目标，在保障改善民生上取得新突破

改善民生是经济社会发展的最终目标。近年来，尽管全区经济发展呈现跨越发展的良好态势，但是社会事业发展与人民群众的期盼还有较大距离。我们要从群众反映最强烈、要求最迫切、利益最现实的问题入手，集中财力，集中精力，为人民群众办实事、解难题，真正让发展成果惠及全

体人民。

一是扎实抓好新农村建设。按照新农村建设"二十字"方针，科学规划，重点突破，示范引导，整体推进。重点是对已经完成的"五个全覆盖"工程进行"回头看"，查找不足，完善提高，扎实抓好新的"五个全覆盖"工程，区、乡、村三级联动，摸清底数，明确任务，严格标准，集中财力，倒排时间，限期完成。

二是全力实施"城中村"改造。按照"市区联动、政府主导、市场运作、整体改造、先建后拆、集中安置"的原则，把"拆迁谁、改变谁、造福谁"的宗旨贯穿始终，坚持依法拆迁、阳光拆迁、和谐拆迁，高标准规划、高质量建设，统筹发展，协调推进，逐步将"城中村"建设成为布局合理、设施齐全、现代宜居的新农村。

三是加快推进采煤沉陷区治理。全力争取国家和省、市的专项扶持资金和优惠政策，鼓励和吸引民营资本投资，力争通过3~5年的时间，将采煤沉陷区5个乡镇71个村庄，分期分批全部整建制搬迁，彻底改善山区群众的生产生活环境。

四是着力改善城乡生态环境。抓好节能减排工程，大力发展循环经济，做好国家京津风沙源治理、荒山造林、巩固退耕还林成果和省级平原绿化工程，全面推进采矿区生态治理恢复工程，综合治理水土流失，加强城乡环境整治，建设资源节约型、环境友好型社会。到2015年，建成50个园林生态村，全区绿化覆盖率达到35%。

同时，坚持教育优先发展，继续抓好西韩岭新建学校工程，将采煤沉陷区34所学校如期整体搬迁；实施积极的就业政策，继续做好下岗失业人员、就业困难人员就业和退伍转业军人安置工作；加快发展医疗卫生事业，继续健全以区人民医院为龙头，乡镇卫生院为重点，村卫生室为基础的农村医疗卫生服务体系，区人民医院达到二级乙等医院标准，10个乡镇卫生院全部达标；不断提高社会保障水平，继续扩大社会保障覆盖面，"十二五"末，力争全区基本养老、医疗、失业、工伤、新型农村合作医疗实现全覆盖。

四、以平安创建为载体，在创新社会管理上取得新突破

发展的前提是稳定，稳定的核心是管理。加强社会管理，是经济发展的保障。我们要以建设稳定和谐南郊为目标，以创新社会管理为抓手，化解社会矛盾，维护社会稳定，为推动全区经济社会转型跨越发展营造良好的社会环境。

一是抓安全生产。安全生产是经济发展的基础。我们要始终绷紧安全生产这根弦，以煤矿、非煤矿山、食品安全、交通运输、建筑施工、危险化学品、烟花爆竹、民用爆炸物品等行业领域为重点，突出隐患排查治理，强化日常监督管理，加强安监队伍建设，提高依法监管水平。特别是对私挖滥采等违法行为，坚决打击，严厉惩处，决不姑息，巩固全区安全生产的良好局面。

二是抓信访稳定。信访工作是最直接的群众工作。我们要始终坚持稳定压倒一切，一手抓解决问题，一手抓依法打击，把信访工作抓在手上，落实在行动上。对群众反映强烈的土地征用、房屋拆迁、地质灾害、涉法涉诉等方面的热点、难点问题，主动上手，妥善解决，理顺情绪，从源头上控制和减少不稳定因素。对那些挑头闹事、无理取闹、恶意缠访、不听劝阻的上访人员，借访谋利、以访夺"权"、煽动群众上访的幕后组织者、策划者，坚决依法依规严肃处理。

三是抓综合治理。社会治安综合治理是创新社会管理的重要内容。我

们要以"平安创建"为载体,以四级治安防范网络为基础,深入开展矛盾纠纷排查调处工作,加大治安防控力度,努力提高全区人民群众的安全感和幸福感。适时开展严打整治专项行动,继续加强执法队伍建设,提高业务素质和执法水平,严格公正执法,维护公平正义,最大限度地依法保护人民群众的合法权益。

总之,我们要深入贯彻落实科学发展观,坚定转型思路,咬定翻番目标,以更加饱满的精神状态,更加扎实的工作作风,团结一心,群策群力,共促转型,同谋跨越,奋力开创南郊科学发展的新局面!

(作者:中共大同市南郊区委书记)

煤炭突围

清洁能源与自主创新

加快发展新型煤化工产业

胡凌云

大力发展新型煤化工业，改善能源供应结构，减少环境污染，促进人与自然和谐，是山西省贯彻落实科学发展观，实现转型发展，走新型工业化道路的必然选择，也是我国能源工业发展的重要方向。2000年以来，全省实现对焦化行业关小上大的政策，煤化工业的装备、产能得以迅速增加。近几年，全省各地又大力倡导发展循环经济，许多机焦厂增加化产设备投资，传统煤化工产业得到普遍延伸，新型煤化工成为山西煤化工产业发展的重要方向。煤化工产业初具规模，延伸产业链的循环理念确立，呈现出龙头企业贡献突出，大规模投资方兴未艾等发展势头。尽管如此，我省发展新型煤化工业仍然存在一些不容忽视的制约因素。

一、我省煤化工业发展主要制约因素

1. 初级产品多，深加工产品少。从目前煤化工产业发展情况看，煤化工主要是焦化产品的加工和利用，即对在炼焦过程中伴生的焦炉煤气、煤焦油、焦化苯等产品，经焦化回收后进行后续加工和利用，并且焦化企业中深加工企业占比很小，初级产品多，深加工产品少。

2. 规模偏小、集中度偏低。近年新上的一批煤化工项目，如山西焦化集团有限公司30万吨甲醇、山西天浩化工股份有限公司30万吨甲醇项目等，其产能均在100万吨以下。一些示范项目，由于项目规模偏小，试验性和技改工程投入较大，短时间内难以产生规模效益。如天溪煤制油公司

单位产品的折旧和财务费用占的比例较大，企业负担较重，不能够产生规模效益。从全省来看，各地煤化工还存在着布局分散、集中度较低问题，不利于资源的集约化利用。

3.园区规划建设滞后。"十一五"期间，一些市规划了煤化工工业园区基本成型，但有的园区尚未形成规范的管理机构，且园内企业是在没有统一规划的前提下进入的，存在着许多问题。如：园区管理体制不顺，各种配套基础设施建设滞后；园区产业关联度不高，产品结构雷同；各企业间相互关联度差，没有形成基础设施共享和"三废"集中处理与再利用的格局，不利于资源的有效利用。

4.水资源约束和环保压力较大。煤化工是高能耗行业之一，对环境的不利影响不容忽视，特别是对水资源的需求量很大，水资源短缺是制约煤化工发展的最大瓶颈。资料显示，煤制甲醇项目每制作1吨甲醇耗水10～13吨。100万吨/年的煤制油项目，每年需消耗水1000万吨以上。而山西处于严重缺水区域，对煤化工产业的发展形成很大制约。

5.面临产能过剩和市场的双重风险。一是全国产能过剩。以甲醇为例，据相关资料显示，2009年全国甲醇产能3200万吨，而2009年国内甲醇的消费量约1660万吨，产能明显过剩，开工率严重不足。如：位于孝义市的山西天浩股份有限公司，投产当年即2008年，由于受世界金融风暴的影响，焦炭价格下滑，使得公司生产甲醇原材料（焦炉煤气）供应不足，不能满足公司最低负荷运转，10月份甲醇系统被迫停车，时间长达10个月，造成两年累计亏损15622.87万元。受原料供应不足影响，2010年亏损4890万元。二是成本优势不稳定。一方面煤炭价格高涨使得煤炭气化、液化成本高，另一方面随着省天然气公司与全省各地市签订天然气供应合同，今后两年天然气在各地的供应，使得焦炉煤气成本优势丧失，企业面临效益下降等更大风险。同时，随着各地钢企加快延伸产业链条，整合兼并焦化企业，部分地区焦化产品面临着市场萎缩的问题。

6. 技术和人才短缺制约企业发展。新型煤化工是技术密集型产业，必须建立在先进、适用、可靠的工艺技术和工程技术基础上，而目前各地缺乏这方面的人才和技术，在一定程度上制约了企业的进一步发展。

7. 交通运输业运力的约束。如：晋城市的化肥外运除周边近距离依靠公路运输外，80%以上的化肥市场需要依靠铁路外运。在现有的铁路专用线中，大部分为运煤专线，其余专用线中除燃油、粮食专线外，杂货站为数很少且运装能力有限，给化肥外运带来很大压力，目前，很多化肥主要是通过公路运到河南、晋中等外省、市站点后，再进行二次装车通过铁路运输出去，增加了运输成本，严重影响了企业的经营效益。

8. 银行信贷仍有难度。位于忻州市的太原侨友化工公司由于资金不足，原计划10万吨的顺酐生产项目现在实产仅为3万吨。大马拉小车，效益受到了影响。山西金洋煅烧高岭土有限公司在融资方面困难更大。该企业虽然科技含量高，目前已有三项技术上报国家申请专利。由于该企业生产工艺科技含量高，其设备都是专用的，从融资的角度讲，尽管价值昂贵，却没有普遍使用价值，不可作为贷款抵押物，抵押融资物的范围仅仅局限在土地上。原设计生产能力为30万吨，现有只能安排10万吨的生产规模。融资难的问题在一定程度上影响到一些地区煤化工企业的顺利发展。

二、加快我省发展新型煤化工业的建议

基于我国富煤、缺油、少气的能源储备基本情况，发展新型煤化工业具有重要的战略意义。加快新型煤化工产业发展，走高碳能源低碳化发展的路径，是山西高碳能源工业的必然选择。针对目前各地的实际情况和问

题，今后煤化工产业的发展，应走出一条转型发展的路子。

1.加强科学规划，统筹协调发展。一是编制煤化工的专项工作规划。要明确发展方向、发展重点和淘汰目标，坚决防止一哄而上、盲目投资，合理适度发展煤化工产业。煤化工产业具有投资大、技术含量高等特点，必须建立科学的决策支持机制和风险规避机制。我省应按照国家已出台的《煤化工产业中长期发展规划》要求，对重大项目布局和建设进行统一协调，加快项目规划的实施，严格控制规划布局之外的新建项目建设。综合运用产业政策、用地指标、环境容量和资源配置等手段，提高市场准入门槛，防止对煤化工产业的盲目投资和重复建设。如甲醇项目，产能100万吨以下不予立项等。二是编制煤炭和煤炭行业综合发展规划。要摸清各地煤炭资源的特性、储量、能力、产量和资源量，同时摸清楚哪些煤炭适合发展电力，哪些煤炭适合发展煤化工和煤炭加工产品等。对资源做到"高位谋划、高端开发、高效配置"。通过编制规划、科学指导、统筹发展，以高效利用珍贵的煤炭资源，让资源在与高端产业的融合中实现最大值。

2.加快联合重组，做大做强产业。新型煤化工技术涉及煤炭、化工、石油、电力等多个领域，技术含量高、投资数额巨大、管理要求严。因此，在发展新型煤化工业的过程中必须做到"四个坚持"：坚持选择先进、可靠、适用、低污、经济的新技术和新工艺，坚持走规模发展、联合发展、集团发展的道路，坚持循环经济的思路，坚持节约资源和保护环境。鼓励煤炭、电力、煤化工企业联合，最大限度地提高效率，降低成本，实现产业之间的"多联产"。鼓励煤炭资源就地转化，支持煤化工企业联合、兼并、重组，构建大型煤化工集团公司。支持煤化工企业上马热电联产、余热余能发电项目，并积极帮助企业完成并网手续。对新形成的有竞争力及发展潜力的大型企业集团，给予土地、煤源、环保、用电、运量等方面的支持，实现煤、气、电、化等综合发展，形成资源和能源的循环利用系统，最大限度地降低消耗、节约能源，并减少对环境的污染和生态破坏，产生更大的经济效益和社会效益。要抓好一些标志性煤制油、甲醇制油的项目建设，发展一批百万吨级的新型煤化工项目和产业集群。

3. 高起点高标准，推进循环经济。一方面要对现有煤化工园区进行改造提升。在对现有园区进行再评估的基础上，对其功能进行填平补齐，对其基础和公共设施改造提升。按照置换、改造、循环、提高的方针，淘汰落后装置，调整产业结构，延伸产品链条，推进节能降耗，发展循环经济。另一方面对拟建的新园区进行科学规划和高标准配套建设。要本着高起点、高标准原则，结合各个园区的实际情况，按照"一严两低三高"（严标准，低消耗、低污染，高门槛、高科技、高效益）方针，通过产业链的纵向延伸、横向拓展和就地循环，形成立体交叉的煤化工产业网，做到区域经济内部原料产品互换，能源统筹利用，"三废"集中处理，最大限度地提高核心竞争力。同时要成立园区协调服务机构，调动各种力量参与基础设施建设，为园区建设和发展提供完善的服务。

4. 加快技术进步，占领产业高端。一是要针对高硫劣质煤的特点，积极推广使用高硫劣质煤气化技术，实现资源的高效利用，最大限度地延长煤炭资源的可开采年限。二是针对山西水资源短缺的实际，积极研发、推广、使用干法脱硫技术，特别是拥有自主知识产权的技术，大力支持节水、节能减排、减污的新技术开发。三是针对山西焦化大省的实际，"十二五"期间，应大力发展焦化企业下游产业链，实现煤焦电化气的真正循环，打造世界级的焦化工业园区，尤其要做好煤气资源利用，使数量巨大的炼焦煤气资源化利用成为未来焦化生产新的经济增长点。四是加大精细化工的研发投入，不断丰富煤化工产品，拓展煤化工产品领域，占领高端

产品市场。用信息化、自动化和高科技推动主导产业向产业链的高精尖延伸再延伸，开发具有国际先进水平的高端品牌产品并形成新业态和新模式。五是高度重视传统煤化工技术的新型化。六是加大研发投入力度，加强技术储备，不断引进和研发先进技术，向资源转化的技术前沿进军。一方面基于战略性资源的考虑，政府应积极加大研发投入，掌握核心技术的自主知识产权。另一方面要积极倡导支持产学研合作，组成研发联盟，攻克关键技术。要大力支持骨干煤化工企业加大研发投入，加强合作，积极引进、消化、吸收国内外、省内外的先进技术，同时增强企业自主创新能力，尽快形成一批具有较强竞争优势的企业和产品，增强全省煤化工产业的竞争力。

5. 筹措建设资金，拓宽融资渠道。要进一步加强银企合作，争取信贷支持，确保重点煤化工项目建设资金；要支持煤化工企业通过股票、企业债券及引进国内外战略投资者等方式筹集建设资金；要创新招商模式，加大招商力度，瞄准国内外大集团，引进实力更雄厚的战略投资者，高起点、高标准建设煤化工项目，推动煤化工产业快速发展；要紧紧抓住煤炭资源兼并重组，许多煤矿企业退出煤炭领域的大量资金正在寻找投资领域的有利时机，加大宣传力度，积极引导社会资金向新型煤化工产业投入。

6. 拓展销售市场，稳步推进发展。一要加大宣传力度。立足全球，培育特色产品，创立名优品牌，壮大龙头企业，抢占国内外市场。二要从政策上给予积极扶持。如煤制油、煤层气、甲醇等清洁燃料的应用，应制定相应的优惠政策，减免税收，给予正面积极引导。三要在基础设施上加大投入。如汽车用甲醇，2009年5月，国家已制定出台了《车用燃料甲醇》及《车用甲醇汽油（M85）》两个标准，具备了大规模投入运营的条件。应积极设立站点，配备相应的管网设施，助其投入实际运营。在化肥等煤化工产品的运输方面，应积极协调运力，保障煤化工产品的外运。同时应限制原煤的开采外运，保证煤化工企业的原煤供应，倡导煤炭深加工，提高煤炭附加值。

（作者：中国煤炭科学研究总院太原分院助理工程师）

煤矸石粉作环氧化橡胶补强填充剂的研究

曲剑午

煤炭开采加工过程中要排出大量的煤矸石，如何治理和综合利用这些煤矸石，已成为当下刻不容缓的任务。利用煤矸石作为主要原料，通过细碎、表面改性等深度加工，生产有机高分子聚合物的填料，取代或部分取代昂贵的炭黑，不仅能大大降低橡胶制品的生产成本，而且具有良好的社会效益。

制约煤矸石粉等无机填料在橡胶制品中大量使用的主要原因，就是它们与橡胶表面的活性差异。用表面活性剂对无机填料进行表面改性处理后，应用于高分子聚合物时可大大改善它们的加工性能和产品的质量指标。用过氧酸使天然橡胶分子上的双键环氧化制成的环氧化天然橡胶（ENR），用于制造轮胎可明显改善轮胎的润滑性等多项重要指标，性能优于天然橡胶（NR），是生产高速轮胎的优良原料。本文主要研究煤矸石经表面改性后，对其作ENR补强填充剂的影响，分析其补强作用机理和主要影响因素，研究煤矸石填充剂用量对ENR的流变性能和硫化特性等基本加工性能的影响。

一、实验

（一）原料

主要原材料ENR为湛江华南热带作物产品加工设计研究所研制的ENR-40，煤矸石粉填充剂由实验室制备，原料来源于古交某选煤焦化厂，其主要化学成分见表1，其他配合剂均为一般原材料。

表 1　古交某选煤焦化厂煤矸石主要化学成分

Table.1　The main chemical composition of waste in a coal cleaning2 coking plant in Gujiao

试样序号	成分分析				
	$w(SiO_2)$	$w(Al_2O_3)$	$w(Fe_2O_3)$	$w(CaO)$	$w(MgO)$
1	60150	21193	4182	2102	3136
2	70130	13183	5174	3118	3142
3	66168	16126	2187	4101	4150

(二) 配方及试验步骤

试验的配方为ENR-40100；氧化锌5.0；硬脂酸2.0；促进剂4；硫黄3；防老剂D0.8；改性煤矸石粉0～50变量。在6英寸开放式炼胶机上混炼，硫化仪为GK-100。

将煤矸石拣选去杂质后，用水浸泡6～8小时，在400℃～800℃下焙烧1小时，粉碎后按粒度进行分级（100，200，320，400目），用烷氧基型钛酸酯偶联剂进行表面改性处理，用量为1.5%～2%（重量），然后分别测定补强效果。反应温度100℃～110℃，时间0～15分钟。

流变性的测定采用Monsant加工性能测定仪，毛细管直径2毫米，长径比为16，测得橡胶硫化时的流变扭矩数后，用Lee方程计算改性煤矸石粉在ENR中的分散程度，即：

$$L = Tmin / T' min - Tmax / T' max, \tag{1}$$

式中，L为分散程度；Tmin、Tmax分别为填充橡胶的最小扭矩和最大扭矩；T′ max、T′ min分别为纯橡胶的最大扭矩和最小扭矩。

(三) 动态力学性能测定

根据GB7042-86用自由振荡式机械仪测定。

（四）平衡应力—应变性能测定

用哑铃状试片在INSTRON1122型拉力机上以20毫米/分的速度记录拉伸到伸长比 λ =2.5，往复变形至应力-应变达平衡时的数值。

二、结果与讨论

（一）改性煤矸石的补强机理

改性煤矸石粉的补强作用主要取决于填充剂的粒度、粒度结构和粒子的表面性质。粒径越小，比表面越大，与橡胶分子接触面积越大，补强效果越好。研究表明，无机填充剂粒径在1微米以下时，对橡胶有良好的补强作用；粒径在1～5微米时，有一定的补强作用，粒径在5微米以上主要起填充作用。据测定，小于320目的煤矸石粉，粒径在1.1微米以下的占15.83%。5微米以下的占67.2%，可以认为，小于320目的填充剂对橡胶有较好的补强效果，从表2可以看出随着粒度下降，补强效应将明显上升。

表2　不同粒级煤矸石补强作用的实验数据

Table.2　The experiment results on the reinforced function of the different size's shale

项　目	粒径（目）			
	100	200	320	400
硬度（邵尔）	60	61	61	62
300%定伸应力/Mpa	5.12	6.1	7.2	7.55
拉伸强度/Mpa	15.9	16.7	19.35	19.65
扯断伸长率	500	510	520	530
扯断永久变形	34	33	33	32

煤矸石粉的补强性能与其表面活性关系密切。一般而言，橡胶是憎水的有机物，而煤矸石填料是亲水的无机物，所以，如果不对煤矸石表面进

行处理，使之表面形成有机覆盖物，则煤矸石粉在橡胶中的分散性就很差，难以发挥有效的补强作用，这是无机填充剂难以取代炭黑作主要的补强填充剂的最主要原因。

偶联剂钛酸酯分子上含有一个烷氧基和3个长链结构单元，烷氧基易水解，易与煤矸石填料表面上的–OH形成化学键，从而在矸石表面覆盖钛酸酯分子，而偶联剂另一端的长链结构可与橡胶分子发生化学结合或物理吸附作用，从而使性质不同的两种物质表面之间牢固地结合在一起。

由于煤矸石中含有一部分无定形碳，其结构与炭黑类似，它的表面还含有芳基等活性基团，所以煤矸石粉在作为补强填充剂使用时，其分散性和补强性比大多数无机填充物要好。

（二）煤矸石粉用量对ENR性能的影响

1. 对ENR流变性能的影响。图1(a)给出了煤矸石粉用量对ENR胶料流动曲线的影响。从图1（a)可以看出，此时ENR表现出明显的触变性，为切应力变稀的非牛顿流体。当煤矸石粉用量低于20份时，流动曲线位置略高于纯胶；用量在30份以上时，流动曲线上移，这在剪切速度低时更为明显。由此表明，与炭黑一样，改性煤矸石粉填充剂也可以形成网络结构。胶料放置时，这种结构可重新生成，从而使胶料流动困难。当进一步加填充剂时，会形成更多的填料—填料和填料—橡胶作用，从而需要更大的力才能破坏形成的网络结构，这导致了胶料流动性下降。此外，改性煤矸石粉表面上的羟基等活性基团，可以跟ENR分子上的环氧基团生成氢键，且这些基团在炼胶时发生的化学结合也会增加胶料流动时的非牛顿性。

2. 对ENR弹性记忆性能的影响。在相同温度、但挤出速率不同的条件下，煤矸石粉用量对ENR胶料挤出膨胀比D/D_0。(D_0为毛细管直径；D为挤出

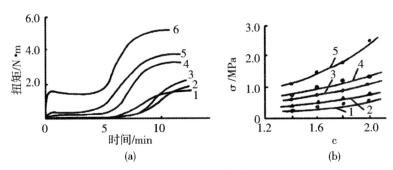

(a) 流动曲线 t=90℃，(b) 挤出曲线 t=90℃，1~6 分别为 0，10，20，30，40，50 份填充剂

图 1　不同填充剂用量的 ENR 胶料的流动和挤出膨胀曲线

Figl.1　The ENR flowing curves and extrusion exp and curves with

different content of the shale stuffing

后胶料直径）的影响如图1（b）。由图1（b）可知，随填充剂用量增加，挤出膨胀比变小，而剪切速率增大时，挤出膨胀比增大。这可能是因为随着填料量增加，单位体积中不受"束缚"可参与变形的橡胶分子减少，从而导致膨胀比下降。

3.对ENR硫化特性的影响。改性煤矸石粉对ENR胶料硫化特性的影响如图2（a）所示。图2（a）表明，当填充剂用量增加时，扭矩增大。在同样的变形量下，填充橡胶中的橡胶分子的变形比纯胶大，即如EINDTEIN

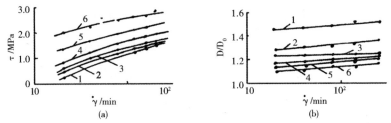

(a) 磺化曲线，(b) 平衡应力—应变曲线，1~6 分别为 0，10，20，30，40，50 份填充剂，σ 为应力，ε 为应变

图 2　不同填充剂用量的 ENR 胶料的碘化和平衡应力—应量曲线

Figl.2　The sulphurnxation and equinhbriun strers–strain curves of the ENR with

different content of the shale stuffing

方程所描述的那样，黏度随填料量变化而变化。

4. 对ENR平衡应力—应变的影响。填充剂用量对ENR胶料平衡应力—应变的影响见图2（b）。从图2（b）可以看出，平衡应力—应变随填充剂用量的增加而增加。在相同应变条件下，应力值也随着增加。表明随填料量的增加，它和ENR之间的化学结合力也增大。

5. 改性煤矸石粉在ENR中的分散。随着填充剂表面疏水性的增大，粒子的相互作用减弱，从而改善了它和橡胶间的表面润湿性，使得它们在混合期间容易在橡胶中分散。如前所述，在橡胶中的分散程度可根据Lee方程计算的结果来比较，L越小，说明体系的分散性越好。比较结果如图3所示。

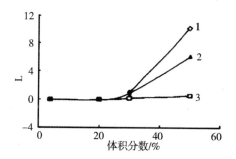

1. 未表面处理的煤矸石；　　2.50%表面处理的煤矸石；　　3. 表面处理的煤矸石

图3　不同填充剂用量在 ENR 胶料中的分散程度

Figl.3　The dispersed degree of the shale stuffing in ENR with different content

6. 对ENR动态力学性能的影响。表3归纳了填充剂用量对ENR胶料动态力学性能的影响。

从表3可知，随填充剂用量增加，橡胶的弹性下降，模量则增加。由于填充剂和ENR的化学吸附作用，导致了橡胶分子链运动的阻力，且填充橡胶分子的实际变形较纯胶大，这也加大了滞后效应。

表3 煤矸石用量对 ENR 胶料动态力学影响的测定

Table.3 The determination of effect of different content content of the shale stuffing on the dynamic mechanical of the ENR

性能	填充剂用量 / 份				
	0	10	20	30	40
扬子尼弹性 /%	7411	7212	6318	5812	4815
扬子尼滞后 /%	2611	2719	3516	4013	5216
点模量 /MPa		0145	0162	1102	1102
有效动态剪切模量 /MPa		3158	5123	9128	11152
有效静态剪切模量 /MPa	2152	3165	4132	6121	7102

三、结论

1. 经过表面活性剂处理后的煤矸石粉对ENR有较好的补强效果,可完全取代陶土粉,或部分取代炭黑作天然橡胶的补强填充剂。

2. 煤矸石粒子彼此间作用力越小,表面吸附性能越好,补强作用也就越好。在选择矸石原料时,应尽量选择挥发分和芳烃含量高的煤矸石,因为芳烃会与原料中的硅铝形成共聚物,使这些含有机活性的基团易与橡胶高分子发生物理及化学吸附。

3. 由改性煤矸石粉填充的ENR胶料属非牛顿液体,填充剂用量越大,混合胶料的非牛顿性就越显著。由于表面活性基团与ENR分子中环氧基团作用,从而可以减少填充剂对硫化时的延迟作用。

(作者:太原煤炭交易中心董事长、高级工程师)

燃煤细微颗粒物团聚及有害重金属控制的研究

张军营

一、燃煤颗粒物排放现状及其危害

我国原煤产量多年来一直位居世界第一位，据初步估计2010年全国原煤产量约为32亿吨。煤炭在一次能源消费中的比重约为69.4%，以煤为主的能源结构的现状在未来相当长时期内难以改变。据国际能源署统计，预计到2030年中国的煤炭需求量将达到34.87亿吨，其中，49.6%以上的煤炭用于发电。以煤为主的能源消费结构是造成我国煤烟型大气污染的主要原因。

颗粒污染物是煤烟型大气污染的主要特点之一。一般把大气中粒径100微米以下的颗粒物称为总悬浮颗粒物（TSP），能通过鼻和嘴进入人体呼吸道的颗粒物总称为可吸入颗粒物（Inhalable Particles，IP），由于其空气动力学直径小于10微米，通常也用PM10（PM是Particulate Matter的简写）来表示，其中10微米以下的颗粒物可以进入口腔，7微米以下的细微颗粒物可以进入咽喉，而尺度小于2.5微米的颗粒俗称PM2.5，它能够进入人体肺泡，甚至进入血液循环系统。近年来，随着"可持续发展"观念的深入人心以及经济能力的增强，我国投入了大量的人力、财力、物力治理大气污染，但烟尘和工业粉尘的排放量仍然维持在一个较高的水平。如表1所示，其中烟尘绝大部分来自于燃煤。我国绝大部分燃煤电厂、工业锅炉和炼钢厂、炼焦厂和水泥厂等均安装了除尘装置，这些除尘装置对于烟尘能

表1　全国近年废气中主要污染物排放量

年度	二氧化硫排放量（万吨）			烟尘排放量（万吨）			工业粉尘排放量（万吨）
项目	合计	工业	生活	合计	工业	生活	
2005	2549.3	2168.4	380.9	1182.5	948.9	233.6	911.2
2006	2588.8	2234.8	354.0	1088.8	864.5	224.3	808.4
2007	2468.1	2140.0	328.1	986.6	771.1	215.5	698.7
2008	2321.2	1991.3	329.9	901.6	670.7	230.9	584.9

够达到很高的质量除尘效率，基本上能够清除10微米以上的粗颗粒，但是对于PM10特别是PM2.5的捕集效率很低。例如，某燃煤电厂采用的静电除尘器（ESP）整体质量除尘效率高达99.36%，但是对于PM10和PM2.5的质量除尘效率分别为98.5%和90.6%，排入到大气中的PM10和PM2.5分别占烟尘总数目的35.56%和92.47%。排放到大气中的颗粒物主要是可吸入颗粒物。虽然2009年全国环境保护重点城市总体平均可吸入颗粒物浓度较2008年有所降低，但可吸入颗粒物仍是我国城市大气环境的首要污染物。Wolf等也曾预测2040年全球PM10的排放量将达到惊人的6.75亿吨（表2），其预测数据还不包括生物质燃烧产生的PM以及二次硝酸盐颗粒。其中中国PM10的排放量将从1990年的4640万吨急剧增长到2040年的2.16亿吨，防治PM污染的形势非常严峻。

表2　全球及各地区 PM 排放量预测

国家或地区	1990 年排放量（百万吨／年）	2040 年预测排放量（百万吨／年）
中　　国	46.4	86.9 ~ 216
苏　　联	38.8	42.7 ~ 67.3
西　　欧	23.5	18 ~ 36.7
美　　国	22	22.5 ~ 42.6
东　　欧	17.1	20.5 ~ 33.3
印　　度	12.5	22.8 ~ 49.4
日　　本	8.2	5.3 ~ 10.0
加 拿 大	3.0	2.6 ~ 4.0
其他地区	68.6	129 ~ 216
合　计	240	251 ~ 675

　　大量研究表明，颗粒物污染可导致或加重呼吸系统、心血管系统、神经系统和生殖系统等方面的疾病。有关PM10的流行病学研究工作还表明，PM10浓度的增加与死亡率存在明显的相关关系如Pope等的研究表明可吸入颗粒物的日均浓度每升高10微克/立方米，人群死亡率约增加0.7% ~ 1.6%；如美国在犹他谷进行的研究表明，当日均PM10质量浓度每增加50微克/立方米，死亡率平均增加4% ~ 5%；当PM10质量浓度超过100微克/立方米时，死亡率比PM10质量浓度小于50微克/立方米时平均高出11%。此外，细微颗粒也是诱发全球气候变化、烟雾事件和臭氧层破坏等重大环境事件的重要因素。燃煤细微颗粒粒径小、比表面积大、吸附性强，特别容易吸附、富集重金属、环芳烃、多环苯类等有害物质。Swaine等的研究表明，许多有毒痕元素在细颗粒物中明显富集。美国环境保护协会（EPA）报道："燃烧排放的大气污染物主要有：有机污染物、硫化物、氮氧化物、未燃炭和

微量重金属，它们几乎是造成各种癌症的主要原因，其中尤以亚微米级颗粒中排放的重金属最具有危险性。"联合国环境署《2002年全球环境展望》指出，我国11个最大城市中，燃煤烟尘和细颗粒物污染，每年使5万多人夭折，40多万人感染慢性支气管炎。因此，燃煤细微颗粒比常规PM10具有更大的危害性。

由于颗粒物对人体健康及自然环境的巨大危害，世界各国对其制定的质量标准日益严格。美国国家环保局制定的环境空气质量标准经历了从TSP→PM10→PM2.5逐步严格的过程：1985年将原颗粒物排放监测指标由TSP项目修改为PM10，1997年又在原有PM10的标准上增加了PM2.5的排放标准，并且规定PM2.5的三年平均年浓度低于15微克/立方米，三年中平均99％的24小时浓度低于65微克/立方米。欧共体（EC）制定的空气质量标准也逐步严格，分两阶段执行，第一阶段（2005年1月）PM10均值30微克/立方米，第二阶段（至2010年1月）年均值20微克/立方米，24小时均值50微克/立方米，每年不超过25次（2005年），每年不超过7次（2010年）。我国于1996年颁布了新的《环境空气质量标准》（GB3095-1996），其中规定了PM10的标准，并统一在空气质量日报中取消了TSP质量指数，采用PM10指标。随着环境空气质量标准的日益严格，相应的排放标准必将降低污染物的排放浓度限值。2004年1月1日起实施的《火电厂大气污染物排放标准》GB13223-2003将颗粒物的排放浓度限值降低到50微克/立方米，2009年环保部起草的《火电厂大气污染物排放标准（征求意见稿)》将颗粒物排放标准进一步降低到30微克/立方米，这对我国燃煤电厂颗粒物排放控制提出了极大的挑战。

传统的颗粒物控制设备对大颗粒具有很高的脱除效率，而对细微颗粒的脱除效率却很低，因此，控制燃煤颗粒物排放的关键是控制燃煤细微颗粒。开发经济、高效的细微颗粒控制技术就迫在眉睫。由于燃煤过程中大部分的有害重金属元素富集于燃煤细微颗粒上，控制燃煤细颗粒的排放可实现细微颗粒与有害重金属的一体化控制，必将具有更显著的经济与社会效益。目前，在传统除尘器前设置预处理阶段使细微颗粒物通过物理的或化学的作用团聚成较大颗粒后加以脱除是控制燃煤细微颗粒最有效的方法之一。华中科技大学煤燃烧国家重点实验室长期从事燃煤细微颗粒与有害重金属控制研究，在国家863计划（2002AA529200，2006AA05Z303）的连续资助下开发了燃煤细微颗粒化学团聚与有害重金属一体化控制技术。该技术既不改变燃煤锅炉的正常生产条件，也不改变现有除尘设备及其操作参数，这样不仅可以有效除去细微颗粒物，而且可以实现有害重金属等多种污染物协同脱除，具有广阔的应用前景。

二、燃煤细微颗粒物化学团聚技术

（一）化学团聚技术工艺

燃煤细微颗粒化学团聚工艺系统如图1所示。通过配液泵或混合器按不同的比例配制团聚促进剂，利用空气压缩机产生的压缩气体通过经双流雾化器喷嘴将团聚剂喷入静电除尘器前的烟道中。喷入的团聚促进剂在强力双流雾化器作用下经破碎后形成有一定扩散角度，且表面具有较高黏附活性的雾云，雾云吸附于飞灰颗粒表面，在颗粒之间产生液桥，在除尘器前的尾部烟道里，进而转化为固桥，促进颗粒团聚，使细微颗粒形成较大的聚团，加上细微颗粒被粗颗粒吸附，从而提高静电除尘器的除尘效率。该技术具有以下优点：

1. 通过在静电除尘装置前对细微颗粒物进行团聚，使之能够在静电除

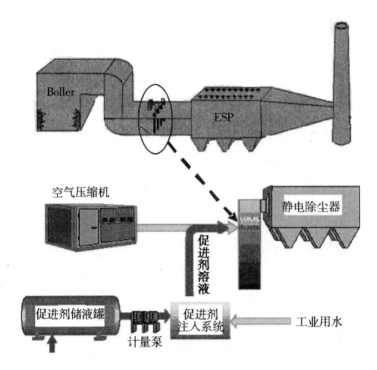

图1 化学团聚技术工艺流程图

尘器的作用下加以脱除，能够在不影响燃烧运行工况和不改变除尘器参数的条件下进行。

2.采用的整套装置，包括强力双流雾化器、配液泵、混合器和储液罐等设备，结构相对简单，成本较低，占地少，具有在工业上大规模应用的可能性。

3.该方法可以提高静电除尘器对细微颗粒物的脱除效率，减少细微颗粒的排放，达到用袋式除尘器置换ESP才能达到的目标。

4.实现了燃煤细微颗粒物与有害重金属的协同脱除，有害重金属元素（除汞外）脱除效率高达90%。

（二）化学团聚促进剂

化学团聚剂是化学团聚技术的核心。它通常由表面活性剂、水溶性高分子化合物、pH调节剂、无机盐添加剂及水组成。表面活性剂通过降低溶液表面张力，促进细微颗粒润湿，加速细微颗粒进入团聚促进剂液滴内部，从而提高团聚促进剂对细微颗粒的捕集速度和捕集量。钠基表面活性剂被颗粒吸附以后还可以增强颗粒的导电性能，降低颗粒比电阻。水溶性高分子化合物溶于水后，所形成的带电基团可与细微颗粒间发生电性中和作用；吸附在颗粒表面上的高分子长链可能同时吸附在另一个颗粒的表面上，通过"架桥"方式将两个或更多的颗粒团聚在一起，电性中和、吸附架桥作用均可以导致颗粒团聚。pH调节剂可以改变颗粒的表面电位，同时还可以改变水溶性高分子化合物分子链在溶液中的存在形态，使得卷曲或刚性伸展的分子链软化成柔性伸展的分子链，增强其团聚颗粒的能力，进而提高团聚促进剂对细微颗粒的团聚效率。无机盐添加剂可以增强表面活性剂降低溶液表面张力的能力，促进细微颗粒的润湿；同时无机盐添加剂还可以增强颗粒的导电性，降低颗粒比电阻，提高静电除尘器对高比电阻飞灰的去除效率。该团聚促进剂组分来源广泛，价格经济，环境友好；合成过程简单，易操作，不污染环境；对细微颗粒的团聚作用明显，可使燃煤电厂细微颗粒排放降低30%以上；对于难润湿颗粒及高比电阻飞灰也非常有效。由于大部分有毒重金属均富集于细微颗粒上，采用该团聚促进剂还可以实现有害重金属（汞除外）的高效脱除。

如图2所示，在实际应用中可根据烟气及颗粒特性，依据在线监测结果及时调整团聚剂用量、组成，实现达标排放。

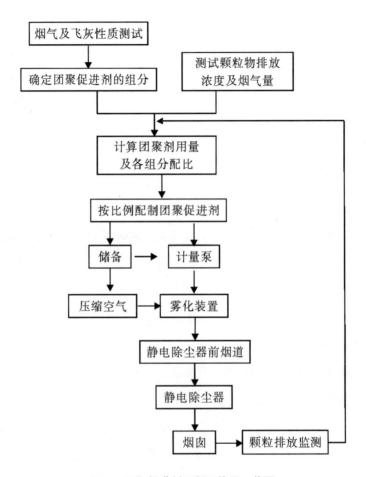

图 2　团聚促进剂配制及使用工艺图

三、化学团聚技术效果

由于颗粒大小及比电阻是决定ESP效率的最关键因素，因此，实验将从两方面验证该技术的效果：（1）细微颗粒团聚；（2）颗粒比电阻调节。

（一）细微颗粒化学团聚实验

团聚促进实验系统示意图如图3所示。平均粒径为0.1微米的超细粉尘（硅微粉）与预热空气混合作为模拟烟气进入团聚室，各种团聚促进剂溶液在加压空气的作用下被雾化成平均直径为25微米左右的雾滴喷入团聚室，两者在团聚室内模拟烟道环境中发生相互作用，停留时间约为1s，团聚促进剂促使细微颗粒团聚长大，进而被布袋除尘系统捕获。布袋采用常规化纤滤料，烟气分析仪则在布袋除尘装置后部出口处进行恒流采样，选取布袋收集到的典型颗粒物样品进行显微形貌特征观察；烟气分析仪可直接测定除尘系统后的粉尘排放浓度，进而判定团聚效果。

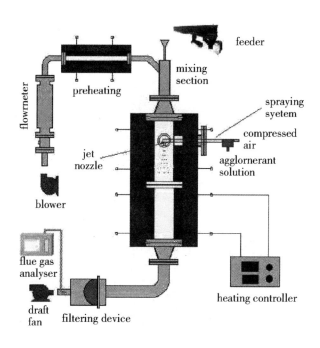

图3　团聚实验系统示意图

1.团聚促进剂种类的影响。吸附在细微颗粒表面上的团聚促进剂分子链可同时吸附在另一个细微颗粒的表面上，通过"架桥"方式将两个或更多的颗粒联结在一起，从而导致细微颗粒团聚。不同团聚促进剂所含分子链结构差异较大，因而其对细微颗粒物团聚作用也各不相同。图4为相同实验操作参数条件下，不同团聚促进剂对颗粒团聚作用的影响，主要表征为除尘装置后排放的烟尘浓度的变化。从图4中可以看出，在不加任何物质的情况下，除尘装置后烟尘浓度最大，为480.8毫克/立方米；加入团聚促进剂XTG后的烟尘浓度下降得最多，为262.3毫克/立方米。结果表明团聚促进剂对细微颗粒的团聚效果非常显著，由于团聚促进剂XTG分子量适中，其分子链为线性结构，伸展度较好，因此其对细微颗粒的团聚效果最为明显，能够使细微颗粒物减排45%以上。

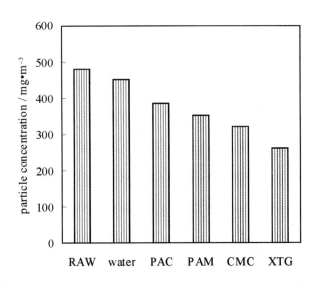

图4　不同团聚促进剂的团聚作用

2.团聚促进剂溶液流量的影响。颗粒团聚过程中，其团聚效果与团聚促进剂溶液的流量直接相关。团聚促进剂溶液流量对团聚效果的影响如图5所示。从图5中可以看出，随着团聚促进剂XTG流量由4.5毫升/分增大到6毫升/分，除尘装置后排放的烟尘浓度约减少一半以上。主要原因是团聚促进剂流量增大，导致一定时间内进入团聚室的团聚促进剂液滴也增加，从而增大了与细颗粒碰撞团聚的几率，进而被团聚的细颗粒也增多，因此除尘装置后排放的烟尘浓度相应降低。针对不同电厂可根据排放浓度要求和经济性等综合分析来选择最佳的溶液流量。

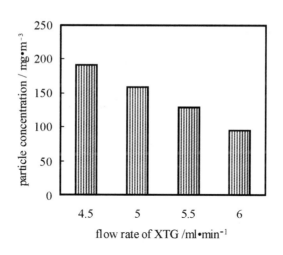

图5　XTG团聚促进剂溶液流量对团聚作用的影响

3.团聚促进剂溶液浓度的影响。团聚促进剂溶液质量浓度也是直接影响团聚作用主要因素。从图6中可看出，随着团聚促进剂溶液浓度的增加，除尘装置后排放的烟尘浓度逐渐减少。当团聚促进剂XTG溶液浓度由0.05%增加为0.2%时，排放的烟尘浓度由185毫克/立方米减至64毫克/立方米。主要是因为随着溶液浓度的增加，溶液中团聚促进剂分子数目增多，

因而团聚的细颗粒也相应增多。

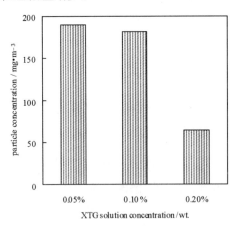

图6　XTG团聚促进剂溶液浓度对团聚作用的影响

4.团聚促进剂酸性的影响。团聚促进剂溶液的酸性对团聚效果也有着极大的影响。图7为团聚促进剂溶液添加一定量磷酸前后对细微颗粒的团聚效果。从图7中可以看出，不论是CMC还是XTG，添加一定量的磷酸后，团聚促进剂对细微颗粒的团聚效率均有所增加；除尘装置后排放的烟尘浓度呈降低的趋势，总排放烟尘浓度约下降了15%~20%。分析原因可能是加入磷酸降低溶液pH值后，改变了团聚促进剂分子链在溶液中存在的形态，使得卷曲或刚性伸展的分子链软化成柔性伸展的分子链，增加其团聚吸附效果，进而提高了对细微颗粒的团聚效率，随之也降低了烟尘排放浓度。

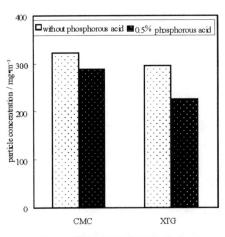

图7　磷酸对团聚作用的影响

5. 团聚室温度的影响。除了上述几种影响因素以外，团聚室的温度也对细微颗粒团聚具有重要影响。在团聚促进剂种类、流量、浓度等各种条件均相同的情况下，通过改变团聚室的温度，细微颗粒团聚也产生变化，结果表明，随着团聚室温度的上升，除尘装置后排放的烟气浓度逐步降低。如图8所示，尤其是当温度由200℃上升到230℃时，排放的烟气浓度均有大幅度的降低。分析原因可能是由于高温下团聚促进剂的吸附活性更强，更容易吸附细颗粒；而且在较高的温度下团聚促进剂的分子链能进一步柔性伸展，进而能团聚更多的细颗粒，减少排放的烟尘浓度。

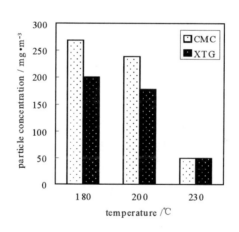

图 8 团聚室温度对团聚作用的影响

6. 细微颗粒团聚机理分析。采用场发射扫描电子显微镜对细微颗粒团聚前后的微观形貌特征进行了详细研究，如图9所示，其中图9（a）是细微颗粒团聚前的微观形貌，图9（b）、（c）、（d）分别为细微颗粒与团聚促进剂CMC、PAM、XTG发生团聚作用后的微观形貌。从图9中可以看出，未喷入团聚促进剂时颗粒主要以球体堆积形式存在；而喷入团聚促进剂后颗粒发生团聚絮凝，呈现出明显的链状结构。团聚剂分子链以"架桥"的

形式将分散的颗粒物联结在一起，产生架桥的主要原因是团聚促进剂溶液具有的吸附絮凝性。高分子聚合物对颗粒物的絮凝团聚作用主要包括两个步骤发生：

(1) 高分子絮凝剂对颗粒的吸附作用：高分子絮凝剂溶于水后，所形成的带电基团可与细微颗粒间发生电性中和作用，另外细微颗粒也可在范德华力作用下与絮凝剂分子链发生相互作用，当颗粒间的相互作用能处于第一最小能量值时，将形成稳定的絮凝体。

(2) 高分子絮凝剂的架桥絮凝机理：吸附在微粒表面上的高分子长链可能同时吸附在另一个微粒的表面上，通过"架桥"方式将两个或更多的微粒联结在一起，从而导致絮凝，这就是高分子絮凝作用的"架桥"机理。

细微颗粒物被团聚促进剂高分子链以架桥的形式联结在一起，形成团块状或长链状，起到了团聚细颗粒增大其粒径的作用。随着团聚促进剂溶液的蒸发，细颗粒间的液桥力逐渐转化为固桥力，颗粒间的团聚力得到加强，细颗粒也团聚形成大的颗粒链或颗粒团，进而能被现有的除尘装置捕获，以降低烟尘排放浓度。

(a) submicron particles in ESP inlet

(b) submicron particles agglomerated by PAM

(c) submicron particles agglomerated by CMC

(d) submicron particles agglomerated by XTG

图 9 细微颗粒团聚前后的微观形貌

（二）颗粒比电阻调节

1.不同电场飞灰比电阻。某电厂1、2、3电场飞灰在不同温度下的比电阻如表3所示。由表3可知，室温（25℃）及烟气条件（130℃）飞灰比电阻由1电场到3电场逐渐增大，进一步说明了高比电阻是燃煤细微颗粒难以被静电除尘器脱除的重要原因。

表3　飞灰粒径对比电阻的影响

比电阻 /10^9（欧姆·厘米）	25℃	130℃
1 电场飞灰	0.47	62.77
2 电场飞灰	0.68	74.18
3 电场飞灰	0.68	81.60

2.化学团聚剂对颗粒比电阻的调节。团聚剂组分（无机盐添加剂）对燃煤颗粒比电阻的影响如图10所示。从图10中可以看出，四种无机盐添加剂均可以有效降低燃煤飞灰颗粒比电阻（比电阻值降低2个数量级以上）。无机盐浓度低于1%时，随着浓度增大飞灰颗粒比电阻迅速降低；无机盐浓度大于2%时，无机盐浓度增大对飞灰颗粒比电阻的影响不明显，混合物比电阻趋于某一定值。Salt 3对燃煤颗粒比电阻的调节作用最差，salt 4能在低浓度条件下最迅速地降低飞灰比电阻，无机盐浓度大于等于2%时经过salt 2调节的飞灰比电阻值最低。

飞灰最主要的部分是玻璃体，可用于导电的"活性"离子不多，添加无机盐后飞灰中导电介质增多，特别是钠含量的增多可以大大增强飞灰的导电性，降低其比电阻。另外，由于无机盐具有一定的吸湿性，可以吸附更多的水蒸气，同时可以增强飞灰的表面导电，降低其比电阻。综上所述，水基化学团聚促进剂可以通过增加碱金属离子含量、降低烟气温度等途径有效降低燃煤细微颗粒比电阻，提高ESP对燃煤细微颗粒及其吸附的有害重金属元素的脱除效率。

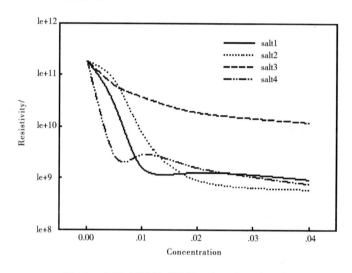

图 10　团聚剂组分对燃煤飞灰比电阻的影响

四、结论

我国是世界第一产煤和燃煤大国，煤烟污染十分严重。根据国家最新的《火力发电厂大气污染物排放标准（征求意见稿)》，绝大部分现有中小电厂难以实现颗粒物达标排放，控制燃煤颗粒特别是细微颗粒物污染是我国面临的亟待解决的问题。现有静电除尘器对控制细微颗粒物排放效果不佳。同时我国又是发展中国家，经济能力有限，不可能花费巨大的资金将燃煤电厂静电除尘器进行全面更换或改造，因此，在静电除尘器前设置预处理阶段使细微颗粒物通过物理的或化学的作用团聚成较大颗粒后加以清除已成为该领域的一个热点问题。华中科技大学煤燃烧国家重点实验室开

发的化学团聚促进技术既不影响电厂的正常生产，也不需要改变现有静电除尘器运行参数。可以使燃煤电厂细微颗粒物排放浓度减少30%以上，在一定的喷射流量和溶液浓度条件下，完全可以达到国家最新的颗粒物排放标准；可以实现细微颗粒物与有害重金属元素的协同脱除，对As、Se等有害重金属元素及其化合物脱除率大于90%；投资少、改造及运行费用低，经济社会效益非常可观，是适合我国现阶段国情的、高效的燃煤细微颗粒及有害重金属的控制方法。

（作者：华中科技大学煤燃烧国家重点实验室副主任、教授、博士生导师、博士）

中国煤中汞及其排放和控制的研究

赵永椿

汞及其化合物具有很强的生物毒性，汞危害问题已引起国际环境、卫生界的极大关注。大气汞依据物理化学形态主要分为气态单质汞（Hg^0）、活性气态汞 [$Hg(OH)_2$，$HgCl_2$，$HgBr_2$和有机汞等] 和颗粒汞。在过去的100年中，约20万吨的汞被释放到大气中，目前仍有3500吨左右的汞存留在大气中。我国城市及偏远地区的气态总汞、活性气态汞和颗粒汞均远高于欧美同类型地区的浓度，这主要是由于我国较强的人为活动排汞造成的。

大气中的汞污染主要来源于汞冶炼、有色金属冶炼和化石燃料燃烧等。煤的燃烧是大气中汞污染的重要来源之一。世界各国对燃煤汞的排放都进行了研究，美国2000年的燃煤电厂汞排放为48吨，2004年欧盟25国电厂汞排放为12.06吨。Dabrowski等对全球各国的燃煤汞排放量进行了研究，结果表明全球燃煤汞排放占总排放的65%，中国、美国、欧盟等燃煤汞排放量位居前列。王起超等按中国煤炭的平均汞含量为0.22毫克/千克计算，主要燃煤行业中大气汞排放因子为64.0%~78.2%，1995年全国燃煤共排放汞302.9吨，其中向大气中排汞量为213.8吨，排入灰渣及产品中的汞为89.07吨。任建莉等采用中国煤炭平均汞含量为0.15微克/克，计算2003年燃煤电站向大气的汞排放量达到了86.8吨，废渣汞排放量为28.94吨。Streets等估算1999年中国总汞排放量达536吨，误差在236吨，其中38%来自于煤炭燃烧。近年来，随着燃煤污染问题的严重，以及环境保护意识的增强，

燃煤造成的微量元素污染问题开始得以重视，相关研究也陆续展开。目前已制定了许多国际协议以限制汞元素的排放。我国是煤炭消费大国，也是燃煤量最大的国家，国际上对我国燃煤的汞排放十分关注。本文系统分析了中国煤中汞的分布规律和赋存形态及煤在燃烧过程中的迁移转化规律，建立了较为全面的汞的均相氧化模型，揭示了汞的生成及其与煤中其他元素和吸附剂相互作用的反应机理，系统研究了飞灰和非碳基吸附剂的汞排放控制方法与控制机理。

一、中国煤中汞

经统计，中国990个煤样品中Hg的算术均值为0.158微克/克；唐修义和黄文辉等统计中国1458个煤样品中Hg的算术均值为0.10微克/克；白向飞统计中国1018个煤样品中Hg的算术均值为0.185微克/克；王起超等分析中国煤中汞含量平均值为0.22微克/克；Belkin等通过中国305个煤样分析得出Hg含量平均为0.15微克/克；陈冰如等人根据对1466个煤样分析我国煤中汞算术平均值为0.15微克/克。

采用"储量权值"的概念，按照各聚煤时代煤占全国煤储量权值计算出中国煤总资源量中汞的平均值为0.188微克/克（见表1），这是目前最权威的关于中国煤中汞平均含量值数据，与美国煤中汞含量(0.18微克/克)相当。我国煤炭中汞含量分布的规律可总结为：东北、内蒙古等煤中汞含量比较低，向西南到贵州、云南汞含量增加,煤中汞有自北向南增加的趋势。

黄铁矿是煤中最普遍的汞的载体，黄铁矿中的汞大部分以固溶物形式存在，尤其是对于后生成因的黄铁矿更是如此。此外，煤中的Hg也存在于硒化物中，或者以金属Hg、有机汞化合物、氯化汞的形式存在。煤中汞的形态分布与其成因密切相关。

表1　中国煤中汞的含量

时代	样品数/个	含量范围/(微克/克)	参与计算储量权值	计算值	算术均值/(微克/克)	该时代煤在全国储量中占的比例	煤中元素含量分值/(微克/克)
C-P	341	0.01~2.422	22.186	4.9222	0.222	0.381	0.085
P₂	228	0.015~5.05	5.586	2.3364	0.418	0.075	0.031
T₃	27	0.06~10.5	0.408	0.1452	0.478	0.004	0.002
J₁₋₂	767	0.006~2.69	21.768	2.4543	0.113	0.396	0.045
J₃-K₁	30	0.03~0.69	6.475	1.2220	0.189	0.121	0.023
E-N	20	0.003~0.268	0.973	0.0692	0.071	0.023	0.002
总汇	1413	0.003~10.5	57.371	11.1648	0.195★	1.000	0.188★★

★目前所采样品覆盖的煤储量的汞含量；★★中国全部煤储量的汞含量。

二、燃煤烟气中不同形态汞的分析方法

燃煤烟气中的汞包括三种形态：单质汞（Hg^0）、氧化态汞（Hg^{2+}）和颗粒态汞（Hg^p）。不同形态的汞具有不同的物理特性、化学特性、生物特性和环境迁徙能力。单质汞是环境大气中汞的主要形式，它具有较高的挥发性和较低的水溶性，极易在大气中通过长距离的大气运输形成全球性的汞污染，它在大气中的平均停留时间长达半年至两年，是最难控制的形态。氧化态汞易溶于水，可通过湿法脱硫装置脱除，也易于被飞灰颗粒或吸附剂吸附而捕获。燃煤烟气中的汞在单质汞和氧化态汞之间的分布与煤中S和Cl的含量、烟气中HCl、SO_2、Cl原子和其他组分的浓度、燃烧方式和温度、尾部受热面的温度和形式，以及常规污染物脱除装置的类型和特性等多种因素有关。当煤中的氯含量增大时，氧化态汞的含量随之增大。烟

气中的部分汞蒸气会凝结在飞灰颗粒表面上或被飞灰中的残炭所吸附，变为颗粒态汞，但大部分汞仍停留在气相中。

选取合适的方法来准确测定烟气中的汞是控制汞污染的关键之一。国内外许多研究者在这方面进行了卓有成效的工作，提出了不少的测量方法，这些方法可以归纳为两大类：一类是取样分析法，另一类是在线分析法。

（一）EPA方法29、EPA方法101A和Ontario Hydro方法

美国EPA方法29采用等速取样方式，使烟气通过加热的石英纤维滤膜和一组冰浴中的吸收瓶，吸收瓶系列包括两个10% $H_2O_2\cdot$5% HNO_3吸收瓶和两个4% $KMnO_4\cdot$10% H_2SO_4吸收瓶。如图1所示，烟气中颗粒态汞被吸附于滤膜上，气相汞通过滤膜进入各吸收瓶的吸收溶液中，其中4% $KMnO_4\cdot$10% H_2SO_4溶液吸收Hg^0，10% $H_2O_2\cdot$5% HNO_3溶液吸收Hg^{2+}。吸收液样品中的汞含量用冷蒸气原子荧光光谱（CVAFS）或冷蒸气原子吸收光谱（CVAAS）分析测定。

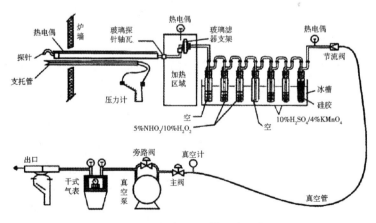

图1　EPA方法29取样系统示意图

EPA方法101A的取样链与EPA方法29相似。不同的是，EPA方法101A不使用HNO_3 / H_2O_2吸收瓶，仅仅使用$KMnO_4$ / H_2SO_4吸收瓶。该方法仅适用于测量烟气中的总汞。

近年来，Ontario Hydro方法被认为是采集和分析燃煤烟气中不同形态汞的有效方法，被美国环保署（EPA）和能源部（DOE）等机构推荐为标准方法。Ontario Hydro方法是在EPA方法29的基础上发展起来的，它将第二和第三个吸收瓶中的溶液改为1N氯化钾，用以收集二价汞Hg^{2+}（g）。Ontario Hydro方法标准汞浓度取样系统如图2所示，其流程是采样系统从烟气流中等速取样，取样管的温度维持在120℃。取样系统主要由石英取样管及加热装置、过滤器（石英纤维滤纸）、放在冰浴中的吸收瓶组、流量计和真空泵等组成。颗粒态汞由位于取样枪前端的石英纤维滤筒捕获，氧化态汞由3个盛有1N KCl溶液的吸收瓶收集，单质汞由1个装有5％V/V HNO_3·10％V/V H_2O_2和3个装有4％W/V $KMnO_4$·10％V/V H_2SO_4溶液的吸收瓶收集，最后由盛有干燥剂的吸收瓶吸收烟气中的水分。如图3所示，取样

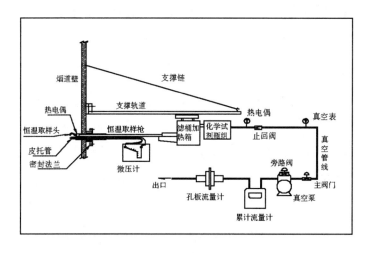

图2　Ontario Hydro 方法烟气汞等速取样系统示意图

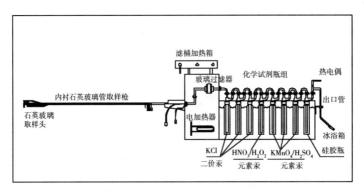

图 3　Ontario Hydro 方法取样系统示意图

结束后，进行样品恢复，并对煤样、灰样和各吸收液样品进行消解，最后用冷蒸气原子吸收光谱法（CVAAS）分析测定样品中的汞浓度。该方法的特点是精度高，可用来校核连续在线监测汞测试仪。

　　Ontario Hydro方法的关键首先是样品要有代表性，在取样过程中不发生汞蒸气的冷凝和吸附；其次是配置应符合美国EPA标准的各种化学溶液；第三，进行样品的恢复和消解；最后使用CVAAS进行汞浓度的分析。所用的各种试剂都必须符合美国材料实验协会（ASTM）的标准。因为汞是有毒气体，操作时必须做好通风措施，操作应在专门的通风橱内进行，以保证安全。所有操作必须严格按照EPA方法5或17的操作进行，以保证所得结果的精度。

　　以上三种测定烟气中汞方法的主要缺点是费用高，需要较大的样本来克服较高的汞空白、SO_2的干扰和壁面损失。EPA方法29中的H_2O_2 / HNO_3溶液可能会氧化烟气中的部分单质汞，造成二价汞的测量值偏高。美国EERC的研究表明，在烟气中SO_2含量较高的情况下，EPA方法29可使Hg^{2+}的测量值偏高达50%，其原因可能是单质汞和SO_2之间发生的反应使一部分Hg^0转化为Hg^{2+}。Constantinou等认为烟气中的Hg^0会和洗涤液中的SO_3^{2-}离子反应，使得测量得到的Hg^0少于实际烟气中的Hg^0的浓度。而吸收瓶中的氧化性溶液会和烟气中的SO_2反应生成硫酸盐，因此含高浓度SO_2烟气一直是汞形态分布测量的一个难题，一般处理方法是先用2%H_2O_2洗涤烟气。Ontario Hydro方法的优点在于其可以消除复杂的制备H_2O_2溶液过程，避免烟气中可能的SO_2干扰。烟气中汞的动态喷射实验表明，Ontario Hydro方法的相对标准偏差（RSD）小于50%，符合EPA方法301的标准，因此Ontario Hydro方法目前被认为是测量汞形态分布最有效的方法。美国EPA在大约70个燃煤电厂推荐使用Ontario Hydro方法来进行汞的测量。

（二）烟气汞形态在线测量技术

以上这些离线单点测量方法，除了测量过程复杂繁琐外，还不能真实反映燃烧这一动态过程中汞的排放特征。目前正在发展的另一类新兴技术就是在线分析技术（Continuous Emissions Monitoring，CEM），它是基于CVAAS、CVAFS和新兴的化学微传感器等先进技术而建立发展起来的，其优点是能进行在线的、实时的分析。这些仪器可以直接测量烟气中的单质汞。也可以配备一个转化器将二价汞还原成单质汞，这样就可以测量烟气中的总汞，最后，可以通过计算间接得到二价汞。因此，相对于取样分析方法，CEM更有助于对燃煤电站汞的排放特性及控制进行研究。然而，目前CEM还是属于相对较新的、仍未完全证实的技术。此外，考虑到飞灰颗粒对测量过程的干扰，市场上现有的CEM均使用过滤器除去烟气中的飞灰，故CEM不能测量烟气中颗粒态汞的含量。

一般来说，CEM主要由两部分组成，即预处理/转化单元和分析单元。

1.预处理/转化单元：使烟气中的汞在金上预富集/释放，提高分析气体中的汞浓度；通过湿化学（$SnCl_2$）或干式热催化还原法将烟气中的二价

汞转化为单质汞,进入分析单元;预处理/转化单元是CEM的核心部分,正在逐步完善之中。

2.分析单元:测定采样烟气中的汞含量,使用的技术主要有:CVAAS、CVAFS、AES、DOAS和ZAAS。

CEM主要有ADA科技公司的Hg MKII、Sick UPA公司的MERCEM、Durag公司的HM-1400、PS Analytical公司的Sir Galahad、Tekran公司的2537A和3300、Semtech Metallurgy公司的Hg 2010、Ohio Lumex公司的OL-915-CEM、Mercury Instruments公司的SM-3、Genesis Laboratory Systems的Quick-Silver Hg monitor以及Zeeman-modulated冷蒸气原子吸收光谱连续检测仪等。其中,在欧洲已经将CEM应用于商业,而在美国CEM还只应用于燃煤电站汞排放监测的实验研究中。以下主要介绍3种美国EERC在实验中采用的CEMs:Semtech Hg 2000、Perkin Elmer MERCEM和P.S. Analytical Sir Galahad。

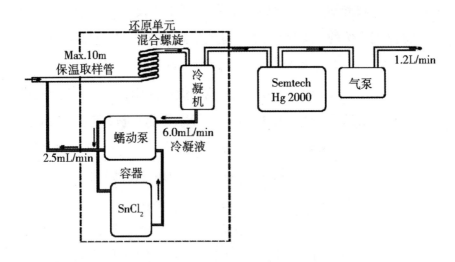

图4 Semtech Hg 2000 示意图

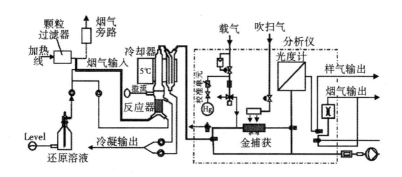

图5 Perkin Elmer MERCEM 示意图

三、燃煤电厂汞排放形态

选取300兆瓦热电厂采样分析，实验测得煤中汞的含量为0.328毫克/千克， 180兆瓦锅炉负荷下炉底渣中汞的含量为0.043毫克/千克，电除尘一电场、二电场、三电场、四电场飞灰中汞的含量分别为0.114毫克/千克、0.122毫克/千克、0.118毫克/千克、0.132毫克/千克，电除尘后的细小飞灰汞量为0.086毫克/千克。一电场、二电场、三电场、四电场、底渣、电除尘后飞灰的相对富集因子分别为0.103、0.110、0.106、0.119、0.038、0.078。说明在燃烧条件下，汞作为强挥发性的痕量元素在高温下蒸发释放到烟气中，在烟气冷却过程中，烟气中的汞经历一系列物理、化学变化，飞灰颗粒只附着少量汞。

表2 煤及燃烧产物中汞的质量分布及质量平衡结果

	名 称	单 位	结 果
输入量	煤	克/小时	25.584
输出量	底渣	克/小时	0.116
	一电场灰	克/小时	1.745
	二电场灰	克/小时	0.467
	三电场灰	克/小时	0.112
	四电场灰	克/小时	0.063
	ESP后细灰	克/小时	0.0209
	烟气相	克/小时	15.679
质量平衡	(输出/输入)×100	%	71.14

　　表2为该锅炉在180兆瓦负荷下煤及燃烧产物中汞的质量分布及质量平衡。从结果可以看出，汞在燃烧过程中完全挥发，而且在除尘温度下（电除尘器后烟气温度为145℃）仍以气相形式为主，较少凝结，煤在燃烧后形成的产物中，烟气中的汞占有相当大的比重，达到86%，底渣中汞量极微，只有1%，飞灰颗粒吸附汞量为13%。

　　进一步实验探讨了煤在热解、气化过程中汞的释放和形态转化规律。实验的五种煤样分别为神府煤、兖州煤、淮南煤、贵州煤和贵州高砷煤。

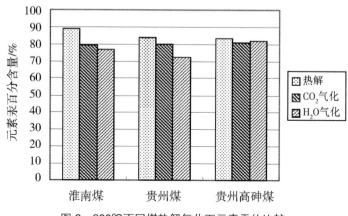

图6 800℃不同煤热解气化下元素汞的比较

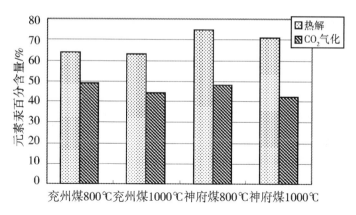

图7 不同温度煤热解气化下元素汞的比较

从图6、图7中可以看出，煤热解时元素汞（Hg^0）的含量要高于气化时元素汞（Hg^0）的含量，相应的热解时二价汞（Hg^{2+}）的含量要低于气化时二价汞（Hg^{2+}）的含量。原因是煤气化过程的化学反应十分强烈，大量汽化剂以及其间可能生成氧化态物质，使得部分元素汞（Hg^0）更易于被氧化从而转化为二价形态的汞（Hg^{2+}）。H_2O气氛下二价汞的释放率大于CO_2气氛下。

如图8所示,煤中氯元素的含量是影响二价汞释放率的主要影响因素之一。氯与汞发生了氧化反应,使大部分的汞排放以可溶的二价态释放,对汞的脱除十分有利。同时二价汞释放率变化还受其他多种影响因素控制。

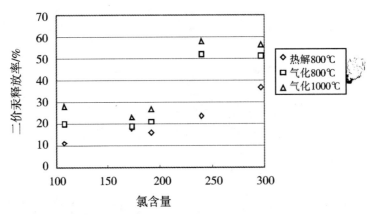

图 8　煤热解气化下氯含量与二价汞释放率比较

四、飞灰对汞的捕获作用

各种飞灰汞的吸附能力如图9所示。图9中水平虚线为初始汞浓度,大部分飞灰样品在很短的时间内即达到最大吸附能力,原始灰样只有CTSR对汞有较强的吸附能力。垂直虚线为大部分飞灰样品的穿透时间。穿透时间定义为所有原始飞灰样品达到其最大吸附能力的时间(180分钟)。为便于量化比较各飞灰对汞的吸附性能,以此穿透时间为基准,计算了各飞灰及活性炭吸附剂对汞的吸附量(图10)。

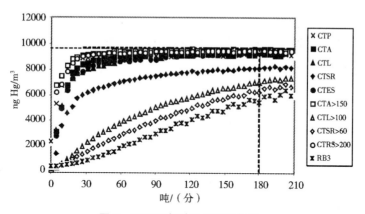

图9 不同飞灰对汞的吸附曲线

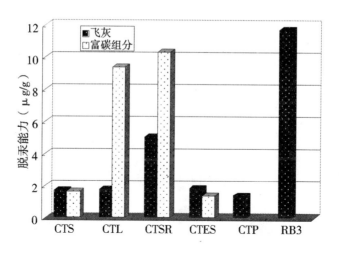

图10 不同飞灰对汞的吸附量

详细揭示了飞灰与汞的作用机制，依据飞灰吸附氧化脱附实验中产生的不同形态的汞，将其进行如下划分：

（1）飞灰吸附汞过程中释放的Hg^{2+}，类似于Presto等提出的低结合能活性位催化氧化产生的Hg^{2+}；将飞灰表面此类活性点称之为低能催化氧化活

性位FA。

(2) 飞灰脱附过程中释放的Hg^{2+};此类活性点也能催化氧化Hg^0,但是对比FA其与汞的结合能更高,因此将飞灰表面此类活性点称之为催化氧化活性位FA。

(3) 飞灰脱附过程中释放的Hg^0;此类活性点只能吸附Hg^0,并不能对其进行催化氧化,因此将飞灰表面此类活性点称之为吸附活性位FA。

(4) 飞灰经脱附实验后其中残留的汞,类似于Presto等提出的高结合能活性位吸附捕获的汞;将飞灰表面此类活性点称之为高能吸附活性位FA。

五、天然矿物吸附剂脱汞

实验选取了丝光沸石、膨润土、凹凸棒石和蛭石四种不同结构特征的硅酸盐矿物作为研究对象,对其脱汞性能及改性后的脱汞能力进行了详细研究。

结果表明,天然矿物经过热活化后并未提高其脱汞能力,而适当提高温度有利于四种吸附剂对汞的吸附。实验选用了不同活性剂和改性方法制备了几种不同的改性硅酸盐吸附剂。如图11所示,改性凹凸棒石和膨润土对烟气中Hg^0有很好的脱除效果,脱除率提升到70%以上。其中经Cl和Cu改性的凹凸棒石及Cu改性的膨润土能达到

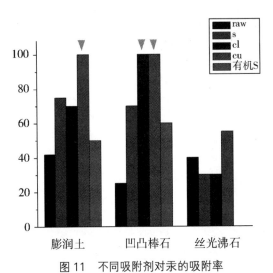

图11 不同吸附剂对汞的吸附率

完全脱除的效果，是很有潜力的Hg吸附剂。

六、钙基吸附剂脱汞

实验研究采用增加钙基类物质俘获单质汞的活性区域硫脲（H_2NCSNH_2）和焦磷酸钠（$Na_4P_2O_7 - 10H_2O$）浸渍所选吸附剂所引进的S和P对于汞蒸气有一定的螯合作用，可以吸附汞和汞离子；吸附剂浸Cl改性后氯离子能与高价汞结合生成汞的氯化物和多氯化物）和往钙基类物质中加入氧化性物质（$FeCl_3$、$KMnO_4$浸渍所选吸附剂）来增强钙基类物质对汞的脱除能力，目标是利用催化氧化、化学吸附等手段增强吸附剂对烟气中Hg^0的吸附和氧化能力，以提高汞的吸附效能。

通过计算得到试验吸附剂吸附汞后样品中汞的含量，如表3所示：

表 3　样品汞含量

样品号	样品名称	样品质量(克)	样品中汞含量(毫克／千克)
1	碳酸钙原样	0.2007	127.304
2	$FeCl_3$浸渍碳酸钙	0.2004	157.695
3	$KMnO_4$浸渍碳酸钙	0.1003	507.478
4	草酸浸渍碳酸钙	0.1002	397.705
5	硫脲浸渍碳酸钙	0.2004	1733.283
6	焦磷酸钠浸渍碳酸钙	0.2007	115.595
7	氧化钙原样	0.2003	117.574
8	$FeCl_3$浸渍氧化钙	0.2004	199.601
9	$KMnO_4$浸渍氧化钙	0.2007	640.757
10	焦磷酸钠浸渍氧化钙	0.1004	231.078

对两种改性方法中所用改性的试剂，一般来说部是比较价廉且易得的。综合来看，由于氧化钙自身的比表面积、内孔容积与平均孔径都要好于碳酸钙，因此相同试剂改性后氧化钙基底的吸附剂的汞吸附性能表现得更好。但是由于自然界碳酸钙大量存在，而碳酸钙煅烧形成氧化钙需要耗费大量的电能和热能，从而造成二次污染，因此笔者认为改性碳酸钙更适合于环保，而且改性吸附剂的制作方法简单，经济性也较好。借鉴草酸使碳酸钙活化从而极大地提高脱吸附性能的试验，今后的研究中可以先对吸附剂做表面活化处理，增大原料的比表面积、内孔容积与平均孔径，然后进一步添加改性离子，使汞的化学吸附作用增加，进一步提高汞脱除率。

七、光催化氧化脱汞

实验采用溶胶凝胶法制备TiO_2-AC和TiO_2-硅酸铝纤维复合材料。XRD结果表明，随着温度的升高TiO_2结晶度提高，在500℃~700℃之间TiO_2由锐钛矿相向金红石相转化。SEM分析表明，500℃时TiO_2-AC复合物表面纳米粒子分散均匀，粒径在30纳米左右；硅酸铝纤维表面有均匀的微粒层，微粒粒径在20纳米左右。将TiO_2复合材料用于脱除模拟烟气中的单质汞（见图12），结果表明，500℃热处理的TiO_2-AC复合物具有较强的光催化氧化脱汞能力，此时脱汞率均高于TiO_2和OAC；TiO_2-硅酸铝纤维复合材料在反复光照下，脱汞率最高达到87%，脱汞性能稳定且优于TiO_2和TiO_2-AC。

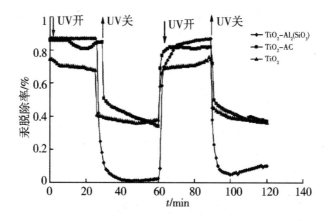

图 12　UV 反复照射下 TiO$_2$–Al$_2$(SiO$_3$)$_3$、TiO$_2$–AC 及 OAC 脱汞率对比

八、SCR脱汞

采用Sol–Gel（溶胶—凝胶）法，以TiO$_2$作为载体，在钛溶胶中加入钒、钨氧化物，通过热处理的方法，增强氧化物与TiO$_2$间的结合力，而又不影响TiO$_2$的催化活性，制备了多种TiO$_2$复合催化剂；同时采用浸渍法制备TiO$_2$–SiO$_2$复合材料，分别负载V$_2$O$_5$和WO$_3$，分析各种复合催化剂在SCR环境下的脱汞效果。

从图13中可以看出，在反应过程中催化剂对汞的吸附量随催化剂的不同有较大的变化。其中吸附效率最好的是铝基铜催化剂，铝基铜具有良好的脱硝和脱硫效率，因而以后研究应重点关注该催化剂。实验发现氨气浓度的增大抑制了汞的氧化，对钒钛催化剂来说，330℃是其最佳反应点，350℃时效果最差。Sol–gel法制备的钒钛催化剂效果明显不如常规方法制备的钒钛催化剂。对钒硅催化剂来说，350℃是其最佳反应点，330℃效果最差。而钒钨钛和铝基铜催化剂对汞的氧化性能比其他四种催化剂都好，实验中的温度对钒钨钛和铝基铜催化剂的影响也不大。HCl在反应中起到十

分明显的作用，添加HCl之后汞的氧化效率一般可以达到48%~60%。

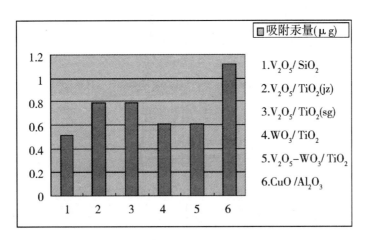

图 13　不同催化剂对汞的吸附量变化图

九、结语

在国家"973"计划等项目的支持下，笔者所在团队通过十余年的系统研究，掌握了中国煤中汞的分布规律和平均含量，揭示了煤中汞的赋存形态及燃烧转化过程中的迁移转化规律，为中国燃煤电厂汞排放和形态转化定量研究提供了基础资料。发展新型的吸附剂脱汞，利用飞灰等廉价的活性炭替代品脱汞，研发新的脱汞技术与工艺，探讨汞与PM、SO_2、NOX等多种污染物联合脱除，为新的燃煤烟气汞排放控制技术提供思路和方法。一旦我国制定燃煤汞排放控制标准或参考意见，必将推动我国燃煤汞排放控制技术的飞速发展。

（作者：华中科技大学副教授、博士）

实施新型发展战略 谋划转型跨越新局*

——朔州市转型跨越发展报告

省社科院课题组

"十一五"与"十二五"时期之交，朔州市总体上已由"战略机遇期"提前进入了"战略选择期"，亟须按照全省转型跨越发展的重大方针任务，围绕国家资源型经济转型综合配套改革试验区的具体要求部署，打破传统发展思路，紧紧抓住"资源型经济转型"和"综合配套改革"两个关键，因地制宜、创新发展，先行先试、攻坚克难，确立能够适应加快发展要求、可以发挥区域比较优势和做强特色经济、促成转型跨越的新型发展战略，迅速谋划新布局、推进新发展，真正做好全市转型跨越这篇大文章，为再造一个新山西做出新贡献。

一、新型发展战略的背景条件

"十一五"期间，朔州市在夯实基础、蓄积后劲上取得了显著成效。全市上下在省委省政府、市委市政府领导下，开拓创新，克难奋进，抢抓国家实施中部崛起战略、"保增长、扩内需、调结构"政策措施等历史性机遇，全力推进经济社会发展，提前完成了"十一五"规划确定的主要目标任务。经过"十一五"时期，朔州的发展基础不断巩固，后劲不断增强，环境显著改善，为"十二五"时期奠定了坚实基础。但与全国、全省

---

*2010年11月至2011年1月间，山西省社科院课题组参与朔州市"十二五"规划的研究和编制工作。这篇报告就是在调研基础上形成的。

发展较快的地区相比，朔州市还存在着较大差距。一是经济社会发展总体水平不高、综合实力不强；二是发展后劲不足，核心竞争能力偏低；三是社会事业和民生改善欠账较多，城乡发展不均衡问题明显；四是改革开放还不深入，发展环境有待优化。因此，发展不足仍是朔州面临的主要矛盾，加速转型跨越发展成为"十二五"时期的最紧迫的要求和任务。

"十二五"时期，朔州市经济社会发展正处在经济转型跨越、城乡统筹发展、改革攻坚推进、民生显著改善的关键阶段。当前和今后一个时期，国内外宏观环境总体上有利于朔州加快发展，特别是国家资源型经济转型综合配套改革试验区的确立为朔州加快转型跨越发展提供了难得的机遇：一是国家实施新一轮西部大开发和促进中部崛起的战略有助于朔州获得更多的宏观政策支持；二是国家启动内需拉动战略为朔州加快转型跨越发展提供了广阔空间；三是国家在"十二五"时期将加大对共伴生矿产资源、粉煤灰、煤矸石的综合利用，布局煤制天然气、煤制液体燃料和煤制烯烃等重大项目的支持；四是山西作为循环经济和生态试点省特别是国家资源型经济转型综合配套改革试验区将为朔州市带来全新的政策支持、制度创新的机遇；五是太原都市圈以及山西出省出海通道的加速建设，进一步突出了朔州市在全省转型跨越发展中的地位和作用；六是省委、省政府全面推进转型跨越的决心和战略部署，以及"再造一个新山西"的宏伟战略目标，凝聚了人心、提升了信心、鼓舞了干劲，全市上下形成了创先争优、真抓实干的新氛围、新局面。

与此同时，朔州市面临的形势复杂多变，压力前所未有。

1.从国际上看，未来五年，随着全球一体化格局进一步发展，全球经济将出现调整，产业升级步伐将不断加快，其过程将凸显科技与文化软实力的激烈竞争。这对朔州市推进科技进步、提高文化软实力提出了更高更迫切的要求，压力不断增大。

2.从国内来看，转变发展方式将贯穿我国经济社会发展的全过程和各领域。特别在解决经济赶超与要素价格扭曲所导致的结构失衡、资源浪费、环境破坏等问题上，国家"十二五"时期政策的刚性要求将会越来越高，朔州市面临着资源环境、节能减排等一系列发展"瓶颈"问题，压力陡然增大。

3.从全省来看，我省确立了推进工业新型化、农业现代化、市域城镇化和城乡生态化、加快转型跨越发展的总体战略，提出要在中部崛起和全国竞相发展格局中再造一个新山西，使朔州市同时面临了新型工业化与城镇化转型跨越发展的双重任务，压力空前巨大。

4.从存在的差距和问题来看，朔州市正处在工业化、城市化快速发展的阶段，长期以来形成的产业结构单一，新兴产业发展不足；工业生产方式落后，产品技术含量不高；农业基础薄弱，现代化水平不高；城镇化水平不高，拉动力不足等问题依然严重，压力非常沉重。

5.从发展的关键因素来看，资金短缺、技术短板、水资源、土地资源有限以及政策约束等已经成为朔州能否成功转型跨越的重要制约因素，加大招商引资、提高研发能力、有效利用资源以及优化政策环境等任务艰巨，挑战严峻，压力提前凸现。

在全国各地纷纷把加快转变发展方式、抢占新型产业制高点作为面向未来的首选，努力通过工业化和城镇化推动形成主要依靠国内需求特别是消费需求拉动经济增长的新格局中，朔州市面临着承载力过高、超负荷运转的严峻形势，未来发展空间受到极大挤压，传统发展方式难以为继，必须确立一种新型的发展战略，彻底破解本地区可持续发展的难题。也就是说，从全局看，朔州市在"十二五"时期必须立足于工业化中期阶段这个

最大的实际,顺应科学发展这个最大的要求,制定和实施符合自身实际的新型发展战略;必须提出新的发展思路、要求、抓手、重点任务和工作部署,加速转型跨越,以转型发展夯实基础,以跨越发展实现赶超,加倍努力,提档增速,使朔州市迈上经济社会全面发展的新台阶。

二、确立新型发展的思路

"十二五"时期,朔州市必须在不断满足环境保护、节能减排等一系列新增外部性约束的同时,把资源型经济转型综合配套改革试验区建设作为推动朔州科学发展的新起点,全面推进转型跨越发展,系统解决经济社会问题,推动朔州由资源生产地、能源供应体向"跨越发展领先区、转型发展示范区、现代化工业新城"的战略目标迈进,在全省乃至全国率先走出一条资源型经济转型发展的新路子。

1. 要以加快发展为核心,以新型工业化和信息化为产业方向,以自主创新和技术进步为核心动力,推动全市工业重心从目前以资源原料工业和燃料动力工业为基础的产业体系,向以新型能源产业、新型材料、现代服务业为主导的、信息化为引领的现代产业体系转变。

2. 要以新型工业化和城镇化作为全市经济社会发展的主要驱动力,重点推动循环经济和城镇化同步发展。大力发展循环经济,坚持把循环经济作为朔州市改造提升传统产业的主要手段,作为新产业、新项目的准入门槛,作为资源配置的优先领域,以试点企业、园区建设为主要载体,在企业、行业、园区、社区、区域层面,着力形成大循环—中循环—小循环的互动格局,尽快使朔州市新型工业化有突破性进展。加快推动城镇化,坚持把高起点规划、高质量建设、高水平管理作为朔州市城镇化的依据和要求,加强城市基础设施和市政公用设施建设,大力发展社会事业,加强和创新社会管理，不断完善城市功能，提高城镇综合承载力，实现城乡一体化发展，从根本上形成全市经济社会发展的内源性动力。

要把国家资源型经济转型综合配套改革试验区给朔州市带来的空间机遇、项目机遇、开放机遇和政策机遇，作为促进全市大力发展循环经济和加快推进城镇化的重要推动力。第一，要以技术改造和循环化、集群化发展，着力延长煤气化、煤电材、煤电冶等工业循环产业链，构建养殖—沼气—种植、农—林—牧等农业循环产业链，发展生态文化旅游、生态物流、废旧回收等循环型服务业态，提高煤矸石、粉煤灰、工业废渣、矿井水等的综合利用水平，从根本上改造升级传统产业、培育壮大新兴产业和迅速发展非资源产业和低能耗、无污染、高附加值的低碳产业，全面提升产业优势和综合竞争力。第二，要围绕全省晋北城镇群建设的战略部署，按照朔州市城镇布局总体要求，统筹推动市域城镇布局、基础设施建设、经济社会发展和资源环境保护的协调发展，全面推动基础设施向农村的延伸、社会事业向农村的辐射、公共服务和社会保障向农村的覆盖。特别要着力解决城镇化进程中的资金、土地、户籍、社会保障等问题：实施多元化资本运营，通过政府、企业、民间资本等多方努力，加快城镇化建设步伐；推进土地集约化，优化配置全市有限的土地资源，充分发挥土地的经济效益、社会效益和生态效益，破解城镇化发展瓶颈；完善各项保障制度，保障农民利益和城镇的承受能力，加快农村劳动力转移。要以新型工业化推动城镇化发展，以特色城镇化促进新农村建设，到"十二五"末，力争在全市形成经济社会协调发展、城市乡村统筹发展的新格局，实现再造一个新朔州的目标。

3. 要按照全省"以煤为基、以煤兴产、以煤兴业、多元发展"的转型跨越发展思路，把夯实煤电生产大市和新兴工业强市的重要地位、充分发

挥煤电等支柱产业和优势产业的重要作用、立足煤电而又超越煤电、以煤兴业从而多元发展，作为朔州市加速转型跨越的主要支撑点和市场突围点，整体谋划布局，推进科学发展。

要在资源型经济转型综合配套改革试验区总体方案的统领下，全面探索朔州市转型跨越的新路径：（1）做强做大煤电产业，同时积极发展风电、太阳能等新能源，促进产业内部升级转型和能源结构优化发展。（2）发展循环经济，培育和壮大煤化工、冶金、新材料、农副产品加工等新兴特色产业，促进工业结构优化发展。（3）大力发展以生态文化旅游业、生产性服务业、现代物流业为重点的服务业，促进经济结构优化发展。（4）做足做好高效特色农业，加强农业基础设施建设，大力支持农业由第一产业向第二和第三产业领域发展，建立农业新形态，从根本上促进农民增收和增加农业活力。（5）进一步创新城乡规划理念和机制，全力助推城乡统筹发展和不断提升城市功能，促进传统工业城市向现代工业城市跨越发展。（6）适应"以人为本，全面、协调、可持续"的要求，以提供有效的公共管理、公共产品和公共服务为宗旨，促进由经济建设型政府向公共服务型政府转变。努力经过"十二五"时期的发展，逐步把朔州市建设成全省乃至全国的有综合实力和核心竞争力、有集聚辐射力的现代化工业新城和最宜居最宜发展的塞外新城。

4."十二五"期间，朔州市要围绕加速转型跨越，按三步走的要求实施新型发展战略，争取"一年大起步、三年大变样、五年大突破"，有序推动经济社会全面、协调、可持续发展。第一步，要对那些有显著比较优势的支柱产业，通过技术革新和循环化、产业集群化手段，加速产业升级；对于必须淘汰的，要筹集必要的社会辅助基金给予一定的退出补偿和保护，促进产业资本自我更新。第二步，要依靠战略性新兴产业和改造升级的优势产业，构建以资本混合结构为核心的市场竞争体系；大力推动政府职能转变，使其转到以创造最佳经营发展环境为核心的服务功能上。第三步，要利用传统经济优势，结合区域整合的体制优势，形成以煤为基，以新型能源产业、煤化工、新材料、现代服务业等为主导的多元发展的新局面。

三、坚持新型发展的要求

新型发展是朔州市加快转型跨越、由"三高"为特征的传统发展模式走向"循环、低碳、绿色、清洁"的新型发展方式的基本选择和必由之路。

——以循环、低碳、绿色、清洁、民生等理念为核心内容，谋划朔州市的新型发展战略，使之有机地融入"十二五"规划的指导思想、基本原则、主要目标、战略任务和重大举措中。

——紧紧扭住能源产业，确立发展新型能源产业的核心地位，以煤为基，进一步发挥煤炭赋存丰厚的优势，促成煤炭产业向新型能源产业发展，把资源优势更好地转化为经济优势和发展优势。重点是利用煤电等先行优势，率先启动与资源性产业密切相关的技术变革，营造能源产业的战略主导权。

——立足于产业基础和城市条件，大力策划和引进新产业项目，建立多元产业体系，培育新的经济增长点。特别要把煤基循环链建设作为改造提升传统产业的重中之重，加快节能减排、降低成本、产业升级、效益升值，努力建设循环经济集聚区，实现能源原材料基地向循环经济强市的跨越。

——以煤为基，多元发展，全面促成全市产业的整体提升。一是整体提升以煤炭产业为核心的能源新产业的发展水平，提高煤炭开采的机械化、信息化、智能化水平，提高煤炭洗选率，推动煤炭安全生产状况的根本好转，实现煤炭产业的高效、绿色和安全发展。二是整体提升朔州产业

体系的发展水平，改造传统产业，壮大优势产业，发展新兴产业，实现产业结构的多元化、合理化、高级化发展，在全省乃至国家区域发展格局中确立自己的优势。

——推进新型战略，抓好高端发展。一是抓好技术链高端，围绕重点产业，不断引进和研发先进技术，向资源转化的技术前沿发展。二是抓好产业链高端，用信息化、自动化和高科技推动主导产业向产业链的高精尖端延伸再延伸，开发有先进水平的高端品牌产品并形成新业态。三是抓好利润链的高端，通过创新发展传统产业，在不断加工转化过程中获得更高利润，实现效益最大化。

——围绕新型战略，着力构建好支撑体系。加大产学研结合力度，紧贴朔州市的主导产业推进研发机构建设，强化科技支撑。大力拓展引才育才渠道，针对朔州市转型跨越的目标任务，启动人才引进计划，推进人才培育工程，创新人才激励政策，强化人才支撑。加大改革创新力度，破除保守思想，创新体制机制，强力推进产业与资本、技术的融合，坚决压减审批事项，激发内在动力与活力，强化改革支撑。全面加强和优化"软环境"建设，重点抓好干部作风整治，加大机关治庸治懒治散力度，提高行政效率和服务水平，强化环境支撑。

四、确定新型发展的抓手

"十二五"时期，全市要以循环经济和城镇化为抓手，坚持工业化、信息化与城镇化的良性互动，以"统筹城乡发展、优化产业结构、加大节能减排"等措施推进科学发展，在核心区域、重点领域和关键环节上率先突破，推动现代化工业新城建设，逐步确立全省转型发展示范区、跨越发展领先区的地位。

（一）把循环经济作为转变经济发展方式的基本途径

朔州市发展循环经济，就是要加强传统行业的技术改造，最大限度地减少资源消耗和废物排放，达到节约和降低发展成本的目的，使经济增长方式由"大量生产、大量消费、大量废弃"的单向式传统模式向"减量化、再利用、资源化"的反馈式循环模式的转变。

"十二五"期间，朔州市新型工业化的着力点在于循环经济。朔州市是我省重要的资源和工业大市，以煤电为主体的重工业是朔州国民经济的主导产业，也是最适宜发展循环经济、最迫切需要发展循环经济的产业。结合朔州当前发展现状，以循环经济为抓手和突破口的新型工业化道路就是要以科技创新为先导，以高新技术和"绿色技术"为支撑，按照循环经济的要求，坚持一条信息化和工业化并举的集约型、开放式道路。在今后相当长的一段时期内，全市必须围绕循环经济制定工业、农业、服务业、科技产业的发展战略和政策措施：（1）在企业建立"点"上的小循环，实现减量化。帮助企业引进大量的节能减排技术，促进清洁生产结合技术改造升级，利用生态设计和现代技术，大力推行清洁生产、绿色设计、节能、节水、节地、节材等循环经济技术，鼓励企业内部节能降耗，降低原材料和能源的消耗，尽可能把对环境污染物排放消除在生产过程之中。（2）在产业建立"线"上的中循环，实现再利用。通过物质、能量和信息集成，建成资源、能源梯级利用产业链，实现再利用；重点依托各工业园区，突出能源、化工两大重点，引导化工、建材等企业向园区聚集，延伸产业链条。（3）在社会建立"面"上的大循环，实现资源化。在社会各行业、产业间建立生态产业体系，倡导生态文明，打造环境友好型产业群，提高全社会可再生资源的利用等。严格"五小"企业、污染企业整

治，严格环保审批。抓住"应县木塔申遗"机遇，大力发展文化旅游业。

（二）把城镇化作为转变经济发展方式的持久动力

朔州市要把加快城镇化进程作为转变经济发展方式的战略引擎，作为创新驱动、内生增长的有效途径，以城市改造和城市建设为突破口，优化城乡统筹，促进产业聚集，增强内需拉动，调整产业结构，推动全市城镇化进入历史上速度最快、力度最大、成效最好的时期。

"十二五"期间，朔州市特色城镇化的着力点在于推动现代产业聚集、促进内需主导发展、加快城乡一体化进程、打造现代化工业新城的雏形：（1）全市要加快新一轮城镇规划建设步伐，以城镇面貌三年大变样为抓手，优化城镇空间布局，有效吸引产业聚集，不断提高综合承载力和竞争力。特别要把园区建设作为城市化发育不充分阶段培植和支持产业发展的重要任务，打造具有带动城市经济向高端发展的产业集群，优化煤电新型能源开发区，拓展先进制造业园区，提升新型农业园区，促进多园区整合联动，努力把园区建设成为产业特色突出、要素高度集中的功能区，成为高端化、高质化、高新化的产业发展载体。（2）全市要加快城市改造和城镇化建设，有效拉动内需，加速由外需依赖向内需主导转变，形成内需外需协调拉动经济增长的格局。朔州市外向型经济特征比较明显，必须转向以城镇化驱动扩大投资需求和消费需求的轨道上，积极发展休闲度假、健身娱乐、生态旅游、商贸会展、现代服务业；加大城建投资力度，全面推进旧城改造工程，实施城市道路精品工程，着力构建城区交通体系，优化城市区域分工。（3）全市要紧紧围绕"生态、智能、休闲、商务"的城市功能定位和个性特征，以高端产业为源泉、以低碳生态为基础、以科学现代管理为重点、以最宜居最宜发展为目标，加速城镇化进程，推动朔

州市"现代化工业新城"建设。特别要在建设主城区"数字城管"的基础
上，应用现代信息技术，建立信息"触点"，形成一个集城市规划、建设、
管理和服务于一体的"神经元"网络系统。另一方面，大力实施蓝天绿水
工程，维护好城市良好的生态环境；要积极引导市民提升精神境界，培育
文明风尚，使市民整体素质和精神文明水平有明显提升。

五、突出新型发展的重点任务

新型发展战略将以煤为基，力争推动形成以煤炭产业为核心的新型能
源产业与其他产业的多元协调发展的新格局。这对朔州市在跨越中促转
型、在转型中谋跨越、抢占先机和未来发展制高点有重要意义。

（一）强力推动新型工业化

"十二五"时期，朔州市要立足于全市煤炭、土地等资源禀赋优势，
依托大企业大集团，以煤电产业为基础，按照"多联产、全循环、抓高
端"的发展要求，进一步优化产业布局和延伸产业链条，发展循环型工
业，促进工业新型化。要通过改造提升煤炭、电力两大传统优势产业，培
育壮大现代煤化工、装备制造、新型材料、冶金四大新兴支柱产业，把朔
州市建设成晋北"绿色能源"基地和"循环型工业"聚集区。

推动新型工业化的目标是：（1）经济增长目标。到"十二五"期末
全市规模以上工业增加值达到810亿元，比"十一五"期末增加1.31倍，年
均增长16%。（2）循环经济目标。完善重点循环产业链和建设全国重要工
业固废综合利用示范基地，到2015年，主要工业固体废弃物全部利用，循
环产业销售收入在全部企业销售收入的比重大大提高。（3）技术进步目
标。建立以企业为主体、市场为导向、政产学研结合的技术创新体系，提

升企业技术中心建设水平，加快产品和技术的引进、消化、吸收。到"十二五"期末，全市建成省级企业技术中心10个，市级企业技术中心30个，区域性、行业性企业技术中心4个。全市企业技术创新整体水平得到提升，主要支柱产业的技术创新达到国内同行业先进水平。 （4）节能降耗目标。经过五年的发展，以重点循环产业链建设为支撑的工业循环经济体系明显形成，工业固废利用率大幅提高，全市结构节能、技术节能、管理节能工作全面推进，主要行业落后产能全部淘汰，工业经济综合能耗明显降低，到2015年，单位GDP能耗比2010年降低16%左右。 （5）产业集聚目标。以全面建设优势产业集群、主导产业基地、重点工业园区为重点，推进全市工业产业实现园区化承载、基地化、集群化集聚，到2015年，全市工业产业集聚、集中度明显提高。

推动新型工业化的布局是：按照资源合理配置和生产要素优化组合的原则，"十二五"期间朔州市工业产业的战略布局和优化，要坚持重点行业与重点区域相结合，因地制宜，各有侧重，形成"点—线—面"区域经济增长极；要坚持资源开发与工业关联，延长资源开发—资源加工的工业链条，带动相关工业的发展和地方经济的良性循环；要坚持把资源开发与适度规模相结合，提高工业开发的规模效益和聚集效益；要坚持把资源开发与广大农（牧）民的脱贫致富结合起来，促进整个社会繁荣和稳定发展。综合考虑以上因素，构建"六点"、"两轴"工业循环经济产业带：以朔州区、平鲁区、山阴县、应县、怀仁县、右玉县为点，以大运公路、北同蒲铁路交通主干线为依托的主纵轴（怀仁县—山阴县—朔州区），以荣乌高速公路、平朔一级公路、109国道为次横轴（应县—平鲁区—右玉县），按照"点—线—面"渐进开发，点极辐射，轴带扩散，以点带线、以线带面、相互联动，突出重点，分清层次，逐步形成布局合理、结构优化的晋北"绿色能源"基地和循环型工业聚集区。在点上,平鲁区、朔州区、山阴县为煤炭、电力、煤化工等工业重点发展所在区,应县、怀仁县、右玉县为新材料、装备制造、医药等新兴工业重点发展所在区。纵轴上工业产业发展向朔州富甲工业项目聚集区、红旗牧场工业项目聚集区、朔州粉煤灰综合利用项目积聚区、山阴东大滩工业项目聚集区和金海洋循环经济项目聚集区、怀仁云东工业项目聚集区、怀仁陶瓷工业项目等地聚集。横轴上工业产业发展向应县城东工业项目聚集区和城南北曹山工业项目聚集区、平鲁平朔矿区和井坪循环经济聚集区以及右玉威远工业项目聚集区等地聚集。"十二五"规划期内,主要依托两轴工业聚集区可优先形成循环型工业轴带或走廊,并向两侧延伸扩散,逐步辐射和带动周围县区发展。

推动新型工业化的任务是:(1)抓住全省煤炭资源整合"三大战役"的契机,遵循资源向先进生产力集中、生产向大型机械化靠拢、管理向现代企业制度迈进的原则,按照"安全化、规模化、集约化"的要求,保证煤炭资源整合重组工作顺利进行,建设一批国内一流的安全高效现代化大型矿井。以高端技术为核心、以低碳排放为标准、以节能为重点,加快建设现代燃煤火电厂,大力发展煤矸石等新型洁净煤发展项目,积极发展风电、太阳能、生物质发电等可再生能源发电项目。(2)在煤、电产业发展的基础上,加快承接关联产业转移,全力推进朔州市循环经济园区(聚集区)建设。以"减量化、再利用、资源化"为原则,按照"多联产、全循环、抓高端"的要求,不断延伸和完善循环经济产业链条,着力培育和壮大煤化工、冶金、装备制造、新型材料、农副产品加工等战略性新兴产业。(3)立足朔州市煤炭、土地等资源优势,加快推进资源"资本化"进程,促进地方经济转型跨越发展。在严格遵循国家政策法规的前提下,通过"公开、公平、公正"招投标等市场方式,以资源换项目、以资源换

资本、以资源换资源、以资源换人才,实现煤炭资源就地转化、土地资源合理高效利用,推动煤炭产业与非煤产业同时并举,大企业大集团与地方经济"双赢"发展。

(二) 稳定发展高效特色农业

"十二五"时期,朔州市农业要围绕新型发展战略目标,按照高产、优质、高效、生态、安全的要求,以加快转变农业发展方式为主线,以设施农业、规模畜牧园区、生态绿化工程、农产品加工为发展重点,强化政策支持、科技兴农、服务体系、基础设施支撑,加快"一村一品、一乡一业"开发建设,大力发展高效特色现代农业,不断提高全市农业生产的专业化、规模化、标准化、集约化、产业化水平,形成种养互促、农牧并举、加销带动的大农业良性循环生产格局,夯实农民增收基础,在农业现代化上实现新突破。到"十二五"末,争取建成"两大基地、一个先行区":京津地区的菜篮子基地(绿色奶制品、畜产品生产基地)、全国特色农产品的生产加工基地、城乡一体化发展的先行区。

稳定发展高效特色农业的目标是:到2015年,粮食产量达到100万吨;设施农业面积达到20万亩,户均1亩,全市瓜菜总产达到150万吨以上;奶牛全部实现入园入区饲养,存栏量25万头,鲜奶产量达到100万吨;全市肉羊小区达到150个,羊存栏250万只,年出栏150万只;全市农业产业化企业和组织发展到500个,销售收入150亿元以上,建成30家销售收入超亿元的农副产品加工龙头企业;城市现代化、农村城镇化、农业现代化、服务均等化的城乡一体化形态初步形成,发展水平跻身全国同类地区前列;解决贫困人口4.3万人;"绿色证书"培训1500人,跨世纪青年农民培训12000人,培育5000个科技核心示范户;信息服务网络覆盖全市6县(区)

和所有的乡镇；进一步完善农技推广网络，全市建成26个跨乡镇的区域中心站，建立完善农产品质量安全、有害生物预警、重大疫病防控、农业市场信息、防灾应急、农业生态环境保护与农村能源开发利用等服务体系；农民人均纯收入达到1.2万元，力争达到1.5万元。

稳定发展高效特色农业的任务有：

1. 深入推进农业结构调整，建设区域特色农畜产品生产基地。要把调整优化农业结构作为提高质量和效益的根本途径，因地制宜发展特色农业，推动全市农业生产向区域化布局、规模化生产、产业化开发、集约化管理方向发展。一是优化种植业结构，建设形成六大特色农产品产业带（生产基地）。在东南部（应县、怀仁等县）建设玉米、蔬菜、甜菜生产基地，西北部（平鲁、右玉等县）建设马铃薯、小杂粮、胡麻生产基地。二是以四个平川县为主，集中连片、板块推进，大力发展设施农业，建设设施蔬菜和延秋露地蔬菜生产基地，形成蔬菜、瓜果、食用菌、花卉多元化发展格局。三是大力发展园区化、标准化、规模化、集约化养殖业，重点建设优质奶牛、肥羔羊、生猪和蛋鸡三大基地，形成奶牛、肉羊、生猪和蛋鸡三大特色畜牧产业。同时，以大型养殖园区为主，配套建设大中型沼气工程，在每个县区建设1~2个循环农业高效示范园区，加快畜禽粪便的无害化处理和农业废弃物的资源化利用，大力发展低碳循环农业。

2. 加快发展农产品加工业，提高农业产业化经营水平。要把推动农业产业化经营作为发展现代农业的主攻方向，用工业化的理念发展农业，支持鼓励农业产业化经营和各类农产品加工龙头企业建设，打造一批以农产品加工为主的工业园区，培育一批销售收入超亿元的龙头企业集群。要围绕朔州特色农畜产品板块，重点抓好五大现代农业加工园区及绿色奶源基地建设，包括应县南河种镇现代农业示范园区、应县600万张皮革加工园

区、中粮60万吨甜菜加工园区、右玉威东20万吨农产品加工园区、山阴农牧场200万吨饲料园区和全市70万吨鲜奶加工基地建设,大力发展农产品精深加工,推动农产品加工业做大做强;积极发展种养大户、农产品经纪人、农民专业合作社、农业产业化龙头企业等现代农业经营主体,提高其组织带动能力、专业服务能力和市场开拓能力,提高全市特色农畜产品的加工转化率、市场占有率和附加值,促进农业增效、农民增收。

3.加强农业基础设施和农产品市场体系建设,提高农业综合生产能力、抗风险能力、市场竞争能力。要把加强农业基础设施建设作为提高农业综合生产能力的关键环节,多渠道筹集资金,突出农田水利建设和耕地质量建设,加快盐碱地和中低产田改造,大规模建设旱涝保收高标准农田,重点抓好"两个50万亩"建设:即50万亩盐碱地改造,50万亩节水改造工程,提高耕地综合生产能力;继续推进农村电网改造,加强农村饮水安全工程、公路、沼气建设,完善提升农村"五个全覆盖"工程,继续改造农村危房,实施农村清洁工程,开展农村环境综合整治,进一步改善农村生产生活条件。要在优势农产品主产区,建立和完善农产品专业批发市场,优先扶持初具规模、影响较大的朔州大运市场、应县南河种市场、怀仁瓜果蔬菜批发市场、右玉玉羊市场及20个专业批发市场。加强农产品批发市场基础设施及信息系统建设,改善各类农产品批发市场基本交易条件,完善批发市场质量安全检测功能,促进农产品流通标准化和分级包装上市,提高市场竞争力;积极扶持农产品流通企业发展,建设农产品现代物流配送中心,促进农产品产销对接;推进农贸市场改造升级,积极发展农产品超市,改善农村购物环境,扩大农村消费。

4.加大农民科技培训及科技推广力度,提高农业现代化水平。要把加快农业科技进步作为实现农业现代化的重要支撑,加大农民科技和职业技能培训力度，朔州市和六县区都要建立农业科教培训中心；同时围绕农民工转移就业，建设完善农民工职业技能培训基地，提高农民科技文化素质、转移就业技能和创业能力。要抓好重大适用技术推广，充分发挥科技核心示范户的辐射带动作用；加快基层农村科技推广体系改革步伐，每县区建设3～5个区域中心乡镇农技站，建立健全县、乡、村三级农业技术推广服务网络；以良种繁育、动物防疫为重点，建设以市级服务市场为中心、6个县区服务市场为框架的全市畜牧社会化服务体系；并依托有关科研院所、聘请专家教授和科技带头人组建市农业科学研究所，加快农业高新技术向现实生产力转化的步伐，不断增加农业的科技含量；要加强农业现代信息网络建设，进一步加强六县区农业信息平台和村级信息服务站建设，办好朔州农业信息网站，充分发挥农业信息在生产中的指导作用；将物联网技术应用到农业生产、加工、销售和农产品质量安全监管的全过程，不断提高农业的信息化水平。

5.着力创新体制机制，加快推进城乡一体化。要把统筹城乡发展、推进城乡一体化作为解决"三农"问题的主要任务。以建立全省城乡一体化发展的先行区为目标，以农村土地流转、农业经营管理、投融资制度创新为重点，进一步完善促进"三农"发展的体制机制，继续推进城乡空间布局、产业发展、基础设施与公共服务、就业和社会保障、社会管理"五个一体化"，促进土地向规模经营集中、工业向园区集中、农民向二三产业转移、人口向城镇和中心村集中、基础设施向农村覆盖、基本公共服务向农村延伸，逐步实现城市与农村经济社会的共同发展。

（三）全面培育发展现代服务业

"十二五"期间，朔州市要大力推动服务业的多样化、现代化发展，

重点是培植生态文化旅游业、建设生产性服务业和壮大现代物流业。

1. 全力推动生态文化旅游业大发展。朔州市生态资源和历史文化资源丰富，特色显著。"十二五"时期，朔州市生态文化旅游业总体上处于起步培育阶段，要求高、任务重，但潜力大、前景好，是需要大力发展的新兴产业。

推动旅游业大发展的目标是：到2015年，力争使全市年接待旅游人数达到1000万人次，旅游综合收入达到125亿元；"十二五"末，争取使生态文化旅游业成为全市转型跨越发展的支柱产业，成为朔州市国民经济新的增长点，成为塑造、展示和宣传朔州市对外形象的重要载体和窗口。

推动旅游业大发展的任务是：一是积极推进区域合作战略。以区域的眼光和视野审视朔州市在晋北、内蒙古邻近地区及环渤海地区范围内的特色、差异、优势和地位，在区域旅游框架内确定和规划朔州市旅游开发战略、布局、分期和重点。二是重点实施产业要素均衡发展和整体推进的战略。包括建设和培养大景区，建设旅游专线公路，规划、建设和完善旅游饭店、游客中心等接待设施（布局和等级体系），旅游商品研发、生产和销售，特色餐饮和具有地域民俗风情的旅游演艺产品系列。三是全力推进政府主导支持和推动市场化运作的战略。在山西省率先探索旅游资源一体化管理的体制机制改革；制定关于引导和鼓励煤电等大企业集团投资开发旅游的优惠政策；成立朔州市旅游投资公司。四是大力发展旅游综合经济的战略。培育和提升旅游拉动和带动相关产业的能力，提高旅游产业的贡献率。特别要重点开发包括应县木塔宗教古建筑文化景区、广武古战场文化景区（包括新旧广武古城、汉墓群、内长城等）、桑干河湿地及紫金山生态休闲景区（包括恢河湿地、神海湿地、紫金山自然保护区）、西口文化景区。要以应县木塔景区申报世界文化遗产为抓手，以四大景区及配套设施的规划和建设为重点，带动全市旅游业上新台阶。

2.快速推进生产性服务业大发展。"十二五"时期，朔州市要努力打造服务晋北、辐射京津冀蒙的综合生产性服务业基地，使服务经济成为重要的生产部门和支柱产业，服务业增加值占地区生产总值的比重超过45%。

推进生产性服务业大发展的目标有：第一，在农业专业化、畜牧业深加工领域，每年培育100家年营业规模500万元的生产性服务企业，使第一产业内部的生产性服务业比重达到35%。第二，在煤炭、电力、煤化工、建材、陶瓷、新能源和煤机装备等占优势的行业，每年培育300家年营业规模2000万元的生产性服务企业；孵化和引进创业性投资，每年鼓励和扶持专门服务于传统产业节能降耗、升级改造的替代性、接续性和集约性企业300家，推动第二产业内部的生产性服务业比重达到45%。第三，在传统服务业领域，通过引进资本、技术、人才，实施流程再造工程，提高服务环节的附加值，推进产业内部分工的专业化和精细化；抓住东、中、西三区战略性融合的有利时机，做大做强外包服务；积极对接京津冀蒙产业变革的有效需求，"以我为主，主动出击"，全面构建吸纳、聚集、快捷、便利的现代服务中心；推进文化、旅游、休闲、餐饮、餐馆的生产经营上规模、达标准、强特色，使传统服务业发生技术性、资本性、信息化和人才化的变革，把内部分化和衍生的生产性服务业的比重提高到35%。

推进生产性服务业大发展的任务有：第一，建立"一个基地"，即利用山西建设国家资源型经济转型综合配套改革试验区的有利时机，有效整合传统产业与新兴产业升级改造的结构性优势，积极参与区域经济、城乡一体化发展的历史进程，大力吸纳朔北大同、朔南忻州结构性演变释放的产业空间；放手发展专门服务于煤电产业转型、煤化工升级、新能源发展的生产性服务业；推动区域分工向专、精、细发展，逐步把朔州建成晋北

独一无二的综合性生产性服务业基地。在此基础上，扩大市场覆盖范围，拓宽产业嫁接领域，进一步提升服务水平，增强核心竞争能力，成为京津冀蒙战略优势独特的服务经济中心。第二，发展"两条战线"，其中一条战线是改造和提升传统产业，优化三次产业结构，分别在第一、二、三产业内部拓展和延伸专门服务，增加中间产品投入，壮大产业资本，上规模、增效益；另一条战线是设点布阵，培育涵盖区域、市域、县域和村镇的"珍珠链式"的积聚中心，搞好带动村镇、城乡、市域经济协调发展的空间和产业布局。第三，建设"三大集群"，即以设施农业和畜牧业深加工为核心的农业专业化服务集群；以煤炭开采、洗选、加工，煤化工节能降耗，电力优化、生产、输送，煤、电、热、化工多式联产，矿区复垦修复以及其他生产性产业的部件、零件、载具、设备的采购、供应、组装、维修，关联产业关键环节的人力、物力、技术和网络支撑为中心的生产性服务集群；以学习、引进、转化、创新新知识、新经验为重点，以现代信息、物流、包装、组装、仓储、IT技术和政策咨询为中心的知识服务集群。为推动上述发展重点，朔州市必须在政策、基础设施、财政金融、技术、重点项目等方面采取积极措施，下大工夫解决实际问题。

3.全面推动现代物流业大发展。现代物流业是服务业的先导产业和承接性产业。"十二五"期间，朔州市要以交通网络为基础，以信息化为支撑，以物联网为载体，以重点物流建设工程为抓手，整合人流、物流、信息流，建立物流大发展的政策体系，优化物流大发展的"硬环境"和"软环境"，着力建设晋北乃至山西的物流大市，形成涵盖保税、仓储、集运、商贸、金融等服务的现代大物流发展格局。

推进现代物流业大发展的目标是："十二五"时期，朔州市物流业要以产业转型为主线，以节能降耗为目标，推动全社会物流成本从目前水平降到同期全国平均水平（约18%～20%），在煤、电、冶金、陶瓷、建材等地方性支柱行业率先实现第三方物流比重超过35%；打造13家重要的物流产业园区，培育和发展100家年营业规模500万元的中小型物流企业，形成3～5家跨地区的集团化物流企业集团，建成一个主导晋北、平衡华北、影响东部的大规模物流产业集群。

推进现代物流业大发展的任务是：第一，建设"一带"，即以朔州煤炭生产基地、电力生产、供应企业等产品物资集散中心为发运点，以外部客户使用承接平台为终点的物流经济带。第二，发展"两区"，其中，一区是以朔州为积聚中心，朔北大同、朔南忻州为支点，整合构成的晋北物流区；另一区是毗邻晋北的京津冀蒙煤、电、化工、建材、旅游、人才及新能源等区际综合贸易扇形区。第三，形成"三网"，即以朔州、大同、忻州及京津冀蒙重要城市基础设施和公共服务为核心的一体化融合网络；以信息、资本、技术、人才、管理、标准及其他关键要素为核心，整合而成的区域经济资源、产业要素、公共管理等均衡共享的服务网络；大中小型企业联合、协作、联盟及集团化发展的市场网络。第四，完善"十个服务端口"，即围绕朔州公路、铁路、航空站点、电子信息基站、电子商务和金融服务平台，煤炭电力及其他重要物流产品的发运站和输出载体，文化、教育、旅游集散中心，建设十个布局合理、功能齐全、效益良好的物流客户服务端口。

（四）加速推进特色城镇化建设

未来五年是朔州城镇化发展的加速期和跃升期，必须加快特色城镇化建设步伐，扎实推进城乡一体化进程，使朔州市到2015年，建成全省一流的城镇群，为朔州市经济社会发展拓展新空间，注入新动力。

　　加速推进特色城镇化的要求是：第一，依据全省市域城镇化的总体布局和具体要求，以及朔州市的经济发展格局和未来发展要求，遵循经济发展与城市发展的规律，合理规划、明确产业优化发展和城镇合理建设的空间布局，以尽可能少的资源消耗、尽可能小的环境代价，形成发展定位清晰、区域经济互补、国土高效利用、城乡协调发展的格局。第二，以朔城区为城乡统筹的依托，以大县城、中心镇为城乡统筹发展的重点和突破口，引导生产要素、优势资源集中集聚，推动基础设施向农村延伸、社会事业向农村辐射、公共服务和社会保障体系向农村覆盖，逐步形成内部合力突出、外部辐射显著的城镇群，促进中小城市和小城镇协调发展，实现人口、产业、市场的集聚效应。第三，以新型工业化带动特色城镇化，以经济社会发展规划、城市总体规划、土地利用规划、产业布局规划等"多规合一"引领城镇化建设，以工业园区、商贸物流园区、技术创新园区支撑城镇化建设，以城中村改造、棚户区改造、旧城改造推动城镇化建设，着力推动朔州市特色城镇化实现快速跃升发展。

　　加速推进特色城镇化的目标是：按照"1555"特色城镇化战略要求，以朔城区为核心，辐射带动平鲁、山阴、怀仁、应县、右玉一体化发展，形成以中心城市、大县城、中心镇、中心村一体化发展的城镇化布局，构建具有朔州特色的现代城镇体系：（1）全力推动朔城区先行发展，以现代化城市标准建设1个可以容纳50万人的晋北区域中心城市；（2）大力实施县城发展战略，建设5个可容纳5万～10万人的中小城市，引导生产要素、优势资源向县城集中，推进县区城市扩容提质；（3）努力建设好50个经济实力较为雄厚、基础设施比较完善的特色中心镇，使其成为城乡一体化的纽带，以及发展县域经济、吸引农民就业、转移的主阵地；（4）大力推动500个中心村的建设与发展，积极稳妥地推进新农村建设。

　　加速推进特色城镇化的任务是：（1）要按照全省城镇化建设的战略布局，加强与大同市的协作与联系，积极开展晋北城镇群建设的战略合作，主动融入全省"一核一圈三群"的城镇发展格局。（2）以中心城市为龙头，大力推进"1555"朔州城镇化建设。一是推动中心城市提质扩容，统筹新城建设与旧城改造，拓展发展空间，完善基础设施，提升功能品位，增添塞外新城魅力。二是把5个县（区）城作为城镇化推进重点，通过产业聚集区建设，加强县城基础设施和公共服务建设，提高县域经济社会的综合承载力，提高县城吸引农村人口转移发展的能力。三是以县城为中心，选择10个有交通优势、产业基础和发展潜力的集镇，按照"一乡一业"的布局要求，以政府主导、市场推动的方式，加大投入，做强特色，做大规模，提高其辐射带动能力。在推进城镇化进程中，要特别注重经济建设，着力优化产业结构，为建设创新型城市提供扎实强大的产业支撑。（3）统筹城乡基础设施建设，重点是加强铁路、高速公路、干线公路、农村公路及运煤通道等现代运输体系建设，城区骨干道路、水、电、通讯、供热、供气等基础设施建设，配套居民住宅小区、中心乡镇（村）便民店等市场体系建设，进一步完善全市基础设施，增强城市基础功能。（4）加快发展社会事业，增强城镇吸纳力、辐射力和影响力。不断增加公共财政用于改善民生和社会事业的投入，健全公共服务体系，推进基本公共服务均等化。着力加强教育、科技、文化、卫生、体育等公共服务建设，进一步提升城镇服务水平。（5）创新城镇管理体制，提高城镇管理水平，妥善有效地解决农村人口转移问题；加快城中村改造、棚户区改造、旧城改造，加强环境保护和生态建设，全面改善人居环境；把地方特色文化和现代文化有机地融入城镇化发展中，努力打造古今文化相交融、不同风格相辉映的塞外宜居城市。（6）全面推进信息化建设，重点是积

极发展互联网和物联网，加强网络基础设施建设，推进网络技术应用开发，逐步拓展网络服务范围，延伸服务半径；加强完善电子政务，全面推进城市管理和社会服务信息化进程，特别要在公共危机与突发事件、治安管理、交通管理、社会治安综合治理等方面发展信息系统，提升城市管理和社会管理的水平与能力。

（五）坚定推进城乡生态化建设

未来五年是朔州新型工业化、特色城镇化的加速推进时期，全市生态建设的要求格外急迫，任务异常繁重。要按照全省建设"绿化山西、气化山西、净化山西、健康山西"的总体目标任务，真正把环境作为生产力，在绿化上争领先，在气化上谋赶超，在净化上求突破，在健康上见实效，加快建设资源节约型、环境友好型社会。

六、全面推进新型发展战略的工作部署

"十二五"期间，朔州市要按照新型发展战略的思路、要求、抓手和重点，着力推动工作部署，不断增强新型工业化的带动能力，增强特色城镇化的发展能力，努力推进转型跨越，实现强市富民，走向共同富裕。

（一）以项目建设为主要推力，抓实项目，靠大联强，以大项目带动大发展

项目建设是朔州市扩大投资的基本途径。全力以赴落实项目建设，确保固定资产持续较快增长，是朔州市"十二五"时期加快发展、转型跨越的着力点和关键环节，必须持之以恒，常抓不懈。抓项目就是抓投资、抓跨越、抓转型。一是要千方百计确保固定资产投资增速不低于28%。为此，

要坚持三管齐下，充分用好国家投资、银行信贷、社会投资等各方面资金，谋划运作好园区建设、煤电资源综合开发、历史文化旅游、商贸物流等重大项目。要积极探索银行与朔州市经济共同发展的新路子，更好地发挥银行等金融机构对朔州市发展的促进作用。要紧紧抓住产业变革、民间投资的有利时机，加强招商引资，承接产业转移，扩大社会投资。二是要切实提高投入质量，突出抓好关系朔州市发展、有利于优化生产要素配置的重大基础设施项目，抓好左右经济发展态势、带动力强的重大产业项目，抓好具有发展潜力的新能源、新材料项目，抓好改善民生、优化环境、提高人民群众幸福感的重大社会事业项目，更好地发挥项目拉动内需、扩大总量、优化结构、增强后劲、带动就业、推进又好又快发展的引擎作用。三是要大力扶持"双百亿"企业的投资项目，培育壮大一批核心竞争力强、带动作用明显的大企业大集团，形成朔州市发展的排头兵。

（二）以循环经济和城镇化为主要路径，切实解决科学发展的"瓶颈"问题，推进绿色发展

坚持经济与生态协调发展，促进市域经济快速发展，必须进一步保护好、建设好生态环境，发挥好、利用好生态优势，在集约节约利用资源中赢得协调快速发展，在保护生态环境中谋求绿色崛起。其中，重中之重就是要把节能减排、保护环境贯穿于市域经济发展的各领域、全过程。要继续实施生态环境保护工程，抓好重点领域、重点行业、重点企业的节能减排，加大关停淘汰落后产能力度，制定淘汰落后产能实施方案；大力推进公共机构节能，推广高效节能产品，确保完成"十二五"节能减排任务。必须强调，要在招商引资中严守保护生态环境这条红线，坚决控制高耗能项目和高排放项目，坚决控制落后产能，防止其他国家和地区"碳排放"

向朔州市转移。要有效解决农村污染这一环境保护难题，积极探索农村循环经济模式和生态生产方式，找到科学、可行、有效的办法，较好地实现资源循环利用和废水废气零排放。

（三）以统筹推进美城、强市、富民为基本目标，全面提升城市功能，创新发展环境，切实保障和改善民生

朔城区是市域发展的龙头，强市是市域发展的基础，富民是市域发展的归宿，三者有机统一，必须统筹推进。

1. 美城是以特色城镇化为动力，以新型工业化为途径，全面发展中心城市，做强做大做美朔城区；进一步优化大县城、中心镇的城镇布局，提高对中心村的辐射带动能力，尽快形成朔城区、大县城、中心镇、中心村梯次明确、联系紧密的城镇体系。要大力提升城市规划、建设和管理水平，努力把中心城市建设成布局合理、功能齐备、环境优美、富有特色与活力的新型城市；要在以中心城市、县城为吸纳农村转移人口重要途径的同时，充分发挥中心镇就近吸纳农村人口的重要作用，形成多层次发展城镇化的基本格局，加速农村人口向城镇的转移过程；要坚持把鼓励农民进城、扩大农民就业放在城镇化建设的突出位置，积极探索农民进城就业、落户以后的社会保障制度建设，真正让农民进可融入城市，退无后顾之忧；要在加强城市基础设施建设、完善城镇功能的同时，不断提高城镇管理水平，加快城镇教育、文化、卫生等社会事业发展，提升城镇居民的文化素质和文明程度，促进人的全面发展。

2. 强市是要在迅速做大市域经济总量的同时，着力提升朔州市的综合竞争力，使经济"硬实力"与文化"软实力"相互支持，协调发展。第一，要以发展经济"硬实力"为核心，促进产品结构由初级产品向高附加

值产品转变，产业层次从低级单一向关联度高、带动性强转变，经济发展由粗放方式向集约方式转变。特别要紧紧抓住增强经济效益和增加社会就业两个重点，促进社会资源和产业要素的优化配置，优化产业布局，细化分工协作，形成特色鲜明、错位发展、相互协调的市域产业格局；要促进产业结构升级，加快构建现代产业体系，推动产业高端化、规模化、集约化发展；要延伸产业链条，提升配套能力，提高关联度和集中度，着力打造产业集群。第二，要以发展文化"软实力"为支撑，通过整合、提升和推广朔州市所拥有的历史人文优势，制定朔州市文化发展战略，推进文化体制改革，完善文化产业政策，加快发展文化事业，大力扶植文化产业，全面提升朔州市文化的影响力、凝聚力和感召力。

3.富民是要统筹推进朔州市经济社会协调发展，始终坚持保障和改善民生，让百姓共享发展成果。第一，要努力扩大就业，支持自主创业和自谋职业，以创业带动就业；积极鼓励、大力支持民营经济的发展，推动所有生产要素向民营经济倾斜，积极建立和不断完善中小企业社会服务体系，使其成为扩大就业、挖掘就业潜力的重要途径等。第二，要深化收入分配制度改革，通过各种途径，采取积极措施，不断增加城乡居民收入，努力提高人民群众生活水平。第三，要加快建立和完善覆盖城乡居民的社会保障体系，并以基本养老、基本医疗、最低生活保障为重点，逐步建立社会保险、社会救助、社会福利、慈善事业相衔接的社会保障体系。第四，要加大扶贫开发力度，抓好移民搬迁、整村推进、产业开发、劳动力转移和培训教育等扶贫开发工程，争取完成贫困村的整村推进。

（四）以人才、科技、体制机制为基本支撑，提高自主创新能力，完善人才激励制度，优化转型跨越环境，为推进新型发展提供强劲的动力和保障

市域社会转型跨越发展，核心在人才，关键在体制机制的不断创新。(1) 要从战略高度认识和推进人才强市工作，坚持人才资源是第一资源，努力开发培养本地人才，积极拓展引进人才途径，创新完善人才使用、激励的政策，以项目引人才，以事业留人才，并针对转型跨越需要，适时启动人才引进计划、人才培育工程等，强化人才对朔州市转型跨越的支撑能力。(2) 要把科技置于优先发展的战略地位，为转型跨越提供支撑力量。要坚持科技是第一生产力，发展创新文化，培育创新精神，实施科教兴市战略，切实增强朔州市的自主创新能力，促成技术本地化发展，推动市域经济转到依靠科技进步、提高劳动者素质和创新驱动、内生增长的轨道上。(3) 要切实深化体制机制改革，建设一个有集聚能力、能激发活力、可高效服务的发展环境。要完善市场机制，鼓励支持各种经济竞相发展，放宽民间资本准入领域，使市域社会成为集聚资本、人才、技术等要素的平台；要在资本市场、流通领域、市场秩序、宏观调控与市场监管等方面，充分发挥市场的基础性配置作用。要转变政府职能，强化公共服务与社会管理能力，为朔州市转型跨越发展营造良好环境。

（课题组总负责：李中元；课题组组长、执笔人：杨茂林；课题组成员：王云珠、李永宠、王云、罗瑞、赵俊明）

改性煤系高岭土矿粉填充橡胶的结构与性能

赵 鸣

炭黑是目前最常用的橡胶补强填充剂。随着复合材料科学的发展，无机物经适当处理后代替炭黑作为橡胶补强填充剂，是当前聚合物填充材料开发的一个热点。这样不仅可以降低原料成本，节约能源，而且有利于扩大原料来源，合理利用资源。煤系高岭土是煤炭开采过程中产生的废弃物，其中有些煤系高岭土可以看做是硅酸盐矿物和类似于炭黑的有机碳质物组成的复合体，作者用它为主要原料生产了一种超细矿粉（Ultra Coal Kaolinite Powder，UCKP）。

UCKP 是有机物和无机物的复合体，和有机高分子材料有一定的相容性。UCKP 和胶料渗混容易，混炼时粉尘飞扬少，易分散，UCKP 混炼胶柔软，流动性好，所以加工能耗低，且有一定的补强性能。但 UCKP 中含有大量的无机物，且含有的有机物与炭黑的表面性质有很大差异，因此为提高 UCKP 的补强效果和应用价值，需对 UCKP 进行表面改性处理。根据橡胶补强对填充剂原料的要求，经分析筛选，用山西阳泉一洗煤厂的"洗矸"制备了 UCKP，并对 UCKP 进行了表面改性处理，得到改性的煤系高岭土粉 MUCKP，用它作为天然橡胶的补强填充剂。

一、实验

（一）原料

煤系高岭土：将选定的煤系高岭土拣选除杂后，用水浸泡 4 小时，干

燥破碎后制成 UCKP，按粒度分级（100，200，300，400，-400 目，分别对应于 149，74，44，37，<37 微米）后备用。UCKP 的主要成分和性能指标为 SiO_2 35.25%，Al_2O_3 28.98%，Fe_2O_3 0.76%，烧失量 34.02%，吸油值 DBP 0.45 毫升 / 克 ~ 0.50 毫升 / 克，吸碘值 75.8 克 / 千克。用硅烷偶联剂（用量 1.0% ~ 1.5%）对 UCKP 进行表面处理，得到 MUCKP。

烟片胶 NR：海南农垦生产。

炭黑：天津炭黑厂生产。

（二）样品制备

胶料配方：NR 100；ZnO 5.0；硬脂酸 2.5；促进剂 CZ 0.8；硫黄 2.0；填料（变量）。

（三）性能测试

1. 煤系高岭土矿粉。分别用德国 Leitz 公司的透射显微镜，FTS-165 傅里叶红外仪和 Zeta2000 激光粒度仪对煤系高岭土矿粉进行岩相分析、热分析和粒度分析。

2. NR 胶料。混炼胶流变性能用 Monsant 加工性能测定仪进行，毛细管直径 2 毫米，长径比 16；挤出膨胀比（B=D/D0）的测定采用读数显微镜先测停放物停放 1 小时后的直径（D），然后求出 D/D0；测得橡胶硫化时的流变扭矩后，用 Lee 方程计算矿粉在胶料中的分散程度。胶料的混炼、硫化性能测试均采用橡胶试验的常用设备及国家标准。

二、结果与讨论

（一）煤系高岭土的结构和成分

图 1 为煤系岭土的岩相组成的透射显微镜照片。"制片"前的煤系高岭土肉眼呈黑色或灰黑色，致密块状或粒状。块状者含碳量较高，镜下所见主要为棕黑色微透明凝胶化物质，含量在 80% 以上，夹有少量的黏土条片或条痕，呈定向排列，构成平行的微层理，局部黏土呈不规则微粒状散布于凝胶化物质中；粒状部分镜下所见主要由薄片状及蠕虫状高岭石组成，呈透明的浅棕黄色，含量大约是 94%，其间夹有棕褐色凝胶化有机物，大约是 4%，镜下还可见少量的石英碎屑，多是尖棱条片或不规则颗粒，含量 1%~2%。

图 2 为试样的红外光谱曲线，本实验所用红外光谱仪为 FTS–165 傅里叶红外仪，测试条件为：KBr 压片法（KBr：样品 =180：1），分辨率：$1cm^{-1}$，扫描次数：16 次，扫描范围为 $400cm^{-1}$~$4000cm^{-1}$。

由图 2 可以看出，在 $1050cm^{-1}$ 和 $3650cm^{-1}$ 附近出现了明显的 –OH 振动峰，在 $480cm^{-1}$ 也现了中等强度的振动峰，经分析应为 Si–O–C 基。在 1640 和 1420 左右出现的中等强度的振动峰应为 $CH_2=CH_2$ 的特征吸收峰，这说明在煤矸石表面存在大量的 –OH、$CH_2=CH_2$ 等有机基团。

从图 2 中可以看出，在 $3300cm^{-1}$~$3400cm^{-1}$ 处有吸收峰，这是缔合羟基的振动，因为一般羟基的振动波数在 $3650cm^{-1}$~$3500cm^{-1}$，但若分子间形成氢键，将使羟基的伸缩振动向低波数方向移动，在 $3000\,cm^{-1}$~$3400cm^{-1}$ 之间出现吸收峰，且吸收谱带强度大，谱带较宽，从谱图上看，羟基的振动应该是多分子缔合羟基的振动，因此可以认为羟基是在二氧化

硅的表面，此外矿粉中还有酚基及其他一些活性羟基，它们的存在对增加矿粉的表面活性有一定贡献。

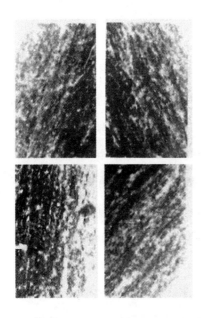

图1　煤系高岭土的岩相组成
Fig.i　The lithofacies or coal shale

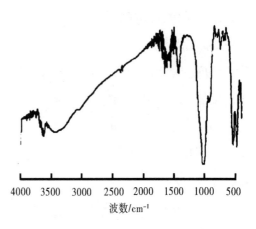

波数/cm⁻¹

图2　不同 CSP 的 DSC 曲线
Fig.2　The DSC curves of different CSP

（二）煤系高岭土的补强机理

煤系高岭土的补强机理是由于它具有跟炭黑类似的层状结构，其结构单元是硅、铝和氧所形成的四面体。这种四面体又可相互形成八面体，它们沿表面层方向有羟基或氧的活性点，易于跟大分子高聚物发生交联作用。另一方面，在层状结构上，硅铝会发生置换（有时铝又可被镁或铁置换），从而产生未配对电子，发生吸附和配位作用，结果在解离面和边缘产生许多"不饱和"，这些不饱和点会和胶料大分子链发生相互作用形成"结合橡胶"。

煤系高岭土矿粉中含有一部分无定形碳，其结构和炭黑类似，表面还含有一些芳基等活性基团，它们和橡胶有一定的相容性，所以在橡胶中的煤系高岭土矿粉可能比大多数无机填充剂的分散性和补强性都要好。

（三）UCKP 粒度对 NR 补强性能的影响

矿粉对胶料补强作用和它的粒径及表面性质直接相关，一般讲，粒径越小，比表面积越大，与橡胶分子接触面积越大，补强效果越好。研究表明当无机填充剂粒径在 1 微米以下时，对橡胶有良好的补强作用；粒径在 1~5 微米时，有一定的补强作用；粒径在 5 微米以上主要起填充作用。对分级后的矿粉进行激光粒度分析，−320 目煤系高岭土矿粉中，粒径在 1.1 微米以下占 16.28%，5 微米以下占 68.24%；−400 目（1.1 微米以下）占 25.52%，5 微米以下占 82.53%。因此可以认为，−320 目的煤系高岭土矿粉对橡胶已有较好补强作用，−400 目的补强效果更好。表 1 为不同粒级 MUCKP 填充剂补强 NR 胶料的各项性能。从表 1 中明显可以看出，随着 MUCKP 粒度变小，补强效果越来越好。

表 1　MCSP 粒径对 NR 硫化胶料的物理性能的影响

Table1.Effect of coal shale MCSP fineness on NR

粒径 / 目	硬度 / 邵尔	300%定伸应力 / 兆帕	拉伸强度 / 兆帕	扯断伸长率 /%	扯断永久变形 /%
100	50	5.20	15.68	650	35
200	50	6.02	17.20	655	33
320	52	7.20	19.16	592	32
400	54	7.56	19.68	563	29
−400	54	7.68	21.65	535	26

(四)煤系高岭土表面改性对 NR 补强性能的影响

煤系高岭土矿粉的补强作用和其表面活性密切相关。由于橡胶是憎水的有机物，而煤系高岭土填料是亲水的无机物，如果不对煤系高岭土表面进行处理，使它形成有机覆盖物，煤系高岭土矿粉在橡胶中就不能很好分散，和橡胶分子链充分作用，从而难以发挥较好的补强作用。这可能是无机填充剂难以取代炭黑作为补强填充剂的最主要原因。

根据 Arkles 的理论，硅烷偶联剂和高岭土矿粉间可以发生一系列反应，首先是硅烷接触空气中的水分，发生水解反应，继而煤矸石颗粒表面的羟基与硅烷的水解物缩合、脱水，同时硅烷间缩聚成低聚物，低聚物和无机表面的羟基形成氢基，通过加热干燥，发生脱水反应，使颗粒表面极性较高的羟基转变成极性较低的醚键，于是颗粒表面被覆盖，形成界面区域。

衡量填充剂改性效果一般用改性前后它们在橡胶中的分散程度衡量，常用 Lee 方程计算分散度，即：

$$L = T_{min}/T'_{min} - T_{max}/T'_{max} \tag{1}$$

式中:L 为分散程度；T_{min} 和 T_{max} 分别为填充橡胶的最小扭矩和最大扭矩，T'_{min} 和 T'_{max} 分别为纯橡胶的最小扭矩和最大扭矩。

图 3 为矿粉填充剂不同用量时它们在 NR 中的分散程度曲线，从图 3 中可以看出，填充量小于约 30 份时，矿粉分散程度和炭黑差不多，并且表面改性与否对它们的分散性能影响不大，随着填充量的增加，表面差异对分散程度的影响急剧增加，所以从分散程度上讲，矿粉填充量不易过大，以不超过 30 份为宜。

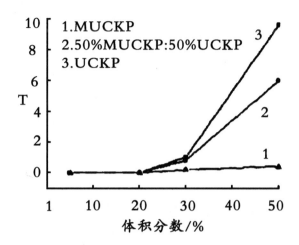

图 3　矿粉填充剂在天然胶中的分散性
Fig.3　Dispersity of the filler ON NR

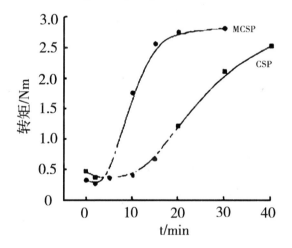

图 4　不同填充剂填充的 NR 胶料的硫化曲线
Fig.4　The sulfuranon cmves of NR added with thfferent fillers

（五）煤系高岭土矿粉性质对 NR 胶料硫化的影响

图 4 为矿粉对 NR 胶料的硫化曲线，从图 4 可以看出改性矿粉对胶料

有活化作用。对 NR 胶料来讲，正硫化时间 t_{90} 缩短了 5～6min，从图 4 还可以看出，改性矿粉填充的 NR 胶料硫化特性和填充炭黑时基本相同，也就是说，如果用改性矿粉代替或部分代替炭黑时，不用改变 NR 的硫化体系。

从实用的角度上讲，煤系高岭土矿粉是作为炭黑补强填充剂的部分替代物，它能否在胶料中部分取代炭黑，除其他因素外，其硫化性能是能否跟炭黑基本一致的一个至关重要的因素。表 2 表明，在填充 NR 胶料时，二者基本一致，所以从硫化工艺上讲，可以替代。

表 2　NR 胶料硫化特性（160℃）

Table2.The sulfuration properties of different NR（160℃）

样品	M_L/N_m	M_H/N_m	t_{40}	t_{90}
纯胶	1.05	4.08	4.64	8.06
高耐磨炭黑	1.45	5.18	4.10	8.98
改性煤系高岭土粉	1.16	4.72	5.42	10.4
煤系高岭土	1.42	4.46	5.22	10.02

（六）煤系高岭土矿粉用量对 NR 流变性能的影响

图 5 给出了改性煤系高岭土矿粉 MUCKP 用量与 NR 胶料流动性的关系，图 6 给出了相应的"挤出膨胀比"曲线。图 5 和图 6 中曲线 1～6 分别表示矿粉填充量为 0、10、20、30、40、50 份，胶料用量为 100 份，其他配料见本文第一部分（二）中所给配方，温度 90℃。我们从图 5 可以看出，填充 NR 胶料呈明显的触变性，可视为切应力变稀的非牛顿流体，当填充量低于 20 份时，流动曲线位置略高于纯胶，用量在 30 份以上时，流动曲线上移，这一现象在剪切速度低时更为明显。从而表明，和炭黑一样，改性煤系高岭土粉填充剂也可以形成网络结构，胶料放置时，这种结

构可以重新生成，使胶料流动困难，当进一步增加填充量时，会形成更多的填料—填料和填料—橡胶作用，从而需要更大的力才能破坏形成的网络结构，使得胶料流动性下降，另外改性矿粉填充剂表面上的活性基团，可以跟橡胶大分子链形成"定点"吸附，这也会增加胶料流动时非牛顿性。

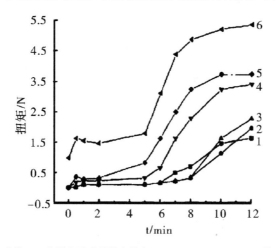

曲线1~6分别表示矿粉填充量为0、10、20、30、40、50份

图5　MCSP　填充量对 NR 胶料流动性的影响

Fig.5　Fluidity properties of NR added with different MCSP contents

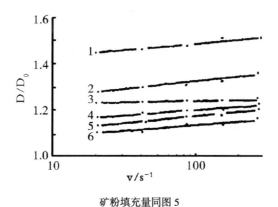

矿粉填充量同图5

图6　MCSP　填充量对 NR 胶料挤出膨胀比的影响

Fig.6　Expansion ratio of NR added with different MCSP contents

图 6 给出了在相同温度，但挤出速率不同的条件下，MUCKP 用量对 NR 胶料的挤出膨胀比 D/D0 的影响，从图 6 可以看出，挤出膨胀比随填充剂用量增加而变小，随剪切速率的增大而增大。这可能是因为当填充量增加时，单位体积中不受"束缚"可参与变形的橡胶链段减少，从而导致膨胀比下降。另外，当填充量增加时，扭矩会增大，使得填料在同样的变形量下填充 NR 胶料中的变形比纯胶大，换句话说，粒度随填充量变化而变化，矿粉填充量越多，黏度越大。

三、结论

1.经过表面改性的煤系高岭土矿粉对 NR 胶料有较好的补强性能，可部分取代炭黑作补强填充剂。

2.改性煤系高岭土矿粉 MUCKP 的补强性能和它们粒度大小直接相关，粒度低于 400 目时，已有较好的补强作用。

3.MUCKP 的内聚能较大，添加量超过 30 份时（橡胶用量为 100），分散性下降明显，对胶料应用性能影响较大。

4.MUCKP 矿粉填充的 NR 胶料可视为切应力变稀的非牛顿流体，填充量越大，胶料的黏度越大，非牛顿性越显著，对胶料的加工性能的影响越大。

5.用于 NR 时改性后的矿粉 MUCKP 和 UCKP 相比，胶料硫化时，MUCKP 有明显的活化作用，MUCKP 和炭黑填充的 NR 胶料的硫化特性基本相同。

参考文献:

[1] Zhao M.Study on the MSAC reinforced ENR [A]. Li Bao qing , Liu Zhen yu.

Proceeding of the Tenth International Conference on Coal Science ［C］. Taiyuan : Shanxi Science & Technology Press, 1999, 1223~1226

　［2］赵鸣，曲剑午.煤系高岭土粉作为环氧化橡胶补强填充剂的研究 ［J］.煤炭学报，1996 （6） :648~651

　［3］杨清芝.现代橡胶工艺学 ［M］.北京:石油工业出版社，2003

　［4］欧玉春.白炭黑的表面处理及其在橡胶中的流变行为 ［J］.橡胶工业，1991，(5) :298~300

（作者：太原理工大学教授、博士）

煤炭突围

金融资本与风险投资

山西省发展创业风险投资事业的路径选择

姚宪华

创业风险投资公司既可以是实体公司，也可以是窗口公司。作为窗口公司，它是政府行为企业化操作的一个手段，实体公司则具有独立的经济法人的一切特征。

在西欧、日本和许多发展中国家，存在政府投资或控股的创业风险投资公司。例如，英国的"技术集团"、法国的"技术创新投资公司"、日本科技厅下属的"新技术开发事业团"等，都属于具有独立法人资格的国有的创业风险投资公司，山西可以尝试这种独资的创业风险投资公司。

一、建立以"种子资本"为主的国有风险投资体系和制度

建立我省以"种子资本"为主的国有风险投资体系，是因为"种子资本"投资风险极大，除互联网行业外，国内没有资金用于"种子资本"；然而现代高科技的发展却离不开它的扶持，例如：美国硅谷的崛起，我国许多著名的互联网企业——搜狐、新浪、阿里巴巴等，无锡尚德太阳能等都是在"种子资本"的扶持下成长起来的。

在风险投资项目的评选制度上，既要坚持"三公"，也要大胆创新，做到在先进技术面前不论国企、集体、个人一律平等对待，公平、公正、公开地选择最为先进的技术。投资部门要将各申报单位的技术方案互相交换，公开答辩会要让全体申报单位都参加，全程录像，并互相提出对其他单位的技术方案的质疑，最后由没有被质疑否定和被质疑最少的单位获得

投资，或者优势互补合作运作，甚至评审专家也可以提出建设性的意见，获得期权。这样做可以更加公平、公正、公开地选择最好的科研技术方案，也能在别人的质疑中完善技术方案，防止关系项目，暗箱操作。

二、政府出面组建创业风险投资基金

政府投一部分资金，同时吸收民间资本，共同组建创业风险投资基金，这是以规范的方式从社会上筹集科技资金的有效形式。根据我国的现实情况，创业风险投资基金中，政府资金的来源可由中央财政、山西省政府财政资金、政府有关主管部门、省属国有企业或国有控股公司等多渠道组成。为有效促进竞争和评判基金运作成果，可多设立几家基金，并由政府持股但不控股，其余部分由民间资本或其他渠道提供。

三、鼓励民间资金设立创业风险投资基金

根据我国目前情况，国家财政、金融机构、企业等均不能促使创业风险资金有一个新的量的提高。与国家的财税收支、企业资金紧张形成鲜明对比的是，我国居民的储蓄增长一直是"高姿态"的。据统计，自1979年以来，我国居民的储蓄以年均30%的速度超常增长，至2003年1月国民储蓄总额已高达9.81万多亿元。如果能将这些资金有效地加以利用，不但可以为我国创业风险投资的发展提供足够的资金来源，而且能有效地避免数额庞大的银行存款对国内金融市场和消费品市场的压力。大力倡导由民间资金组成的创业风险投资基金，在监管能力许可、各项法规比较完善的条件下，政府应鼓励设立完全由民间资金组成的创业风险投资基金，并通过强化法制和监管规范其运作，通过政策引导其发展。

目前，我国民营创业风险投资公司的典型形式是民营投资基金这一投

资工具。共同投资基金是一种由基金发起人通过发行基金券将投资者分散的资金集中起来，由基金执管人保管，基金管理人经营管理，并将投资收益分配给基金持有人的投资工具或投资制度。基金投资或运用的主要对象是股票和债券，通过投资股票和债券再进行各种实业创办、事业开发等。共同投资基金作为一种新的融资工具，在发达国家和地区已经被普遍采用，并取得了明显效果。

我国民营共同投资基金数目很大，若能引导它们将众多资金投向高科技领域，进行创业风险投资，将极大推动高科技产业的发展。这些"共同投资基金"可派生出高科技创业风险投资部或创业风险投资公司，专门进行高科技创业风险投资。

我国可利用外资组建中外合资创业风险投资基金，发展我国高科技产业。近年来，我国利用外资的工作已取得了很大的进展，随着我国证券市场的不断发展和完善，证券投资逐渐成为我国引进外资的新方式。国际资本中相当一部分是通过参与国际证券市场进行海外投资的。按照中国现在的经济发展水平、企业制度改革的现状以及证券市场的发展程度，现阶段主要以组建中外合资基金的方式引进海外金融资本更为合适。合资基金能有效地吸引海外金融资本投资于我国的高科技产业。合资基金既利用了外国金融资本，又避免了外国资本直接进入国内证券市场可能导致的市场剧烈动荡。

国际金融市场上有大量游资正在寻找合适的投资场所，我国经济的高速发展使我国证券市场备受关注。我国证券市场作为新兴市场，具有风险大、成长快、回报率高的特点。如果我们适时组建中外合资的创业风险投资基金，选择高科技领域企业为主要投资对象，只要项目选择得当，就可能向投资者提供比一般企业还要高的回报率。这样，不仅为外国的投资者

提供高额收益，而且能有力地促进我国高科技产业的发展。

风险投资不仅是人们为捕捉获利机会而进行的制度创新，而且政府在这一制度创新中也有自己的利益所在，所以政府在发展我国风险投资事业中需要扮演重要的角色。然而，国内和国外的实践都表明，政府直接参与投资的经济效益往往不甚理想，这与政府任期所致的短期行为以及政府投资产权较难明晰有关。从现实层面看，我国财政收入的"两个比重"较低，要承担起风险投资所需资金可谓难堪重负。因此，发展我国风险投资必须广泛动员民间资金，而且，最重要的经营主体应该是民间风险投资机构。

发展我国风险投资事业应采取稳步渐进的方式。初期因为制度的历史延续性而仍然以政府作为风险投资的主体，让政府在风险投资中发挥引导作用，通过官办官营进行示范，鼓励具有冒险精神的投资者组建风险投资公司。第二步可采取官民联营的方式，吸引民间资本加入官方的风险投资机构。最后在民间风险投资发育较充分的条件下，由官民联营模式过渡到官办民营模式上。当然，以上的过程并不是截然分开的，在发展中允许不同模式混合存在经营，只不过在特定阶段由特定方式占主要地位。在官办阶段，风险投资机构的优点在于能直接贯彻国家产业意图，且能充分利用政府所控制的各种资源。其不足在于行政干预可能超出合理范围，资源的运用难以保证效率。比较起来，在官助阶段，只要政府通过合理的引导亦可实现国家产业政策的贯彻执行，并且通过各种措施，如税收优惠、信用担保、政府采购等，扶助民营风险投资机构进行经营活动，而民营机构由于产权明晰，更容易保证经济效益的实现。所以，官助民营是风险投资的一种更为有效的机制。需要说明的是，官助民营的具体组织形式有多种，如金融机构创办的风险投资机构、大型企业创办的风险投资机构、私人筹资创办的风险投资机构等，还有不同主体合办的风险投资机构。我们在选择时不能拘泥于某种固定形式，而应审时度势，根据不同高新技术产业化的要求，结合现实条件，发展多种形式的风险投资机构。

（作者：山西省审计厅副厅长）

构建山西资源禀赋与创业风险投资事业的新格局

胡新生

山西是一个能源重化工城市，高投入、高消耗、高污染和低效益是山西省传统经济的突出特征。环境污染和生态环境破坏问题是山西省实现可持续发展的主要制约因素，直接影响着山西省的经济社会发展。

山西省在资源环境领域面临三大问题：（1）如何为经济社会快速发展提供大量所需资源问题；（2）如何提高资源利用率的问题；（3）如何实现资源环境的可持续发展问题。要解决以上问题，就必须全面推进绿色转型，大力发展低碳经济和循环经济，大力发展创业风险投资事业和高新技术产业，推行清洁生产，以最小的资源消耗和环境代价实现经济可持续发展，从根本上改善生态环境。可以采取的措施有：（1）推行清洁生产，采用无害或低害、低碳的新工艺、新技术，对污染进行全程控制；（2）实现资源高效利用和循环利用，包括废渣、废气、废水的综合利用；（3）有效控制工业以及城市污染源，加强大气、水污染物和固体废物处理；（4）治理水土流失，遏制生态环境退化趋势。

一、水资源问题：循环利用、控制污染

山西省水资源严重匮乏，水资源总量仅为5.33亿立方米，可利用量为4.31亿立方米，人均水资源量只有173立方米，为全国人均量的8.4%。建设生态文明、可持续发展的绿色经济取代导致严重资源、环境等生态危机的传统工业经济，对于山西这样一个资源型省份有着很强的现实针对性和紧

迫性。

近20年，山西省的不透水面积扩大了1倍。由于自然变化和人类活动的影响，植被覆盖率大于80%的区域，面积减少了1倍以上，植被覆盖率为60%～80%的区域，面积减少847.48平方公里。与此同时，低覆盖率的地区面积大幅度增加。植被能够起到涵养水源的作用，植被覆盖率的降低，意味着水来之后就会马上流走，不能及时渗到地下，造成严重的水土流失。

山西省利用的地下水主要是岩溶水，多年平均可开采量为3.67万立方米，但实际开采量往往高于4.58万立方米。岩溶区内地下水的大规模开采，使得有限的水资源无法承受无节制的过量开采，地下水袭夺地面径流量。地下水严重超采，引发了一系列严重后果，比如难老泉断流、地面沉降。此外，汾河干流天然渗漏河段急剧增加，原来出露的泉水不断衰竭直至断流，煤矿开采造成大量采空区等都导致河川径流大幅减少。

水资源短缺是山西省乃至全球面临的一个重大问题。水资源缺乏和水质污染是制约山西省经济社会发展的重大瓶颈。需要利用高新技术、提高水资源利用水平、构建节水型城市，缓解山西省水资源短缺的问题。山西省需要大力推进工业节水，加快企业节水技术改造，推进废水资源化，提高工业用水重复利用率。加强水资源保护，加大对水源地的保护力度，采用新技术手段保证饮用水水质达标率为100%。

二、土地资源、矿产资源、生物资源与新材料工业

山西省煤炭资源丰富，多年来高强度的煤炭开采活动，使山西省矿区成为土壤生态环境破坏最为严重的区域，也是山西省土地复垦与生态重建的重点和难点。

　　山西省整体森林覆盖率较低、森林面积小、分布不均，呈破碎分布特点，郁闭度仅为0.4～0.6之间。林分质量相对较差，生态屏障作用弱。草场超载过牧，退化严重。

　　山西植物区系包括种子植物、蕨类植物、苔藓、地衣、藻类和菌类，具有植物资源丰富、植物起源古老、单种属植物较多等特点。经调查和资料统计，山西有维管植物139科543属1000余种，其中：蕨类植物13科15属25种；裸子植物6科12属20种；被子植物120科516属955种。许多植物具有较高的经济价值和广泛的用途，为山西省的科学研究、经济发展提供了较为丰富的植物资源。

　　山西野生动物资源，有鸟纲16目、37科、173种。其中，国家一级保护鸟类4种，国家二级保护鸟类27种，中日保护候鸟80种，山西省重点保护鸟类8种；哺乳纲6目、17科、42种。其中，国家一级保护兽类1种、国家二级保护兽类5种、山西省重点保护兽类3种；爬行纲动物3目、4科、8种；两栖纲1目、2科、5种；鱼纲2目、4科、21种；甲壳纲动物1目、2科、2种；昆虫纲13目、70科、177种；蛛形纲2目、3科、10种。

　　由于经济建设和城镇发展仍需不断占用土地和水域，进一步挤压、侵占和破坏野生动植物的生存空间，同时环境污染等问题也给野生动植物资源的保护带来沉重的压力。近10年来，生态环境的破坏和退化正在取代乱捕滥猎、乱采滥伐，成为威胁野生动植物资源恢复和发展的首要因子。

　　山西矿产资源丰富，主要有铁、锰、铜、铝、铅、锌等金属矿和煤、硫黄、石膏、钒、硝石、耐火黏土、石英、石灰石、白云石、石美砂等非金属矿。在矿物资源中以煤蕴藏最丰，铁矿次之，石膏居三。铁矿储量较为丰富，分布亦较广，主要类型为沉积变质型、接触交代（矽卡岩）型、沉积型，锰铁矿储量较少。

我国镁资源丰富，原镁产量居世界首位，占全球产量的1/3，山西省就占全国产量的80%以上。2008年，山西省有原镁生产企业11家，总计产能为25.5万吨，目前已发展为国内乃至全球最大的镁生产基地。但现在的问题是：产业集中度不高，工艺设备落后，废气排放超标。此外，镁产业属高耗能、高污染产业，节能减排的新技术、新工艺、新装备有待进一步研发。

新材料是促进产业创新发展的重要物质基础。山西拥有丰富的资源，发展新材料产业具有很大的优势。目前，山西已经形成镁及镁合金、钕铁硼磁性材料、发光材料、纳米材料、高分子材料、无机非金属材料、功能材料、新型墙体材料、新型耐火材料等规模性企业，新型材料产业呈现蓄势待发之势。

山西省大多新型材料产业都处在起步成长阶段，存在的问题基本相同：企业规模小，而且较分散，形不成产业优势；企业技术力量薄弱，创新能力差，在产品研发上投入较少，生产普通产品的多生产高性能产品的较少，企业竞争力不强，生产工艺落后，污染环境较严重。

山西省新材料产业发展的战略目标是：以传统支柱产业的高新技术改造为目标，大力发展配套关键新材料；以发展高新技术产业为目标，大力发展所需关键新材料；以新材料产业自身的规模化为目标，形成一批大型新材料企业。

三、山西的产业特点与面临的困境

新中国成立60年来，山西依托丰富的煤炭、冶金等资源优势，形成了依靠丰富的资源储备，以采掘工业和原材料工业为主导产业带动重化工制造业的发展模式。在整个20世纪80年代至90年代中期，山西始终坚持贯彻

这一发展思路，建成了中国重要的能源重化工基地，使山西经济有了长足发展，特别是能源、原材料产品的大量输出，有力地支持了全国的经济建设，对世界一些国家和地区的经济发展也做出了贡献。但令人遗憾的是并没有以此带动加工业及其他相关产业特别是高新技术产业的快速发展，形成了支柱产业单一、产品结构初级化、产业关联低度化的"畸重"经济结构模式。山西多年来产业结构的重型化，导致了全省经济运行中资源消耗过大、生态环境问题过多、安全生产事故过多、就业吸纳能力不足、人才外流、资金外流等一系列问题。其实质就是经济发展方式还比较落后，发展的协调性还明显不足。

产业结构理论家通过大量的研究揭示了产业结构变动有着明显的规律性。即：沿着农业—轻工业—基础工业—重加工业—轻重结合高技术加工业—现代服务业的次序演变。发达国家的发展现状和实践也证明了产业结构明显地按一、二、三产业顺序转移的规律性。

制造业是山西省工业的主体，其中冶金、煤炭、电力、化工、装备制造业等产业已经成为全省经济发展的重要支柱产业。冶金、机械、军工、化工、轻工、纺织、建材为主的传统产业构成了全省工业发展的基础，为山西省经济的发展提供了坚实的基础。

随着科学技术的迅猛发展，山西省传统制造业比重过高、产业结构不合理的问题日趋严重，企业市场竞争能力差，总体经济效益低，已成为制约山西省工业发展的瓶颈之一。随着全球经济一体化和市场竞争的日益加剧，运用高新技术改造和提升传统制造业，已成为促进和加快制造业发展，提高创新能力和经济效益，参与国际市场竞争，走可持续发展道路的紧迫任务。

信息化是推动先进制造业发展的重要技术手段。加快推进山西省制造业信息化是改造提升传统制造业水平、提高制造业整体竞争力的需要；同时也是发展先进制造业、加速推进山西省工业化进程，实现山西省经济社会发展历史性跨越的必然选择。

生物技术是当今最为活跃的科技领域之一，其在促进经济结构调整、提高健康水平、改善生态环境、缓解能源短缺压力、保障国家安全、保障粮食安全等方面的作用和潜力日益显现，以生物技术为重点的第四次科技革命，将成为继信息产业之后又一个最具活力的经济增长点，由其引领的生物经济，驱动着全球经济结构的加速调整和重组。未来谁拥有生命科学基础研究优势，谁就能把握科学创新的原动力；谁拥有生物技术创新优势，谁就能占据国际生物产业竞争的制高点；谁拥有生物技术转化优势，谁就能够主导未来世界生物经济的格局。山西省必须提高生物科技发展的自主创新能力，运用生物技术充分挖掘和发挥山西省生物资源优势，建设依赖生物技术等高新技术可持续发展的生态型新型城市。

山西省煤炭在一次能源消费中的比重过大，成为山西省空气污染严重的主要原因，因此应寻求以清洁能源替代燃煤的各种有效途径，增加清洁能源在终端能源消费结构中的比重，这是符合山西省实际情况的最佳选择。应充分发挥我省在煤炭转化中的优势，开发新型煤炭转化能源产品，利用山西省自身煤炭资源优势，寻求煤炭转化新能源的途径；另外，积极探索开发可再生能源（如太阳能、生物质能）的利用，是未来实施可持续发展战略的选择之一。继续做好甲醇以及甲醇汽、柴油研发和推广项目产业化进程，使得甲醇汽车产业成为山西省能源利用的新亮点和经济增长点。加强清洁能源产品开发，积极发展清洁能源产品相关制造业；以开发和利用清洁能源产品为契机，积极围绕清洁能源产品生产、运输、消费、利用发展相关的制造业。研究开发乙醇、沼气、固化与液化燃料等生物质

能等生产关键技术，综合利用各种建筑废弃物及秸秆、畜禽粪便等农业废弃物，积极发展生物质能，大力发展生态农业。生物质能技术，重点研究生物质汽化和液化技术、生物质直接燃烧和混合燃烧技术、生物质炉灶器具制造技术、生物质型煤生产技术，重点开发以玉米为原料的燃料乙醇和生物质柴油制备技术。

山西省煤炭行业面临的需要解决的关键技术问题有：（1）提高资源回收率及资源综合利用；（2）安全生产；（3）提高企业的机械化程度和信息化水平。重点技术发展方向为煤炭洁净生产技术及装备、煤炭高效安全生产技术及装备、煤炭绿色生产技术、煤炭深加工和资源综合利用；洗中煤、煤矸石发电及其他利用的研究开发；伴生矿物、矿井水和煤层气的开发利用；煤炭气化、煤炭液化等方面及提高企业信息化水平等。

四、山西创业风险投资事业

山西省作为国家重要的资源和能源基地，为国家经济的持续、健康、稳定发展做出巨大贡献。同时也存在着产业结构单一的问题，主要是煤、焦、冶、电（煤炭、焦炭、冶金、电力），四类产业占整个工业产值的80%以上。上述产业发展的同时，产生了大量的工业废弃物——煤矸石、粉煤灰、烟气脱硫石膏、尾矿等，由于利用率低，不仅环境污染严重，还频发地质灾害。例如：2008年的8月1日我省娄烦尾矿库溃坝死亡45人，2008年的9月8日我省襄汾尾矿库溃坝死亡262人；又如，我省是位于我国中部经济欠发达地区的燃煤发电大省，烟气脱硫石膏排放量巨大。但由于我省人口相对少，经济欠发达，市场需求量小，脱硫石膏的利用率只有我国平均水平的1/3，至今我省近百家电厂没有一家对脱硫石膏进行综合利用。脱硫石膏松散如豆腐渣状，晴天太阳暴晒后，挥发后的"酸性物质"又加重了

"酸雨"的威胁；被分解的石膏粉末被风带入空气形成悬浮微粒，这些微粒布满植物表面，影响光合作用，导致植物死苗、黄叶、烂叶或落花落果；石膏粉末被分解释放的有害物质使长期户外作业的人群皮肤过敏、血管收缩，造成供血供氧障碍，头皮血液循环不良，而促使头发脱落；造成人眼睛、口、鼻黏膜的刺激，严重的可引起人的肝、肾损伤和萎缩；直径10微米以下的悬浮微粒会进入人体肺部，造成慢性呼吸疾病甚至肺气泡萎缩，微粒还会经肺吸收由血液带到全身，对中枢神经系统产生影响，体质弱者可发生其他并发症导致死亡。脱硫石膏经雨水冲刷渗入土地农田、污染地表水和地下水，进入我们的食物链。例如：美国是天然石膏资源大国和石膏制品的消费大国，曾经长期使用堆积与填埋的方式处置脱硫石膏，给土壤和地下水造成了大面积的污染，恶果至今尚未完全消除。

目前，山西已完成《山西省电力产业结构调整和振兴规划》，论证了《山西煤电基地外送电规划研究》，要实施转变煤炭利用方式、实现资源优化配置，规划实施"输煤变输电"重大战略。由此可见，我省脱硫石膏的排放量将会在"十二五"成倍增长，事关我省转变经济增长方式的大局。"输煤变输电"是实现我国更大范围的资源优化配置，特别是脱硫石膏生产高强石膏可以代替水泥的部分用途，其碳排放量仅为水泥生产的碳排放量的1/5（水泥是碳排放强度最高的产业，其碳排放量占山西碳排放量的20%），是在各种碳减排领域中唯一的负成本减排。山西又是天然石膏储量大省，由脱硫石膏的综合利用还可带动包括天然石膏的我省整个石膏产业的快速发展，可形成年产值上百亿元的支柱产业。

节能环保产业有以下特点：（1）节能环保是保障人类经济可持续发展的永恒主题，也是建设资源节约型、环境友好型社会的基本产业。（2）它的发展速度很快，在"十二五"时期我国的节能环保产业将有2.5倍的增

长，将达到4.5万亿元的产值，约占我国当年GDP的10%。并且在这背后一定会有很多配套的支持政策。（3）国家发改委要求山西在改革试验中一定要正确处理好产业发展和生态环境保护的关系，真正能够促进山西在经济转型的同时，解决环境污染、生态欠账的问题，实现绿色发展、可持续发展。（4）节能环保的技术指标是可量化的，因此各种节能环保技术的优劣选择非常简单，这样就能大大提高我省的国有风险投资的成功率。（5）节能环保的技术和产品是政府需要的，好的技术和产品政府可以购买，用以支持节能环保企业。（6）节能环保产业基本上是各产业中唯一一个可以用行政力量强制推广应用的。

山西的节能环保产业可以利用国家的政策，借助自身"综改实验"的特殊地位，申请更多、更强有力的节能环保产品和技术，实施全面可持续的推广、利用政策，使节能环保产业快速和跳跃性的成长壮大，使节能环保产业成为构建风险投资领域中的首选产业，达到吸引全国风险投资、政府风险投资项目中的重中之重。

（作者：民建山西省委）

建立和拓宽创业风险投资撤出渠道

樊云慧

积极推进多层次资本市场体系建设，完善创业风险投资企业的投资退出机制，建立和拓宽撤出渠道，推动创业风险投资的发展。"撤出"是指创业风险投资通过转让股权获取回报的经营行为。要遵循资本运作的客观规律，创造顺畅的撤出渠道，以便有效吸引社会资金进入创业风险投资领域，保障创业风险投资的良性循环，解决创业风险资本的股权流动、风险分散、价值评价等问题。创业风险投资的主要撤出方式有：企业购并、股权回购、股票市场上市等。只有政府下决心从投资到后期退出给中小企业奠定良好的融资环境，风险投资者才会愿意承担高风险转而投资中小企业。有了好的环境，企业发展就可以得到资金的支持；反之，战略升级、科技升级也就无从谈起。中国未来十年要实现战略转型或建设创新型社会的关键在于创业风险投资，包括像创业板这样的后期退出配套措施。

企业购并是指高新技术企业在未上市前，将部分股权或全部股权向其他企业或个人转让的行为。允许和鼓励非银行金融机构、上市公司、产业投资基金和其他公司及个人参与对高新技术企业的购并活动。股权回购是指企业购回创业风险投资机构在本企业所持股权的行为。金融机构、中小企业信贷担保基金及其他各类担保机构，要积极支持高新技术企业的股权回购活动，为高新技术企业特别是科技型中小企业上市和交易服务，较快地拓宽和完善创业风险投资撤出渠道。

境外创业板块股票市场也是可利用的创业风险投资撤出渠道之一。如美国的纳斯达克（NASDAQ）市场和香港联合证券交易所设立的创业板块等。要在政策上向高新技术企业境外上市倾斜，不仅有利于利用国际资本发展山西省高新技术产业，也有利于吸引境外创业资本进入山西省创业风险投资市场，更有利于高新技术企业走向国际市场。

一、健全创业风险投资的制度体系

（一）政府扶持制度

1. 税收优惠。应尽快完善政策制度，对创业风险投资的税收激励做出明确规定，以促进创业风险资本的形成和壮大。具体可以考虑以下方面：一是创业风险投资机构与高新技术企业享受同样的税收优惠。二是让创业风险资本提供者从创业风险投资机构获得的收益免征所得税。三是允许转移税收亏损，如果创业风险投资机构对某一企业的投资产生损失，应该允许减免赢利项目的所得税以补偿损失，这是国际上鼓励创业风险投资的一项通行办法。

2. 政府补助。政府补助是政府为了鼓励创业风险投资而向创业风险投资者和创业风险企业提供的一种无偿的资助。1977年，美国设立了小企业创业研究基金，规定国家科学基金会与国家研究发展经费的10%要用于支持小企业的技术开发；1982年，美国政府颁布《小企业发展法》，规定研究发展经费超过1亿美元的部门，要将财政预算的1.3%用于支持小企业发展。英国也于20世纪70年代推出了"对创新方式的资助计划"，给符合条件并低于2.5万英镑的小企业项目以1/3 ~ 1/2的项目经费补助。加拿大安大略省为鼓励私人创业风险投资的发展，对向高新技术企业投资的个人入资者给予投资总额30%的补助金。政府向创业风险投资者和创业风险企业无偿提供资金，一方面分担了创业风险投资的投资风险，另一方面对民间投资起到了一种导向作用。我国政府虽然已经设立了国家自然科学基金、企业科技进步基金、863计划、火炬计划、星火计划等，也对促进高新技术的研究和开发起到了一定的作用，但无论是从种类还是从数量来看，都还太少，还需要大力发展。

山西省应建立创业风险投资补偿资金。创业风险投资补偿资金由省财政专项资金和创业风险投资机构自愿缴纳的风险准备金组成。凡按投资额缴纳一定比例风险准备金的创业风险投资机构，在所投资项目失败产生全额损失或所投资企业破产清算时，经认定后可从创业风险投资补偿资金中按照不低于所缴纳准备金的数额给予补偿。补偿资金也可用于创业风险投资机构的贷款贴息和风险补贴。

3. 政府担保。银行是企业为科技进步筹措资金的重要渠道。但由于高新科技企业的风险性，银行不敢大量借款，政府担保则能为银行承担借款损失，使银行能放心地向创业风险企业提供创业借款。政府的这种担保能带动大量的银行资金投向风险企业，政府的担保被称为风险资金的"放大器"。其放大倍数通常可达10～15倍，世界上许多国家的政府都普遍设立了信用担保机构。我国当前正处于向成熟的市场经济过渡时期，整个社会的信用体系仍不完善，人们的信用观念严重滞后，因此我省一方面要建立健全信用体系，另一方面要尽快建立健全政府对创业风险投资的担保，以推动我省的创业风险投资，促进高新技术企业的发展。

4. 法律监管制度。发展创业风险投资离不开政府三项法律制度监管：

（1）规范创业风险投资运营机制的法律制度。创业风险投资是为创业风险企业提供"种子"资金和创业资本，通过参与企业管理将科技成果

"孵化"为现实生产力的特殊投资，它不同于任何形式的传统投资。因此，严格规范创业风险投资的运营机制，是保证创业风险投资业健康发展的必要措施。最重要的是要做到两点：第一，严格规定创业风险投资企业的性质、经营目标、投资方式、投资方向等，将创业风险投资与常规投资区别开来；第二，明确规定创业风险投资企业对创业风险企业的权利与责任，防止创业风险投资信贷化和永固化。

(2) 维护或重建信用准则的法律制度。只有市场主体普遍遵循"有借有还、到期归还、还本付息"的信用准则，并且相信交易对手也会遵循这一原则，创业风险资本才能顺利地筹集起来，创业风险投资才能顺利地从创业风险企业中退出。要在我国发展创业风险投资，必须重建社会经济中的信用观念。

(3) 保护知识产权的法律制度。创业风险投资与普通投资不同之处在于它将高新技术成果转化成商品，高新技术成果的存在是创业风险投资兴旺发展的基础。而要想有比较多的技术成果不断面世，很重要的一点就是要保护知识产权，激发全社会的从事科技成果创新的热情。政府是经济社会中法律制度的制定者和维护者。

5. 具体监管措施。创业风险投资涉及向社会公众筹资和向创业风险企业投资两个阶段，牵涉到较为复杂的契约关系，再加上它本身的风险性质，因此政府必须加强对创业风险投资的监管，以保护创业风险企业、创业风险资本的投资者、创业风险投资机构、创业风险投资中方机构等各方面的利益。政府的监管主要体现在：

(1) 创业风险资本在获得政府的优惠以后，必须把70%～80%的创业风险资本投向高科技企业，最多只能有20%～30%的资金流向债券和股市。

（2）要明确规定创业风险资本中的一部分必须投向创业期。

（3）要有一套健全的会计、审计制度来保证创业风险投资企业的财务状况及时准确地公开，防止当事人违法、违规，弄虚作假。

（4）要严格规定创业风险投资企业的性质、经营目标、投资方式、投资方向，将创业风险投资与传统投资区分开来。

（5）要明确规定创业风险投资公司对创业风险企业的权责，防止风险投资信贷化和永固化。

（6）要规范创业风险投资企业在项目评估、选择阶段、谈判阶段、操作阶段、退出阶段等各个环节的操作程序。

（7）要加强创业风险投资的立法工作，研究制定完整的创业风险投资法和监督法，并颁布与此相配套的政策措施。

（8）要加强对外国创业风险资本的监管，既要保护外国创业风险资本的合法权益，又要防止外国创业风险资本垄断核心技术冲击我国的金融市场。

6.加大对创业企业的培养发酵及诚信建设力度。长期以来，科技型中小企业同一般中小企业一样，一直被信息不对称、道德风险与诚信缺失行为问题困扰着，并且成为中小企业融资困难的根本原因，制约着中小企业本身的融资和投资者对中小企业的投资，也制约着创业风险投资事业的发展。同时，由于我省自身信用担保体系的不健全，使得中小企业的这些问题长期得不到解决。因此，为推动我省创业风险投资事业的发展，政府应做好如下工作：

（1）政府应高度重视建立中小企业信用担保体系，制定相关的法规文件，指引本区域的中小企业信用担保体系建设，逐步形成"以政府出资为主的中小企业信用担保机构为主体，商业性担保机构、互助担保和再担保

机构为补充的担保体系",为中小企业提供相对公平的融资环境,力图从根本上解决中小企业信息不对称和道德风险问题,强化中小企业的自我监督机制,克服其逆向选择的机会主义倾向。

(2) 结合我省科技计划,加强对创新创业企业的培育,鼓励和指导企业通过国内资本市场的融资,对创业投资参与的企业给予政策性的鼓励,提升我省创业投资的发展水平。应该看到,大多数高新技术企业,特别在国家级高新技术开发区的高新技术企业都得到过中央和地方政府各类科技计划的投入,而各类科技计划的投入也都促进了这些企业的发展。如果能够积极地推动这些企业走向市场,使广大股民能够享受更好的优质资源,也是对纳税人税收资金投入在高新技术企业发展上最好的回报。

(3) 风险投资是一项高风险、高收益的投融资行为,它需要创业风险投资家与创业风险企业家双方的诚信行为作保证,任何侥幸心理和短期行为都会使风险投资成果付之东流。因此,必须通过加强并完善诚信法制建设、规范政府行为和改善政府信用、建立健全诚信激励与惩罚机制以及建立社会信用管理体系等,为创业风险投资提供一个诚信的宏观环境。同时也需要创业风险投资企业从自身做起,完善治理结构,建立以创业风险投资产权为基础的股权结构,以充分发挥创业风险投资家参与创业风险企业管理的作用,遏制创业风险企业家采取短期、投机行为,减轻创业风险企业家道德风险和独断专权的可能性以保护创业风险投资家的利益;建立和强化内部诚信管理机制,即通过在企业内部建立专门的诚信管理机构,以监控企业在经营过程中的信用行为,避免信用风险;建立诚信经营的奖惩机制,即在项目引进、培育、维护以及风险收益分配等方面建立创业风险经营者诚信档案数据库,记录其诚信经营业绩情况,作为奖惩的重要依据。

7. 促进交流为企业提供一个可依托的高科技环境。美国的硅谷，我国台湾的新竹、北京中关村、西安高新区等，都有良好的科技创新的内在动力。如良好的科技创新的文化传统，大量的高校及科研机构，以及活跃的、开放的创新体制等，能够提供源源不断的高新技术，从而推动了中小型高新技术企业的发展，而创业风险投资则是这些高新技术快速转化为商品的主要资金来源。因此，山西省也要有这么一个提供高科技的环境。结合目前的研发状况，应采取"基础研究以政府为主导，应用研究以企业为主导"的研发模式。

(1) 要建立产业共性技术研究开发体系。为了顺应高新技术发展日益复合化、综合化的趋势，发挥省内的太原理工大学、山西大学、山西科技大学、中北大学等一些高校、科研机构以及已建立的太原国家级高新技术开发区的科学研究力量的作用，对全省共性的基础研究和关键技术集中组织攻关，在市场前景好、产业关联度大、对国民经济发展能够产生显著推动作用的基础研究和关键技术领域，攻克一批具有自主知识产权的关键技术和共性技术。为此，省政府应把高等院校的人力资本与高新区的硬件环境结合起来，专门对关键技术和共性技术的基础研究进行攻关，相关经费应主要由政府来承担。

(2) 要建立以大企业为主体的应用技术开发体系，突出"研究开发机构主要在企业、研究开发经费主要来自企业、研究开发人员由企业向各高校、科研机构聘用"的特色。为了加强企业与高等院校、研发机构之间的交流互动，形成具有鼓励原创的社会文化和企业创新文化制度，政府要营造一个宽松的、开放的、发展高新技术的环境，定期在高新区举行产、学、研各部门之间的对接和交流活动，如：产、学、研荣誉合作项目、工业往来项目等，促进产、学、研之间的信息沟通，鼓励产、学、研之间的

研究项目合作等活动的开展，使高新区真正成为新竹或中关村那样的活跃的工业园区，成为高科技的发源地，同时也成为创业风险投资业的用武之地。

（作者：山西财经大学副教授）

山西创业风险投资体系的现状和问题

张小军

英国前首相撒切尔夫人曾经说过："欧洲在高科技及其产业方面落后于美国，并不是由于欧洲的科技水平低下，而是由于欧洲在风险投资方面落后于美国10年。"世界各国特别是美国的发展历程表明：风险投资是科学技术向生产力转化的主要推动力量。风险投资在我国的发展还远远落后于发达国家。这一方面归因于我国的市场发育不完善，更重要的是因为我国的法律政策体系存在着很多缺陷，不能对风险投资起到保障和促进作用。

随着我国高新技术风险投资的不断发展、新问题的不断出现，目前的风险投资法律政策体系已经很难适应社会经济发展的需要。由于法律与政策环境是风险投资赖以发展的最重要的宏观环境之一，因此在风险投资业发展的环境优化中，促进风险投资发展的法律政策环境就显得格外重要。

一、我国现有法律政策

我国目前有关创业风险投资的法律政策规定可归纳为以下几方面：

1. 在指导原则上，鼓励建立创业风险投资机制，发展创业风险投资公司和创业风险投资基金。鼓励按照市场机制设立创业风险投资基金，鼓励有关部门、地方政府设立创业风险投资引导基金，引导社会资金流向创业风险投资领域，引导创业风险投资企业投资处于种子期和起步期的创业企业。

2. 促进海外风险资本进入中国参与风险投资，对外商投资创业投资公司提供优惠税收政策，对于外商投资的非法人的创业投资机构（或基金）在我国取得的投资收入，可以减按10%征收企业所得税。同时对境外投资者，还要考虑中国与投资者所在国的双边税收协定，避免双重征税。

3. 立法确立了有限合伙企业这种最适宜创业风险投资企业的组织形式，并且有限合伙企业也可以开设证券账户。

4. 对创业风险投资企业进行备案管理，并主要为创业投资企业提供以下几方面的特别法律保护：

（1）对投资者人数和单个投资者的投资金额作出规定，为创业投资企业以私募方式募集资金提供法律依据；

（2）规定以公司形式设立的创业投资企业，可以委托管理顾问机构作为"经理"负责其投资管理业务，为实行委托管理提供法律保护；

（3）规定创业投资企业可以实行承诺资本制度，若承诺实收资本不低于3000万元人民币，首期到位资本只需1000万元，其余资本可在未来5年内补足；

（4）规定"创业投资企业可以以全额资产对外投资"；

（5）规定"创业投资企业可以以股权和优先股、可转换优先股等准股权方式进行投资"；

（6）规定创业投资企业应当通过章程、委托管理协议等法律文件，事先约定管理运营费用或管理顾问费用的计提方式，为建立成本约束机制提供法律依据；

（7）规定创业投资企业可以从已实现投资收益中提取一定比例作为对管理人员或管理顾问机构的业绩报酬，为建立对管理人的业绩激励机制提供法律依据；

（8）规定"创业投资企业可以事先设立有限的存续期"，存续期一到即可清盘，从而有利于建立起对管理人的风险约束机制；

（9）规定"创业投资企业可以在法律规定的范围内通过债权融资方式增强投资能力"。

5. 对于创业投资企业的税收优惠，主要体现为为创业投资企业采取股权投资方式投资于未上市中小高新技术企业2年以上（含2年），符合规定条件的，可按其对中小高新技术企业投资额的70%抵扣该创业投资企业的应纳税所得额。在当年不足抵扣的，可在以后纳税年度逐年延续抵扣。该税收优惠政策确立的基本原则得到了《企业所得税法》的肯定。

6. 对创业投资引导基金的设立和运作做出了规范，主要包括：创业投资引导基金的资金来源为"支持创业投资企业发展的财政性专项资金，引导基金的投资收益与担保收益，闲置资金存放银行或购买国债所得的利息收益，个人、企业或社会机构无偿捐赠的资金等"；引导基金的形式应为独立事业法人设立，由有关部门任命或派出人员组成的理事会行使决策管理职责；引导基金按照"政府引导、市场运作，科学决策、防范风险"的原则进行投资运作；引导基金可以以参股、融资担保、跟进投资或其他方式运作。在引导基金的管理方面，引导基金可以专设管理机构负责引导基金的日常管理与运作事务，也可委托符合资质条件的管理机构负责引导基金的日常管理与运作事务，同时引导基金应当设立独立的评审委员会，对引导基金支持方案进行独立评审；在引导基金的监管方面，要求将引导基金纳入公共财政考核评价体系，同时还要注意引导基金的风险防范和控制，规定引导基金不得用于从事贷款或股票、期货、房地产、基金、企业债券、金融衍生品等投资以及用于赞助、捐赠等支出，闲置资金只能存放银行或购买国债等。

7.在资金支持方面，财政部、国家发展改革委拿出部分国家产业技术研究与开发资金试行创业风险投资。

8.在法律法规和有关监管规定许可的前提下，支持保险公司投资创业风险投资企业。允许证券公司在符合法律法规和有关监管规定的前提下开展创业风险投资业务；允许创业风险投资企业在法律法规规定的范围内通过债权融资方式增强投资能力；完善创业风险投资外汇管理制度，规范法人制创业风险投资企业外汇管理，明确对非法人制外资创业风险投资企业的有关外汇管理问题等。

二、我省现有法规政策规定

除了适用国家法律政策以外，山西省在发展创业风险投资方面的具体法规、规章和政策规定主要有：

1.政府直接划拨资金支持创业风险投资机构。1993年6月成立的"山西省科技基金发展公司"，是全国最早的26家创业风险投资公司之一。我省每年从省财政科技三项资金、科技成果转化资金和科技型中小企业技术创新基金中划出2000万元，交由该公司进行市场化运作。

2.创业风险投资机构投资于未上市的高新技术企业、政府支持的科技计划及产业化项目的资金，累计超过其投资总额60%的，可由省科技行政主管部门认定为高新技术企业，按照国家规定享受有关优惠政策。境外和省外创业风险投资企业在我省进行高新技术项目投资，但尚未在我省设立机构的，其项目也可比照高新技术产业化项目，享受有关优惠政策。

3.山西省人民政府与国家开发银行共同设立山西省创业风险投资引导基金。该基金首期为8亿元人民币，通过与国内外具有优良管理能力和投资能力的创业风险投资企业共同出资设立专业或区域性子基金，对科技创业项目和科技型中小企业进行直接投资。山西省创业风险投资引导基金参与设立创业风险投资子基金的投资比例将不超过子基金注册资本的40%。2007年6月12日，该基金正式成立；9月23日，该基金正式启动运行，机构名称为"山西省创业风险投资引导基金有限责任公司"，注册资本为8亿元。

4.设立山西省创业风险投资补偿资金。创业风险投资补偿资金由省财政专项资金和创业风险投资机构自愿缴纳的风险准备金组成。凡按投资额缴纳一定比例风险准备金的创业风险投资机构，在所投资项目失败发生全额损失或所投资企业破产清算时，经认定可从创业风险投资补偿资金中按照不低于所缴纳准备金的数额给予补偿。补偿资金也可用于创业风险投资机构的贷款贴息和风险补贴。

5.凡获得创业风险投资支持的创业企业和高新技术项目，省各有关部门应优先列入我省的各类计划项目予以支持。对投资我省种子期的高技术项目和初创期的科技创业企业的创业风险投资机构，创业风险投资补偿资金将给予一定的风险补贴。

6.建立创业风险投资业绩激励机制。允许外商独资创业风险投资机构和中外合作创业风险投资机构，依据国际惯例制定内部收益分配机制和奖励机制。在创业风险投资机构收益分配中，属于政府引导资金的部分可以让利于其他境内外资金。

7.鼓励创业风险投资机构吸引专业人才，实现创业风险投资专家管理。对于创业风险投资机构聘用的具有本科及以上学历的专业技术人员，或有3年以上创业风险投资经验的管理人员，可依有关规定申请办理人才引进。鼓励省内外有丰富经验和良好业绩的创业风险投资专家在我省创业风险投资机构就职，其任职可不受国家有关退休年龄的限制；为我省创业

风险投资事业做出特殊贡献的专家，省政府应给予表彰和奖励。

三、存在的问题

如上所述，虽然国家有关创业风险投资的法规政策出台不少，我省出台的规章政策涵盖面也比较全面、比较具体，但是我省创业风险投资并没有真正开展和发展起来。究其原因，有法规政策本身的原因，有法规政策的配套制度不健全的原因，也有法规政策执行不力的原因。总结来看，我国以及我省现有的有关创业风险投资的法规政策以及实际运行，还存在着以下问题：

（一）创业风险投资行业缺乏统一的规划引导

目前我省创业风险投资行业的管理体制状况是：省发改委财金处负责创业投资企业的备案管理，省发改委高新处负责高新产业发展政策制定与产业促进，省科技厅分管科技发展规划、高新企业认定和科技资金调配，中小企业局负责中小企业发展促进，财政厅配合行业资金计划与划拨，证监局、银监局、保监局负责各自的行业管理，工商局负责企业登记注册管理等。

从表面上看，各行政主管机关主管范围内的政策都比较全，发展创业风险投资的愿望都很强烈，推进创业风险投资发展的态度也都很积极。但由于缺乏位于各部门之上的统一长效组织领导机构，也没有创业风险投资行业的长期发展规划，因此，必然带来各部门各行其是、协调无力、落实艰难，导致整个创业风险投资行业发展非常缓慢，造成企业与政策对接难、项目与资金对接难、引导资金和民间资金对接难、投资效应和跟进监管难等一系列负面影响。

（二）创业投资企业管理制度欠科学

我国目前对创投企业实行备案管理制度，发改委备案管理的主要对象，应当以国有资产代表人身份出资的"母基金"和与民间资本合作投资的"子基金"及其所投项目，纯属投资管理概念。而现行规定的备案管理范围，却是创投企业及投资行为全过程，混淆了投资管理和行业管理概念，跨越了职能范围，不利于创投企业的健康发展。

尤其是我国《创业投资企业管理暂行办法》第26、27、28条分别要求其创投企业应在每个会计年度结束后的4、5、6个月内，将财务报告与业务报告送达行政主管部门，还要求主管部门对创投企业的项目执行情况进行实时监控和定期或不定期的检查及年审等。

这些规定事实上很难行得通。一是发改委既没有管理企业的能力，也没有管理企业的条件。二是所造成的结果必然是发改委力不从心，申请企业容易造假，政府投资失于监控，最终损失政府"买单"。而且特别容易形成"政府不扶持就不投资"的不良风气。

（三）创业投资法规政策体系相对缺乏配套制度和实施细则

2007年8月，山西省委、省政府出台了《关于加快推进科学进步和创新的决定》，同时发布了"1+13"系列政策文件。就文件本身而言，不可谓不全，不可谓不大，但其内容则多属原则与框架性说明，缺乏与其配套的相关细则、办法和操作程序。例如，现行政策虽有政府引导基金扶持条款，但由于省级财政每年实际只有2000万元的科技创投资金投入，而且还是由省基金公司决定投向。盘子太小，杯水车薪，还要"通路子、过审查"，导致多数企业没有积极性。

另外一个问题是，创业风险投资资金不仅资金来源渠道窄，而且政府偏重直接支持，忽视间接支持。省级财政目前对中小企业的支持主要是安排一些专项资金，支持一些具体的项目和企业。面对浩如烟海的中小企业，这些资金显然是杯水车薪，受益面很小，而且容易在中小企业之间造成不公平分配，政府对风险投资应间接支持。当然，尖端的、前瞻的科技开发可以直接支持。同时，拿出一部分财政资金间接支持创业风险投资机构，如支持一些咨询、培训、研发等中介机构。

此外，现行政策虽有高新技术引导范围，但由于缺乏产业发展规划、项目引导目录、项目开发指导和市场预测等配套办法，加上相应的技术、人才、信息、管理、营销、交易中介等社会化软支持系统缺失，多数人得不到高新项目领域的系统知识和智力支持，对新兴产业的市场预测把握不准，因此，许多人望而却步，有钱无力，等待观望。

还有，现行政策虽有较为明确的税收优惠，但由于投资周期较长、风险把握不准、进出渠道不畅和税收优惠的滞后效应等原因，所以，一般税收优惠对追求高额回报的创投企业引力不足，很难激发起他们的投资冲动。

特别由于政策的不完整性和多层次资本市场配置体系始终没有建立起来，与政策配套的产业项目发布、行业发展规范、社会中介促进支持、税收优惠落实和系统信息渠道等运行机制的长期缺失，我省较为富裕的大量民间资本未能得到有效引导和利用，以至我省历年来流到省外和海外的民间资金累计就达数千亿元，造成了很大的社会负面影响。

（四）政府职能的缺位和越位，社会中介机构的功能不能有效发挥、行业协会的自律功能缺失

现行有关创业风险投资政策的制定与执行都由发改委、科技厅、财政

厅等政府部门主持主办，"裁判与球员一人担当"，钱权一体和人事不分的体制模式，严重制约了企业与社会中介的主体功能发挥，行业协会的组织协调与自律管理作用微乎其微。

研究表明，市场经济体制下，单凭政府行政主管部门组织协调推动和管理的体制障碍，已经明显制约了生产力的进一步发展。不建立一整套政府引导监管、行业自律发展、社会促进保障、公开信用监督的政策引导运行机制，各项事业和各个行业的发展都难摆脱上述缓慢运行的怪圈，由此造成的社会成本和有限资源浪费必然巨大。目前，我省科技资金的来源和投入方式单一，从对外招商引资、高新技术企业认定、科研院所管理、科技项目立项审批，到科技资金计划使用、企业或项目管理、投资效果评价等，全由政府行政主管部门独家承担，封闭运行。含技术产权交易市场在内的有关资本类市场能力非常薄弱，许多项目领域还没有向民间资本开放，如此等等，计划性投资体制得以长期延续，各类有形资本市场主体不能发挥调节作用，分散的民间资本聚合效应始终难以形成，民间资本始终难以规范地进入投资领域。这样就造成如下负面影响：一是企业围着政府转，产业发展缓慢；二是市场环境不到位，招商引资效果差；三是由于市场化引导体系没有建立起来，造成大量省内民间资金外流的局面难以遏制。

另外，科技研发资金的管理分配与创新项目认定筛选全由政府主管部门审批调控，按年度计划，分地区分行业分类别切块使用，多数民营企业根本不可能接触到这部分资金，公平与效益兼顾的资金使用原则在财政资金中很难贯彻；而行政主管部门与用资企业存在严重的信息不对称，使得政府科技资金的投入与用资企业及项目实际处于失控状态，监管体系缺失造成的市场风险也全由政府一方承担起来；国资委对国有独资风投企业考

核指标和考核体系矛盾，违背创业风险投资规律。科学管理和公平竞争的机制功能不可能发挥作用。

（五）有限合伙企业的一些限制性规定阻碍了创业风险投资业的发展

虽然我国《合伙企业法》允许设立有限合伙企业，但是对于这种最适宜创业风险投资机构的组织形式，在我国还遇到许多其他的问题，限制了创业风险投资业的发展。其中最突出的问题之一是有限合伙企业的税收存在不确定性，税收优惠政策基本上没有落实。尤其是2008年12月23日，财政部、税务总局签发《关于合伙企业合伙人所得税问题的通知》，《通知》规定，无论其是有限合伙人还是普通合伙人，都须按"工商经营所得税税率"执行，即如果年所得超过5万元，超额部分便应按35%税率缴税。另外，现行金融立法限制机构投资者成为有限合伙人。如《商业银行法》规定银行只能从事吸收公众存款、发放贷款、办理结算等业务，禁止向非银行金融机构和企业投资。诸如此类的限制性规定严重影响了创业风险投资行业的发展。

（作者：山西汇丰投资有限公司副总经理）

资源型经济转型跨越发展丛书

煤炭突围

MEITANTUWEI

山西煤炭资源整合的记忆与启示

（上）

■ 李中元　主编

山西出版传媒集团　山西人民出版社

图书在版编目（CIP）数据

煤炭突围 / 李中元主编. — 太原：山西人民出版社，
2012.12

ISBN 978-7-203-06722-1

Ⅰ. ①煤⋯　Ⅱ. ①李⋯　Ⅲ. ①煤炭工业—经济体制改革
—山西省　Ⅳ. ① F426.21

中国版本图书馆 CIP 数据核字（2010）第 259437 号

煤炭突围

主　　　编：李中元
责 任 编 辑：秦继华　武　静　李建业
装 帧 设 计：柏学玲
出 版 者：山西出版传媒集团·山西人民出版社
地　　　址：太原市建设南路 21 号
邮　　　编：030012
发 行 营 销：0351-4922220　4955996　4956039
　　　　　　　0351-4922127（传真）　　4956038（邮购）
E - m a i l：sxskcb@163.com　发行部
　　　　　　　sxskcb@126.com　总编室
网　　　址：www.sxskcb.com
经 销 者：山西出版传媒集团·山西人民出版社
承 印 者：太原市力成印刷有限公司
开　　　本：787mm × 1092mm　1/16
印　　　张：48
字　　　数：800 千字
印　　　数：1-3000 册
版　　　次：2012 年 12 月　第 1 版
印　　　次：2012 年 12 月　第 1 次印刷
书　　　号：ISBN 978-7-203-06722-1
定　　　价：89.00 元（上、下）

如有印装质量问题请与本社联系调换

煤炭突围（上）
MEITANTUWEI

主　　编　　李中元

执行主编　　马志超

成　　员　　薛　克　　王云珠　　连　璞　　陈红爱　　宋丽莉

陈新凤　　邵　琦　　郭永伟　　马东林　　王　云

姚　军　　武　静

中央领导同志关于山西煤炭企业兼并重组整合工作的批示

习近平同志批示

山西按科学发展观要求抓煤炭资源整合和煤矿重组很有成效，希望坚持抓下去抓好。

吴邦国同志批示

煤炭行业资源整合、重组方向是正确的，工作也是有成效的，是结构调整的重大举措，为全国带了个好头，意义重大。

温家宝同志批示

要认真总结经验，加强舆论引导。

贾庆林同志批示

看了这封信感到很兴奋。山西省终于走上了全省煤矿整合重组的正确轨道。"上大、改中、关小，淘汰落后产能"，决心下得好，而且已经取得了积极成效。希望再接再厉，努力实现两年治理目标。并继续按照科学发展观的要求，进一步做好山西煤炭这篇大文章，为国家的能源安全持续做出新贡献。

李克强同志批示

请张平、国宝同志阅，注意总结相关经验。

刘云山同志批示

名照同志：对山西调整产业结构、整合煤炭资源、兼并重组煤矿取得的阶段性成果要作进一步深度报道，这也是贯彻落实科学发展观的成果。

李源潮同志批示

坚持科学发展、解决突出问题，2009年山西工作干得很好。

中央领导同志关心山西煤炭资源整合

吴邦国2010年3月参加全国两会山西代表团审议时指出

山西煤炭行业资源整合、重组方向是正确的，工作也是有成效的，是结构调整的重大举措，为全国带了个好头，意义重大。

我知道煤炭调整的难度，能把办矿主体从2200家减到130家，很不容易啊。因为整合涉及利益调整，还涉及到不正之风。山西是煤炭大省，过去山西煤炭的生产是粗放型的。前些年我到山西时讲过，"小土群"是搞不成现代化的，遍地开花，包括小煤炭、小焦炉，资源回采率很低。坦率地讲，以前山西的工作是坐在火山口上，不知道哪天就会有煤矿出事故。去年国际金融危机，在市场倒逼机制的情况下，你们整合重组是下了力气的，符合现代企业规模化经营、集约化发展的方向。通过重组，我想对山西的长远发展将会起到重要的作用。

温家宝2011年4月考察山西时指出

山西近几年煤炭资源整合、煤矿兼并重组取得重大成果，这不仅对资源的合理开发利用、对环境保护具有重要意义，而且对促进安全生产发挥了重要作用。

山西的优势在煤,要继续深入推进煤炭资源整合和煤矿兼并重组,提高现代开采技术和安全生产水平,注重煤矿接续资源勘探和煤炭资源的转化,建设全国重要的、可持续的煤炭基地。要坚持以煤为基、多元发展,做到依托煤而不依赖煤,兴于煤而不困于煤,让得天独厚的煤炭资源发挥最大的经济效益、社会效益和生态效益,让非煤产业得到更大的发展,使山西的产业结构发生脱胎换骨的新变化。

李长春2011年5月视察山西时指出

山西要加快转变发展方式,深化结构调整,必须一手抓煤炭资源整合重组,一手抓新兴产业发展,长久地做下去。

李克强2011年3月参加全国两会山西代表团审议时指出

这段时间以来,山西不断推进煤炭资源整合,发展清洁煤技术等等,对全国来说,有利于缓解全国能源资源制约,对山西来说,也是增强发展的动力。

张德江2011年6月视察山西时指出

山西省近几年在省委省政府的正确领导下,痛定思痛、下定决心,进行了煤炭资源整合、煤矿矿井兼并重组,目标明确,改革力度很大,效果非常明显。对山西省委、省政府在促进煤炭资源整合、促进安全生产发展等各方面取得的成绩,国务院是肯定的。

近年来,山西省委、省政府团结带领全省人民深入贯彻落实科学发展观,加快调整经济结构和转变经济发展方式,加快转型跨越发展,经济社会各方面的工作都取得了显著成绩,特别是抓住机遇,以壮士断腕的决心和勇气推进煤炭资源整合、煤矿兼并重组,力度很大,效果很好。山西煤炭行业不论技术装备水平还是安全生产水平都上了一个新的台阶,进入了一个新的发展阶段,为山西的长远发展奠定了坚实的基础。

马凯2010年3月参加全国两会山西代表团审议时指出

2010年全国两会期间,马凯秘书长在谈到山西煤炭资源整合、煤矿兼并重组带来的好处时,概括为"四个保护":一是保护了国家的煤炭资源,煤矿资源回收率将由平均15%提高到80%以上;二是保护了人民生命财产安全,事故率将大大降低;三是保护了生态环境,解决小煤矿无序开采造成水系破坏、土地塌陷和环境污染问题;四是保护了干部,让干部远离矿难问责,远离煤焦腐败。

马凯秘书长谈得最多的是山西煤炭资源整合、煤矿兼并重组。他说,这一仗打得好,成果实在是太宝贵了。我自己到山西调研后的体会是:根本的一条,就是山西省委、省政府能够真正相信科学发展观、真正按照科学发展观指导经济。不树立科学发展观,就不可能有壮士断腕的决心和勇气。GDP这个指标摆在什么位置，怎么看待，是检验是否真正树立科学发展观的重要依据。在这个问题上，山西省委、省政府看得很准，摆得很正，做得很对。另外一条，就是把结构调整和深化改革结合起来，发挥政府的指导协调作用、市场的资源配置作用。第三条经验，是能够用统筹兼顾的观点处理各种矛盾。最后我觉得调动各方面的积极性，如市县、企业等方方面面的积极性，也有很多经验需要总结。要通过总结经验，达到"打一仗、进一步"的目的，使我们驾驭经济的能力、指导经济的能力不断得到提高。

　　如何巩固煤炭资源整合、煤矿兼并重组的成果呢？他建议至少要做好"四抓"：一是抓巩固。这次整合、重组的力度非常大，已经取得重大阶段性成果，能不能巩固，是下一步需要解决的问题。二是抓升级。兼并重组整合后，只是初步的规模化、机械化，但要真正迈到集约化、信息化这一步，还有大量的工作要做。三是抓改革。要继续做好企业组织结构的调整，包括20%的国企，都有一个进一步转化、完善结构的问题。特别是50%的新的股份制企业，一定要规范法人治理结构。四是抓法制。对改革成果和发展成果，要上升到法律的高度去维护，比如这次市场的整顿和相应的采矿权管理，这就是一个非常重要的环节，所以要加强立法。

前　言

　　实施煤炭资源整合、推动煤矿兼并重组，是山西贯彻落实科学发展观，推动转型跨越发展的重大举措，是提升煤炭产业发展水平，实现资源型经济转型与可持续发展的重大选择，也是"十一五"期间山西省委、省政府抓住金融危机所蕴涵的机遇，在调整经济结构方面所干的一件大事。忠实地记录这段历史、客观地反映这一进程、深刻地总结这个经验、科学地探寻其中规律，既是社科工作者使命与职责所在，也是推动我省资源型经济转型和发展方式转变的客观要求。进入"十二五"时期，站在转型、跨越、翻番、再造一个新山西的历史起点上，回首我们走过的艰难历程，喜看整合重组取得的重大成果，展望煤炭产业发展的美好前景，整合重组带给我们的启示和益处是多方面的。

一

　　山西作为我国重要的能源基地，对全国煤炭行业发展及国家能源发展战略举足轻重。新中国成立以来，山西累计生产煤炭140亿吨，约占全国同期产量的30%左右，其中累计外调煤炭100多亿吨，约占全国省际调出量的70%以上，为全国经济发展提供了强大的能源支持。

　　20世纪80年代，国家为满足能源，特别是煤电需求，在山西实行有水快流的阶段性政策，小煤矿如雨后春笋般破土而出。这在一定程度上缓解了煤炭供应长期紧张的局面，但却衍生出非常严重的资源浪费、环境破坏、事故频发等问题。众多小煤矿盲目节约成本、追求自身利益，在环境保护、安全生产等方面的投入却少之又少。尤其在煤矿瓦斯、共生伴生资源、煤矸石、矿井水、粉煤灰的综合利用等方面，小煤矿的资金和技术投入更是杯水车薪，根本无法与现代化大矿相比。同时，小煤矿以比大煤矿更低的价格出售煤炭，严重扰乱了煤炭市场秩序。数以千计，最高时近万座的小煤矿呈现"弱、小、散、乱"格局，不仅造成了国家煤炭资源的巨大浪费，也使山西陷入"因煤而兴、因煤而困"的窘境。特别是层出不穷、防不胜防的煤矿安全生产事故，酿下了山西人挥之不去的"心头之痛"。"煤越产越多、钱越赚越少、市场越来越窄、话语权越来越小"，山西煤炭业发展充满了尴尬。这种状况再也不能继续下去了。因为，煤炭对山西来讲已不仅仅是产业问题、经济问题，还是政治问题、社会问题和民生问题。要从根本上扭转这种乱局，彻底解决"弱、小、散、乱"等问题，除资源整合、兼并重组之路外别无他途。

　　2009年，山西省委、省政府认真贯彻党中央、国务院的战略部署，紧紧抓住国际金融危机蕴涵的历史机遇，化"危"为"机"，以壮士断腕的决心和勇气，毅然决然地启动了整合重组，取得了重大的阶段性成果。经过整合重组，全省矿井总数由之前的2598处减少到1053处，办矿主体已减少到130个，70%的矿井生产规模达到90万吨以上，30万吨以下煤矿全部淘汰，保留矿井全部实现机械化开采，出现了 4 个产能亿吨级的特大型煤炭集团。一个以股份制为主、充满活力的多元办矿的新格局正在形成。

二

通过资源整合、煤矿重组，山西煤炭产业的整体素质和资源利用水平得到全面提升，整合重组的优势和成效在不断显现。

整合重组直接推动了煤炭产能的根本优化，促进了煤炭产量的大幅提升。一块大煤田，让数个小煤矿"割据"开采，必然造成资源浪费；而由一个大矿根据煤矿的资源禀赋、地质构造、资源连片等情况，制定科学合理的整合方案进行统筹开采，则能打破"割据"藩篱，实现资源的集约式开采，必然会出现好的资源效益，必然会优化煤炭产能，必然会提高煤炭产量。我省的整合重组运用了"加减法"的"组合拳"办法，即"减"矿井数量、办矿企业数量，"加"单井产量、企业"单产"，从而实现了矿井、企业集约的目的。据统计，2008 年，全省煤炭产量为 6.56 亿吨，2011 年，则为 8.6 亿吨，净增 1.86 万吨，创下了历史最好水平。

整合重组直接推动了煤炭行业安全形势的稳定好转，煤矿的事故数、死亡数双双下降。煤资整合、煤矿重组改变了煤炭行业"多、小、散、乱"的格局，使长期困扰我省的安全痼疾得到了有效控制，煤炭安全生产形势大大改观。整合重组前，政府安全监管的对象将近 2600 个矿井、2200 个办矿主体；之后，变为 1053 个矿井、130 个办矿主体。整合前后，政府安全监管的难易变化十分明显。整合重组后，资源将向具有安全生产优势的企业集中，它们把自身多年积累的安全生产技术、安全管理经验应用到新整合的煤矿，整个煤

炭产业的安全生产水平大幅提升。同时，整合重组后，办矿主体也相应承担起了矿井安全生产的管理责任，一定程度上为政府的安全监管工作分了忧、解了难。有关统计数据表明，全省各类安全生产事故死亡人数在 2009 年比 2008 年减少 1018 人的基础上，2010 年又比 2009 年减少 505 人，去年又减少 281 人，煤炭生产百万吨死亡率由 2005 年的 0.905 下降到 2011 年的 0.086，居于国内领先水平。安全生产形势的明显好转，不仅保护了人民群众的生命财产安全，为转型跨越发展创造了良好的安全环境，也大大改变了山西的对外形象。

整合重组也直接推动了有限资源向优势企业"靠拢"，有利于做强山西煤炭产业，逐步形成延伸煤炭、做强煤炭、超越煤炭的基本格局。根本上说，山西的煤炭资源整合绝不是简单的 1＋1＝2，而是让落后产能合理退出，为优势产能腾地方。通过煤炭重组，使优势产能占领更大空间，实现有序"扩张"，从而使其技术优势、人才优势、管理优势、安全生产优势得到相应扩张，进而带动整个煤炭产业水平提高，真正实现 1＋1＞2 的目的。实践证明，经过整合重组，山西煤炭工业发生了质的变化，其规模化、集约化、机械化、现代化水平显著提高，特别是现代化矿井建设步伐加快，煤矿技术管理水平明显改善，产业水平显著提高，安全生产稳中向好，采矿秩序活而不乱，能源基地和煤炭大省的地位进一步巩固，使我省煤炭工业进入了一个全新的发展阶段。

三

到 2010 年底，在稳步推进整合重组工作基础上，我省煤矿企业名称预核准基本完成，采矿许可证变更率 95% 以上，全省重组整合煤矿企业正式协议签订率99.5%，主体到位接管率98%，主体企业对被整合煤矿的资金补偿到位率为74%，整合重组取得预期成效。去年，整合重组圆满结束，山西人民多少年想办的一件大事终于办成了。整合重组意义非常深远，它不仅使我们彻底告别了小煤窑时代，进入了现代化大矿时期，更为重要的是，它率先拉开了山西转型跨越发展的序幕。

由于整合重组，我省煤炭行业大踏步地进入了集约化、规模化的发展阶段。随着我省平均单井能力提高到90万吨以上，所有保留矿井逐步实现机械化开采，我省的煤炭产业有了质的飞跃，不仅从根本上改变了"多、小、散、乱"局面，而且大大提高了产业集中度和技术装备水平。在2010年全国煤炭百强企业中，省属焦煤、晋煤、潞安、阳煤、同煤五大集团分列第4、9、11、12、13位；2011年，山西煤运、省属焦煤、潞安、阳煤都进入百强企业的前十名，分列4、6、9、10位。在2011年全国煤炭产量50强企业中，省属焦煤、同煤、潞安进入前十名，分列3、4、8位。

由于整合重组，大矿通过整合优势资源，拥有了发展清洁能源和新能源的更为"充沛"的资源，推动我省进入了清洁能源和新能源开发利用的新阶段。为了提高煤炭附加值，我省大幅提高煤炭的洁净化程度，2011年洗煤产量超过4亿吨，入洗原煤占到煤炭产量的50%以上；为了煤炭企业加快转变经济发展方式，不断提高对资源的利用效率，煤层气开发利用正在成为企业发展的新亮点。目前，煤层气抽取企业达到9家，晋煤、阳煤、太原煤气化等企业加快了煤层气开发利用，煤层气发电站、加气站不断建立，煤层气广泛运用于交通运输和居民生活，"气化山西"在加快形成。

由于整合重组,我省循环经济开始在大型煤炭企业集团得到广泛实践,产业链不断延长加粗。曾几何时,单一的产业发展模式让山西煤炭产业"羸弱不堪",每每随经济走势"起伏"不定。从2009年开始,山西省就计划用两年时间投入811亿元,在煤炭循环经济园区建设206个煤炭循环经济项目,以破解光靠卖煤的单一煤炭产业发展模式。现在,西山煤电、同煤塔山、潞安等循环经济园区建立,为全省发展循环经济起到标杆作用。煤制油、煤制醇、煤制气等煤化工项目广泛建立,煤矸石、洗中煤、煤泥用于发电,粉煤灰也得到有效利用,用于制造新型建筑材料,对煤炭的"吃干榨尽"提升着行业的产业链和附加值,煤—电—铝,煤—焦—化,煤—电—冶,煤—电—建等产业链条不断延伸拉长。煤炭企业实现了由输煤到输电再到输气三者有机统一。

由于整合重组,我省明确提出要以煤为基、多元发展,迅速推动非煤产业发展,使多元化逐步成为转型跨越发展的主流。煤炭企业在加快集约发展的同时,不断转变发展方式,突破单一的发展模式,加快产业间融合,由简单的资源开采、初步加工向资源深度开发、深度加工转变。晋煤、阳煤、潞安三个企业集团非煤产业已超过50%;焦煤集团与太重合作建立煤机龙头企业。煤炭企业不再是单纯的煤炭生产企业,涉足行业囊括煤化工、电力、冶金、建材、机械、运输等几十个,多元化发展成为主流。一个以煤为基、以煤兴产、以煤兴业、多元发展的新型煤炭行业初步形成,煤炭大省加速向能源经济强省转变。

从根本上讲,整合重组是山西经济由资源依赖型向创新驱动型转变的一个重大举措。山西作为典型的资源型经济省份,转型跨越发展的关键是优化产业结构,实现煤炭生产规模化、经营集约化、技术现代化和产权多元化。我省的整合重组已经在这方面做了大量工作,为转型跨越发展奠定了扎实基础。换句话说,整合重组为国家资源型经济转型综合配套改革试验区建设提供了极为有利的条件,开创出了十分良好的新局面。正如在 2010 年 3 月召开的全国"两会"上马凯同志指出的那样:"山西煤炭资源整合、煤矿兼并重组在中国煤炭工业史上是值得大书特书的一页。"

四

煤资整合、煤矿重组这一重大战略决策,得到国家有关部委的大力支持,得到全省人民的衷心拥护和社会各界的广泛认同。但这场煤改风暴引发的讨论或争论,曾经剑拔弩张,举国关注。

有人说是中国煤炭业的破冰之旅,也有人说是激情豪迈的壮士断腕;有人视之为"一场没有硝烟的战争",也有人称之为"一场煤炭工业的革命";有人认为是"政府干预市场配置",也有人认为是"国进民退"的反市场化逆动,将山西推向舆论的"风口浪尖"。对此,山西省委、省政府始终坚持以邓小平理论为指导,贯彻落实科学发展观,积极探索合理开发利用煤炭资源的可持续发展道路,坚定不移地持续推进这项改革,在争议中不断豪迈前行,在前行中不断总结完善。从历史发展和现实需求的双重维度审视,这是一场关乎 3600 万山西人未来走向的大变革。因为,走煤炭资源整合、煤矿兼并重组之路,有利于从根本上生产"不带血"的煤炭,有利于输出干干净净的煤炭,有利于提高煤炭话语权,有利于推动转型跨越发展,从而是一件决定山西前途与命运的大事情。

作为哲学社会科学研究工作者和山西人，我们希望产出的煤炭是"不带血"的煤炭、干干净净的煤炭和有话语权的煤炭。不走整合重组之路，或整合重组事情办不好，不仅山西的煤炭产业没有希望，山西的未来也将大受影响。为了山西的明天，为了子孙后代，我们别无选择。我们必须选择。我们必须痛下决心，宁听"骂声"，不听"哭声"，坚决打好煤炭产业重整这一仗。从煤炭产业本身看，我们从事的这场变革完全符合煤炭产业的基本特性，适应经济社会发展的需要，顺应国内外经济转型发展的大趋势。特别是，山西的资源整合、煤矿重组改革，在能源投资体制、资源综合利用、安全生产和行业管理制度等方面进行了许多创新性尝试，这对全国其他地区类似产业的转型升级有积极的借鉴意义，为全国煤炭行业的结构调整和体制创新积累了宝贵经验。

五

回顾过去，斗志愈坚；展望未来，豪情满怀。对山西来说，转型跨越发展是亘古未有的伟大实践，"综改区"建设是不可多得的发展机遇，必须始终把中央的要求与山西的实际结合起来，创造性地推进转型跨越发展，全面推开"综改试验区建设"的各项工作，为山西未来发展奠定更为坚实的基础。

2011年是"十二五"开局之年，我们坚持主题、围绕主线，着力推进转型跨越，经济社会发展和各项工作都有了新发展，实现了良好开局。特别是全省转型跨越发展势头强劲，发展方式迈出了新的步伐。在这一年，传统产业整合重组和技术改造进一步推进。煤炭整合重组效果进一步显现，煤炭产量和外运量都再创历史新高，煤炭价格稳中有升，煤炭行业效益稳步提高，煤炭产业可持续发展能力进一步增强，为推动转型跨越发展奠定了坚实基础；同时，全面启动非煤矿山、焦化、钢铁和水泥等行业的重组整合，加大用高新技术和先进适用技术改造提升传统产业力度，产业竞争力明显增强。在这一年，新兴产业不断培育壮大。先进装备制造业、现代煤化工、新型材料工业、特色食品工业增加值显著提高；一大批新能源、节能环保、信息等产业的标志性转型项目开始布局；文化旅游产业加快发展，在重点景区环境治理、景区提升工程、景区文化演出等方面进展顺利。在这一年，节能减排和生态建设积极向前推进，淘汰落后产能、发展循环经济、实施绿色生态工程、推进造林绿化工程等项工作都有显著进展。在这一年，全省安全生产形势持续明显好转。在深刻汲取一度时期重特大事故多发频发教训的基础上，我们深入开展以煤矿为重点、覆盖各行业领域的安全生产专项整治，全面落实企业和政府"两个主体"责任，扎实推进安全生产标准化建设，进一步夯实安全生产基层基础，为推动转型跨越创造了良好的安全环境。

2011 年也是转型综改试验区建设的启动之年，我们扎实推进各项工作，成立了省市县三级领导组以及工作机构，编制完成了总体方案和各市、各部门、试点县行动方案，启动开展了县（市）、园区和企业不同层面的试点工作，筛选实施了一批重大转型标杆项目；同时积极探索创新产业、财税、土地、金融、科技和行政管理体制机制，进一步增强了科学发展的动力与活力。特别是在优化环境、完善政策、创新方式等方面，进一步加大招商引资力度和招才引智力度，重点吸引国内外大企业、大集团、重点民营企业和高层

次人才来晋投资兴业，为山西建设服务。

进入 2012 年，山西加快推动转型跨越发展和"综改区"建设，进入了告别小煤窑、挺进大矿井的新阶段，走向了破解困局、开创未来的新时代。面对新形势新任务新挑战，我省十次党代会报告着重指出，今后五年乃至更长一个时期，山西要办好两件大事，即全面小康实现程度达到全国平均水平，率先走出资源型经济地区转型跨越发展新路。其中，加快建成全面小康社会是山西发展的目的和结果，而走出转型之路则是山西发展的前提和基础。山西这"两件大事"源于实践，统率发展，顺应了时代潮流，体现了中央要求，指明了转型路径，代表了全省人民的共同心愿。对全局而言，"综改区"建设既是办好两件大事的"金钥匙"，也是转型发展的着力点和强劲动力。而 2012 年 8 月，国务院正式批复《山西省国家资源型经济转型综合配套改革试验总体方案》，则标志着我省转型综改试验进入了全面实施的新阶段。在这个新阶段，经过全省人民的共同努力，山西在发展形态和结果上都将出现一系列新变化，逐步由传统采掘向现代制造转变，由粗放高耗增长向集约绿色低碳转变，由传统煤电基地向综合能源与现代产业基地转变，由资源大省向经济文化强省转变，由资源依赖向制度、技术、资本和管理创新转变，最终实现经济社会全面协调发展，尽早建成一个新山西。

综观 2012 年，山西 GDP 增长 10.1%，增速高于全国 2.3 个百分点，这表明经过几年努力，山西处于向快向好的发展区间，具备了加快发展的经济社会条件。在这一年，我省工业新型化步伐明显加快，煤焦冶电等传统产业经过整合重组和技术改造，产业集中度和竞争力显著提升，特别是煤炭工业在圆满完成整合重组的基础上，全面进入现代化矿井建设阶段，全年煤炭产量、外运量分别达到9亿吨、5.6亿吨，全行业销售收入突破万亿元；同时，我省积极推进煤电、煤焦、煤化工、煤机一体化发展，成效明显。在这一年，新兴产业、非煤产业投资占工业投资的比重分别由去年的36.2%、63%提高到42.8%和67%，装备制造业、现代煤化工、新型材料工业和特色食品工业等新兴产业和服务业快速发展，新兴产业对GDP贡献增大，煤与非煤整体联动，地下与地上一体开发，集约、低碳、循环、多元发展正成为山西经济发展的新亮点。特别是先进装备制造业竞争力大幅提升，增速达到32.3%，高于工业增速20.7个百分点，成为煤炭、冶金行业之后，拉动全省工业经济增长的第三大动力和工业经济新的增长极。在这一年，我省各级各部门各企业大力实施安全发展战略，安全生产形势总体向好，特别是前11个月，全省安全生产事故起数和死亡人数双双下降，同比起数下降15.68%，死亡人数下降1.53%，其中，较大事故起数和死亡人数分别下降了2.22%和1.55%。我们相信，随着转型发展目标更加清晰、更加接近，转型发展战略使全省有足够的信心和能力应对各种压力和挑战；通过新的产业布局和基地建设，我们一定能够形成新的生产能力，支撑全省"十二五"目标的顺利实现。

但不容忽视，我省在经济社会发展中还存在着不少困难和问题，如产业结构不够合理，发展方式比较粗放，城乡、区域发展不够协调，节能减排任务和安全生产压力较大，改革开放有待深化等，都亟待克服和解决。对此，整合重组实践给我们的重大启示是：必须解放思想，勇于创新，先行先试，克难奋进。

党的十八大吹响了全面深化改革开放、全面建成小康社会的号

角。当前，山西正在齐心谋转型，戮力促跨越，扎实惠民生，全力办好两件大事，努力开创转型跨越发展的新局面。我们必须创造性地推进各项工作，以更为坚定自信的决心，千倍百倍的干劲，锲而不舍的努力，真正破解制约科学发展的体制机制障碍，切实增强转型跨越发展的动力和活力，只有这样，我们才能在不久的将来，在中部崛起和全国竞相发展格局中再造一个新山西。

我们相信，山西重振雄风、重铸辉煌的目的一定要达到，也一定能够达到！

2012 年 12 月

目　录

下篇　影响与启示

附　录

煤炭突围

上篇　辉煌与尴尬

　　山西是我国最重要的煤炭能源基地。长期以来,山西煤炭除少部分满足本省需要外,大部分供应全国26个省(市、区),还远销亚洲、欧洲和拉美20多个国家和地区。从1949年到2008年,全省累计开采原煤120亿吨,外调煤炭85亿吨,占全国各产煤省总调出量的3/4。加上外调洗精煤、焦炭、电力,山西供应全国其他地区的能源总量占全省总产量的85%以上。山西煤炭60%以上供给经济较发达的京、津、沪、华北、东北地区。从华北、华东到华中、华南,每三盏灯,就有一盏是山西煤炭工人"点燃"的。

　　山西因煤而兴,也因煤而困。长期的超强度采掘,环境恶化自不用说,对煤炭业的依赖形成山西经济一条腿走路的畸形发展,不仅带来了节能减排的压力,而且制约了农业、科技和其他工业,以及文化业、服务业的发展,以至于在2009年的国际金融风暴中经济遭受重创。这种单一的经济结构、简单粗放的生产方式甚至束缚了山西人的思维角度、广度和做事方式,也滋生出一批腐败官员,形成了落后、保守的官僚习气。站在北京的金山上来看,山西的煤炭业何去何从更直接关系到国家能源的安全。

第一章　共和国的强力引擎

山之西、河之东，有一个物产丰饶、山川秀美的地方，这里就是山西。

山西地处华北地区西部、黄土高原东翼，东依太行，西凭黄河，南接中原，北通大漠，五台雄峙，太岳苍翠，大河环流，汾水绵延。全省国土总面积约15.6万平方公里，占全国的1.63%，居第19位。全省总人口3570万人。

山西是中华民族和华夏文明最早的发祥地之一。悠久的历史，灿烂的文化，给山西留下众多的物质和非物质文化遗产。同时，山西也是全国矿藏富集、品种齐全的省份之一，目前已发现的矿种120余种，探明储量的62种，其中储量居全国前10位的有34种。煤炭、煤层气、铝矾土、耐火粘土、珍珠岩、镓等储量居全国首位。山西素有"煤乡"美称，已探明煤炭储量2600亿吨，占全国的1/3，广泛分布于大同、宁武、西山、霍西、河东和沁水六大煤田。

共和国成立60年来，尤其是改革开放以来，山西用源源不断的煤炭和电力支持国家经济建设和兄弟省份的发展，默默为人类奉献着光和热，被誉为"共和国的长子"。

比较优势的天然领先

与全国其他产煤省区比较，山西煤炭资源储藏具有六大特征：

储量巨大　1870年，德国学者李希霍芬来山西勘察煤炭资源，称山西煤炭可供世界使用千余年。山西煤炭预测储量8710亿吨，占全国的8%，居全

国第三位；探明储量2652.8亿吨，约占全国26%，位居全国之首。

表1　山西省煤炭资源储量状况表

单位：亿吨

资源储量	累计查明资源储量			预测资源量	
	基础储量	资源量	资源储量	1200m以浅	1200m以深至2000m以浅
6551.98	1205.25	1613.82	2819.07	1292.45	2606.70
保有资源储量	生产、在建井占用资源储量			尚未利用资源储量				
	勘探	非勘探	合计	勘探	详查	普查	找煤	合计
2652.84	688.83	462.34	1151.17	77.97	539.48	665.85	218.37	1501.67

资料来源：山西省煤炭地质局

分布广泛　全省含煤面积6.18万平方公里，约占全省总面积的40%，遍布全省94个县（市、区），占本级行政单位的80%。自北向南有大同、宁武、西山、沁水、霍西、河东六大煤田以及浑源、五台、垣曲、平陆、繁峙、灵丘、广灵、阳高等小型煤产地。

表2　山西六大煤田煤炭资源储量（2000米以浅）状况表

单位:亿吨

煤田	煤田面积（平方公里）	查明保有资源储量	预测资源量	合计
大同煤田	1704.0	373.07	0	373.07
宁武煤田	3216.5	412.12	327.61	739.73
西山煤田	1779.30	193.43	0	193.43
河东煤田	17317.62	515.52	1304.15	1819.67
霍西煤田	5775.35	309.05	189.38	498.43
沁水煤田	27301.19	843.26	1954.43	2797.69
煤产地	1419.101	6.37	123.57	129.94
合计	58513.066	2652.84	3899.15	6551.98

资料来源：山西省煤炭地质局

品种齐全　我国十大煤种山西全有，其中焦煤、气煤、肥煤、瘦煤、无烟煤各占全国同煤种的一半左右。

表3　山西省主要煤种查明保有资源储量表

单位：亿吨

煤种	气煤	肥煤	焦煤	瘦煤	贫煤	无烟煤	弱粘煤	长焰煤	合计
资源储量	898.0	164.96	358.46	273.25	417.15	455.42	55.48	30.12	2652.84
比例%	33.85	6.2	13.51	10.30	15.72	17.17	2.09	1.14	100

质量优长　山西煤炭总体具有"三低两高一强"的特点，"三低"是低硫、低灰、低磷，"两高"是发热量高、挥发分高，"一强"是粘结性强。大同煤田侏罗纪弱粘结煤以硫和灰含量低、发热量高而享誉中外；河东煤田离石、柳林、乡宁矿区的低硫、低灰主焦煤，被誉为煤中的"精粉"，是冶金工业最理想的食粮；沁水煤田晋城矿区的无烟煤以"兰花炭"名闻遐迩。

易于开采　山西大部分煤田地质构造简单，煤层平稳，褶皱、断层较少，煤层倾角平缓，便于开采。晋东南的3号煤，从武乡至阳城厚度达4—6米，且断层稀少，在全国和世界范围皆属罕见。煤层地质构造简单的占87.8%，水文地质条件简单的占74%，大部分煤层埋藏在300—400米之间。煤炭开采投资省，工期短，达产快。

交通位置适中　山西地处全国能源消费扇面中心，且主要煤田皆在铁路沿线，有利于煤炭运向全国四面八方。与我国西北、北部相比，向华北、华南、中南、东北及海港供煤，运距短，运费省。

远在古代，全国不论炼铜、冶铁，还是铸造兵器、制作农具、民用炊具等，大多都离不开山西煤炭。进入近代，山西煤炭则成为我国主要能源和化工原料的重要来源。跨入现代，山西煤炭资源天然领先的比较优势和良好的交通条件、地缘优势，为其60年来的辉煌业绩奠定了坚实基础，赋予了山西"全国能源重化工基地"这一不可动摇的战略地位。

自身纵向的历史过程

山西是我国发现和利用煤炭最早的地区之一,迄今已有两千多年的悠久历史。远在北魏时期,大同煤田已经开发。唐宋年间,太原西山煤田也被开采利用。宋代始,山西煤炭开采进入了空前鼎盛时期。以后历代煤窑逐渐增多,煤炭的开发已成为工矿业中重要的经济部门。清代山西境内有采煤地约57处,分布在51个县。民国初年,山西平定、太原等45个县（市）有大小煤窑240余处。山西煤炭产品除供应本省外,还远销北京、河北、河南等地。

山西丰富的煤炭资源,引起了外国资本家的垂涎。光绪二十三年（1897年）,英、意资本家在伦敦成立旨在掠夺山西煤炭资源的"福公司"。在清总理衙门的主持下,山西商务局和"福公司"签订了一项不平等条约,"福公司"以白银200万两获取了山西平定、盂县等地煤矿60年的开采权。光绪三十一年（1905年）,山西人民开始了轰轰烈烈的争回矿权运动,并为此不懈斗争了3年。中华民国成立之后,民族资本采煤业逐步兴起,各地成立了不少公司。1919年,阳泉保晋公司购置1台美国割煤机,这是山西首次出现的采煤机械。随着近代工业的兴起,山西煤炭开采发展迅速。据《中国实业志》记载,1934年,山西已有产煤县64个,大小煤窑1425处,矿区总面积3.25万公顷,开采面积0.93万公顷,年产原煤302万吨。1937年,日军侵入山西,以军管名义侵占山西各大煤矿,并对华北地区实行经济垄断。1942年全省原煤产量达到621.7万吨,是新中国成立以前山西最高的年产量。据估算,日军侵占山西期间,共掠夺煤炭约2000多万吨。

但是,自古以来千百年间,山西煤炭开采长期沿袭传统落后的采煤方式,往往是在煤层有露头的地方手工挖煤,生产力水平十分低下。加之战乱破坏,至全国解放前夕,全省煤炭产量下降为267万吨,仅占全国的8.3%。

新中国成立后，山西煤炭工业进入一个全新的历史发展时期。经过新中国成立以来平稳较快发展，能源基地建设时期的高强度、大规模发展和新世纪以来的规范、科学、创新发展，山西煤炭工业正在迈入健康、高效、可持续的发展轨道。

新中国成立初期，山西大大小小的煤矿绝大部分遭到毁坏，煤炭工业面临的主要任务是复工复产、建立新的煤炭生产秩序。各煤矿接管机构组织矿工一方面利用小煤窑进行生产自救，另一方面积极修复原有机器设备，加快步伐，恢复大矿生产。到1949年底，全省即有阳泉的四矿和裕公矿，大同的煤峪口矿、永定庄矿和同家梁矿，潞安的石圪节矿、云家坪矿以及太原西山白家庄二号矿井等一批较大矿井先后恢复了生产。到1950年底，全省主要煤矿绝大部分都已经恢复生产。

三年国民经济恢复时期，面对设备陈旧、技术落后、千疮百孔的"烂摊子"，国家大力投资，拨给大同、阳泉、潞安等收归国有的中央直属矿3398.2万元投资，用于矿井恢复和生产改造。地方国有煤矿贯彻"自力更生，以矿养矿，边建边产"的方针，通过购置采煤机械、改革采煤方法，推广大同"马连小组"创造的快速掘进作业法。当家作主的煤矿工人劳动热情空前高涨，用自己的双手把原来破烂不堪的老矿，逐步改造成社会主义的新型矿山，生产能力迅速提高，煤炭产量大幅增长。1952年末，中央直属煤矿由8处增至15处，地方国营煤矿恢复至65处，私营煤矿整顿为1514处；原煤产量达到994万吨，3年平均递增率为55%，占全国原煤产量的比重上升到15.3%；煤炭工业总产值占全省工业总产值的比重由1949年的26.1%上升至1952年的33.3%。

"一五"时期，为了加快山西煤炭建设步伐，中央政府相继从外省市调入大批勘探、设计、施工力量支援山西，山西煤炭工业迎来了第一个高速发

展期。经过大规模的开发建设，增添矿井设备，提高采、掘、运等环节的机械化水平，扩大了矿井生产能力，山西煤炭工业得到稳步发展。1957年，中央直属煤矿新建、改建和恢复矿井35处，地方国营煤矿发展为120处，集体煤矿1059处。全省原煤产量达到2368万吨，比1952增长138%，原煤产量占到全国的18.3%，名列第一。煤炭工业产值占全省工业总产值的31.4%。

1958年，山西煤矿管理局成立，之后逐渐形成了大同、阳泉、西山、汾西、潞安、晋城、轩岗、霍县8大矿务局。

从1958年到1960年，山西煤炭工业经历了全民办矿、盲目高产、大放"卫星"、管理混乱的"大跃进"运动，煤炭工业正常生产秩序被打乱。通过贯彻中央"调整、巩固、充实、提高"的指导方针，强化管理，1961年全省原煤产量达到3528万吨，山西成为全国最大产煤省。1962年原煤产量为3180万吨，比1957年增长33%。全省中央直属煤矿达到45处，地方国营煤矿169处，手工业合作社和社队煤矿1200余处。

1963年—1965年，山西煤炭行业经营管理与生产力水平迈上了一个新台阶。1963年，潞安矿务局石圪节煤矿各项技术指标名列前茅，被国家经委树为全国勤俭办企业典型，石圪节矿代表许传珩在中南海受到周总理的亲切接见。煤炭部向全国推广石圪节经验，山西煤炭系统全面开展学习石圪节活动，推动了煤炭生产的稳步发展。这期间，山西建成了一批质量标准化矿井，以发展机械化为中心的技术革命蓬勃兴起，实现了"采煤机械化、溜子弯曲化、顺槽皮带化、支护金属化"，把采煤机械化推向新的发展阶段。1965年全省原煤产量达到3972万吨，比1957年增长68%，8年间年均增长5.6%。

"文化大革命"期间，山西煤矿建设和生产秩序受到严重干扰，煤炭遭受严重损失。1967年全省煤炭产量严重下降，产量仅为上年的82%。1968年7月，周恩来总理主持召开全国煤炭工作会议。山西广大煤矿职工顾全大局，坚守生产岗位，煤炭产量开始回升。1970年产量达到5153万吨，比1965年增长35%，年均递增5.6%。

1970年，国家煤炭部提出"老矿挖潜，产量翻番"的号召，山西煤炭工业大力发展机械化。1970年11月，我国第一套综采支架首次在大同煤峪口矿试验成功，随后在煤炭全行业推广使用，全省煤炭开采机械化水平跨上了新台阶。到1975年，全省原煤产量达到7541万吨，比1965年增长90%，10年间年均递增6.7%。

经过新中国成立后30年的大规模建设，山西初步建成了8大矿务局、6个统配矿以及200多个地方国营煤矿。到1979年，全省煤炭产量首次破亿，达到10 893万吨，产量超过东北三省，比1949年增长近40倍，占全国17%。

党的十一届三中全会拉开了中国改革开放的序幕，党和国家中心工作转移到经济建设上来。经济的大发展带来能源的大需求，能源紧缺成为首要制约瓶颈。

1980年，党中央和国务院做出建设山西能源基地的重大决策，拉开了山西能源基地建设高潮的序幕，山西煤炭行业进入超常规发展阶段。从1981年至2000年，山西煤炭行业的基建投资达到新中国成立前30年的近10倍。在中央"有水快流"和"国家、集体、个人"一齐上的方针指引下，山西大力开发煤炭资源，全省各级各地、各行各业，办矿热潮空前高涨，煤炭企业急剧增多，最多时达到1997年的10971家。全省煤炭产量也突飞猛进，1985年突破2亿吨，1993年突破3亿吨。自1982年起，山西地方煤矿的产量超过了统配煤矿。乡镇煤矿异军突起，矿点达到6000多个，原煤产量占全省的比重由1978年的17%增加到1997年的47%。乡镇煤矿的崛起，有力地推动了山西煤炭资源的开发利用，对缓和全国煤炭紧张局势功不可没。

与此同时，山西煤炭工业的对外开放也迈出了实质性步伐。1985年6月，

我国与罗马尼亚合作开发的霍县矿务局白龙煤矿开工建设,这是山西第一个中外合资煤炭工程。同年7月1日,与美国西方石油公司合作经营的平朔安太堡露天煤矿动工,这是迄今中国和外国合作开发的最大煤矿。

1993年后,国家对过热的国民经济实施紧缩性宏观调控,国内煤炭市场发生逆转:由缺变多。山西煤炭产量在1996年达到3.49亿吨的历史高点后开始回落,到2000年只有2.5亿吨。全省煤炭企业出现前所未有的困难,煤炭堆积如山,无法销售出去,工人生活难以为继。在全国煤炭企业大面积出现职工下岗、收入下降、生活困难的情况下,大同矿务局为了保证矿工生活,采取了"人人230,共同渡难关"的不得已措施。

为了有利于地方政府统筹管理,扭转煤炭行业面临的严峻局势,央企权力下放,各大矿务局归省政府管辖。国务院出台"关井压产"的宏观调控政策,山西煤炭行业开始了调整与整顿。

进入新世纪,中国经济开始了新一轮腾飞。经济发展离不开能源支撑,山西煤炭工业整装待发,重新迈上新征程。

为了促进煤炭行业的可持续发展,保障国家能源安全;为了还山西3000万人民蓝天碧水,宜居家园,淘汰落后、改造提升成为山西煤炭行业建设发展的主线。数载努力,全省煤炭行业又取得了全新的发展成果。

到2008年,全省累计淘汰7000多个小煤矿,取缔了6000多个非法小煤窑,煤矿总数减至2820个。全省共有各类矿井2598座,其中生产矿井1804座,建设改造矿井794座。煤炭生产能力9.4亿吨,单井平均规模达到36万吨/年,矿区回采率位于全国先进行列。安全生产水平大大提高。从2004年开始,百万吨煤炭死亡率下降到1以下,以后逐年下降,到2008年为0.423,比全国水平低64.3%。全省近6成生产矿井实现了机械化开采,省属国有重点煤矿采煤机械化程度达到99.8%,形成焦煤集团、同煤集团、晋煤集团、潞安集团、阳煤集团五大煤炭旗舰，技术、装备、人才、管理都达到一个新水平，不仅煤炭开采能力大为提高，非煤产业发展水平也迅速提升。全省煤炭产量迅猛增长，2003 年达到 4.5 亿吨，2005 年为 5.5 亿吨，2008 年为 6.6 亿吨，比 1949 年增长 244.61 倍，比 1978 年增长 5.68 倍，比 2000 年增长 1.6 倍。从 1949 年到 2008 年的 60 年间，山西共生产煤炭 106.23 亿吨，占全国生产总量的近 1/4。

改革开放至今，山西煤炭工业经过大规模开发、建设，已形成了从勘探、设计、建井、生产、安全、加工利用、运输销售、煤机制造、环境保护到教育、科研等协调发展的新型煤炭工业体系，成为我国最大的煤炭生产、调出大省。

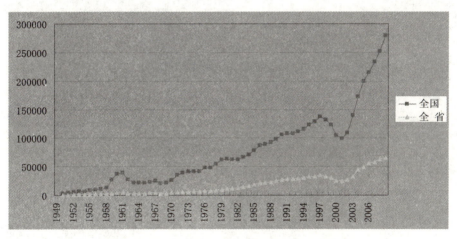

图 1　1949 年—2008 年全国与山西省煤炭产量

支撑共和国发展的脊梁

我国能源资源富煤、贫油、少气，煤炭是保障国家能源安全的基本力量。我国煤炭资源虽然比较丰富，但分布很不平衡，西多东少、北多南少，

区域差异巨大。太行山——雪峰山一线以西地区的资源量约占全国的89%，以东仅占11%；秦岭——大别山一线以北地区的资源量占全国的93.6%，以南地区仅占6.4%。从行政区划看，山西占25.9%，内蒙古占22.4%，陕西占16.1%，新疆占9.4%，贵州占5.2%，宁夏占3.1%，安徽占2.4%，其中山西、内蒙古和陕西三省区占全国储量近65%，7个省、区合计占全国的84.5%。但是，我国煤炭消费地却主要集中在京、津、冀、东北、华北与中南地区。由于山西丰富的煤炭资源和临近煤炭主消费区的地缘优势，保障国家能源安全的重任无可选择地落在其肩上。

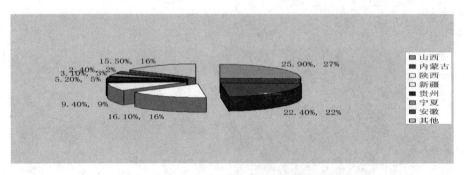

图2 全国主要煤炭生产省份资源储量情况

共和国60年风雨征程中，山西无怨无悔，将越来越多的"工业食粮"运向祖国的四面八方，点燃光明，驱走黑暗，使马达轰鸣，让机器欢唱！无论是在新中国成立初期、三年困难时期、"文化大革命"期间，还是面临亚洲金融风暴和南方冰雪灾害，共和国每遇路途艰险，山西都慷慨无私，不惜牺牲自身利益，加倍奉献给祖国滚滚乌金，力保家国平安。

共和国成立前夜，战争的破坏使得各类物资都极度短缺，煤炭能源又首当其冲。为了给新生的共和国献上厚礼，已经回到人民手中的山西潞安、轩岗、阳泉、富家滩、西山、大同等地的煤矿加紧恢复生产。当时山西大大小小的煤矿不是被水淹，就是起火燃烧，地面设施基本被毁，复工复产面临重重困难。

然而，任何困难都压不倒坚韧的山西煤矿工人，英雄的大同煤矿工人就是他们的缩影。7月的塞外，井上骄阳似火，但井下还结满厚厚的冰。矿工们赤脚下到井下，一边破冰排水，一边修理巷道。开国大典前夕，大同矿务局永定庄煤矿终于出煤了！1949年，大同矿务局3000名职工肩扛手刨，挥汗如雨，生产煤炭8万吨。大同矿工用辛勤的汗水献给新生共和国的是光芒和温暖！这对嗷嗷待哺的共和国无异于雪中送炭！

1949年全省调给北京、天津等地煤炭62万吨，占全省煤炭总产量的23%。那台从大同煤矿井水中打捞上来的被命名为"先锋号"的割煤机，陈列在了中国历史博物馆。她用斑斑锈迹述说着那个时代的沧桑和山西矿工的奉献。

新中国成立后，山西煤炭工业经过三年恢复，呈稳定发展态势。煤炭调出量不断增多，范围不断扩大。"一五"期间，煤炭流向由原来的华北地区扩展到华东、中南和东北地区10多个省、市，煤炭用户主要是工业与交通运输业。50年代末期，山西煤炭供应范围扩大到全国21个省、市、区。煤炭调运量2060万吨，占全省煤炭产量的比重上升到47.3%。

1959年，刘少奇握着出席全国群英大会的大同煤矿工人代表张万福的手称赞："英雄！"

"文化大革命"时期，全国煤炭供应紧张。为保证国民经济的发展需要，山西煤矿工人按照党中央的指示，积极努力发展生产，优先保证国家煤炭供给。从1966年至1976年，全省共生产原煤60947万吨，占全国的15.6%，其中调出量为33219万吨，占全省总产量的54.5%，大大高于"文化大革命"前的比例。

　　山西煤炭行业在"文化大革命"中为国家做出的重大贡献，得到了党和国家领导人特别是周恩来总理的高度赞扬。

　　到新中国成立30周年的1979年，山西全省煤炭产量达到10893万吨，比1949年增加了近40倍。晋煤外调量达到7000多万吨，增加了90倍。

　　改革开放之初，东南沿海需要煤炭的电报像雪片一样飞向山西。当时，全国煤炭供应非常紧张，南方大批厂矿企业因为缺煤而停产，严重影响了国民经济的发展。党中央、国务院把山西确定为全国能源基地，山西煤炭生产以前所未有的速度和规模迅猛发展，调往外省煤炭量也大大增加，全力保障着全国各省、区的经济建设和社会发展。时任国务院副总理的李鹏同志多次亲自安排山西煤炭的供货、运输计划。党中央、国务院主要领导曾多次讲："没有山西煤炭，就不会有中国现代化。"时任上海市长的朱镕基也曾说："上海工业的火炬，从某种意义上讲，是用山西的煤点燃的。"

　　近10多年来，山西煤炭肩负的保证全国电力、冶金等重点行业正常生产的担子越来越重。

　　2003年，我国部分地区用煤告急，其他省份无煤可调，国家有关部委和铁路部门连续两个月突运山西煤炭，支援华东、华南地区，解了他们的燃"煤"之急。

　　2008年春节前夕，我国南方遭遇50年不遇的冰雪灾害。电力告急！电煤告急！2008年1月，胡锦涛总书记冒着零下20多度的严寒，深入到400多米深的同煤集团塔山煤矿综采生产工作面，鼓励大家发扬一方有难、八方支援的精神，发扬煤矿工人特别能战斗的精神，在确保安全的前提下，开足马力，千方百计多产煤、多供煤，坚决打好保障电煤供应的硬仗。

　　在山西省委、省政府的统一部署下，山西几十万矿工立刻投入一场空前紧张的大决战！他们放弃节假日，24小时轮班在井下酣战！在万家团聚的除夕之夜和大年初一，数万矿工仍在地层深处挥汗如雨！在全省上下共同努力下，山西通过铁路外运煤炭3693万吨，比计划供煤增加了53%。山西煤矿工人以自己的实际行动向党中央、国务院和全国人民交了一份满意的答卷，彰显了自身勇于奉献、勇于担当的风范！南方52家灾区企业来电、来函表示感谢。但是，由此全省煤炭收入损失甚巨，仅同煤集团就减少收入3亿元。

1980年至2008年间，山西累计生产煤炭93.2亿吨，占同期全国煤炭产量的24.7%；累积出省外运煤炭62.9亿吨，遍及全国26个省（区、市），占全省总产量的67.5%，出省煤炭90%运向国内11个经济发展较快的省、市。为了满足全国能源需要，山西同时还逐渐改变能源输出结构，大力输出电力、洗煤和焦炭。1980年至2007年间，山西累计向外省供应电力3570亿千瓦时、洗煤44991万吨、焦炭52328万吨，分别比1980年增长164.2倍、17.5倍和201.5倍。山西已成为全国最大的焦炭生产基地和火电输出最多的省份之一。

能源基地建设以来，山西逐渐成为保障国内能源安全、稳定煤炭市场正常运行的主力。

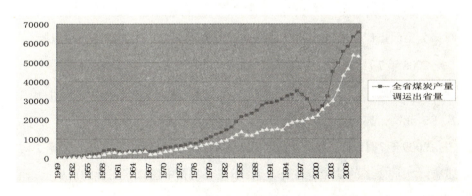

图3　1949年—2008年全省煤炭生产与调运出省情况

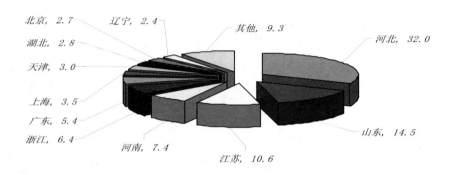

图4　2008年山西煤炭出省分地区销售比重

山西煤炭行业为国家做出的特殊贡献，多次受到了党和国家领导人的褒奖。

1990年1月和2001年8月，时任中共中央总书记的江泽民先后两次到同煤集团视察，挥笔为大同矿工留下"勇于奉献、争创一流"八个大字。

2000年10月和2003年1月，时任国务院副总理的吴邦国两次视察同煤集团，赞誉大同煤矿有着非常辉煌的历史，为国民经济建设做出了巨大贡献。

2008年5月5日，中央政治局常委、国务院副总理张德江视察同煤集团时，为山西煤矿工人的奉献精神感动，挥笔写下了"向煤矿工人致敬"。

2008年7月28日，中央政治局常委、国务院副总理李克强在塔山煤矿视察时称赞矿工："你们在地下靠灯光来工作，但是你们给社会、给千家万户送去光明，你们是值得我们尊重，也是我们引以为自豪的。"

2009年7月5日，温家宝总理视察同煤集团，在塔山矿井下看望矿工时赞誉："大同煤矿的功绩记在历史上，不仅要写在中国煤炭工业的历史上，而且要写在中国工业和经济的历史上，还要写在共和国的历史上。"

担当出口创汇主力军

山西煤炭资源丰富，煤种齐全，品质优良，煤炭开采历史悠久，出口煤炭有得天独厚的优势和条件。早在1909年，保晋公司就取得了清政府批准的煤炭出口权，1917年，保晋公司煤炭销往日本和香港，掀开了晋煤出口的历史篇章。共和国成立后，山西煤炭出口承担起了为国家创造利润和挣取外汇的光荣使命。1993年后，为加快山西能源重化工基地建设，山西获得国家批准的自营地方煤炭出口权，煤炭出口成为山西省对外出口的主要产品和获取外汇的主要手段。

山西出口煤种从享誉全球的大同动力煤到晋城无烟煤，共有十余种，出口量占到全国的50%左右，出口市场有亚洲、欧洲、非洲、南美洲、北美洲，其中亚洲是主要市场，占到出口量的90%以上。

新中国成立初期，山西煤炭仅能满足经济恢复对其的需求。1953年，山西煤炭国外市场恢复，开始承担国家出口煤炭的任务。在1953年至1975年的"一五"至"五五"期间，我国煤炭出口主要执行政府之间的贸易协议，有的是无偿支援，有的是记账贸易，没有外汇收入。其流向主要是日本、朝鲜和越南等东南亚地区。数量较多的是对日出口，其次是东南亚的菲律宾和巴基斯坦等国家。虽然山西出口煤炭质量优良，品质齐全，足以畅销国际市场，但是受铁路运力、港口装卸能力等的限制，再加国内用煤紧张，形成限量出口的局面。23年间，山西共出口煤炭757万吨，占全国出口总量的45.02%。

"五五"和"六五"时期，尤其是党的十一届三中全会以后，国家实行对外开放、对内搞活经济的政策，根据国家经济建设的需要，逐步增加了煤炭出口量，并对山西下达了煤炭出口创汇计划。山西出口数量较大的仍然是

大同动力煤。1976年后，大同动力煤出口主要集中在占国际煤炭贸易总量37%的亚洲市场，如日本、香港、东南亚等国家和地区。此时世界上最大的动力煤市场在欧洲，占动力煤贸易量的54%。1978年大同动力煤开始对欧洲出口，但是由于国内用煤紧张，在欧洲市场未及巩固，1984年就全线撤退，哥伦比亚、波兰、美国等国家趁此机会占领了欧洲市场。1985年，大同动力煤通过降低运费、减少成本，重新挤进欧洲市场。这部分煤被转卖到联邦德国、意大利和丹麦，虽然数量很少，但是依然在欧洲市场掀起了一股旋风，欧洲21个国家的主要煤炭用户，包括进口机构、大电厂、水泥厂、大贸易公司、煤炭专业公司等纷纷要求与中国签订大同动力煤供货合同。从此，大同动力煤在欧洲市场销量大增。与此同时，阳泉和晋城无烟煤主要向日本和东南亚地区出口。1976年至1985年，山西省共出口煤炭1596.78万吨，创汇8.2亿美元。其中统配煤矿出口煤炭969万吨，创汇4.1亿美元；山西地方煤矿出口872万吨，创汇4.1亿美元。

20世纪90年代末期，我国对煤炭出口实行退税政策，鼓励煤炭出口，山西煤炭出口量由2000年的2376万吨增加到2004年的4397万吨。但随着国内能源市场供求日益紧张，为缓解国内煤炭供应压力，国家对煤炭出口政策进行调整，从2004年开始连续3年进行了4次调整，煤炭出口退税率由开始的13%到完全取消，转而实行加征5%的出口关税，山西煤炭出口量也相应从2005年逐年减少。2008年，出口量降低到2065.4万吨，但是依然占全国出口总量的45.4%。2000年~2008年，山西省出口煤炭累计31056万吨，占全国出口总量的48.3%。

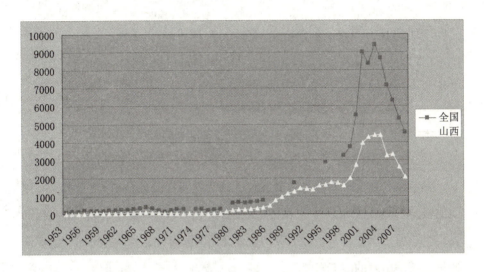

图5　1949年—2008年全国与山西省煤炭出口情况

　　在山西煤炭出口总量中，还有一部分是山西自营出口的。在国家鼓励煤炭出口期间，山西自营煤炭出口为山西创得了可观的外汇收入。

　　1993年，山西获得了自营煤炭出口权。自此，山西自营煤炭出口量一年一个台阶，外汇收入也步步攀升，山西煤炭自营出口渐入佳境。当年，全省共自营出口煤炭130万吨。到1995年时，自营出口量达到277万吨，创汇9786万美元。"九五"和"十五"前期，是山西省地方煤炭自营出口业绩最好的时期。1996年出口煤炭294万吨，创汇1.05亿美元。1997年，山西煤炭进出口集团公司自营煤炭首次打进全球最大的动力煤用户之一——意大利国家公司，欧洲市场占到公司出口市场份额的5.6%。当年出口量达到314万吨，创汇1.1亿美元。1998年亚洲金融危机爆发，出口受阻，经过努力，全年出口煤炭205.1万吨，创汇6414.7万美元。1999年出口量大幅回升，达到533.10万吨，创汇1.44亿美元。2000年，自营出口首次突破千万吨，达到1047万吨，创汇2.6亿美元。2001年至2003年，山西自营煤炭出口量由1508

万吨增加到1607万吨,创汇由4.2亿美元上升到4.6亿美元。2004年后,受国家出口退税政策调整的影响,全省自营煤炭出口量下降。2006年,山西自营煤炭出口量降至544万吨,创汇减少到3.5亿美元。

三晋兴衰荣辱系一身

多年来,山西煤炭行业与全省经济社会发展状况息息相关,煤炭兴,则山西强;煤炭疲,则山西弱。煤炭是山西的"顶梁柱"、"聚宝盆"、"排头兵",煤炭企业勇于承担社会责任,吸纳就业,为国家分忧,替政府解难,给群众造福,还是山西的"老黄牛"。

煤炭产业是山西的支柱产业,对全省经济社会发展举足轻重。20世纪80~90年代,全省煤炭工业资产原值、工业增加值和上缴的税费,一直分别占到全省工业企业的40%左右,全省主要产煤县财政收入的40%~50%来自于煤炭。1998年的亚洲金融风暴和2008年世界金融危机后,1999年和2009年山西经济分别增长7.3%和5.4%,与上年比分别回落2.6和3.1个百分点,而在这两个年份煤炭产量分别下降20.9%和6.2%,经济增长与煤炭发展高度相关由此可见一斑。但是,即使在亚洲金融危机后煤炭工业处于低谷时期的2000年,全省煤炭企业固定资产原值、增加值和实现利税都依旧占到全省工业企业的37%。在煤炭工业最困难的1999~2002年,煤炭工业上缴的税金和各项政策性专项基金收入,还顶起了全省财力的半边天。

2002年山西煤炭行业冲出低谷后,走上更加迅猛发展的轨道,其"顶梁柱"作用更加显现。"十五"时期,全省煤炭年均增长17.1%,GDP年均增长达到13.3%,财政收入年均增长则高达31.2%。2008年,全省规模以上煤炭行业分别实现工业总产值、主营业务收入、利润和利税3356.12、3529.65、

526.03 和 914.82 亿元，分别占全省工业的 33.48%、34.84%、82.94% 和 64.05%。山西工业总产值三成以上依靠煤炭，工业实现利税六成以上来源于煤炭。煤炭行业是山西国民经济发展名副其实的"龙头老大"！

煤炭产业还为山西经济建设"聚集"了大量资金。据不完全统计，从 1979~2007 年的 28 年间，山西累计征收能源基地建设基金 800 多亿元。1999 年以来，省政府每年筹集的 10 亿元结构调整扶持资金中，有 8 亿多来自于能源基地建设基金。这些资金通过"贷款贴息入股"等形式，充分发挥了"四两拨千斤"的引导作用，带动了民间资金，推动了一批重点调产项目竣工投产，一批优势企业迅速崛起，使山西传统产业素质明显改善，新兴替代产业和高新技术产业初具规模，产业结构的效益和层次得到迅速提升。在"引黄入晋"、"太旧高速"等省内重大基础设施建设方面，煤炭能源基地建设基金更是发挥了强力支撑作用。

进入"十五"以来，随着煤炭市场的持续稳定好转，煤炭价格持续上升，煤炭销售收入大幅度增加，对全省经济增长的贡献更加显著。到 2008 年，全省煤炭行业年销售收入增加到 3500 亿元，比 2002 年增长 5.6 倍，比 2007 年增加 1100 亿元，增长 45.83%；全行业实现利润 320 亿元，比 2002 年增长 7.1 倍，比 2007 年增加 69.4 亿元，增长 21.7%；上缴税收 415 亿元，比 2002 年增长 6.3 倍，比 2007 年增加 107.4 亿元，增幅为 34.9%，占规模以上工业企业上缴税收总额的一半还多；上缴可持续发展基金 145 亿元，同比增加 41.3 亿元，对全省经济社会发展起到巨大的支撑作用。

煤炭还促进了居民收入的稳步提高。在全省 28 个综合实力强县中，重点产煤县就有 18 个；29 个经济较发达县中，重点产煤县有 13 个。煤炭产业的繁荣也带动了交通运输和住宿餐饮业的快速发展，成为当地居民收入稳定增加的主要动力。

煤炭产业不愧是山西的"聚宝盆"！

　　煤炭工业带动了山西农村经济社会的全面发展。一般重点产煤县都是由煤起家，用"滚雪球"的办法，"积累——发展——再积累——再发展"，使先行的煤炭工业为其他产业奠基开路，推动了整个农村经济结构的变化。如宁武县1978年的农村社会总产值构成中，农业的比重高达52.2%，工业占34.2%，到1990年农业下降为26.4%，而农村工业的比重上升到54.5%。乡镇工业内部结构也发生了较大变化，逐步推进了地下工业向地面工业的转移，改变了过去以卖原料为主的生产结构，形成了以煤炭为主、相关产业为辅，以农产品与非农产品加工为补充的农村工业生产体系。在农村人均总收入中，有60%左右来自煤炭工业以及与煤炭相关的运输业和其他产业的收入。据粗略估计，目前各县从事煤炭生产的劳动力，约占农村劳动力的15%左右，主要采煤县占到农村劳动力的一半左右。

　　山西煤炭工业的发展，尤其是重点产煤县的发展，不仅使农村经济面貌发生了深刻的变化，同时还涌现出一批因采煤致富的先进典型。左云县是全国重点产煤县之一，全县共有乡镇煤矿113座，煤田面积约650平方公里，可采储量19亿吨，而且煤质好、煤层厚，埋藏浅、易开采。党的十一届三中全会以后，全县按照"统一规划、合理布局、联合经营、共同受益"的办矿方针，推动煤炭工业不断迈上新台阶。1990年全县原煤产量达到1172万吨，产值为25476.06万元，占全县工业总产值的94.5%；总收入达到23503.3万元，占全县农村经济总收入的64%；上缴利税3810.9万元，占全县财政总收入的88.1%。而在煤炭工业中，乡镇煤矿又居于重要地位，其产值占全县煤炭工业总产值的90%以上。煤炭工业成为左云县经济和地方财政以及农民致富的主要来源。该县的上张家坟村，走"以煤炭生产为龙头，以工促农，农工商并举"的振兴经济之路，一跃成为闻名全国的"小康第一村"。1992年全村工农业总收入达到1500多万元，全村公共积累达到200万元。从1986年以来，全村人均年收入一直保持在6000元以上，连续10年被评为省、地（市）、县先进村。

煤炭工业带动了全省电力、冶金、化工、机电、建材、交通运输等相关产业发展。以交通运输业为例，山西煤炭广销省内外，煤炭运输量逐年上升，促进了山西交通运输业的发展。全省境内铁路无论是双线里程还是电气化里程在总里程比例中均排全国第一。2007年公路线路年末里程12.0万公里，其中高速公路1893公里，进入全国发达地区行列。

煤炭行业不愧是山西的"排头兵"！

全省煤炭企业还承担了大量社会责任。仅创造就业岗位一项，就极大地减轻了地方政府负担，为维护社会稳定做出重大贡献。

国有重点煤炭企业功勋尤为卓著。20世纪70年代末期，省内国有重点煤矿积极响应国家号召，承担了安置大批返城知青的历史重任。按照"安置优先，兼顾效益"的原则，从计划外煤炭销售利润中挤出部分资金兴办了一大批以煤为主、多种经营的集体企业。仅大同煤矿集团的大同煤矿实业公司，高峰期曾安置人员达4万人。不仅如此，国有煤炭企业还通过自身内涵发展，千方百计安排矿工子女就业，仅省属五大煤炭企业集团的不完全统计，从"八五"到"十五"期间，共安排矿工子女就业21万多人。目前，煤炭工业是全省各行业中提供就业岗位较多的行业，其中国有重点煤矿约51.1万人，地方国有煤矿约18.8万人，乡镇煤矿约27.7万人，各级煤炭企事业单位6.6万人。

由于历史、体制、地理环境等多方面因素作用，国有重点煤炭企业还设立了学校、医院、公安等各类社会机构，替政府担负起了区域社会管理与服务的重要社会责任。迄今，国有重点企业办社会从业人员5.78万人，企业每年支付运行费用31.72亿元，占到企业利润的20%左右。

煤炭企业不愧为山西的"老黄牛"！

山西煤炭以自身的辉煌成就，支援了全国，造福了三晋，在共和国历史上写下了不朽的篇章。

表4　全国和山西省各类煤矿产量情况表

单位：万吨、%

年度	全国	全省	国有重点	地方煤矿				山西省占全国的比例
				合计	全民	集体	个体	
1949	3243	267	109	158	144	14		8.23
1950	4292	380	226	154	135	19		8.85
1951	5308	603	369	234	214	20		11.36
1952	6649	994	557	437	416	21		14.95
1953	6968	906	608	298	261	37		13
1954	8366	1310	884	426	345	81		15.66
1955	9830	1696	1142	554	385	169		17.25
1956	11036	1930	1232	698	429	269		17.49
1957	13073	2368	1517	851	514	337		18.11
1958	27000	3715	2406	1309	820	489		13.76
1959	36879	4355	2905	1450	1147	303		11.81
1960	39721	4412	3091	1321	1100	221		11.11
1961	27762	3258	2302	956	766	190		11.74
1962	21955	3180	2197	983	731	252		14.48
1963	21707	3466	2404	1062	767	295		15.97
1964	21457	3597	2538	1059	756	303		16.76
1965	23180	3927	2693	1234	859	375		16.94
1966	25147	4198	2873	1325	910	415		16.69
1967	20570	3386	2056	1330	814	516		16.46
1968	21959	3664	2097	1567	925	642		16.69
1969	26595	4465	2799	1666	973	693		16.79
1970	35399	5298	3500	1798	1025	773		14.97
1971	39230	5487	3740	1747	1112	63		13.99
1972	41047	5994	3829	2165	1233	932		14.60

续　表

年度	全国	全省	国有重点	地方煤矿				山西省占全国的比例
				合计	全民	集体	个体	
1973	41697	6393	4068	2325	1289	1036		15.33
1974	41317	6796	4434	2362	1257	1105		16.45
1975	48224	7541	4896	2645	1486	1159		15.64
1976	48345	7720	5003	2717	1408	1309		15.97
1977	55068	8754	5388	3366	1761	1605		15.90
1978	61786	9825	6018	3807	1933	1874		15.90
1979	63554	10894	63756	4518	2019	2499		17.14
1980	62013	12103	6722	5381	2081	3300		19.52
1981	62163	13255	6760	6494	2158	4336		21.32
1982	66632	14532	7243	7288	2463	4285		21.81
1983	71453	15918	7601	8318	2704	5614		22.28
1984	78923	18716	8076	10640	2943	7697		23.71
1985	87228	21422	8577	12845	3160	9553	132	24.56
1986	89404	22180	9121	13059	3308	9406	344	24.81
1987	92809	23094	9694	13400	3301	9796	303	24.88
1988	97988	24689	10542	14147	3452	10359	334	25.20
1989	105415	27501	11438	16063	3826	11834	401	26.09
1990	107930	28593	11918	16675	4032	12305	338	26.49
1991	108428	28857	12058	16799	4016	12522	261	26.61
1992	111455	29504	12102	17402	4132	12931	338	26.47
1993	115137	30656	11749	18907	4076	14464	367	26.63
1994	122953	32249	12272	19977	4038	15264	676	26.23
1995	129218	33176	12800	20376	4145	15866	366	25.67
1996	137408	34946	13093	21853	4341	17150	362	25.43
1997	132525	33038	12631	20407	4986	15120	301	24.93
1998	123251	30719	11464	19255	4501	14459	296	24.92
1999	104364	24613	11779	12834	4071	8647	115	23.58

25

续 表

年度	全国	全省	国有重点	地方煤矿				山西省占全国的比例
				合计	全民	集体	个体	
2000	98869	24611	12025	12586	3932	8555	100	24.89
2001	108967	26894	13419	13475	5186	8207	83	24.68
2002	139335	32261	15801	20460	6539	13873	48	26.02
2003	172787	44952	19183	25769	7550	18110	109	26.02
2004	199735	49616	22178	27438	8560	18820	58	24.84
2005	215132	55416	25621	29795	8543	21277	24	25.76
2006	233178	58118	30063	28055	9655	18400		24.92
2007	252342	63021	32329	30692	10983	19709		24.97
合计	4285406	989429.68	662517.18	526912.50	160617.70	360936.03	5358.8	23.09

表5　山西省各类煤矿销量情况表

年度	全省煤炭出省销售总量			其中：国有重点煤矿			地方煤矿		
	合计	铁路	公路	合计	铁路	公路	合计	铁路	公路
1949	62	62		62	62				
1950	145	145		145	145				
1951	282	282		282	282				
1952	482	482		482	482				
1953	519	519		519	519				
1954	711	711		711	711				
1955	1007	1007		1007	1007				
1956	1099	1099		1099	1099				
1957	1326	1326		1326	1326				
1958	1963	1963		1963	1963				
1959	2754	2754		2277	2277		477	477	
1960	3123	3123		2926	2926		197	197	
1961	2635	2635		2432	2432		203	203	
1962	2682	2682		2432	2432		259	259	
1963	3231	3231		2538	2538		693	693	
1964	3012	3012		2700	2700		312	312	
1965	3209	3209		2758	2758		451	451	
1966	3494	3494		2995	2995		499	499	
1967	2112	2112		2112	2112				
1968	2179	2179		2179	2179				
1969	2736	2736		2736	2736				
1970	3565	3565		3565	3565				

续　表

年度	全省煤炭出省销售总量			其中：国有重点煤矿			地方煤矿		
	合计	铁路	公路	合计	铁路	公路	合计	铁路	公路
1971	3728	3728		3728	3728				
1972	4686	4686		4008	4008		678	678	
1973	4944	4944		4231	4231		713	713	
1974	5113	5113		4459	4459		654	654	
1975	6347	6347		5500	5500		847	847	
1976	5514	5514		4857	4857		657	657	
1977	6536	6536		5582	5582		954	954	
1978	7298	7298		6070	6070		1228	1228	
1979	7947	7947	312	6266	6266		1681	1369	312
1980	7724	7226	498	5212	5212		2512	2512	498
1981	8932	8201	731	5332	5332		3600	3600	731
1982	9416	8895	521	5588	5588		3828	3828	521
1983	10584	9616	968	6079	6079		4505	3537	968
1984	12294	10802	1492	6555	6555		5739	4247	1492
1985	13762	12088	1674	7147	7147		6615	4941	1674
1986	11977	10205	1772	4895	4895		7082	5310	1772
1987	11930	10017	1913	5157	5157		6773	4860	1913
1988	13143	11073	2070	5704	5704		7439	5369	2070
1989	14609	12032	2577	5980	5980		8629	6052	2577
1990	14898	12624	2274	6083	6083		8815	6541	2274
1991	14752	12392	2360	5866	5866		8886	6526	2360
1992	15295	12847	2448	6001	6001		9294	6846	2448
1993	14822	12461	2361	5720	5720		9102	6741	2361
1994	17661	15223	2438	7442	7442		10219	7781	2438
1995	18467	15688	2779	7646	7646		10821	8042	2779
1996	19319	16250	3069	7692	7692		11627	8558	3069
1997	19349	15980	3369	7692	7692		11627	8558	3069

续　表

年度	全省煤炭出省销售总量			其中：国有重点煤矿			地方煤矿		
	合计	铁路	公路	合计	铁路	公路	合计	铁路	公路
1998	20590	17118	3472	9621	9621		10969	7497	3472
1999	21133	17123	4010	10370	10370		10763	6753	4010
2000	22500	18000	4500	10902	10902		11598	7098	4500
2001	25348	19808	5540	12084	12084		13264	7724	5540
2002	27721	21090	6631	13194	13169	25	14527	7921	6606
2003	30006	23073	6933	15065	14919	146	14941	8154	6787
2004	35543	26514	9029	22565	20626	2303	12978	6252	6726
2005	43283	32355	10928	25866	23348	2518	17417	9007	8410
2006	46641	35085	11556	26729	24911	1818	19912	10174	9738
2007	53601	40714	12877	31346	29038	2308	22255	11676	10579
合计	669741	558629	111112	373301	364183	9118	296440	194446	101994

第二章　辉煌背后的压力

　　2010年12月13日,国务院新闻办公室举行新闻发布会,国家发改委副主任彭森、山西省副省长牛仁亮介绍设立山西省国家资源型经济转型综合配套改革试验区的情况。牛仁亮表示,新中国成立61年来,山西总采煤量达120亿吨,用满载煤炭的火车一列接着一列排放可绕地球三圈。山西的煤炭给全国的经济发展做出了巨大的贡献,同时也给山西自身的经济社会造成了很大的压力。

　　牛仁亮称,山西的煤炭发展给自身带来的压力主要体现在以下四个方面:第一,山西以煤炭资源为主的产业过于单一,煤炭、焦炭、电力、冶金四大行业占山西工业比重85%以上。这种产业结构高度依赖省外的市场,在全国或全球经济发展顺利的时候,山西经济发展也比较顺利;但一旦国际或国内经济出现问题,山西随之也就出现问题。比如,在1999年亚洲金融危机期间,山西的经济在全国来说遇到了最大的困难。在2009年的国际金融危机,山西经济的增长速度也在全国排在最后面。

　　第二,山西的资源型经济是粗放型的、初级化的,它的万元GDP耗能相当于全国平均数的2倍以上。它的污染,以二氧化硫为例,排放也是全国平均数的2倍以上。生态破坏相当严重,每采一吨煤要破坏2.48吨水。到目前为止,山西采煤形成的采空区达到2万平方公里,相当于山西1/8的国土面积。

　　第三,山西的安全压力大。山西采煤每年6—7亿吨,安全事故频发是山西资源型经济面临的一个重大压力。

第四，经济效益低。高强度煤炭开采，并没有给山西人民带来富裕，山西城镇人均可支配收入和农民人均纯收入都排在全国的 20 位以后。

应该说，山西作为全国重要能源基地，在有力支撑共和国发展的同时，也成就了自身的辉煌。但是在"能源基地"无比荣耀的背后，山西又不得不品味"中国锅炉房"的酸楚。山西因煤而兴，因煤而困，煤炭给山西经济社会发展带来的巨大压力表现在方方面面。

产业单一制约发展

在经济学理论中有一条"萧条首应"定律，其含义是当经济出现萧条时，首当其冲总是资源性产业——煤炭。因为在产业链条上煤炭产业处于基础地位，几乎涉及所有产业，市场一有风吹草动，各个产业的压力传导最终都会落到煤炭产业上。

持续多年以煤为主的工业结构使山西在做出"晋煤暖天下"、"晋电亮天下"的重大贡献的同时，却将自己推入了一个产业结构畸重的境地。改革开放以后，山西在建设"能源重化工基地"的战略推动下，逐渐形成了以传统产业为主导的经济增长结构。山西省作为资源原材料省份，主要产业集中于产业链的上游，经济增长直接受全国经济发展拉动。

山西是全国最大的煤炭和焦炭生产基地、重要的电力生产供应基地。全省有 87 个产煤县，其中国家级重点产煤县 36 个，这些县域财政收入的 60%以上来自煤炭。而就整个山西省来说，全省煤炭工业的收益占全省可用财力的 50%左右。60 多年来，山西煤炭产量累计 120 亿吨，其中 3/4 贡献给了全国各地，焦炭生产能力超过 1 亿吨。山西产业结构单一，煤炭、焦炭、冶金、

电力四大产业占工业产值的80%。这种产业结构高度依赖省外市场,经济发展常常陷入被动。

2007年9月,中国科协副主席、中国工程院院士谢克昌在首届中国煤炭博览会上介绍说,由于煤炭工业生产方式整体粗放,生产一吨煤所付出的资源代价、生态环境代价、生命代价、后续发展能力代价算起来令人触目惊心。我们过多地注重了看得见的财富和物资的积累,而很少到统计数字背后去探究支撑积累和增长的"隐性代价"和"潜在成本"。

按当时水平,生产100万吨原煤,要动用250万吨煤炭储量,损耗248万吨水资源,产生20万吨矸石,死亡3至5人。而我国2006年煤炭产量已高达2380个百万吨。以2002年为基年进行测算,近年来山西省煤炭开采每年造成的资源浪费损失、环境污染损失、生态破坏损失及地表塌陷损失达300余亿元,即每生产1吨煤需要付出70多元的隐性代价。

2008年前,山西省在推进煤炭资源整合、提升煤炭产业发展水平方面做了大量工作,取得了明显成效,但全省煤炭工业"多、小、散、低"的粗放发展格局和模式仍未彻底改变。截至2008年底,全省采煤机械化程度不到30%,掘进机械化程度只有25%。大量中小煤矿资源回采率只有20%左右,每采1吨煤要破坏和浪费4吨资源。全省煤矿采空区面积超过2万平方公里,而且每年新增塌陷区面积近百平方公里;煤矸石堆存量超过11亿吨,占地已近1.6万公顷。保守估计,多年来,全省因粗放采煤造成的生态环境损失接近5000亿元。在小煤矿遍地开花的地方,曾经美丽的家园与河山,已经被不计代价的粗放开采,甚至掠夺式野蛮开采糟蹋得千疮百孔、满目疮痍。

这种单一的、粗放的、依赖性的地方经济发展方式,其脆弱性在外来的风吹草动下立马显现出来。

国际金融危机袭来时,东部制造业和出口加工业"消化不良",直接带来中西部能源原材料产业"塌锅倒灶"。山西的命脉行业几乎一夜之间订单全无，出口几近于零，大批企业停产。煤炭、焦炭、冶金和电力等"当家产业"产量和价格双双"高台跳水"，2009年1月份全省54%的规模以上工业企业是"零产值"。一季度GDP出现负增长，同比下降8.1%，居全国倒数第一；全省中小企业数量同比减少8000多个，从业人员减少50万人。1至4月份，全省119个县市区有74个县财政收入下降。山西煤炭、焦炭、冶金、电力、化工、装备制造、建材等主要行业工业增加值同比均为下降，降幅最大的焦炭、冶金分别为46.9%和38%；煤炭、焦炭、发电量、钢材、化肥等主要产品产量继续下降，停产、半停产企业面较大。2009年上半年，全省规模以上工业与上年同期相比，下降17.4%。2009年全国有26个省份GDP增速在10%以上，而山西只有5.5%，垫了底。从工业经济数据来看，山西省工业经济从2008年四季度开始急转下行。2008年10月，山西规模以上工业增速首次出现负增长，当月增速为-9.9%。至2009年5月份，全省工业经济月度增长已连续8个月出现负增长。工业增加值3月份和4月份的当月和累计增速均排在全国末位。正如山西省一位经济界人士所说："这些行业危机来得晚但来得重、来得长，难刹车、难掉头、难转弯。在这次金融危机冲击下，山西工业经济的下降要远远深于全国。"

在钢材市场需求旺盛、钢材产量扩张时，山西的焦炭产能、价格一直处于上升阶段，但随着钢材市场的疲软和急剧下滑，山西的焦炭市场快速"跳水"，成为山西主导产业下滑的"重灾区"。煤、焦、冶金、电力几个传统产业占全省工业生产总值的80%以上，这几大行业都出现了严重的市场萎缩，山西经济受到巨大影响。全省11个市工业经济同比均为负增长。

2009年4月山西经济形势分析会上，经济下滑较严重的吕梁、太原、运城、临汾成为"重点分析对象"。运城市近几年来在调整产业结构方面在全

省各市当中较为突出，但1～4月份，运城市的财政总收入、工业增加值增速分别为43.5%和30.1%，下降幅度位于全省各市前列。虽然运城市煤炭产量比重不大，但全市有色金属、焦炭、电力等几大主要行业都大幅减收，其中中铝山西分公司由于受市场影响，经济效益大幅下降，运城市也大受拖累。

吕梁作为全国18个未稳定脱贫的集中连片地区之一，长期以来几乎没有什么工业企业，完全是一个落后的农业区。从20世纪90年代开始，吕梁依托丰富的煤、铁、铝等资源，经济开始起飞。曾以贫困闻名的吕梁，近年成为山西经济增幅第一的"优等生"：2000年，吕梁地区生产总值为100亿元，2006年达到370亿元；2007年上半年，完成205亿元，同比增长12%。

脱掉破衣旧帽的吕梁，成为经济发展的"新贵"：2000年，吕梁的财政收入只有10亿元，2006年则达到77亿元。2007年截至8月底，完成69.7亿元，同比增长47.5%，增幅居山西省第一位；2007年突破100亿元。

然而，几乎与企业生长如影随形，产业结构重型化的鲜明特征令吕梁的污染与经济一同"起飞"。"走进吕梁，烟囱排成墙；房门一开，尘土就上床。"这是对吕梁的写照，刚刚摘掉"穷帽子"，又戴上了高能耗、高污染的"黑帽子"。

"在国际金融危机影响的大气候下，山西的经济结构弊端凸显。"山西省副省长牛仁亮说，目前山西的根本问题还是出在产业结构上。

环境恶化难以为继

母亲河在哭泣

"驾鼋临碧海，控骥践瑶池。曲浦腾烟雾，深浪骇惊螭。"您能想到这壮美的诗句是描写什么大江大河吗？相信，不仅是外省人，很多山西人也不会想到这是隋朝诗人薛道衡在《随驾天池应诏》一诗中赞美山西母亲河——汾河。

汾河四周九山汇聚，林海茫茫，溪流淙淙，风光旖旎，自古即被列入名山大川之列。《山海经》载："管涔之山，汾水出焉。西流注入河（黄河）。"《水经注》载："汾水出太原汾阳之北管涔山。"有史以来，汾源和汾水是悠久灿烂的文明的摇篮和发祥地。

以前汾源之水流量很大，从管涔山上伐下的木材，都靠汾源之水运送，即使到20世纪四五十年代，仍可放排运木。1963年河津缺粮，政府调集20艘船只经汾河运送粮食，这成为汾河历史上的最后一次航运。

汾河是山西最大的河流，全长710公里，也是黄河的第二大支流。汾者，大也，汾河因此而得名。它流经山西11市108县中6市、34个县市，流域面积39741平方公里，约占全省总面积的1/4，养育全省41%的人口。据史料记载，战国时有秦穆公"泛舟之役"，汉武帝曾乘坐楼船溯汾河而行。从隋到唐、宋、辽、金，山西的粮食和管涔山上的奇松古木经汾河入黄河、渭河，漕运到长安等地，史书称"万木下汾河"。

而如今由于各种原因，水量大减，汾源出水仅0.2秒/立方米，汾河早已断流。以前汾河两岸有许多泉水源源不断注入汾河，现在这些泉水也全干枯了。虽然太原市的汾河公园获得国家赞誉，但那只是水泥橡皮坝围起来的死水，没有银带似的活水飘逸，更没有流水的灵性，百姓也失去了几十年前在河里游泳、钓鱼的乐趣。这是汾河之痛、山西百姓之痛。

"现实中的汾河早已是一条干涸的、污染的、呈现着环境灾难和生态危机的破碎的河流，是一条正在流血、流脓，一条呼唤拯救的河流。"山西省环保局宣教中心主任李景平平静中又显悲凉地说。

地下水在流失

山西煤炭资源大量开采，对资源及环境的影响不断加剧。煤炭开采，把山西的地下打得千疮百孔，形成了数不清的漏斗地形，宝贵的地下水加速流

失，地表更为干旱，泉流衰竭加剧。山西的煤田普遍具有水煤共生的特点，水在楼上，煤在楼下，采煤直接导致了含水层破坏，水量漏失，水质污染，同时还引起地面塌陷、水位下降、水井报废、泉水断流等灾难。

据测算，平均每开采一吨煤就要破坏 2.48 立方米水资源，全省按每年 6 亿吨煤炭开采量计算，仅煤炭开采每年就要破坏 15 亿立方米左右的水资源。

山西煤炭资源分布广，开采强度大，煤矿排水漏水和污染水质，是山西水资源管理和保护的一个特殊问题。采煤破坏了浅、中、深层地下水原来的补给、径流和排泄规律，破坏了水文垫面条件、产水汇流规律和水资源水质，必然引起一系列水环境问题，如地下含水层的疏干，地表水系断流而造成供水设施报废，农村居民生活用水、牲畜饮水困难，水质污染等。采煤形成地下水采空间，使地下水向该空间汇入，形成以煤矿为中心的地下水降落漏斗。因长期排泄矿坑水，疏干了煤系地层以上的地下水。

随着矿坑向纵深发展，漏斗范围越来越大，造成水井干枯，地面下陷，地表径流减少甚至枯竭。大同、忻定、太原、临汾、运城五大盆地超采面积约 6561 平方公里，占五大盆地总面积的 25%。太原、大同、运城、晋中等市都出现了区域性的地下水降落漏斗。如汾西矿务局柳湾、水峪和高阳等矿，平定县宋家庄一带，阳泉煤系地层 25 眼取水管井，大同矿务局晋华宫矿的水源地，陵川县城关镇尧庄村，晋城市巴公镇等，都因煤矿开采疏干了浅、中、深层地下水及泉水，致使矿区自身和工农业生产及生活用水遭到破坏。

孟县原有水井 100 眼，20 世纪 80 年代初，由于煤炭大量开采，到 1985 年已有 50 多眼水井干枯。该县清城乡 1980 年仅有 4 座煤矿，1985 年猛增到 18 座煤矿，最终致使 28 眼大口井、6 眼深井、3 处提水工程枯干，设施报废，农村居民生活与牲畜饮水出现严重紧缺局面。

据 1994 年不完全统计，全省 6000 余座各类煤矿遍及 11 个市 74 个县市，采煤排、漏水量达 2.6 亿立方米，造成 700 多个村庄、72.5 万多人和 5.18 万头大牲畜没有饮用水，70 多万亩水浇地变旱地。

水循环被破坏

煤矿开采不仅破坏煤层以上地下水的循环系统和储存条件，而且随着采煤深度的增加，开采位置已下降到奥陶系岩溶地下水水位高程以下，当穿透原水相对隔水层时，就会发生突出现象，既破坏优质岩溶水，也危及到矿井的安全。如大同市轩岗矿务局刘家梁煤矿，1984 年奥陶系岩溶地下水顶板突出，使吨煤排水量高达 3.72 立方米，1985 年又增至 4.59 立方米，每年约排掉岩溶水 372 万立方米，危及到附近马圈泉动态稳定。太原东山观家峪矿 1982 年出现奥陶系岩溶突水，突水量达 1.2 万立方米/日，使矿井淹没，被迫停产，造成很大损失。这样，既破坏了岩溶水原来的排泄途径，又使优质岩溶水变成了矿坑污水。

相反，开采煤层底板高程高于下面奥陶系岩溶水压力水头时，矿井水则将补给奥陶系岩溶水，使下伏岩溶水质污染，降低水资源的使用价值。

更有甚者，如晋城凤凰山煤矿，采用排漏法，将矿坑水排入岩溶水，严重污染了岩溶水质。

采煤排水漏水是相当惊人的，据统计和计算，1980 年以来全省仅采煤漏水即达 30 多亿立方米，矿坑排水量低，每采 1 吨煤，排水 0.5—1 立方米；排水量高的，吨煤高达 2—3 立方米。总之，随着煤炭的不断开采，使开采地区大气降水、地下水、地表水的相互转化关系不断发生改变，结果是地表水越来越少，地下水位越来越低，矿坑污水越来越多，可利用量越来越少。

由于地表水源供水能力不足，自 20 世纪 70 年代以来，特别是 90 年代以后，多数大中城市、乡镇、工矿业和农业灌溉的发展用水都是靠超采地下水来维持供水。无节制地取用地下水，导致地下水水位急剧下降。在太原上兰村附近，许多地方已经开始取用千米以下的地下水。部分地区的水井深度已

经达到 600~1000 米，仅农村吃水井超过 700 米的就有 2000 多眼。

地质灾害频发

煤炭开采在大量耗水、污染水的同时，还带来了地质灾害。山西省矿区面积已达近 1 万平方公里，采空区面积已经超过 5000 平方公里，煤炭开采共造成地面塌陷 1824 处，地表破坏面积 47 623 公顷，煤矸石堆存占地 1.6 万公顷。仅1997 年至 1999 年，山西大同市、太原市相继发生多起地质塌陷灾害，多人死亡。山西已经成为矿山地质灾害的重灾区。据山西省国土资源厅统计，2002 年至 2006 年，山西发生地质灾害 362 起，死亡 151 人，其中采矿造成的占 70%。

根据山西省社会科学院李连济研究员主持的国家社会科学基金重点项目《煤炭城市采空塌陷及经济转型研究》（03AJY004）的研究成果推算，2010 年山西省煤炭开采造成的塌陷面积为 2.4453 万公顷，比 2005 年增加了 6171 公顷。调查显示，西山集团的土地塌陷已经破坏耕地面积 3330 公顷、林地 900公顷、其他（荒地、道路、坟地等）8870 公顷，形成井下采空区平面投影总面积 133.87 平方公里，采煤沉陷区总面积 177.10 平方公里，沉陷区地表累计最大沉值 5.85 米，最大水平位移值 1.93 米，导致 13 个自然村 1248 户人口搬迁。同煤集团产生地质灾害面积达 500 平方公里，占大同矿区井田面积的 80% 以上，采煤沉陷的农用地已超过 3333 公顷，住宅受损户已达 69959户，建筑物受损面积 40 公顷。

当煤炭开采对生态环境的扰动强度达到或超过其临界点时，造成的后果是灾难性的。一组触目惊心的数据，反映出山西的资源环境已经到了无以复加的地步。人们形象地说："冒了一股烟，留下一堆碴，脏了一滩水。"《2008年中国可持续发展战略报告》显示，山西省可持续发展总能力在国内排序为第 25 位，环境支持系统排为第 30 位，生存支持系统排为第 31 位，发展支持系统排为第 26 位，可持续发展能力明显不足。

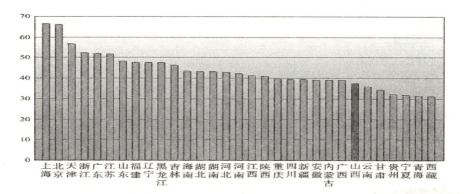

图6　可持续发展能力排序

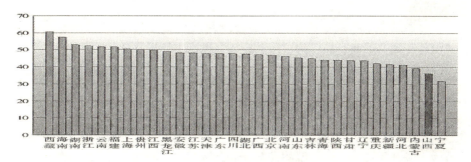

图7　环境支持系统排序

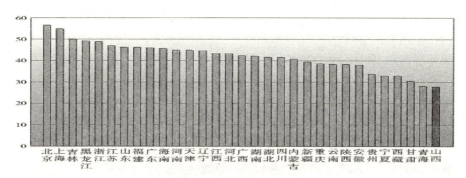

图8　生存支持系统排序

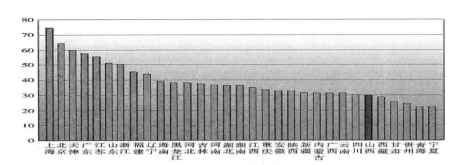

图9 发展支持系统排序

环境代价沉重

长期以来,山西的经济延续着一条直线似的传统经济增长模式——"资源消耗"到"工业产品"到"污染排放"再到"环境恶化"。有关部门曾尝试着计算过2002年山西的绿色GDP(主要核算自然资源耗损和环境污染价值损失两部分),核算的结果很让人吃惊——

矿产资源开采引发的资源损耗成本,有322.24亿元未计入企业成本;全省因煤炭开采造成土地资源的损耗、国家建设和其他基建占地造成的土地资源损耗,以及因水土流失和沙漠化造成的土地资源损耗总成本为77.56亿元;煤炭开采所造成的水资源损耗价值总量为31.13亿元;大气污染造成的总经济损耗为89.56亿元;水污染造成的经济损耗为50.2亿元;全省工业固废造成年损失约63.91亿元。2002年山西GDP为2017.5亿元,而自然资源损耗和环境污染损耗总值则为634.6亿元,占了GDP的近1/3。

虽然,山西几届省委、省政府不断探索科学发展之路,扭转山西经济发展的结构和方式,但粗放式发展没能根除。资源初级加工、输出型经济仍在延续,传统产业和重点行业仍然较多地延续粗放式的发展模式。煤炭、冶金、焦炭、电力产业初级化,关联度差,技术装备落后。近年来,随着资源紧俏和工业基础原材料价格上涨，山西全省的矿产资源生产弹性系数为 2.1(能源生产弹性系数＝能源生产总量年平均增长速度／国民经济年平均增长速度)，远高于国民经济的增长速度。

节能减排压力增大

由于落后产能比重过高，技术进步对工业经济的贡献较低，节能降耗、污染减排压力很大。以 2005 年为例，山西全省万元 GDP 综合能耗排全国第四，万元 GDP 电耗排全国第五，万元工业增加值能耗排全国第二。矿产资源平均开采率仅为 44%。全省工业固体废物产生量排全国第一位，而固体废物的综合利用率低于全国平均水平 15 个百分点以上。"十五"期间，全省主要污染物排放总量呈逐年增加之势，2005 年，二氧化硫、化学需氧量产生量分别比 2000 年增加 26%、22%，全省每平方公里大气污染负荷为全国平均值的 1.6 倍，污染严重地区则高达 6～10 倍。水环境处于较高污染状态，监测的 106 个河流断面中 92.5% 受到不同程度的污染，重度污染的断面占 63.2%。城市地下水受到不同程度的污染，太原等 11 个重点城市无一达到国家水环境功能标准。

工业垃圾不断增加

煤矸石是煤炭开采及利用过程中产生的一种固体废弃物。一般将采煤过程和洗煤厂生产过程中排出的矸石叫煤矸石，它是我国目前排放量最大的工业固体废弃物之一，被人们看成"工业垃圾"、"公害"和"废物"。在煤炭开采和洗选加工过程中，提高煤炭质量，必然伴随排放大量的矸石。我国每年的煤矸石排放量占当年煤炭产量的 10%～30%。

由于山西省各矿区煤层赋存条件、开采方式及机械化程度、入选比例等的不同，各矿区煤矸石的产生率也不同。据不完全统计，全省煤矸石产生总

量约占煤炭总产量的20%左右。其中,大同、平朔等矿区的侏罗系煤层的煤矸石产率略低,在15%左右。随着碳煤层的扩展开采,侏罗系矿井煤矸石产率将略升至15%～20%之间,而大同矿区的石岩类二叠系煤层开采的煤矸石产率将在30%左右,最高矿井将接近40%。平朔矿区煤矸石产率大多在18%～22%左右;忻州地区大体为20%;阳泉矿区、潞安矿区、晋城矿区煤层埋藏条件大体相当,煤矸石产率也在20%左右,或略低于20%。晋中及晋南地区的河东煤田,是我国炼焦煤生产主要基地,煤炭洗选工业十分发达,除生产大量洗精煤之外,还产生大量的洗中煤、混煤、煤泥和煤矸石,煤矸石的总产量在20%～23%左右。

据统计资料,全省累计排矸14.53亿吨,煤矸石堆存量超过11亿吨,占地已近1.6万公顷,并且每年以300万吨的速度递增,形成了300多座矸石山。调查资料还显示,同煤集团有矸石山61座,堆存量9350万吨,占地面积达300公顷(其中1/3为耕地,2/3为荒地),现仍有11处煤矸石山自燃;阳煤集团有21座矸石山,堆矸量超过1000万吨的大型矸石山有4座;西山集团有矸石山12个,堆存量6689万吨,占地面积达250公顷(全部为山沟)。

煤矸石堆存与煤炭资源分布及煤田开采和加工程度有关,分布相对比较集中。采矸主要堆积于山西煤炭储量丰富的大同、西山、宁武、霍西、河东、沁水6大煤田;洗矸主要在各大型洗煤厂产生、堆积。山西各重点煤矿中,大同、西山、阳泉、晋城、潞安为主要煤矸石堆存地区,占到总堆积量的80%以上;大同、阳泉等老矿区的矸石堆存占到重点集中堆放区总量的60%左右。目前,山西煤矸石因自燃排放出的二氧化硫、一氧化碳、硫化氢等有害气体及烟尘,仅国有重点煤矿排放量就高达358万 m^3,而大同、阳泉、西山自燃问题尤其突出,自燃面积达16万 m^2。其中阳泉矸石山自燃最为严重,自燃产生的二氧化硫占到全市二氧化硫排放量的80%，并使矸石山附近的果园及农作物受到严重影响。

大小煤矸石山遍及全省，由此带来一系列环境问题：煤矸石对水体环境的危害，使地下水呈现高矿化度、高硬度，导致土壤盐碱化，使农作物减产甚至绝收；煤矸石随意堆放，对土地资源及土壤环境的危害，造成河道堵塞、土地沙化和大面积水土流失；煤矸石自燃产生的一氧化碳、二氧化硫等有毒有害气体，已经成为山西大气污染的主要元凶。随着山西省煤矸石累计数量加速增加，综合治理尚有较多历史欠账，煤矸石将成为制约山西省经济社会及煤炭企业持续发展的沉重包袱。

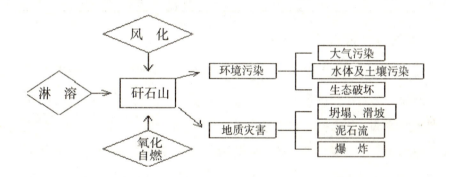

随着山西煤炭产量的进一步增加及可开采煤层的不断加深、煤炭洗选率的不断提高，每年的煤矸石产生量将进一步增加。据初步统计和估算，到2015年，全省煤矸石年产生量将接近3.5亿吨（约34977万吨），"十二五"期间累计新增煤矸石量将达到10亿吨以上（约100615万吨）。山西省煤矸石不仅现有产生量及历史堆存量巨大，而且还将以更快速度持续地大幅增加。

表6　山西省煤矸石数量统计及预测

序号	地市	2009 年现状		2015 年预计	
		增加量（万吨）	累计堆存量（万吨）	年增加量（万吨）	累计新增量（万吨）
1	大同	1113	10215	4588	15633
2	朔州	1607	2113	4810	14075
3	忻州	382	212	2297	3301
4	阳泉	1408	16410	3440	13481
5	长治	660	-	2630	-
6	晋城	742	5620	1748	3855
7	晋中	663	2264	1639	16615
8	临汾	751	1408	4652	4123

煤气排空浪费污染严重

在山西超强度煤炭开采过程中,采煤时产生的甲烷气体——煤层气都白白地排放了,每年排放量高达50亿立方！这50亿立方,大概相当于我国西气东输的总量,如果把它利用好,会有很好的发展空间。另外,炼焦的废气可变废为宝,加工成化工产品,使其产生高额附加值。但多年来,炼焦产生的焦炉气得不到利用,既污染环境,又造成稀缺资源的极大浪费。尽管长期以来,各级政府一直要求焦化企业必须综合利用,但约束力不强。据了解,在焦炭市场"火"的时候,单从一家焦化企业的经济效益分析,与焦炭生产相比,每天白白烧掉的几万元实在算不了什么,所以区区数万元的煤气回收效益,根本不会引起投资者的注意。他们只要焦炭,根本不理会产业政策。

2009年3月31日下午,山西省政府常务会议审议并通过了焦化产业调整和振兴规划方案,向焦炉气浪费现象亮出"红牌"。在此之前,根据2005年初山西焦炭协会对核查资料的汇总,在全省699个焦化项目中,具备脱硫、硫回收、氨回收、苯回收的项目只占近30%。由于资本结构的原因,焦炉煤气未能很好地综合利用。除焦炉自身加热用50%左右外，11.5%供城市居民和工业锅炉用，9.7%供钢铁、镁铝等冶金使用，6%用于发电、供热，0.5%作为化工原料，有23%的焦炉煤气约70亿立方米被白白地燃烧排放。粗略估算，每年利润流失高达200多亿元。而在发达国家，焦炭企业的主导产品恰恰是由焦炭衍生出的上百种，甚至是几百种的化工产品。

正是长期大规模存在的为数众多的小煤矿、小焦化，极其严重地阻滞和破坏了山西煤炭产业洁净化发展机制和清洁化、新型化体系形成，以及产业总体生态环境保护功能的培育发展，严重妨碍了早已占到全球煤炭产业领先地位的山西大型煤炭集团引领和辐射能力的发挥，妨碍了山西煤炭产业国际竞争力的扩大和提升。

矿难频发怵目惊心

矿难是全世界资源开发中面临的严峻问题，现代科学技术仍没有将之完全杜绝的良策。瓦斯、透水以及火灾是造成矿难的三大主因，世界上一大半矿难事故都因瓦斯爆炸而起。如2010年4月5日，在美国西弗吉尼亚州发生的矿难就属于瓦斯爆炸，造成29人遇难。另外就是透水，2010年3月28日发生的山西王家岭矿难便属于透水事故。

2011年2月，山西省煤炭厅召开2011年全省煤矿安全工作会议。会议通报2010年煤矿共发生事故63起、死亡139人，同比减少8起、63人。全年煤矿百万吨死亡率为0.1876，同比减少0.1407，下降42.86%。其中，长治市、朔州市和潞安、同煤、平朔集团的全年煤矿百万吨死亡率控制在0.04左右，达到国内和世界领先水平。

作为全国的第一大煤炭生产省份，山西煤矿安全生产总体形势处于全国领先

水平。煤矿百万吨死亡率，常用来表征煤矿生产的安全程度，该数字越低说明煤矿的安全生产程度越高。山西省的煤矿百万吨死亡率远远低于全国平均水平。2004年山西省煤矿百万吨死亡率为0.98，首次降至1以内，而到2009年，全国煤矿百万吨死亡率才首次降到1以下。2010年，山西省煤矿百万吨死亡率仅为全国的1/4。

表7　2005—2010年山西和全国煤矿百万吨死亡率比较情况

年份		2005	2006	2007	2008	2009	2010
煤矿百万吨死亡率	山西	0.905	0.85	0.726	0.423	0.328	0.188
	全国	2.81	2.04	1.49	1.18	0.892	0.749
	全国/山西	3.1	2.4	2.1	2.8	2.5	4.0

虽然山西的煤矿百万吨死亡率较全国水平低，但由于山西煤矿基数大，煤炭产量多，矿难仍是山西煤炭开采面临的艰难挑战。政府以及企业有责任竭尽所能保证矿工及其家属的安全。

新中国成立60年来，山西煤矿事故累计造成1.7万人死亡、1.3万人伤残。

表8　2005—2009年山西重大矿难统计

事故发生时间	事故发生地点	获救人数	遇难人数	情况综述
2009.12.27	山西介休	4	12	12月27日23时30分，山西省晋中市介休市鑫峪沟东沟煤业有限公司井下发生瓦斯局部燃烧事故，当班下井16人，12人不幸遇难，4人安全升井。
2009.2.22	山西屯兰	358	78	山西古交市屯兰煤矿2月22日晨2时许发生瓦斯爆炸事故，造成78人遇难。爆炸发生时，井下436名矿工中，有358人陆续升井。
2008.7.5	山西大同		21	7月5日11时20分，山西大同市南郊区高山镇五九煤矿，井下发生一氧化碳中毒窒息事故，造成21人死亡。

续　表

事故发生时间	事故发生地点	获救人数	遇难人数	情况综述
2008.6.13	山西吕梁		34	6月13日11时左右，山西省吕梁市孝义安信煤业有限公司主井底发生爆炸事故，造成34人死亡。
2008.1.20	山西临汾		20	山西临汾地区汾西县永安镇蔚家岭村一非法私开煤矿窝点发生瓦斯爆炸，造成20人遇难。
2007.12.6	山西洪洞	15	105	2007年12月6日零时左右，山西临汾市洪洞县原新窑煤矿发生瓦斯爆炸事故，105人遇难，15人获救，初步判断系煤尘爆炸。事故发生后，矿方迟迟没有上报是导致事故扩大的重要原因。畏罪潜逃的事故责任人王宏亮、王东海分别于14日与15日获捕。
2007.5.5	山西临汾		28	2007年5月5日山西临汾地区蒲县克城镇蒲邓煤矿发生瓦斯爆炸，28人遇难，2人失踪。
2007.3.28	山西临汾		26	2007年3月28日11时30分左右，山西省临汾市尧都区一平垣乡余家岭煤矿发生瓦斯爆炸事故，造成26名矿工遇难。
2007.3.18	山西晋城		21	2007年3月18日18时30分，山西省晋城市城区西上庄办事处苗匠煤矿发生瓦斯爆炸，21名矿工全部遇难。
2006.11.12	山西晋中		25	2006年11月12日山西晋中市灵石县南山煤矿发生一起爆炸事故，25人死亡，9人失踪。
2006.11.5	山西焦家寨		35	2006年11月5日山西同煤集团轩岗公司焦家寨矿发生瓦斯爆炸，35人死亡，12人失踪。
2006.5.18	山西左云		56	2006年5月18日，左云县张家场乡新井煤矿发生特大透水事故，造成56名矿工死亡。
2006.4.29	山西大同	7	32	2006年4月29日瓦窑堡煤矿发生瓦斯爆炸事故，7人轻伤，32人死亡。
2006.3.18	山西临县		28	2006年3月18日山西临县樊家山煤矿井下发生透水事故，28人死亡。
2006.2.1	山西晋城	53	23	2006年2月1日山西晋城寺河煤矿发生瓦斯爆炸，23人死亡，6人重伤，47人轻伤。
2005.6.22	山西繁峙		37	2005年6月22日，山西省繁峙县义兴寨金矿松洞沟零号脉王全全洞发生爆炸，37人死亡。
2005.3.19	山西朔州		72	3月19日12时15分，朔州市平鲁区细水煤矿发生特大瓦斯爆炸，爆炸波及相邻的康家窑煤矿，当时上报被困人数为69人，后核查为71人，最终确定72名矿工被困并全部遇难。

　　小煤矿矿难的隐患更大。山西省煤监局曾作过一个比较，2007、2008两年合计，山西国有重点煤矿、地方国有煤矿、民营（乡镇）煤矿的产量分别占全省的52%、18%和30%，事故死亡人数则分别占煤矿事故总死亡人数的11%、15%和74%；两年平均，地方国有煤矿和民营（乡镇）煤矿的百万吨死亡率分别是国有重点煤矿的3.8倍和11.3倍。冷酷数字的背后是令人痛心的现实：小煤矿生产等量的煤要付出10倍于大矿的生命代价。

　　这血泪的代价让人艰于呼吸与视听。于是，上至政府，下至百姓，皆在寻找造成这一梦魇的原因，试图通过寻找症结来对症下药。中国经济网在"山西矿难调查"中分析过矿难的原因：根据调查，超采是造成矿难的首要根源。"一般都超采3倍左右。"某矿副矿长老李说。煤矿老板之所以暴富，也与超采紧密相连。为了超采，煤矿老板并没有按照政府规定的采矿图纸规划进行采煤。由于地质结构状况不明，发生冒顶或透水在所难免。

　　其二，"煤矿安全欠账大"，这是煤矿安全生产的一个重要隐患。2003年，中国工程院和煤炭信息总院联合完成的《我国煤矿安全生产形势、差距和对策》课题报告称：目前中国矿井的原有安全设施严重老化，不少设备超期服役。但是，在地方承包机制下，矿主对井下安全只进行必要的投资，巷道的建设以及通风等设备投入，都是以能维持生产为原则，并不能完全达到国家的标准要求。在产量更小的黑煤窑，条件更加糟糕，设备非常落后。晋北地区有的黑口子，在井下存在着用骡子拉煤的现象。在临汾市的汾西县，有些非法小煤窑，一部三轮车、5个工人，即可开工挖煤，还是单井出煤——一个小井口的上边有一架绞车，矿工下井和出煤都用它来提升。依据目前的相关规定，所有的煤矿必须有两个井口（主井和副井），安全生产才能有基本保障。据调查，核定年产量在15万吨以下（包括15万吨）的煤矿，其采掘方式基本都是"炮采"；而15万吨以上的煤矿，有部分已经实现"普采"（普通机械化采煤）；同煤集团的部分煤矿，则实现了"综采"。据山西省国土资源厅称，山西省当时有合法煤矿3800多座，其中具备30万吨以上生产规模的仅仅占到8%左右。

其三，矿工缺乏井下安全操作培训。据调查，在乡镇煤矿、私营煤矿工作的大多数矿工，下井前基本不经过任何技术培训。"只要有力气、能吃苦、不怕死又需要钱的人"，都可以下井挖煤，没有经验的新手，由老矿工负责带一段时间。

依据这个调查，似乎可以得出下面的结论：1.由于20世纪90年代煤炭行业的萧条，全行业（包括国企）有安全欠账，这是早期矿难的一个主要原因。2.私营业主为获得暴利，超采是矿难发生的重要原因。3.小煤窑设备落后，矿主不舍得设备及人员安全培训投入是造成矿难的另一个重要原因。

矿难的频发，让无数的生命随煤飘逝，让无数的家庭支离破碎。矿难的频发，也让山西的官场成为"高危行业"。一旦有矿难发生，官员就要被问责，丢掉乌纱且不说，甚至会发生昨天还高高在上，转瞬间就变成阶下囚的危险。除了问责外，每一起矿难都会拔出萝卜带出泥，揪出一个或数个腐败案。因为小煤矿的遍地开花，形成了煤矿业的良莠不齐，一些证照不全、安全生产不达标或不符合产业政策的煤矿，"煤老板"为了逃避监管牟取暴利必然寻求权力"保护伞"，最终形成"官煤勾结"。矿难一发生，这种暗箱操作被揪出来曝光，光天化日下，腐败官员的"官梦"做到了头。

2008年末，煤炭价格大跌，从当初供不应求到现在供过于求，部分小煤矿的暴利空间受到严重挤压，山西不少"煤老板"被迫关停煤矿，加上新一届政府对安全工作的高度重视，山西再没有因安全问题而引起媒体关注。但山西省政府治理矿难的工作并未因煤炭市场的走低而放松，时任省长王君力主为山西省内有矿市、县选配了98名煤矿安全专家作为市、县长助理。这

些专家的到任，旨在加强政府对煤炭安全的领导监管，形成专家治矿山和行家抓安全的长效机制。

然而，山西安全生产的"顽疾"还是再次爆发。2009年2月22日，山西焦煤集团屯兰矿"2·22"特别重大瓦斯爆炸事故，一度让刚刚讲过"已经哭不起"的王君落泪。面对这场造成78名矿工遇难的瓦斯爆炸事故，处理及时的山西省政府以及时任省长王君，获得了舆论的宽容。

当鲜血染红的煤炭带着死者不甘的灵魂堆在世人面前时，被刺痛的生者再也无法作麻木的看客。

能源安全责任重大

据2009年统计，美国当时的总资产为200万亿美元，中国的总资产为10万亿美元。鉴于中国人口是美国的4倍，中国的人均资产水平要追上美国，则需要在目前的基础上增长80倍！这样的经济扩张需要持续、稳定的能源供应，能源安全是中国经济高速成长的核心。中国的能源战略应当本着务实的态度，重视多样性，谋划长远。如果说金融问题是我国经济建设中面临的短期风险，能源问题就是最大的长远风险。能源是国家的重中之重，决定并且衡量着一个国家的实力。我国利用能源必须杜绝过去那种短期行为，应考虑长期发展。

能源有一次能源和二次能源之说。前者比如煤，后者比如电。在中国，在一次能源消费中，煤炭占70%。权威预测，在未来20年中，中国的这种能源结构不会有很大改变。此外，中国电力对煤炭的依存度也在70%以上。由于中国石油对海外的依存度高达40%以上，而且受到地缘政治和战争、灾难等许多不确定因素的影响，煤炭在中国能源格局中，具有无可替代的战略地位。有评论认为，煤炭是中国能源安全的基石。这话当不为过。

研究中国煤炭如何能绕开山西？储量和产量都占全国的 1/4，全国煤炭硬缺口的 70% 要靠山西保障，出省外调量占全国的 70%。这是一个沉甸甸的分量！但是经过几十年大幅度开采，山西煤炭资源的开采强度已达 23.3%，资源枯竭问题日显突出。

事实上，在中国能源安全的大背景下，从中央到地方都在关注山西。

2004 年 5 月，中国煤炭发展研究中心主任郭云涛在北京召开的首届中国能源战略国际高层论坛上表示，中国经济的高增长是靠消耗大量能源和原料来支撑的，重化工业时代的中国在相当长的一段时期内依然面临着能源短缺的考验，而作为中国基础能源的煤炭供给能力将受到严峻挑战。他指出，按照高端预测方案，到 2020 年中国煤炭在能源消费总量中的比例仍将保持在 65% 左右，需求量将会达到 28 亿吨，较 2003 年的煤炭产量高出 10 亿多吨。按照低端预测方案，到 2020 年中国原煤需求量约 24 亿吨，较 2003 年的煤炭产量高出 7 亿多吨。如此巨大的需求，会给煤炭供应造成巨大压力。

任何一种新能源的技术要发展得好，其产业链必须是有效率的、节能的，其所有环节甚至每一个隐蔽环节都要达到这样的标准，如若不然，其发展必将是昙花一现。目前美国的能源结构是，石油、天然气和煤炭共占全国能源使用的 86%，而风能、太阳能等新能源只占 0.4%，发展、推广新能源的成本与其产出不成比例，从某种意义上说，反而是浪费了能源。英国煤气电力市场办公室也做过一个统计，英国耗费在风能发电方面的资金占其能源建设总成本的 29.7%，但风能占整个能源市场的份额仍只有 1.3%，不仅如此，风能电力设施建设以及由于风能的不稳定而带来的额外的能源消耗使得油气的需求进一步提高，有关人士认为，"风能扭曲了市场"。

未来 25 年里，石油、煤炭、天然气仍将占世界能源使用的 85%，传统

能源丰富与否是区分富国和穷国的重要标志。

多样性的另一个方面是要增加天然气的使用比例，减少煤炭火力发电，减少石油在交通领域的使用。目前中国的能源使用中，煤炭的比例还停留在西方19世纪的水平，中国要将煤炭比例由70%降至世界平均的23%，天然气比例由不足3%提高到23%，这是一个跨越整个21世纪的浩大工程。

2006年4月19日，温家宝总理主持召开国务院常务会议，批准山西为中国煤炭工业可持续发展试点省份。那个试点方案，被媒体称为解决中国煤炭困局的"一揽子方案"。

从2007年中国煤炭工业可持续发展在山西试点，到2008年初的雪灾期间全国对山西煤炭的关注程度，足见山西煤炭在中国的特殊地位。

2007年1月，在"第四届中国经济展望论坛"上，国家发改委能源研究所所长周大地说："2006年10月后大型矿难连续性爆发，说明中国煤炭开采的强度已经过大。"同时，煤炭生产过程中造成的地下水下降和土地下沉，对环境的影响也是巨大的。

针对煤炭与中国能源安全问题，周大地认为，能源安全问题是由世界油价高涨和中国能耗太大这两方面引发的，解决这一问题要以节约能源、提高能效作为基本出发点，不是说多用煤、少用石油就安全了。"真正不安全的是能源效率和环境问题。"他说。

对于发展煤转甲醇作为替代燃料，周大地持谨慎态度。他说，以煤炭代替油气，首先要付出采煤的重大代价；其次效率大幅度下降，得到1吨油只要投入0.1吨的能源，要得到1吨煤资源可能要投入1吨以上的能源，才能得到同样数量的油。从能源平衡角度来看，中国可以通过必要手段，包括节约和更好地开发两种途径，实现能源安全。

周大地表示，如果地方仍以高投资增长速度来推动经济增长的话，就很难避免继续走以高耗能产业为中心的发展道路,这种经济增长的内容、方式和质量是中国不能承担的。他认为,节能降耗需要行政手段和市场机制同时推动,目前一方面,政府对市场管理力度不够,市场准入条件控制不足,公共资源和节能投入不够,对高耗能型的投资控制不够;另一方面,市场也没有建立足够的信号体系引导投资以高效节能的方式发展,这种低价能源体系只能带来社会成本和环境成本的提高。只有这两方面都做调整,中国产业结构和经济增长方式才能有重大变化。

山西因挖煤、炼焦、发电造成的环境损耗,保守估计每年达56.71亿元。新中国成立后大力开采的20年间,环境损耗价值总量约为1134.2亿元。与此同时,近年来由于煤炭产能的高度扩大,山西煤炭的可服务年限也在不断遭受考验。2003年,山西按照当年的煤炭实际产能测算,在已探明的2000米以内的煤炭储量只能够服务70年!而我国的发电量有84%靠的是煤,山西原煤产量又占全国的1/4。

一位高层人士则主张把山西放在国家能源安全、环境保护、可持续发展的大背景下,通盘看待和解决山西的问题:"山西是个小省,但提升到国家层面,确实具有全局性意义。"

他说,改革开放以来,国家选择了阶梯式的区域不平衡发展战略,而至关重要的能源领域,无论从实践上、认识上还是制度层面上,都还没有形成一个比较成熟的体系,至今还在摸索中。

"我们希望不再增加山西煤炭的绝对产量,但这是不可能的。"这位高层人士说,国家能源需求的增长是必然趋势,形势不允许山西降低煤炭产量。

山西面临两难选择,明明知道每年6亿吨的煤炭产量已经是资源和环境承受力的极限,但不管谁当省长,都不敢说少产1亿吨煤。因为这是国家的需要,已经形成的市场平衡不容失控。

全世界范围内的石油和天然气资源正在日渐枯竭,对煤炭资源的需求量又开始大幅回升,中国、印度、美国等许多能源大国都不同程度地逐步将能源重心向煤炭倾斜,世界煤炭生产、消费和贸易因此呈明显增长态势。同时,煤炭生产和洁净煤技术的进步和成熟增强了煤炭在能源市场上的比较优势,导致发电用煤需求急剧增长。作为我国重要的煤炭基地,山西的煤炭资源已经仅剩能够维持200余年的储量,如何合理利用和有效开发,越来越成为中国能源安全中一个不容忽视的关键命题。

2007年12月初,酝酿已久的《中华人民共和国能源法》(征求意见稿)出台,并向社会各界广纳贤言,这部被外界认为是因国际原油价格飙升而在近期内催生的法规,力图从根本上缓解中国目前因经济强势增长和能源紧张而产生的突出矛盾。对于山西来说,其煤炭储量和产量掌控着中国基础能源的关键命脉,但是《能源法》未来的实施能够为山西煤炭带来怎样的境遇,这是一个值得关注的话题。

1932年,荷裔美国作家和历史学家亨德里克·威廉·房龙出版了他一生中最为重要的一本人文地理学著作《房龙地理》。在书中"东亚大半岛——中国"一章中,房龙有这样一段描写:"对于现代贸易世界而言,中国举足轻重,因为它拥有藏量丰富的煤矿和世界上第二大铁矿。当英国、德国和美国的矿藏消耗一空时,我们仍然可以去山西省挖煤取暖。"

今天,全世界范围内的石油和天然气资源正在日渐枯竭,煤炭再次成为各国的能源重心,而山西的煤炭资源已经仅剩能够维持200余年的储量。当英国、德国和其他国家的煤炭空空如也时,我们是否还能像房龙当年说的那样,在山西"挖煤取暖"?

官煤勾结腐蚀官场

我国矿产资源领域"官煤勾结"、"官矿勾结"等现象近年来较为突出，腐败案件高发。在一些矿产资源比较丰富的地区，尽管中央三令五申严加整饬，但官员入股办矿现象仍十分普遍。这不仅严重损害党和政府的形象，引发群众对党员干部的信任危机，也造成当地的贫富悬殊乃至两极分化，演化成为日益严重的社会问题。

2010年5月，陕西神木出了"法官状告煤矿讨红利"的咄咄怪事，该县法院监察室副主任张继峰状告煤矿讨红利的官司引起舆论的高度关注。这不仅说明一些地方官员入股矿山企业呈现出"公开化"趋势，更折射出少数地方官员对中央禁令置若罔闻、不屑一顾的心理状态。而轰动一时的山西蒲县煤炭局原局长郝鹏俊一案在山西更加典型。

早在2000年，郝鹏俊便出资2万元，非法购买了蒲县克城镇张公庄后沟洼煤矿，改名为蒲县成南岭煤矿。2005年8月，中纪委等部门联合下发文件，要求投资入股煤矿的国家机关工作人员限期撤资。为掩人耳目，郝鹏俊与其堂兄、妻弟签订了一份假退股协议，并依此向蒲县纪委进行了退股申报登记。实际上，仍是他和妻子于香婷"说了算"，拥有绝对的煤矿财产所有权。

乘着煤炭局长的"东风"，成南岭煤矿肆无忌惮地非法生产、越界开采，规模迅猛扩大，由一个几十万元投资的小煤矿，发展成总资产5285万余元、净资产1700万元的大煤矿企业，职工达500多人。郝鹏俊家仅在北京便购买了35套房，合同房价款高达1.7亿元；郝鹏俊本人及其亲属的存款1.27亿元。

从郝鹏俊等一系列涉及矿产资源的腐败案件中不难看出，当前官员入股办矿已成为屡治不愈的腐败"顽症"。

人民检察院的调查表明，矿产资源领域职务犯罪往往涉及地方各级党政

领导部门,包括国土资源、安全生产、矿产管理、财政税收、公安等行业主管、监管、执法执纪部门以及国有矿山企业等多个单位部门,涉案人员包括领导干部、一般工作人员、农村基层组织工作人员等,由上至下,辐射面广,涉及人员众多。

这些犯罪嫌疑人中,有的利用职务便利,违反规定将应当通过招标、拍卖、挂牌出让等市场化方式出让的矿业开发权,采取协议出让等方式转让给请托人;有的在以法定方式出让矿业权过程中,采用不正当泄漏交易信息、进行不公正评判等手段帮助请托人取得矿业开发权;有的为不具备探矿、采矿资质条件的申请人违法办理、颁发、年检相关许可证书,或者在办理上述事项时,违法为申请人完善申请资料、缩短呈报时间、协调疏通关系等以获取财物;有的通过向业主推荐相关规划设计、检测、评估机构,并向该机构按一定比例收取回扣牟取私利;有的接受行贿人以"信息费"、"专家咨询费"等名目所给的财物。

山西大学法学院教授陈晋胜说,目前国家在矿产资源开采、交易、转让的各个环节还存在制度不健全、监管不得力的状况。资源暴利的现实招引着见利忘义的各种市场主体,他们在法规政策的空隙中穿梭,阴影下游走。

表现之一,一旦嗅到其中的可餐之食,便伺机动手,以权谋私,进行权钱交易;表现之二,熟知暴利的制度缺漏,时机成熟,条件许可,便借机投身其中,自我牟取暴利;表现之三,熟知企业存在不当得"暴利"的玄机与奥妙,"雁过"拔点"毛",理所应当。

这一特点反映在市场实践中,较多地表现为:企业要(到政府)办事,就得给好处;政府要(给企业)办事,就得要好处。

一个县检察院副检察长财产过亿,拥有轿车十几辆;一个县公安局副局长,财产几千万,用着几万元一部的手机,喝着上万元一斤的茶;县处级、乡科级干部，在许多人眼里是个小官，但个别小官的家财少则千万，多达数亿元。

矿产资源领域的"小官大贪"现象已引起社会各界的关注。据山西省纪委副书记、监察厅厅长杨森林介绍，近年来，受矿产资源价格持续飙升的影响和各种利益驱动，给地方特别是县、乡两级涉矿单位、部门的工作人员以权力寻租的机会，突出表现在以下十个方面：

一是违规审批资源、非法倒卖国有资产；二是漏缴、欠缴、挪用、私吞煤炭基金；三是不按规定收取资源价款；四是偷逃欠税；五是煤炭运销票据名目繁多，以及伪造、倒卖票据；六是国有资产严重流失；七是中介机构虚假评估、商业贿赂；八是超层越界、非法组织生产；九是以土地治理为名非法采矿；十是党员干部入股办矿、收受贿赂。

2008年7月，山西省在群众反映强烈的煤焦领域开展反腐败专项斗争以来，共查出各类违规违纪资金300亿元，处分违纪党员干部1590人，其中县处级、乡科级干部515人，占1/3以上，涉及国土、煤炭管理、煤矿安全、煤炭运销等众多部门。

多位受访专家认为，矿产资源领域"小官大贪"现象之所以格外突出，与我国条块分割的资源管理体制直接相关。国土、安监、公安、税务，"上面千条线，下面一针穿"，所有中央部门的权力最后都要沉淀到基层行使，这使得一些基层官员互相勾结、集体腐败成为可能。

改革开放以来，我国经济快速发展与资源相对稀缺间的矛盾日益凸显，一些地区在资源开发过程中"短期化"倾向十分突出，"粗放型"的产业发展模式成为我国资源开发面临的最大问题。在一些地区，地方政府为追求短期的财税收入，默许一些矿业企业以减少安全环保投入、逃避承担社会责任的方式获得利润。

多年来，山西的发展因煤而兴，问题也因煤而生。改革开放以后，山西煤矿历经"有水快流，快速致富"、承包入股、企业改制、产权交易多个发展阶段，经营主体由当初的国有、地方、乡镇三分天下转变为国有、地方、集体、股份、个人等多种主体，各种势力都想从中分得"一杯羹"。

与山西煤炭开采量逐年猛增相伴而生的，是煤矿的所有权、使用权、经营权频繁变动，企业多、小、散、乱和国有资产严重流失问题突出。特别是2001年以来，我国经济持续迅猛增长，矿产品市场好转，价格一路飙升，挖煤骤然间变成了一本万利的"暴利"产业。据调查，一个中等规模的私营煤矿，矿主每天的纯收入可达25万元至30万元左右。只要掌握资源开采权，就相当于开动了"印钞机"。据了解，目前山西、陕西、内蒙古等地开采一吨煤的平均成本不到100元，而吨煤售价最高可达1500多元。一些矿老板坦言，"贩毒的利润都比不上挖煤开矿"。

在巨大的利益诱惑下，各地资源开发出现"大干快上"的趋势，非法小矿、黑矿大批出现。据原山西省委副书记、省政协主席李修仁介绍，在黑矿猖獗的时期，山西黑矿的数量比正规矿还多。在一些资源地区，有钱的自己投资，没钱的"引来外资"，挣了再分红。不少乡镇干部、机关干部、警务人员甚至县领导都有自己的"洞洞"（指黑矿）。国有大矿、乡镇矿、黑矿的矿井已经相通，"国军"、"地方军"、"非法武装"在地下纵横交错。山西一些地区的黑矿就像"老鼠洞"，把整个山坡挖得千疮百孔。

中国监察学会副会长、北京大学廉政建设中心主任李成言认为，伴随着资源的"大开挖"，我国市场化的资源配置机制尚不成熟，行政权力对资源配置的干预过多、过深，为寻租性腐败提供了滋生的土壤，"从这一意义上讲，以行政方式配置资源愈多，官员的自由裁量权就愈大，腐败就愈不可避免"。

以煤炭资源开采为例。在我国，一家煤矿企业要取得合法生产资格必须办齐"六证"，即采矿许可证、煤矿生产许可证、安全生产许可证、矿长资格证、矿长安全资格证、工商营业执照。事实上，审批环节越多，意味着权力干预越深。在一些地区，"明码标价"办理相关证件已成为公开的秘密，资源开采的审批权沦为某些部门的"寻租"工具。

据杨森林介绍，由于审批环节多、程序复杂、时限过长，一些煤矿要想办全"六证"，须经省国土厅、煤监局、煤炭局、工商局等4个部门，申报材料要准备一卡车，办证时间最短也要7至8个月。为了"跑证"，有些煤矿干脆派人长年住在太原，用高价上下打点，少的花几十万元，多的要上百万元才行。

由于手握资源开发审批大权，一些地方官员与一些矿老板相勾结，大肆批矿、卖矿进行权钱交易。位高权重的，通过帮矿老板取得探矿权、采矿权，收取办矿"公关费"、"手续费"。一些县乡的地方实力派小官员也通过暗中保护没有任何手续的"黑矿"发横财。

更令人担忧的是资源领域的权力寻租已开始向监管部门蔓延。湖南省郴州市原纪委书记曾锦春，不仅独揽郴州矿业整合关停大权，收受"干股"，纵容亲属、家人参与矿业经营，还多次借助"双规"手段，直接参与矿产利益的控制与掠夺，被当地群众称为"曾矿长"。

山西繁峙县反贪局局长穆新成，更是成为当地矿山纠纷的民间"总调解人"。据了解，穆新成在繁峙"黑白两道"一手遮天，举凡矿权演变、股东转换、边界纠纷、超层越界，大多须通过他的"协调"私下解决。

国家行政学院教授竹立家认为，纪检、安监等执法执纪部门介入资源领域"设租"、"寻租"，为非法侵占资源提供了"双重保护"，其直接的后果就是"猫鼠一家"，监督形同虚设。

　　"山西煤矿安全事故频发与煤焦领域腐败丛生，很大程度上要归咎于大量小煤矿的存在。"2009年9月完成了国家社科基金项目《官商腐败矿难多发的法律制度治理》课题的楚刃研究员表示。

　　2007年10月，时任山西省社科院政法所所长的楚刃作为负责人，承担起了这一"敏感"课题的编写。在近两年的调研中，楚刃遭遇了前所未有的阻力。所有被访者在谈到"官商腐败"、"矿难多发"等话题时，都选择了缄默，因而调研一度难以进行。

　　在那份沉甸甸的研究报告中，要治理官员腐败、矿难多发，"取缔小煤矿"成为楚刃等研究人员的一致看法。

　　在楚刃看来，山西当前着力推行的煤矿企业兼并重组的"煤炭新政"，意义绝非"减少煤矿数量，提高办矿水平"那么简单，更为重要的是山西的对外形象与和谐大局将会因此而向好。

　　仅2009年，就有多起煤焦领域贪腐案件在山西被查出。6月18日，山西省纪委召开新闻发布会，通报了山西省煤焦领域反腐败斗争开展近一年来的情况，并首次向社会通报了6起煤焦领域违纪违法案件查处情况。

　　在此之前，山西省纪委刚刚通报了山西省委原副秘书长冯其福严重违纪案件。通报中显示，冯其福利用曾担任山西省委副秘书长和吕梁地区行署主要领导的职务影响和担任中吕能源公司、中吕焦化公司董事长的职务便利，与其堂弟共同侵吞中吕焦化公司所属的沙炭湾煤矿国有资产。

　　相比煤焦领域反腐败专项斗争集中整治阶段（2009年1月～12月）曝出的案件，其实早前查处的山西临汾市原副市长苗元礼一案在全国震动更大。

　　山西省纪委副书记张晓亚曾表示，苗元礼严重违纪违法案件，是一起典型的领导干部利用掌管的煤炭生产、安全审批权、管理权、监督权大肆进行权钱交易、权色交易的案件。

2008年12月25日，山西省朔州市中级人民法院对苗元礼受贿案作出一审宣判，苗元礼因犯受贿罪被判处有期徒刑14年。

"一个方面是党政干部和执法部门的国家工作人员以多种形式参股分红，和矿主结成一个利益共同体；另一个方面就是利用手中的职权，为一些违法、非法矿主提供保护，谋取私利。而官员入股、滥批卖证、直接受贿、亲属开矿、纵容包庇煤矿违法生产经营是主要形式。"楚刃将"官煤勾结"概括为两个方面、五种形式。

他还多次提到"管制者俘虏"理论，"在煤矿安全生产等社会性管制方面，监管者与被监管者都处在利益共同体中，可能导致监管者被收买，从而致使社会性管制失灵。"

正如楚刃所言，2006年，下辖6区4县市的太原市就曾发生安监系统腐败窝案，其中5名局长落马。在这之后，阳泉市盂县安监局原局长韩斌、吕梁市交口县安监局原局长武小莉也被查处。

而2007年发生的洪洞"12·5"煤矿瓦斯爆炸案，事后查证，以苗元礼为首的临汾三级煤官，均在收受贿赂后放松监管，最终导致惨剧发生。

时任山西省委常委、省纪委书记金道铭曾表示："在巨大的经济利益诱惑和驱使下，相比其他领域和环节，煤焦领域腐败现象更加易发、高发。"

针对煤焦领域腐败易发多发的势头，山西高层的反腐想法其实由来已久。

2008年1月24日，就在山西省纪委、监察厅向新闻媒体通报苗元礼严重违纪违法案件的当天上午，山西省委、省政府召开了全省党风廉政建设干部大会。时任山西省委书记的张宝顺在会上正式宣布，2008年在全省深入、集中开展煤焦领域反腐败斗争。

此前，山西省纪检、监察系统已历时10个月对山西煤焦领域进行了专

题调研，并形成了《关于山西省煤焦领域党风廉政建设情况的调研报告》。这一调研报告引起了山西省委、省政府的高度重视，也得到了中央纪委的充分肯定。

2008年7月14日，《中共山西省委、山西省人民政府关于集中开展煤焦领域反腐败专项斗争的意见》正式印发，煤焦领域反腐利剑出鞘。

从2008年7月到2009年7月一年中，单位主动申报问题999个，涉及资金39亿多元；个人主动申报问题3881个，涉及资金2599万多元；全省共追缴探矿权、采矿权使用费和价款、煤炭可持续发展基金、煤炭能源基金等各类资金达100亿元。

另悉，山西各级煤焦领域反腐败办公室在此期间共排查煤焦领域案件线索985件，初核煤焦及非煤矿山领域违纪线索627件，立案查处案件600件。自查自纠阶段（2008年7月~12月）和集中整治的前半段，严肃查处了省委原副秘书长冯其福侵吞国有资产案，灵石县公安局原副局长史双生受贿3300万元案，平定县原县委常委、宣传部长梁岗平受贿和巨额财产来源不明案等一系列大要案件，反响强烈，影响巨大。

"资源领域的权力寻租行为在'审批经济'体制下，仍然具有长期性、复杂性。"山西省纪检委有关人士仍然不无担忧。涉煤焦案件暴露出山西少数行政干部，特别是领导干部利用煤焦领域体制、机制、制度、监督和管理上存在的薄弱环节，收黑钱、干黑事、谋黑利，官煤勾结，失职渎职，直接导致了煤焦领域重大腐败案件易发多发、重大生产责任事故频发。

面对已是"千疮百孔"的山西官场，整饬吏治已变得非常迫切与必要。

除此而外，山西高强度的煤炭开采，并没有给居民带来富裕，山西城镇人均可支配收入和农民人均纯收入都排全国20位以后。煤炭在山西既是产业问题、经济问题，又是社会问题、民生问题。在实现结构转型过程中，山西面临着城乡居民就业压力大、资源占有不公、贫富差距较大等诸多问题。

山西省的普通百姓并未能够充分享受到资源价值增值及经济发展带来的福利。长期以来山西"煤老板"不合理、不合法的暴富现象，加剧了社会分配不公，拉大了贫富差距，使得社会矛盾激化，严重危及山西和谐社会的发展。煤挖出来了，地却陷了，水却没了；部分人的肚子饱了，钱袋鼓了，可矛盾纠纷多了，贫富差距大了。社会贫富差距拉大，社会矛盾纠纷越来越多。由于产权混乱、利益驱动导致的急功近利等诸多短视行为，曾经是许多农村生态环境恶化、矛盾纠纷不断、影响社会治安的一大根源。

而来自山西省扶贫办的最新数据显示：和频繁见诸报端的"煤老板"炫富斗富、购买名车豪宅、千万元嫁娶的行为不相称的是，山西仍是一个贫困面大、贫困人口多、贫困程度深的欠发达省份，全省119个县（市、区）中57个是贫困县，其中国家扶贫开发工作重点县35个。目前全省仍有贫困人口286.7万，占农业人口总数的12.4%，集中分布在西部吕梁山区、东部太行山区和北部的高寒区。

山西为全国的经济发展做出了突出的贡献，但却造成了自己经济的畸形发展，超重型经济结构压得自身喘不过气来。前些年掠夺式的开发，酿成资源浪费惊人、生态破坏和污染严重、矿难频发等苦果，而且资源依赖型经济造成产业结构过于单一化、初级化，抗市场风险能力十分薄弱，一旦煤炭行情不景气，经济发展、百姓生活将直接受到冲击。

几十年来能源立省的战略取向造成了山西超重型产业结构，农业基础薄弱、畸轻畸重的工业布局压制了支柱产业多元化的进程，在过去只靠煤炭就能吃遍天下的"一煤独大"格局下，原本有基础的机械、电子等行业逐渐萎缩。长期以来形成的能源优势到后来不但使经济畸形发展，而且禁锢了人们的观念，束缚了山西人的思维角度、广度和做事方式，使之缺乏开拓的勇气和能力。

　　发展不当和发展不足的问题在山西同时存在。"傻、大、黑、粗"是山西省经济结构和产品的代名词。山西的各类产品中，初级产品占到了64.8%，高新技术产业占的比重不足10%。在太原市五大商业大厦销售的各类商品中，由山西生产的只占1.4%。20世纪90年代，天龙大厦是山西省营业额最大的国有商场之一，其销售的5.6万种商品中，山西货只有20余种，每年的销售额完成40万元左右，只占全商场销售额的0.04%。

　　山西煤矿承受了共和国不能承受之重，辉煌背后，困难重重，必须整合重组，走出一条转型跨越、可持续发展的新路。

煤炭突围

中篇　抉择与突围

　　山西紧紧抓住国际金融危机蕴涵的机遇，以壮士断腕的决心和勇气启动实施煤炭资源整合和煤矿兼并重组，取得重大成果。矿井总数已减少到1053座，办矿主体已减少到130个，70%的矿井生产规模达到90万吨以上，30万吨以下煤矿全部淘汰，保留矿井全部实现机械化开采。去年煤炭产量达到7.4亿吨，是历史最好水平。通过这一轮整合，山西省煤炭工业进入了一个全新的发展阶段，产业水平显著提高，安全生产状况明显改善，采矿秩序明显好转，能源基地的地位进一步巩固，为经济社会又好又快发展奠定了坚实的基础，为全省转型跨越发展奠定了坚实的基础！

第一章　变革前奏

如果用一种颜色描述山西，相信很多人会选择：黑。黑色的煤、黑色的天空、黑色的面孔、黑色的权钱交易，以及代表死亡的黑色。这无处不在、无时不在的黑，压抑着山西人，压抑着百姓，也压抑着官员。这是黎明前的黑暗，是压力转为动力的过场，是变革拉开大幕的前奏。

2008年9月2日，山西省人民政府晋政发〔2008〕23号文件——《关于加快推进煤矿企业兼并重组的实施意见》，在山西煤炭工业发展的进行曲中唱出了一个划空的高音，在三晋大地显发出阵阵回响。

山西一煤独大，产业结构畸重难解，这是山西的现实和困境。煤炭行业的"挤出效应"严重影响山西产业结构的优化。由于煤炭行业准入门槛低，致使省内外大量的资金投入到煤炭行业，使其他接替产业的振兴缺乏所需的基础和动力，产业普遍规模较小，未能成长为企业发展的主要支柱，使本来基础较好的机械等行业日渐萎缩，全省产业结构初级化、产品结构低级化的问题长期得不到解决。

"海棠"洗衣机、"春笋"电视机、"芳芳"洗衣粉……20世纪80年代是山西一个名牌众多的时代，甚至可以说在每一个行业都闪耀着山西产品的名字：在电子和家电领域，当时山西能生产电视机、洗衣机、电冰箱、电风扇、电话机、收音机、电子表、电熨斗等许多产品，其中，春笋牌电视机、海棠牌洗衣机、华杰牌电子表是全国名牌产品；在五金机械领域有环球牌自行车、太行牌缝纫机、赵字牌暖气片、海鸥牌锯条等知名品牌；在烟酒食品领

域,有中国白酒之父杏花村汾酒、千古绝唱竹叶青、深入穷乡僻壤的大光牌香烟,以及名声显赫的古城牌奶粉、红卫牌奶粉、同风牌火腿肠、冠云牌牛肉等;在日用化工领域,有雄冠全国的孔雀牌洗衣粉、名震华夏的蝴蝶牌鞋油、扬威海外的玫玉牌香皂等众多品牌;在中成药方面,有传统名牌"补王"龟龄集、妇科圣药定坤丹以及新研制开发的补肾特效良药"男宝"等。然而,在今天的市场上,这些产品中的90%以上,我们都已经看不到了,只有老一辈偶尔还能想起他们的名字。他们的衰落是很多原因综合的结果,但其中有一条可以说是共性:片面重视能源重化工基地建设,对轻工名牌产品重视和支持不够。这也是煤炭资源产业"挤出效应"的严重后果之一。

在老品牌"老"去的同时,由于接续替代产业领域的技术研发能力不强,转型转产的技术支撑能力明显较弱,转产转型步伐缓慢,没有出现赖以支撑的新品牌;而且高层次专业研发人员和高技能人才短缺,大多数煤炭企业职工劳动技能单一,整体素质偏低,年龄偏大,老弱病残人员较多。产业结构的单一化、初级化极大制约着煤炭企业经济效益、综合竞争力的提升和可持续发展。煤炭企业分离办社会职能严重滞后,国有重点煤炭企业的医院、供水、供暖、社区等机构,由于资产质量差,独立发展能力弱,分离改制难度很大。据调查,阳煤集团吨煤负担企业办社会职能费用达35元,同煤集团为30多元,而地方国有煤炭企业分离办社会工作尚未全面启动。职工转产再就业矛盾突出,一方面由于采煤方法改革,采煤机械化程度提高,井下作业人员大幅度减少。以西山矿区为例,10年前300万吨规模的矿井,井下作业人员在4000~5000人,而目前仅需要1500人左右。另一方面,老矿井资源枯竭,预计省属五大煤炭集团2020年之前将有32处矿井关闭,测算将有近10万人下岗。

特别是重点产煤地区煤炭工业发展单一,资源开发仍是企业增长的基础，山西煤、焦、冶、电四大行业的增加值占全省工业增加值的85%以上。大同、朔州的煤炭、电力行业分别占两市工业增加值的78%和77%。阳煤集团非煤产业营业收入接近50%，但阳泉市除耐火材料、电解铝有较大发展外，其他产业发展不足。

这种产业发展极不协调，一煤独大的"跛腿"格局对全省经济发展带来了诸多不利影响。一方面，超重型产业结构加上粗放的生产经营方式与产煤地区的经济社会发展不够协调，地区经济对煤炭的依赖度过高，严重地削弱了山西的可持续发展能力。这种过度依赖煤炭产业的偏重性经济结构，严重受制于市场波动的影响，也大大降低了全省经济的抗风险能力。1997年的亚洲金融危机和2008年的世界金融危机对山西省的巨大冲击都是产业结构单一酿成的苦酒。另一方面，煤炭工业内部的发展也不平衡，表现为机械化、半机械化和手工作业并存，现代化开采与传统炮采的落后生产方式并存。

事实上，山西省委、省政府很早就表达了走出煤炭单一产业链怪圈的决心，他们称之为"调整产业结构"。然而，调产数年后，这里依然煤炭产业独大。到2006年，仅煤炭经济就拉动了全省经济增长近5个百分点，煤炭行业实现的利税更占到全省规模以上工业企业利税总额的74%。这意味着，山西人的衣食住行、上学、就业、看病等，很大一部分钱依旧是来自于这种黑色的"石头"。

山西的煤对于全国意义同样重大——山西被称为全国的"锅炉房"，煤炭产量占全国煤炭总产量的1/4，国内70%以上的省际间调运煤、近50%的出口煤炭来自山西，山西焦炭市场交易量占全国的2/3以上……但长期以来，"有水快流"的挖煤思路，在山西造就过万座矿井，也形成了"多、小、散、乱"的粗放发展格局和模式，成为山西煤炭工业持续发展的桎梏。与此同时，也积累了不少矛盾和问题，比如产业集中度低、产业技术水平低、综合竞争

力不强、煤矿安全生产形势严峻、资源环境破坏严重、煤炭及相关产业发展不平衡等。这就是一层层笼罩在山西天空难散的乌云。

山西每年产6亿多吨煤，顶多算个产煤大省，与产煤强省相距甚远。全省煤炭企业平均规模明显偏小，大型重点企业煤炭产量只占全国的10%，全省煤炭生产企业平均生产规模仅为5万吨（2004年数据），产业集中度明显偏低，整个产业的机械化、信息化程度不高，煤炭行业多、小、散、乱的格局没有根本扭转。煤炭产品深加工、精加工和转化率不高，产品附加值和科技含量较低，煤炭工业多元发展、延伸发展、循环发展的任务依然艰巨。

进入新世纪以来，国家高度关注山西能源，特别是煤炭工业的发展。山西省也针对煤炭行业存在的深层次问题，先后开展了关井压产、淘汰落后、资源整合等工作，减少了7000多家小煤矿。但是，2007年底，全省仍有生产和基建煤矿2820座，其中，30万吨/年以下小型矿井（不含30万吨/年）有1926座，占全部矿井总数的68%；大公司、大集团的煤炭产量仅占全省煤炭总产量的51.3%（五大煤炭集团产量仅占全省产量的38.1%）。截至2008年底，在全省近2600座煤矿中，有90万吨/年以上大型矿井197座，30万吨/年至60万吨/年中型矿井699座，30万吨年以下小型矿井1701座，小煤矿仍占到70%以上。生产矿井1933座，核定生产能力5.93亿吨，平均单井规模36万吨，远低于内蒙古70万吨的平均单井规模。山西省大公司、大集团的煤炭产量仅占全省煤炭总产量的51.3%。全省国有重点煤矿采煤机械化程度达到了98.45%，而大量的地方煤矿采煤机械化程度仅为29.78%。

放眼全球，在世界产煤大国中，澳大利亚前5位煤炭企业产量占总产量的70%以上；美国前4位煤炭企业的产量达45%以上；南非前4位煤炭企业的产量达到60%以上；印度一户煤炭企业的产量占到总产量的近90%；德国近2亿吨煤炭全部由一家公司生产。

　　煤炭资源赋存及煤炭开采的特殊性决定了这一行业的生产规模随着生产力的进步而不断扩大，向集团化发展和实现产业集中高效生产是世界煤炭工业发展的趋势。发达国家的煤炭企业已经形成了规模开采和强大的企业竞争力。世界煤炭开采史充分证明了这一点。以美国为例，1970年有煤矿6086座，1980年5964座，1993年2550座，2008年1458座。2008年，美国7万名煤矿工人生产了13亿原煤，同期我国552万名矿工生产28亿吨原煤。生产率悬殊这么大，就是因为我国中小煤矿占比例过大。2002年，美国20家最大的公司产量占全美产量90%，2008年全美最大的4家煤炭公司产量占全美产量73%。

　　印度全国煤炭产量主要由印度煤炭公司和辛格雷尼两家煤炭控股公司生产，其中印度煤炭公司所属的9个分公司生产的煤炭占全国产量的90%。除美国和印度外，世界主要产煤国俄罗斯、德国、澳大利亚、南非、波兰、乌克兰、捷克、英国、加拿大等国，无一例外实行大公司煤矿体制，这些国家90%以上的煤炭产量均由居于前十位的煤炭公司所生产。像我国这样中小煤矿林立、粗放开采的国家在世界主要产煤国中没有第二个。

　　产业不断集中是世界煤炭行业竞争和发展的必然趋势。我国现代化大型矿井的机械化程度并不比美国差，但煤矿劳动生产率却只有美国的1/38，其原因也是由于生产力落后的中小煤矿比重过大。

　　多、小而且散的状况，决定了山西煤炭工业的"乱"：2005年5月20日，山西临汾市蒲县后沟煤矿发生瓦斯爆炸事故并波及邻矿，造成20人死亡；2006年5月18日，山西大同左云县张家场乡新井煤矿发生特大透水事故，造成57人死亡……这些都是由小煤矿超层越界开采酿成的。

　　截至2008年，山西煤炭企业安全生产依然基础薄弱，历史欠账较多、矿井装备水平不高、办矿体制不合理等影响、制约安全生产的诸多深层次、历

史性问题尚未根本解决；煤矿企业人员整体素质不高，煤炭工业科学发展缺少可靠的人才保障和智力支持。而先天投入不足、保障安全生产能力差的绝大多数中小煤矿是矿难的"主力军"。第一，矿井数量仍然偏多，规模依然偏小。山西省年生产能力 30 万吨以下的小煤矿仍占全省煤矿总数的 2/3。与国有大矿比较，小煤矿机械化程度低、安全基础薄弱、事故隐患多，是全省煤矿安全生产的重灾区。第二，中小煤矿从业人员素质低。每个地方煤矿平均工程技术人员不足 2 人，许多中小煤矿没有经过正规教育的技术人员。一线井下工人文化素质低、流动性大，极少接受正规培训，违反操作规程作业现象严重。第三，超层越界盗采、超能力开采行为时有发生，不仅破坏资源，且常常酿成重特大伤亡事故。2003 年，山西省共发生死亡 10 人以上的特大事故 8 起，全部为煤矿事故。2007 年，仅临汾一个市就发生死亡 10 人以上的煤矿安全事故 3 起，同年，全省共发生各类煤矿事故 142 起，死亡 458 人。其中乡镇煤矿的死亡事故占总起数的 53.8%，占总死亡人数的 70%；全省煤矿有 7 起 10 人以上事故均发生在乡镇煤矿，死亡人数占总死亡人数的近 50%，百万吨死亡率分别为国有重点煤矿的 17.8 倍、国有地方煤矿的 3.6 倍。

近年来，每一位新上任的山西省长都遭遇过矿难这个下马威。2004 年 1 月 12 日，张宝顺担任山西省代省长。没过一个月，2 月 5 日，临汾两非法煤矿井下贯通，矿主竟然用炸药互炸，导致 29 人惨死；4 月 30 日，临汾市隰县梁家河煤矿发生特大瓦斯爆炸，36 人遇难。张宝顺担任山西省委书记后，接替他的于幼军说："（2005 年）6 月 29 日上午中央找我谈话，下午去报到时我连替换的衣服都没带。报到完了，7 月 1 日山西召开干部大会宣布任命后，我就回湖南交接工作。结果我一回到湖南，7 月 2 日山西就发生了宁武矿难，死了 19 个人，我说真是给我来个下马威啊。"2007 年 9 月 3 日，孟学农接了于幼军的班。刚过了两周多，9 月 19 日，山西左云县胡泉沟煤矿发生火灾；

随后的12月5日，临汾市洪洞县瑞之源煤业公司发生特大矿难，105人死亡，震惊全国。

小煤矿的另一大罪状是浪费资源。小煤矿的资源回采率只有15%左右，这就意味着每采1吨煤要破坏和浪费5吨以上的资源。按山西中小煤矿年产3.5亿吨煤计算，每年要破坏和浪费约20亿吨宝贵资源。近30年来，山西中小煤矿破坏和浪费的宝贵煤炭资源达400亿吨左右，占山西已探明煤炭储量的15%。我国是一个煤炭资源相对丰富的国家，但也仅仅达到世界人均煤炭储量的75%。宝贵的煤炭资源浪费不起，我们不能吃祖宗的饭，造子孙的孽。

2007年，山西省孝义市如来村的村民每天都等着附近水峪煤矿的送水车，送水的汽车每天来回四趟，将20多吨水运到如来村的泵站，水在泵站加压后再送进村民的家中。村民刘丰强说："村里原来有一口几米深的水井供全村人使用，正常年景里，这口水井完全可以满足全村人畜的正常吃水需要。但是随着周边煤矿多年来的大规模采煤，原来水井的水位在逐年下降，后来就完全枯竭了。现在水峪煤矿送的水根本不够用，我们不得不到附近的村里买水喝。"为了保障全村村民的生活用水，如来村曾请过打井队，但是水井钻了400多米深，水未见一滴，钻头却掉了进去。

当时，仅山西省孝义一个县级市，受采煤影响的就有205个村，13.53万人口，目前还有62个村的3.83万人等待解决缺水问题，有47个村3.99万人因采煤造成水源污染饮用水质不达标，已经解决的村庄又有19处解困水源工程因采煤漏水报废。截至2007年，山西省22座城市中的14座、91个县城中的42个，还有8503个村庄、496万农村人口都不同程度地受到采煤造成的缺水影响。

山西是中国最大的煤炭生产基地，大规模、高强度、长时期的煤炭开采使环境压力越来越大，造成了大气和水环境污染、土地塌陷、水资源破坏、

煤矸石堆积、水土流失、植被破坏、生物多样性减少、湿地缩减等一系列生态环境问题。目前,山西煤矸石总量达到11.4亿吨,每年还以300万吨的速度递增;煤炭大规模开采,导致地下水漏失,使山西水资源短缺形式更为严峻。据统计,山西采煤对水资源的破坏面积已达20352平方公里,占全省国土面积的13%,而矿井水和洗煤污水排放,进一步加剧了水资源浪费和水环境污染;土地塌陷严重,截至2005年,全省采空区面积达5000平方公里,平均每年新增塌陷区面积100平方公里,引起和潜在严重地质灾害的区域约2940平方公里。矿山环境综合治理、环境保护能力薄弱,缺少对煤炭工业全过程实施全面科学的环境管理、监督的机制和制度。

相对于人们普遍诟病采煤造成的水污染、土地破坏,与煤共生、伴生矿产资源严重破坏和浪费却没有得到应有的重视,致使这种现象一年一年延续。目前,全省共发现与煤共生、伴生矿产资源117种,然而多年来这些矿产资源的开采利用未引起足够重视,资源的破坏和浪费十分严重。据测算,每开采1吨煤约损耗与煤炭资源共生、伴生的铝矾土、硫铁矿、高岭土、耐火黏土等矿产资源达8吨;每年排放的矿井瓦斯气(甲烷)就达116万立方米,相当于1160万吨石油。同时,煤炭开采、加工、转化过程中资源综合技术落后,利用程度低,全省中煤利用率不到40%,矸石利用率不足20%,粉煤灰利用率为54%(以上为2004年数据)。

"浮"在煤海里的山西,能源消耗也很惊人,有点"富二代"的样子。以2006年为例,当年全省GDP总量4752.54亿元,占全国GDP的2.26%,却消耗了全国6.1%的能源,能源消耗占全国的比重远远大于GDP占全国的比重。当年单位GDP能耗2.89吨标准煤/万元,居全国第4位;单位工业增加值能耗5.89吨标准煤/万元,居全国第3位;单位GDP电耗2348.4千瓦时/万元,居全国第4位。山西能源消费中,煤炭燃料消费占能源消费总量的94.7%,比全国平均水平高 26 个百分点。而油、气、电等高品质的能源消费分别占能源消费总量的 4.4%、0.4% 和 0.6%，比全国平均水平分别低 17、2.4 和 5.8 个百分点。丰富的煤炭资源还使山西省内各界对新能源及替代能源的开发和利用不重视，导致能源消费品种单一，新能源与可再生能源的开发和利用不足。山西火力发电装机容量占总装机容量的 97.83%，水电仅占到 2.17%，风能、太阳能等可再生能源以及替代能源的发展尚未形成较大规模。

吃祖宗饭，吃子孙饭，终究会坐吃山空。经过数十年来的大规模、高强度、粗放型开采，山西省浅层煤炭资源、整装资源所剩无几。山西煤炭资源约束"瓶颈"逐渐显现，资源枯竭问题日显突出。表现在：优质资源储量大幅下降，埋层浅、品质优的大同侏罗纪煤炭资源在连续 30 多年的高强度开采后，资源储量已所剩无几，可供开采年限不足 10 年。以后可开采的煤炭资源将以石炭二叠纪的高灰、高硫煤资源为主，且开采深度和难度加大。稀缺主焦煤资源也面临着枯竭危机。按现有的资源消耗规模预计，仅可维持开采约 54 年。全省累计查明资源储量中，查明保有资源储量 2652.84 亿吨，其中精查储量仅占 30%。2008 年，山西煤炭资源开采强度已达 23.3%，高出陕西 14.3%，高出内蒙古 14.7%，后备资源匮乏。据测算，预计 2007 年到 2020 年，5 个大型煤炭集团公司将有 32 处矿井面临资源枯竭，衰减生产能力约 5400 万吨。全省地方国有煤矿及乡镇煤矿，由于大部分矿井主要开采边角、浅层资源，批准井田面积和资源储量小，已开采多年，预计到 2020 年将有近 1/3 的地方国有矿井资源枯竭，减少能力 1 亿吨。同时，缺乏跨区域煤炭产业组织形式，一些老矿区经过几十年乃至上百年开采相继进入衰老报废阶段，由于没有资源接续，已造成严重的社会经济问题。但受到行政区划限制，强势和劣势企业都很难实现跨区域扩张和重组。

山西的煤炭工业似乎走进了死胡同。

第二章　前赴后继的探求

曾有媒体用《人祸引发人事地震　山西省长不到400天换三任》为题，讲述了山西在不到400天里换了三任省长，而如此频繁地换省长的原因皆出自矿难。其实，在这400天里被换掉的于幼军、孟学农，他们在山西主政期间，已经认识到"矿难猛于虎"，也曾下决心想要修理这只"猛虎"。但上帝并没有垂青他们，接二连三的重特大矿难让他们只能黯然离去。

山西煤矿整合重组，有一个渐变的过程，不是一蹴而就地找到清除病灶的方子。经过几届省委、省政府艰苦卓绝的摸索，从最初零敲碎打的小改，毅然迈向了大变之路。

张宝顺新政

2001年，从新华社副社长调任山西省委副书记的张宝顺，被各界普遍认为是被委以重任的新一批"政坛新星"的代表之一。此前，张宝顺从1979年起在共青团中央工作了14年，官至共青团中央书记处书记。他给人的印象是温和而正直。一个细节是，张长期在中直机关工作，养成了不愿让人称呼职务的习惯。

3年后，张宝顺从副职转正，开始登上山西政治核心舞台。而此后，煤矿带来的种种问题，就一直在困扰着他。

2004年1月12日，张宝顺担任山西省代省长的第一天，在省政府与机关干部见面后，就匆匆赶到正在举行的全省煤炭工作会议现场。他的开场白是：我是带着喜忧参半的心情来参会的，喜的是刚刚过去的2003年，山西煤炭工业经济取得显著的成绩，忧的是煤矿安全生产不容乐观。

随后，两场特殊的特大矿难便让这个新省长迎头撞上：2004年2月5日，临汾两非法煤矿井下贯通，矿主竟然用炸药互炸，导致29人惨死；4月27日，全省煤改会在临汾召开，3天后，该市隰县梁家河煤矿发生特大瓦斯爆炸，36人遇难。此时，53岁的张宝顺就任山西省长尚不到3个月。

令张宝顺愤怒的是，由于该矿在出事前被多次层层转包，以至于连事故责任人都迟迟难以确定。半个多月后的5月18日，山西吕梁交口县蔡家沟煤矿再次发生特大煤尘爆炸，33人死亡。

时任省委政研室副主任的李留澜清楚地记得，张宝顺找到他们，要求政研室针对矿难拿出"金点子"。"他找我谈话问计，我们谈了一下午，我说煤炭形势趋好，有一项工作必须要做。"李留澜的建议是，着手推行煤炭资源整合和有偿转让。他认为做好煤炭的资源运营，提高生产集中度，才是根治矿难的治本之策。这个建议得到张宝顺的支持。

接连发生的特大矿难、收取资源价款后对省财政的巨大改善，让张宝顺决心实施煤矿产权改革试验。就在隰县事故现场，新省长当即拍板，定下临汾作为产权改革的试点。很快，省长助理亲自带队赴临汾制订方案，并迅速进行总动员，以临汾为试点的山西矿权改革序幕随即拉开。

这场改革按照"资源资产化管理，企业股份化改造，区域集团化重组"的"三化"思路展开，其目的就是要在全省下大工夫提高煤炭工业的产业集中度，增强煤炭产业对煤炭市场的控制力。

临汾拿出的方案是让煤矿承包人掏现金"买下"井下所有资源的开采权，政府按储量和煤种的不同收取相应的资源价款后，将采矿权和经营权合

二为一，明确为煤矿承包人所有。原本属于国家和集体的采矿权，首次大规模转移给矿业公司和煤老板。这需要巨大的决心和勇气，此外，改革还试图将围绕山西煤炭的诸多群体利益明朗化。制度设计者相信，按照"资源有偿，明晰产权"原则，煤老板们将获得合法身份，而希望"有恒产者有恒心"，可以令他们变短期行为为长期投入，改变煤矿承包人掠夺式开采的短期行为，进而减少矿难的发生，而地方财政则能得到上千亿元的资源使用费。

张宝顺日后曾表示，他在省长任上做了大量常规性的事务工作，唯独资源整合和矿权有偿使用这项工作，最具有全局性的开创意义。

"临汾办了一件功德无量的事情。"时任省长的张宝顺评价说。他要求全省一个市一个市地向临汾学习。2005年7月，临汾经验被作为典型在全国煤炭工作会议上作介绍。

然而长久以来的矿难顽疾却依旧伴随始终。2007年12月5日，临汾市洪洞县发生特大矿难，105人死亡，主持矿权改革的市长为此丢了乌纱帽，新市长奉行国有大矿兼并、托管地方小矿的思路，这被认为是2008年9月起那场"煤矿兼并重组"的起点。

然而，由煤矿带来的种种顽疾，却在不断影响着各种长期的规划，其表现之一，就是官场的持续震荡。为了遏制矿难，在山西，各种方法、各类干部几乎用尽。在张宝顺担任省委书记之后的近5年里，他的省长搭档换了三次——张宝顺需要在短时间里，完成与三任风格迥异的省长的磨合。于幼军呆了两年，孟学农呆了一年。

曾任深圳市长的于幼军，留给山西官场的印象是开放，带着官员到处招商引资；而温文尔雅的"老孟"，除了治理超载之外，还未来得及有更多的施展机会；王君则是专业的煤炭专家出身。

而张宝顺属下的副省级和市县官员，也经常或被问责，或被罢免，更换频繁。煤炭大市临汾在张宝顺任省委书记期间换了四任市长,而市委书记一职,因无合适人选,更曾出现长达200天的空缺。

2005年7月,张宝顺转任省委书记,于幼军接任省长,资源整合在全省推开。

于幼军铁腕

于幼军曾经是广东省最年轻的副省级干部。1994年,在他41岁时出任广东省委常委,而后在此级别上工作了12年,直到2006年1月的山西省人代会上,他以全票当选为山西省省长。

在于幼军任职的两年零两个月内,山西省内安全形势依然严峻,媒体称他"坐镇火山口"。2007年5月,在会见中央驻晋新闻媒体,谈及山西能耗与污染的严重现实时,于幼军表态:"我们要知耻而后勇,正视现实,不回避问题,以壮士断臂的决心和勇气改变这种现状。"认识到"煤炭搞不好,就在山西干不下去"的于幼军两年来确有神来之笔。

于幼军以铁腕手段,坚定不移地推行资源整合,引导鼓励大矿对事故多发的中小煤矿进行兼并、收购、重组或托管。在大力关闭非法煤矿之后,于幼军着力推动在全国率先实行采矿权有偿使用和资源整合。2006年2月28日,在临汾试点的基础上,山西省政府正式出台了《煤炭资源整合和有偿使用办法》,在全省范围内推行矿权改革,开征煤炭资源价款。矿权改革的16字方针是——整合资源、能力置换、关小上大、有偿使用。其预定目标是将全省3800多家煤矿的数量减少30%以上。

矿权改革实施后,煤矿承包人变成了真正的煤老板,各路资本大量涌入山西,但矿难却加剧爆发。从2006年底开始,仅临汾市就接连发生芦苇滩、

余家岭、蒲邓等多起重大矿难，分别造成24人、26人、28人死亡。

于幼军认为，长期以来为什么会形成这种"多、小、散、乱、差"，各级一起挖煤的局面，就是因为没有一个明确的规定，没有收取这种矿产资源的税费，谁挖到算谁的。

这项改革，2004年，省委、省政府在临汾市开始搞试点。于幼军到任后，发现这是很好的一招，于是在全省开始大力推动。

于幼军说："这样干有多重好处，一是保护了国家财产和社会财富。二是有利于引导节约资源，不要滥采滥挖，不收费自然就会拼命采挖了，不挖白不挖啊。第三是可以遏制原有的煤矿多小散乱差的格局，也可以通过市场的方式推动企业进行安全生产方面的必要投入。"

2006年，在于幼军还只是"代省长"的时候，就不顾很多人的担心与反对，"山西不能再要流血的、黑色的GDP了"，发动了影响整个山西的"三大战役"。

第一战役是坚决依法关闭所有无证非法开采的煤矿，严厉整治所有违法开采的煤矿，整治不合格的坚决予以关闭。从2005年9月到12月，4个月关闭煤矿4876座，这几乎是全省估计煤矿数字的一半。截至2006年初，又关闭了3500个死灰复燃和新发现的非法矿点以及非法储煤场283个。此举基本扭转了全省煤炭生产"多、小、散、乱、差"的格局。

第二战役是实行煤炭资源整合和有偿使用。以市场经济手段为主，辅之以必要的法律手段和行政手段，淘汰9万吨以下的煤矿。第二战役从2006年发起，一年间整合淘汰1300座9万吨以下的小煤矿。截至2007年上半年，山西省煤矿已经减少到了2700座左右。通过资源整合和有偿使用，共关闭淘汰1700座左右。

2007年6月6日，山西省国土资源厅向社会公布，全省有偿使用换发采矿许可证工作已经全部完成，换证率达100%。至此，山西煤炭资源整合三大战役中的第二大战役也画上了圆满的句号，同时也标志着山西煤炭资源由过去的无偿划拨转入了有偿使用的新时期。

第三战役的目标是上马一批现代化的大型煤矿，上马一批现代化煤开采和煤化工企业、煤炭资源深加工的企业，培育一批煤炭行业的大型企业。让省内若干个大煤矿集团联合、兼并、收购中小煤矿，提高煤炭行业的准入标准和技术要求，广泛推广应用高新技术，使整个煤炭行业的技术素质、整体能力有一个根本性提高。

"三大战役"虽未完全实现，但山西省煤炭工业在资源资产管理、企业股份改造、区域集团重组方面取得新突破，全省煤炭产销秩序得到规范，产业集中度进一步提高，煤炭工业新型化建设取得丰硕成果。

一是提高了产业集中度。"三大战役"的核心是提高山西煤炭在生产领域的集中度。通过2005年、2006年两年的实施，矿井的个数比过去减少了1/3，地方小煤矿的单井规模在原来单井规模平均7万吨的基础上，现在平均基本上达到20万吨的产能。同煤、焦煤、潞安、平朔、晋煤、阳煤这六大煤矿集团产量已经占到全省的50%以上。

同煤集团小峪煤矿是座1954年建成的地方国有煤矿，过去由于采用炮采等落后的生产方式，直到2002年原煤生产能力仅有70万吨。小峪煤矿归了同煤集团以后，前后上了三套综合机械化采煤队，上了四套机掘队。2006年，他们生产原煤200万吨，比以前增长了两倍。

二是安全生产水平得到了大幅度提升。仅就关闭9万吨以下煤矿而言，这些煤矿多数都是安全生产水平低、管理水平差、经济效益小、矿难易发的重点地方，关闭就意味着堵住了事故隐患。2001年全省百万吨死亡率是1.85，2006年降到了0.85，2004年、2005年、2006年连续三年百万吨死亡率降到

了1以下。

三是资源利用率和煤炭附加值大幅度提高。同煤集团副总工程师、生产技术部部长于斌说:"2003年,我们总共整合和收购了17对矿井,当时这些矿生产水平非常落后,使用的是畜力车,矿井回收率也非常低,资源回收率只有15%到20%。同煤集团充分发挥大集团优势,通过人才交流、技术改造、工艺优化、管理升级等措施,使工作面资源回收率提高到80%左右,比过去增加了55到60个百分点,资源整合使同煤集团的整体实力也得到进一步提升。"2006年,全省煤炭资源回收率达到了50%左右。煤炭生产洁净化进程加快,煤炭洗选比重上升。到2006年末,全省煤炭入洗产量已达3.4亿吨,煤炭洗选率达到58%,比2002年的27%提高了31个百分点。

四是资源变资本,小矿变大矿,企业形态发生根本性变革。煤炭矿产权有偿取得和货币化以后,资源有了市场价格,成为一种资本纽带,加快了煤炭企业的重组、兼并和资本运作进程。经过煤炭资源整合后,大集团主导行业发展的步伐明显加快。

五是行业门槛变高。煤炭行业准入门槛提高,实行规模和人才"双卡"。新建矿井规模原则上不低于年产60万吨,对于现行年产30万吨的煤矿,不再办理增层、扩界手续;中小型煤矿正副矿长和总工必须具有中专以上学历或助理工程师以上技术职称,井下安全员、爆破工等"特岗人员"必须具备初中以上文化、经过职业培训并持证上岗。"放下锄头当矿工"、"文盲矿长"的煤矿用人现象逐渐得到改善。

六是为煤炭工业可持续发展提供了财力。实行煤炭资源有偿使用,全省共征收资源价款200亿元,煤炭生产企业的内外环境大大优化。生态环境边采边治边恢复,构筑了煤炭开发"事前防范、过程控制、事后处置"三大生态环境保护防线,全省预计用10年时间使矿区生态环境明显好转。煤矿建立转产发展资金,用于煤炭企业转产、职工再就业、技能培训和社会保障等。产业和区域经济转型机制等外部环境也得到改善,煤炭工业的社会包袱大大减轻。

于幼军在山西两年,虽然安全生产形势有所好转,但矿难事故仍不时发生,特别是震惊全国的黑砖窑事件,使山西省政府承受了前所未有的压力,也让于幼军无法再继续他的治煤方略。在他调离山西时,全省关闭了五六千个非法违法采煤矿点,整合淘汰了1600个9万吨以下的小煤矿。直至于幼军离任,山西煤炭官员认为,"关小"也仅仅进行了一半。

中组部对于幼军在山西的工作给予肯定评价,认为他为山西的改革、发展和稳定倾注了大量心血,做了大量工作。

2007年5月,山西黑砖窑事件曝光。8月,于幼军去职,58岁的孟学农出任山西代省长。

孟学农迎战

2007年9月3日,孟学农接了于幼军的班。而山西这块15万平方公里的土地,对于孟学农来说,不啻是一个不小的挑战。山西经济转型所推行的战略性举措,接力棒交到孟手中,压力和阻力同样巨大。

人们记得,2003年初,刚当选为北京市市长不久的孟学农就因"非典"被免职。当年9月份,他出任国务院南水北调工程建设委员会办公室副主任(正部长级)、党组副书记。

就任这一新职务后,孟学农公开露面的场合不算多。2004年3月10日,孟学农曾在南水北调中线北京段永定河倒虹吸工程施工现场视察,并要求北京市水利局加快北京段施工进度。

中组部对孟学农的评价是:政治坚定,党性观念强;工作思路清晰,重

点突出，有改革创新精神；顾全大局，事业心和责任感强。中组部副部长李建华说，孟学农在北京任职多年，经历多岗位锻炼，领导经验丰富，具有较强的组织领导和综合协调能力。

2007年9月19日，山西左云县胡泉沟煤矿发生火灾。21日凌晨，孟学农赶赴事故现场指挥抢险救灾和善后处理工作，再次明确表态："不能要带血的煤，不能盲目追求GDP。"然而，仅仅过了两个多月，现实又给了他一个下马威。2007年12月5日，临汾市洪洞县瑞之源煤业公司发生特大矿难，105人死亡，震惊全国。

时隔半个月的12月21日上午，山西省委副书记、代省长孟学农主持召开省政府第116次常务会议，研究并原则通过《关于推进煤炭资源整合、企业重组、股份制改造和托管工作，提高产业集中度和产业水平的实施意见》和同煤集团对大同南郊区、焦煤集团对古交市和万柏林区煤炭资源进行整合的方案，研究并原则通过《山西省固定资产投资项目管理流程图》和《关于进一步推进我省煤炭工业可持续发展政策试点工作的意见》。

会议指出，洪洞县瑞之源煤业公司特别重大瓦斯爆炸事故再次给山西省的煤矿安全生产敲响了警钟。推进煤炭资源整合，彻底改变全省煤炭生产"多小散乱"状况，提高煤炭产业集中度和技术装备水平，是有效防范煤炭重特大事故发生，从整体上提升山西省煤矿安全生产水平的根本途径和迫切要求。全省上下要深刻汲取血的教训，痛下决心，坚定不移地推进煤炭资源的大规模区域化整合。要坚持以国有大企业、大集团为主导，以资源和资本为纽带，建立现代企业制度的方向，采取联合、兼并、收购、托管等多种形式，强力推进煤炭资源整合、企业重组、股份制改造和中小煤矿的托管工作。会议要求，各地各部门要高度重视，加强配合协作，加大力度，加快进度，全力以赴地推进煤炭资源整合。省有关部门要加强对资源整合工作的指导督促，各地要尽快制定科学合理、可操作性强的整合方案，精心组织，狠抓落实，全力推进。确保通过这轮整合，全省煤矿数量大幅度减少，煤矿平均产能、装备技术水平、安全保障水平显著提高，并形成2个亿吨级，3到5个5千万吨级的大型现代化煤炭企业。会议强调，在实施整合中，要特别注意控制资源总配置量和总产能的过快增长，对处于重要生态功能区，如水源地、湿地、森林保护区，城市规划区，重要基础建设附近的煤矿实施关闭。会议指出，开展煤炭工业可持续发展政策试点，是国家赋予山西省的一项重大任务，试点工作正式启动以来，有关工作有序进行，进展顺利。随着试点工作的深入，有必要就基金的征收管理、使用监督、煤炭安全生产、生态环境治理、企业转产等工作进一步明确细化，以确保试点工作扎实健康推进。会议原则同意《关于进一步推进我省煤炭工业可持续发展政策试点工作的意见》，决定进一步征求各方面意见，修改完善后实施。

洪洞"125"矿难并未影响到孟学农的仕途。2008年1月，孟成功出任省长。而晋城市长夏振贵在洪洞"125"矿难后，临危受命，到临汾主持工作。晋城以晋煤集团、兰花集团等大型国企为主，机械化程度高，私营煤窑少，矿难也极少。夏振贵开始在临汾复制"晋城模式"。2008年1月中旬，临汾市政府邀请包括晋煤集团、山西焦煤集团等在内的多家大型国有煤矿企业进行座谈，为临汾煤炭业的资源整合和企业重组铺路。

2008年4月26日，临汾市下发《临汾市煤矿体制改革资源整合重组工作方案》，要求临汾境内的中小煤矿一律交由大型国有煤矿收购、控股或者托管，否则一律不准复工复产，"再国有化"的"临汾模式"由此成为山西新一轮煤改的发端和蓝本。

临汾的思路很快被新任省长孟学农认可，"临汾模式"被推广至全省。

2008年8月26日上午，省长孟学农主持召开省政府第18次常务会议，

讨论并原则通过省政府《关于加快推进煤矿企业兼并重组的实施意见》《山西省煤矿企业兼并重组整合规划方案》及相关政策措施，审核通过有关建设用地审批事项，原则通过《山西省事业单位岗位设置管理实施办法》。

会议认为，加快推进煤矿企业兼并重组，是确保国家能源安全的必然要求，是煤炭可持续发展政策措施试点的重要任务，是提高安全生产水平的必由之路，是提高企业核心竞争力的重要举措，是构建资源节约型和环境友好型社会的需要。会议指出，要以培育现代大型煤炭企业和企业集团为主线，充分发挥大型煤炭企业理念、技术、管理、资金优势，加快推进煤矿企业兼并重组，着力提高煤炭生产集约化程度、安全生产水平，促进全省煤炭工业健康可持续发展，加快建设国家新型能源和工业基地。会议强调，要坚持政府调控和市场运作相结合，按照"规划先行、稳步推进、整合为主、新建为辅"和"以大并小、以强并弱、扶优汰劣"的原则，依法推进煤矿企业兼并重组；坚持培育大型煤炭企业集团与建设大型煤炭基地相结合，以三个大型煤炭基地和18个规划矿区为单元，按照一个矿区尽可能由一个主体开发、一个主体可以开发多个矿区的原则，通过大型煤矿企业兼并重组中小煤矿，形成大型煤矿企业为主的办矿体制；坚持发展先进和淘汰落后相结合，严格相应的技术水平、管理经验、人力资源、安全条件、生产装备、环境保护等资质条件，提高煤炭产业准入门槛；坚持统筹协调和调动各方积极性相结合，明确股份制是煤矿企业兼并重组的主要形式和途径，保证兼并重组工作顺利进行和各方利益得到保证；坚持保障企业正常经营活动和维护劳动者权益相结合的原则，按照以人为本的要求妥善制订并实施职工安置方案，促进社会和谐稳定。会议要求，各级政府、各部门、各企业要认真贯彻落实科学发展观，切实加强对煤矿企业兼并重组工作的组织领导，强化部门职责和协调配合，明确兼并重组和被兼并重组企业的相关责任，认真落实国家和省有关扶持政策，简化有关手续，加快组织实施煤矿企业兼并重组工作，务求实现煤炭集约化生产、专业化管理的战略目标，推动全省经济社会又好又快发展。

2008年9月2日，《山西省人民政府关于加快推进煤矿企业兼并重组的实施意见》（下称《意见》）正式下发。《意见》详细制定了兼并重组的具体目标、实施路径和组织方式，揭开了山西煤炭资源大整合的序幕，要求到2010年全省矿井个数控制在1500座以内，大集团控股经营的煤炭产量达到全省总产量的75%以上。

仅仅几天之后的2008年9月8日，临汾市襄汾县塔山铁矿发生溃坝事故，277人死亡。时任国家安监总局局长的王君，担任调查组组长，调查处理该事故。随后，省长孟学农引咎辞职，任期不满一年。

王君出手

2008年9月14日，国务院山西襄汾溃坝事件调查组组长王君被就地任命为山西省委副书记、代理省长。王君在就职当天表态，要把"安全生产"放在首位，坐镇"火山口"成为其基本使命。救火队员，是王君上任伊始媒体赋予这名安监部门出身的省长定位。根据公开资料，王君主政前半年，工作重心一直都是安全生产。

2009年1月，王君出任省长。然而仅仅过了一个月，2009年2月，山西西山煤电集团屯兰煤矿发生矿难，78人死亡。此后，王君在孟学农煤改思路的基础上，进一步加快了兼并重组的步伐，一系列关于推进山西煤炭资源整合的文件密集出台，包括《关于进一步加快推进煤矿企业兼并重组整合有关问题的通知》《山西省煤炭产业调整和振兴规划》《关于开展煤矿企业兼并重组整合工作专项监督检查的通知》等等。

2009年4月20日，"山西煤矿企业兼并重组整合工作领导组"成立，标

志着"山西煤企大整合"开始进入实质性整合阶段。有媒体称，此次整合小组的规格"史无前例"。单看小组领导成员，就可见其规格之"高"：省长王君担任组长，分管工业经济的副省长陈川平担任副组长。该小组其他成员均为山西省煤炭工业局、省国资委、省国土厅、省煤监局、省监察厅、省发改委、省财政厅、省工商局、省环保局等机构的高层。此外，领导组下有办公室，设在省煤炭局，办公室主任为省煤炭工业局局长王守祯。山西省经委能源处相关人士表示，这样的领导小组，在山西煤炭领域是从来没有过的。如此高规格的领导小组，是为了让变革更有力度。

煤炭整合的号角吹响了，一场"黑色革命"在三晋大地上拉开战幕。

第三章　痛定思痛

这是一场周密部署的战争。战场设定在山西煤炭产业，对决双方是山西省人民政府和全省小煤矿及其矿主，争夺的目标是相关煤矿的资源及资产。没有硝烟，却也惊心动魄；牵涉复杂的利益群体和利益格局，却也速战速决、一气呵成；看上去，战争进程呈现"一边倒"局面，然而引发的争论和激辩却至今尚未平息。

这又似乎是一个精心准备的手术——割除山西煤炭产业肌体上正在发生致命性病变肢体、注入新的生命基因的"强行植入式"的内科手术。

这场战争，这个手术，就是山西煤炭产业的整合兼并重组，或产权体制改革。自2009年4月毅然启动以来，整合兼并重组或产权改革的第一阶段已于2009年11月左右告一段落，第二阶段即大刀阔斧淘汰铲除原始落后的开采方式、完成现代化矿井和现代化企业制度建设的基本任务至今仍在紧锣密鼓进行中。

时至今日，大体已经不再有人怀疑，这是一场在山西煤炭产业内共生共存30多年的两大基本力量之间的战争，即先进的煤炭生产力与原始落后的煤炭生产力之间的战争；不再有人怀疑，这是一场山西先进煤炭生产力聚歼原始落后煤炭生产力的速决战；而纵观山西地方经济、社会、生态整体发展而言，这场战争又确实充满"壮士断腕"式的情怀与无奈。

在2010年全省经济工作会议上，中共山西省委袁纯清书记高屋建瓴地指出："煤炭资源整合和企业兼并重组取得显著成效"；山西省人民政府王君

省长全面总结道："在去年取得重大成果的基础上，今年重点是关闭小煤矿，对保留矿井进行技术改造和建设高水平现代化矿井。目前，全省关闭矿井1212座，占到应关闭矿井的80%；保留矿井升级改造完成投资470多亿元，占应投资总额的30%以上；现代化矿井建设步伐加快，煤矿技术管理水平明显提高。预计全年原煤产量将达到7.2亿吨，比去年净增1亿吨。经过这轮整合重组，我省煤炭工业发生了质的变化，进入了一个全新的发展阶段。产业水平显著提高，安全生产状况明显改善，采矿秩序明显好转，能源基地的地位进一步巩固，为全省经济社会又好又快发展奠定了坚实的基础。"

由此可以断言，山西煤炭产业的这场整合兼并重组之战虽不可轻谈"尘埃落定"，但可以有充分理由肯定已"不可逆转"，尽管确实仍然有大量复杂细致的充实和完善工作尚待完成。

值此大局基本"柳暗花明"之际，全面反思整合兼并重组的方方面面，越来越多的人突然领悟到，对山西先进的煤炭生产力而言，对代表这一生产力的山西省人民政府而言，其实这不啻于一场真正的产业突围———一场其影响才刚刚开始显现出来的真正的胜利"大逃亡"。

全世界都曾凝眸会神于2009年12月28日哥本哈根"气候变化会议领导人会议"上的"瞬间中国"。温家宝总理一席"凝聚共识、加强合作、推进应对气候变化历史进程"的讲话，负责任地重申了中国在应对全球气候变化问题上的原则立场，全方位宣示了中国在节能减排领域的艰难历程和重大成就，郑重地自主承诺了中国的温室气体减排责任与目标，同时坦率地一语道出了中国的"发展与减排困局"———"我国正处于工业化、城镇化快速发展的关键阶段，能源结构以煤炭为主，降低排放存在特殊困难。"其时其地，全世界都在思考着中国：好一个压在中国总理心头的"难"字！何况是特殊困难。而且此"难"还源于"以煤炭为主"；全世界都似乎读懂了中国的发展之痒、发展之痛；全球可持续发展的国际减排目标与责任——中国和谐社会建设的国家目标及国际减排的国家承诺——以煤炭为主体的能源生产消费构成及国家经济禀赋——煤炭生产消费构成全球温室气体排放主要源头的全球共识——中国紧迫的发展需要与严峻的污染排放现实、资源的浪费型开发、生态环境的难以缓解的损耗破坏、久治不愈的安全事故等等之间的巨头反差，如此等等，所有构成的综合压力，又怎一个"难"字所能了得！

而其实，与温总理最为惺惺相惜、感同身受的、应当是偏于世界一隅的中国山西省。作为全国最大最重要的煤炭能源基地，山西人最早最多最深地领悟到了煤炭产业可持续发展与地方经济社会全面协调可持续发展、与中国经济社会可持续发展、与全球可持续发展之间的真谛，最早最多最深地领悟到全球可持续发展，中国和谐社会建设，山西转型发展、跨越发展赋予山西煤炭产业的全局性、历史性责任与要求。

于是，才有山西煤炭产业大规模高强度整合兼并重组的"壮士断腕"式毅然决断和坚定实践。

我们还是回到这一轮资源整合前一场矿难现场，来切身体会一下痛定思痛的滋味。

277 人死亡、4 人失踪、33 人受伤，直接经济损失达 9619.2 万元。这一串数字，显示出 2008 年 9 月 8 日，山西省临汾市襄汾县新塔矿业有限公司尾矿库溃坝事故造成的巨大损失。这次矿难引发了山西官场的大地震，事故发生后不到一周（9 月 14 日），依据《国务院关于特大安全事故行政责任追究的规定》，山西省长孟学农引咎辞职，副省长张建民被免职。问责风暴共涉及 100 多名各级官员，其中临汾市委书记夏振贵，市长刘志杰，副市长周杰，省安全生产监督管理局两任局长张根虎、巩安库，总工程师刘德政，省国土资源厅厅长杜创业、副厅长康有全等被行政问责；山西省检方依法对 58 名

被告人提起公诉，其中副厅级干部4人、处级干部13人、处以下干部17人、其他人员24人。

这次不是煤矿的矿难却成为山西下决心出重拳推行资源兼并重组的导火索。溃坝事故不仅牵出了背后一串与煤矿相似的黑幕：钱权交易、监管不严等等，还促成了国务院襄汾溃坝事故调查组组长、时任国家煤炭安监总局局长的王君出任山西省省长。就是这位出身矿工、极其熟悉煤炭行业的新省长，很快在山西掀起了一场煤炭企业兼并重组的大战。

可以说集中了所有"黑幕"的襄汾溃坝事件是一起典型事件，成为山西资源型经济发展的一个节点。

溃坝后，胡锦涛总书记、温家宝总理立即做出重要指示，要求采取一切有效措施，全力组织抢险救援和伤员救治，认真负责地做好善后工作，彻底查明事故原因，依法追究责任，深刻吸取教训，举一反三，切实加强安全生产管理工作。受温家宝总理委托，国务委员兼国务院秘书长马凯率国务院有关部门负责人紧急赶赴事故现场，指挥抢险救援和善后处理工作。

国务院"9·8"特别重大尾矿库溃坝事故调查组技术组认定：事故性质是一起因非法建设尾矿库、违规筑坝排放尾矿引起的特别重大责任事故。事故发生的原因是，新塔矿业有限公司非法建设尾矿库、违规筑坝排放尾矿，尾矿库管理混乱、非法开采，地方政府及其有关部门监管不力，没有依法依规将其取缔关闭。国土资源部门的专家解释说，垮塌的尾矿库坝基建立在原来废弃的尾矿库之上，选矿企业为了节省成本，违规渗漏排水，使尾矿库经常处于水饱和状态。事故发生前，违规向库内注水达7000多立方米，最终导致了溃坝。

"只讲生产、不讲安全，只讲效益、不讲安全，只讲赚钱、不讲安全。"时任国家安监总局局长王君用了24个字形容这家铁矿企业。他同时指出，溃坝事故暴露出尾矿库安全工作存在着政府监督管理不到位、企业违法违规生产、隐患排查治理不认真、安全监督管理工作不实的问题。监管部门对企业的违法生产行为没有严厉打击，最终酿成大祸。

让我们看看塔儿山铁矿这个弃儿的身世，以及推动他蹒跚行走的幕后黑手。剖析这一病例，窥一斑而知全豹，不难理解山西小、散、乱的矿，特别是煤矿，不出事是偶然，出事是必然。

塔儿山铁矿原隶属于太钢集团临汾钢铁有限公司，建于20世纪80年代，1992年停用。到了2005年，铁矿石价格暴涨，许多人觊觎这个塔儿山铁矿。经过一番运作，临汾钢铁有限公司决定拍卖塔儿山铁矿的采矿权。

塔儿山横跨襄汾、曲沃、翼城三县，富含铁矿，但临汾钢铁有限公司给山西省国资委的报告变成了拍卖塔儿山铁矿"尾矿"。奇怪的是，省国资委居然同意将该矿列为"尾矿"拍卖。当时，临汾有几个煤老板，听说塔儿山铁矿拍卖，纷纷加入到竞拍者行列，有个老板计划出价3亿元买下这个矿山。但由于省领导亲属参与，这些煤老板不得不退出竞拍。最后，塔儿山铁矿在只有"一家竞拍者"的情况下，完成了所谓的拍卖。翼城煤老板吉大明以6000万元的拍卖底价竞拍到手。

戏剧性的冲突还在后头。襄汾县政府获知铁矿拍卖的消息后，立即起草了一份紧急报告——《关于立即纠正临钢塔儿山铁矿国有产权转让中违法行为的紧急报告》，上报临汾市政府。同时，襄汾县国土资源局也向太钢集团临汾钢铁有限公司（简称临钢公司）发出通知——《关于纠正塔儿山铁矿国有产权转让中违法事项的通知》，要求临钢公司立即纠正违法行为，严格依照法定程序办理固定资产及采矿经营权转让手续。

原来，塔儿山铁矿用地是国有划拨土地。按照《划拨土地使用权管理暂行办法》规定，国有划拨土地使用权转让的，必须经县政府土地管理部门批

准，并交付土地使用权出让金。同时，太钢集团临汾钢铁有限公司还违反了国务院《探矿权采矿权转让管理办法》规定，转让采矿权，必须按照国家有关规定缴纳采矿权使用费、矿产资源补偿费和资源税。铁矿都卖完了，襄汾县国土资源局还不知情，所以在后来审判襄汾县的一些渎职官员时，他们认为冤枉——这个矿的来头很硬，矿主又是亿万富翁，普通干部无法对其执法。用襄汾县国土资源局局长张晓民的话说，就是"在打击新塔公司非法采矿方面实际存在着客观情况和难度"。

张晓民说的这个"客观情况和难度"来自山西省国土资源厅。临汾市政府接到襄汾县政府的紧急报告后，派人到省国土资源厅了解情况，确认塔儿山铁矿是山西省国土资源厅挂牌拍卖的，而且省国土厅还专门发文，要求尽快办理采矿权和土地使用权转让手续。尽管对省厅的做法十分不满，但临汾市政府只能采用变通的方式来"对抗"。2006年5月，市政府下发了《关于对塔儿山铁矿矿区周边秩序进行整顿的通知》，要求临汾市国土资源局吊销临汾钢铁有限公司塔儿山铁矿的有关证件，并附有山西省安监局吊销塔儿山铁矿安全生产许可证的文件。

按照临汾市政府的规定，即使山西省国土资源厅挂牌拍卖有效，也不能给竞拍者办理《采矿许可证》的延续和变更登记。为防止不经地方报批省厅自行办理《采矿许可证》的延续和变更登记，临汾市政府、襄汾县政府专门给省国土资源厅发文，认为矿区治安秩序混乱、存在安全隐患（2005年12月，一些非法矿主为争夺塔儿山铁矿资源发生械斗，一方使用炸药，导致8人死亡、4人受伤），要求不予办理《采矿许可证》的延续和变更。在临汾市政府的支持下，襄汾县政府将临钢公司塔儿山铁矿的国有土地使用权收回，并注销了其土地使用证。

吉大明竞拍成功后无法正常生产，也无法办理各种手续，就以1.2亿元再加20%的股权把塔儿山铁矿转让给张佩亮。张佩亮接手后，依靠临汾市公安局副局长段波，出动大批警力，将各路工头收拾得服服帖帖。

胳膊拧不过大腿，临汾市政府败下阵来。按照省里有关领导的指示，虽然土地证被收回了，但新塔矿业公司占地按照合法有效对待；虽然拍卖违法，但已既成事实，要给予补办采矿权和土地使用权转让手续。

2007年6月4日，山西省国土资源厅给新塔矿业公司颁发采矿许可证，但有效期只有3个月（2007年6月至8月），就是临钢公司持有的采矿许可证的剩余期限。具体办理人员是省国土资源厅矿山管理处处长刘书勇。刘书勇长期担任省厅矿山管理处处长，掌控着山西煤矿、铁矿、铜矿、金矿等各种矿产资源的审批权，号称"山西第一处"。在给新塔矿业公司颁发采矿许可证不久，刘书勇便升任副厅，担任省国土资源厅总工程师。后经司法机关认定，刘书勇在经手办理临钢公司塔儿山铁矿资产及矿山经营权转让过程中，置县、市政府和相关部门关于塔儿山矿区治安秩序混乱、存在安全隐患等意见于不顾，违法行使职权。

2008年2月27日，襄汾县陶寺乡云合村村委会主任张焕玲送给陶寺乡政府一份书面报告：新塔矿业公司选矿厂尾矿库坝渗水，继续生产有可能导致溃坝，将下游的菜市场和部分村庄冲毁。乡长廉会忠派人查看后，发现确有渗漏，随即上报。

对矿山有管辖权的部门主要有3个，一是国土部门，二是安检部门，三是环保部门。襄汾县的这3大部门都对矿山进行了监督检查，但最感兴趣的却都是罚款。襄汾县环保局监察八中队负责人王刚，自2008年1月起，对新塔矿业公司选矿厂进行了17次检查，"均未发现环境安全隐患"、"无溃坝、溃堤的危险"，甚至"未发现下游有村庄、集贸市场和新塔矿业公司的办公区、生活区"。但因新塔矿业公司的机器设备无环保手续、石料无组织堆放，

对新塔矿业公司罚款10万元，而发票开的却是排污费。王刚因此获刑一年。

襄汾县国土资源局对新塔矿业公司的处罚更有戏剧性。因为土地使用权已被收回，采矿许可证已经过期，所以可以随时对新塔矿业公司进行处罚。自2008年1月，共对新塔矿业公司处罚了4次：第一次罚款2万元，第二次罚款2万元，第三次没收6万元违法所得，第四次处罚是9月3日，还没来得及执行就发生溃坝了。

自2008年2月开始，因为没有安全生产许可证，襄汾县安监局对新塔矿业公司进行了两次罚款。第一次是2月29日，安监局发现尾矿库有严重渗漏，给予2万元罚款。第二次是7月17日，安监局发现还有渗漏，给企业警告处分，并处罚款2万元，另外处罚法人代表8000元、厂长3000元。

鉴于新塔矿业公司尾矿库存在重大安全隐患，随时可能溃坝，2008年7月28日，省督察组在临汾市召开专题会议，明确指出必须排除。第二天，临汾市安全委员会下发了一号督办令，对新塔矿业公司尾矿库进行挂牌督办。这个督办令层层下达，最后落实到襄汾县安监局煤炭、选矿企业安全股股长王耀红身上。王耀红于8月2日和14日去过尾矿库两次，但篡改了督办令的内容。督办令主要有两条，一是立即停产，二是在库侧立即筑一条排洪道。新塔矿业公司不仅没停产，还认为"筑排洪道成本太高"，而是改用修筑集水池。8月18日，经王耀红签字，对新塔矿业公司尾矿库隐患整改进行了销号，逐级上报省政府。没想到，20天后，悲剧就发生了。王耀红因此获刑5年。

在襄汾溃坝事故中，因谎报、瞒报而被追究刑责的一共两人，一个是县委书记亢海银，一个是县长李学俊。两位"县太爷"的谎报和瞒报，让时任临汾市委书记夏振贵、市长刘志杰"非常尴尬"。

事故发生3小时后，亢海银来到现场，县委宣传部已拟好了新闻通稿——因暴雨引发泥石流，造成1死1伤。按照司法机关的认定，亢海银在"明知事故原因不是暴雨引发泥石流，而且伤亡人数众多"的情况下，仍然同意宣传部以"暴雨说"向外发布新闻，新华社、中央电视台等媒体据此发布消息。

因为距离临汾市较近，市长刘志杰随后赶到事故现场，并听取了亢海银的汇报。随后，市委书记夏振贵也赶到现场，听取了同样的汇报。因为只是1死1伤，书记和市长就一同回去了。

到了下午4点，事故现场已经发现了32具尸体，襄汾县副县长韩保全如实向亢海银汇报，亢海银"为了不使国务院成立调查组调查溃坝事故，决定向市委、市政府上报事故死亡26人，受伤22人"。

通过层层上报，中央信以为真，派来了泥石流专家。专家一到现场就蒙了，"暴雨引发泥石流"成为笑柄。专家打道回府，中央领导震怒。因夏振贵、刘志杰亲自到过现场，竟然对谎报、瞒报不知情，不是失察就是合谋，所以对两人的问责相当严厉，夏振贵被撤职，其全国人大代表和山西省人大代表职务也被罢免，刘志杰被免职。国务院调查组很快就认定襄汾溃坝是一起特别重大的责任事故，山西省长孟学农引咎辞职，副省长张建民被免职。对省级以下官员的问责，由山西省委负责。国务院调查组还没有结束，中纪委就派来了一支强干的队伍。按照中央领导的要求，每个涉案官员，不管是行政问责，还是刑事问责，都要严查其背后的经济问题。

2009年7月中旬，在看守所里待了9个月后，原山西襄汾县委书记亢海银因涉嫌三宗罪被提起公诉，襄汾溃坝事故责任追究渐入"深水区"。

2008年3月23日，亢海银由山西省浮山县委书记"升任"襄汾县委书记。论职务和级别，算平调，但对临汾市下属17个县市来说，从其他地方调到襄汾县，事实上算是"升迁"。因为，襄汾县不仅有闻名于世的"丁村

文化"（旧石器时代中期人类文化遗址），而且经济条件好，距离临汾市仅有26公里。亢海银就是经过一番活动，才当上了襄汾县的"一把手"。

襄汾溃坝是一个"分界点"。亢海银在襄汾县工作了不到半年，就发生溃坝事故。因为瞒报，亢海银被纪委"双规"，随后移交临汾市检察院立案侦查，涉嫌罪名是滥用职权。按照中纪委要求，要严查溃坝事故背后的腐败犯罪。检察院经过"深挖"，发现亢海银还涉嫌受贿和巨额财产来源不明。

经查明，亢海银共有财产价值410多万元，其中2007年在北京购置一套房产，价值149万元，在临汾有3套房子。另外，其女儿在英国读书，有收受的礼金，还有经营推土机的收入等共计收入338万多元。检察机关认定，亢海银有107万余元人民币、6660美元不能说明来源。比起巨额财产来源不明，亢海银涉嫌受贿的数额少多了，只有7.3万元。

因为谎报、瞒报，这位县委书记沦为阶下囚。与亢海银一样，县长李学俊也被"深挖"出受贿和巨额财产来源不明。李学俊财产共计269万余元，其中有121万余元不能说明来源，另外涉嫌受贿4万元。

在县委书记和县长被起诉前，2009年6月，襄汾县法院和尧都区法院一审已判处17名官员1至5年不等有期徒刑。这17名官员涉案罪名都是玩忽职守，而且都是"小喽罗"科级以下官员。县处级涉案官员，属于第二拨审判，包括亢海银、李学俊，副县长韩保全，亢海银的妻子贺卫萍（农行临汾分行副行长兼纪检书记），临汾市安全生产管理局局长王有顺、总工程师郭宏安，临汾市国土资源局副局长史樊元、郝满堂，山西省国土资源厅执法监察局副局长桑海明。这些县处级涉案官员，全在临汾市两级法院审理。

第三拨涉案官员级别是厅局级。按照检察机关内部级别管辖的规定，这些厅局级官员由山西省检察院立案侦查。其中有山西省国土资源厅总工程师刘书勇、山西省安全生产监督管理局副局长苏保生。山西省检察院在工作报告中说,襄汾溃坝事故中,共查办国家机关工作人员涉嫌渎职犯罪案件33件34人,其中处级以上干部12人。

国务院溃坝事故调查组收到了大量举报信,举报襄汾溃坝背后的官员腐败。国务院调查组撤走后,中纪委六室专案组还驻在襄汾县,彻查溃坝事故背后的保护伞。首先露出头的是运城市公安局长段波(原临汾市公安局常务副局长)、翼城县公安局长韩春喜(原襄汾县公安局局长),他们被认定为矿主张佩亮的保护伞。

段波是副厅级的公安局长,韩春喜是副处级的公安局长。此前,段波是临汾市公安局"二把手",2008年4月升任运城市市长助理、公安局长。知情人介绍,段波占有新塔矿业有限公司50%的股份,个人资产近10亿元。而韩春喜这位县级公安局长,被称为是矿主张佩亮的"装备局长",因为开矿所需炸药,皆由这位公安局长"供应"。

2009年6月下旬,襄汾县法院对襄汾溃坝事件首批责任官员做出一审判决。包括襄汾县国土资源局原局长张晓民等8名临汾市国土资源系统官员、襄汾县环保局监察八中队原负责人王刚、襄汾县陶寺乡原乡长廉会忠、陶寺乡原人大主席梁德灵、陶寺乡企业办原主任刘卫光等12人,因玩忽职守罪或滥用职权罪分别获刑一年至五年不等。

2009年7月1日,山西襄汾溃坝事故第二批责任人正式宣判。山西省襄汾县安监局原局长张新如因玩忽职守罪被判刑三年,总工程师刘政民获刑五年,煤炭及选矿企业安全股股长王耀红获刑五年,安监执法队队长杨来成获刑四年半,临汾市安监局工业安监科科长侯春年获刑三年。

2010年10月9日,太原、临汾等地法院对涉及58名被告的2008年襄汾县"9·8"溃坝重大责任事故及相关职务犯罪案一审宣判。其中原新塔矿业公司董事长张佩亮犯非法买卖爆炸物罪、重大劳动安全事故罪、非法采矿

罪、逃税罪、行贿罪，数罪并罚，决定执行死刑，缓期二年执行，剥夺政治权利终身，并处罚金5千万元及没收财产3千万元；原运城市公安局局长段波犯受贿罪（受贿总额达2449万，其中张佩亮行贿达2000万），判处无期徒刑，剥夺政治权利终身，并处没收个人全部财产；原临汾市副市长周杰犯受贿罪，判处有期徒刑12年；原山西省国土资源厅党组成员、总工程师刘书勇犯滥用职权罪，判处有期徒刑5年；原山西省安监局副局长苏保生犯玩忽职守罪，判处有期徒刑2年，缓刑2年；原临汾市政府市长助理张德英犯受贿罪，判处有期徒刑11年；原吉县县委书记张金凤犯受贿罪，判处有期徒刑13年；原山西省安全生产监督管理局监管一处处长闫瑞峰犯玩忽职守罪、受贿罪、巨额财产来源不明罪，数罪并罚，决定执行有期徒刑7年。犯罪所得及不能说明合法来源的财产予以没收，上缴国库。其余罪犯分别被判处有期徒刑缓刑到有期徒刑20年不等的徒刑。

运城市公安局原局长段波（副厅级）犯受贿罪，一审被判处无期徒刑，剥夺政治权利终身，并处没收个人全部财产。经审理查明，1998年至2008年，段波在担任尧都区公安局局长、临汾市公安局副局长期间，利用职务便利为山西新塔矿业有限公司投资人和实际控制人张佩亮等人购买红星煤矿接替井经营权提供帮助，并为新塔矿业有限公司非法生产经营提供支持和保护，先后三次收受贿赂价值人民币2440多万元，其中收受张佩亮贿赂2000万元。

临汾市政府原市长助理张德英（副厅级），因犯受贿罪一审被判处有期徒刑12年。经审理查明，张德英在任翼城县县委书记期间，利用职务上的便利为张佩亮在煤矿企业和其他方面提供帮助，收受贿赂3万元。张德英还收受他人贿赂和礼金，其违纪违法所得共计104.56万元。

临汾市原副市长周杰（副厅级），因犯受贿罪一审被判处有期徒刑12年。经审理查明，周杰利用其担任临汾市副市长，分管工业、安全、民营经济、国有资产监管等职务上的便利，索取、非法收受他人财物230.28万元，其中收受张佩亮贿赂3万元。

张金凤在任襄汾县县长期间，利用职权为新塔矿非法生产提供便利，收受张佩亮贿赂20万元。张金凤还收受他人贿赂和礼金，其违纪违法所得共计357.4万余元。任职期间未能尽职尽责，对"9·8"溃坝事故负有重要领导责任。

张福成在任临汾市国土资源局局长期间，利用职务上的便利为他人谋取利益，离任后向他人索要价值24.75万元汽车一辆，收受他人礼金2万元。在任临汾市国土资源局局长期间，新塔矿长期非法生产，给"9·8"溃坝事故的发生埋下隐患。

277人用自己宝贵的生命撞响了安全生产的警钟。慰问遇难者家属时，王君流下了泪水。那应该是复杂的泪水，有对无辜死难者的哀悼，有对自私自利、违规生产、无视安全的矿主的痛恨，也有对违背了党纪国法、渎职腐败官员的痛恨。被推上山西省第一行政长官的位置，他感到了自己肩上沉甸甸的担子，也许从那一刻起，他就在思索如何彻底扭转煤炭行业的安全尴尬局面。我们知道的事实是，仅仅几个月后，他就大刀阔斧地全力推进煤炭资源兼并重组。

第四章　壮士断腕

从张宝顺当省长时就推行煤炭资源整合和有偿转让试点，到继任的于幼军坚定不移地继续推行资源整合、关闭无证小煤矿，并引导鼓励大矿对事故多发的中小煤矿进行兼并、收购、重组或托管，再到孟学农提出加快推进煤矿企业兼并重组，山西的煤炭企业整合重组一直在持续，但始终徘徊在拐点之外，无论山西的安全生产还是转型发展，都没有大的改观。到2007年底，山西矿井数量已降至2840座，但30万吨以下小煤矿还占70%以上，煤炭业粗放的发展模式没有根本改变，安全基础依然薄弱。要从根本上改变现状，"头痛医头，脚痛医脚"的应急之举于事无补，调整、升级成为山西煤炭产业实现科学发展的必由之路。

王君，这位土生土长的山西人，下过矿井、曾经的国家安全生产监督管理总局局长被历史推到了前台。他能挺过煤炭这个火山口吗？他能突破山西煤炭安全生产、结构调整、转型发展的拐点吗？他能把煤炭企业整合重组进行到底吗？

王君，1952年生人，童年在山西省大同市南郊区的一个村子度过，1977年从山西矿业学院采煤专业毕业之后，直接进入大同矿务局，从技术员开始，历任通风区副区长、区长，晋华宫矿副矿长，大同矿务局党委副书记，矿务局第一副局长，直到就任大同矿务局局长。1997年，王君出任煤炭工业部副部长。此时，他已在基层整整干了20年煤炭工作。

2008年3月20日，王君被任命为国家安全生产监督管理总局局长。煤矿工人出身的王君，在江西省和中华全国供销合作总社历任要职之后，又回到了自己熟悉的行业。

2008年9月8日，襄汾尾矿库溃坝事故，时任国家安监总局局长的王君，担任调查组组长，调查处理该事故。9月14日，王君被就地任命为山西省省委副书记、代理省长职务，坐镇"火山口"成为其基本使命。

王君是山西继20世纪90年代以来王森浩、胡富国、孙文胜、刘振华等矿业、冶金、机械出身的党政大员之后，又一位"挖煤省长"。

大同，自古以来就是边关重镇，古代是汉族与草原民族冲突与交流的多发之地，冬季寒冷，人多爽直，喜饮酒，且善饮，民风彪悍。成长的环境和工作的历练，使煤炭整合重组的最后一棒传到了王君的手上。

"懂煤炭、懂安全的省长，对山西当然是好事。"山西煤炭运销集团安监部部长郭成刚说，山西的确面临转型的问题，但煤炭的安全生产和资源整合，仍是比较重要的方面。

"解决矿难问题，关键还在制度层面。"中央党校安全专家周慧说，而山西等内地的监管层习惯于发号施令，疏于制度层面的建设，成天忙于救火，压力很大。

矿难也成为煤炭资源整合的最大推动力。从2004年临汾试点起，三任省长一直不遗余力地推行这项治本之策。周慧说，如果没有矿难，不会有这么大推动力，也不可能出台这么多政策法律。

对于王君，这位曾经的国家安监总局局长，矿难也不客气，最终促使他下了"断腕"的决心。王君主政前半年，工作重心一直都是安全生产。在就职当天，他就表示要把"安全生产"放在首位。

2008年9月15日至27日，山西省政府连续召开了五次安全生产工作会议。履职半月内，王君就拿出了一套安全督察方案：从9月27日起，山西开

展为期一年的安全专项督察活动。

其后一段时间，王君连续对全省矿山企业安全生产展开专项督查，在一些重点区域，实行24小时监视。"抓经济发展是政绩，抓安全生产也是政绩"，这位视安全重于一切的省长，无论大会小会，一有机会，"安全生产"的发言就会随即而来。

2008年末，煤炭价格大跌，从当初供不应求到现在供过于求，暴利空间受到严重挤压，山西不少煤老板被迫关停煤矿，加上新一届政府对安全工作的高度重视，山西没有再因为安全问题成为媒体焦点。

但山西政府治理矿难的工作并未因煤炭市场的走低而放松，王君力主为山西省内有矿市县选配了98名煤矿安全专家作为市县长助理。

然而，山西安全生产的"顽疾"还是再次爆发。在2009年2月20日召开的全省安全生产大会上，决心已定的王君向全省的父母官称："宁听骂声，不听哭声。"考验在两天后突然到来，着实让这名安监系统出身的省长"措手不及"——2月22日，山西焦煤集团屯兰矿发生特别重大瓦斯爆炸事故。

两天前曾在大会上告诫全省地方大员"我们再也哭不起了"的省长，两天后，面对70多条生命的消逝，无奈地在山西第二次落泪。对矿工生命逝去的悲伤更坚定了王君下猛药治"顽疾"的决心。王君说，资源整合是为山西打基础利长远的大事。不重组不整合，就无法向3400万人民交待，更无法向山西的未来交待。随后，一场煤炭资源整合运动，在王君主政的山西政府强力助推下，极速推进。

"加大国有大矿对小煤矿的整合兼并重组的力度，减少小矿数量。"2009年3月9日，出席十一届全国人大二次会议的王君表示，这是加强安全生产的一个措施。紧接着，在当月26日山西省政府召开的煤炭工业改革发展座谈会上，王君说，扎实推进煤炭资源整合和企业兼并重组，下决心改变全省煤炭生产"多、小、散、乱"的状况，进一步加快推进煤炭工业的改革发展，走集约化、规模化、多元化、现代化和可持续发展之路，要求制定实施煤炭产业调整振兴规划，提高产业集中度，延伸产业链，大力发展煤电一体化、煤电铝、煤化工、煤矿机械等相关产业。这番话明确表达了煤炭资源整合的思路，并将此项工作提升到了"实现煤炭工业可持续发展、完成减少煤矿数量任务"的高度。

王君说："煤炭资源整合、煤矿兼并重组是一条不得不走的路！按照科学发展观要求必须走，为子孙后代着想必须走，早走比晚走好！"

与前任一样，这位省长亦将革除山西煤炭弊病的出路，交给了大型国企。这位经过深入调研后的省长，将11个市长、119个县长全部召集，发出了就任以来最为强硬的声音："继续严打煤炭等矿产资源的非法违法开采行为，坚定不移地推进煤炭资源整合企业兼并重组。"

事实上，入主山西后，最终将山西安全生产的接力棒交给大型国企，这位省长甚为慎重。在其刚就任之时，临汾市率先进行的煤炭资源整合，还一度因省政府毫无针对性指示而停滞。

2009年3月25日，山西省煤炭工作会议初步提出，到2010年，全省矿井数量控制在1000处，矿井规模达到90万吨/年，企业规模不低于300万吨/年，实现综合机械化开采。第二天，也就是3月26日下午，山西省政府召开煤炭工业改革发展座谈会，就煤炭资源整合和企业兼并重组、安全生产、转型发展、管理体制改革等问题进行座谈，要求切实加强领导，明确责任，采取集中受理、集体办公的办法，提高效率，加快进度，确保按期完成各项目标任务。

2009年4月15日，山西省政府下发关于《进一步加快推进煤矿企业兼并重组整合有关问题的通知》，出台了《关于煤矿企业兼并重组整合所涉及

资源采矿权价款处置办法的通知》等一系列相关配套规定。通知明确了兼并重组整合目标：到2010年底，全省矿井数量控制目标由原来的1500座调整为1000座，兼并重组整合后煤矿企业规模原则上不低于300万吨/年，矿井生产规模原则上不低于90万吨/年，全部实现以综采为主的机械化开采。当月20日，"山西煤矿企业兼并重组整合工作领导组"成立，省长王君担任组长，分管工业经济的副省长陈川平担任副组长。领导组下设办公室，设在省煤炭局，办公室主任为省煤炭工业局局长王守祯。这是山西煤炭产业发展史上规格最高的领导小组，从一个侧面反映出山西对此次煤炭资源重组整合的决心。

8月28日，山西省政府批准了省煤炭工业厅主导的煤炭企业重组方案，方案的核心是"以七家地方国企为主，强力整合煤炭企业"。重组方案确定的重组执行方是地方国企，被称为"5＋2"，即同煤集团、山西焦煤、潞安集团、阳煤集团、晋煤集团五大煤炭集团及山西煤运集团和山西煤炭进出口集团。2010年底时，"5＋2"中，将形成2—3家年生产能力达亿吨级的特大型煤炭集团，3—5家年生产能力5000万吨级的大型煤炭企业集团。届时，山西煤炭行业固定资产投资将达到1800亿元。"这个方案是要让国企做所有煤矿的'老大'，让他们主要地承担起安全生产责任来，有利于加强煤炭企业的管理控制能力"，中国国土资源经济研究院研究员温如兰说。当晚，山西新闻网发布省煤炭工业厅《关于加快兼并重组整合煤矿改造建设工作的安排意见》，其核心内容是简化审批环节，加快煤炭企业兼并重组中的煤矿改造项目及审批验收等过程。

此番煤炭资源整合，以提高产业集中度为抓手，以发展循环经济为目标，用"加、减、乘、除"等方式，全面实施煤炭产业改造升级。

加法——国有重点煤炭企业是做好"加法"的主角，承担起打造煤企"航母"的重任。到2011年,山西省将形成3个亿吨级和4个5000万吨级的大型煤炭企业集团。大集团煤炭产量占到全省总量的75%以上,矿井单井生产规模达到90万吨/年以上;到2015年,大集团煤炭产量达到全省的80%以上,单井规模达到120万吨/年以上。同时,制定更加严格的准入门槛,比如,参与兼并重组的煤矿企业规模不低于300万吨/年。

减法——到2010年,全省矿井数量将减少到1000处,基本实现综合机械化开采。

乘法——大力发展循环经济,延伸产业链。鼓励延长煤炭产业链,鼓励煤炭与电力合作,推进煤电一体化建设;鼓励煤炭与煤化工企业合作,发展煤制化肥、煤制天然气、煤制甲醇及深加工等以煤为基础的产业。加快煤炭企业转型,重点培育山西省煤机制造及与煤炭相关的产业发展。

除法——最大限度地消除安全隐患,煤炭职工职业病得到有效防治。到2011年,煤炭安全生产状况基本好转,遏制和杜绝重特大事故发生,煤矿百万吨死亡率下降到0.3人以下。到2015年,煤矿百万吨死亡率下降到0.1人以下。

有人认为,2008年开始的山西经济下滑是由于煤炭资源整合力度太大,抓安全力度太大。2009年1~4月,山西非重点煤矿产量3756万吨,同比下降46%。其中非重点煤矿产量大幅下降与关停整顿密切相关,因此有人说"抓煤矿安全影响了山西经济"。

但另一组数据表明,1~4月份,山西煤炭产量1.52亿吨,其中国有重点煤矿产量1.14亿吨,同比基本持平;省属5个重点煤炭企业煤炭产量8490多万吨,同比增长5.2%;煤炭销售收入371亿元,增长15.5%;实现利润47亿元,增长33.6%。国有重点煤矿在产量基本持平的前提下,销售收入和利润却大幅增长。

"由于其开采方式落后、技术水平低，造成安全水平低、资源浪费严重，因此山西也只是煤炭'大'省但不能称为煤炭'强'省。"山西大学法学院教授陈晋胜说，山西的经济不是"小煤矿经济"，也不能成为"小煤矿经济"。

"煤炭的产量掉了，但煤炭的收入没有掉。"王君说，没有阵痛就不会有真正的调产，"加大推进产业结构调整力度，尤其要重点推进煤炭产业调整力度。山西不走这一步是没有出路的。山西的煤炭产业要发展成为'大舰船'，而不是'小帆船'。"

作为落实煤炭产业调整和振兴规划以及煤炭资源整合的重要组成部分，2009年、2010年，山西省煤炭行业投入1800亿元，用于48座大型矿井和206个循环经济项目建设。

山西省发改委主任李宝卿介绍，这次煤炭产业的调整振兴着眼于三个"提高"，即提高产业集中度，提高产业水平，提高安全生产保障能力。

在这三个"提高"背后，王君还预备着一步棋——五大煤炭集团整体上市。山西省五大煤业集团——同煤集团、焦煤集团、潞安集团、晋煤集团和阳煤集团，除晋煤集团外，其余四大集团均已实现部分资产上市。而在2009年5月出台的《山西省资本市场2009－2015年发展规划》为五大煤业集团整体上市提出了较为明确的时间表：力争在2010年内实现晋煤集团的蓝焰股份上市；力争2012年前，有1到2家煤业集团整体上市；2015年前五大煤业集团基本完成整体上市。这已经被列为山西资本市场发展重点的"六大工程"之一。山西省资本办主任王华表示，"在《意见》和《规划》出台后，五大煤业集团整体上市一事已成为山西省政府的一大决策，支持力度将会更大，推进起来也将会更快。"

2009年1至4月份，山西五大国有重点煤炭企业累计完成销售收入639亿元，同比增加64亿元，增长11.12%，实现利润47亿元，同比增加12亿元，增长 33.62%。大力推进煤炭企业重组整合，非常有力地支撑了国有重点煤矿。五大煤业集团煤炭产量已占据山西全省一半以上，而随着煤炭资源整合的推进，比例仍会提高，五大煤业集团的重点性也就不言自明。

山西省国资委产权管理处处长侯国伟说，争取 2010 年五大煤业集团煤炭产量达全省煤炭产量的 70%，实现五大煤业集团整体上市，成立山西能源板块。

而煤炭整合是一项系统工程，也是一项很复杂的工程。"目的是充分利用资源，追求更大的经济效益，并通过改革理顺各方利益。"中国矿业大学教授安景文说，山西 2008 年 9 月至今的煤改与 2007 年有着明显的区别，那就是政府不再一味关闭小煤矿，而是希望通过整合小煤矿，让做得好的大企业理顺小煤矿，其根本区别就在于有助于行业的良性发展。

实现由煤炭大省向煤炭强省的转变，山西省的煤炭资源整合，被外界看作中国煤炭行业排头兵的"晋煤方阵"，迎来自新中国成立以来变化最大的一次改革。

世界能源金融研究院执行院长、中国金融研究院院长何世红表示，山西省煤炭业兼并重组为全国的资源整合提供了一个优秀的范本。

与山西省有力"唱和"的是 8 月 28 日国家安监总局等 14 个部委联合下发的《关于深化煤矿整顿关闭工作的指导意见》。该意见明确："鼓励和支持大型煤矿企业以收购、兼并、控股等多种方式整合改造小煤矿，通过资源和产权联接，把更多的小煤矿纳入大型煤矿企业管理控制体系。"

山西煤炭资源整合，并不是 2009 年才提出的，但是，只有这一次做得果断。此时，山西煤矿业界已经感觉到，新一轮整合有可能来临，但没人想到，王君力推下的煤炭资源整合，来得如此剧烈。以安全生产为最初目的的煤矿整合，随后的演进显然超过预期。

山西省煤炭工业厅规划发展处处长苗还利说："通过这次兼并重组，大集团产能占到70%以上，大集团、大公司办矿，我省煤炭集中度将明显提高，产业水平明显提升，安全保障水平大大提高，可持续发展能力得到提升。"

2009年6月，10文件下发后，王君到阳泉、大同等山西煤炭基地实地考察，大力宣传和推动整合和企业重组。6月19日，率先推行"煤改新政"的临汾，获得了王君高度赞赏。

6月29日，山西省经委发布消息，2009年度全省新批煤炭经营资格证数量控制在63户左右。

此前的6月17日，山西省煤炭工业厅正式挂牌成立，取代运行了9年之久的山西省煤炭工业局，这也是全国第一个回归煤炭厅建制的省份。升级后的山西省煤炭工业厅升格为山西省政府组成部门，而原来煤炭工业局仅为省政府直属机构，厅长由原煤炭工业局局长王守祯出任。煤炭厅的成立，被大部分人看作是山西省在强化监管，堵住小煤窑，以便完成从煤炭大省到煤炭强省的跨越。

对王守祯来说，省政府提出的煤炭大整合是他工作的重点。他说，为了彻底改变山西煤矿企业"多、小、散"和安全基础薄弱的局面，山西将依托大型煤矿企业兼并重组中、小煤矿，形成以大型煤矿企业为主的办矿体制，扩大单井规模，提高煤矿安全保障程度。

7月，全省11个市的兼并重组整合方案通过审查，并按年度完成矿井压减任务。8月19日，山西省政府常务会议上，王君再次部署山西加快煤炭资源整合，全力打造当代煤炭企业"航母大舰"。随后，山西省要求，8月20日前各市政府必须上报兼并重组整合煤矿变更证照等有关资料，山西省各职能部门将联合办公，加快审批进度，8月全部完成兼并重组的协议签订工作，主体企业与被整合煤矿企业进入资产评估、洽谈、协议签订阶段。省政府批准了省煤炭工业厅主导的煤炭企业重组方案。

9月，新的企业主体入场开工，新建扩建矿井的基本建设全面推开。对那些有圈占资源之嫌不进行实质性结构调整的煤炭企业将取消其兼并主体资格，对其拟整合的资源按照市场化原则重新配置。

即便是这样，山西煤炭兼并协议签订仍然出现了延期现象。按照山西省重组规划，8月底就要全部完成兼并重组的协议签订工作。事实上，截至8月底时，已经完成90%的协议签订率仅仅是意向协议，而非真正的交易协议。

"煤企兼并重组最大的阻碍就是补偿方案及落实等巨额利益博弈问题。"山西省一位主管煤炭的官员坦言。有专家提醒说，煤炭资源整合，对于这样一个以煤炭产业为支柱的省份，其衍生的利益调整，足以影响一个能源大省的经济格局和社会格局。据传，甚至有温州的煤矿投资者愿意联合拿出数千万元游说政府改变政策。已经出现的矛盾和潜在的问题，都将由王君主政的这届山西省政府解决。

除却矿难，煤炭相关部门的腐败也一直为人们诟病。为遏制腐败在整合重组中和之后蔓延，2009年10月12日，山西省纪委、省监察厅、省煤焦办发布《在煤矿企业兼并重组整合工作中加强纪律约束防止发生违纪问题的若干规定》，对各级党委、政府、相关职能部门和事业单位及其工作人员、国有煤矿企业及其领导人员提出十条"禁令"：1. 严禁违反决策原则和程序，擅自决定煤矿企业兼并重组整合工作中的重大决策、重要人事任免、重大项目安排及大额度资金运作等事项，不得在兼并重组整合中弄虚作假，提供虚假整合资料和整合方案。2. 严禁随意变更经省煤矿企业兼并重组整合工作领导组批准的兼并重组整合方案或兼并整合主体，任何地区和单位不得出台与省政府兼并重组整合有关政策相抵触的规定，或者故意设置障碍影响兼并重组整合工作进程。3. 严禁违反集中办理煤矿证照审批流程和规定，不执行联合

办公和限时办结的有关要求，拖延审批时限，不得擅自增加或减少兼并重组整合煤矿证照审批资料、审批程序或环节。4.严禁在煤矿证照变更和项目审批过程中行政不作为、乱作为，不得违反规定减缓免、截留挪用相关基金、价款。5.严禁授意、指使、强令有关部门和人员违规办理煤矿企业兼并重组、资源整合、资产评估、产权交易等事项，进行暗箱操作。6.严禁整合主体无序竞争，违反省政府有关规定，特别是资源价款的规定兼并重组中小煤矿，不得与中介机构或其他相关单位相互串通，故意抬高资源和资产价值，或者高价回购低价出卖、侵吞国有资产，牟取非法利益。7.严禁不符合资质条件的社会中介组织，或不具备相应资格的个人介入兼并重组整合工作，严禁在资产评估中违规操作，故意抬高或降低资源、资产价值，或者不评估、虚假评估，进行商业贿赂。8.严禁利用职权以任何形式或名义，借兼并重组整合之机，在煤矿企业入股或变相入股。9.严禁国家机关和国有企业工作人员从事营利性经营活动和有偿中介活动，或者利用职权接受、索取兼并重组整合相关企业及管理和服务对象提供的物质性利益。10.严禁国家机关和国有企业工作人员采取其他任何手段为请托人、特定关系人等利害关系人谋取私利，或者滥用职权、徇私舞弊，进行权钱交易。

由此，王君说："这场结构大调整保护了国家煤炭资源，煤炭回收率由平均15%提高到了80%以上；保护了人民的财产生命安全，事故率大大降低；还保护了生态平衡——我们不能吃祖宗饭、断子孙路啊！另外也保护了干部，让干部远离矿难问责，远离煤焦腐败。"

不难想象，在山西这样一个"以煤为生"的地方，要做出如此大规模大力度的变革谈何容易！然而，摆在省长王君和这届政府面前的，却是近在眼前的问题。在"国进民退"、"整合违宪"等各种舆论稍稍平息时，另一种更大、更直接的压力像山一样压到了山西省政府和王君的身上。

山西上半年全省 GDP 同比下降 4.4%。一季度，更是出现了 8% 的负增长。山西省社科院副院长潘云分析，山西省目前正在调整产业结构，进行资源整合，煤炭企业的重组、关闭等是该省经济大幅下滑的重要原因。

山西上半年全省 GDP 同比下降 4.4%，是全国唯一下降的省，财政收入也下降了 7.6%。如何在支柱产业转型的前提下"保 8"，是力推整合的王君不得不面对的问题。

"如果再不恢复生产，山西的保增长压力，民生用煤的压力，就业的压力，势必会导致社会不稳定因素的增加。"2009 年 9 月，山西省政府发展研究中心主任张复明表述了煤企兼并重组工作当时已走入关键期，同样也是困难期。

此时，整合行动是不是"减速"，要不要"减力"？

王君的回答是否定的。9 月 23 日，在山西省加快和推进煤炭资源整合和企业兼并重组座谈会上，王君再一次坚定了"壮士断腕"的胆略和决心。他强调，10 月底基本完成主体企业到位和证照过户换发工作，11 月份全部通过验收。

为了解决国有重点企业整合重组、收购兼并地方煤矿成本高的问题，山西规定，各级政府可将地方煤矿缴纳资源价款转为资本金，向收购兼并的主体企业转移注资；对于通过资源整合新增的煤炭资源，其资源价款可以免缴，转增政府资本金。设立省级整合重组专项基金，与中央设立的专项基金一起，支持煤矿企业的兼并重组，优先安排兼并重组煤矿企业用于煤矿安全改造、煤炭产业优化升级。

同时，为保证被整合的地方小煤矿资产进退自如，整合重组、收购兼并主体企业从采矿权价款中注入资本金后，地方煤矿可将地面配套设施、矿井生产设备折价入股进入整合重组主体企业，形成产权多元的煤炭大集团，并

将整合重组煤矿的产运销、人财物，全部纳入大集团统一管理。

10月11日，吕梁西山德威矿业管理有限公司顺利挂牌，成为山西省煤炭资源整合成功的第一家；10月25日，山西省煤炭工业厅和山西省国土资源厅宣布，首批19家重组煤企已获得国土资源部门的"采矿许可证"，这场重组大戏终于进入实质性阶段。

10月底，山西省煤炭行业运行态势日趋好转，煤炭价格稳中有升，行业经济效益提高，职工队伍保持稳定，煤矿安全生产形势明显好转，实现了煤炭资源整合煤矿兼并重组与"保增长、保民生、保稳定"两不误、两促进。前三季度，煤炭产量逐月逐季增长，累计完成原煤产量43135万吨。省属五个国有重点煤矿企业累计完成销售收入1682亿元，实现利润前税金144亿元，同比增加25亿元；吨煤税金78元，同比增加了11元；全省煤炭行业上缴税收454.69亿元，同比增加27.42亿元。煤矿安全生产形势也趋稳趋好，1月至9月份全省煤矿共发生事故45起，死亡159人(不含非法事故)，事故起数同比减少39起，下降了46.43%；死亡人数同比减少62人，下降了28.05%。全省煤炭生产百万吨死亡率为0.2805。

2009年底的一则消息，为山西煤炭资源整合重组添了一把火：12月20日，朝晖产业投资基金管理有限公司（以下简称"朝晖公司"）在京挂牌成立。该公司将作为山西能源产业投资基金的受托管理者，全权负责基金的运作管理。该基金首期规模100亿元人民币，存续期为15年。

该公司董事长张亮说："山西是煤炭资源大省，但是由于资金短缺等原因，山西煤炭行业集中度低，产业结构单一，技术水平不高，安全生产问题严峻。山西省迫切需要加大能源基地建设投入力度，调整产业战略布局，提升行业产能水平和经济效益。""通过设立能源产业基金，有利于山西省由资源大省借助资本市场转变为经济强省，有利于与中部其他地区共同形成经济发展、社会进步、相互促进的发展格局，能够有效地为山西能源产业升级和调整提供金融支持。"

整合中，虽然小部分煤矿企业主因为资金赔付、资源折价等问题有过顾虑、观望了很长时间，但兼并重组犹如出膛的子弹，不可能停止，除非达到目的。而今，山西彻底终结埋葬了小煤矿，煤老板也已退出历史舞台。山西的煤炭行业正向产量大、技术水平先进的亿吨级大煤炭经济转变，山西由煤炭资源大省正向资源强省迈进。

2010年1月5日，国家发改委、山西省政府、国家能源局在北京通报山西煤矿企业兼并重组整合进展情况并宣布：兼并重组整合工作取得了重大阶段性成果。截至当日，全省重组整合煤矿正式协议签订率达到98%，兼并重组主体到位率达到94%，特别是具有决定性意义的采矿许可证变更已超过80%。

由国土资源部授权，山西省国土资源厅负责此次山西煤矿企业兼并重组整合中的采矿许可证变更工作。山西省国土资源厅厅长李建功介绍，全省煤矿企业兼并重组整合工作开展以来，作为承担兼并重组换发第一证的职能部门，省厅按照弄清底数、作出安排，先易后难、分类指导，坚持条件、从快从简，人随件走、立等办妥，政府协调、部门联动的要求，立下"军令状"，在2009年10月至12月期间，集中时间、集中人力、集中精力、突击攻击，采取一站式服务，高效换证、优质换证、廉洁换证。

截至2009年12月30日，山西全省资源整合保留煤矿1053座中已有855个换发了采矿许可证，占总数的81.2%。从2010年起，进入储量核查、价款处置、开发利用方案、环评报告、矿山地质环境治理方案等后续五项工作的完善阶段。

读不懂山西煤炭，就读不懂全国煤炭。没有山西煤炭工业的可持续发

展，就没有中国煤炭工业的可持续发展。

从这个意义上说，山西煤炭工业的跨越式发展，影响的又何止是山西！

煤炭的整合重组，打下了山西煤炭业转型跨越发展的一个基础、一个框架，是一个拐点的起步。山西煤炭业崭新形象的挺立，还需像远古的树木，静下心来，摒弃浮躁、急功近利，切实落实中央和山西省委、省政府各项规定，严格遵守各项管理制度，立足安全生产，延伸产业链，谋求多元化发展，做大的同时更要做强。这样，树木才能变成更有价值的乌金。

那么王君自己是怎样看待这次改革呢？

2010年3月6日，王君在十一届全国人大三次会议山西代表团的会议上，用五段经过提炼的"四句话"形象地说明了这场能源行业大调整的来龙去脉。

"第一段话"是煤矿兼并重组的过程：调查研究、制订方案，征求意见、完善方案，统一思想、宣传方案，加强领导、推动方案落实。整个过程不是拍脑袋决策的，尊重了民意，遵循行业规律。王君说，我们多次召开民营企业家座谈会，大家一致认为煤矿多、小、散、乱的问题该治理了，有的民营煤矿主说："这是给我们解下了绑在身上的定时炸弹，小煤矿一出事故，除了倾家荡产，还可能遭受刑罚。"

"第二段话"是整合兼并重组的原则。王君说，我们始终坚持政府协调指导与市场作用发挥相结合，坚持煤炭企业整合重组与煤炭开采秩序治理整顿相结合，坚持上大、改中与关小和淘汰落后产能相结合，坚持既注重发挥省内外国有大型煤炭企业的作用，又注重发挥民营骨干企业的作用。

"第三段话"是这场结构大调整要解决的问题。即"四个保护"；其一，保护国家的煤炭资源，煤矿资源回收率将由平均15％提高到80％以上。其二是保护人民生命财产安全，事故率将大大降低。其三是保护生态环境，解决小煤矿无序开采造成水系破坏、土地塌陷和环境污染问题。"这三条是在保护山西人民乃至子孙后代生存发展的基本条件和环境，我们不能吃祖宗饭、断子孙路啊！"其四是保护干部，让干部远离矿难问责，远离煤焦腐败。

"第四段话"是要达到多赢的效果，就是"四个满意"。山西省委、省政府多次强调，兼并重组要达到"兼并方满意，被兼并方满意，当地政府满意，当地群众满意"。

"第五段话"就是社会关注的"向哪里去"的问题。巩固兼并成果，防止小矿和私挖滥采死灰复燃；改造升级，关小、改中、上大矿；深化改革，建立现代企业法人治理结构，不能穿新鞋走老路；制定完善相关的法规制度，抓好依法治矿。"这是中央的要求，也是山西人民的期盼。"王君说。

山西煤炭业结构调整取得重大阶段性成果，全省矿井数由2600座减少到1053座，企业主体由2200多家减少到130家；70%的矿井规模达到年产90万吨以上，年产30万吨以下的小煤矿全部淘汰，平均单井规模由年产30万吨提高到年产100万吨以上，保留矿井将全部实现机械化开采。整体看，并不存在社会上所质疑的"国进民退"现象，目前国有、民营、混合所有制煤矿企业的比例为2∶3∶5，股份制企业是主体。

"大整合"的积极效应已经显现出来。2009年3月，全省煤炭产量即恢复到历史最高水平，2009年煤矿事故起数下降40%，原煤生产百万吨死亡率下降到0.328，相当于全国平均水平的三分之一。2010年，全省煤炭百万吨死亡率为0.188，比控制指标（0.351）低0.163。

"我们紧紧抓住这次金融危机中蕴涵的机遇，以壮士扼腕的决心和勇气，举全省之力推进煤炭资源整合和煤矿兼并重组工作。"2010年8月13日，王君在中博会期间说，"抓住了煤炭工业，就牵住了山西经济发展的牛鼻子"。

王君强调，调整山西经济结构，必须从煤炭工业切入。在工作推进中，始终坚持政府协调指导和市场作用发挥相结合，坚持煤炭企业整合重组与煤炭开采秩序治理整顿相结合，坚持上大、改中与关小和淘汰落后产能相结合，健康有序推进这项工作。

王君说，2010年以来，这项工作的重点已转入兼并主体到位、关闭小煤矿、保留矿井技术改造和建立现代企业制度的新阶段。这次煤炭资源整合、煤矿兼并重组，山西由煤炭大省向煤炭强省迈出一大步。

"我们越往后看就越觉得这件大事抓对了，保护了资源，保护了环境，保护了生命，保护了干部，保护了子孙后代赖以生存发展的条件。"

2011年1月20日，山西省第十一届人民代表大会第五次会议上，王君坚定而自豪地说："（山西）紧紧抓住国际金融危机蕴涵的机遇，以壮士断腕的决心和勇气启动实施煤炭资源整合煤矿兼并重组，取得重大成果。矿井总数已减少到1053座，办矿主体已减少到130个，70%的矿井生产规模达到90万吨以上，30万吨以下煤矿全部淘汰，保留矿井全部实现机械化开采。去年煤炭产量达到7.4亿吨，是历史最好水平。通过这一轮整合，山西省煤炭工业进入了一个全新的发展阶段，产业水平显著提高，安全生产状况明显改善，采矿秩序明显好转，能源基地的地位进一步巩固，为经济社会又好又快发展奠定了坚实的基础，为全省转型跨越发展奠定了坚实的基础！"

国务委员兼国务院秘书长、国家行政学院院长马凯对山西煤炭整合重组评价道：这些成绩的取得极其不易，如果没有认清形势，没有壮士断腕的决心和勇气，在那样的压力面前是挺不住的。（重组后）组织结构得到改善了，既保护了资源、保护了环境、保护了生命，也保护了干部，更保护了山西人民子孙后代的发展条件。

第五章 "国进民退"的争论

此次整合兼并重组，曾经被质疑，甚至指责为"违背宪法"，没有法律依据，并引起激烈辩论。争议很激烈，有说早该这样了，资源是国家的、人民的，当初就不应该让私人开采；有说和50年代的公私合营没区别，是计划经济死灰复燃。争辩也很激烈，主要发生在政府与投资（或部分投机）于山西煤炭产业的浙江民间资本之间。现在，这一激辩业已"尘埃落定"，"完全符合宪法条文和基本精神"的结论也为社会各界广为认可。但在当时，激辩参与者之多、激辩之激烈、出手之沉重确实成为一时关注之焦点。

2009年，浙江省经信委下属浙商资本投资促进会曾一个月到山西三次，专门调研浙商会员企业。

担任该会副总干事的于微微认为，山西对煤炭行业进行的结构调整，均称根据《国务院关于促进煤炭工业健康发展的若干意见》(国发〔2005〕18号)、《国务院关于同意山西省开展煤炭工业可持续发展政策措施试点意见的批复》(国函〔2006〕52号)文件精神制定。但对照这些文件，可以很清楚地发现晋政发23号、10号文严重背离了国务院文件精神。

对于中小型煤矿的政策，国发〔2005〕18号文件提出"鼓励大型煤炭企业兼并改造中小型煤矿，鼓励资源储量可靠的中小型煤矿，通过资产重组实行联合改造"。

而晋政发23号却提出，"通过大型煤矿企业兼并重组中、小煤矿，形成大型煤矿企业为主的办矿体制。到2010年底，省内煤矿企业规模不低于300

万吨/年，矿井个数控制在1500座以内。"

该会法律顾问何长明表示，山西省将国家行政引导鼓励政策改为地方行政命令强制，将所有中小型煤矿都合并到山西地方国有、地方民营的大型煤矿集团，不顾现有煤矿布局的区域差异和投资来源的广泛性、投资途径的合法性，也违背依法行政的要求。

对于合理的煤矿生产规模，国函〔2006〕52号文要求"尽快完善煤矿准入标准。继续推进煤矿的整顿关闭，规范资源整合，整合后矿井规模不低于30万吨/年，新建矿井规模原则上不低于60万吨/年，回采率不低于国家规定"。

而晋政发10号文提出，"到2010年底，全省矿井数量控制目标由原来的1500座调整为1000座，兼并重组整合后煤企规模原则上不低于300万吨/年，矿井生产规模原则上不低于90万吨/年。"

何长明认为，晋政发10号文规定的煤矿生产规模，在短时间内大大超过了国务院批准的山西省在2006年确定的合理规模，这就使得一大批外来投资者面临"被国有化"的命运。

"晋政发23号、10号文件不仅否定国务院文件，还涉嫌违反宪法、物权法、合同法、煤炭法、矿产资源法、公司法、立法法等法律。"何长明说，此举侵犯了被兼并煤矿企业的财产所有权，干涉了被指令作为兼并主体企业的经营自主权。

中国社科院农村发展研究所副研究员冯兴元则认为，是否"国进民退"应该从两个方面考虑，一是重组之后，国企行业份额是否大幅度增加；二是重组过程中，行政干预是否增加了。

厦门大学中国能源研究中心主任林伯强说，效率低是所有国企的通病。在煤炭市场中，国企的低效率可能成为制约其发展的重要因素，对市场发展也不利。但国企也有好处，它可以凭借其雄厚的资本实现产能升级改造，从而提高回采率；同时改进操作条件，降低矿难的发生。这两点是十分关键的。但总体来看，国有资本强势介入煤炭市场并不是好事，应该考虑更多地引入民营资本，促进市场的良性竞争。比如，引导民营小煤矿自己合并成大煤矿等。

有一点是必须承认的，那就是在这个过程中，小煤矿确实在被国有大煤矿兼并，民营资本确实在逐渐退出，而国有资本则在不断进入。

浙江民企投资煤矿的遭遇，引起了浙江有关部门的高度重视。2009年7月上旬，浙江省国土资源厅、省经济协作办联合调研组赶赴山西，走访晋中、临汾、大同等地浙籍企业。

10月份，该课题组组长、浙江产权交易所矿业权交易中心主任王小军将报告送达浙江省司法厅。报告建议，由浙江省国土、司法、经济协作办等部门组成协调小组，对外省资本在晋煤矿投资的情况作更深入调查。并与山西省政府商讨，对符合法律规定、手续完备的矿山，建议考虑历史成因，继续允许开采；对手续不完备或有缺陷的矿山以及手续完备但浙商愿意退出的矿山，商量合理补偿原则。

"中央政府应重视煤矿国有化过程中的'地方保护主义'行为。"律师王小军说。何长明律师也指出，诸多问题待解，如浙商资本的采矿权是否合法取得，近年发生严重矿难的是大型国有煤矿还是小型私人煤矿，是山西地方民营煤矿还是外来外资煤矿，对30万吨以上矿井国有化是否有法律依据等等。

两位律师都强调，浙商产业"被国有化"已严重危及浙江民间信贷链条。

以温州为例，投资晋煤的浙商中温州人约占90%，他们拥有大约600座私营煤矿，而其资金来自亲友及民间融资。温州本来是中国民营经济最发

达、最活跃的地方，但2009年上半年温州的GDP只增长了3.5％，在浙江省排名是倒数第二，远低于全国平均水平。

"为什么温州变成这样？"山西浙江商会负责人金松说，温州过剩资本一部分进入了房地产行业，一部分进入了煤炭行业。超过2000亿元的温州资本深陷山西。

11月18日，杭州举行"地方产业政策延续性与企业投资信心研讨会"，研讨"山西煤炭整合风暴"。

浙促会法律顾问何长明认为，土地、水流以及地下矿产资源，都是属于国家所有，如果山西的煤矿可以这样整合，房地产等其他资源性行业不排除会借鉴类似经验。

浙江大学经济学院常务副院长史晋川对此颇有看法，他认为这个议题在设置上就有问题：第一，不要去轻易怀疑对方（山西省政府）动机，即使怀疑，也要在工作做完后得出结论；第二，应把事实层面问题搞清楚，一味地说"国进民退"，很容易变成声讨会。在他看来，如果认为山西煤矿的产业政策存在不妥，应该拿出依据来。从媒体报道的资料来看，参与山西煤矿兼并的7家主体企业中，也有当地民营企业的身影，说山西煤改是"国进民退"并没有确切依据。

中国社会科学院研究生院教授张曙光说，山西煤改中的地方政策并非没有一点依据，但关键问题不在于有没有依据和原则，而在于怎么实施。山西省政府进行煤业重组，要搞合并，都是可以的，"但得一步一步来，政府的政策要有延续性，承诺的东西要兑现"。他认为，政府所能做的应该是制定合并的政策，但并购的具体事宜，应该由企业来做。"你政府下文要在规定时间完成重组，这种行政手段很荒唐。"近年来中国国企有了长足发展，企业利润不断增加，一是国家把资源要素优先给了它们，二是民营企业的大量存在和发展，通过竞争倒逼促进了国有企业的发展。"没有了民企倒逼，国企将失去竞争力，当年很多毛病都会复发。"

"我们的《建议书》不是反对国有化，而是反对地方化。"中国人民大学公共政策研究院执行副院长毛寿龙，是《建议书》的"外脑"，他较为赞同张曙光的观点。

2009年11月30日，在杭州举行的第七届中国民营企业峰会上，浙江省工商局局长郑宇民谈及"山西煤改"时认为，这不是国进民退、大进小退、优进劣退，而是东西部发展时段不对称形成的暂时性摩擦。这是该省官方首次对"山西煤改"做出表态。"有很多人骂煤老板，说他们炒煤，现在活该。我不赞成——不能用现在的规范批判多年前的行为。"

山西煤改被指"国进民退"，曾使浙江煤老板获得不少"同情分"。但随着山西方面的极力辩驳，这一武器似乎已渐渐失去威力。

2009年11月10日，山西省省长王君在《人民日报》"经济版"发表题为《结构调整要敢舍善取》的"感言"。王君表示，煤矿整合重组中，山西"始终坚持政府协调指导与市场作用发挥相结合"、"坚持既注重发挥省内外国有大型煤炭企业的作用，又注重发挥民营骨干企业的作用"，整合重组取得初步成效，形成多元办矿格局：在保留的1053座煤矿中，国有占20%，民营占30%，混合所有制占50%。观察人士认为，这一表态再次为山西煤改的"国进民退"做了澄清。

山西省政府发展研究中心主任张复明认为，山西煤炭企业兼并重组导致"国进民退"，这个说法并不正确，是对山西实际情况的误读误判。仅仅凭个别行业、部分企业阶段性的"进"与"退"，就大而化之地谴责其为"国进民退"，简单以所有制定好坏、下结论、扣帽子，不是科学的态度。煤炭作为一种可耗竭资源，其稀缺性、非再生性和差异性决定了仅仅依靠市场机制

难以有效约束生产者的逐利行为,也难以客观反映资源开发利用中的边际成本及其造成的环境破坏和非再生性资源的边际使用成本。过度的、低水平的无序竞争,不是优胜劣汰,而是以资源浪费为代价的优劣并存,甚至优败劣胜。

他说,首先,从兼并重组后的所有制构成来看,整合后全省形成了以股份制企业为主要形式,国有、民营并存的办矿格局。整合后,山西煤矿由原来的2598处减少到1053处。其中,国有办矿198处,占19%;民营办矿294处,占28%;混合所有制的股份制企业561处,占53%。可见,作为接管主体的民营企业,"三分天下有其一"。个别地方这个比例甚至更高,比如朔州市形成了国有和民营煤炭企业各占半壁江山的办矿格局,吕梁市民营煤炭企业的矿井数和产能都占到了60%。其次,山西国营煤炭企业发展到现在,是社会主义体制的一个客观选择。就山西的历史和现状而言,国有企业作为主力军,应该留在竞争性的煤炭领域内,和民营企业同台竞争。在市场竞争之下,任何市场主体都有进和退的可能,这是非常正常的。市场经济条件下的所有制结构不取决于任何人的主观意志,而是由省情实际以及市场机制决定的。再次,从部分民营企业退出煤炭开采业后的出路来看,其在山西的投资机会将继续增加。在小煤矿退出原有产业后,政府通过一系列优惠政策给民营资本创造更多的机会,让它们进入新产业,形成新的增长点。山西省已经出台了一些新政策。2009年—2010年,政府重点调控的6500亿元投资项目向民间开放。鼓励和引导民间资本从煤焦领域投向基础设施领域和城市公交、燃气等市政公用设施领域,并明确提出,民间资本投资将得到土地供应、财政扶持、税费优惠等九方面的政策鼓励。第四,从当代西方企业形式演变历程看,企业组织形式也大体经历了从私人企业为主向国有企业与私人企业并存转变的发展格局。这对我们理解山西乃至全国今后企业组织变化趋势情况有参考意义。

"说山西省煤炭整合过程中'国进民退'是一派胡言。"山西省煤炭工业厅规划发展处处长苗还利表示，浙商上书称山西煤改事件"违宪"的说法，恰恰是不懂宪法的表现。他说，称山西省煤炭整合"违宪"是不懂宪法，因为按照相关规定，森林、河流、矿产等属国家所有，煤老板对矿产资源只有使用权没有处置权。

山西省社科院副院长潘云认为，社会上所传山西整合重组大搞"国进民退"的说法是不准确的，应该是"大进小退"、"优进劣退"，这样做，更有利于优质煤炭企业做大做强。山西省国土资源厅厅长李建功则坚称，"煤老板"合理、合法的利益得到了有效保护。

中国煤炭经济研究院院长岳福斌教授也认为，山西在煤企重组中，体制没有变化，产业政策也没有变，"根本不是所谓的国进民退"。

吉林大学中国国有经济研究院一位专家说：煤炭行业作为我们国家重要的经济命脉，是国家安全非常重要的资源性行业，它就应该国有控股，国家应该保持控制力。何况山西这次并购也没有完全消除、消灭民营企业，它还保留了一些大的民营企业。

作为此次资源整合的直接介入者，山西焦煤汾西矿业（集团）有限责任公司董事长兼党委书记翟红指出，山西在煤炭资源兼并重组过程中，以构建"大基地、大集团"为战略方向，始终坚持"以大并小，以优并劣"的基本原则，目的就是要改变山西煤炭业多年存在的"多、小、散、乱、差"的传统格局。事实上，在资源整合和企业兼并重组过程中，大量民营成本并不是被挤出煤炭行业，而是以股份制形式进入煤炭企业集团；同时，大量国有煤矿也借资源整合之机实现了股份制改造。以汾西矿业集团为例，在整合后形成的25座煤矿中，国有全资的只有1座，其余24座都是股份制矿井。24座

股份制矿井中，与民营资本合作的有21座，还有3座矿是与其他国有企业合作。通过与国企、民营、个人等各路资本的多方融合，实现了强强联合，有利于整合企业的健康发展。

他说，首先，从民营资本角度讲，过去"煤老板"变身为参与大企业集团股份管理的"现代晋商"。一方面，其经营理念发生了根本转变，由过去追求眼前利益，希望"有水快流"，变成追求资本长期收益，希望企业稳定发展；另一方面，其心态也发生巨大变化，过去天天为企业安全生产担惊受怕，如今不仅安全管理责任主体划转整合公司，同时由于新公司生产技术和管理水平的提高，安全生产和风险大大降低，再也不用提心吊胆过日子。

其次，从国有资本角度看，过去的国有矿山多数还有管理粗放问题，职工吃大锅饭意识还比较严重，生产经营缺少活力。一方面，通过资源整合和企业兼并重组引进民营资本，实现股权多元化，新的机制给企业生产经营带来了新活力；另一方面，通过股份制改造，新公司形成了现代法人治理结构和规范的企业管理体制，民营股东对企业决策和管理形成有效监督，从而可降低整合后企业的运行成本。而且，原本以治理"多、小、散、乱、差"为出发点的山西煤炭资源整合，因为资本的变动和融合又取得一项新的收获，即迈向"资源的资本化动作"。原来想不通、不配合的民营企业家主动地将自己控股的矿井继续整合，交给了国有大矿管理。其中，山西孝义金晖公司就是这样，主动与河北冀中能源整合，主动让国有大集团控股。董事长李生贵说：现在才真正感受到山西省煤炭资源整合给民营企业带来的好处。

山西煤炭资源整合过程，也是一个以现代企业制度改造传统煤炭企业的过程，是一个股权结构多元化的过程，一部分"煤老板"选择转让产权，一部分选择成为新企业的股东，一部分做大做强的则参与了整合小煤矿，应该说，通过这一轮煤炭资源整合，消失的不是"煤老板"，而是"小煤矿"的体制。

"国内煤炭行业大规模整合即将展开，无资源优势、成本优势又难以保证安全长效机制的小煤企必定将淘汰出局。这无关'国字号'或者'民字号'，标准是统一制定的，门槛也没有什么不同。这反映出了煤炭产业的发展方向，要求生存，必须上规模、求档次。"2009年10月23日，在北京召开的2010年内蒙古煤炭工业科学发展高层论坛筹备会议上，原内蒙古煤矿安全监察局局长臧海民说。

"我们自始至终没有把所有制类别，国有或民营，也没有把地域条件，省内或省外，作为新主体准入的门槛，根本不存在对哪一类企业实行歧视的现象。"山西省煤炭工业厅厅长王守祯说，"整合重组只是手段，目的是提高煤炭业生产力水平和可持续发展能力。"

王守祯解释说，这8家大企业在中国煤炭行业都是叫得响的，是理所当然的兼并主体。另外一个原因是限制其他非煤国企。这是因为在当时特定的背景下，山西的一些非煤企业办了一部分煤矿。比如太钢、省焦炭集团、省能源产业集团、国际电力集团等。在这次整合中，这些国有大企业所办的7座较大煤矿，全部退出控股权，转由国有大型煤炭企业控股经营。

王守祯强调，在兼并重组主体的资格上，我们坚持国有、民营一视同仁。如果非要用进退形容，那就是强进弱退、优进劣退。一句话，先进生产力是改革的唯一标准。

事实上，很多人眼球被退出的煤老板吸引，并不知晓，在小煤矿退出的同时，省属国有重点煤企下属的22座不符合条件的小煤矿，也被关闭。

山西省煤炭厅规划发展处处长苗还利说，经过这轮改革，优秀民营煤炭企业将获得数倍于原有水平的资源总量，将享受国家和省里的一系列扶持政策，"可以预计，再经过十年、几十年的发展，不少民营煤炭企业必将跻身

行业的'第一方阵',成为整个行业的佼佼者"。

按照一个标准、一把尺子量下去,民企国企百舸争流、百花齐放。在整合后保留的1053处矿井中,国有办矿占19%,民营办矿占28%,以股份制为主要形式的混合所有制企业办矿占53%。国有、民营和混合所有制比例为2:3:5。这样,山西省将形成以股份制企业为主要形式,国有、民营并存的办矿格局。

同煤集团塔山煤矿,年生产能力达到了1500万吨。像这类拥有先进开采技术、管理经验和规模优势的大型煤炭企业集团,是此次山西煤炭资源大整合的主力军,代表着我国煤炭工业发展的方向。

与此同时,实力雄厚的民营企业也不示弱。山西大土河焦化有限公司董事长贾廷亮说:"原来我公司21个小矿加起来才有120万吨的产能,现在整合了5个煤矿,产能达到620万吨!"朔州右玉教场坪煤业集团是率先拿到证照的民营企业之一。该集团副董事长阎宝平告诉记者,资源整合为民营企业提供了做大做强的发展机遇。

在朔州,既有平朔这样的国有大矿,也有金海洋能源集团这样的大型股份制企业,还有个人承包或者买断的煤矿。朔州坚决打破所有制界限,因地制宜,因矿制宜,顺利完成资源整合。整合后,国有煤矿36座,产能4460万吨/年,分别占全市的53.7%和51%;民营煤矿31座,产能4320万吨/年,分别占全市的46.3%和49%。全市形成国有大型骨干企业和地方骨干企业各占半壁江山的煤炭工业格局。

朔州金海洋能源集团就是现代化"巨无霸",当然具备整合主体资格。但是有媒体报道说,金海洋也被国有大企"吃掉了",闻之令人吃惊。真相是,金海洋作为独立的主体整合了一批小煤矿之后,考虑到未来发展,又拿出整个循环经济园区和房地产等产业,与实力雄厚的中煤集团联姻,对方占股份

51%。这是企业之间的市场行为，与山西的这次大整合没有关系。此前，金海洋就一直与山西煤炭进出口集团等国有大企进行战略合作，并取得了巨大的成功。

在阳煤平朔安泰集团，原来的矿老板安满和原来的合伙人入股占到新公司的30%，由老板变成了股东。现在安满是新公司的监事会主席，参与新公司的经营管理。腾出手后的安满，把以前积累的资金用于转型发展，建设了属于自己的规模化、现代化蔬菜温室大棚、种猪养殖场、沼气站等新型产业。

"有一次井下着了火，我带人下井救人，幸亏没造成人员伤亡，可我差点儿丢了性命。"吕梁市的"煤老板"薛德平讲述起自己煤矿的一次事故至今心有余悸。2008年，薛德平主动与西山煤电集团合作整合，整合后他持有49%的股份。西山煤电的技术人员进驻后，煤矿的管理水平发生了根本变化。薛德平说，与大集团合作可以规避安全和市场风险。关小上大是煤炭业的发展趋势，小煤矿没有前途。

在吕梁市，民营企业占整合主体的60%，产能也将占到60%。其产煤大县柳林，8个整合主体中有7个是民营企业。山西联盛能源投资有限公司是一家在山西成长起来的民营采煤企业，总产能超过550万吨，矿井采煤工作面全部实现机械化开采。联盛以其雄厚的实力和技术水平成为这次重组整合的兼并主体，重组整合了13对矿井，产能迅速扩张到750万吨。联盛副总经理王栓照直言："此次煤炭资源整合，为我们这样的民营企业更好、更快地发展铺平了道路。"

临汾市煤炭工业局局长牛立东说，临汾市目前共有392座煤矿，分属于340多家主体。此次整合，这300多家将与7家山西省国有大企业兼并重组，重组方式也一样是买断或者参股。同时，临汾市保留了10个地方主体，基本上一个县一个，标准是有上下游产业链和产业链延伸，比如煤矿有配套的

大的焦化厂、焦化电气气源厂，就确定它为一个主体。这10家中有7家属于民营性质，但单井生产能力基本在90万吨以上，这也是山西省确定的标准。以临汾来说，将来"煤老板"依然还会存在。但从总体上而言，绝大多数"煤老板"将通过这次整合，永久性地退出这个舞台。

"我们公司已经干干净净退出了煤炭行业，可以说我是把绑在身上的两颗'定时炸弹'摆脱了。"山西化青活性炭集团有限公司董事长常玉清说。从2004年至今，常玉清的公司先后主动关闭了两座小煤矿，把精力主要放在活性炭环保产业，并开始涉足旅游产业。

山西省沁源县沁新集团董事长孙宏原说，在这一次兼并重组之前，我们已经有7个煤矿，有两个120万吨的矿，一个30万吨的矿，还有一个90万吨的矿，总产量达到435万吨。

沁新集团居全国民营企业纳税百强第5位、全国煤炭工业企业100强第61位，很多耀眼的光环被戴在这家民营企业的头上。这家民营企业的前身是一家濒临破产的国有企业。孙宏原曾经在沁源县煤炭局担任副局长，后来被指派到沁新煤矿，当时的沁新煤矿年产只有15万吨。1985年，沁新煤矿被当地确定为经济体制改革的试点单位。1994年山西沁新煤焦股份有限公司成立，标志着公司国有制向股份制更替的开始。孙宏原说：2001年，因为是国有企业，经营非常困难，市场形势也非常糟糕，在这种情况之下，企业进行了全面改制，由原来的国有改成民营企业。

这次山西煤炭整合，原本是兼并其他小煤矿的沁新集团，却在整合了几个小煤矿后，意外地主动找国企联姻。孙宏原说：这一次兼并重组过程中，我为了把这个企业做得更好，做得更大，除了沁新公司保留3个煤矿之外，其余的4个煤矿，和国有企业进行了合作，其中两个矿和山西焦煤汾西矿业集团进行合作，汾西控股51%，我占49%的股份。

　　自己完全有能力发展的孙宏原，最终主动选择了与国企联合，这多少让人有些捉摸不透。好好的一杯羹，为什么要与别人分享呢？他说，煤炭行业发展得要好，更要快，要保险。我觉得国有企业有先进的技术、装备，有先进的人才，有好的管理。作为民营企业来说，有比较好的机制，嫁接起来，优势互补，丰富所有制，对企业发展能提供更好的动力。

　　在整合后的民营煤矿企业中，也不乏外省人的身影。

　　20世纪80年代到山西创业的浙江人——现为山西省长治市浙江商会会长、长治联盛煤业投资有限公司董事长的王积旅，与他人一道投资10多个亿，经营着5个煤矿。在这次整合重组中，联盛煤业作为主体企业整合了其他5个煤矿，增加了储量，产能由原来年产270万吨提升到350万吨。王积旅说，山西省这次兼并重组整合是对过去煤炭生产方式的重大改革，是从原来的小规模、粗放型经营，向大型化、集约化经营转变，是一件大好事。资源整合尊重历史，统筹兼顾了各方利益。

　　"政府实施兼并重组，优胜劣汰，力促煤炭企业做大做强，我们踏实了，投资也有了信心。"之前的10多年来，31岁的浙江商人李克边一直在山西朔州山阴的煤矿上打工。他留心观察了这些年来当地各级政府对于煤炭企业管理的政策变化，从中发现，建设高标准的现代化矿井势在必行。

　　李克边瞅准时机，回老家温州筹集了近2亿元资金，于2008年在朔州投资成立弓长煤业有限公司。公司建设年产30万吨的矿井不仅全部实现了机械化采煤，还组建了一支高素质的管理团队。

　　当山西省"煤改"开始后，李克边的弓长煤业有限公司因为软硬件方面突出的表现，经过评估被列为当地政府整合保留的矿井之一。不仅如此，李克边还根据山西省政府的批复，追加投入5亿多元，将原弓长煤业有限公司和顺平煤业有限公司的6座小煤矿进行整合，组成了一座年产210万吨的

大型现代化矿井。

张其锋也是浙江人,他在宁武的投资始于2002年,不过他走的路却和其他浙江煤商有些不一样,他选择了入股一家名叫宁武大运华盛的国有煤炭企业。

"国有企业有经验,有技术,有管理,而我只是煤矿行业的一个外行人。"张其锋坦言,当初他想,既然眼前有优秀的内行人,自己为什么不可以和他们开展合作呢?于是,他将手上的资金注入到国有煤炭企业大运华盛之中,7年来总计投入超过1.4亿元。几年来,这家国有煤炭企业逐步做大做强,并于2009年7月组建成立了山西宁武煤业集团有限公司,成为宁武唯一的地方煤炭集团。在这家地方国有控股企业中,来自浙江的民营资本占到了49%。

在宁武煤业集团有限公司成立过程中,按照山西省"煤改"政策要求,张其峰和他所投资的集团企业还一跃成为了宁武县煤炭企业兼并重组的主体单位之一,先后兼并了5家地方煤矿,集团产能总和达到450万吨。

2009年10月26日,国土部、工信部等12部委联合下发了《关于进一步推进矿产资源开发整合工作的通知》,明确表示煤、铁等15种矿产资源将进一步推进开发整合工作。这无疑给山西整合重组巨大的支持力量。

煤炭企业向大型化、集团化发展和实现产业集中高效生产是世界煤炭工业发展的趋势。发达国家的煤炭企业已经形成了开采的规模经济和强大的企业竞争力。

美国经济学家迈克尔·波特经过大量实证调查后得出结论:在一个相对统一的市场中,如果生产相同产品的前4位企业的市场占有率(集中度)总和达到40%以上,该行业的竞争秩序才可能趋于正常;如果市场集中度低于40%,则该行业内一定会出现无序竞争的现象。

世界几个主要产煤国家市场集中度都比较高。澳大利亚前5位煤炭公司的煤炭产量占总产量的71%，南非前4位煤炭企业的市场集中度为62%，美国产量10亿多吨，前4个公司占70%左右。

国家大型煤炭基地要求一个矿区一个主体开发，一个主体可以开发多个矿区。山西目前的煤炭产业形态与国家的要求和世界煤炭工业发展的趋势还存在很大差距。当前，山西煤炭行业这种大力度的组织结构调整，正是国家倡导的做大、做强煤炭行业大公司、大集团的具体体现。这种打破地域界限、所有制界限的大规模资源整合，大大提高了山西煤炭产业的集中度，全面提升了全省煤炭企业的整体竞争力。山西力争通过大基地、大集团建设和兼并重组整合，形成3个亿吨级、4个5000万吨级的大型煤炭企业集团，产量占到全省的75%以上，必将给山西乃至全国煤炭产业的发展带来更大的经济效益和社会效益。

山西这次整合重组通过两种途径实现，一是直接转让。所谓"国进民退"，主要指的是小煤矿的直接转让。事实上，兼并主体并不完全是传统意义上的国有企业，而是根据现代企业制度建立起来的股权多元化的企业主体，国家和个人都是这些兼并主体企业的股东。二是参股入股。事实上，"民"并未退，只不过是转换了身份，由原来的老板变成了股东。

眼下，民营资本的状态是"大进小退"、"优进劣退"。谁是兼并的主体，是以产业水平划分的，而不是简单地以"国有"或者"民营"去划分。通过此次煤矿企业兼并重组整合，原来的老板变成了现在的股东，小煤矿变成了大煤矿。煤矿企业形成以股份制为主要形式的现代法人治理结构。重组整合后，全省1000多处煤矿中，国有控股大集团办矿550多处，地方国有控股办矿近280处，非国有办矿近190处，形成了多种所有制并存的办矿格局，企业的股权结构发生了重大改变。因此，煤炭企业兼并重组并没有将民营企业排除在外，相反，政府希望看到民营企业通过此次整合发展壮大。

对于山西的这次煤矿整合，尽管受到了各界的质疑，但还是得到中央和社会的支持，毕竟这件事情从大的方面看有利于减少矿难，有利于减少环境污染、节约资源，还有利于减少腐败。山西煤炭产业的整合，事实上已经进行了几年，当前的经济困难则对这种整合形成了一种倒逼机制。"置之死地而后生"，山西虽然还没到这种地步，然而，由资源整合而导致的"煤老板"的消逝，也许对山西是件好事。山西通过整合重组提高了煤炭产业集中度，做强做大企业，再依托能源优势发展后续产业，同时大力培育非煤新兴产业。而且在这一过程中，在小煤矿退出原有产业后，政府通过一系列优惠政策让它们进入新产业，形成新的增长点，给民营资本创造了更多的机会。

山西省2008年成立了科技创投引导基金，省政府和国家开发银行各拿出4亿元资金作为引导，吸引民间资本加盟。有专家认为，"煤老板"进军高新产业，可以采取成立类似基金的方式，实行委托代理经营，交由专业团队打理。

在人行太原中心支行的大力推动和地方政府的努力下，面向农村和中小企业开展"只贷不存"的小额信贷业务，推动民间资本进入小额信贷业务市场。

2009年7月13日，山西省政府出台《关于促进民间资本进入我省鼓励类投资领域的意见》，鼓励和引导民间资本从煤焦领域向国家、省鼓励发展的领域投资转型，引导民间资本投资公路、铁路、桥梁、城建、环保等基础设施领域和城市公交、燃气等市政公用设施领域，并在土地供应、财政扶持、税费优惠等九个方面给予一定的政策鼓励。

2009年8月19日，山西省人民政府常务会议通过了《关于做大做强农产品加工龙头企业的意见》，提出实施农产品加工龙头企业"513"工程，确立了农产品加工重点扶持的方向为粮食、畜禽、乳品、果品、蔬菜、薯类、油脂、中药材8大类。该文件还提出，凡资源型企业转产和省外资本来山西投资农产品加工项目，投资额在5000万元以上的，均享受省级龙头企业的政策待遇。同年11月10日，山西农产品加工龙头企业"513"工程启动，作为配套，省财政等部门要拿出大约3亿元用于扶持龙头企业的发展。省级交通部门、水利部门、金融部门也有相关的优惠配套措施。这些优惠政策的实施，意味着为"煤老板"的雄厚资金找到了投资农业的结合点。

一位行业分析师表示，中国的矿产行业并购重组势在必行。实际上，目前矿业企业众多且分散，产业集中度太低，使大型骨干企业缺乏足够的影响市场的能力，并导致中国矿企在国际上没有足够的话语权。

2009年10月27日，在"加快推进煤炭企业并购重组研讨会暨《煤炭蓝皮书（2009）》新闻发布会"上，国家能源局副局长吴吟评论正在进行的山西煤企重组时说："这个变革还不到位，还是个中间阶段，后面还会有大的动作。"他认为，现在煤炭产业的集中度仍然不够，山西要把企业整合到100多家，这只是阶段性的。

第六章　多种利益的博弈

晋官难当，一面是要保护生态环境、保障百姓的生命权，煤矿不整合老百姓不同意；一面是煤老板的金饭碗一整合要失去，拼死保矿、到处告状，不让整合，也许告得连乌纱帽也难保。这两面都是雷区，不能碰但又不能不碰。要保官就只能纸上谈兵，要保民就是和既得利益唱对台戏。资源整合工作难开展呀！这话一点也不夸张。煤炭资源整合的过程，实际就是眼前利益、局部利益与全局利益、长远利益的博弈，既是一场办矿体制的大变革，又是一场标本兼治的大战役。

有人曾言：煤炭，主导了山西利益分配格局。全省119个县（市、区）有91个产煤，煤炭及相关四大产业占工业总值80％以上。山西启动该省历史上规模最大的资源整合，这对煤炭的利益"江湖"，无疑投下一枚"重磅炸弹"，原有利益分配格局被彻底打破。

被整合的小矿主们担心："我们缴的煤炭资源价款得到补偿，那矿井生产设施设备岂不是报废？我退出煤炭行业，今后到哪里投资？"国有地方小煤矿的职工担心："我们的就业和待遇是否有变？"县里担心"地方煤矿被整合以后的税收和产权收益"，乡、村两级担心"煤矿易主，原来煤矿为新农村建设提供的资金是否要断线"……

"煤企兼并重组最大的阻碍就是补偿方案及落实等巨额利益博弈问题。"山西省一位主管煤炭的官员坦言。

2003年后，安全事故频发、政府关闭小煤矿等一系列的问题，让最初的一批煤老板感到力不从心。已经积累了大量财富的本地老板，开始将煤矿转包其他有实力但没有涉足煤炭开采的人，外地人占了很大比重，以浙江、福建人居多。当时，浙商在晋投资的煤矿超过450家，投资总额逾500亿元，控制煤炭资源年产能在5000万吨以上。在2008年浙江省消耗的1.8亿吨煤炭中，山西浙商直接、间接返销煤炭占30%。

2004年，浙江人李云德先是入股了朋友在朔州承包的矿，年末分到了一笔可观的红利。2006年末，李云德承包了大同南郊一个煤矿。"本地的矿主已经办下了牌照，3000多万转卖给我，名义上是他的，实际上是我的，每年给他一些承包费。"李云德说。

李云德不会想到，5年后，山西煤炭资源整合，给他煤矿股价的标准依据恰恰来自2004年。根据山西省人民政府办公厅2008年83号文件，在国有煤炭企业收购民营煤矿的过程中，评估价格按照2004年民营煤矿矿主缴纳的采矿权价款的1.5倍乘以煤矿的储量计算。2004年的采矿权缴费标准是：每吨焦煤1.8元，每吨电煤1元，因此，按照1.5倍的评估办法，能够给私人矿主的价格就是每吨焦煤2.7元，每吨电煤1.5元。

整合重组规划一出台，反对声最大的就是在晋投资煤矿的浙商。

山西浙商中的煤老板大多数是温州人，其中又以温州平阳县居多。由于温州民间资本相互拆借活跃，平阳县85万人口中甚至可能有40万人与山西的煤炭生意有关联。

2009年11月5日在温州平阳县发起了维权的"万人签名活动"。温州煤老板们于11月6日早上7点左右，集聚在平阳县水头镇商贸街征集签名。尽管事发后，平阳县迅速采取措施，拆除了签名桌子和横幅，但商贸街每家店铺门前的人群并未直接散去，反而有近百人逐渐转至去往平阳县的必经之地——水头镇大转盘附近。

煤 炭 突 围(上)
MEITANTUWEI

2009 年 11 月 9 日，一份名为《关于要求对山西省人民政府规范性文件内容的合法性、合理性问题进行审查处理的公民建议书》（下称《建议书》），通过邮政快递的方式由杭州寄往全国人大常务委员会。这份由浙江省浙商资本投资促进会（下称"浙促会"）和浙江杭天信律师事务所联合写就的《建议书》质疑，山西煤矿整合的相关文件政策涉嫌"背离国务院文件精神"，并违反相关法律规定，侵犯了浙江煤老板的财产所有权，要求对《山西省人民政府关于加快推进煤矿企业兼并重组的实施意见》（晋政发[2008]23 号）以及 2009 年 4 月《关于进一步加快推进煤矿企业兼并重组整合有关问题的通知》（晋政发[2009]10 号）的合法性、合理性问题进行审查处理。据介绍，《建议书》还一并寄给国务院、全国政协及山西省有关部门。同时，浙促会力邀山西省政府、发改委、煤炭工业厅等相关机构，派员参加 11 月 18 日在杭州召开的"地方产业政策延续性与企业投资信心"研讨会。

同一天，浙促会发出《从法理反思的角度探讨山西省对民营煤矿的征收补偿》一文，认为，山西省将国家行政"引导鼓励"政策改为地方行政命令"强制"，将所有中小型煤矿都合并到山西地方国有、地方民营的大型煤矿集团，不顾现有煤矿布局的区域差异和投资来源的广泛性、投资途径的合法性，违背了国家依法行政的要求，认为山西煤炭资源整合重组的措施违反《宪法》、《物权法》、《合同法》、《煤炭法》、《矿产资源法》、《公司法》以及《立法法》等相关法律法规。

11 月 18 日，在杭州举行的"地方产业政策延续性与企业投资信心研讨会"因研讨重点是当时掀起轩然大波的"山西煤炭整合风暴"而引起了上百家媒体的关注。那段时间，围绕晋煤整合的争议甚多，尤以温州商界反应强烈，而此次研讨会正是为了讨论解决两者之间的矛盾而举行。不过，当日出现在会议现场的只是专家、律师及一些煤老板，主席台上为山西省政府、山

138

西省发改委和山西省煤炭工业厅的代表准备的座位却都是空的。

"如果山西方面的主体（在11月18日）不出现，从解决事情的角度，（研讨会）起不到积极效果，我们就还会有一些动作出来，尽自己之所能。"浙江煤商会前曾放出这样的话。

浙促会副总干事于微微表示："现在这个时间有点晚了，整合已接近尾声。但也是最关键的时期，到12月，中央经济工作会议就会召开，等那时中央定好'调子'，就彻底晚了。"

显然，尽管浙促会意在高举高打，但这场博弈的双方力量并不对等：浙促会仅是挂靠浙江省经济和信息化委员会的下属协会之一。

不过，于微微对此似乎还算"乐观"："浙江省政府确实未曾公开表态，但连日来，包括《浙江日报》在内的多家浙江媒体都给出了醒目标题，省政府微妙处境下未曾出面，至少不反对。"

但出人意料的是，会上并没有出现一边倒"讨伐"山西方面的景象，部分与会人士仍持有不同观点，一度出现针锋相对的场景。

尤其让浙江煤老板无法接受的是对煤矿价值的评估。首先，评估机构由政府部门和兼并单位指定；其次，评估对象仅限固定资产，如地面建筑、矿井设备投入等，而不是按资源储量进行评估，"也就是说，一座储量100亿吨的煤矿和1000万吨的煤矿，评估价格没什么区别"。

"我经营的矿评估以后，大约值个1000多万。"李云德说，算上这两年经常停产整顿情况下的经营收入，怎么说也亏了五六百万。

浙商资本投资促进会副会长兼秘书长蔡骅想不通的是，2005年到2008年之间，浙江有300多亿是被山西政府招商引资招过去的，这些资金所投资的煤矿都是六证齐全，如今为什么说关停就关停，说整合就整合，而且没有讨价还价的余地。

　　"当时开发权发包时就是行政评估、行政拍卖，现在何来市场评估、市场拍卖？"史晋川认为，转型期的国家对产权界定非常模糊，有计划经济和行政的尾巴。浙商当初做出投资决定时就应该清楚，煤矿今后升值部分很可能被拿走。

　　张曙光不同意史晋川的观点。他认为，对于被兼并煤矿"升值"（包括基础设备的再投入、维护成本等等）的部分，继续采取行政评估的方式显然不合适。

　　与张曙光一条"战线"的还有北大经济学院教授夏业良、中国社科院农村发展研究所副研究员冯兴元等人，他们认为山西煤改中行政估价本身就是错误的做法，兼并中的价格问题，拥有产权的一方应更有话语权和决策权。

　　上海政法学院副教授陈海萍认为，民营企业经营小煤矿或租赁经营地方国有煤矿的行为已经得到了地方政府的允许，其中最典型的一类是通过招商引资做出承诺，以签订行政契约的方式允许民营资本的进入。在这一过程中，投资者基于对政府行为的信任，产生了一定的投资预期。这种合法的投资预期，是值得法律保护的利益，但往往由于预期利益取得的过程尚未实现，因此很容易被行政机关所忽视，甚至被认为不应被法律保护。合法预期具备请求行政的权利属性，至少可以请求行政机关不得恣意变动，以满足实现预期利益的期望。

　　厦门大学中国能源研究中心主任林伯强认为，价格确实是整个谈判的困境所在，因为双方的报价差距不是小数目。为什么会产生价格上的分歧？估价本来就是很困难的事情，因为5年或10年后，煤炭的价格是多少，谁也不知道。所以，很难估算这个煤矿的价值。

　　他说，煤老板收购煤矿时是有价格的，但是煤老板讲的价格可能有水分。当时他具体花多少钱收购的？在收购中是不是还获得了其他好处？收购程序是不是合法透明？这些都需要进一步核实。再说，每个人都会给自己的东西估高价，所以，山西省政府肯定不会完全按照煤老板的意愿去补偿。另一方面，虽然政府低估价格的情况也存在，但煤老板所说的事情只是个案，大部分煤矿的估价和当初收购价的差别没那么大。可能是有些问题被放大了，使问题看上去很严重。

对这个问题，浙商资本投资促进会法律顾问何长明举了个例子：10年前按1000元/平方米的价格买了房子，如今价格翻了好几倍，但政府在拆迁中仍以10年前的房价作为补贴标准，能接受吗？我认为山西省的补偿标准违背了公平、等价有偿的法律原则。

中国政法大学研究生院副院长李曙光认为，补偿标准是基于最初的进入成本，还是现在的市场价格？这方面没有明确的法律规定，甚至一些项目连资产负债表都没有，所以很难确定。不能只看到他们的亏损，也不能只看到他们的盈利，应该把"煤老板"的投入和纳税人的利益区分开，把他们的努力和基于垄断生成的利润区分开。这个账要算，但不是靠简单的行政命令就能解决，如果按照原来缴纳的采矿权价款的1.5倍或者2倍给予赔偿，那这个价格太低了。

根据山西省的政策，对于被兼并煤矿的补偿评估分三部分：固定资产、已缴纳矿山资源费的补偿返还和其他损失补偿。

煤老板间流传的一句话是：煤矿以"白粉价"买入，再以"白菜价"卖出。政府提出的数额，与他们的期望值存在巨大的落差。为什么呢？是不是政府有意压价呢？不少煤老板说，他们的煤矿最少值数亿，而评估才有几千万，是不是遭受了"暗算"？煤老板的合法权益如何保障？

一方说兼并方"大矿不讲理"，另一方说被兼并方"漫天要价"。某煤老板说，他的煤矿值2个亿，而评估才有几千万。是怎么回事？

"被整合的煤炭企业预期太高，对评估的价格有差距；市场定价与政策定价有差距。"负责当地煤炭资源整合工作的山西临汾市委常委、统战部长丁文禄说。

打个比方：甲老板批下一座资源储量5000万吨的煤矿，按照资源价款每吨1.5元，应该缴纳7500万元人民币，然后取得这座煤矿的开采权。当时考虑到资金等多种现实因素，国家说，先交1000万吨的资源价款，其余择机而付。那么甲老板资源价款交了1500万元。再加上其他投资，6000万元形成了年产21万吨的生产能力。

那么，甲老板的煤矿有几种可能：一是自己经营。整合时候，他说他的煤矿值几个亿。怎么算的？他说，我的煤挖出来卖掉，就值这么多钱。

二是乙老板看到煤价一路上扬，就和甲老板私下交易，说除了你的投资，再给你多加一亿元卖给我好了，于是买卖成交。乙老板怎么算账呢？他屈指一算说：生产一年就能赚回本钱。以后这座煤矿可能如法炮制转到丙老板手里。

当开始整合的时候，他的矿也不具备整合主体资格，那么出路只有两条：要么退出资本，要么入股大矿。不论哪种情形，价格问题出来了。于是便僵持不下。

究竟谁有道理？

山西省国土资源厅厅长李建功说，资源是国家的，不能买卖。我国宪法规定，矿产资源属于国家所有，国家完全有权力调整资源配置格局，并获得资源增值收益；采矿权人获得的采矿权是一种益物权，采矿权人对资源没有处分权。煤炭资源领域的违法违规经营、非法交易、地下协议和不正当利益，法律和政策不应予以保护，当然也得不到相应补偿；采矿权人把投资形成的资产和尚未开采的国家资源混为一体，据为己有，不合理，更不合法。

根据规定,兼并企业向小煤矿退还剩余资源量的采矿权价款,还区别情况按原价款标准给予一定经济补偿,应该说,"煤老板"合理、合法的利益得到了有效保护。

由此可知:甲老板所谓的几个亿是期望收益,是采矿权人把投资形成的资产和尚未开采的国家资源混为一体,都算成自己所有了。显然不合法,也不合理。

乙老板、丙老板除了犯了甲老板的计算错误外,还把私下交易的资本也算进去,实际上也是把国家资源给期货交易了。所以说所谓的"赔本卖矿",主要因为煤矿主之间屡次不合法的私下倒卖,况且有些矿仅交一半的资源价款。价款补偿没有讨价还价余地,避免煤老板心存幻想而观望。

山西省煤炭工业厅厅长王守祯说,对于煤炭资源领域长期存在的违法违规经营、非法交易、"地下"协议和不正当利益,无论是法律还是政策都不予保护,当然也得不到相应补偿。

那么煤老板的正当合法利益要不要保护呢? 山西省政府2008年83号文件规定:被兼并的煤矿,凡是在2006年2月28日之后缴纳资源价款的,直接转让采矿权,兼并重组企业要退还剩余资源量的价款,并按照原价款标准的50%给予经济补偿;在2006年2月28日之前缴纳资源价款的,在退还企业剩余资源价款的同时,按照原价款的100%给予经济补偿。

那么不论甲老板,还是乙老板、丙老板,他在资源上的合法补偿就清楚了。如果他是在2006年2月28日之后缴纳的资源价款,并假定交了1000万吨的价款,已经开采200万吨,那么剩余的就是800万吨,他得到的退款就是1200万元,再加原价款的50%,一共得到1950万元(其他建设投入另算)。如果是这个日期之前缴纳的资源价款,那么他得到2700万元。再加上其他补偿,数额巨大,但是绝对没有好几个亿。

　　"整合行动"涉及煤矿数量多、利益主体多，利益博弈比较激烈，讨价还价，舌剑唇枪，其激烈复杂外人无法想象。

　　一些煤老板认为，评估结果与实际投资相差较大，不愿认可。左云县一位煤老板提出，应该将其修建寺庙、待摊费用和停产期间的补偿也纳入评估内容。价格问题成为整合双方在讨价还价、协议签署过程中的最大障碍。

　　针对这种现象，山西省有关部门做出回应。根据宪法，资源是国家的，不能买卖；煤炭资源领域的违法违规经营、非法交易、地下协议和不正当利益，法律和政策不应予以保护，当然也得不到相应补偿；采矿权人把投资形成的资产和尚未开采的国家资源混为一体，据为己有，不合理，更不合法。

　　不可否认，个别大型企业也存在挑肥拣瘦现象。一家大型企业想重组某县的11座小煤矿，对产量较小、资源量不大的7座煤矿迟迟不愿确定合作，而对4座储量大的煤矿却态度积极。已经签约的企业当中，个别国有大型企业付款不太积极。

　　其实，在补偿问题之前，首先争论的是煤炭整合是否"违宪"。

　　有学者认为，山西省实行的煤矿重组本身就不合法。当然我们也看到，山西省政府文件和国务院文件有多处差异，比如国务院要求"整合后矿井规模不低于30万吨/年，新建矿井规模原则上不低于60万吨/年"，而山西省却提出，"到2010年底，煤矿企业规模原则上不低于300万吨/年，矿井生产规模原则上不低于90万吨/年"。这就多兼并了一大批浙商的煤矿。从法律角度看，地方政府在制定地方标准时，是否可以在国务院文件的基础上适当提高或降低门槛？

　　浙商有人认为，《山西省煤炭资源整合和有偿使用办法》规定，对被兼并企业在《办法》实施前交纳的价款企业，按原价的两倍补偿，对实施后交纳的按1.5倍补偿或折价入股。但国家14部委下发的《关于深化煤矿整顿关闭工作指导意见》第16条指出："要按照国土资源部矿业权价款评估有关工作规定和中国矿业权评估师协会发布的《中国矿业权评估准则》评估和确定煤炭资源价款。"

浙商资本投资促进会法律顾问何长明认为，这显然不合法，这只是山西省创设的一种"行政许可"。山西省政府在没有国务院授权的情况下制定"自己的标准"，大大超过了国务院批准的合理规模，而且还将"国家引导鼓励"改为"地方行政强制"，这些都严重背离了国务院文件精神，违背依法行政的要求，等于否定了国务院文件。

而中国政法大学研究生院副院长李曙光说，国务院出台的文件不一定就是"法"，和国务院文件有差异也不一定就是违法。这个问题很复杂，有"国进民退"的因素，有产业大整合的因素，也有资源性资产整合的因素。如果说被整顿的资源是国有资产，那么地方政府就没有权利、也不应该有权利去调整中央政策。但如果有中央授权，那就是另一回事了。问题是，现在中央和地方的权限划分得不是很清楚，所以地方政府在制定和执行政策时很容易出现问题。

浙商和山西省之间的争论背后是复杂的利益纠葛，但归根结底争的是原本属于国家的矿产资源所有权收益，由此更暴露出现行矿产资源产权制度的漏洞。

形成这种现状的原因是"上面乱"，结果 "下面更乱"。我国现在非常缺乏资源政策和资源法律，虽然有企业层面的国有资产法，却没有资源方面的国有资产法。地方政策是否合法，评估补偿标准如何制定，都需要在资源性国有资产法的基础上来实施。当然，在制定产业政策和资源政策时，除了要考虑现有的利益层面，也应该从长远考虑对民营经济的保护问题。

"山西煤矿兼并重组专家律师团"由北京大成律师事务所成立，作为发

起人和负责人，平云旺、张玉成两位律师每天都能接到许多电话，其中大部分来自浙江。

"煤矿老板之前已经取得了矿业权并进行生产，就已经拥有了相关权利。"平云旺律师表示，矿业权转让是一个市场行为，属于两个市场主体之间的交易。

由于山西省政府支持大型煤企来进行兼并，煤矿主的转让合同都是与后者签订，"如果合同具体条款中没有关于政府行政行为强制双方进行交易的介绍和陈述，则意味着此类矿业权转让合同的签订是双方自愿、平等协商的结果，而很难有证据证明其签约行为存在胁迫或欺诈而导致合同被撤销或确认无效的情形"。平云旺表示，这样煤矿主将在法律上比较被动。

但山西一些官员认为，山西作为试点省完全可以结合自己的实际情况制定相关整合方案。国家煤炭协会副会长刘彩英、姜智敏在一次会议上说，山西煤炭资源兼并重组工作，遵循了产业演进规律，符合国家煤炭产业政策要求，提高了煤炭产业的可持续发展能力，总体战略方向是正确的。

与"违宪"并行，引起争论的还有整合重组应该由市场运作还是政府主导。

浙江泽大律师事务所资源与环境部首席律师吴族春受浙江省国土厅、浙江省经济技术协作办公室委托，曾进行浙商在晋煤老板专项调研。吴族春说，浙商在山西投资煤矿企业已超过450家，投资总额在500亿元以上，这些矿井证照齐全，理应受到保护，而通过行政命令的方式介入重组，势必形成人为冲突。

吴族春说，根据矿产资源法，国家对集体矿山企业和个体采矿实行积极扶持、合理规划、正确引导、加强管理的方针，允许个人采挖零星分散资源。即使大集团收购过去了，也要关闭，这也是资源浪费。而且在交流中，有的经营主体就很明确，说实在的，这个矿产收回去他们也没办法开，因为有些小矿不具备综合开采以及机械化开采的条件。

中国政法大学教授、博士师导师李显冬也认为，从资源综合利用角度而言，单纯强调单体矿井规模并不科学。他说："你现在宣布多少万吨以上，10万吨，20万吨，现在又来90万吨，那你想，如果那个矿全部的储存量只有50万吨，你开还是不开？"

他还认为，对于这种政府主导的资源整合，除了在法律层面需要商榷外，更要在操作中按照经济规律，建立起双方认可的准入和退出机制，特别是在补偿方面做到充分合理及时。

山西省政府发展研究中心主任张复明说，山西煤炭企业兼并重组、资源整合的基本思路是实现市场配置与政府配置的协调统一，以"看不见的手"为主导，以"看得见的手"搞调控。这个道理应该是不难理解的。这是国家确定的煤炭产业市场结构具有适度垄断竞争的内在要求。从煤炭产业可能选择的市场结构模式来看，完全竞争、完全垄断的市场结构显然不具有现实可行性，二者都不可取。煤炭作为一种可耗竭资源，其稀缺性、非再生性和差异性决定了仅仅依靠市场机制难以有效约束生产者的逐利行为，也难以客观反映资源开发利用中的边际成本，以及其造成的环境破坏和非再生性资源的边际使用成本。过度的、低水平的无序竞争，不是优胜劣汰，而是以资源浪费为代价的优劣并存，甚至优败劣胜。回归计划经济体制搞完全垄断，会极大地降低生产效率，形成垄断利益，增加消费者的负担。而选择适度垄断竞争的市场结构，形成以若干少数大型煤炭企业（或企业集团）为主体和大量中小煤炭企业共存的市场格局，将适度垄断的有限优势同竞争的基本优势结合起来，依靠国家的法律法规、产业政策及行政手段约束引导，全面提升煤炭产业的整体绩效，是一种讲求效率、兼顾公平的正确选择。

　　从山西煤炭产业特征和开发经验教训来看，政府必须提高煤炭资源配置门槛，组织大规模集中开采。山西煤炭资源赋存优良，中厚、厚和特厚煤层多，薄煤层少，适应大规模集中开采。目前我们的经济和技术水平也完全可以达到大规模集中开采的要求。过去我们对煤炭资源保护认识不足，对环境和生态保护重视不够，在应急的情况下，对煤炭开发采取了"'大中小'并举，国家、集体、个人一起上"的方针，导致乡镇、个体煤矿迅猛发展，到处粗放经营，虽然满足了国家工业化发展所需要，但同时也导致了大量问题，比如多数煤炭矿井布局不合理、设备简陋陈旧、安全和环保措施不到位以及回采率远远低于国家规定，等等。这种"掠夺式"开采，使宝贵的煤炭资源遭到严重浪费，并且造成了生态破坏和环境污染，形成大量的外部不经济性，成为制约经济社会可持续发展的障碍。前几年开始的煤炭资源有偿使用的努力尽管不小，但是局面没有根本改变。在国际国内煤炭市场竞争加剧的背景下，要提高资源利用率和生产安全保障，必须打破地域、行业和所有制界限，加快培育和发展若干大型煤炭骨干企业和企业集团，使其成为优化煤炭工业结构、建设大型煤炭基地、平衡国内煤炭市场供需关系和"走出去"开发国外煤炭、参与国际市场竞争的主体。

　　2008年以来，煤炭市场需求减少，小矿主的利益驱动减弱，进行煤矿升级改造所需的各种生产要素价格降低，形成市场倒逼机制。如果市场回升，煤炭需求增加，淘汰落后煤矿、推进煤矿重组整合将会面临更大的困难和阻力。因此，此时是实施煤炭资源整合、煤矿兼并重组的良机。这样的思路也是国家一直要求的。无独有偶，继山西之后，内蒙古也出台了合理配置煤炭资源的具体规定。

　　在尽可能短的时间内，最大限度地减少矿难发生，是山西当前发展阶段的最优先选择。

山西现阶段优先考虑的是矿工的生命权。生命是第一位的，这是一个不需要用任何理论证明的道理。山西不消灭矿难，矿难就会压垮山西，山西就不会赢得起码的尊重和理解，山西的发展就会窒息，山西就不会有明天。山西不要带血的 GDP。

正像一些学者推论的那样，也许理论上存在这样一种可能：煤炭资源私有化，有恒产者有恒心，民营矿主比国有企业更加关心煤矿的长期发展和安全投入，企业承担责任，政府负责监管，这样，通过市场化道路解决安全生产问题。但是，为什么这种理论上的似乎很合理的模式输给了目前以国有企业为主体推进的模式呢？

有很多原因，但关键在于时间。发达国家的企业并购是在高度成熟的一套市场环境和制度安排下进行的。但我们不可能等到资源的市场化探索和相关体系环境建设完全成熟的那一天；不可能通过市场演化的过程，等待几千个企业自发地并购、重组；不可能等待小煤窑自然成长，逐步达到机械化、大规模的现代化水平。

煤炭要安全生产，必须要实现机械化、规模化开采，要在可能的情况下用机器取代人，这是煤炭安全的本质要求。要实现机械化，必须要规模化；要实现规模化，必须整合资源，兼并重组企业。这些使命谁来承担？山西只能挑选那些在现阶段条件下有资源整合能力、有资金优势、有过硬的技术和设备支撑的企业来完成这一使命。山西现有的民营企业多数不具备这个实力。这也就决定了兼并主体由国有大矿来担当。

那么这种指定整合主体、指定整合区域的做法是否合适呢？

左云县翔宇公司董事长贾凤翔说："有关这个问题，我们必须为民营资本的进入和民营企业的发展创造有利条件，打破垄断和限制，这也是我们进一步改革，保持可持续发展的主要因素。对于资源整合，我能够理解。但对

一点始终无法接受，那就是整合只能与指定国有企业进行，并且自己只能是出售或参股。"

临汾市煤炭工业局局长牛立东说："这次兼并重组其本身就是一个政府主导加市场运作，如果要是纯粹市场运作，很难想象结局是个啥。七大主体是省里定的，我觉得定得对。从全省宏观角度来讲，要建几个亿吨级的、五千万吨级的企业，对全省都有领航旗舰的作用。煤炭是山西省整个经济产业链的上游、最上段，如果牢牢地把这七大企业控制在省委、省政府的手里，那么省委、省政府就游刃有余了。站在省里的角度，我觉得是无可厚非的，也是不容置疑的。"

与煤老板相比，地方官员更多地是考虑兼并重组工作与"三保"（保民生、保增长、保稳定）有交织矛盾，显然这是煤炭整合决策者面临的一个长远问题。

兼并重组整合得到了大多数地方政府、企业的积极支持。年产量4000万吨的大型煤炭企业——晋城无烟煤集团，这次跨地区整合重组了108个矿井。总经理杨茂林说，整合重组的前提是两个企业间的充分协商。组建成立一个新公司，两家就是一个利益共同体，不是为了谁吃掉谁，而是为了共同把煤矿经营好。政府倡导整合重组，我们积极参与，因为这是企业发展的一个极好机遇。

晋城市副市长赵学梅说，资源整合改变了煤矿多、小、散、乱的低水平发展格局，为加速推进全面转型奠定了良好基础。

左云县安监局副局长何文善说："兼并重组是一场革命，渡过这个难关以后，地方政府、地方利益不会损失。为啥说不会损失？现在煤矿企业、私营企业生产的时候，偷税漏税比较多，将来不存在偷税漏税。"

小煤矿的偷漏税情况如何呢？据煤炭和税务部门估计，近两年，山西煤炭实际产量在8亿吨，而每年的报表产量只有6.5亿吨，也就是说，每年有1.5亿吨左右是逃脱了监管的"黑煤"，每年流失税费百亿元以上。而临汾市当地负责人认为，除了安全、资源、税费方面的考虑，在煤炭产业深加工和资源转型方面，以国企为代表的大型煤矿也有着无法替代的优势。

"安全我们能够理解，但是有些煤老板有个说法，就是说这个煤矿姓国字头就不一定安全，姓民字头就不一定不安全。"何文善说："但是姓国字头的相对来说，还是比姓私字头安全，国家毕竟基础力量上去了，投入到位了。现在煤老板或许也能办一些大的矿，有些煤老板可以办，并不是所有的煤老板都能办大矿。"

左云是全国优质动力煤基地县，也是一个因为矿难被频频关注的产煤大县。2006年"518"矿难死亡56人，轰动全国，县里主要责任人因此被免职，但2007年又发生了"919"矿难，死亡21人。调查显示，地方国有煤矿百万吨死亡率是国有重点煤矿的3.8倍，而乡镇小煤矿，百万吨死亡率则是国有重点煤矿的11.3倍。从资源利用上看，小煤矿平均回采率为10%至15%，国内平均回采率为30%，世界先进水平则是60%。

山西临汾市煤炭工业局局长牛立东说："资源整合工作就是要把若干个小矿整合成一个大矿，这个是没问题，肯定要胜利的，我是信心十分充足，因为从产业集中度，从产业发展水平，从产业发展趋势上看，那种多小散乱的格局，确实是再也不能继续下去了，安全无保障，回采率连50%都不到，这样的一种乱、散、小的格局确实再不能继续下去，再下去对资源是一种浪费，对安全也是一种不负责任。这个举措是相当到位，相当恰逢其时。"

也有地方喊日子难过的，毕竟停产、关闭、被兼并对地方经济产生了很大影响。

2009年8月，宁武县政府的一位官员说："自当地小煤矿停产整顿以来，

现在县里的财政确实很困难，很多单位已经发不出工资了。"按照宁武的计划，22个煤矿中有5个最后被组合成一个县属的地方煤炭集团，"用以保障县里的利益"。而大同市煤炭工业局提供的资料显示，上半年大同地方煤矿生产原煤283万吨，同比下降了近60%。2009年1月至5月，全市财政总收入同比下降14.63%，上半年同比下降6.28%。要知道，煤炭对当地财政的贡献高达70%至80%。

除煤老板外，地方干部和一些村民担心地方小煤矿被整合以后，地方政府利益和乡村利益怎么维护。

整齐的村舍、硬化的路面、绿化的山头、文体活动室……像柳林县陈家湾乡郭家山村这样的小康村在山西并不少见，而且大都靠的是村煤矿的资金支持。

无论是兼并主体的国有大企业、被兼并中小煤矿的利益，还是地方各级政府、乡村集体的利益，省委、省政府都在全盘统筹兼顾之中，都有眼前利益、局部利益、全局利益、长远利益的通盘权衡。

"要维护好被整合方的利益，解决好当地群众的生产生活问题，力争让各方都满意。"当时的山西省委书记张宝顺、省长王君多次强调，要妥善处理好各方利益关系，做好被整合兼并煤矿两权价款和矿井投入的补偿，合理解决地方利益和新农村建设投入、公益事业发展等问题，力争做到被兼并煤矿、当地群众、整合主体、地方政府等各方满意。

"我们煤矿兼并重组对乡村集体利益没有影响。"柳林县郭家山村村党支书郭玉柱介绍说。在资源整合中，郭家山煤业公司就近整合了狮尾沟煤矿，产能由15万吨扩大到60万吨。整合双方在协议中明确提出，矿上与村里的原有合同协议保持不变。因此，村民逐年的"福利煤"，村里的小学、养老院等日常支出费用和新农村建设投入等都延续了下来。

朔州市规定，整合以后的煤矿主体挖一吨煤必须栽一棵树，不栽树的，挖一吨煤缴纳15元的植树费用，政府雇人栽树。

在大多数人看来，随着小煤矿的终结，"官煤勾结"的现象将会得到好转。

据了解，2008年7月到2009年7月一年中，山西省共排查煤焦领域案件线索985件，初核煤焦及非煤矿山领域违纪线索627件，立案查处案件600件。山西全省共追缴探矿权、采矿权使用费和价款、煤炭可持续发展基金、煤炭能源基金等各类资金达100亿元。

时年57岁的忻州人张继生在2009年4月之前还有4座年产20多万吨的煤矿，现在已经全部被大同煤矿集团收购，只剩下他自己的两个焦化厂仍在经营。

在他看来，民营煤矿企业的消失影响的绝不仅仅是安监部门，更多的相关利益部门都如同失掉"财神"般，其中不乏公路、电力等核心经济部门。

他说："在山西，煤老板其实过得很辛苦。每产出一吨煤、每赚的一分钱都会掰成八瓣儿，不同的部门对煤矿都有不同的制约。不给电力部门打点，他们断你的电让你没法生产；不给公路部门打点，他们拦你的车不让运煤；不给安监和环保部门打点，他们则会直接关你的矿等等。大的国有煤矿，这些政府部门惹不起，少数官员只有靠着民营煤矿才能获得灰色收入。一个普通官员，在小煤矿每年收入个几十万是轻而易举的事。"

"以前开煤矿的时候，手机24小时不敢关机。每天早晨起来第一件事就是给煤矿的负责人打电话询问，今天会不会有人来检查？都是什么人什么单位的？大概几点来？来多少？问清楚之后好准备礼物或者钱，没有这些打点，煤矿是一天都开不下去的。"张说。

无疑，随着"煤老板"的缩水，官鼠也少了。

煤炭资源整合及企业转型过程中,民间资本退出以后又该往哪里去呢?山西省政府也关注着这一问题,及时出台了《关于促进民间资本进入我省鼓励类领域的意见》,鼓励和引导民间资本从煤焦领域向国家、省鼓励发展的领域投资转型,引导民间资本的流向。《意见》明确提出,民间资本投资将得到土地供应、财政扶持、税费优惠等9方面政策倾斜。随后又公布了《关于做大做强农产品加工龙头企业的意见》,提出凡资源型企业转产和省外资本来山西投资农产品加工项目,投资额在5000万元以上的,均享受省级龙头企业的政策待遇。

山西省社科院能源所副所长王宏英说,退出煤炭市场的资金主要流向两个方向:一是酒店服务娱乐业,二是生态农业。还有就是旅游业,但投入制造业或者煤的下游产业的不多。山西提倡搞高新技术等第三产业,只要财力雄厚,这次也是一个绝好的机会。

据2009年统计,山西省有610多个煤焦铁企业转产和兼办农业产业化龙头企业,投资总额达68亿元。其中,25家企业投资上亿元。

一系列政策措施的出台,可以看出,利益各方的疑虑都一一得到了回答。随着整合工作的深入推进,一些方案和措施得到不断完善,更加贴近实际,更加符合大多数人和社会的整体利益。

由不认识到认识,由不理解到理解,由不配合到配合,由说风凉话到一片叫好,如今"与其提心吊胆当老板,不如平平安安当股东"已成为被兼并煤矿企业的真实写照。整合后的小煤矿老板成为"甩手掌柜",不再为安全担忧,还能通过资源回收率的提高多赚钱。煤炭资源整合得到了绝大多数人的理解和拥护。小煤矿的老板们说,过去自己的煤矿因为规模很小,发展空间有限,一直是老鼠打洞,小打小闹,安全没有保障,整天提心吊胆。现在眼看着过去那个小摊子日益发展壮大,认识也变了:做煤炭企业没有投入和强大的技术支撑，终究成不了气候，进行整合重组是大势所趋。现在从那个不是强项的领域解放出来，把资金投向更加广阔的领域。

蒲县煤老板霍五奎以入股的方式把自己的小煤矿并入了潞安集团的旗下。整合以后他仍拥有公司40%的股份，主要负责协调地方工作，而生产、销售、管理则由潞安集团统一负责。

"你的毕竟小，人家毕竟大，整个过程会不会出现大吃掉小这种情况？"面对这样的提问，霍五奎的回答是：目前来说不存在这些情况，因为股份制的合作，对企业发展还是有利的。潞安的管理和人才优势和我们正好形成一个互补，完全可以把这个企业做大做强。

为了减少社会矛盾，顺利推进整合重组，"努力让各方满意"成了那一段时间内山西书记、省长说得最多的一句话。在各种博弈中，山西省政府着力解决兼并主体与组织者面临的突出问题。

首先是国有重点企业整合重组、收购兼并地方煤矿成本高的问题。一是在资源价款上做文章。国有重点煤炭企业整合重组、收购兼并地方煤矿的最大一笔成本将投入在资源价款上。各级政府可将地方煤矿缴纳的资源价款转为资本金，向收购兼并主体企业转移注资；对于通过资源整合新增的煤炭资源，其资源价款可以免缴，转增政府资本金。二是在股份制上做文章。地方政府采矿权价款注入收购兼并主体企业资本金后，地方煤矿可将地面配套设施、矿井生产设备折价入股，进入整合重组主体企业，形成产权多元的煤炭大集团。三是将整合重组煤矿的产运销、人财物全部纳入大集团统一管理。四是设立省级整合重组专项基金，与中央设立的专项基金一起支持煤矿企业的兼并重组，优先安排兼并重组煤矿企业用于煤矿安全改造、煤炭产业优化升级。

其次是地方各级政府关心的利益问题。一是对重组进入煤炭大集团的煤

矿企业，由煤炭大集团在煤矿所在地登记注册子公司，确保税费上缴渠道和各方既得利益不变。二是保持重组前的利益分配格局不变。三是对原国家和各级政府投入地方国有煤矿和乡镇煤矿的各类资金，转为国有股份，按股份分享利益。四是对原地方国有煤矿的从业人员，顺延签订劳动合同进入国有重点煤炭企业，保持原有的待遇不变。

第七章　披荆斩棘

披荆斩棘，体现的是过人的勇气和胆气；敢舍善取，需要的是超凡的深谋和远虑。以披荆斩棘、敢舍善取的精神，加快我省煤矿企业兼并重组整合的步伐，是省委省政府紧紧抓住国际金融危机形成的"倒逼机制"，立足省情实际，对事关山西当前及长远发展的煤炭支柱产业做出果断而又正确的决策；是贯彻落实中央提出的转变经济发展方式、注重产业结构调整，着力改变我省发展不协调、不平衡、不和谐、不安全等问题的具体举措。有人把始于2009年春天的山西的煤矿企业兼并重组整合工作，称之为山西的"破冰之举"。特别是对山西而言，在国际金融危机与低迷经济之际，敢于拿煤炭产业开刀，全面推进煤矿企业兼并重组整合工作，就好比太岁爷头上动土，火神庙里点灯，需要的是非凡的勇气，需要的是过人的谋略。

时任山西省委书记张宝顺说，受金融危机冲击，我省经济大幅度下滑，如果我们在这个阶段不能把煤炭产业调整好，使山西在下一轮经济发展处于有利地位，那我们的学费就白交了、苦头就白吃了。现在我省经济发展中遇到的困难，都与产业结构的初级化、单一化密切相关，我们要坚定不移地推进转型发展，坚定不移地推进煤炭资源整合，决不能仍然以多小散乱和参差不齐的煤炭生产，去迎接下一轮新的发展高潮，决不能在新一轮发展中重蹈矿难频发的覆辙。

时任省委副书记、省长王君说，资源整合是为山西打基础、立长远的大事，也是为山西百姓做的好事、实事，"阵痛"是必须经历的，凤凰涅槃，浴

火重生。不重组不整合，就无法向3400万人民交待，更无法向山西的未来交待。我们必须迎难而上，纲举目张，抓住煤炭资源整合的大好时机，以"大漠志士"的胆略和决心，坚定不移地走"四条路子"，实现"三个跨越"，推动全省实现转型。

2009年3月，山西省提出到2010年年底前，要将全省煤矿压缩成1000个，每个产能不低于300万吨/年，且单井规模不低于90万吨/年，必须全部实现综合机械化采煤。4月，山西省政府在《关于进一步加快推进煤矿企业兼并重组整合有关问题的通知》中明确了各市保留矿井数量分别为：太原市50座，大同市71座，阳泉市50座，长治市95座，晋城市118座，朔州市65座，忻州市63座，晋中市110座，吕梁市100座，临汾市127座，运城市18座。国有重点煤炭集团公司保留矿井133座，煤炭企业数量将从现在的2200个减少到100个左右。这也就是说90%以上的煤矿将接受兼并重组的命运，小煤矿将被彻底终结，"煤老板"退出历史舞台成定局。到2010年底形成"千座煤矿八亿产能"的产业格局，并实现办矿体制的根本转变。

但资源整合并非靠政府一纸支持就能解决，仍有多重障碍需突破。关闭煤矿不仅涉及矿主和投资人的利益，也涉及市、县、乡、村和有关部门的利益。利益问题协调不好，给资源整合推进造成严重影响，要么整合方案迟迟难以出台，要么推进过程困难重重，进展缓慢。

煤矿是地方政府的"摇钱树"，因而地方政府特别是县、乡级政府对于煤矿企业有一种特殊的"小煤窑情节"。山西晋城一位地方官员说："长期以来，地方政府对煤矿企业有较强的依赖性，多数煤矿在正常税费之外还有一部分费用，用于当地修路、引水、办学、医疗、绿化、救灾、扶贫等方面。"由此不难发现，地方政府对兼并重组的担忧有二：一是失去这部分财力；二是矿点大量减少后，影响当地百姓的就业、收入和生活。可见，小煤矿的消失，某种意义上说就是地方政府、地方利益的削弱。尽管小煤矿消失，意味着地方政府面临的所谓"晋官难做"的政治风险将在很大程度上获得解脱，但自此之后的经济损失也是很明显的。

某大型煤炭集团负责人表示，在推进资源整合过程中，省属煤矿最好整合，地市一级次之，县里的煤矿整合难度最大。因为一些小煤矿的股权结构复杂，牵扯的利益面广。而煤矿整合中同样存在很多细节问题，"在整合后，按道理只能开一个井口挖煤，但却必须承担合并前的两个煤矿的承包费用"。一位不愿透露姓名的煤老板说，"更为重要的是，花了两个井口的钱兼并的煤矿，如果只开一个井口，另外一个井里的设备长期不用，就会报废，坑道也会倒塌。"对煤老板来说，这样计算的结果就是，成本大大增加，但收益并不因此提高。

灵石县一煤老板向《东方早报》记者诉苦："小煤矿没有办法，也没有退路，上面让怎么干，只能无条件服从。"他说，他们只能挖空心思和领导拉关系，不拉关系也许就要关了。

与被动接受兼并重组的煤矿不同，山西省人大代表、太原市科协副主席曹慧彬在调查时发现，在兼并重组整合过程中，一些不具备采矿权的小煤矿混水摸鱼。他们联合起来借机进入到重组整合序列，目的是希望得到国家政策、资金方面支持，以扩大自身煤炭资源的规模。曹慧彬说："表面看来，这些小煤矿是在主动升级，本意是借机牟利。建议煤炭主管部门加大对重组整合过程中的监管力度，清查煤矿资源量，防止国有资产流失。"

上述种种反映出关闭矿井牵涉的复杂情况，但最终还是被成功克服了。2009年6月，太原、晋中、忻州、朔州、吕梁、临汾、运城七市已将兼并重组整合保留矿井分解到各县（市）；吕梁、阳泉、长治等市已编制了区域《煤矿企业兼并重组整合规划方案》，并和山西省《规划方案》进行了对接；部

分县（市）已经编制了《兼并重组整合方案》，进入报批阶段。

晋中市共有256座煤矿，这次兼并重组，整合关闭矿井134座，保留122座矿井。全市有24个办矿主体企业，其中省级大集团主体9个，重组控股矿井35座；地方及其他主体15个，重组控股煤矿87座。晋中市煤炭资源整合工作的特点是通过采取"签订两个协议"（整合关闭协议与重组控股协议）的办法，全力推进"四个到位"。全市共签订整合重组协议256份，签订率为100%；主体企业派出管理团队接管保留矿井122座已全部到位，接管率为100%；主体企业应接管整合关闭矿井134座，已接管130座，接管率为97%；15个地方及其他办矿主体及其控股子公司所属87座保留矿井，以"六长"为主的管理团队已全部选派到位。灵石、介休、榆次、昔阳、和顺五个县（区、市）级主体企业所属14个子公司控股的60座保留矿井，从省内外16个国有大企业（集团）聘请中高级管理与技术人员416名。资金能否到位，是煤炭资源整合的关键环节。晋中市通过"双协议"，大大促进了资金到位率。全市134座整合关闭矿井，有31座矿井以资产折价参股，有103座矿井应补偿总金额57.7亿元，其中按协议约定6月底应到位补偿资金49.4亿元，实际已补偿资金49.2亿元，按协议补偿资金到位率为99.5%。由于补偿资金到位及时，这134座被整合矿在年底前全部关闭。晋中市保留矿井122座，按协议约定6月底应到位重组控股资金149.3亿元，实际支付157.1亿元，到位率为105%。

朔州市煤炭储量422.9亿吨，占全省煤炭总储量的1/6；煤炭产量1.2亿吨，占全省总产量的20%；地方煤矿平均生产规模达到45.6万吨，位居全省第一。全市财政收入的70%来自于煤炭。2009年的兼并重组，朔州地方煤矿从原有的135座减少到67座，矿井数量减少一半；平均单井生产规模由45万吨/年提高到131万吨/年，总产能增长43%。保留矿井全部实现综采，全部取消炮采，全部达到90万吨/年及以上规模。兼并重组完成后，全市80%

的煤炭产能集中在16家大企业、大集团，煤矿数量之少、质量之高、井型之大，位居全省第一。朔州在方案实施过程中实行市县领导包点责任制，市领导包县，县领导包矿，市县两级部门联合办公，全程跟踪，全程负责，全程服务，当好整合重组的"中间人"与"仲裁人"；充分考虑各种利益关系，既放手让企业自我互动协商，又积极当好"中间人"，加强沟通，充分协调各方利益，让合法的"存量资产"和"既得利益"受到保护、不受损失；资产权益流转，给予合理补偿，努力做到"四个满意"：让被整合的企业满意，让整合的主体企业满意，让地方政府满意以及让利益相关的农村满意。在具体实施过程中，既要讲明政策，教育矿主严格按照有关矿产资源处置办法的有关规定办事，绝不能贪得无厌、漫天要价；又要说服动员大企业、大集团充分理解兼并煤矿的有形、无形投入和对未来的收入预期，充分考虑企业职工的利益，考虑周边群众的利益，考虑地方生态环境建设等方面的实际问题，有力地保证了兼并重组工作的顺利进行。

临汾是山西煤炭问题最突出的市之一。当地人把这次整合描绘成临汾最大的利益调整、最大的招商引资、有史以来最大的一场"黑色革命"。在这次重组过程中，临汾市委、市政府深刻地认识到：只有破釜沉舟，才有可能实现临汾煤炭的真正整合。对此，市委书记谢海说："推进煤炭资源整合工作势在必行，临汾已经别无选择。"他们以人大审议通过《关于加快推进煤矿企业兼并重组整合的决议》的方式，把党委和政府的决策转化为人民群众共同的意志，为煤矿企业兼并重组整合提供了法律保障，成为此次重组过程中全省唯一一个以地方法形式推进资源整合的市。

相比临汾，大同的整合工作也是妙棋频出。政府推动，认识不到位、态度不积极、不换脑筋就换人；规划领动，两线作战，实现煤炭产业二次创业；市场驱动，不搞"拉郎配"，按照市场规律，产生 $1+1>2$、$1+3>4$ 的

共赢叠加效应，形成兼并重组的内在动力机制；利益引动，建立一个治理结构完善的现代股份制公司，确保被兼并企业的合法权益不受侵犯，实现投资者利益的最大化，引导兼并重组和谐推进、稳妥发展。这四项措施成为大同率先领跑的法宝，大同也成为重组方案首家得到批复的地市。

据报道，2009年，全省共关闭矿井489处。2010年7月，全省已有804座不符合条件的矿井被关闭、关死，"多、小、散、低"的产业格局正发生着根本转变。全省各市、各整合主体企业按照省政府的部署全力推进，关闭矿井工作进展顺利。

摆在小煤窑老板面前的只有一条路：被大型煤炭集团兼并重组。随之而来的是非常棘手的重组方式的谈判。

发改委专家表示，重组虽然是政府行为，但"不排除未来会出现'钉子户'"。当"煤老板"的要求和政府承诺出现太大落差时，政策执行可能将遇阻力。

"大家一开始希望能够进行股份制并购，各小煤矿组成股份公司，小煤矿作为子公司，仍然保有法人资格。"但"煤老板"的提议没有得到政府方面的认同。在"煤老板"们看来，煤改计划很不公平。所以，该采取何种方式是许多"煤老板"操心的大事。

总的来看，山西煤炭业的整合，基本上循着三种模式进行，即"宁武模式"、"河津模式"、"阳泉模式"。

宁武：直接出让

2009年7月11日下午3点，山西省忻州市宁武县宁武宾馆三楼的会议室里，潞安集团下属潞宁煤业在这里召开煤炭整合会议，主要是对当地要进行整合的煤矿进行评估。

"今天到这里的十几个煤老板，都是被潞宁煤业整合的对象。"位于宁武县城附近的一家年产规模30万吨煤矿的张姓矿长说。张矿长最初的想法是将这30万吨矿作价入股潞宁煤业，后来经人提醒，"还是卖掉算了，以免麻烦。"张矿长说。

"煤老板"所说的麻烦，其主要原因基于两点：一、这次整合者都是国有大矿，"基本上都见不到总公司的一把手，下属公司的副总工程师能接见就不错了，"一位同时参加潞宁煤业整合的宋姓矿长对CBN记者说，"身份不对等，没有安全感。"二、就算作价入股，一个30万吨的矿，在一个大型煤炭集团里，能占的股份最多也不会超过1%，没有话语权。

宁武煤田的整合者，包括同煤集团、焦煤集团、潞安集团等山西省五大煤炭公司。宁武宾馆的3楼会议室里，连续几天都在开会，整合者和被整合者在评估价格的天平上来回摇摆。

不过，对于煤老板出价，国有大型煤企不置可否，原因很简单，怕担上"国有资产流失"的罪名。"山西省政府已经确定了十多家评估公司进驻。"山西省煤监部门的一位负责人在接受CBN采访时表示。尽管"煤老板"对30万吨的煤矿一般开价2亿元以上，但实际上"能拿到一半就不错了"。上述煤监部门的负责人称。

"现在能拿多少算多少吧，晚了估计想拿都没人给了，政策已经下来了，谁也改变不了。"宋矿长说。在未来的几天里，评估公司将正式评估各个煤矿。在进行一番讨价还价之后，宁武的煤矿除了一小部分作价入股较小的宁武煤业集团之外，其他的全部被山西省五大煤炭公司收购。

河津：入股分红

同煤集团轩岗煤电公司（下称"轩岗公司"）代表同煤集团负责整合宁武煤田。轩岗公司"整合办"负责人闫正介绍说，早在2008年11月，整合办就曾经到宁武县调研过，但至今未达成任何协议。

尽管在宁武还没有正式签署协议，但是在河津的"无成本扩张"方式却让轩岗公司狠赚了一笔。2008年8月29日，轩岗公司与河津市虎峰煤业公司（下称"虎峰公司"）签署协议。其操作分两步，先是矿井产出的煤炭全部作为轩岗公司对重组后公司的出资，而轩岗公司派出人员工资、福利都计入生产成本，同时虎峰公司付给轩岗公司15元/吨的管理费；待采出的煤炭价值达到51%的出资额后，产生的利润开始按51：49的比例分配。

在收购产能可达45万吨/年的虎峰公司时，轩岗公司曾经做过初步测算，按当时煤炭市场价格，吨煤税后平均利润为439.67元，矿井年可实现利润1.9785亿元，按51%股比，轩岗公司年可获利1亿元左右，17.5个月即可完成股权置换，在后11.5年的矿井服务期内，轩岗公司可收益11.6亿。

宁武煤炭局总工程师石福恩在接受CBN采访时表示，现在的局面是"两急一不急"：煤老板们很着急，不整合就要一直停产，但每个月几十万元的通风排水费必须要支出；县政府更着急，财政收入负增长，失业居高不下，治安都出现问题；但大集团不着急，"谈上一次后，几个月也不来一个电话"。

闫正也承认，大矿对一些优质资源很感兴趣，所以遭到其他对手的强劲竞争；而一些资源情况差的小煤矿，则出现"丑女嫁不出"的问题。山西几个国有大型煤炭集团都在倡议"低成本扩张"。

"这符合现在的情况，如果国有矿不收我的矿，再过一年我不光维护费要花掉几百万，而且到最后等到的肯定是证照被注销的通知单。"河津一位雷姓矿长告诉CBN记者，"所以我干脆把我的矿白送给国有矿，除过成本之外，每年还能有点分红。"

阳泉：一矿一企业

阳泉煤炭重组的一个要求是：建立多大产能的煤矿，必须要配合再建立一个同等投入的地面企业。这一政策也让煤老板望而却步。按照规定，山西省的矿井生产规模不低于90万吨。"比如现在新建一个矿井，规模90万吨，按照400元/吨的成本投入，那也就意味着要拿3.6个亿出来。如果再在地上兴建一个同等规模的地面企业，再投入3.6个亿，这7.2个亿不是一个小数字。"一位接受CBN采访的煤老板如此感慨。

根据阳泉市副市长王湜洲的解释，建设地面企业是阳泉市在此次煤矿兼并重组过程中确定的附加条件，而且是重要条件。"上次我开了全市的银企座谈会，现在很多银行都在联系，地面企业贷不到款，但是这次兼并重组银行是大力支持的。"王湜洲说，"两年以内关掉100个、建上50个，同时再搞50个地面企业，这任务是非常大的。"

对于地面企业，王湜洲解释，其建设形式可以是新建，可以是兼并重组，可以是联合建设，比如三个煤矿可以联合起来建一个10亿元的企业。

阳泉市的想法是，此次直接兼并的煤矿必须是已经完成改造的煤矿。"而且，阳泉市煤炭工业局还打算此次煤炭兼并重组以后，再搞一些投资公司。"上述煤老板表示。

山西煤炭运销总公司已经首先在阳泉开始了动作，旗下的阳泉分公司整合阳泉市4个资源整合区段34座煤矿。"整合前井田面积69.49平方公里，整合后75.85平方公里，新增6.36平方公里，整合后保有储量72602.1万吨，规

划产能1380万吨/年。"山西煤炭运销总公司的一位管理层在接受CBN采访时如此表示。

煤炭资源重组方式对于山西，无论从经济结构还是从社会结构都处于重要位置。因为在山西，煤炭既是产业问题、经济问题，又是社会问题和民生问题。除了小部分煤矿主选择宁武方式退出煤炭领域外，大部分以股东的身份继续留下。总之，不管属于何种重组方式，山西选择在国际金融危机冲击最严重的经济下行期内，断然终结小煤矿，挺进"大矿时代"，具有重要的创新意义。

省政府表示要大力支持大型煤炭生产企业作为主体，兼并重组整合中小煤矿，控股办大矿，建立煤炭旗舰企业，实现规模经营。同时，允许山西煤炭运销集团公司、山西煤炭进出口集团公司等省属煤炭生产经营企业作为主体兼并重组整合地方中小煤矿，建立煤源基地。

这里面其实就明显大幅提高煤炭行业准入门槛，为整合主体、兼并重组主体限定了条件：或为大型煤矿企业——具备年产300万吨，而且至少有一个年产120万吨机械化开采矿井的地方骨干煤矿；或有一座年产90万吨及以上矿井作支撑，兼并重组后生产规模不低于年产300万吨，所属矿井至少有一座不低于年产120万吨。高门槛在一定程度上把小煤矿挡在门外，让有实力、产业水平高的优质企业获得更大的发展空间。所以，整合主体靠的是实力，而不分姓国、姓民。

朔州市市长冯改朵说："兼并重组整合不是简单的'加'或'减'，而是立足资本、资源的'大进小退'、'优进劣退'，最大限度地实现几何级增长效应。""我们选择兼并重组整合主体，只认'大'和'优'，不看'国'和'民'。因此，我们市的煤炭企业兼并重组并没有将民营企业排除在外。相反，民营企业所占比例与国有大集团大公司相差无几。"

　　山西联盛能源投资有限公司是一家在山西成长起来的民营采煤企业,总产能超过550万吨,矿井采煤工作面全部实现机械化开采。联盛以其雄厚的实力和技术水平成为这次重组整合的兼并主体,重组整合了13对矿井,产能迅速扩张到750万吨。联盛副总经理王栓照直言:"此次煤炭资源整合,为我们这样的民营企业更好、更快地发展铺平了道路。"

　　此次资源整合受益的民企不止联盛一家。产煤大县柳林,8个整合主体中,有7个是民营企业;在吕梁市,民营企业占整合主体的60%,产能也占到60%。

　　同时,太钢、焦炭集团、能源产业集团、国际电力集团等不以煤炭为主业的大型国有企业,也全部退出了所办煤矿的控股权,转由大型煤炭企业生产经营;省属国有重点煤企下属的22座不符合条件的小煤矿,也被关闭。在整合后保留的1053处矿井中,国有办矿占19%,民营办矿占28%,以股份制为主要形式的混合所有制企业办矿占53%。这样,山西省形成以股份制企业为主要形式,国有、民营并存的办矿格局。民营企业作为接管主体的比例高达30%,"三分天下有其一"。

　　在资源整合过程中,一些"煤老板"选择转让产权,进行转产转型,退出煤炭行业;多数则选择成为兼并后新企业的股东,退隐后台,不直接干预煤矿生产经营。吕梁煤老板高华说:"咱还是煤矿新主体的股东,但不再直接经营了,而是交给专业的管理团队。"一部分做大做强的民营煤炭企业也参与了兼并小煤矿。山西大土河焦化有限公司董事长贾廷亮说:"原来我公司21个小矿加起来才有120万吨的产能,现在整合成5个煤矿,产能达到620万吨!"

　　自2009年7月27日百余名西山煤电人正式入驻吕梁四矿以来,全省各大整合主体竞相接管进驻整合煤矿,做到了机构、人员、资金等快速到位。

主体到位后，各煤矿的复工复产、改造建设、矿井关闭等工作全面展开。同时，各整合主体积极推进理念输入、建章立制、规范管理等工作，提高矿工思想认识，规范生产行为。各地、各企业在实现安全保障的前提下，分解责任，严格考核，强化落实，在保证合法生产、合法建设的基础上，快速高效推进矿井现代化建设。

2009年4月15日，省政府第34次常务会议审议并原则通过了《山西省煤炭产业调整和振兴规划》，之后，又下发了《关于进一步加快推进煤矿企业兼并重组整合有关问题的通知》，出台了《关于煤矿企业兼并重组整合所涉及资源采矿权价款处置办法的通知》等一系列相关配套规定，并宣告成立"山西煤矿企业兼并重组整合工作领导组"。该领导组组长由省长王君亲自担任，副组长是时任分管工业的副省长陈川平，成员为全省涉煤厅局的一把手，其规格之高被视为"史无前例"。

与此同时，银行、国土厅及各市县等相关配套服务也积极配合，有力保障。2009年9月初，工行吕梁分行成功发放9.7亿元煤炭资源整合并购贷款，这也是山西省内金融机构向全省煤炭并购主体发放的首笔煤炭资源整合并购贷款。

2009年12月底，山西省国土厅11楼临时的国土采矿证办证大厅，人来人往，走廊拥堵。走廊的两端连着一个"巨大"的办公室，说它巨大，是因为这是由会议室临时改造而成的，大厅的布局非常简单，将桌子横向或纵向对等排列，随处可见摆着"长治市"、"临汾市"之类的桌牌，它们将大厅分成不同区域。一位国土部门人士表示，这种集中办公的模式很有效率。山西省国土资源厅领导也高度重视，并向山西省政府立下军令状："到12月中旬，换证率达到85%以上。"这里办理的是煤炭企业所需"六证"中的第一个——采矿许可证。

在负责审批的一位负责人孙淑的办公室里,记者看到:从上午9点开始,孙淑的办公室就没有停止过来人,门口还排着长长的队伍,都是山西各地上来的煤炭企业代表。"时间紧,任务重",这句老话用来形容他的工作一点也不夸张。

旁边是银行来人询问一个被兼并的煤矿企业所欠贷款问题,另一边是地市煤矿企业就采矿许可证上名称问题进行咨询办理。"时间上有一个硬性规定,原先是9月份要全部完成,对我们这个部门来说,这也是死命令,在这么短的时间内,许多手续要审核,许多材料要重新评估,所以必须有这样一套效率高的办公模式。"他所说的这种效率高的办公模式,使得办证时间由原来的40天左右缩短到现在的四五天。

产煤大县蒲县在这次煤矿企业兼并重组整合工作中,坚持"1245"的煤矿企业兼并和重组模式,提出了"一个协议、两个转移、四个条件、五个结合"的工作原则,充分兼顾了地方、群众、企业等各方面利益。由于思路新、作风实、方法对,煤矿企业兼并重组整合工作呈现出了强势推进的好势头。

整合过程中,长治市的做法也很典型,值得借鉴。他们最大的亮点就是邀请中介机构全程参与,确保兼并重组依法有序进行。从重组一开始,他们就坚持由中介组织和专家团队提供法律咨询、决策咨询、专家论证、参与决策。市政府聘请山西大学30名法律专业人员,全过程提供法律服务指导、咨询等工作,特别是在煤矿企业兼并重组、采矿权转让、政策性关闭煤矿、解决相关群众利益和职工安置等关键问题上,都做到了以合同的形式一一落实,做到依法推进。在中介机构的选取上,他们不指定、不强迫,国内35家有矿业评估权的中介组织,兼并双方可以自主选定。

与地方政府争先恐后相比,作为整合主体的大型煤炭企业更是"八仙过海,各显神通"。2009年5月,山西焦煤集团成立了以煤炭资源整合为首要

任务的子公司——山西煤钢联能源开发有限公司。同时，在这轮整合行动中，焦煤集团确定了221座煤矿的目标，涉及产能7000万吨。也就是说，整合结束后，山西焦煤集团的生产规模扩大一倍，达到至少1.5亿吨。无独有偶，阳煤集团的核心企业——国阳新能也在公告中宣布成立国阳投资公司，积极参与省内的煤炭资源整合工作，以增加公司的煤炭资源，实现做大做强。

在山西煤炭资源整合过程中，《国务院关于同意在山西省开展煤炭工业可持续发展政策措施试点意见的批复》是一个非常主要的关键性国家文件，也是山西新一轮煤炭资源整合政策制定的重要依据。中国煤炭工业可持续发展政策措施在山西试点的谨慎布局，不仅是对山西1998年以来持续开展的煤矿兼并重组工作的充分肯定，更是为2008年以来山西全面推进煤炭资源整合提供了强大的支持，奠定了坚实的基础。

截至2009年11月12日下午，太原全市煤矿企业兼并重组整合方案全部审定通过并批复，批复矿井42座；在全市应签协议的87座煤矿中，已签正式协议煤矿84座，签订率高达97%。在河津市，山西煤炭运销集团运城有限公司正式进驻杨鑫、远沟等4座煤矿；霍州煤电集团河津公司进驻腾辉、老窑头、海圣、薛虎沟、福星等7家煤企；同煤集团轩煤公司正式进驻万杰煤业公司。3家大型煤炭业集团进驻12家被兼并煤企，标志着河津市煤矿资源整合进入了实质性阶段，为煤矿复工复产奠定了基础。朔州全市正式签订协议81份，完成94.2%，主体到位煤矿61座，到位率达91%，已有29座煤矿资料上报省国土资源厅，并有19家换证。

第八章　初见成效

　　2010年1月5日，国家发改委、能源局、山西省政府在北京举办山西省煤炭兼并重组新闻通气会,这标志着备受关注的山西省新一轮煤炭重组已基本完成。山西省副省长陈川平在会上表示,山西全省重组整合煤矿正式协议签订率达到98%,兼并重组主体到位率达到94%,特别是具有决定性意义的采矿许可证变更已超过80%,煤矿"多、小、散、乱"的产业格局正在发生根本性转变。对于重组引发的"国进民退"之议,陈川平说,兼并重组的主体在于规模,而非"国有"。目前,山西形成了国有、民营并存的办矿格局,国有企业、民营企业和混合所有制股份制企业办矿的比例为2∶3∶5。整合后,山西省矿井数已由2598座减少到1053座,企业主体由2200多家减少到130家。

　　山西省委、省政府从全省科学发展的全局出发,及时做出推进煤炭资源整合和煤矿兼并重组的战略决策,从一开始就明确"统筹兼顾地处理好各个方面的利益关系,努力做到被兼并煤矿、当地群众、整合主体、地方政府等各方满意"要求和安排,最大限度地保护各方面的合法合理权益。一系列配套政策措施的出台,一系列操作程序的规范可行,得到了党中央、国务院的充分肯定,得到了国家有关部门的大力支持,得到了广大人民群众的热切拥护。对于山西煤矿兼并重组整合工作,2009年11月15日,《人民日报》在头版发表题为《怎样看待山西煤炭重组》的"人民观察",肯定山西的煤改政策,称山西省将形成的是国有、民营并存的办矿格局,目前民营企业作为

接管主体的比例高达30%。2009年末，中央领导同志对山西煤炭资源整合工作的肯定性批示，则最终为所有的争议画下了句号。

2010年1月在北京举办的山西省煤炭兼并重组新闻通气会上，国家发改委、国家能源局对山西的做法予以充分肯定，认为晋煤兼并重组"符合煤炭产业基本特性"。国家发改委经济体制综合改革司司长孔泾源说，山西省根据优化煤炭产业结构，实现煤炭行业生产规模化、经营集约化、技术现代化、采煤安全化、产权多元化的要求，科学规划、注重协商协调、依法推进煤炭企业兼并重组整合。山西的做法符合作为资源性产业的煤炭产业基本特性，适应经济社会发展的需要，顺应了经济转型的趋势，体现了以人为本、科学发展的理念，在能源投资体制、资源综合利用、安全生产和行业管理制度等方面实现了创新，对全国其他地区类似产业的转型升级具有一定借鉴价值，为全国煤炭行业的结构调整和体制创新积累了经验。国家能源局副局长吴吟表示，煤矿企业兼并重组和煤炭资源整合是提高煤炭产业集中度和产业水平的必由之路，是国务院批准山西开展煤炭工业可持续发展政策措施试点的重要任务，也是国家实施小煤矿整顿关闭攻坚战的重要内容，符合《国务院关于促进煤炭工业健康发展的若干意见》和《煤炭产业政策》。山西省的煤炭资源整合工作为全国煤炭行业的结构调整和体制创新积累了经验。

2010年1月11日，山西日报报业集团总编辑王建武一行9人就吕梁市煤矿企业兼并重组整合工作与部分企业家座谈。煤炭企业家们认为，山西的煤矿企业兼并重组整合是山西煤炭产业发展的治本之策。这项工作的开展，彻底改变了全省煤炭行业"多、小、散、乱"的格局，是煤炭工业做强做大的必由之路，是安全生产的必然保证，是淘汰落后产能、提高资源回收和综合利用的有效途径，是推动煤焦工业现代化的坚实基础。时任吕梁市委书记的聂春玉说，山西煤矿企业兼并重组整合工作有"五个特点"：一是治住乱象不容易。就吕梁而言，由过去的1300多座煤矿兼并整合为现在的113座，可以说，煤矿企业整合工作治住了山西煤炭开采的乱象。二是取消炮采不容易。山西煤矿企业兼并重组整合工作可以说是一次生产技术方式的革命。吕梁严格执行省委、省政府的决策，整合矿井全部实行机械化开采，包括过渡矿井，这样将有效提高安全生产率。三是多种所有制形式并存不容易。吕梁在这一轮煤矿企业兼并重组整合工作中共有主体企业30个，其中地方骨干企业就占到20个，这种格局的形成是和吕梁近年来注重建大矿、注重关小建大不无关系的，这种格局的形成促成了此次整合的顺利、平稳进行。四是把钱留住不容易。煤矿企业兼并重组整合后，吕梁原煤炭企业或者转产农业以及其他非煤产业，或者投资社会公益事业等，晋商的优良传统使得这部分资金继续留在吕梁，继续投资于吕梁的经济社会发展事业。五是产业链延伸不容易。煤矿企业的兼并重组整合使吕梁的资源加工链条延长，拉长了产业链，形成了循环经济，为企业做大做强，为发展地方经济奠定了良好基础。

2010年8月25日，国务院总理温家宝主持召开国务院常务会议，研究部署推进煤矿企业兼并重组工作。发端于山西的煤矿企业兼并重组，终于正式成为一项全国的战略。国家能源局相关人士对《华夏时报》记者表示，本次政府工作会议内容标志着山西煤炭企业兼并重组已经得到了国家层面的肯定，煤炭企业兼并重组延续"建大关小"的思路，未来政府对煤炭企业兼并重组的支持力度将会逐步加大。

山西省煤监局局长杜建荣说，最能体现"以人为本"的就是煤矿安全保障能力的提高。兼并重组整合全面结束，煤矿全面采用机械化综采后，煤矿百万吨死亡人数将减少74%。其一，煤矿数量从2600座减少到1000座，按简单数学概率算，事故发生率将比现在降低60%多，也有利于监管工作。其二，煤矿装备水平得到大幅提升是本质安全的核心。其三，井下一个工作面

当班人数有 50 人就足够了，标准化作业，井下危险岗位和从业人员也将大幅减少。其四，在本次兼并重组整合的煤矿符合国家产业政策，将根本消除短期行为带来的安全隐患。

山西临汾市煤炭工业局局长牛立东说："根据山西省规定，这次整合只能由山西焦煤、阳泉煤业、潞安矿业、晋城无烟煤矿业、同煤集团、山西煤炭运销集团、山西煤炭进出口集团 7 家国有企业作为主体，并且基本划定了整合区域，基层管理部门只能负责执行。"牛立东又说："七大主体是省里定的，我觉得这个定得对，从山西省的宏观角度来讲，要建几个亿吨级的、5000万吨级的企业，这个对全省都是领航旗舰的作用，煤炭是山西省整个经济产业链的上游，最上段，你如果牢牢地把这七大企业控制在省委、省政府的手里，那么山西省委、省政府是游刃有余的，站在省里的角度，我觉得是无可厚非的，也是不容置疑的。"

山西蒲县煤老板霍五奎以入股的方式把自己的小煤矿并入了煤业巨头山西潞安集团的旗下。他说："股份制的合作，对企业发展还是有利的，完全可以把企业做大做强。"

孝义晋帮煤业有限公司董事长薛经官，是个多年来在孝义市创业的福建人。2001 年，薛经官承包经营孝义市西梁庄煤矿配采井，当时的规模是 3 万吨，之后改革采煤方法，进行壁式开采，是吕梁市乡镇煤矿采煤方法改革的第一家，2005 年，生产规模提高到 15 万吨。这一年，他承包的 4 个煤矿全部完成了采煤方法改革，矿井的资源回收率提高到了 60% 左右。省里召开煤炭工业"第三战役"动员会议之后，薛经官也在盘算着自己 4 个小矿的发展问题。这几个矿的可采储量已经不多，如果与周边的矿进行资源整合，建设规模比较大、技术水平比较高、产业链比较长的矿井，当然是好事。不管是自己整合别人，还是别人整合自己，都是可行的。他说，自己被别人整合，经济利益肯定会减少，但整合是个趋势，不干是不行的，这是国家的产业政策。要整合，一个煤矿买断其他几个煤矿，说起来好说，但办起来不好办，因为每个矿主的利益都是切身的，你不可能给他断了后路。如果组建新的股份制企业，让被整合的煤矿入股的话，就比买断合理，也好操作，这样，利益虽然减少了，但还有固定的收益，细水长流。薛经官开放的思维、寻求更好发展的思路，支持大型煤炭企业联合、兼并、收购重组或托管中小煤矿，整合资源、产能置换，建设一批现代化大型矿井，推动地方国有或民营中小煤炭企业以股份制形式进行联合重组。

山西朔州天井煤业有限公司老板吴凤鸣，从事煤矿开采20多年。兼并重组之后，他的切身体会是：多数"民企"并未退出，只不过是转换了身份，由原来的老板变成了股东。山西推进煤矿企业兼并重组整合战略的方向是完全正确的，自己文化不高，管理水平也偏低，仅凭自身能力和资金感到非常吃力，实现安全发展困难重重。如果和大公司、大集团合作，不仅煤矿产能大幅度提升，企业的经营管理、安全保障水平也会有新的突破和跨越。

山西焦煤集团矿业管理有限公司总经理杨水龙认为，大集团在技术、资金、人才和安全管理方面的优势，将有效解决地方中小煤矿安全保障水平低、资源利用率不高和环境综合治理等问题。一是收购、兼并煤炭资源储量丰富、具有发展前景的小煤矿。焦煤集团对于煤炭资源储量丰富、具有发展前景的小煤矿采取兼并或收购办法，通过完善手续和技术改造，目前已形成1220万吨的生产能力。二是托管矿井实现互利共赢。充分发挥国有企业的人才、管理和技术优势，提升了托管矿井整体管理水平。山西焦煤集团矿业管理有限公司提出，在现有基础上，坚持每年托管1个地方煤矿，到2015年托管矿井10个，托管原煤产量1500万吨；托管选煤厂3个，托管精煤产量600万吨。汾西矿业集团以联合重组为主，目前参股和控股项目6个，项目完成

后，可新增生产能力 2565 万吨。霍州煤电集团以收购为主导，收购乡宁县谭坪区探矿权，组建"霍州煤电谭坪煤业股份有限公司"，拟建 500 万吨矿井。同时，在方山县、安泽县整合煤炭资源。

潞安集团负责人也表示，重组有利于对被整合矿井逐步实施安全接管和技术改造。比如，收购的宁武陈家半沟煤矿，经技改扩建后，由 21 万吨提升为 200 万吨的生产能力，正以其为中心，整合区域内煤矿，建设 1200 万吨的区域煤炭集团。潞安集团提出，拟与长治市共同组建股份制的"山西潞安能化集团"，经营煤、焦、电、化、油五大产业。整体规划，分步实施，先从煤炭层面开始做，逐步向其他领域拓展。整合的原则性条款是：保障国家和地方政府的利益，保障投资者利益，支持被整合煤矿发展非煤产业。带动地方煤炭在煤炭深度加工转化、延伸产业链条、最大限度增值、发展规模经济方面实现重大突破，推动区域新型煤化工产业发展。推动被整合煤矿实现可持续发展。对被整合煤矿实施改造，在资源、资金、技术、管理、人才等方面给予支持。被整合煤矿享有"潞安煤"品牌使用权、市场销售渠道及运力。公司组建模式采用"1+9"模式。即潞安集团与长治市的 9 个采煤县分别谈判，采用销售联合、授权经营、托管、资本运作等更加灵活的方式。为了保证组建的顺利进行，所有利益包括存量、增量部分都具体化。

"实践是检验真理的唯一标准。"2011 年 1 月 19 日，山西省第十一届人民代表大会第五次全体会议举行第一次全体会议，省长王君在政府工作报告指出，2010 年山西煤炭产量达到 7.4 亿吨，创历史最好水平；山西煤炭百万吨死亡率下降为 0.198，远低于 0.727 的全国平均水平，这"一升一降"的两组数据，已经深刻反映了山西煤炭产业的"内部"巨变。山西紧紧抓住国际金融危机蕴涵的机遇，以壮士断腕的决心和勇气启动实施煤炭资源整合煤矿兼并重组，通过这新一轮整合，山西省煤炭工业现已进入了一个全新的发展阶段，产业水平显著提高，安全生产状况明显改善，采矿秩序明显好转，能源基地的地位进一步巩固，为经济社会又好又快发展奠定了坚实的基础，为全省转型跨越发展奠定了坚实的基础。

"多联产、抓高端、全循环"，正在成为山西煤炭工业企业的发展理念，过去一些工业"废、害"废弃物经过技术处理创造出新的经济效益和社会效益。

潞安煤油循环经济园区"煤不见风、煤不见天"。原煤洗选后，喷吹煤外运，矸石用于发电和制砖，矿井水循环利用，瓦斯抽采用于发电，排放的氮气、氢气和二氧化碳回收利用制成合成氨和尿素，原煤基本实现"吃干榨尽"和低碳排放。目前的生产装置每年可减少27万吨二氧化碳排放，同时回收利用低热值尾气，进行IGCC（整体煤气化联合生产）联合发电，实现煤炭的高效低碳利用。除清洁柴油以外，弃采煤还能转化出被广泛用于食品、医疗等行业的石蜡以及石脑油等10多种产品。

"上海世博会上，行驶在黄浦江的游船使用了中国自主技术研制的煤制柴油。这种油热值高，而且是超洁净液化燃料，它能直接用于柴油车，也可与普通柴油调配使用。"在山西潞安煤基合成油有限公司，总工程师孙志强拿着一瓶清水样的液体对记者说。孙志强又拿出一块乌黑的煤块说："这就是油的原料，一种含硫量高达3%的煤炭。几十年来这种煤因不符合环保要求一直弃采不用，现在经过清洁利用就变成清洁燃料。潞安集团有120亿吨弃采煤可以被盘活。"

山西省古交市有一个叫"矸石沟"的地方，堆弃了30多年的煤矸石。以前煤矸石无法利用，只能采用碾压、覆盖、复垦、绿化等办法处理，煤矸石自燃和产生煤尘对环境造成了巨大破坏。仅古交市每年有1000多万吨煤矸石和原煤洗选产生的洗中煤、煤泥。古交发电厂投入运行后，每年可消耗洗

中煤、煤泥和煤矸石180多万吨用以发电。投产后一、二期工程每年可以"吃掉"古交矿区600万吨洗中煤、煤泥和煤矸石。

有数据表明，山西每年至少有6000万吨煤矸石、洗中煤被堆弃。煤矸石堆存总量超过11亿吨，占地已近1.6万公顷。保守估计，多年来，全省因粗放采煤造成的生态环境损失接近5000亿元。在小煤矿遍地开花的地方，曾经美丽的家园与河山，已经被不计代价的粗放开采、甚至掠夺式野蛮开采，糟蹋得千疮百孔，满目疮痍。到去年，仅国有重点煤炭企业建成煤矸石、洗中煤发电厂20多座，年消耗煤矸石等低热值燃料1000多万吨。目前，山西每年电厂粉煤灰排放量达3000多万吨。"十二五"期间，山西将对有工业利用价值的粉煤灰进行深加工，利润可达数十亿元。

太原市曾有1200多个小煤矿，全市高投入、高污染、高排放、低产出的问题曾经十分突出。为了改变这一状况，太原市对按规定时限和标准完成关闭任务的县区给予奖励，每关闭一座奖励500万元。现在，全市矿井减少到53座。

2009年，汾河太原以上河段实现清水复流，湿地面积增加、地下水位回升，有的水源地升高16米。2010年11月，山西省环保厅发布消息称，山西省地表水水质明显改善，汾河上游水质首次达到一类水质标准，为20年来最好水平。这是2009年以来汾河的又一"利好"。

"老账渐还、新账不欠。山西利用煤炭可持续发展基金和矿山环境恢复治理保证金，有效改善了生态环境。"山西省发改委主任李宝卿说。山西纳入国家考核的5个重点城市全部摘掉"黑帽子"，在全国113个重点城市中，倒数22名内已找不到我省的城市。

2010年，山西11个省辖市中有10个达国家环境空气质量二级标准，空气优良率达到95.1%，84个县（市、区）环境空气质量达国家二级标准，空气优良率达到95.9%。与2005年相比，11个省辖市平均空气综合污染指数下降61.9%，可吸入颗粒物年均浓度下降47.2%，二氧化硫年均浓度下降73.2%。同时，水环境质量有所改善，地表水重污染断面首次下降到51.5%，汾河上游（东寨桥断面）水质20年来首次达到一类水质标准，国家考核的9个断面全部达标。空气和水质量的改善，让老百姓实实在在感受到了煤炭整合的成效。

山西煤炭业改革的根本目的是提高煤炭行业集中度，提高煤炭企业的机械化、信息化和安全生产水平，从根本上建立资源节约型、环境友好型、生产安全型的现代化煤炭生产体系，提高山西煤炭工业的可持续发展能力，实现煤炭产业的升级，提高山西煤炭产业的国际竞争力，发展煤炭循环经济，延伸产业链，提升附加值，优化煤炭产品结构，推动山西煤炭沿着新型工业化的道路走向世界。

从2009年4月山西省委、省政府全面部署，到当年10月，仅半年时间，全省煤炭资源整合工作已经初见成效，多、小、散、乱、差的煤炭产业格局发生了根本转变，大集团、大基地战略构架已具雏形，产业集中、安全保障、主体多元的发展格局初步形成，煤炭工业现代化水平不断提升，山西煤炭工业进入了一个全新的发展阶段。

1. 产业集中度、技术水平极大提升

截至2009年10月12日，全省煤矿重组整合已签订协议1463份，协议签订率97.9%，逐步进入证照换发、主体进驻、复工复产阶段。

通过重组整合，全省煤矿井数由2598处压减到1053处，办矿企业由2200多家减少到了130多家，30万吨/年以下的小煤矿全部淘汰关闭，保留矿井全部实现机械化开采，90万吨/年及以上的综采机械化矿井占到2/3以上，平均单井规模由36万吨/年提高到110万吨/年。形成4个年生产能力亿吨级

的特大型煤炭集团、3个年生产能力5000万吨级以上的大型煤炭企业集团、11个产能1000万吨级以上的大型煤炭企业集团和72个300万吨级左右的地方集团公司。行业集中度与技术装备水平大幅提升，大基地、大集团战略构架已具雏形。

表8　山西2005年—2009年矿井数量变化（万吨）

年　份	2005	2006	2007	2008	2009
矿井数量（处）	4278	3194	2820	2590	1053
单井规模（万吨）	16.8	28.3	32.2	36	110

这一喜人的结局得益于全省煤矿企业兼并重组整合工作总体推进快速、有序，得益于主体矿井协议签订、主体到位、人员进驻等工作进展顺利。一是机构配置快速到位。所有整合保留的主体煤矿，均健全完善了相关管理科室。不少煤矿还从自身实际出发，按照相关规程，增设技改基建副矿长及相对应部门。二是人员进驻快速到位。新组建的煤炭主体企业中，均按省有关规定和要求，配齐了"六长"及生产、通风、机电、安全等各专业工程技术人员和特种作业人员。三是资金快速到位。各整合主体制订专门计划，安排补偿资金，有序投入，梯次推进。

各整合主体企业在主体到位后，立即围绕重大事故预防、核心工艺改进、九大系统完善等重点，全面推进，加快现代化矿井建设步伐。2009年8月22日，潞安集团一缘煤业公司总经理苗田接受记者采访时表示，潞安集团整合凤台一缘煤矿以来，在"合"字上下工夫，充分发挥优势，制订专项计划，加快推进整合矿井现代化建设。"我们矿井的瓦斯监控系统、人员定位系统和产量进尺监控系统，都已经和集团公司实现了联网。"潞安集团潞宁公司接手孟家窑煤矿后,这个各个系统很不完善、年产仅15万吨的民营小煤矿,近期发生了天翻地覆的变化:累计投入5000多万元,对生产、通风、提升等各个系统进行了技术改造,回采率将由原来的15%提升到60%,两年内这个矿就会变成一个大型的现代化矿井。

总之,全省各重组改造煤矿建设步伐较快,矿井核心工艺、供电双回路改造、监测监控联网等工作均有序、高效、安全推进,为将整合矿井建成机械化、规模化、集约化、信息化的现代化矿井奠定了坚实基础。

2. 煤炭行业上缴税金同比增加6%

煤矿企业兼并重组整合的推进,使得煤炭行业贡献率继续提高,煤炭产量逐月逐季增长。煤矿企业兼并重组整合后,对山西财政的影响主要集中在三个方面。一是产量增加带来的收入。按现在吨煤平均100元的税收算,增加两亿吨煤就意味着国家要增加200亿元的税收。二是兼并重组后煤炭产量增加带动其他产业发展带来的收入。三是主体减少后便于加强税收监管,防堵漏洞带来的税收。2009年前三季度,国有重点矿产煤2.7亿吨,同比增加1237万吨,全省累计产煤4.3亿吨。在吨煤税金增加的调控下,全省煤炭行业上缴税金454.69亿元,同比增加27.42亿元。四季度煤炭产量月均达到6103万吨,创历史最高水平。全行业完成销售收入3766亿元,同比增加266亿元。2010年1月至7月,全省原煤产量累计完成3.97亿吨,同比增加7649万吨,增幅23.85%。煤炭工业经济的质量和效益不断提升,没有再陷入"量增、价跌、收入减"的被动局面。山西各级财政和民生事业得到进一步改善。

3. 安全生产形势喜人

2009年前三季度,山西省煤矿事故起数同比下降近五成,共发生事故45起,死亡159人(不含非法事故、煤炭企业地面伤亡事故),事故起数同比减少39起,下降了46.43%;死亡人数同比减少62人,下降了28.05%。2009

年全年,煤炭行业事故起数、死亡人数同比分别下降了 39.32%、26.55%,全省煤炭百万吨死亡率为 0.328,同比下降 22.39%,比全国的 0.923 低 0.595。2010年1月至7月,全省煤炭行业事故在去年大幅度下降的基础上继续稳定下降,事故起数和死亡人数同比分别下降 8.11% 和 25.55%。

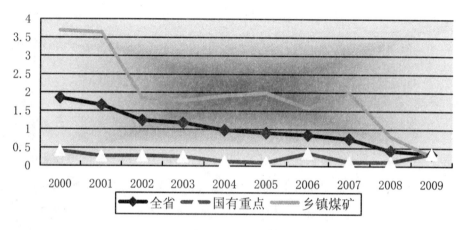

图 11　山西全省及各类煤矿百万吨死亡率

与此同时,全省煤矿安全生产继续保持总体平稳、趋稳向好态势。全省保留矿井全部按照安全质量标准化进行建设,矿井机械化、信息化水平均得到大幅度提升,安全保障能力明显增强。多措并举巩固和扩大资源整合的阶段性成果,进一步强化、深化煤矿安全生产工作,全力促使安全生产形势由明显好转向根本好转转变。各地各整合主体企业突出落实主体责任、加强监督和严防监管漏洞等重点环节,全面加快推进安全生产步伐;强化包保责任制,严格煤矿安全监管检查工作;加大安全生产投入,加强煤矿安全基础管理,确保安全生产。2010年1月至7月,全省安全生产形势在2009年明显好转的基础上,继续保持稳定好转的态势,煤炭百万吨死亡率为0.2568,同比下降了39.89%,为全省经济社会发展提供了可靠的安全保障。2010年8月至11月，全省煤矿事故同比下降5%；死亡人数同比下降24.57%，煤炭生产百万吨死亡率0.1982，同比下降了38.14%，远低于全国的0.727。2010年山西煤炭产量达到7.2亿吨，比去年增加1亿多吨。煤矿安全保障能力明显增强，安全生产形势明显好转。

4. 资源利用效率得到极大提高

兼并重组整合完成后，全省煤矿采区平均回采率由整合前的47%提高到74%，资源回收率在15%左右的小煤矿全部关闭，退出市场，以往小煤矿掠夺式开采造成的资源严重浪费现象得到彻底遏止，资源利用效率得到极大提高，资源综合利用状况极大改善。到2011年后，山西省矿井采区回采率薄煤层要达到85%以上、中厚煤层达到80%以上、厚煤层达到75%以上。原煤洗选加工率达到70%，煤层气（瓦斯）抽采量达到70亿立方米，利用率达到50%。省煤炭工业厅专家说，这个水平就达到了我国先进的资源利用水平。

兼并重组整合也将使中煤、矸石、矿井废水综合治理和循环利用加快进程。山西省经信委资源处赵建设说，大型煤矿发展煤矸石发电、中煤做水泥原料、中水净化处理循环利用，基本做到吃干用尽。兼并重组整合还将进一步推动矿区沉陷区治理、生态环境修复。不像过去的小煤窑一样，只管掠夺性开采不管生态治理，新主体必须承担起矿界内的沉陷治理和植被恢复，同时承担必要的生态修复和绿化的公共工程。

以忻州市为例。近年来煤炭生产已成为全市的支柱产业，宁武、河曲、保德、静乐煤炭收入占各县财政收入的70%～85%，煤炭生产为地方经济建设做出突出贡献。但由于小矿生产力水平低，矿井资源回收率平均只有15%～20%，每生产100万吨，就要消耗500万吨～700万吨的资源储量，在开采中造成的资源损失浪费十分严重。兼并重组整合后由大集团经营、机械化开采、精细化管理，矿井回收率平均达50%～60%，是小矿开采的3至4

倍。目前，全市批准资源储量为91.14亿吨，如果小矿开采，可采煤量仅为9.76亿吨～13.02亿吨，而大集团开采可采煤量则达到45.57亿吨，比小矿多采煤炭约32.55万吨至35.81亿吨。再从服务年限比较，目前全市兼并重组后煤矿保留67座，总能力为6900万吨／年，采区回收率平均按70%计算，矿井服务年限平均为66年，而小煤矿开采服务年限仅为14年～18.8年，集团开采比小矿延长服务年限47年～52年。

5.煤矿所有制结构得到优化

兼并重组整合后，全省办矿主体由2200多家减少到130家，国有、民营和混合所有制企业办矿的大致比例为2∶3∶5，形成了以股份制为主体，国有、民营并存的格局，煤炭企业所有制结构得到优化。在整合后保留的1053处矿井中，国有办矿占19%，民营办矿占28%，以股份制为主要形式的混合所有制企业办矿占53%。这样，山西省将形成以股份制企业为主要形式，国有、民营并存的办矿格局。民营企业作为接管主体的比例高达30%，"三分天下有其一"。

为整合这种办矿格局，各地大力取缔非法煤矿、淘汰落后矿井。矿井个数由2598处减少到1053处，压减比例60%，30万吨／年以下的矿井全部淘汰，保留矿井全部实现机械化开采。其中，对列入"十关闭"的矿井，2009年底关闭到位；对明确为2010年底关闭的矿井，达不到重组整合过渡期间生产条件的，及时实施关闭，对符合生产条件的2010年底前关闭到位。长治市列入"十关闭"的105座矿井和2009年底整合关闭的10座矿井，已于2009年年底全部关闭。对列入2010年底整合关闭的67座煤矿，目前已关闭5座，其余正按期实施关闭。目前，阳煤集团10个政策性"十关闭"矿井已关闭，到今年年底，其余的36个非主体矿井将按照有关方案陆续关闭。

山西省所推进的是一次史无前例的资源整合，可以说是全国最大规模的企业重组。有人将山西省的煤炭资源整合视作"一场没有硝烟的战争",也有人把它称为"一场煤炭工业的革命,一次重大利益的调整"。无疑,山西煤炭资源整合是一场涉及矿业权、资源有偿使用、煤炭资源管理、生产、安全等诸多方面的深刻变革,是一次资源重新配置、经济重新洗牌的利益再分配,事关国家能源安全和山西经济社会发展。在煤炭行业兼并重组整合过程中,山西省政府强力推进实施,大幅提高了煤炭行业准入门槛,为并购主体限定了条件。然而,由于历史和政策的原因,在山西省境内从事煤炭生产的大企业多属国有,因而此次重组在一定程度上就是使一些国有大型煤企通过并购快速扩张规模的过程。也正因如此,这次重组事件备受"国进民退"的质疑,将山西推向舆论的"风口浪尖"。对于这个煤炭资源大省的艰难转身,国家和人民寄予了厚望;而面对这场史无前例的煤炭资源重组整合,也有不少"另类"解读:"山西再无煤老板","山西煤炭业国进民退",等等。但这些都挡不住山西省委、省政府对现有煤炭体制一次大胆的改革尝试,挡不住在争议中不断豪迈前行,在前行中不断总结完善的煤炭资源整合。

6. 有效打击和阻止了"官煤勾结"

2008年7月14日,《中共山西省委、山西省人民政府关于集中开展煤焦领域反腐败专项斗争的意见》正式印发,煤焦领域反腐利剑出鞘。据悉,从2008年7月到2009年7月一年中,单位主动申报问题999个,涉及资金39亿多元;个人主动申报问题3881个,涉及资金2599万多元;全省共追缴探矿权、采矿权使用费和价款、煤炭可持续发展基金、煤炭能源基金等各类资金达100亿元。另悉,山西各级煤焦领域反腐败办公室在此期间共排查煤焦领域案件线索985件,初核煤焦及非煤矿山领域违纪线索627件,立案查处案件600件。

山西省纪检委有关人士分析说,过去的"官煤勾结",是小煤矿证照不

全、安全生产不达标或不符合产业政策，"煤老板"为了逃避监管、牟取暴利，总想寻求权力保护伞。如今小煤窑不存在了，行业的门槛儿提高了，不是有钱就能开煤矿了，过去"官煤勾结"的链条就此被斩断。太原市市长助理王宇魁认为："大集团有着完备的管理制度与程序，运行非常规范，无需与地方官员发生私下交易，所以'官煤勾结'自然没有了土壤与温床。"一位不愿透露姓名的煤老板说到，"煤矿关闭对于我们而言是大损失，但也扎住了某些地方官员的'钱袋子'!"山西临汾古县李菲县长也认为，"整合不仅剪断了'官煤勾结'的链条、维护了地方的风清气正，对于税收也将带来重大利好。"

7. 集团化经营效益成倍增长

以忻州市为例进行测算。煤矿企业兼并重组前，全市有各类煤矿175座，总能力5489万吨／年，平均单井能力36万吨／年。兼并重组后保留67座，整合关闭压减108座，加上原国有煤矿12座共79座煤矿，总产能8852万吨／年，平均单井能力为112万吨／年，比兼并重组前提高3倍。目前省内外在忻州办矿的集团公司18家，全部进入评估和企业名称核准阶段，2011年大部分煤矿可投入正常生产。如果达产达效后，根据近几年和今后市场需求情况分析，侏罗系煤、1/3焦煤和焦煤坑口价格分别为470元／吨和460元／吨左右，肥煤为360元／吨，气煤、长焰煤和弱粘煤为230元／吨左右。按煤种分，全市开采侏罗系煤层的矿4座，产能为420万吨／年；开采石炭系1/3焦煤和焦煤的矿19座，产能为1950万吨／年；开采石炭系气肥煤的矿20座，产能为2420万吨／年；开采石炭系长焰煤和弱粘煤的矿14座，产能为1950万吨／年；开采石炭系气煤的矿22座，产能为2172万吨／年。由此可以看出，集团化经营可使煤炭产业效益大幅增长，有利于推进煤炭产业的可持续发展。

此外，资源整合和兼并重组的成功，将最大限度减低山西煤炭开发的外部成本。表面上，煤炭开发只需要煤炭生产企业的运转成本，实际上企业核算之外的外部成本惊人。保守估计，多年来，山西省仅因粗放采煤造成的生态环境损失接近5000亿元。而"血色GDP"一度是山西人的心结，一年数起重特大安全生产事故，动辄几十人、上百人的无辜生命转瞬逝去，严重干扰了煤炭正常生产，且一次次敲碎了不少家庭的幸福之梦。从这一角度讲，最大限度地减低煤炭开发外部成本直接有利于集团化经营效益的成倍增长。

综上所述，煤炭资源整合有利于使山西的优势和潜力得到充分发挥。我们不仅要挖好煤，更要用好煤；不仅要做好煤炭本身的文章，更要做好煤炭延伸发展的文章；不仅要开发好地下资源，更要开发好地上资源。在实现煤炭产业高效绿色安全发展的基础上，要推动发展由主要依靠资源开采、初步加工向资源深度开发、深度加工转变，由外延扩张向内涵提升转变，由传统产业一枝独大向多元发展转变，由粗放、高耗、低效、单一线性发展向集约、低碳、高效、多元循环发展转变，最终实现绿色发展、清洁发展、安全发展。

第九章 　 绿色转型

　　"到下面的地市转一转，你可以很快发现一种趋势：地方最高档的星级酒店、最体面的中小学校，甚至最现代化的养殖场，背后可能都站着一个'转业'了的煤老板！"在山西省社科院，长期从事煤炭研究的夏冰研究员这样说。

　　而山西省银监局所做的一份对晋城市民间资本流量和流向情况的调查显示，截至 2010 年 7 月，受政策利好刺激影响，晋城市流向国家鼓励类投资领域的民间资本达 48 亿元，较上年同期增长 74 个百分点。其中投入公路、铁路、桥梁等基础设施领域 17.1 亿元，投入现代农业、高新技术产业等基础产业 5 亿元，投入小额贷款公司等金融领域 1.6 亿元，投入旅游、餐饮等服务业领域 9.3 亿元，投入城市公共服务业 10 亿元，投入科教文卫等社会事业 5 亿元。而流向高能耗产业的民间资本仅 13 亿元，同比减少 25%。

　　人行太原中心支行调查统计数据显示，从 2008 年 10 月至 2009 年 4 月，共有 29.16 亿元的民间资本由煤炭、焦化、冶炼和化工等能源产业转向农业、教育、房地产、旅游和金融业等非能源产业。

转型足迹

　　转型，转什么型，谁来转，往哪里转，是一个沉重的课题，特别是对于山西这样一个地处中部，不折不扣的资源型省份来讲，转型就意味着要经历经济滑坡，人心动荡的阵痛，转型就意味着要立足全局谋思变，抓住重点求突破，让我们还是追溯一下山西转型的历史轨迹吧！

1980年7月，山西省委、省政府制定了《山西能源基地建设计划纲要》（草案）并报中央批准。由此，开启了一个对山西经济产生深刻影响的能源基地建设时代。山西省社会科学院副院长潘云说，"当时的口号是有水快流，出现了许多乡镇和村办煤矿，目的是以煤补农，加快农村经济发展。"1993年，山西省把调整产业结构作为一个非常重要的课题提了出来。1997年亚洲金融危机爆发，煤炭市场出现问题，1999年山西全省财政收入出现了负增长，在全国的位次滑至倒数第一。同年11月底，山西省召开了调整产业结构进程中一次里程碑式的会议——运城调产会议。随后，在12月的省委七届九次全会上形成了以经济结构调整为中心、改革开放为动力的决策。山西省产业发展思路的一致性保持到2002年上半年。

从2002年下半年开始，尽管山西省委、省政府还是保持原来的调整产业方向，但随着煤炭市场的好转，下级执行部门开始出现问题。根据2005年山西省"蓝皮书"分析，2004年山西全省利润增长率在一倍以上的大型企业全部是煤焦铁企业。山西调整产业结构再次受挫。

山西省政府发展研究中心研究员薄生荣认为："山西调产屡屡受挫，内因是三次产业结构演进不协调，经济起飞的跑道越来越窄，缺乏有预见的宏观产业导向，对全国快速增长行业参与不足。"潘云认为，"市场环境建设滞后也是山西产业结构调整失败的原因，因为调产不是在某一产业做个大的企业就一蹴而就，而需要培育中小企业群，才能带动一个产业的振兴。"

薄生荣这样评价山西30年来产业结构调整的轨迹，他说："30年来，山西产业结构调整走出了一条'逆调整'的轨迹：表现为第一产业发展过缓，第二产业发展畸形，第三产业不足。在一段时间内，除了挖煤别的就看不到

了，山西进入煤炭小循环的误区，陷入了'资源诅咒'"。

从全国抵制带血的煤炭到山西不要带血的GDP，在2008年金融危机煤炭焦炭产业形势由"沸点"降至"冰点"影响下，在山西许多地方中小煤矿限产停产的大背景条件下，山西将此视为产业洗牌机遇，推行整合重组，终结"小煤矿"，推进"大煤炭经济"。2008年9月，山西省人民政府颁布《关于加快推进煤矿企业兼并重组的实施意见》。按照规划，山西省拥有企业主体的煤炭企业数量将从2200个缩减到100多个；对现有民营煤矿实行国有控股，将形成2～3个年生产能力达到亿吨级的特大型煤炭集团，3～5个年生产能力在5000万吨以上的大型煤炭企业集团。到2010年底，煤炭企业主体将从2200家缩减为130家，原有2600多座煤矿只保留1000座。2009年4月开始，困扰山西多年的煤炭资源整合，以"优进劣退"的方式，出人意料地高速推进。

数千名"煤老板"从煤炭经营前台隐退，成为幕后股东，或退出煤炭产业，进入新的投资和产业领域。对此，潘云根据2009年上半年的统计资料预测"撤出煤炭市场的资金将达到3000多亿元"。三晋大地的民间资本大量来源于黑色产业，又大量集中在煤焦行业。这3000多亿元的民间资金无论投入哪一个领域，都会给该领域的发展带来巨大的机遇。

随之而来，如何更好地引导和利用这些民间资金、推动"煤老板"转型，成为各级政府部门、专家学者、"煤老板"和社会大众的主要话题。

2008年下半年，金融危机呼啸而来，山西省各级政府积极应对，扩大内需，刺激消费，纷纷在土地流转、旅游资源开发等方面出台税费减免、租金减免等优惠政策，倡导能源型企业向农业、服务业、金融业等非能源产业投资。

从事多年煤炭行业转行发展农业的张一明说："没想到这场金融危机成了一次难得的机遇，让俺爬出多年挖煤的黑色产业，走上了现代农业的绿色之路！"

转型"套餐"

为使从煤炭领域流出的近3000亿元民间资金能更好地服务于山西经济建设、更好地推动山西产业结构调整的顺利进行,全省各级行政部门结合本省实际,研究制定并颁布了一系列优惠政策、措施,鼓励并推动"煤老板"转型、转产。

政策机遇

2009年8月19日,山西省人民政府常务会议通过了《关于做大做强农产品加工龙头企业的意见》,提出实施农产品加工龙头企业"513"工程,确立了农产品加工重点扶持的方向为粮食、畜禽、乳品、果品、蔬菜、薯类、油脂、中药材8大类。同年11月10日,山西农产品加工龙头企业"513"工程启动。作为配套,省财政等部门拿出大约3亿元用于扶持龙头企业的发展。省级交通部门、水利部门、金融部门也有相关的优惠配套措施。这些优惠政策的实施,意味着为"煤老板"的雄厚资金找到了投资农业的结合点。

政策扶持

宁武县委、县政府先后组织全县30多位民营企业家到外地观摩学习,同时和他们共同探讨谋划新的投资方向和发展目标。为了鼓励和支持民营企业进行二次创业,宁武县在充分调研论证的基础上,规划出煤电化工、农副产品加工、旅游相关产品开发等11个工业园区。为了引导民营资本向工业园区转进,县委、县政府出台了一系列优惠政策,其中包括:土地收益留县部分返还用于园区建设;减免园区内的城市基础设施配套费,其他费用统一按下限收取;鼓励境内大型煤炭企业发展深加工产业,对进入园区且投资额度

在5000万元以上的企业，县政府原定的产业替代金减半收取；进入园区的农副产品加工龙头项目，县财政予以扶持补贴，扶持资金列入财政预算，同时建立农产品加工发展基金，并制定相关实施细则；园区实行挂牌封闭保护等。与此同时，宁武县逐步建立完善融资担保体系，让银行和信用社尽可能加大信贷支持力度，解决民营企业二次创业资金难题；充分发挥工商联的桥梁纽带作用，加强对民营企业的综合服务；努力营造良好的法制环境和公平竞争的创业环境，关心民营企业家的培养和成长。

而全县只保留25座煤矿的左云县，2009年以来县委、县政府在全力加快煤矿企业兼并重组步伐的同时，未雨绸缪，通过科技投入、技术服务及税收优惠、优化环境等政策措施，扶持和引导退出煤炭领域的"煤老板"转型投资规模种植、养殖、农产品深加工以及农业高新技术开发、生态建设和现代特色农业，有效地促进了全县农业产业化发展，带动了农民增收。两年间，全县已有19个煤炭企业老板投资发展现代农业，投资总金额达3亿多元。在此基础上，以打造全省畜牧强县为目标，出台了一系列优惠扶持政策，财政出资设立了畜牧业发展基金，专门用于鼓励规模养殖业发展。全县涌现出青云、粮茂、马兵、丰泰、飞达、永丰、金浩等规模养殖企业17个，新增畜禽养殖70多万头（只），带动当地农民增收12 000多万元，形成了具有地域特色的养殖航空母舰。围绕现代农业示范区建设，全县规划实施了蔬菜种植、观光农业、食用菌种植、脱毒繁育四大园区建设，着力推进优势农产品区域化布局，发展设施农业。为此，特聘山西农大彭锁堂教授为县农业首席专家，提供农业科技支撑和技术服务。两年来，引进新品种、新技术，使全县12个优势农产品园区规模有了新拓展，农业产业结构从单一到多元，呈现出"叠加式"优化发展。设施蔬菜种植是两年来"煤老板"投资现代农业的最大亮点。靠经营煤矿企业起家的"煤老板"李永财投资6000万元兴办的京奥科技有限公司，现已形成了500亩马铃薯种薯繁育基地、百亩塑料蔬菜种植大棚的规模；"煤老板"吴成投资6000多万元兴办的益农食用菌种植专业合作社，形成了年产78万公斤白灵菇的生产规模。

两年的时间，左云县新发展日光温室500多座，面积达到1000多亩，新建20个以上规模的温室大棚集中连片园区20个，温棚蔬菜实现了一年两荐种植，在左云这个高寒地区农业种植史尚属首次，这是左云农业种植的历史突破，意义深远而重大。

"煤老板"转身搞农业，将工业化的管理带给农业，对传统农业形成了冲击波，促进了农业现代化步伐。然而对诸多习惯于和煤炭打交道的"煤老板"来说，农业产业毕竟是个全新的领域，技术、市场等因素都成为企业发展新的挑战。阳泉市农业局局长张宝明说："阳泉市农业部门推出了各项'贴身'服务，帮助企业健康成长，从而引导更多的资金流入农业发展中。"

山西省2008年成立了科技创投引导基金，省政府和国家开发银行各拿出4亿元资金作为引导，吸引民间资本加盟。有专家认为，"煤老板"进军高新产业，可以采取成立类似基金的方式，实行委托代理经营，交由专业团队打理。

在人行太原中心支行的大力推动和地方政府的努力下，面向农村和中小企业开展"只贷不存"的小额信贷业务，推动民间资本进入小额信贷业务市场。

市场机遇

山西省农业厅总农艺师贾明进说，农业属于弱质产业，受自然和市场风险双重影响大，周期长、利润薄，需要大量占用资金，特别是流动资金。涉农企业项目建设中往往对固定资产投资给予重视，出现一些投资规模较大的企业，但对后续经营中所需要的流动资金认识不足，导致项目建成后发生了

流动资金不足被迫停产或季节性生产,社会效益和生态效益再好,经济效益无法保证,结局肯定是开花无数,结果很少。目前,山西农产品垄断企业还没有形成,仍有较大的竞争空间。

山西省农业厅厅长孙连珠在接受山西一家媒体采访时曾说,河南"双汇"2008年的销售收入为365亿元,内蒙古"蒙牛"为239亿元,山西省农产品加工最大的龙头企业金泽销售收入仅为14亿元。相比之下,山西省农产品加工业的龙头企业规模小、布局散,对农业发展和农民增收的带动能力还不够强,这同样为"煤老板"进军农产品加工业提供了市场机遇。

在江苏、浙江一带,生态农庄建设已成为投资的新热点。目前,都市人都向往田园生活,双休日、节假日经常到郊区农村度假,吃农家饭、住农家屋、享受大自然的美景,已成潮流。凡是具有特色或风景秀丽的农庄都是人潮如流、游客爆满。以长沙为例,2009年"十一"长假,全市农家乐和农业休闲度假村收入达1.45亿元。以农庄度假为主题的乡村旅游业,在欧美已有百年以上的历史且发展得相当成熟,被称为"第六产业"。我国的生态休闲农业刚起步,正处于成长初期。山西省的生态休闲农业在一些地方则刚刚崭露头角,发展空间十分巨大。可以说,富有时代特色的生态农场、休闲观光农庄是极具前景和活力的高成长、高利润的朝阳产业,并将成为今后投资的热点。因此,煤老板选择生产型生态农庄投资,效益会更加明显。

众多极具潜力的文化旅游项目,大多因资金匮乏迟迟没有发展起来,急需要民营资本注入,增添活力。绛州鼓乐艺术团团长王秦安在一次洽谈会上说,绛州鼓乐艺术团成立于1988年,在美国、日本、奥地利等十几个国家演出过,获得巨大反响。"在国外演出时场场爆满,观众非常狂热,有观众脱下鞋来,踩着鼓乐节拍舞蹈。观众的这种狂热只有在足球比赛时才会出现。在国外巡演时,包括英国女王在内的国外元首都看过我们的演出,绛州鼓乐在国外非常有市场。"尽管如此，绛州鼓乐艺术团却始终迈不开商业化的大步伐，主要原因就是"资金缺乏"，现在绛州鼓乐艺术团每年只能在国外演十几场，如果解决了资金问题，去国外一年演100多场没什么问题。

转型招数

山西"煤老板"转型、转产并不是在山西煤炭资源整合高速推进后才面临的一个问题，而是自亚洲金融危机开始，就有"煤老板"开始转型、转产。到2009年全省煤炭资源整合第二阶段顺利完成，山西"煤老板"转型的成功案例已是层出不穷。转型"煤老板"涉足的领域有农业产业化经营、禽业养殖、饮料加工、房地产开发、汽车制造、航空运输、服务行业、文化旅游业、旅游景区建设、农村金融等行业，还有"煤老板"到新疆、内蒙古、陕西承包煤矿、油田，以及大胆涉足高技术产业。据山西省科技厅原厅长廉毅敏介绍，2009年以来，不断有煤焦领域民营企业家前来咨询，寻找投资高新技术项目。

高科技里挖"金"

此番转型，不少"煤老板"大胆涉足高技术产业。一位煤焦加工行业的老板不久前投资建立了"煤炭信息网"。在吕梁市，"煤老板"车安奎出手1000万元购买专利，与科研院所合作开展技术攻关，投资2亿元建新型红枣加工厂，从红枣中提取环磷酸腺苷用于治疗静脉阻塞；张锦忠投资上千万元研发废旧轮胎无污染加工，拥有7项专利；田向东投资研发农产品深加工技术和设备，获得6项专利。

隆水集团董事长、山西琪尔康翅果生物制品有限公司董事长张连水，山西省第九届、第十届、第十一届人大代表，先后荣获"全国劳动模范"、"全

国乡镇企业家"、"山西省优秀民营企业家"、"山西省十大科技功臣"、"山西省以企带村建设社会主义新农村优秀企业家"等荣誉称号。隆水集团董事会一班人,在20年的煤焦工作生涯中深刻认识到:煤焦产业的基础是国家资源,煤焦企业在为国家经济发展作出贡献的同时,又在一定程度上对自然生态环境和社会造成负面影响。因此,企业有了积累,理应回报于社会,造福于人民。在省委、省政府产业政策引导下,董事会一班人,经过大量的调查研究和有关专家的科学论证,立足当地,着眼未来,确立了"地下支持地上,黑色扶持绿色"的发展思路,着力培育以翅果油树开发为主导的健康产业和以云邱山旅游开发为主导的旅游产业。公司副总经理王旭刚在接受采访时说,公司成立于2000年3月,固定资产1.5亿元。公司营造了人工经济林带,绿化荒山荒坡,改善生态环境;拥有翅果油树三大科技示范园区、三大经济林基地、全自动软胶囊生产线、北京晋嘉琪尔康生物资源研究中心及北京销售服务总公司等,是集科技研发、经济林建设、生产加工、销售服务于一体的高新技术企业。

小洪是长治县一位小型煤矿的矿主,早在几年前就投资几千万建造了自己的加工厂,专门进行绿色板材的加工。他将县城掉落的树枝、树叶收集起来,再配以煤焦,制作成坚固耐用、绿色环保的建材,收入并不比煤炭差。

小洪说,现在都不敢相信自己当初的选择。从事煤炭行业从某种程度上讲就是在破坏绿色,而现在却走上了营造绿色的道路。"尤其到了秋季,满大街都是树枝树叶,传统的办法是集中起来烧掉,但我通过加工,废物利用,做环保建材,成本低、收入高,还给社会、给生态环境作贡献,想想觉得挺自豪的。"还有一些当初的煤老板做起了对煤焦油精细深加工的生意,也得到了很好的回报。

"一人一生一盏灯",这是乐百利特LED灯的广告语。乐百利特公司LED

灯具项目是孝义市转型的一个样板工程，是由国家"千人计划"专家、海归博士伍永安与孝义金岩集团共同投资建设。金岩集团是一家以煤焦生产为主导，集煤炭开采、原煤洗选、机焦冶炼、化产回收等为一体的大型综合民营企业。面对转型发展时代潮流，金岩集团董事长温克忠审时度势，迈出了转型的步伐。转向何处？他将目光投向了高新科技LED产业，并找到了合伙人——毕业于美国斯坦福大学、山西省首批入选"千人计划"的海归博士伍永安。高科技人才和资本所有者的完美结合，乐百利特科技有限公司应运而生。

有人做过这样的统计，如果全国的白炽灯、荧光灯等传统照明灯具被乐百利特LED节能环保灯所取代，每年可为国家节约3000亿度电，相当于3座三峡电站的年发电量。"做成世界上最大的LED产业园区，打造国内领先、国际一流的光电'硅谷'"。这是乐百利特下一步要做的。原来的高污染企业，如今却打出了节能低碳环保的口号。

同样看到LED市场光明的还有长治市LED光电子产业园区副总经理李建明。他曾长期投资煤炭行业，煤矿企业重组兼并改革之后，一直在寻找一个新的投资领域。2009年，长治市启动发展的光电子产业规划吸引了他的目光，他感到自己找到了投资方向："这个产业是否可行，市场潜力如何，政府前期做了大量调研，为企业节省了大量资金和时间。政府鼓励我们转型到高科技产业，我正好借这个东风换一条新路。"

现代农业中 "刨食"

山西是杂粮大省，畜牧业兴旺，林果业发达，煤老板投资农业基地、农场、养殖场和农产品加工企业基本源于三个原因：一是煤老板出身农民，觉得放心、靠得住；二是煤老板富了后有回馈父老乡亲的"荣誉情结"；三是政府引导的结果。

河津市鑫隆焦化有限公司于2004年转产建设隆兴农业科技有限公司，目前拥有现代化万头养猪、面粉加工、花卉苗种植、无公害无土蔬菜栽植、农作物新品种培育五大经济板块，形成了集种、养、加、产、供、销为一体的循环经济新模式。

一直从事能源开发、房地产开发的华通集团，计划投资33亿元，用5年造地5万亩，建设2.4万亩日光温室，使之成为晋东地区最大的有机蔬菜生产基地之一；建设60万只蛋鸡的养鸡场和50万头生猪的养猪场，解决有机蔬菜生产用肥问题；同时开工建设的复合肥厂、饲料厂、肉联厂、育苗厂等，将形成循环高效农业圈。同样是搞煤炭运输起家的白冰祥，投资1500万元，办起了余康养殖有限公司，猪存栏达万头，每年可提供优质种猪5000头、商品猪8000头，带动200余户中小养殖户共同发展。同样是平定人的乔海生投资400多万元，建成了10万只鸡的金泉禽业有限公司。

桃林沟村是阳泉市郊区紧邻市区的小山村，该村利用村煤炭企业积累的资金，上马10万只鸡的金凤凰养殖公司，二期20万只蛋鸡养殖场也已开工建设。旧街乡佛洼村利用煤炭企业补贴资金，投资建设蔬菜基地，为村民开辟了一条新的增收渠道。

2009年，32岁的太原市晋源区"煤老板"武拥军创建了山西省第一个农村"大学生创业园区"。2005年，武拥军通过开煤矿，积累了2000多万元资金。当他意识到小煤矿很难有长远发展，果断地开始转型，成立山西天泉商业投资有限公司。2006年，他在晋祠大米的原产地王郭村，一心一意做起了恢复晋祠大米的试验，希望重塑晋祠大米的品牌。如今，他的千亩稻田已试验成功，亩产达600公斤。2008年，武拥军生出一个大胆的想法：兴办一个大学生创业园区，既能为大学生提供创业机会，同时也可以通过提升产业的科技含量，实现旅游和农业资源价值的最大化。为了让这个想法实现，武拥军多次前往北京咨询专家，探讨项目的可行性。经过不断调整方案，他将园区规划为荷花观赏区、蔬菜大棚区、户外活动区、种植区、养殖区、养生堂6个功能区，可以同时满足旅游观光、生态农业的需要。从2009年5月开始，武拥军到省内高校招聘大学生，他的创业理念得到了很多大学生的响应。到8月底，陆续与来自山西大学、山西财经大学、山西农业大学、太原理工大学等高校的32位大学在校生及毕业生签约。按照合同，大学生们只负责智力投资，所有的项目科研经费由武拥军提供，项目合作期间，武拥军为大学生们支付工资。项目产生效益后，武拥军与合作者按不同股权分成。

目前，武拥军已向园区投入近500万元，园区功能区划分初见规模。园区还吸引了创业初成的大学生"小老板"加盟。29岁的侯煜毕业于北方交通大学，他和毕业于山西大学的妻子李娜，一道从五府营村来到"王郭村大学生创业园区"，用3个大棚种植新品种草莓"甜查理"，单果像高尔夫球般大，销售十分抢手。

山西晨雨集团公司的做法无疑对"煤老板"的产业转型具有启迪。他们在煤焦产业形势大好的情况下，未雨绸缪，抢机主动转型，进军现代农业领域——调控复合肥的研发生产，成为山西省最大的调控肥生产基地和农民增收致富的好帮手，使得公司实现了由粗放型经济向集约型经济、资源依赖型向创新驱动型的转变。2009年1月至9月，该公司销售调控肥6万吨，直接服务周边农民24万人，让农民增收20%。

山西晨雨集团以前是古交市的一家煤炭开采和煤炭深加工的企业，从20世纪90年代初，"煤老板"张福亮经过10多年的打拼，通过煤炭的产运、炼焦化工完成了原始的资本积累，也形成了对煤焦产业的深度依赖。进入新世纪，国家对乡镇中小煤炭企业政策的调整，使得张福亮意识到调整产业结构、改变企业"傻、大、黑、粗"形象的重要性和紧迫性。于是，他把企业

的发展方向定位为现代农业，并在 2003 年成立了晨雨科技开发连锁经营有限公司，一次性买断了荣获全国技术进步二等奖、由中国农业科学研究院和省农科院专家共同研究的最新科技成果——调控肥技术，投资近亿元建成了山西省最大的调控肥生产基地，实现年产 30 万吨的调控肥的产业规模。该项技术首次通过精确测土、科学计算，系统地解决了施肥比例、施肥量、施肥时间、施肥方式等施肥方面的关键技术问题。他们生产的"晨雨"牌调控复合肥不仅成为农民欢迎的产品，而且 2008 年还荣获了"山西省名牌产品"的称号。在太原市的阳曲县和清徐县，已有 30 个乡镇和 2000 多农户用上了他们的产品。阳曲县高村乡南白村的岳保林，在自家的玉米地里示范应用后，5 亩旱地玉米实打实收，平均亩产 700 公斤，较常规施肥亩增产 46%；2009 年清徐县集义乡良隆村的郭春林在 2 亩葡萄园示范应用后，葡萄提前上市一周，且个大口感好。4 年多来，他们已在山西省各地建立服务站点 1400 余个，直接服务的农民达 150 余万人，产品覆盖耕地面积达 1650 亩，增产 14.75 亿公斤，农民增收 1.87 亿元。

为了进一步推出高科技含量的新产品，他们又投资 1000 万元设立了研发中心，以生活垃圾深度处理后的有机物为主要原料的新型有机肥料的研发取得了实质性的进展。同时，他们还筹资 1.5 亿元创建山西省最大的农资贸易物流园区，为农民提供质优价廉的农资产品及前沿的农业技术，让农民得实惠，为政府解忧愁。

在晋源区的花卉企业中，由"煤老板"转型而来的郑梅梅已将山西梅芝园艺有限公司打造成了全区的龙头花卉企业，年产名优花卉 70 余万盆，并成为华北地区最大的盆花生产基地。该公司还带动了当地 76 家种植户创业，帮助 1200 余名农村剩余劳动力实现了就业。

山西慧仁核桃食品有限公司公司董事长袁锦伟也是一位靠承包煤矿发

家、转投农产品深加工的"煤老板"。在中阳县提出了实施10万亩核桃富民战略后，袁锦伟认为这是个将吕梁山特色农产品推出去的好机会。他筹资1亿多元，建设了年产万吨的核桃加工厂，主要生产冷榨核桃油、核桃休闲食品和小杂粮等。

袁锦伟笑称自己是从"黑经济"转型到了"绿产业"。经过3年多努力，现在公司已形成年加工2万吨核桃原料的能力。每年可生产核桃饮品3万吨、核桃仁休闲食品3000吨、核桃油500吨。2006年，当地的核桃每公斤只能卖到6元，现在每公斤核桃能卖到16元。2009年4月份在成都参会大有收获，10月初在郑州农展会上签下了1500万元的大订单。

2009年，公司投资4000万元，启动核桃深加工二期项目，以公司＋农户＋基地＋科技的形式，将农民生产的农产品全部收购加工，目前已带动3万农户共计10万农民种植经济作物。

义恒泰焦化厂组建恒泰科技生态有限公司，投资5000万元培育了"土肥——种植——加工——销售"的立体化良性循环农业模式，形成集园林绿化、花卉、水族、特色养殖、绿色食品开发和生态旅游为一体的产业链。

提起大棚，人们自然会想到大棚蔬菜、大棚水果，而在山西孝义市下栅乡西安生村农民的大棚里养的却是活蹦乱跳的鸭子。让人惊奇的是这里的养殖户与其他养殖户不同，他们只负责喂养，其他一概不用操心。"从雏鸭、饲料、技术的提供，到成品鸭的收购，全部由薛宇铭的铭信禽业公司负责，我们自然不用愁。"养殖户对此津津乐道。

薛宇铭也曾是孝义远近闻名的"煤老板"。2006年，恰逢孝义市出台一系列政策鼓励煤炭企业转产。迟转不如早转，薛宇铭认为这是一个难得的好机会。2007年，他果断地从煤化工抽出资金，轰轰烈烈上马了科技含量较高、带动能力较强、安排就业较多的生态肉鸭养殖及深加工项目，发展生态

农业。

2008年11月，山西铭信禽业公司正式投产。目前，该公司已形成日加工两万只肉鸭的生产能力，可生产30大类130多种规格的鸭类制品2.7万吨，产品销往广东、重庆、兰州等10多个省市，在全国禽肉类市场上异军突起。

山西山宝食用菌生物有限公司董事长李秋娥过去曾经是汾阳市叫得响的煤焦企业老板，她一手创建的焦化厂曾经是该市最大的焦化企业之一，前几年效益一直不错，但国际市场上煤焦价格的起起落落，让她始终有种不安全感。她意识到靠挖煤炼焦企业不可能长久发展下去并开始琢磨着企业的转型发展。2006年李秋娥开始累计投资1.8亿元种起了食用菌，并上马了食品加工项目，开发出36种冻干菌类方便食品。如今，她由"煤老板"变身"农老板"，建成了全省规模最大的食用菌生产企业，搞蘑菇种植和深加工，成为当地有名的"蘑菇大王"。

每亩年产值300余万元，利润120余万元，土地利用率提高987倍，与传统农作物效益比为1：987……这一组组显夸张的数据并不是关于未来农业发展的大胆设想。今天，在临汾澳坤量子农业科技有限公司的厂房里，这一切已经成为现实。作为澳坤公司董事长的李学功，也曾是临汾当地一家大型洗煤厂的负责人。2008年，山西省及临汾市对当地煤焦产业进行了新一轮的大整顿，一些高耗能、高污染的煤焦企业被关闭。也就在这一年，经过长时间的考察酝酿，李学功率先关闭了自己的洗煤厂，致力于立体农业种植的澳坤科技公司。这些利用废弃物秸秆、玉米芯、麦草等加工成的菌袋，在4米高的菇房内一层层层叠，每个菌袋都齐刷刷地生长出数个形状好看、个个质美的杏鲍菇。工作人员介绍，目前该公司日产杏鲍菇鲜品可达5吨，年产量1600吨，年产值2000万元。因为澳坤的存在，除了每年可直接带动当地农民就业130余人外，收购周边农户的农作物废弃物秸秆、玉米芯、麦草等，带动农民运输户致富，间接增加农民收入360余万元。同时，澳坤公司带动当地数个村子及经济合作社土窑洞种植杏鲍菇、双孢菇、鸡腿菇等，培养农民技术工200余人，实现了科技＋公司＋基地＋农户的合作模式。据李学功介绍，随着公司的发展，他们将根据高效利用、绿色环保的原则，积极启动第二期、第三期工程，三期总投资可达1.15亿元，建成后公司将拥有食用菌深加工生产线4条，有机生物肥生产线一条。这些设备的上马不但有效实现产品的升值，而且拉长了循环经济的链条，实现了经济效益最大化。

安谷正从来不带名片，给人留电话只写自己名字，旁边再注明三个字——"加工业"。安谷正至今在襄汾仍拥有一座30万吨的煤矿，但是早在2007年前，他就将手里的另外几座煤矿出手，转行主做饲料加工业。他在临汾开办了一家大型养猪场，养了5万头猪和几十万只鸡鸭，专门给国内一家知名肉食产品企业供货，每年可以净赚5000万到6000万。

"虽然没有开煤矿那么发，但也算给子孙后代找了条生存的路。"安谷正边抽烟边说，2009年初他又开了一家小额信用担保公司，准备做临汾当地的金融生意。

加工制造业里找路

现在的张文泉路子走得很宽，行业涉及煤炭、房地产、信贷、发电等多个领域。"这些都是靠乡宁的父老乡亲帮我打拼出来的，他们现在依然贫困，我不能忘恩，要报恩，多次选择后定下了葡萄酒。"山西戎子酒庄有限董事长张文泉说。

他的葡萄园都是农民的土地，葡萄园建设的苗木、架材均无偿提供，前3年无收入期每亩每年补贴400元，葡萄收购2元每斤的保护价绝不打折扣，坚决保护果农利益。为了科学种植和管理，鼓励果农种植积极性，他与乡里成立了合作社，基地效益与果农收益挂钩，组织果农到外地参观学习，提高

果农种植技术。他说，果农的素质提高了，他的葡萄与葡萄酒才有可能得到优质保障。

2010年8月，民营煤炭企业山西长治成功集团斥资数亿投身造车的处女作"成功一号"微型面包车在呼伦贝尔草原上首次亮相。为突破利润瓶颈，成功集团董事长马国利通过4年的调整部署，使这家每年挖煤挣10多个亿的民营煤企成功迈入汽车制造业。

山西另一个煤焦产业主产区吕梁市，拥有400亿元闲散资金的众多煤老板，也在寻找新的投资领域。从今年开始，当地依托我国最大的清香型白酒产地汾酒集团的传统优势，准备用3年时间新建5万平方公里的酒业集中发展区。在一期投入的50亿元资金中，有一半来自邻近的柳林、中阳等县的煤炭闲散资金。由"黑煤"到"白酒"的这一转身，可谓资本转型的一个"大动作"。

左云"煤老板"王亮在煤炭资源整合中，投资3000多万元建起了以养殖山鸡、鸵鸟、蓝孔雀等特禽养殖为主的飞达养殖场，成为全省最大的特禽养殖基地，当上了养殖场的老板。福龙肠衣厂是一家由"煤老板"转产后投资4400多万元兴建的大型民营肠衣加工企业，年均加工肠衣2600桶，转化羊肠衣600万条，年产值达6000多万元，达产以来，转化农村剩余劳动力100多人，产品远销德国、荷兰、日本等国，填补了山西省肠衣出口的空白。如今，全县已涌现出基础雄厚、辐射面广、带动力强的现代农业龙头企业10多个，带动农户两万余户。

左云兴隆沟腾鸟养殖公司的前身是一家煤炭企业，2009年以来，该公司不断拓展养殖规模，创新养殖模式，提高标准化程度，他们采取国内最先进的层叠式笼养技术，从繁殖到喂养整个过程实现了智能化，年饲养量达到了3万只，创造了可观的经济效益。

在孝义市高阳农业科技园区，谈起"从黑到白"的转产，原来从事煤炭开采、现在经营淀粉业的山西惠农淀粉有限责任公司董事长郭治山信心十足，"投产以后一年内可以生产淀粉12万吨，产值是3亿多元，产生利税2900万，还能带动咱们当地玉米、土豆的种植。"

文化产业中双丰收

"煤老板"们在寻找新的项目时，投资文化旅游产业无疑是一条好出路。山西省文化旅游资源丰富，极具发展潜力。2009年，在金融危机的冲击下，山西煤、焦、铁等传统产业受到严重冲击，但文化旅游产业逆势增长，发展势头迅猛，全省文化旅游产业对GDP的贡献超过了房地产业和银行业。

煤焦企业投资文化旅游产业，山西省有成功范例。经营煤焦行业的三佳煤化1995年开始投资绵山，现在每年接待游客100多万人次，收入近两亿元，光门票收入就有几千万元。此外，皇城相府也是煤焦企业成功投资旅游业的例子。类似绵山、皇城相府的文化旅游项目，在山西还有不少。

在2009年山西省煤焦企业与文化旅游项目洽谈会上，《一把酸枣》、天龙山国家森林公园、绛州鼓乐、动画片《天天健康》、水磨头渔乡等32个文化旅游项目作为重点推介对象，其负责人介绍了各自项目的发展情况。

来自晋中的黄运珍推介的项目是水磨头渔乡。"家乡有很美的风景，三条河流汇集，水质经过鉴定，是优质的矿泉水。"她介绍说，景区自2008年运营以来，收到了良好的经济效益。但随着游客的日益增多，景区面临着设施不够完善等问题，遇到200多名游客的大团，客人的住宿就成了问题。"我们也计划今年建一个水上乐园，需要投资方与我们合作。"黄运珍指着带来的一幅大实景地图说。

洽谈会无疑给黄运珍带来了机会。听了她的介绍，省内数个煤焦企业对水磨头渔乡表示出浓厚兴趣，山西鸿发投资有限公司是其中之一。鸿发投资

有限公司于2008年成立，其前身是一家经营了十几年的煤焦企业。该公司的康宁说，水磨头渔乡水质优良，受益于水，当地人普遍长寿，还养殖虹鳟鱼、中华鲟等鱼类，这样一个地方在省内是少见的，有投资价值。黄运珍提出，在未来几年把家乡打造成国家4A级景区，也完全有可能。

事实上，鸿发投资有限公司这次看中的项目不止一个。据康宁介绍，经过与参展项目负责人洽谈，公司共看中5个项目，合作方有两家高新区的动漫企业、1家电视剧拍摄方和两家风景区。经过调研，公司看好文化旅游产业，认为这个产业未来在山西省前景广阔。康宁说："以前我们做煤焦，被认为是断子孙的饭碗，而发展文化旅游产业则是为子孙留后路。"

由山西灵邱峪旅游开发有限公司总经理李贵虎开发的旅游项目山西"店头石头城堡"古村落，虽然还没有赢利，但已经吸引来了来自世界各方的客人。从2009年起，澳大利亚、德国、瑞典等国家的旅游、考古爱好者纷纷慕名而来。

李贵虎是太原市"煤老板"转型发展的一个样本。从2006年开始，山西省对从事煤炭开采的门槛逐年提高，李贵虎开始向"绿色产业"转型。

从2007年开始，李贵虎萌生开发古村落——店头村为旅游景点的想法，并在当年成立了公司。"旅游景点与晋祠、蒙山景点结合起来，将来一定大有发展。"李贵虎对开发店头村古堡信心十足。他说，店头古村落不仅有厚重的历史文化，而且还有迷人的自然风光。

一些热心农村教育事业的煤炭企业家也纷纷投资兴建学校。吕梁大土河焦化公司董事长贾廷亮出资创办的吕梁高级中学坐落在吕梁市凤山上，今年6月第一批学生刚刚毕业，其中500人达到本科录取线。"从根本上解决贫困的问题，只能靠文化，靠教育。除了高中，我还建了一所初中，以后还要建小学，幼儿园。"贾廷亮这样告诉前来采访他的记者。

仅在柳林县，联盛集团、汇丰兴业集团、鑫飞集团三家民营煤炭企业就投入 16 亿元，建设柳林新高中、新职中、联盛教育园区，打造山西一流校园。企业家赵秀莲投资 1.1 亿元、占地 27 亩的朔州开发区第一幼儿园明年就可开园。2010 年年初，由 21 位"煤老板"联合组成的汾阳市煤炭企业转型发展联合协会挂牌成立，协会筹集资金 3 亿元，准备与市政府联合新建两所高中、一所职业中学。

黄华是北京传家宝影视传媒公司的总经理，但他此前的身份则是煤老板。北京传家宝影视传媒公司大股东是集团百家老根酒业公司董事长胡宝团，其他几位股东分别为煤老板以及一位石油领域的投资人。公司注册资本虽然只有 300 万元，但背后是十五六亿元资金的跟进。煤老板们为了"抱团取暖"，成立了百企投资集团。黄华也加盟其中。

百企投资集团拿到了山西省吕梁市文水县胡兰镇胡兰村 1200 亩的土地，这里有一个 800 亩的生态湖。凭借着武则天在家乡湖中洗澡的传说，开发商打算把这里建成一个影视城，兼具旅游功能，整个项目即为"北京传家宝影视传媒有限公司影视基地"，预计总投资 2 亿元。

"当然这个项目是当地政府未来五年规划战略中的一项，带动的不仅仅是当地经济发展，而是与农业相关的创新型发展道路的探索，即体验'农耕'特色旅游。目前该项目正在施工中，第一期现已完工。预计 2011 年底到 2012 年初完成总工程。"黄华表示。

晋城煤企关注旅游业是观念上的重大转变，并由此带来了发展方式的转变。近年来，仅煤炭企业直接转产投入旅游开发的资金就达到 22 亿元。其中，兰花集团投资 4.6 亿元开发 4A 级王莽岭景区、皇城村投资 3.3 亿元开发 4A 级皇城相府景区、泽州三八煤矿开发 4A 级珏山景区、阳城竹林山煤矿开发 4A 级蟒河景区。

梁家库既是蟒河生态旅游有限责任公司总经理,也是竹林山煤炭实业有限公司副总之一。身材魁梧的他站在蟒河生态旅游区的沙盘前侃侃而谈: 蟒河风景区连同西冶水电站、酒店业共同构成了企业"地下转地上、黑色变绿色"的转型项目。

蟒河景区已经挂牌为国家 AAAA 级景区,太行、太岳、中条、王屋四条山脉在此汇聚,云雾间层峦叠嶂,大自然的水墨画次第展开,大山静谧,流水有声,鸟儿嘀呖啁啾,人在水边徜徉,猕猴在层林中穿行而过,作为山西省生态保护区开发旅游产业的基地之一的蟒河景区就此展开面纱。梁家库说:"蟒河景区开发醒得早、起得晚,后来在阳城县多届县委、县政府的支持下, 已经完成了投产 2.4 亿元的一期工程。"

同样靠着煤炭发了家的晋城市皇城村在 10 年前,也开始了自己的转型思考,探寻可持续发展的接替产业。

皇城相府集团副总经理陈金胜说:"为什么我们要转型呢? 我们没有路可走, 好在是祖上给我们留下这个文化遗产, 它是一个无形资产, 可以造福子孙后代。"皇城村的决策者将目光锁定在了自己世代居住的地方祖辈留下的无形资产——清朝文渊阁大学士、康熙皇帝的老师、《康熙字典》总阅官陈廷敬的故居。走上了旅游之路的皇城村,如今成立了皇城相府集团,在有效保护文物的同时,皇城相府年接待游客达到60万人次,实现旅游综合收入近亿元。

20 世纪 80 年代初, 由盂县县委、县政府开发出来的藏山风景区, 由于经营不善,连年亏损,2003 年累计欠银行 1100 万贷款未能及时偿还,政府财政资金被法院冻结。为此, 县政府召集全县 20 多个民营老板开会,转让藏山经营权。但动员会开了好多次,县领导左动员右说服,硬是没有人接茬。这时, 经过深思熟虑的杨连富站起来, 一拍胸脯说:"我干了! "他十分坦率地讲:"之所以做出这一大胆的决定,一方面是禁不住领导们的劝说,为政府分忧解难；另一方面也是为自己的今后着想，煤挖完了干什么，旅游项目是个不错的选择，景区空气好，一边养生，一边赚钱，何乐而不为？"

为了使藏山的旅游开发做到高起点、高品位，杨连富开始一遍一遍往北京、上海跑，向中国人民大学、上海复旦大学的专家、教授咨询、请教，把他们聘为"文化顾问"、"历史顾问"，并且把他们搬到藏山实地考察。从2003年至今，杨连富为藏山的软硬件建设累计设资达2.6亿元。通过投资改造，藏山景容景貌焕然一新，旅游空间由原来的3平方公里拓展为现在的10余平方公里，游览时程由原来的一日游延长至现在的两日游。

在2009年山西煤矿企业重组兼并中，武矿生的煤矿关闭了。2010年8月，武矿生注资100万元成立了孝行文化传播有限公司。这一举动，让很多人大跌眼镜："一个只有初中学历的煤老板怎么会搞起了文化？"

武矿生这样说道："我生在孝义，长在孝义，发展在孝义，也热爱皮影跟木偶。手上有了钱，就想为家乡做点力所能及的事情。希望咱们孝行文化传播公司培养一批木偶跟皮影的继承人,把咱孝义的皮影和木偶发扬光大。"

"我们还要打造一个孝行文化园区，将来打造全国的孝道文化之乡！"武矿生的构想很宏大，为了实现这些激动人心的构想，他已经陆续增加投资300多万元。

服务行业里"打工"

从2009年8月开始，煤老板马肖发现身边的很多朋友都已经退出煤炭领域，歌舞厅、餐厅等消费场所天天爆满，他感觉到了前所未有的慌张。

马肖原来拥有的煤矿供应着深圳能源、江门电厂等4家发电企业的用煤，因此他基本上就是每天坐着数钱。他现在是大同市上岛咖啡店的老总。按照他的说法，这家店是他以前"钱多得没处花"的时候，加盟引进到大同来玩的，每年利润有200多万。只是他没想到，这个当初的副业，现在居然

成了他的主业。

有很多煤老板羡慕马肖，找到他提出入股。

一年赚几百万，根本满足不了马肖的胃口。如何找到像开煤矿那样赚钱的行业，是马肖一直寻思的，也是大部分煤老板转型时都会考虑的问题。

后来，马肖听说建筑业很赚钱，"投资周期短，回钱快"，于是，他瞒着所有人，投资1000万搞了一个石料厂，请了一个专门的投资顾问和管理人员给他打工。"我的石料厂3年后就相当于另外一座煤矿。"

2005年12月，全国首批小额信贷公司开始试点，晋源泰、日升隆两家小额贷款公司成为全国最早启动的两家试点公司。当时还是"煤老板"的韩士恭、王治信获得了另外一个身份——金融家。从那时开始，"煤老板"们纷纷加入小额贷款公司阵营。截至目前，山西省有小额贷款公司70多家。按当地业内人士的估算，其中60%以上为"煤老板"出资。

更深的背景是，随着山西煤炭资源整合力度空前加大，肩负转型之重的"煤老板"们不得不另谋出路，正在放开的小额贷款公司正是其寻求转型的一条路径。"民营资本开始进入信贷领域。这也是一种结构调整，合情合理。"山西晋中市小额贷款组织行业协会常务副会长韩建防表示。

"煤老板"发力小额贷款是有历史原因的。山西人向来就有做金融家的梦想，而小额贷款公司的创设无疑提供了一个新的支点。

2008年11月24日下午，晋中市汇通路上的繁华地段，"国泰阳光小额贷款公司"的公司大楼显得十分显眼。"我们主要做农户贷款和中小企业贷款！"柜台内的营业人员这样介绍。这家小额贷款公司仅仅是晋中市分布于全市各个县、区的26家小额贷款公司中的一家。

在人行太原中心支行的大力推动和地方政府的努力下，短短几个月，32家小额贷款公司相继成立，并面向农村和中小企业开展"只贷不存"的小额信贷业务。

"这个资本里面，超过60%是本地煤炭主、焦炭主的个人财富。"据韩建方介绍，在晋中市灵石、介休一带，分布着众多中型煤焦企业，近两年煤焦行情不错，这些企业主已经实现一定的财富累积。粗略估算，仅晋中一地，小额贷款公司就汇聚了10个多亿的民间资本。

曹晋全，晋中市一家小额贷款公司的副总。据他分析，由于近期能源行业的剧烈动荡，促使煤焦企业下定了转身谋变、寻找新商机的决心。

曹晋全的贷款公司是由当地几家煤焦企业参股组建而成的。随着国内煤焦价格的下挫，企业面临着市场迅速萎缩、欠款也在增加的形势。为了分担经营风险，实现资本的跨行业投资势在必行，10月份，他们向晋中市金融办公室提交了组建小额贷款公司的申请。11月份，公司获得批准。

这位负责人算了一笔账：相比较煤炭而言，小额贷款公司目前市场前景巨大，大量中小企业存在着资金困难、急需信贷的要求，信贷投放不是问题。在利润上，目前公司平均贷款利率是20.71%，各项运营成本基本上在10%左右，这样，资产利润率最低也有10%，再加上政府给的各项税收优惠和奖励政策，公司每年可稳赚500万的利润！

针对2008年5月银监会、央行推出的23号文件即《关于小额贷款公司试点的指导意见》，山西省确立了做大小额贷款的系统工程，即"原则上一县一家，成熟一家批一家，经济发展较快的地区可扩大到2至3家"。

据有关部门统计，不到半年的时间里，山西省境内的小额贷款公司就从原先的16家扩展到79家，注册资本金47亿元，贷款余额达30多亿元。

实际上，山西省小额贷款公司的门槛并不低，在贷款投向和资本监管方面都有着明确限制。根据《山西省小额贷款公司暂行管理办法》（以下简称《管理办法》）规定，小额贷款公司组织形式是有限责任公司的，其注册资本

不得低于5000万元（欠发达县域2000万元）；组织形式是股份有限公司的，其注册资本不得低于8000万元（欠发达县域3000万元）。上述5000万元资本金的规定，要远远高于目前晋源泰、日升隆的2380万元、2500万元的注册资本金规模。同时，该办法在贷款投向和比例方面都有着严格规定：要求贷款主要面向农户和微型企业，且小额贷款公司对"三农"的贷款比例不低于贷款余额的75%。

进入小额贷款领域是在山西资源整合大背景下，"煤老板"不得已寻求的一种出路。"目前，全省搞经济结构调整，整顿小煤矿，让之并入大煤矿；当地许多煤焦老板搞不下去了，也面临一个结构调整的过程，民营资本开始寻找出路。"韩建防分析。

目前，小额贷款公司可观的利润也是吸引煤焦老板进入信贷领域的一个动因。从目前情况看，新成立的小额贷款公司市场利率一般为基准利率的2.5到3.5倍之间，也有满负荷运行达到4倍的，整体利润能达到15%左右。

在小额贷款公司投资冲动的背后，是山西省上千亿元民间资本金融危机后被阻塞的投资出路。人行太原中心支行一份调查报告显示，截至2008年末，山西省民间融资规模估计在2000亿元左右，占全省金融机构各项贷款余额的33.6%，同时，民间融资规模仍然呈逐年增长态势。其中，煤炭资源丰富、中小煤矿活跃的地区如吕梁、忻州、临汾也是山西省民间融资最活跃的地区，三地的民间融资余额在全省的占比在60%以上。

山西省煤焦资本进入小额贷款组织、进行阳光化操作的行为，在全球经济调整、大量中小企业出现资金困难的当下，可谓是正当其时。

山西省社科院副院长潘云认为，农户和中小企业是生产单位中最容易面临资金紧张、又难以获得贷款的群体；而小额贷款公司不仅给民间资本提供了阳光化运作、实现资本增值的途径，同时对于完善金融服务体系、合理配置金融资源、支持农户和中小企业具有重要的现实意义。

从2005年山西省首家小额贷款公司的成立，到现在发展到30多家，人行太原中心支行在其中的推动作用巨大。

据人行最新监管数据：到今年9月30日，全省小额贷款公司累计发放贷款6个多亿，给众多农户和中小企业提供了及时的信贷支持。小额贷款公司不良贷款率极低，开展业务最早的平遥两家贷款公司贷款利息回收率更达99.59%，风险控制相当成功。比如，为了鼓励民间资本进入阳光化操作、服务当地经济，晋中市不仅建立了一整套行业自律监管机制，还出台了地方扶持政策，激励民间资本组建小额贷款公司。这些政策包括：税收减免、政府奖励、信用评级等，以保证小额贷款公司规范、稳定、健康。

"煤老板作为一个饱受争议的群体，在一定历史时期内还是发挥了部分积极作用。改革开放初期，中国的煤炭企业几乎全部为国有，作为国家煤炭能源基地的山西，当时每年的产量仅有1亿吨。1998年，由于受金融危机的影响，国内的煤炭滞销，国家为了盘活市场，开始将国有煤炭企业层层下放，承包给个人。一些胆子大一点人的开始尝试承包。随着中国经济的快速发展，2000年后，当初承包煤矿的一部分人迅速收回了成本，这引起了更多私人进入煤炭行业，也正是在这一年，'煤老板'正式作为一个名词，在媒体上出现。经过30年的发展，如今山西的煤炭年产量已经突破7亿吨，煤老板对缓解中国能源短缺所起到的特定作用，我们是应该给予承认的。"山西省政府发展研究中心副主任李劲民如此说。

第十章　历史跨越

2011年5月27日，新华网以"煤炭主产区告别'小煤矿时代'，山西3年关闭1500个"为题，报道山西煤炭资源整合煤企兼并重组取得的成就：

"山西煤炭资源整合和煤矿兼并重组基本结束，全省3年内累计关闭矿井1500个，30万吨／年以下小煤矿全部被淘汰。"山西省煤炭厅厅长王守祯日前表示。这意味着煤炭大省山西在中国率先告别了"小煤窑"。

"我们用水泥对关闭矿井进行封闭，覆盖黄土，正在恢复植被。国土资源部门要进行验收。"山西省柳林县鑫飞集团副总经理刘李琛说。鑫飞集团作为民营企业整合主体整合了原有10个小煤矿，保留了4个矿井，年产能提高到420万吨，全部实现机械化开采。

煤炭大省山西2008年开始实施煤炭资源整合和煤矿企业兼并重组，累计淘汰煤炭落后产能2亿吨。

"矿井数量由2600座减少到1053座，办矿主体由2200多个减少到130个，保留矿井全部实现机械化。"山西省煤炭厅规划处处长苗还利说。

"现代化综采技术和信息化的广泛运用，为安全生产提供了根本保障，人力高危作业将大大减少。"山西省煤矿安全监察局局长杜建荣说。

长期以来，小煤矿是中国煤炭生产的主力军。但小煤矿开采方式极为落后，事故频发、浪费资源。据不完全统计，大约90%的煤矿事故都发生在地方小煤矿。

王守祯说："小煤矿采1吨煤损耗6吨资源，百万吨死亡率是大矿的7.25

倍。山西因粗放式采煤造成的生态损失每年达300亿元，每次重特大事故总有几十名干部被查处。"

中国早在2006年就提出，"争取用3年左右时间，解决小煤矿的突出问题。"2008年，山西率先实施煤炭资源整合，通过企业并购、协议转让、联合重组、控股参股等多种方式，由大型煤炭企业兼并重组中小煤矿，形成了以股份制为主要形式，国有、民营并存的办矿格局。

中国煤炭产量最大的省份内蒙古将在3年内把地方煤炭企业的数量控制在80到100户，整合主体企业将获得资金、项目方面的优惠政策。山东省将在两年内将煤炭企业由113家整合到60家，企业最低生产规模达到60万吨。

王守祯说，整合重组后，山西形成4个亿吨级、3个5000万吨级、11个千万吨级以上的大型煤炭集团。全省在煤炭产量提高、矿井数量减少的情况下，煤炭生产百万吨死亡率由2005年的0.905下降到去年的0.187。去年煤炭产量7.41亿吨，创历史最高水平，其中外调5.1亿吨，同比增长15.2%。今年山西将有100座建设改造矿井投产，新增产能1亿吨。

原煤炭部副总工程师郝凤印认为，中国过去近30年的传统办矿体制，是一种带有过渡性、权宜性质的体制安排。整合—兼并—重组，这是中国煤炭业可持续发展的必由之路。

此前一天，《光明日报》以"山西整合煤炭资源，年产30万吨以下矿井全部关闭"为题，也对山西煤炭资源整合做出了评价：

到今年5月25日，山西年产30万吨以下的矿井已全部关闭，在保留的1053座矿井中，70%的年产量都在90万吨以上。

20世纪80年代，山西在"有水快流"思想的指导下，小煤窑如雨后春笋般冒了出来，一度山西小煤窑达上万座。小煤窑回采率不足15%，每年都要破坏和浪费约20亿吨煤炭资源。更为严重的是小煤窑开采对环境的破坏：

目前山西煤矿采空区面积超过 5000 平方公里，每年新增塌陷面积近百平方公里，不少地方老百姓的房子严重裂缝，无法居住；地下水系严重受损，导致 1687 个村庄、上百万人无水可吃。

据有关部门测算，山西因粗放采煤造成的环境污染、生态破坏、地表塌陷等损失每年至少在 300 亿元以上。小煤窑安全监管不到位导致矿难频发，百万吨死亡率是国有大矿的十几倍、二十倍。

从 2000 年起，山西进行了几次整合，煤矿数量逐年减少，2005 年减少到 4278 座，2008 年减少到 2600 座，煤矿"多小散乱"的格局基本得到改变，但资源浪费、矿难频发的状况仍未改变。

2008 年，山西省委、省政府痛定思痛，决心以壮士断腕的勇气，强力推进煤矿企业兼并重组整合，从根本上解决山西煤炭工业发展中的问题。兼并重组整合首先从制定总体规划入手，根据国家在山西建设晋北、晋中、晋东三个大型煤炭基地和 18 个矿区的总体规划，结合山西实际，制定了《煤矿企业重组整合总体规划》，提出重组整合的预期目标，即重组整合后全省保留 1000 座矿井，年产 90 万吨以上矿井要占 70% 以上，且全部实现以综采为主的机械化开采。

随后又确定了中煤集团、同煤集团、电力企业和具有一定生产规模的地方民营企业等拥有资本、人才、技术、管理优势的重组整合主体，以资源为基础、以资产为纽带、以股份制为主要形式，通过企业并购、协议转让、联合重组、控股参股等多种形式，由大型煤炭生产企业重组中小煤矿。

为保证重组整合成功，山西省政府还成立了省长任组长，煤炭、发改、国土、财政、监察、环保等部门组成的领导组，采取简化审批办理程序、多部门联合办公、限时办结等措施，有力地推动了煤炭资源的重组整合的进程。

一系列举措让山西煤炭工业实现了华丽转型，形成了以股份制为主要形式，国有、民营并存的以现代企业制度运行的办矿新格局。通过重组整合，山西共关闭淘汰矿井1500处；办矿主体由原来的2200多家减少到130多家，形成了4个亿吨级、3个5000万吨级、11个千万吨级以上的大型煤炭集团；单井年产量由2008年的不到30万吨提高到100万吨以上；煤炭产量大幅上升，2010年全年产煤7.41亿吨，创历史新高，今年1至4月产煤2.56亿吨，比去年同期增长18.3%；煤矿安全保障能力明显加强，去年百万吨死亡率由2008年的0.53%下降到0.187%，今年1至4月更下降到0.09%以下。

"煤炭资源重组整合受益最大的是老百姓！"山西省煤炭工业厅厅长王守祯介绍说，重组整合后，大矿采煤对生态环境破坏度减小，通过对废水处理、废气综合利用和废渣井下充填等方式，煤炭生产污染基本实现了"零排放"，再加上建立的"以煤补农"长效机制，采煤区群众的利益得到较好的维护和保障。

"煤矿工人也受益匪浅！"山西高平科兴前和煤矿负责人马飞宇告诉记者，煤矿在扩建中新建了职工生活活动区域，对工人进行了职业技能培训，职工的收入比以前高多了，出去也体面得多了！

煤炭生产企业也在重组整合中得到了长足发展。山西焦煤集团汾西矿业有限责任公司董事长翟红介绍说："汾西矿业先后将54家小煤矿整合成25个年产90万吨以上的现代化矿井，2010年公司原煤产量和洗煤能力双双突破3000万吨，各项指标全线飘红。"

受益者还有原来的"煤老板"们。吕梁的30余位煤老板从煤矿撤资后，筹资50亿元和汾酒集团合作共同在汾阳杏花村建设了汾酒工业园，目前该项目正在紧张施工中，建成后汾酒的产量达15万吨，是现在的3倍，新增销售收入100亿元。项目投资人白卫国自豪地说："我们出钱，汾酒厂出品牌、出技术，强强联合，是一件既让我们有钱赚，又让汾酒做大做强的大好事！"

整合后新秩序、新格局的建立

办矿体制改革：从小煤窑到大煤矿的华丽转身

小煤窑，曾经是山西最沉重的话题。

20世纪80年代初，为了支持国民经济翻两番的目标，山西被定位成国家的能源重化工基地。在"有水快流"的指导方针下，山西小煤矿如雨后春笋大量冒出，最多时，全省的合法矿点数量就达到了近11000座。有人形容当时的小煤窑是"村村点火、户户冒烟"，在富煤区"村村有煤窑，家家有矿工"成为当时生活的生动写照。与之相比，当时国有大煤矿的数量不足1%，因而说曾经占山西煤炭格局半壁江山的小煤窑是国家能源的供给库并不为过。

但小煤窑自身的先天不足和盲目发展从起步起就开始存在着严重缺陷。在快速发展过程中，产生的问题也日益严重、层出不穷。有人总结小煤矿的问题有"四宗罪"：浪费资源、破坏生态、草菅人命、腐蚀干部。

说其浪费资源，有几组数字很能说明：

小煤矿资源的回采率是15%至20%，这意味着每采1吨煤要破坏和浪费5吨以上的资源。按山西中小煤矿年产3.5亿吨煤计算，每年要破坏和浪费约14亿至20亿吨宝贵资源。以2006年为例，当年全省GDP总量是4752.54亿元，占全国GDP的2.26%，能源消耗占全国的6.1%。其中，单位GDP能耗2.89吨标准煤/万元，居全国第4位；单位工业增加值能耗5.89吨标准煤/万元，居全国第3位；单位GDP电耗2348.4千瓦时/万元，居全国第4位。能源消耗占比远远大于GDP占全国的比重。

说其破坏生态，近年来的地质灾害和空气质量状况很能说明问题。正如袁纯清书记《在全省领导干部大会上的讲话》中指出：经过几十年高强度开采，山西煤炭资源的开采强度已达23.3%，不仅资源枯竭问题日显突出，而且采空区面积超过5000平方公里，煤炭开采共造成地面塌陷1824处，地表破坏面积47 623公顷，煤矸石堆存占地1.6万公顷。袁书记形象而尖锐地指出：一些地方富起来的同时，空气被污染了，水被污染了，食物不安全了，不是被垃圾封锁，就是被噪音包围。这种一手提袋子钱、一手拿药罐子的形态不是健康生活，也不是科学发展。

说其草菅人命，缘于与频发的事故和一系列漠视生命的怪现象，由此让山西形象一度严重受损。据统计，2003年山西省共发生死亡10人以上的特大事故8起，全部为煤矿事故；2005年煤炭行业死亡人数是5938人；2006年死亡4746人；2007年死亡3758人，其中仅临汾一个市就发生死亡10人以上的煤矿安全事故3起，据安监局统计数据当年山西乡镇小煤矿百万吨死亡率是国有重点煤矿的17.8倍。也就是说，小煤矿每产1吨煤要付出比大矿高10倍的生命代价！由此不少人痛心疾首称山西的经济发展是带血的GDP。

说其腐蚀干部，从近几年的反腐大案中颇能看到在煤焦领域存在的"官煤勾结"、官商利益链条现象。

全省煤炭行业"多、小、散、乱"的历史遗留问题，和小煤矿盲目开采导致的山西矿难频发、生态破碎、环境污染、资源浪费等现实问题，很早就引起了省委、省政府的关注。为了破解"因煤而兴，因煤而衰"的资源经济发展魔咒，山西省委、省政府较早动手开始经济结构调整。尤其是世纪之初，随着产业调整思路明确，对煤矿实行技术改造，提高回采率和安全系数，成为数次政策调整的目标。2004年到2006年，山西省期望用"资源有偿使用"来变局，通过明晰煤矿产权，引导煤矿主做长期的经营投资，促成煤矿设备更新，生产效率和安全性提高。同时，山西对小煤矿的整合也一直在进行。门槛从9万吨、15万吨到30万吨不断提高，截至2008年底，虽然山西矿井

数量从2007年2840座下降到2600座,,但全省30万吨及以下的小煤矿占了70%以上,大企业大集团的产量仅占全省产量的一半,产业集中度明显偏低;全省仅307座煤矿实现综采,40%的小煤矿仍采用落后的炮采方式,采煤机械化程度不到30%,掘进机械化程度只有25%。各类矿井平均单井规模只有36万吨。这些数字说明:全省煤炭工业粗放的发展模式仍未扭转,"资源有偿使用"的目标未能实现。

山西煤炭生产的顽疾最严重的是重特大矿难事故层出不穷。最让山西人记忆犹新、官场闻之默然的是2007年以来发生在山西的一系列官场怪事。从2007年震惊全国的黑砖窑事件,省长道歉、去职,到2008年的襄汾溃坝事件引爆的山西官场地震,履职不久的省长黯然离职……猝不及防的安全事故让人痛心的同时,也给山西发展带上了沉重的枷锁。两次事件的焦点地区——临汾甚至被视为官场瘟疫,干部不愿去,在的思想负担重,压力倍增。当时山西民间流传的短信调侃称"山西省长干不干,临汾人民说了算!"在"生命大于天","安全重如山"的口号下,小煤炭的安全隐患成为各级官员心头大扰,担惊受怕的不定时炸弹。

"头痛医头,脚痛医脚"的疲于应付、应急之举于事无补。2008年一场波及广泛、影响深远的国际金融危机让山西经济一下子从直线上升变成快速下降。危机来了,山西怎么办?困局之下,山西怎么改?治标要治本。要从根本上改变现状,调整、升级不仅是山西煤炭产业实现科学发展的必由之路,也是山西未来发展的根本出路。从2008年开始,山西省委、省政府开始出重拳、大刀阔斧的强力推进煤炭改革,大规模的兼并重组由此拉开序幕。

从煤炭产业的实践来看,产业集中度和技术进步、安全指标紧密关联。煤炭产业集中度每提高1个百分点,百万吨死亡率就下降0.58个百分点。产业集中度越高,煤炭安全事故就越少,死亡的人数就越少。近几年,我国煤炭产业集中度每年都提高1个百分点左右,安全生产状况也在逐渐好转。据山西煤监局统计的安全事故死亡数字,从2007年死亡3758人,到2008年死亡3215人,再到2009年死亡2700人。数字的递减说明:在产业集中度逐步提高的过程中,山西安全事故死亡率也在逐步递降。这种趋势也充分说明:我省煤改中的"大矿模式"的思路和实践是正确的。由此也坚定、强化了省委、省政府推进资源整合的决心和力度。

为加快推进煤矿企业兼并重组整合,淘汰落后产能,提高煤炭产业集中度和产业水平,《山西省人民政府关于加快推进煤矿企业兼并重组的实施意见》(晋政发〔2008〕23号)和《山西省人民政府 关于进一步加快推进煤矿企业兼并重组整合有关问题的通知》(晋政发〔2009〕10号)等文件明确要求,兼并重组的整合目标是:到2010年底,全省矿井数量控制目标由原来的1500座调整为1000座,兼并重组整合后煤矿企业规模原则上不低于300万吨/年,矿井生产规模原则上不低于90万吨/年,且全部实现以综采为主的机械化开采。这一目标完成的效果如果,从严谨的数字中能清晰看出:

兼并重组开始的2008年,截止年底,山西煤炭行业的数据是:全省近2600座煤矿中,有90万吨/年以上大型矿井197座,30万吨/年至60万吨/年中型矿井699座,30万吨年以下小型矿井1701座。生产矿井1933座,核定生产能力5.93亿吨,平均单井规模36万吨,低于内蒙古70万吨的平均单井规模。山西省大公司、大集团的煤炭产量占全省煤炭总产量的51.3%。全省国有重点煤矿采煤机械化程度达到了98.45%,而大量的地方煤矿采煤机械化程度为29.78%。

至2009年底,全省矿井个数由整合重组前的2598处减少到1053处,办

矿企业由 2000 多家减到 100 多家，70% 的矿井年生产能力要达到年产 90 万吨的规模，年产 30 万吨以下的矿井全部淘汰，远高于 30 万吨的全国标准；单井规模达到年产 100 万吨，比整合前提高了 3 倍，整合后的矿井全部实现机械化开采，出现了 4 个产能亿吨级的特大型煤炭集团。一个以股份制为主、充满活力的多元办矿格局业已形成，全省煤炭产量也逐步增长，2009 年四季度月均产量已恢复到 6000 万吨以上，创历史最高水平。

长治市市长张保对比了"整合"前后的四组数据后说："整合重组前，全市煤矿 292 座，井田面积约 806 平方公里，资源量 41.2 亿吨，产能 8185 万吨；重组整合后，市煤矿 110 座，井田面积 1012.7 平方公里，资源量 69.6 亿吨，产能 1.04 亿吨。分别减少 63%、增加 25.7%、68.8%、27.6%，实现了'一减三增'。"而这样的"一减三增"现象同样出现在晋城。一块大煤田，让数个小煤矿"割据"开采，必然造成资源浪费；而由一个大矿统筹开采，则打破了"割据"的藩篱，实现了资源集约式开采。

2011 年 1 月 19 日王君省长在山西省第十一届人民代表大会第五次会议上作了《政府工作报告》。报告指出："十一五"期间，我省加快转变经济发展方式，全力推进煤炭资源整合煤矿兼并重组，结构调整迈出新的步伐。紧紧抓住国际金融危机蕴涵的机遇，以壮士断腕的决心和勇气启动实施煤炭资源整合煤矿兼并重组，取得重大成果。矿井总数已减少到 1053 座，办矿主体已减少到 130 个，70% 的矿井生产规模达到 90 万吨以上，30 万吨以下煤矿全部淘汰，保留矿井全部实现机械化开采。去年煤炭产量达到 7.4 亿吨，是历史最好水平。通过这一轮整合，我省煤炭工业进入了一个全新的发展阶段，产业水平显著提高，安全生产状况明显改善，采矿秩序明显好转，能源基地的地位进一步巩固，为经济社会又好又快发展奠定了坚实的基础，为全省转型跨越发展奠定了坚实的基础！

一系列数字的变化令人欣慰又欣喜，据一位工业厅的官员表示，煤炭资源整合之后，山西煤炭的产能控制在8.5亿吨，全省将形成3个亿吨级和4个5000万吨级的大型煤炭企业集团，从此山西煤炭开采智能化、煤机装备和煤化工关键技术获得重要进展，煤矿百万吨死亡率下降到0.3人以下。山西煤炭资源整合的阶段性成功向人们宣布：以往"有水快流，分散办矿"的粗放式办矿体制在山西退出历史舞台，山西"小煤矿"体制已经终结，随着山西煤炭业的产业水平明显提升，山西真正意义上的"大矿时代"正逐步到来。

大集团引领："万吨轮"胜过"小舢板"

集团化发展是世界煤炭工业发展的趋势。煤炭是典型的高危行业、资本密集型产业，必须走以大企业为主、规模化生产、集约化发展的路子。大煤炭企业具有的规模开采能力使企业具备了强劲的竞争优势。正如山西省煤炭工业厅厅长王守祯所说，任何一个行业增强竞争力、抵御风险最好的办法就是做大做强。

作为工业经济发展的主要力量，大企业实力雄厚、市场占有率高。如太原矿山机械厂作为全国一流的煤机制造基地，其生产的大、中采煤机在全国的市场占有率达60%以上。同煤集团的利税水平同比实现大幅增长，增幅均达到两位数。同时，大企业不仅竞争优势明显，而且引领作用也非常突出。

据美国经济学家迈克尔·波特经过大量实证调查后得出结论：在一个相对统一的市场中，如果生产相同产品的前4位企业的市场占有率（集中度）总和达到40%以上，该行业的竞争秩序才可能趋于正常；如果市场集中度低于40%，则该行业内一定会出现无序竞争的现象。

放眼全球，在世界产煤大国中，澳大利亚前5位煤炭企业产量占全国总产量的71%；美国前4位煤炭企业的产量达45%以上；南非前4位煤炭企业的产量达62%；印度一家煤炭企业的产量占到总产量的近90%；德国近2

亿吨煤炭全部由一家公司生产。

审视国内，以神华集团、中煤集团为代表的全国性、区域性煤炭"巨无霸"不断扩能，形成了一批亿吨级和千万吨级的煤炭大基地、大集团。内蒙古不仅后来居上，而且100万吨的平均单井规模也是山西望尘未及的。

在此次煤炭资源整合过程中，伴随着大量小煤矿的退出，一批现代化煤炭"航母"逐渐浮出水面，其中年生产能力过5000万吨的大型集团数目也悄然攀升。量变的积累，让山西煤炭产业发生了质的变化。整合后，这些精心打造的"煤炭巨轮"逐步显示出中流砥柱的作用。

时任潞安集团董事长任润厚说，随着整合结束，潞安集团将在临汾、晋中、忻州打造三个千万吨级的煤炭企业，加上潞安集团本部、潞安新疆公司两个5000万吨级矿区，潞安集团煤炭总储量会超过400亿吨，矿井总数达到57座，总产能规模接近每年1.4亿吨。煤炭资源整合为潞安集团构建煤炭、电力、煤基合成油、煤基天然气、醇醚燃料、太阳能等多个层次的立体能源输出体系，打造全球知名能化企业，实现"十二五"资产总额、销售收入双双跨越2000亿元奠定了坚实基础。

同煤集团将省内太原、大同、运城、临汾等7市13县103座煤矿整合规划成39座后，新增产能3480万吨，储量近30亿吨。董事长吴永平表示，实施煤矿企业兼并重组和煤炭资源整合是立足当前、着眼长远的一项战略决策，有利于提高煤炭产业集中度、促进煤炭资源的有序开发、提升煤矿的安全保障水平。到2011年末，同煤集团的产销量将达到1.5亿吨，其中原煤产量将超过1亿吨。

临汾市在整合中将形成7家千万吨级的煤矿企业，该市煤炭工业管理局局长牛立东介绍，全市各类矿井由392座压减到了129座；办矿主体由350家减少到了29家；产能由8976万吨提高到了10 746万吨；单井平均产能由

23 万吨提高到了 83 万吨。

离石大土河集团在一"增"一"减"之间，实现了企业的做大做强。资源整合前，大土河 15 个所属煤矿生产总能力只有 507 万吨，平均单井规模也只有 30 万吨左右。整合以后矿井数虽然减少到了 6 个，但单产规模却大大增加，其中 4 个 120 万吨，1 个 90 万吨，1 个 60 万吨，总产能达到 630 万吨。

从 2009 年一季度山西省五大煤炭集团与全国原中央财政煤炭企业经营效益对比看，销售收入全国同比增长 9%，山西省增长 20%；综合平均售价全国同比增长 10%，山西省增长 26%；利润全国同比增长 4%，山西省增长 21%。

因而山西省社科院能源所王宏英认为，山西煤炭兼并重组表面看是"整合小煤矿"，实质上是一次产业结构大调整。山西省省长王君多次提及说："此次煤炭资源整合绝不是简单的 1 + 1 = 2，而是让落后产能合理退出，为优势产能腾地方。""优势产能实现有序'扩张'，占领空间。其技术优势、人才优势、管理优势、安全生产优势也就得到相应扩张，进而带动整个煤炭产业水平提高，真正实现 1 + 1 > 2。"此次煤炭资源重组整合作为山西经济由资源依赖型向创新驱动型转变的一个重大举措，随着八大煤炭集团为主导的煤炭大企业格局形成，整合效应日益彰显，大量的事实说明："万吨轮"的确胜过"小舢板"。随着山西煤炭资源整合的逐步推进，煤炭产量将得到更大的释放。

高效循环：各个环节动起来，各种资源用起来

袁纯清书记《在全省领导干部大会上的讲话》中指出：工业新型化的路径之一是围绕传统产业实行循环化，实现高碳产业低碳发展。传统产业的潜力在循环、希望在循环、发展在循环。循环经济既是一个产业生态化的过程，也是一个随着新技术开发由低端产业链到高端产业链，获得更高比较效益的

过程。结合山西产业特点，要强化两个理念：一是全循环。就是在政策上，把循环经济作为基本的市场准入标准、技术原则和生产方案，用已经认知的循环模式对传统产业进行循环改造，做到循环化生产，新上项目都要严把循环经济门槛；在内涵上，既包括从物理形态循环向化学形态循环转变，也包括资本、资源、技术、劳动力等生产要素的循环；在外延上，不仅产业内部要循环，关联产业之间也要循环，动脉产业的循环与静脉产业的循环要结合起来；在全局上，从企业的小循环入手，向行业中循环拓展，最终形成区域大循环，构建具有山西特色的循环经济发展模式。

以提高产业集中度为抓手，以循环经济为目标是在山西省煤炭资源整合的目标和方向。根据山西省《煤炭产业调整和振兴规划》规定：发展循环经济，延伸煤炭产业链。大力发展煤制化肥、煤制油品、煤制天然气、煤制甲醇及深加工等以煤为基础的产业；加大煤矸石和矿井水的综合利用；加快建设煤—电—路—港—航为一体的晋北动力煤基地，煤—焦—电—化为一体的晋中炼焦煤基地和煤—电—气—化为一体的晋东无烟煤基地。此次整合充分利用"加、减、乘、除"等方式，全面实施煤炭产业改造升级。

煤炭行业在利用煤、延伸煤的过程中以循环经济理念不断拓展着自身的发展空间。在新建成的同煤集团塔山工业园区，形成了以世界上最大的井工矿井——塔山煤矿为龙头，包括洗煤厂、坑口电厂、甲醇生产、粉煤灰砖厂、水泥厂、高岭土加工等10个项目。这些该目中包括煤—电—建材和煤—化工两条产业链条，对资源"吃干榨尽"，消化外部成本，实现"黑色煤炭、绿色开采"。2010年10月，同煤集团4500吨/天新型干法水泥生产线竣工投产，标志着塔山循环经济园区形成了完整的闭合链。

在潞安集团的下属企业屯留矿，原煤洗选后，喷吹煤外运，煤矸石及中煤、煤泥分别用于制砖、综合利用发电；矿井水经过处理作为煤制油、综合利用电厂的水源；抽采的高浓度瓦斯，以及集团控股焦化厂的焦炉煤气经转化作为煤制油的氢源，尾气及低浓度瓦斯用于发电；利用合成油装置富余的氢气、排放的高纯度氮气和二氧化碳，同期建设联产合成氨、尿素装置，实现二氧化碳减排27万吨/年。这里把煤炭开采、洗选加工、矸石发电、煤气化合成油、制化肥、联合循环发电等融为一体。

山西省从2009年开始将用两年时间投入811亿元巨资，在煤炭循环经济园区建设206个煤炭循环经济项目，以破解光靠卖煤的单一煤炭产业发展模式。目前，焦煤古交、阳煤贵石沟、晋煤寺河等煤炭循环经济园区已粗具规模。这些循环经济园区通过延伸产业链，来"消化"掉煤炭产业的外部成本，代表了煤炭工业的未来发展方向，更成为做强山西煤炭工业的重要"抓手"。

随着循环利用的项目推进，原先千疮百孔、满目疮痍的家园开始得以休养生息，逐步恢复。资源"吃干用尽"的循环利用，以及整合后新主体必须承担的矿界内的沉陷治理和植被恢复、生态修复和绿化工程等为我们开始还原一个净化、绿化的健康空间。同时随着资源利用率的提高，或许过去我们可采100年的煤炭资源，现在就可以延长到200年。

行业话语：我的资源我做主

从20世纪80年代山西被定位成国家能源基地后，一直充当着全国煤老大的角色、承担着煤炭供应基地的重任。但长期以来，山西煤炭市场一直呈现着"既有欢喜也有忧"的局面，随着国内的形势需要和供需矛盾的震荡影响而忽上忽下。曾任山西煤炭工业局局长、山西焦煤集团董事长的杜复兴在回顾世纪末亚洲金融危机时说：20世纪末亚洲金融危机时，当时山西优质的动力煤被压质压价只有几十元，真是"好肉跌成了豆腐价"！就是这样，我们的销售人员还手捧乌金低声下气到处求人、请客送礼，一个电厂销售人

员一句话有时就决定了一个煤矿上万人的饭碗。一位国有煤炭企业副总到外省推销原煤，对方提出喝一大杯酒就订万吨煤，这位老总身受重托卖煤心切，当场喝得严重胃出血住院。1998年至1999年外省拖欠山西的煤款超过116亿元，占当时全省煤炭行业年销售收入的1/3多。为什么山西一年产五六亿吨煤，每年煤炭出省销量占全国省际间煤炭净调出量的3/4，还不能掌握市场话语权？"除了市场需求严重下降之外，主要原因就是当时我省煤炭企业是散兵游勇，煤矿主体多达五六千个，内部展开无原则的杀价。很多小煤矿凭着原始粗放开采的极低成本和偷税漏税行为，以严重低于市场均价售煤，严重扰乱了正常的煤炭交易秩序。"由于产业集中度低、生产和销售的决策过度分散，陷入"煤越产越多、钱越赚越少、市场越来越窄、话语权越来越小"的尴尬境地。杜复兴说，为了避免重蹈覆辙，就要推进煤炭资源整合，以资本、资源和产权等为纽带，打造大集团大基地，攥紧拳头闯市场，争取行业的话语权。

随着近年来煤炭企业兼并重组的快速推进，煤炭产业集中度持续提高，煤炭企业的市场控制力不断增强。

从2009年的情况看，尽管当时煤炭市场持续低迷，但从1至6月份，全省煤炭产销量环比呈逐月回升态势，虽然总量同比下降，但国有重点煤矿产量比重增加明显。据统计，1至6月份，全省累计实现原煤产量2.66亿吨，其中，国有重点煤炭企业占总产量的67.6%，同比提高12.8个百分点。1至6月份，全省完成煤炭出省运量2.01亿吨，其中，国有重点煤炭企业占出省总销量的62.6%，同比提高1.48个百分点。上半年煤炭行业结构调整取得新进展，1至6月，省属五大集团累计实现非煤产品销售收入449.55亿元，占总销售收入的54.33%，为应对金融危机发挥了中流砥柱的作用。上半年五大煤炭集团累计实现利润增长10%，明显高于全国大型煤炭企业1.14%的水平，对全省财税收入贡献继续提高。上半年煤炭行业上缴财税收入比去年同期增加55亿元，增长23.13%。在煤炭经济企稳回升的同时，山西省煤炭行业转型发展开局良好。

2010年1月份，全国五大电力发电集团就与山西省五大煤炭企业签订了电煤合同，吨煤售价提高30~40元，使大型煤炭企业能较早地安排全年生产任务。煤炭行业发展良好，成为工业高速增长的"稳定器"和转型跨越发展的先导行业。

省煤炭工业厅厅长王守祯指出：原因主要是我们全省煤炭行业采取了宏观调控措施，坚持按照市场需要组织生产，坚持以合理价格来确定煤炭的供应量，所以实现了煤炭价格的稳中有升。另一个原因是我们这几年煤炭的重组整合提高了煤炭产业集中度，价格稳定是产业集中度提高的一个具体的表现。

煤企跨越发展对山西的作用

煤炭作为山西重要的支柱产业，从业人员100多万，财政收入贡献率位居全省第一，对全省经济社会发展方方面面都有着重要影响。此次整合兼并重组整合而成的大型煤炭企业不仅成为山西转型跨越的先锋，而且也对山西社会的转型跨越发展产生了广泛、深远的影响，同时也有国家探索经济增长方式转变提供了可资借鉴的选择路径。

煤炭资源整合具有"样本"意义

各地书记、市长在谈到煤炭资源整合时认为：煤炭工业为2008年以来的山西工业经济发展作出了历史性贡献。山西对煤炭行业转型发展的战略部署，是煤炭工业战胜危机、支撑全省经济快速走出危机的根本所在，山西煤

炭工业揭开了全省经济转型发展的序幕，也为全省钢铁、有色、焦炭、建材等行业的转型发展树立了榜样。对于山西工业而言，必须走加快转型发展这条科学发展之路。加快山西工业经济转型发展，要创新发展模式，要发挥政策的引导作用，企业的推动作用、投资的拉动作用，促进工业新型化深度融合，在转型发展中推进新兴产业规模化、优势产业高端化和特色产业集群化，从而实现转型跨越发展目标。

有专家认为：山西煤炭资源整合和煤矿兼并重组所具有的"样本"意义，可归纳为"两条新路子"、"三个创新"、"四方面成效"。"两条新路子"：开创了从源头解决安全问题的新路子，明晰了安全生产和安全监管两个责任主体，实行了安全质量的标准化管理和瓦斯综合治理体系，煤矿安全保障能力明显增强，趟出了资源型地区转型发展的新路子，煤炭行业无法自行解决过度竞争和外部环境、生态问题，资源整合后，政府可引入科学制度，可持续发展能力明显增强。"三个创新"：能源投融资体制实现了创新，实现了以"资源资产化、集团股份化"为标志的新型投融资体系；资源集约高效利用实现了创新，有利于形成洁净生产、保护资源、综合利用的发展格局；行业管理制度实现了创新，让更多的投资者有机会通过资本市场，以股份制的方式来做大这个产业。"四方面成效"：提高了产业组织程度，终结"小矿群采"，挺进"大矿时代"，实现了产业规模与生产力的合理匹配；提供了技术创新的重要平台，陆续建成一批现代化矿井，有利于推动产业技术进步；清理整顿了矿山开发秩序，终止了采矿权"击鼓传花、暴炒资源"式的非法交易，最大程度地保护了战略资源；优化了办矿机制，进一步完善了矿业权有偿取得制度，实现了资源向优势企业的有序集中。

有位专家讲，与制造业通过终端产品可以区分出企业的生产水平不同，同样两块煤，人们很难区分哪块是节约资源生产出来的，哪块是安全生产开采出来的。资源整合保证了生产出的煤炭更安全、更环保、资源效益更高，也顺应了生产力发展和发展方式转型的内在要求，实现了煤炭产业素质、核心竞争力和安全保障水平的巨大飞跃。煤炭资源整合的重大意义其实就是这样直白、浅显。

煤炭整合带来的安全事故降低，对全国都具有启示意义。长期以来，山西煤炭企业由于安全生产基础薄弱，造成安全事故层出不穷，企业发展如履薄冰。因为每一次事故，都意味着又有鲜活的生命悄然离去；每一次事故，又必然伴随着新一轮的整顿停产；"多、小、散、乱"格局引起的安全痼疾有曾经让山西形象大损，曾经让山西在带血的GDP面前沉默无语。煤炭资源重组整合后，具有安全生产优势的主体企业把自身多年积累的安全生产技术、安全管理经验应用到新整合的煤矿，促使整个煤炭产业的安全生产水平将大幅提升。

据山西省社科院专家潘云表示："大矿和小矿之间的煤炭百万吨死亡率比为1：11，也就是说每生产一百万吨煤，大矿死亡一个人的情况下，小矿要死11个人，这样的比例高得甚至让人惧怕。"山西焦煤西山煤电集团有限责任公司宣传部新闻科科长张建怀也举例说："外界认为大矿发生的矿难事故更大更严重，其实这就像飞机，虽然在各种交通工具中飞机是最安全的，但因为其运行特点，不可能完全不出事故，而如果出事，往往就影响力比较大，这其实是个几率的问题，大矿发生事故的几率要低得多。"省煤炭厅厅长王守祯早在2006年就说过："山西省是煤炭大省，矿井的数量很多，所以煤矿安全生产对我们来说确实压力很大。要想解决矿难的问题，减少事故，必须提高职工队伍的素质，关停一批落后的小矿，矿井少了，单井规模大了，事故发生的几率就低了。"

据统计数据显示，2009年比2008年，山西煤矿事故起数和死亡人数同

比分别下降40%和32%，煤炭生产百万吨死亡率控制在0.395，明显低于全国0.926的平均水平。2010年又比2009年减少505人，煤炭生产百万吨死亡率由2005年的0.905下降到0.187。在国家安监总局公布的2010年第三季度重特大生产安全事故责任企业(单位)名单中，山西的名字终于开始远离榜首。事故数、死亡人数双下降标志着全省煤矿安全生产形势稳定好转。

可以说，通过煤炭资源整合，我省终于终结了"小矿群采"，终止了采矿权"击鼓传花、暴炒资源"，煤矿安全保障能力和可持续发展能力明显增强。因而我省的煤炭资源整合不仅对全省能源安全、转型具有重大意义，对全国的能源资源整合同样具有"样本"意义。

以股份制企业为主要形式，多种所有制企业并存的山西煤炭资源整合是先进生产力对落后生产力的整合，符合国际煤矿发展潮流。在"总量适度、优化布局、改善结构、提升水平"和"关小上大、产能置换、有序建设"的原则下，煤炭资源整合重组推进工作至少取得三个突出成效：一、这次整合重组是以先进生产力整合落后生产力为标准，符合国家对煤炭工业产业结构调整的要求，符合山西实施可持续发展政策试点的要求。通过整合，全省办矿企业基本达到了上规模、调结构、优化产业的目的，是先进生产力对落后生产力的整合。二、初步形成以股份制企业为主要形式，多种所有制企业并存，符合国际潮流的煤矿发展格局。这次整合重组以股份制为主要形式，为非公有制经济和混合所有制经济创造了新的发展机遇。三、实现了煤炭行业产业水平和产业集中度明显提升、矿井生产力水平快速提升、煤矿安全明显提升的"三个提升"。煤炭资源回采率大幅提高，煤矿安全生产形势稳步好转，百万吨死亡率明显下降，煤炭行业经济效益保持稳定，对财政的贡献率大幅上扬。

破解煤炭产业发展难题的有益探索

山西煤炭企业向来被外界看做中国煤炭行业排头兵的"晋煤方阵",山西煤一直充当着全国经济发展的稳压器:产量占全国的1/4,省际调拨量占全国的3/4。因而如果没有山西煤炭工业的可持续发展,就没有中国煤炭工业的可持续发展。但长期以来,多、小、散、乱一直是山西煤炭企业的突出写照。平均规模明显偏小,产业集中度明显偏低,整个产业的机械化、信息化程度不高,让山西这个资源大省与产煤强省的地位相距甚远。此次山西的煤炭资源整合也是新中国成立以来煤炭企业变化最大的一次改革。正如省发展改革委主任李宝卿介绍:这次煤炭产业的调整振兴着眼于三个"提高",即提高产业集中度,提高产业水平,提高安全生产保障能力,目标就是要实现由煤炭大省向煤炭强省的转变。

据专家论证:山西煤炭资源整合是积极探索煤炭工业可持续发展试点政策的重大举措,也是顺应世界煤炭工业发展趋势,破解煤炭产业发展难题的有益探索,对资源型省份转型发展有重大的战略意义。煤炭资源整合符合资源型产业发展的客观规律,可从根本上淘汰过剩的生产能力和落后的生产力,有效减少行业内部的无序竞争,推动煤炭企业规模和整体实力不断壮大,减少外部性问题,逐步提高行业的集中度,是煤炭产业自身结构优化的内在要求。煤炭资源整合符合世界煤炭产业发展潮流,可使煤炭企业在较短时间内形成规模收益,实现与国际市场对接,减少资源浪费,发挥整体优势和后发优势,提高在国际市场中的影响力和竞争力。

煤炭资源整合符合国家资源型产业政策的要求,使集约化开发经营成为可能。煤炭资源整合是以产业政策来为煤炭产业的健康发展创造必要的内外部环境,以政府的产业政策来弥补市场机制的不足,从而促进煤炭产业的健康发展。煤炭资源整合符合山西发展实际。近年来,山西在提升煤炭产业发

展水平方面做了大量工作，但"多、小、散、低"的粗放发展格局和模式仍未彻底改变。实施煤炭资源整合是煤炭工业健康发展的科学抉择，是推进全省煤炭工业走向新生的治本之策。

原煤炭部副总工程师郝凤印认为，我国过去近30年的传统办矿体制，是一种带有过渡性、权宜性质的体制安排。整合—兼并—重组，这是中国煤炭业可持续发展的必由之路。根据国家安监总局统计数据显示，2007年我国最大的10家煤炭生产企业的产量总和约占当年国内煤炭总产量的25.6%，而美国1家大型私营煤炭公司煤炭年产量在2亿吨以上，约占美国煤炭总产量的18%左右；俄罗斯1家大公司产煤2.5亿吨，占全国总产量的95%。由此不难看到，煤炭资源整合对解决我国煤炭企业集中度过低和无序竞争状况有着十分重大的意义。国家安监总局等14个部委联合下发的《关于深化煤矿整顿关闭工作的指导意见》提出的"鼓励和支持大型煤矿企业以收购、兼并、控股等多种方式整合改造小煤矿，通过资源和产权联接，把更多的小煤矿纳入大型煤矿企业管理控制体系"正是对山西煤炭资源整合的肯定。世界能源金融研究院执行院长、中国金融研究院院长何世红表示，山西省煤炭业兼并重组为全国的资源整合提供了一个优秀的范本。

国家发改委经济体制改革司司长孔泾源认为，煤炭产业有其独特性，不同于一般的竞争产业，不同于一般的加工制造品生产，有着资源自然垄断性质。通过资源整合的方式，进行生产集中、技术改造、产权多元，让社会更多的民众、更多的投资者有机会通过资本市场、以股份制的方式来做大这个产业，在制度上的创新，具有前瞻性。山西作为资源型大省，要创新发展方式，实现资源型经济转型，在煤炭这个支柱性产业先行一步，率先创新，符合山西的实际。山西的做法符合作为资源性产业——煤炭产业的基本特性，适应经济社会发展的需要，顺应了经济转型的趋势，在能源投资体制、资源综合利用、安全生产和行业管理制度等方面实现了创新,对全国其他地区类似产业的转型升级具有一定借鉴价值,为全国煤炭行业的结构调整和体制创新积累了经验。

有助于推进全省的反腐倡廉建设

这次煤炭资源整合过程,对推进全省反腐败斗争也具极大作用。2008年7月到2009年6月一年中,山西省立案查处涉矿领域案件600件,清缴违规资金80多亿元。以临汾为例,经查,临汾数次矿难中,均有"煤老板"向原分管煤炭的副市长苗元礼行贿的记录。2004年煤炭资源整合中,市国土资源局原局长史锡亮将参加整合的瑞之源煤矿列为单独保留矿井,又在该矿上缴资源价款时,给该矿提供便利,使其缓缴资源价款1000余万元,史锡亮先后收受"煤老板"王东海人民币4万元。苗元礼在2004年下半年批准该矿缓缴煤炭资源价款,两次收受王东海人民币5万元。遇难多达100余人的2007年洪洞"12·5"矿难,就是"煤老板"王东海行贿市、县、乡三级煤官,他们在接受贿赂后放松监管,最终导致惨剧发生。矿难的背后或多或少都隐藏着"官煤勾结"的交易,这条完整的利益链条是山西不断滋生腐败和事故的根源。

随着煤炭资源整合,行业门槛提高,从管理体制上剪断了"官煤勾结"的链条,对煤焦领域腐败现象有明显的遏止作用,以往那种小煤矿、黑煤窑"煤老板"为逃避监管而贿赂、腐蚀地方官员的可能明显减少。政府主管部门由监管2200个企业主体变为130个后,体制性漏洞大大减少,社会反响强烈的滥批卖证、官员入股或亲属开矿等现象缺少了蔓延的土壤。大集团相对完备的管理制度、规范的运行程序,使企业与地方官员私下交易、违规操作、偷漏税款等现象得到更具规范性、约束性的管制,从制度上提升了对煤炭生产经营和政府工作人员的双重约束。

这是煤炭领域反腐败斗争的一次直接演练,对反腐倡廉长效机制建设具有深刻的启示作用。在资源整合中,纪检、监察部门全程跟进,为反腐败斗争积累了丰富的经验,对在更广范围内推进反腐倡廉长效机制建设的意义不言而喻。大量触目惊心的案例,涉案人员事发后的沉痛反省,无论是对当事人、相关人员,还是对领导干部,都起到警示作用,对其正确世界观、人生观和价值观的培育大有好处。随着时间的推移和实践的深入,煤炭资源整合对反腐倡廉建设的重大意义,同整合所产生的经济、社会效应一样,会更清晰地显现出来。

生态环保、循环经济工作的强力推进逐步彰显整合效应

作为山西工业经济的排头兵,煤炭在山西经济中曾经发挥着重要作用,也曾经带来严重的生态问题。袁纯清书记提出:建设绿化山西、气化山西、净化山西,目标就是为了山西人民身心健康。一些地方富起来的同时,空气被污染了、水被污染了、食物不安全了,不是被垃圾封锁,就是被噪音包围。这种一手提钱袋子、一手拿药罐子的形态不是健康生活,也不是科学发展。城市管理、生态环境治理、水源地保护、卫生服务、医疗保健、社会保障等方面都要以人的健康为中心,保障人民群众健康地生活和工作。安全、蓝天、财富是新山西以煤为基过程中一个都不能少的内容。

在经济社会发展日益受到能源和环境制约的背景下,在低碳经济的全球呼吁下,无论从可持续发展的角度出发,还是从履行减排温室气体国际责任的层面考虑,发展低碳经济,加大节能减排,都是山西今后经济社会发展战略的重要取向。煤炭在我国一次能源消费中所占比重在70%以上,我国80%的二氧化碳都是由燃煤排放的。山西是我国煤炭生产大省、输出大省和消费大省,长期形成的以煤为主的能源消费结构,导致经济发展具有"高能耗、高污染、高排放"的特征,因而发展循环经济、低碳经济迫在眉睫。袁书记

明确提出发展循环经济的路径，一是按照省政府制定的循环经济规划，切实构建好循环经济体系。要抓住机遇，在企业发展循环经济的基础上，进一步做好工业园区的循环经济，同时还要发展社区、城市的循环经济。以使资源得到充分利用，污染减少到最小程度。二是要利用资源优势，重点发展和延伸产业链条，形成煤焦化、煤焦铁、煤电铝、煤建材、煤机械、煤安全等产业链条。三是要将粉煤灰、煤矸石等大宗固体废弃物资源化。山西每年新增粉煤灰5000万吨左右，煤矸石更是天文数字。要走低碳经济发展的路子，就得下决心将其最大限度资源化。四是加强矿井瓦斯及焦炉煤气以及其他工业余热、余气的再利用，提高资源综合利用的水平。五是发展现代煤化工，重点培育清洁能源、甲醇深加工，推进煤制油和煤层气、天然气、焦炉煤气、煤制气四气合一的产业化。通过延伸产业链条，发展循环经济，实现低碳经济，是我省调整产业结构与布局，实现可持续发展的现实选择。山西煤炭资源整合和煤矿兼并重组，优化了煤矿的规模结构、技术结构，使得煤炭工业朝着规模化、集约化、机械化、信息化的方向迈出了实质性的一步，也为我省调整和优化产业结构与产业布局打开了一扇窗户，为全国煤炭工业可持续发展趟出了一条路子。

为新能源发展提供了空间

按照最新定位，山西省的角色依然为"能源基地"，煤层气的开发利用已经在山西取得值得关注的成果。山西煤层气储量占全国1/3，其产业规模预计为1000亿元。省社科院研究员夏冰介绍说，由于山西已经掌握低浓度煤层气的发电技术，综合高浓度煤层气用于公交车和出租车、中浓度民用，山西省立体化煤层气利用已经全面铺开。此外，山西煤层气重卡的发展已见规模。2009年太原长安重汽新基地落成，其重卡的能源正是来自山西本土的煤层气。为适应山西省煤层气利用的快速发展，加快煤层气管道建设和发展加

气站布局成为今后一段时间内的工作重点。

　　正如山西省副省长牛仁亮在"面向能源安全和中国煤炭开发战略格局"咨询研讨会的总结发言中曾经指出：煤炭是国家最为重要的基础能源，从主要产煤地区的资源环境承载能力、世界气候变化对改善能源结构的战略要求看，国内煤炭供应不可能无限制地增长，统筹全局、科学规划、合理开发势在必行。根据之前的预测，2010年我国的煤炭需求约为30亿吨，2020年的煤炭需求约为40亿吨。在现有的资源和技术条件下，我国煤炭工业的合理产能峰值为25亿至26亿吨，两组数字之间存在巨大差额——全国煤炭供需缺口巨大。山西省煤炭资源整合对于产业结构调整的支持将在很大程度上为本省的新能源发展提供空间。

煤炭突围

下篇　影响与启示

　　山西省所推进的是一次史无前例的资源整合，可以说是全国最大规模的企业重组。有人将山西省的煤炭资源整合视作"一场没有硝烟的战争"，也有人把它称为"一场煤炭工业的革命，一次重大利益的调整"。无疑，山西煤炭资源整合是一场涉及矿业权、资源有偿使用、煤炭资源管理、生产、安全等诸多方面的深刻变革，是一次资源重新配置、经济重新洗牌的利益再分配，可谓是"牵一发而动全局"，事关国家能源安全和山西经济社会发展。山西紧紧抓住国际金融危机蕴涵的机遇，以壮士断腕的决心和勇气启动实施煤炭资源整合煤矿兼并重组，通过这新一轮整合，山西省煤炭工业现已进入了一个全新的发展阶段，产业水平显著提高，安全生产状况明显改善，采矿秩序明显好转，能源基地的地位进一步巩固，为经济社会又好又快发展奠定了坚实的基础，为全省转型跨越发展奠定了坚实的基础。

第一章 重组整合的成效与评价

2010年12月25日《人民日报》头版头条刊登《山西煤炭产业浴火重生》一文,以简洁明快的文字和一系列对比的数据客观地描述了山西省实施煤矿企业兼并重组整合以来,"十一五"期间所取得的巨大成绩,"大进小退"、"优进劣退",保留矿井全部实现机械化开采,全省形成了4个亿吨级、3个5000万吨级大型煤炭集团,煤炭产业水平的整体提升,"原煤洗选、精煤出售、中煤发电、高岭岩深加工,资源在'链条'上流动过程中被充分'吃干榨尽'"。"十一五"期间,山西煤矿矿井数由2005年的4278处减少到1053处,压减比例75%;矿井平均规模由2005年的16.8万吨/年提高到120万吨/年;煤矿资源回收率由平均15%提高到80%以上;办矿企业由2200多个减少到130个左右;原煤百万吨死亡率由0.905下降到0.198……一串数字标志着山西省煤炭工业"涅槃重生"。

山西省所推进的是一次史无前例的资源整合,可以说是全国最大规模的企业重组。有人将山西省的煤炭资源整合视作"一场没有硝烟的战争",也有人把它称为"一场煤炭工业的革命,一次重大利益的调整"。无疑,山西煤炭资源整合是一场涉及矿业权、资源有偿使用、煤炭资源管理、生产、安全等诸多方面的深刻变革,是一次资源重新配置、经济重新洗牌的利益再分配,可谓是牵一发而动全局,事关国家能源安全和山西经济社会发展。在煤炭行业兼并重组整合过程中,山西省政府强力推进实施,大幅提高了煤炭行业准入门槛,为并购主体限定了条件。然而,由于历史和政策的原因,在山

西省境内从事煤炭生产的大企业多属国有,因而此次重组在一定程度上就是使一些国有大型煤企通过并购快速扩张规模的过程。也正因如此,这次重组事件备受"国进民退"的质疑,将山西推向舆论的"风口浪尖"。对于这个煤炭资源大省的艰难转型,国家和人们寄予了厚望;而面对这场史无前例的煤炭资源重组整合,也有不少"另类"解读:"山西再无煤老板"、"山西煤炭业国进民退"、"3000亿元煤炭业民资流向股市楼市"……邓小平说过:"现在我们正在做的改革这件事是够大胆的。……我们已经遇到的一些风险。我们在确定做这件事的时候,就意识到会有这样的风险。我们的方针是,胆子要大,步子要稳,走一步,看一步。我们的政策是坚定不移的,不会动摇的,一直走下去,重要的是走一段就要总结经验。……哪一步走得不妥当,就赶快改。"山西省委、省政府始终坚持以邓小平理论为指导,贯彻落实科学发展观,积极探索合理开发利用煤炭资源的可持续发展道路。山西煤炭资源整合就是对现有煤炭体制一次大胆的改革尝试。

重组整合成果显著

"煤炭资源整合"从诞生之日起就被赋予了划时代的意义,这是一次山西彻底打破"资源诅咒"怪圈、告别"煤炭枷锁"的自我救赎:告别坐拥煤海却无法掌握煤炭话语权、屡屡在周期性萎缩中受伤的过去;告别"多、小、散、乱"的粗放发展格局和模式带来的安全隐患和环境伤害;告别一煤独大对经济发展的桎梏……山西新一轮的煤炭资源整合现已从煤矿兼并重组、技术改造和全面复产,逐步进入建设高产高效矿井阶段。2011年1月21日,参加山西"两会"的王君省长对中新社记者透露,"非煤矿山的资源整合从今年开始,省政府将对焦炭行业、焦化企业和非煤矿山进行整合",基于煤炭资源整合的"山西模式"已上升到一个新的层次，具有了新的内涵。现在我们可以自豪地说，山西进入了新煤炭时代，一个崭新的煤炭强省正向我们走来。

终结"多、小、散、乱"，走进"高产高效大矿"新时代

任何事物总是不断发展变化的，在这一时期它可能起的是正面效应，在下一时期可能就是负面效应。正如"小煤矿"体制一样，不可否认它曾经起过的历史作用，但随着时间的推移，当它成为经济社会发展的绊脚石时，当这一"毒瘤"可能危及全身时，愚公需要移山，壮士需要断臂。煤炭资源整合，是人民的选择，更是历史的选择。打破"小煤矿"体制，追求产业集中度的脚步，山西从来都没有停止过，9万吨、15万吨、30万吨，这几年，山西省小煤矿整合的门槛在不断提高，但全省煤炭工业粗放的发展模式仍未彻底改变。2008年底，全省仍有各类煤矿2598座，其中30万吨及以下的小煤矿占了80%以上，大企业大集团的产量仅占全省产量的一半，产业集中度明显偏低。

美国产业经济学家迈克尔·波特经过大量实证调查后得出结论：在一个相对统一的市场中，如果生产相同产品的前4位企业的市场占有率（集中度）总和达到40%以上，该行业的竞争秩序才可能趋于正常；如果市场集中度低于40%，则该行业内一定会出现无序竞争的现象。当我们环视周围发现，世界各主要产煤国的煤工业正在向集团化、集约化和国际化方向发展，目前世界主要产煤国家的前4家煤炭企业的市场占有率均在40%以上（美国45.8%、南非62%、澳大利亚64%），单井平均生产规模200万吨左右（德国280万吨、波兰200万吨、英国180万吨）。在国内，以神华集团、中煤集团为代表的全国性、区域性煤炭"巨无霸"不断扩能，形成了一批亿吨级和千万吨级的煤炭大基地、大集团。

经过长期以来山西省坚持不懈地推进煤矿兼并重组整合，使得全省煤炭产业由量变的积累到了质的变化，一艘艘精心打造的"煤炭巨轮"正在形成，显示出中流砥柱的作用。作为山西煤炭行业的龙头企业，这轮资源整合为山西焦煤集团转型发展积累了雄厚的资源基础，为跨越发展提供了强大的动力。2010年12月，焦煤集团原煤产量突破亿吨大关，销售收入达到千亿，成功实现企业年初提出的双亿跨越目标，成为山西第一个、全国第二个实现了这一目标的煤炭企业。

潞安集团作为山西五大煤炭集团之一，按照"互利互惠、合作共赢"的原则，参与了临汾、忻州、晋中、朔州、吕梁、长治6市13县（区）的煤炭资源整合和企业兼并重组，涉及资源30.2亿吨，矿井数由整合前的110座压减为40座，形成了年产4110万吨的生产规模，兼并重组整合后的经济效益和社会效益初步显现。山西省副省长、时任潞安集团董事长的任润厚说，煤炭资源整合为潞安集团构建煤炭、电力、煤基合成油、煤基天然气、醇醚燃料、太阳能等多个层次的立体能源输出体系，打造全球知名能化企业，实现"十二五"资产总额、销售收入双双跨越2000亿元奠定了坚实基础。

同煤集团将省内太原、大同、运城、临汾等7市13县103座煤矿整合规划成39座，新增产能3480万吨，储量近30亿吨。董事长吴永平表示，实施煤矿企业兼并重组和煤炭资源整合是立足当前、着眼长远的一项战略决策，有利于提高煤炭产业集中度、促进煤炭资源的有序开发、提升煤矿的安全保障水平。到2011年末，同煤集团的产销量将达到1.5亿吨，其中原煤产量将超过1亿吨。

临汾市在整合中形成7家千万吨级的煤矿企业，该市煤炭工业管理局局长牛立东介绍，全市各类矿井由392座压减到了129座；办矿主体由350家减少到了29家；产能由8976万吨提高到了10 746万吨；单井平均产能由23

万吨提高到了 83 万吨。

离石大土河集团在一"增"一"减"之间，实现了企业的做大做强。资源整合前，大土河 15 个所属煤矿生产总能力只有 507 万吨，平均单井规模也只有 30 万吨左右。整合以后矿井数虽然减少到了 6 个，但单产规模却大大增加，其中 4 个 120 万吨，1 个 90 万吨，1 个 60 万吨，总产能达到 630 万吨。

事实正在彰显整合的效应，"万吨轮"的确胜过"小舢板"。随着我省煤炭资源整合的逐步推进，煤炭企业竞争力持续增强，煤炭产量将得到更大的释放。据山西省煤炭工业厅的统计数据，2010 年 1 至 11 月全省累计生产原煤 6.66 亿吨，同比增加 1.17 亿吨，增长 21%。其中：八大兼并主体煤炭集团公司累计完成 4.75 亿吨（包括重组整合煤矿），地方煤矿累计完成 1.91 万吨；全省煤炭出省销量累计完成 4.74 亿吨，同比增加 7189 万吨，增长 18%，有力地支持了全国经济建设。随着山西煤炭整合的不断深入，未来山西将形成以同煤集团、山西焦煤、潞安集团、阳煤煤业、晋城煤业等 7 家地方国企为主的煤企航母，山西煤炭的产业竞争力将大大提升。依托国家批准建设的中国（太原）煤炭交易中心，建立与世界煤炭贸易接轨的现代化信息交易平台，筹划煤炭期货交易，"山西板块"的整体提升将大大增强山西煤炭行业的话语权。

遏制"带血的煤炭"，走进"安全生产"新时代

山西的矿难事故最多，有人因之把山西煤炭称为"带血的煤炭"，把山西的 GDP 称为"带血的 GDP"。在矿难发生高峰期，山西煤矿每年发生一次死亡 10 人以上的重特大事故 13 起左右，几乎都发生在中小煤矿。巨大的利益与极小的违法成本，使矿难频发成为小煤矿与生俱来的痼疾，也使山西的发展形象严重受损。2007 年，山西小煤矿事故死亡人数占全省的 70%，百万吨死亡率是国有重点煤矿的 17.8 倍。生命只有一次，对于谁都是宝贵的。哪

里有生命，哪里便有希望。生命是唯一的财富……古今中外，对生命的赞美不胜枚举。尊重每一个生命，是人类得以续存的基础准则。尊重每一个生命，以制度从源头杜绝矿难。山西煤炭资源整合，以生命的名义，还煤炭以纯洁，还生命以安全。

40岁的河南人周金甫，来山西已经10多年了，在柳林、中阳、离石、汾阳、孝义等地的小煤矿都打过工，也几乎把煤矿上的所有活都干过了。长年的辛劳让他看起来比实际年龄显得苍老许多。"除了挣钱少之外，最大的阴影是矿难。10多年前，有一次，煤矿冒顶，和俺一起来的好几个人下了井再没有上来。俺们那个哭啊，都是亲戚啊，不是叔叔辈的，就是兄弟辈的……"在周金甫眼中，山西的煤炭资源整合是"有形"和"有情"的。从9万吨、15万吨、30万吨，再到90万吨，他发现，随着整合门槛的提高，他工作生活的条件越来越好了。"过几天，我们就要去大矿培训了，听说还要考试，领上岗证。我可得用劲呢，这可是大好机会。"谈到这些，周金甫有些紧张，也充满希望。他知道，如果能够通过考核，那么他将和煤矿签订合同，就有了养老保险，有了正式身份。

与周金甫不同，王实是一家乡镇煤矿的负责人。这次煤炭整合中，他的煤矿被潞安集团兼并了。他同意兼并，"虽然比以前挣得少，但少了很多风险，也能有一个稳定的收入，而且大集团在资金、技术、人才等方面都有巨大优势，把自己的'孩子'交给他们放心。"王实的话不无道理，在整合前，只要手机一响，他就会胆战心惊，无法入眠。

"有一次井下着了火，我带人下井救人，幸亏没造成人员伤亡，可我差点儿丢了性命。"山西吕梁市的"煤老板"薛德平讲述起自己煤矿的一次事故至今心有余悸。2008年，薛德平主动与西山煤电集团合作整合，整合后他持有49%的股份。西山煤电的技术人员进驻后，煤矿的管理水平发生了根本变化。薛德平说，与大集团合作可以规避安全和市场风险。关小上大是煤炭业的发展趋势，小煤矿没有前途。

面对矿难，作为矿工的周金甫可能付出的是鲜血甚至生命，作为老板的王实、薛德平则承受着巨大精神的折磨和经济的损失。远离矿难成为他们共同的愿望，不要"带血的煤炭"让多少山西人为之奋斗。山西煤矿兼并重组整合让他们的愿望逐步实现。煤炭资源整合被许多人称作煤炭产业一次史无前例的"大手术"。2010年1至7月，朔州市共生产原煤9170.45万吨，同比增长38.95%，而百万吨死亡率一直保持为零，安全生产形势持续向好；吕梁市完成原煤产量2200万吨，同比增长50%以上，发生事故1起，死亡1人，百万吨死亡率为0.045，事故起数和死亡人数为历年最低水平……2010年1至10月，山西煤销集团累计生产原煤2264.2万吨，百万吨死亡率为零，这组数字对任何一家省属煤炭企业来说，也许不值得宣扬。但对山西煤炭运销集团这位曾经的煤炭销售"龙头老大"来说，意义非同一般，山西煤销集团借煤炭资源整合之势跨越转型发展，朝着现代化亿吨级大型煤炭企业集团的方向又迈出了坚实的一步。在国家安监总局公布的2010年第三季度重特大生产安全事故责任企业(单位)名单中，也已经看不到山西的名字。

事实证明，煤炭资源整合后，山西煤炭安全生产形势大为好转。2010年1至11月份全省煤矿共发生事故57起，死亡132人，事故起数同比减少3起，下降5%；死亡人数同比减少43人，下降24.57%。截至11月底，全省煤炭生产百万吨死亡率0.1982，同比降低0.1222，下降38.14%。"十一五"期间，山西煤炭生产百万吨死亡率由2005年的0.905下降到2010年的0.187，5年间下降近八成，安全生产形势明显好转，达到全国领先水平。以生命的名义，山西坚决不要"带血的煤炭"，山西创造"新煤炭"的决心不会改变。

减少"资源浪费环境污染",走进"资源节约环境友好"新时代

　　长期以来粗放式的开采方式,污染环境,浪费严重,山西煤炭业戴上"傻大黑粗"的帽子。一般而言,大中型煤矿的资源回收率可以达到80%以上,而小煤矿的回收率只有15%左右。换句话说,山西的小煤矿每采1吨煤要破坏和浪费近6吨煤炭资源,每年破坏和浪费大约20亿吨的煤炭资源,由于小煤矿环境治理能力不足,加之责任意识不强,一些集约化开采可以避免或缓解的问题在小煤矿那里却越来越严重。目前,山西煤矿采空区面积超过2万平方公里,相当于山西国土面积的1/8。塌陷区造成的次生地质灾害波及1900个乡镇,涉及95万人。要走资源节约型环境友好型的发展路子,就要实现山西煤炭产业的规模化、集约化、机械化、信息化、循环化。煤炭资源整合一推出,就让我们看到了摘掉这顶"旧帽子"的希望。正如我们看到的一样,各个整合主体在"整与合"上做足了文章,下足了功夫。

　　对整合矿井进行技术改造是"合"的第一步,也是"合"的基础。赵明是潞安集团潞宁公司派到孟家窑煤矿的负责人,在潞安集团工作了20多年。用他的话说,什么样的矿咱没见过。但是,第一次来孟家窑煤矿,他还是傻眼了,这里还在用仓房式开采,就是老百姓说的老鼠打洞的方式,这是明令禁止的。这种方法安全性非常低,资源破坏量相当惊人,最高的回采率只有20%。就是这样一个各个系统很不完善的年产仅有15万吨的民营小煤矿,在赵明手里发生了翻天覆地的变化。潞宁公司接管煤矿之后累计投入5000多万元,对生产、通风、提升等各个系统进行了技术改造,矿井回采率已由原来的15%左右提高到60%,两年内这个矿就会变成一个大型的现代化矿井。

　　新大地煤业有限公司原来是一家民营企业,2009年5月15日被阳煤集团全资收购后,通过技改生产能力提升到了90万吨。换了"东家"的新大地职工最直接的感受就是"安全了、钱多了、苦轻了"。通过整合，阳煤集团使小煤矿的回采率将从原有的30%提高到70%，该集团也将由此进入亿吨产能的行列。

山西煤销集团整合矿井446座，整合后矿井163座，是全省整合煤矿数量最多的。如何管理好这么多矿井？董事长刘建中为记者描绘了未来煤矿的管理模式：在长治、晋城、临汾、大同等煤矿比较集中的地区，选择5个片区，建设数字化矿井，实施集群化管理模式。基本做法就是：前台——生产线、中台——专家组、后台——决策层，运用数字化监控技术和物联网技术，对矿井掘进、开采，工作面顶板压力情况，矿井通风、井下瓦斯浓度，煤尘含量，以及井下供电、排水、运输采掘设备运转情况进行实时监控，并把数据实时反映到矿、中心、集团调度指挥中心。矿井出现的一般问题由各煤矿自行处理；比较严重的问题由中台专家做出处理意见；重大问题由集团公司高层做出决策，分级下达处理。

煤层气中含甲烷95%以上，而甲烷的温室效应是CO_2的7倍，但却是优质能源。煤层气开发不仅能减少煤矿瓦斯事故，而且减少了甲烷空排造成的温室效应，同时可以弥补能源短缺。晋城煤业集团抓住山西省煤炭资源整合契机，充分发挥煤炭大集团技术、人才、管理等优势，资源整合工作不断加强。2009年，晋城煤业集团煤层气利用量占全国利用总量的30%，煤层气利用率达60%。利用煤层气7.05亿立方米，相当于减排二氧化碳1057.5亿立方米。2010年，利用煤层气9.5亿立方米，相当于减排二氧化碳1425万吨。到"十一五"末，利用煤层气累计达到22.92亿立方米，相当于减排二氧化碳3438万吨。煤层气的成功开发利用，使高瓦斯矿井的生产能力大大释放，提升了矿井安全生产保障能力，实现了高瓦斯矿井低瓦斯条件下高产高效开采，资源回收率显著提高。作为国内首家引入清洁发展机制的煤炭企业，先后与世

界银行碳基金、日本碳基金等5家公司签订了"碳减排购买协议"，预计在
2008—2012年第一个减排期将出售二氧化碳减排额度1075万吨。

"我20岁下井采煤，当时采、装全靠人工，年产100万吨在全国就算是
大矿了。现在年产1500万吨的煤矿竟然在地面看不到煤，却到处是花花草
草！"大同煤矿集团同家梁煤矿退休职工景礼在塔山循环园区感慨地说。在
"挖煤不见煤，发电不冒烟"的大同煤矿集团塔山循环园区，有一条能把煤
炭"吃干榨净"的生产链：原煤洗选后精煤外运，洗中煤用于发电或甲醇生
产，电厂的余热用于供热，废弃的粉煤灰成为水泥生产原料，水泥厂废渣制
成建材，煤矿伴生的高岭岩成为化妆品、造纸原料，矿井废水和生活污水净
化后用于电厂冷却和花草浇灌。园区各项目首尾相接、闭路循环、互为利用，
成为中国煤炭业第一个产业链条最完整的循环经济园区。目前，山西形成了
"潞安煤油循环模式"、"西山洗中煤发电循环模式"、"晋煤绿色循环模式"等
10多个循环经济发展模式，"黑色煤炭，绿色开采；循环经济，吃干榨尽；
高碳产业，低碳技术"在山西已经成为普遍接受的发展理念，"整合煤炭资
源、发展循环经济"也已经成为山西煤炭企业发展的共识。

随着整合的推进，到2011年，山西煤炭矿井资源回收率达到50%；原
煤洗选加工率达到70%，煤层气抽采量达到70亿立方米，利用率达到50%，
这个水平达到了我国资源利用的先进水平。

摆脱"单一资源"依赖，走向"转型跨越发展"时代

依托煤而非依赖煤，跳出煤而非放弃煤，传统产业改造提升，新兴产业
做强做大。煤炭资源整合，为山西以煤为基、多元发展的现代产业之路打下
了基础，也让山西的煤炭企业和"煤老板"有了静下心思考转型发展的时间，
有了打开心尝试转型发展的空间，有了退一步进两步的转型发展的机遇。

正如山西省煤炭工业厅厅长王守祯所说，"一煤独大"是山西工业经济

的显著特征，煤炭支撑山西GDP"半壁江山"。"因煤而兴，因煤而困"成了山西长期以来怎么也走不出的怪圈。山西在享受煤炭红利的同时，也付出了沉重的代价。单一的产业结构，过度依赖煤炭产能扩张的增长方式，使山西经济脆弱性突出，大起大落成为难以摆脱的痼疾。煤炭资源整合方案一经提出，就如火山爆发一般，积蓄的强大能量喷薄而出，我们从未感觉自己离梦想这么近过，对整合寄予了无限憧憬和期待。山西不仅要挖好煤，更要用好煤；不仅要做好煤炭本身的文章，更要做好煤炭延伸发展的文章；不仅要开发好地下资源，更要开发好地上资源。

有人说煤炭资源整合就是对煤炭行业的"横向挤压"，压出了产业链条的不断延伸，压出了产品附加值的不断增加。煤炭行业经过"横向挤压"，过去欲投资于煤炭行业的许多企业，转向与煤炭相关的煤化工、煤炭洗选、装备制造、农产品加工等行业。据《山西商报》2009年3月26日的报道，全省煤炭行业非煤产业销售收入突破 $1\,000 \times 10^8$ 元大关，达 1012×10^8 元。据《上海证券报》报道山西最大的几家煤炭企业正沿着煤—电—铝镁、煤—煤化工—建材、煤—油、非金属矿开发等路线，走上多元化发展的循环经济道路，一些企业力争非煤产业占总产业的半壁江山。煤炭资源整合对煤炭行业形成横向挤压以后，许多煤炭企业进一步做出延伸产业链、投资相关产业和其他产业的选择。这对山西省产业结构的转型产生巨大的推动作用。阳煤集团、晋城煤业集团、潞城煤业集团、大同煤业集团等煤炭企业都在这方面取得了实质性地进展，许多民营煤炭企业也在产业转型方面迈出了有意义的步子。

煤矿兼并重组整合促进了优质生产要素的合理聚合，为朔州市实现产业的升级提供了保障。通过资源整合，使生产、销售、加工利用、洗选等优质要素实现了合理的流动，煤矿由单一的煤炭生产向煤基多联产、延伸转化和

资源循环利用的产业转变。全市煤炭工业构建和延伸了"三条"产业链,实现资源效益的最大化;构建了煤—电—建材产业链,使低热值煤,如洗中煤、煤泥、矸石转化为电,70%以上的原煤就地转化为电力;配套建设粉煤灰、煤矸石墙体材料,开展煤矸石、煤泥、煤层气、矿井排放水以及与煤伴生资源的综合开发利用,实现再循环、再利用;构建了煤—化工产业链,坚持发展煤、依托煤、延伸煤、超越煤,实现煤炭电化、液化、气化、转化,围绕"肥、醇、炔、苯、油"五条主线,打造煤化工品牌,形成横向成群、纵向成链的煤化工产业集群;构建了煤—机械制造产业链,大力发展煤机制造业。

煤炭工业园区是朔州煤炭工业的特色,也是煤炭工业产业链延伸拉长的重要载体。目前,全市煤炭工业园区建设取得了明显成效,其中最具特色的是金海洋循环经济工业园区。从2001年8月创建以来,园区企业由1个发展到13个,"十一五"期间累计实现销售收入210亿元,上缴税金21亿元,社会贡献总额突破30亿元,现已形成集煤炭生产、洗选、运销、电力、冶化、建材、生态及农副产品加工等多行业、多企业彼此关联耦合、各种资源综合利用的循环经济一体化发展格局,成为带动区域经济快速发展的龙头企业。

煤炭资源整合行动更像一道"闸门",闸门落下拦截了山西煤炭的无序开采,闸门开启则释放了千亿计的民间资本。退路也是出路,越来越多的小煤矿老板开始转型。在山西一些煤炭主产区,政府通过因势利导,尝试将"煤老板"们的资金优势和再创业热情导入当地产业优化升级的步调中,目前已收到双赢的效果。

2009年长治市启动发展光电子产业规划,这让此前曾长期投资煤炭行业的李建明找到了投资方向。"政府鼓励我们转型到高科技产业,我正好借这个东风换一条新路。"现在已是长治市LED光电子产业园区副总经理的李建明说，"LED产品运输成本不是很大，主要还是靠技术和资金，在内地城市完全有希望做起来。"

2009年7月16日，晋城市沁水县的武神山细雨如织，我国铁路投资开放后第一条获得批准的"社会资本"投资铁路——嘉南铁路正在这里进行先期控制性工程施工。尽管路面湿滑，但是工程现场却是一派热火朝天的建设场面，各种工程车辆往来穿梭，建设者正加班加点，紧锣密鼓地施工。这条全长64.92公里、总投资达19.87亿元的铁路，其投资方博宥集团是晋城市昔日有名的"煤炭大王"。由煤炭到铁路，博宥的转型也成为了我省煤炭资本转型的典型代表。

2009年参加农博会的山西馨阳农产品开发有限公司董事长张文民此前是一位"煤老板"，而现在，经过成功转型，建起了晋南最大的农产品批发市场。2007年以前，受大环境影响，张文民开煤矿、办焦厂，他旗下的临汾市宇泉煤焦有限公司在当地也是鼎鼎有名。后来受煤炭资源整合影响，张文民决定弃旧图新，成立了山西馨阳农产品开发有限公司，开始转型、转产。依照他的见解，只有通过农业产业化，才能使中国农民奔向小康。2008年3月，公司开发的馨阳农产品批发市场项目工程开始建设，建筑面积15万平方米，总投资1.2亿元，是临汾市菜篮子工程的重要组成部分，也是晋南最大规模的现代化、高水平、多功能的农产品综合仓储、物流、批发、交易中心。2009年9月底，馨阳农产品批发市场竣工，市场主要包括蔬菜、水果、粮油、肉食、水产、调料等8大批发交易区，还拥有一座山西省储量最大、设备最先进的环保型万吨冷藏保鲜库，同时还设有农产品物流配送中心、精菜加工车间、名优农产品展销中心、电子信息交易大厅、农产品检疫检测中心、农产品开发科研所等。此外，市场内的银行、工商、税务、医疗、通信、消防等配套服务设施一应俱全。10月正式运营后，首批吸纳各类批发商户1200多

家，就业人数1万多人，每天进入市场交易的人员在1万人次以上，上市品种1千余种，日交易量达60万公斤。张文民欣喜地说，2009年交易额突破20亿元，实现利税5千万元。目前，市场辐射晋南30多个县(市、区)，为该地区名优农产品走出山西、走向全国搭建了一个难得的平台。

据山西省银监局测算，在全省煤炭资源整合进程中，最终退出煤炭行业的资金总量预计在1400亿元左右，而随着去年山西省出台的《关于促进民间资本进入我省鼓励类投资领域的意见》的实施，这些退出资金正在向实体经济发展并"落地生根"，金融业、基础设施建设、现代农业、高新技术产业及旅游业成为其主要选择方向。一份对晋城市民间资本流量和流向情况的调查报告也显示了这种趋势。截至2009年7月，晋城市流向国家鼓励类投资领域的民间资本达48亿元，较上年同期增长74个百分点，而流向高能耗产业的民间资本仅13亿元，同比减少25％。

民间资本的大规模转型发展，正是缘于煤炭资源整合山西省出台的一系列政策措施。重点项目、金融、城市建设等领域纷纷对民间资本敞开了大门，可投资的领域正迅速增多。同时，山西省还给予他们相应的税收减免和优惠政策，这些都刺激了民间资本的跑步转型。

山西省委书记袁纯清指出："我们必须充分认识到煤炭不仅是能源资源，也是碳材料资源，更是重要资本；不仅要挖好煤，更要用好煤；不仅要做好煤炭本身的文章，更要做好煤炭延伸发展的文章；不仅要开发好地下资源，更要开发好地上资源。""要以煤为基，以煤兴产，以煤兴业，多元发展。在实现煤炭产业高效绿色安全发展的基础上，加快提升焦炭、冶金、电力、建材等传统产业，加快壮大现代煤化工、装备制造、新型材料、文化旅游、物流会展、特色食品等优势产业，加快发展节能环保、生物医药、信息网络、研发设计、新能源等新兴产业，实现由煤炭大省向以煤为基的现代产业大省的跨越，实现由单一煤电'基地'向立体能源'中心'的转变，做一篇面向全国、面向世界市场的大文章。"煤炭资源整合，对山西来说具有基础性、全局性、科学性的战略意义，是山西由煤炭大省向煤炭强省跨越的重大举措，也为我们山西整个经济社会发展打下了一个良好的坚实的基础，将有力地推动全省转型发展和跨越发展。

缩小 "贫富差距"，走进"和谐社会"新时代

当对煤炭资源的开发利用方式危及到了超越于"个人利益"、"商业利益"的"公共利益"时，政府有权基于"公共利益"的需要对煤炭资源进行整合。当然，这并不是说要剥夺或消灭个人利益，而是为了保障个人利益的安全，调节各社会成员所占有的利益，促进个人利益的进一步发展。只有公共利益发展了，各社会成员才能享受到更多的利益，社会才能和谐发展。

长期以来山西"煤老板"不合理、不合法的暴富现象，加剧了社会分配不公，拉大了贫富差距，使得社会矛盾激化，严重危及山西和谐社会的发展。煤挖出来了，地却陷了，水却没了；肚子饱了，钱袋鼓了，可矛盾纠纷多了，贫富差距大了。由于产权混乱、利益驱动导致的急功近利等诸多短视行为，曾经是许多农村生态环境恶化、矛盾纠纷不断、影响社会治安的一大根源。而煤炭资源整合明确了产权、优化了生产、保障了安全、创新了发展，使这些地方从根本上走出富与贫交织的怪圈。"三农"的利益不但由此得到了巩固，而且在许多地方还较以前更加丰实和完满。和谐社会、新农村建设、科学发展等这些农村发展关键词的深刻含义，正在一步步地从经济领域向社会领域延伸和凸显。居住煤矿区的老百姓毫不掩饰已享受到的实实在在的"整合"成果，不管是村党支部书记、村委会主任、村民，还是矿长、矿工，大家都会高兴地说："煤矿上有了翻天覆地的变化，村里的新农村建设没停下来，新建的水泥路仍在继续修着，家家户户都通了秸秆生物燃气烧水做饭，

255

当地村民的就业也得到了妥善安置，今年乡亲们的年货还要增加呢……"

在南宋村党支部副书记李小国的眼中，南宋村与新建煤业的关系，不仅像一家人，更像是亲兄弟。"矿上有什么困难，村里就尽心帮忙，村民有什么愿望，矿上就尽全力满足。从整合到现在，村里也没有发生过群众索赔、上访和纠纷等事件。村里200多人还在新建煤业实现了就业，彼此之间的融入更是'血浓于水'了。"

由于多年的无序竞争和私挖滥采，曾一度使浑源县小煤矿遍地开花，最多时达99座，而且多数煤矿的年产量不足30万吨；更有"老鼠洞"式的私开小煤窑多达200余处，在全县境内形成了1000多处采空区。这次整合让浑源县开始重新审视自己的生存状态。他们对开采煤矿引发的生态植被破坏、山体滑坡、地表裂隙、房屋塌陷、人畜饮水困难等区域，进行了统筹规划、建设、修复。与此同时，还从每吨煤中提取1元钱作为涉煤区百姓的生活补助，由财政逐月划扣按时下拨；每年还为涉煤区百姓无偿提供3吨生活用煤，并确保村委公益用煤；对涉煤区男60岁，女55岁以上的村民启动了养老保险；对涉煤区孤、寡、病、残者实施了农村最低生活保障；对涉煤区青壮年劳力优先安置在所在煤矿就业，并责成社保局对从业人员加大技术培训，使其达到国家对从业人员的用工标准。

历来贫困的吕梁在近10年来突然成为资源型发展中地区，凭着以煤炭为主的资源开发，吕梁市在极短时间内获得了暴发式的经济增长。吕梁13县市区，2000年国内生产总值只有105亿元，而到了2008年，这一数值达到了629亿元；2000年全市财政收入只有10亿元，2008年则狂涨至164亿多元，相当于当年16个吕梁！在经济暴发式的增长中，地下资源带来的巨额财富向以煤老板为代表的极少数人集中，吕梁资产过百亿的煤老板不止一位，而就在这些产煤区，由于土地条件差，粮食产量小，效益低，农民年均纯收入不足 2000 元。

畅销小说《山西煤老板》的作者王进曾在书中写道: 在山西人的心目中, 昨天的晋商带给了他们精神和荣耀, 今天的煤老板带来了污染和灾难。挖煤致富的煤老板裹挟大量的资金外逃, 去追求青山绿水, 直把他乡做故乡。

而来自山西省扶贫办的最新数据显示: 和频繁见诸报端的煤老板炫富斗富、购买名车豪宅、千万元嫁娶的行为不相称的是, 山西是一个贫困面大、贫困人口多、贫困程度深的欠发达省份, 全省 119 个县 (市、区) 中 57 个是贫困县, 其中国家扶贫开发工作重点县 35 个; 目前全省仍有贫困人口 286.7 万, 占农业人口总数的 12.4%。集中分布在西部吕梁山区、东部太行山区和北部的高寒冷凉区。

煤炭资源是国家的, 但几乎一夜之间, 被通过各种手段把握住机会的煤老板们拿来大发其财。而在一夜暴富的同时, 煤老板们严重破坏了环境, 却没有付出应有的代价。他们迅速积累起来的巨额财富中, 有相当一部分是属于整个社会的。山西省的普通百姓却并未能够充分享受到资源价值增值及经济发展带来的福利, 使社会贫富差距拉大, 社会矛盾纠纷越来越多。

在煤炭资源整合中, 吕梁探索出通过煤炭资源整合消除贫富差距的新路子, 提出了 "一矿一事一业" (政府倡导, 一个煤矿, 要为社会办一件实事, 同时兴办一个非煤产业), 来缩小贫富差距, 减少社会矛盾, 构建和谐社会。

煤炭资源整合中越来越多煤老板开始进行转型, 通过修路、办学校, 开宾馆酒店、发展现代农业以及旅游等投资项目的开发, 在政府的鼓励引导下正逐渐变着这 "一夜暴富" 的形象, 积极地回馈当地经济社会, 他们现已经成为山西构建和谐社会的重要力量。

传说中, 有一种鸟, 500 年大限到来之时, 背负着积累于人世间所有的不快和痛苦恩怨, 集香木以自焚, 在肉体经受了巨大的痛苦和轮回后, 获得

了灿烂的重生。这种鸟叫凤凰，它的传奇——被人们称之为凤凰涅槃、浴火重生。山西通过多年来坚持不懈的煤炭资源整合，从"多散小乱、资源浪费、环境污染、低附加值、资源依赖、单一产业结构、贫富差距大、社会矛盾加剧"，到"高效高产矿井、规模化集约化、安全、循环经济、资源节约型、环境友好型、以煤为基多元发展、和谐社会"，山西犹如"凤凰涅槃、浴火重生"，实现了精彩的转身、质的飞跃，从此山西告别了旧煤炭时代，走进了新煤炭时代。

社会各界综合评价

山西是我国的煤炭大省，山西煤炭工业的发展一直受到了党和国家领导人的高度关注。2005年，胡锦涛主席在视察山西时指出：山西作为煤炭大省，具有资源方面的比较优势，要努力建设成为新型能源和工业基地。2006年，温家宝总理在《政府工作报告》中要求，把加强能源和重要原材料工业基地建设作为实施中部地区崛起战略的重要任务，这为山西煤炭经济的发展指明了方向。2005年以来，山西在前期煤炭结构调整、优化与"资源有偿使用"矿业权改革的基础上，以建设国家的新型能源基地和工业基地为目标，以开展"中国煤炭工业可持续发展政策措施试点"为契机谨慎布局，以新一轮煤炭资源整合强势"收官"，实现了在保障能源供应与安全生产双重压力下的奋力前行和艰难转身。

2010年1月5日国家发改委、能源局、山西省政府在北京举办山西省煤炭兼并重组新闻通气会，这标志着备受关注的山西省新一轮煤炭重组已基本完成。时任山西省副省长陈川平在会上表示，山西全省重组整合煤矿正式协议签订率达到98%，兼并重组主体到位率达到94%。特别是具有决定性意义的采矿许可证变更已超过80%。煤矿"多、小、散、乱"的产业格局正在发生根本性转变。对于重组引发的"国进民退"之议，陈川平说，兼并重组的主体在于规模，而非"国有"。目前，山西形成了国有、民营并存的办矿格局，国有企业、民营企业和混合所有制股份制企业办矿的比例为2∶3∶5。整合后，山西省矿井数已由2600座减少到1053座，企业主体由2200多家减少到130家。陈川平还称，在重组过程中，政府以资产为纽带，"兼顾了各方面的利益"。对被兼并重组煤矿采矿权价款，在退还剩余资源量采矿权价款的同时，给予适当的经济补偿。

"实践是检验真理的唯一标准"。2011年1月19日，山西省第十一届人民代表大会第五次全体会议举行第一次全体会议，省长王君在政府工作报告中指出，2010年山西煤炭产量达到7.4亿吨，创历史最好水平；山西煤炭百万吨死亡率下降为0.198，远低于0.727的全国平均水平，这"一升一降"的两组数据，已经深刻反映了山西煤炭产业的"内部"巨变。山西紧紧抓住国际金融危机蕴涵的机遇，以壮士断腕的决心和勇气启动实施煤炭资源整合煤矿兼并重组，通过这新一轮整合，山西省煤炭工业现已进入了一个全新的发展阶段，产业水平显著提高，安全生产状况明显改善，采矿秩序明显好转，能源基地的地位进一步巩固，为经济社会又好又快发展奠定了坚实的基础，为全省转型跨越发展奠定了坚实的基础。

山西省委、省政府从全省科学发展的全局出发，及时做出推进煤炭资源整合和煤矿兼并重组的战略决策，从一开始就明确"统筹兼顾地处理好各个方面的利益关系，努力做到被兼并煤矿、当地群众、整合主体、地方政府等各方满意"的要求和安排，最大限度地保护各方面的合法合理权益。一系列配套政策措施的出台，一系列操作程序的规范可行，得到了党中央、国务院的充分肯定，得到了国家有关部门的大力支持，得到了广大人民群众的热切拥护。对于山西煤矿兼并重组整合工作，2009年末，中央领导同志对山西煤

炭资源整合工作的肯定性批示，则最终为所有的争议画下了句点。

2010年1月在北京举办的山西省煤炭兼并重组新闻通气会上，国家发改委、国家能源局对山西的做法予以充分肯定，认为晋煤兼并重组"符合煤炭产业基本特性"。国家发改委经济体制综合改革司司长孔泾源说，山西省根据优化煤炭产业结构，实现煤炭行业生产规模化、经营集约化、技术现代化、采煤安全化、产权多元化的要求，科学规划、注重协商协调、依法推进煤炭企业兼并重组整合。山西的做法符合作为资源性产业的煤炭产业基本特性，适应经济社会发展的需要，顺应了经济转型的趋势，体现了以人为本、科学发展的理念，在能源投资体制、资源综合利用、安全生产和行业管理制度等方面实现了创新，对全国其他地区类似产业的转型升级具有一定借鉴价值，为全国煤炭行业的结构调整和体制创新积累了经验。国家能源局副局长吴吟表示，煤矿企业兼并重组和煤炭资源整合是提高煤炭产业集中度和产业水平的必由之路，是国务院批准山西开展煤炭工业可持续发展政策措施试点的重要任务，也是国家实施小煤矿整顿关闭攻坚战的重要内容，符合《国务院关于促进煤炭工业健康发展的若干意见》和《煤炭产业政策》。山西省的煤炭资源整合工作为全国煤炭行业的结构调整和体制创新积累了经验。

在2010年3月全国"两会"上，许多全国人大代表、政协委员，在谈到山西煤矿企业兼并重组整合时，无不给予充分肯定和高度评价。全国人大代表、著名散文家、人民日报社原副总编辑梁衡出生在山西霍州辛置煤矿附近的下马洼村，在接受采访时，他深情地回忆起儿时家乡的美景：那是个山清水秀的小山村，一条小河从村边蜿蜒流过，河水清澈，孩子们经常在里面嬉戏游玩。几十年后，当他再次回到家乡时，由于煤矿的私挖滥采，他看到的是干涸的河床、塌陷的土地和开裂的住房。为此，家乡人曾找他诉苦，托他向上级领导反映。说到这里，梁衡一语中的，这就是落后生产方式带来的恶果，可那时没办法，因为山西穷，只能有水快流。现在，无论山西的实力还是国家的政策，都使我们能够也必须向先进生产力看齐，这是山西以实际行动贯彻落实科学发展观，也完全符合"三个代表"重要思想。全国人大代表、全国人大常委会委员、内务司法委员会副主任委员白景富曾有过在煤矿工作的经历，他说，资源开发是老问题。过去山西小煤窑、小煤矿遍地开花，表面的问题是污染了环境，破坏了山林，矿难事故频发，实质的问题则是生产方式落后。2009年山西抓住金融危机下经济萎靡的机遇，把危机变成机遇，不怕GDP出现负增长，表现出很大的魄力和勇气。所以，改变"多、小、散、乱"的粗放式发展格局，是如壮士断腕，是告别落后生产方式、向先进生产力看齐，是凤凰涅槃、浴火重生。全国人大代表、农业部规划设计研究院能源环保研究所所长赵立欣认为，评价和判断一场重要变革或者是重大结构调整，就是看这场变革符不符合产业基本特点、符不符合社会主义市场经济发展要求、符不符合经济转型的发展趋势以及以人为本的相关理念。技术现代化、生产规模化、经营集约化、采煤安全化，应是煤炭转型发展的方向。我国煤炭产业最突出的问题就是产业集中度低。从这个角度来说，山西的煤炭资源整合符合煤炭产业基本特点，符合煤炭经济转型的发展趋势，是一场顺应时代的改革。煤矿企业兼并重组整合保护了资源，保护了环境，保护了生命，保护了干部，保护了山西人民子孙后代生存和发展的条件。"痛心！"谈及山西小煤窑的安全问题，赵立欣语气凝重地说出了这两个字。谈到对山西开展煤炭资源整合、煤矿企业兼并重组的印象，她最欣慰的是，山西一直以来广受诟病的煤矿安全生产问题，得到了很大改善。赵立欣说，在看新闻报道时，特别注意到去年因煤炭资源整合、煤矿企业兼并重组，山西少死亡了上千人。她认为，让人的生命安全更有保障，"仅此一项就是莫大的功绩"。其实，煤炭资源整合、煤矿企业兼并重组带来的远不止于此。随着小煤矿的

消失、整合的推进,曾经被不计代价的粗放开采糟蹋得满目疮痍的美丽家园得以休养生息;现代企业机械、信息化开采代替了原先的作坊式开采,煤炭产业走上规模化、集约化的道路,资源利用率大为提高,赵立欣指出:"化石能源再多,也只是相对的多。整合重组后提高了煤的开采效率,煤炭产业走上了规模化、集约化道路,同时还大大减少了环境污染。这对山西、对全国,从长远看都是件好事"。国务委员兼国务院秘书长马凯评价说:"去年山西省委、省政府抓的这件事,是在山西省发展改革史上值得大书特书的一页,应当充分肯定成绩。"他认为,这项工作的成效有些是眼前的,有些是长远的,至少起到了五个保护作用。一是保护了资源;二是保护了环境;三是保护了生命;四是保护了干部;五是保护了山西人民子孙后代生存和发展的条件。全国政协委员、清华大学经济管理学院博士生导师李稻葵说,山西煤炭资源整合、煤矿企业兼并重组是大好事,大方向是对的,应该这样做。他认为,山西此举为煤炭工业转型发展做出了探索,具有前瞻性的战略意义,也具有示范性的指导意义。他建议,要引导舆论关注整合事件本身,而不要把这件事和"国进民退"纠缠到一起,更不要演变成为"国进民退"的讨论,因为实践才是检验真理的唯一标准。说到这里,李稻葵强调说,他已经注意到,山西煤矿企业兼并重组整合后,国有企业、民营企业和混合所有制企业的比例为 2∶3∶5。

2010 年 8 月 25 日,国务院总理温家宝主持召开国务院常务会议,研究部署推进煤矿企业兼并重组工作。国家能源局副局长吴吟此前在接受媒体专访时曾表示,山西、河南、内蒙古、陕西等省区煤炭重组整合取得一些成果。发端于山西的煤矿企业兼并重组,终于正式成为一项全国的战略。国家能源局相关人士对《华夏时报》记者表示,本次政府工作会议内容标志着山西煤炭企业兼并重组已经得到了国家层面的肯定,煤炭企业兼并重组延续"建大关小"的思路，未来政府对煤炭企业兼并重组的支持力度将会逐步加大。根据国家能源局此前提出的目标，"十二五"期间国家计划用 3 年时间，通过兼并重组将煤炭企业由当前的 1.1 万家减少到 4000 家。

第二章 意义重大 影响深远

山西煤炭资源整合是一场意义深远的重要变革，它不仅对全省"转型发展、跨越发展"具有重要的意义，而且对"以煤为基"的能源重化工产业，探索保障国家能源安全的有效途径，资源整合"山西模式"的全国推广、我国矿业权的深化改革与制度创新等也产生了非常深远的影响。

对"以煤为基"的能源重化工产业的影响

在《山西省人民政府关于加快推进煤矿企业兼并重组的实施意见》（晋政发〔2008〕23号）的思路目标中就明确提出，通过大型煤矿企业兼并重组中、小煤矿，形成大型煤矿企业为主的办矿体制，通过科学整合，合理布局，关小建大，扩大单井规模，提高煤矿安全保障程度，提升煤矿整体开发水平。经过煤炭资源整合和企业兼并重组之后，山西煤炭产业有了质的飞跃，矿井数量由2598座减少到1053座，企业主体由2200多个减少到130多个；全省30万吨/年以下煤矿全部关闭，保留矿井全部实现机械化开采，90万吨/年及以上的综采机械化矿井占到2/3以上，煤矿的技术装备水平大幅提升；全省煤矿采区平均回采率由整合前的47%提高到74%；安全生产大幅提高，煤炭生产百万吨死亡率不断下降，从2000年的1.85下降到2005年的0.905再到2010年的0.188；煤炭产量持续上升，2010年煤炭产量达到7.3亿吨，比2000年增长1.9倍，年均增长11.2%；2010年全省已有三个煤炭集团（山西焦煤、同煤集团及中煤平朔）煤炭产量超过亿吨，两个集团（山西焦煤、煤运集团）实现营业收入超过千亿元。可见，经过煤炭资源整合，山西煤炭产业的集中度和技术装备水平以及产量等方面都得到了大幅提高，煤炭产业步入现代化发展阶段。

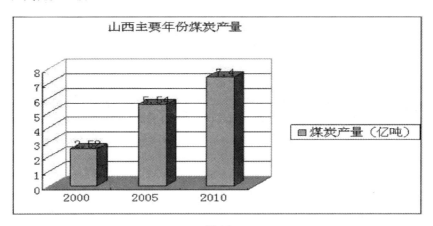

图12

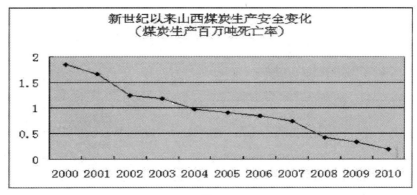

图13

山西煤炭资源重组整合造就了一批大型煤炭企业，形成资源、人才、资金、管理、技术优势，还直接催生了新型煤化工产业，为山西煤化工产业带来新的发展机遇。煤炭整合调整的一个重要目标是实现煤炭产业的升级，发

展煤炭循环经济，延伸产业链条。在山西省人民政府《关于山西省煤炭产业调整和振兴规划的通知》（晋政发〔2009〕18号）中的第五大任务中明确鼓励煤炭企业和煤化工企业合作，大力发展煤制化肥、煤制油品、煤制天然气、煤制甲醇及深加工等以煤为基础的产业。新一轮的煤炭资源整合，从根本上解决了山西化工企业日益紧张的能源需求问题，有力地推进了以现代煤化工和煤层气产业为重点的新型煤化工的发展，煤转肥、煤转电、煤制油、煤气化等一批新产业得以快速发展，培育了太化集团、天脊集团、阳煤丰喜集团、三维集团、山焦集团、天泽煤化工公司等一批大型煤化工企业，2010年全省化学工业同比增长26.6%，发展速度不仅高于全省水平，还高于传统产业，为山西实现由煤炭大省向煤化工强省的转变创造了条件。随着煤炭企业转型进程提速，煤炭企业与煤化工企业兼并重组多联产力度的加大，还将有利于降低煤化工工程项目的建设投资及目标产品的平均生产成本，提高整体项目的经济性和抗风险能力。并且，化工企业煤炭供应的紧张情况得到根本缓解，煤化工园区建设步伐进一步加快，构建山西现代煤化工产业体系指日可待，对于山西省而言，现代煤化工发展时机将至，煤化工另一波改革或开始蓄势。

煤炭资源整合后全省有584座矿井要进行机械化升级改造，煤矿装备需求近500亿～700亿元，从而给山西机器制造业创造了巨大的市场，有力地促进了装备制造业的发展。更为重要的是，煤炭行业的快速发展和相关政策的调整，还促使煤炭机械制造行业的发展出现一些新变化，煤机市场已逐步呈现出由"单机制造"转向"成套装备"的竞争态势，大型化、智能化以及成套装备将成为发展趋势和市场热点。这个趋势将使"弱质替代强质"的现象在煤机行业中得到根本扭转，2010年装备制造业同比增长41.7%，增幅居各行业之首，占全省规模以上工业比重提升为5.8%，超过电力行业（5.79%）。

装备制造业呈现出向大型企业集团集中的态势，太原重工、太重煤机、平阳重工、山西煤机等一批龙头企业和长治清华、山西安泰、阳泉华越等一批骨干企业不断发展壮大，煤机研发已形成以煤科总院太原研究院国家级煤机装备工程研究中心、太原重工露天采掘国家级技术中心为核心，以太重煤机山西省煤机行业技术中心、省煤机工程CAE研究中心等为主体的技术研发体系。以采煤、掘进、输煤、井下基础配件为一体的煤机设备产业链和以太原为中心的世界煤机产业基地正在形成，山西正在由煤炭装备买入省向制造省、输出省的转变。机器制造业是基础行业，它的快速发展不仅进一步拉动上游工业的增长，如原材料（钢铁、有色金属、化工）以及煤炭行业；还催生发展一系列下游行业，如冶金、汽车、建筑、电子信息，等等。随着矿山装备不断推进机械化、信息化、现代化，还将拉动和催生几十甚至上百个新兴产业。

总之，煤炭资源的重组和整合，有力地推动了山西工业新型化向纵深发展，有力地促进了产业结构特别是同一产业内部结构的优化升级，在这一过程中传统产业得以新型化和新兴产业得以规模化。《山西省人民政府关于加快推进煤矿企业兼并重组的实施意见》（晋政发〔2008〕23号）中不仅明确鼓励大型煤炭生产企业兼并重组中小煤矿，鼓励大型煤矿企业之间的联合重组；还鼓励电力、冶金、化工等与煤炭行业相关联的大型企业以入股的方式参与煤矿企业兼并重组；鼓励煤矿企业建立循环经济园区，发展循环经济。由此可以看出，煤炭资源整合不仅涉及单纯的煤炭企业，还涉足囊括全省的煤化工、电力、冶金、建材、机械、运输等诸多行业，促进和形成了产业多元化发展势头。经过煤炭资源整合，循环经济在大型煤炭、化工、电力等企业集团得到了广泛实践，产业链不断延伸加粗。西山煤电、同煤塔山、潞安等循环经济园区建立，煤制油、煤制醇、煤制气等煤化工项目广泛建立，煤

层气、煤矸石、洗中煤、煤泥用于发电,粉煤灰也得到有效利用,用于制造新型建筑材料,对煤炭"吃干榨尽",有效提升了各行业的附加值,煤-电-铝、煤—焦—化、煤—电—冶、煤—电—建等产业链条不断延伸拉长,由简单的资源开采、初步加工向资源深度开发、深度加工转变。可以说,煤炭资源整合对山西以煤为基的能源重化工产业产生了巨大而深远的影响,使得山西产业结构由以煤炭开采业为主的单一结构向以新能源、新型化工、现代装备制造等为主的多元结构彻底转变,一个以煤为基、以煤兴产、以煤兴业、多元发展的新型煤炭行业发展格局逐步形成。

煤炭资源整合保障国家能源安全

能源在现代生产力的发展中具有重要的地位和特殊的作用。能源是国民经济发展的重要物质基础,充裕的能源供给是国民经济保持快速、稳定、健康发展的前提条件,其中煤炭资源是世界上最重要的能源之一。对于我国而言,煤炭资源在我国一次能源生产和消费构成中均占2/3以上,随着中国能源结构的调整,煤炭资源在能源中所占的比例会有所下降,但以煤炭为主的能源格局在今后相当长一段时间内不会改变。因此,煤炭资源是我国最可靠的能源,具有不可替代性。

作为全国最重要的煤炭能源基地,山西省为全国经济发展提供了强大的能源支撑。数据显示,改革开放30多年以来,山西累计生产煤炭85亿吨,占全国同期产量的30%以上,其中累计外调煤炭近50亿吨,占全国省际调出量的80%以上。地处全国能源消费扇面中心的独特区位,决定了山西是全国煤炭供应的"主阵地"和煤炭产能的"调节器"。在未来相当长一段时期内,这种特殊地位和职能作用是任何一个省区不可替代的。随着国家经济高速发展，能源问题已经引起了越来越多的重视。国内石油资源不足、油气产量有限，并且新能源发展存在较多限制因素。山西省在中国经济安全与能源安全战略体系的地位显得更加突出和重要。

2008年年初的南方冰雪灾害，山西省紧急调运大量电煤，快速缓解了南方地区电煤供应紧张局面。山西对于南方地区能源供应的保障作用已经显现无疑。值得注意的是，其中国营大矿成为煤炭紧急调运的主力，通过国营大矿，体现出国家对于战略资源强有力的控制力。按照全球资源型行业的发展方向，提高产业集成度已成趋势，较高的产业集中度，除了可以有更加雄厚的资金和技术，在相关领域特别是环境保护和安全生产方面进行投入外，"更加便于宏观调控，并确保国家安全"。

山西省作为我国重要的煤炭工业生产基地，率先开展以现有国有大型煤炭企业为主体的煤炭资源整合，不仅改善了中小煤矿管理混乱的现象，而且增大了重组后煤炭企业的规模和煤炭产量，进一步增强了国家对能源资源的控制力，为保障国家能源安全提供了有效途径。

资源整合"山西模式"的样本意义

山西以现有大企业为核心整合中小企业的发展模式是一种以整合资源为核心、提高区域生产集中度、增强企业规模的有效发展模式。这种"大带小模式"对改造中小煤矿，解决煤炭生产安全、节约资源保护生态、优化煤炭生产结构，促进区域经济转型跨越发展，有效开发利用煤炭资源具有重要意义。

山西煤炭资源整合和煤矿兼并重组的样本意义可归纳为"两条新路子"、"三个创新"、"四方面成效"。"两条新路子"：开创了从源头解决安全问题的新路子，明晰了安全生产和安全监管两个责任主体，实行了安全质量的标准

化管理和瓦斯综合治理体系,煤矿安全保障能力明显增强。走出了资源型地区转型发展的新路子,煤炭行业无法自行解决过度竞争和外部环境、生态问题,资源整合后,政府可引入科学制度,可持续发展能力明显增强。"三个创新":能源投融资体制实现了创新,实现了以"资源资产化、集团股份化"为标志的新型投融资体系;资源集约高效利用实现了创新,有利于形成洁净生产、保护资源、综合利用的发展格局;行业管理制度实现了创新,让更多的投资者有机会通过资本市场、以股份制的方式来做大这个产业。"四方面成效":提高了产业组织程度,终结"小矿群采",挺进"大矿时代",实现了产业规模与生产力的合理匹配;提供了技术创新的重要平台,陆续建成一批现代化矿井,有利于推动产业技术进步;清理整顿了矿山开发秩序,终止了采矿权"击鼓传花、暴炒资源"式的非法交易,最大程度地保护了战略资源;优化了办矿机制,进一步完善了矿业权有偿取得制度,实现了资源向优势企业的有序集中。

山西的煤矿企业兼并重组,现已得到了国家领导人和国务院、发改委等部门的充分肯定,具有示范作用和样本意义,正式成为一项全国的战略。河南省、山东省、黑龙江省、河北省、新疆维吾尔自治区阜康市等纷纷派员赴山西详细考察调研取经,学习"山西模式",对本地区煤炭行业进行整合。2009年10月9日,内蒙古发出煤矿整合通知,煤炭资源配置将重点向国家和自治区重点煤炭转化、综合利用项目倾斜。10月26日,河南省副省长张大卫表示,河南省正在酝酿小煤矿生产安全长效机制,推行由骨干企业对30万吨以下产能的小煤矿进行兼并整合。"11·21"黑龙江鹤岗煤矿事故引起业内高度关注,黑龙江省煤炭生产安全管理局称,黑龙江省也将出台整顿小煤矿的政策。正如媒体所说,山西"煤改"风暴正刮向全国。与此同时,国家部委层面也在力推兼并重组,国家发改委将联合相关部门下发文件,加快推进煤炭行业兼并重组, 进一步加快兼并重组不仅指山西, 而是指全国范围内的兼并重组。

山西矿业权改革的深远影响

山西的煤矿重组整合是政府主导下在煤矿资源领域开展的宏观经济调控和产业结构调整的行为, 但本质上是对煤矿矿业权的处置和权利、利益的重新分配和调整。山西在全国率先进行煤炭采矿权改革, 这是在矿产资源所有权依然属于国家的前提下, 第一次大规模地将采矿权明确给煤矿投资人, 以此解决煤矿采矿权人、投资人和经营人不统一的问题, 有望带动全国煤炭资源矿业权资产化管理实现重大变革。矿产资源是经济社会发展的重要物质基础, 在山西发起并实施的矿业权改革对于工业乃至于整个国民经济的意义, 有专家认为其像 "联产承包责任制" 对农村乃至整个国民经济的影响一样深远, 主要体现为: 为保证我国能源安全奠定了产权基础、为创新社会主义经济学理论提供了实践依据、是完善社会主义市场经济体制的内在要求、促进区域经济均衡发展的有效手段。

保证能源安全奠定产权基础

计划经济时期, 我国实施的是矿产资源勘查和开采由国家统包、资源无偿划拨给企业的体制。在 20 世纪 80 年代的 "有水快流" 政策下, 各地中小煤矿的投资主体和所有权性质十分混乱。山西登记在册的煤矿中约有75%是集体矿, 还有大量非法违法开采的小矿。这些煤矿由于乡村两级普遍无力投入, 层层转包, 投资主体和经营主体不断变更, 由此导致国家的勘查投资面临流失, 滥采滥挖和掠夺式开发现象突出, 对矿山环境造成了极大破坏, 同时亦隐藏着诸多社会隐患。矿业权改革, 使以上问题得到了较好解决。首先,

矿产资源配置机制的建立,使得资源配置中不再有特殊身份的人,各市场主体在公平、公开、公正的环境中,凭借自己的资质、资本参与竞争;其次通过把企业产权包括国家的矿业权推向市场,使民间资本进入矿业行业,投资者出于对资本收益的关切,会对市场供需、规模效应、灵活用工、资源回收、安全生产以及资源的深加工和综合利用等诸多问题做出灵敏性反应和合理安排;第三,随着环保等法律、法规的进一步完善,矿业企业的环境成本将进一步加大,作为矿业权人,在开发利用资源的同时,会更加主动地注重矿区生态环境的保护和治理。总之,这一资源配置机制改革,有利于节约、集约利用资源,符合中央建设资源节约型和环境友好型社会的要求,必将影响并引导整个矿业行业的市场经济体制向纵深发展,进而为我国煤炭工业乃至整个能源安全奠定产权基础。

完善社会主义市场经济体制的内在要求

矿业权可以看作是一种合约的安排,这种合约是为了厘定矿产资源所有者与矿业投资人之间的权利义务关系而出现的。凡矿产资源所有者将其所有权中的一部分权利放弃并转让给矿业投资人的,就可以称为矿业权。过去,在制度设计上探矿权和采矿权分割,以及资源补偿费、资源税、矿业权价款和矿业权使用费的分割设立,人为地扩大了市场的交易费用;资源国家所有观念淡薄、矿业权市场观念不强等认识,反映了我国矿产资源设置和保护上存在问题。矿业权改革是我国矿业权市场的一项重大制度建设,最大的突破就是将目前煤炭矿业权取得有偿和无偿并存的"双轨制"统一改为有偿取得的"单轨制"。长期以来十分庞大的矿产资源无价格,产权归属不明确,不能完全进入要素市场。采矿权的改革使资源有了价格成为商品,产权有了明确的边界,从而能无障碍地进入市场配置,使"煤炭资源资产化、采矿权利股利化、企业经营集团化"的构想开始变成现实。深化矿产资源有偿使用制度改革，就是要改变传统体制下廉价或无偿使用资源的现状，建立起充分反映资源稀缺程度、市场供求关系和环境成本的资源价格形成机制，使资源性产品价格能够体现完全成本，逐步形成有利于促进资源节约和集约利用的体制、机制，真正让市场在配置资源中发挥基础性作用，在国有资产管理体制上实现了历史性的突破。

促进区域经济均衡发展的有效手段

改革开放以来，国家采取了非均衡发展战略，对东南沿海地区给予一系列优惠政策，使之率先发展起来。这在当时是必须的，但也带来了新的问题，那就是拉大了东部和西部、沿海和内地区域之间的差距。针对这种状况，近些年来国家适时地调整为均衡发展战略，推动全国经济协调发展。即使如此，由于基础不同，各地在发展速度和质量上依然不同步，区域之间的差距难以缩小。应该看到，"煤炭新政"重点在于强调了国家煤炭资源收益权，明确了资源开发收益分配关系，同时加大了对地方经济发展的支持力度。国务院批复的《实施方案》明确规定，煤炭资源有偿使用的收入，中央和地方按2∶8比例分成，这表明中央加强全国区域均衡发展的决心，这些省（区）将通过国有资源和资本的运营，集聚巨大的政府财力。还应该看出，我国的自然资源不仅是煤炭，还有大量其他矿产，而矿产资源绝大多数分布在中西部地区，如果有偿使用的办法推广至所有矿产资源，对整个中西部地区将是一个巨大的支持。深化矿产资源有偿使用制度改革，在政策和财力上支持地区经济社会发展，有利于合理调整政府和企业、中央和地方的利益关系，有利于调动地方的积极性和主动性，有利于把地方的资源优势转化为经济优势，进而带动资源富集地区的经济加快发展、社会全面进步，形成优势互补、良性互动的区域均衡发展模式。

为创新社会主义经济理论提供实践基础

马克思主义政治经济学理论的核心是解放和发展生产力,我国进行中国特色社会主义伟大实践的目的和出发点同样是解放和发展生产力。马克思主义经济学强调劳动产生价值,但是《资本论》问世 100 多年来的发展证明,马克思主义是开放的理论体系,要随着社会的实践不断加以丰富和发展。马克思的劳动价值论强调:决定商品价值量的是生产商品时耗费的社会必要劳动时间,劳动创造了价值。对于未经劳动加工的自然资源实行有偿使用,意味着自然资源是有价的,这和马克思的理论显然不相一致。而建立社会主义市场体制的实践表明,稀缺的必然要用于交换的自然资源一定应该是有价值的,否则很难被珍惜,也很难得到合理的开发利用。矿产资源实行有偿使用,既涉及经济体制运行,又涉及到所有权制度和分配权制度。深化矿产资源有偿使用制度可理顺资源收益分配关系,建立起权责一致的管理体制,使矿山企业在利益机制和价格杠杆的作用下,珍惜资源、从源头上减少污染排放,促进企业公平竞争。矿产资源有偿使用制度改革的实践证明,深化矿产资源有偿使用制度改革,为无价的矿产资源制定了价格,打破了资源无价的传统论断,是实现经济社会可持续发展的必要措施,为创新社会主义经济理论提供了实践性的佐证。

第三章　兴于煤而不困于煤

2012年1月11日上午，山西省十一届人大六次会议开幕，王君省长作《政府工作报告》。在谈到2011年取得的成就时，他是这样描述山西煤炭资源整合和煤企兼并重组的："大力推进传统产业整合重组和技术改造。彻底告别了小煤窑时代，进入了现代化大矿时期。整合重组效果进一步显现，煤炭产量和外运量分别达到8.6亿吨、5.8亿吨，再创历史新高；煤炭价格稳中有升，煤炭行业效益稳步提高，上缴税费占财政总收入的比重达到43%；煤炭产业可持续发展能力进一步增强，为推动转型跨越发展奠定了坚实的基础。同时，全面启动非煤矿山、焦化、钢铁和水泥等行业的整合重组，加大传统产业技术改造力度，产业竞争力明显增强。"

当天下午，王君省长参加运城市代表团讨论。他真情细数刚刚过去的一年间最令他难忘的五件事，其中第一件事是山西经济结构调整迈出了重要步伐，煤炭资源整合、煤矿兼并重组圆满结束，这是山西人多少年都不会忘记的事，甚至可以说是山西人民长远都不会忘记的事。山西人民想办的一件大事终于办成了，解决了环境和资源问题、解决了安全生产问题以及保护生态的问题。这些问题不解决，山西谈不上又好又快发展，谈不上科学发展；这些问题解决了，山西好多问题都迎刃而解了。第二件事是安全生产。这是人命关天的大事。3年来，全省各类安全生产事故死亡人数，2009年比2008年减少1018人，2010年比2009年减少505人的基础上，2011年又减少281人，这说明只要我们坚持，山西就一定能够实现安全生产形势的明显好转、稳定

好转、根本好转!

可以说,此时的王君省长,终于可以长舒一口气,心中积郁已久的焦虑和担心终于可以略微放下。3年间的资源整合,让这位矿工出身的省长承受了太多的别人无法想象的压力,也让他看到山西煤炭行业前所未有的前景和希望。

事实上,2011年年中,国内各大媒体甚至一些境外媒体就已经开始关注山西煤炭资源整合取得的成效,新华社、《人民日报》、《光明日报》、《经济日报》等中央媒体和香港《大公报》等都用大量篇幅报道山西煤业的这场历史性的变革。其中,香港《大公报》的报道引人入胜,全篇报道是这样开头的:

有一种产业革命叫煤炭资源整合。

有一个全新命题叫资源经济转型。

有一条产业路径叫循环经济。

有一种发展方式叫可持续发展。

只要你关注中国经济、关注能源领域的改革与发展,对煤炭资源整合、资源经济转型、循环经济、可持续发展……就会耳熟能详,而这些在中国煤炭能源大省山西,已经不再是静止的、抽象的经济术语,而是变成了一场生动而壮观的产业革命和经济转型,变成了三晋大地3500万人民同心绘制的巨幅画卷。

报道对山西煤炭资源整合的起因、过程、成效、启示等用典型事例予以说明,比如谈到整合过程,寥寥几笔间其中的波诡云谲、纵横捭阖跃然纸上。

整合重组:先进生产力的生动演绎

煤炭资源整合、煤矿兼并重组在山西拉开大幕,这是山西人多少年想做没有做成的事情,这也是全国人大和国务院提出"三年解决小煤矿问题"之后规模最大、战线最长的一场实战！当时，很多人为山西省领导捏一把汗，谁都知道，从表面看这是先进生产力与落后生产力的短兵相接，而背后更是正当利益与黑色利益、合法权益与非法势力之间的殊死搏斗！何况正当利益之间也有不同主体的激烈博弈！

做，可能会招致众叛亲离、身败名裂的风险；不做，就会坐失转型发展的良机，辜负中央和人民的重托。山西的决策者义无反顾地选择了前者，做！而且必须做成！

2008年底，山西省成立了省长任组长，分管副省长任副组长，煤炭、发改、国土、财政、环保、工商等多个部门组成的领导组，各市也成立相应的组织机构。

大批煤炭专家、地方领导、煤矿负责人、民营老板……一轮轮征求意见，一次次面对面恳谈，"四项原则"浮出水面："坚持政府指导与市场机制相结合，坚持整合重组与开采秩序治理相结合，坚持上大、改中与淘汰落后产能相结合，坚持发挥大型煤炭企业和民营骨干企业的作用相结合。"

据此，山西省确定了路线图和时间表。

谁来整合？大型煤炭企业不管是国有还是民营，都可以作为主体兼并重组中小煤矿。

如何喊价？按照市场规律通过并购、协议转让、联合重组、控股参股等多种方式讨价还价，"自主联姻"。

如何补偿？严格依据国家法律法规，区分国家资源和法人资产，资源收益体现国家利益，资产价值悉归法人所有。

利益如何平衡？山西省提出，要实现"四个满意"，即，让兼并方满意、被兼并方满意、当地政府满意、当地群众满意。

新主体如何运营？通过资源整合实现国有、民营资本融合，实现股权多

元化，建立法人治理结构，按照现代公司运营。

时间表如何确定？2011年完成整合重组，再通过2～3年，全面建成1000座机械化、信息化、集约化、规模化的现代化煤矿。

各地各部门坚持"联合办公、限时办结"，最大程度地节约了行政成本和企业交易成本。

吕梁"煤老板"薛德平主动与西山煤电集团合作整合，如今他成为"山西吕梁西山德威公司副董事长"，拥有新公司49%的股份。薛德平说："与大集团合作可以规避安全和市场风险，但公司的运营管理，该我行使的权利我必须行使。"

"山西重组整合，整合的不仅仅是资源，社会责任、生态责任也要'整合'到新的主体中。"山西省煤炭工业厅规划处处长苗还利说。整合主体企业在当地设立子公司，税收、费用上缴渠道不变，继续实施工业反哺农业、以煤补农的机制，支持当地新农村建设和公益事业发展。甚至把解决村民"福利煤"和职工安置等，也以合同的形式明确写进义务条款中。

整合重组既是对合法利益的确认，也是对"黑色利益"的清理。两年来，不仅各级政府和大型企业一直聘请律师全程参与，而且省纪检监察部门也全程参与和监督，出台"十条禁令"，及时公布查处的典型案件，确保整合重组顺利推进。同时，山西广泛利用报刊、电视和互联网等媒体，解读政策，释疑解惑，赢得了社会各界的支持。

报道对山西煤炭资源整合三年间的启示及今后的发展方向也给予了描述：

"产业革命"带来深刻启示

煤炭是中国的第一能源，煤炭产业兴衰事关中国经济安全。而在山西，煤炭问题既是产业问题、经济问题，又是社会问题、民生问题。煤炭资源整合为山西加快转型跨越，实现可持续发展打下了坚实基础。

多位党和国家重要领导人对山西的煤炭资源整合重组给予了充分肯定和高度评价。

国家发改委、国家能源局有关负责人充分肯定山西的做法，认为整合重组符合煤炭产业基本特性，为全国煤炭行业的结构调整和体制创新积累了经验。

启示一：结构调整必然面临巨大的利益冲突，但只要符合产业发展规律和国家战略部署，只要对国家和人民有利，就要大胆干、大胆试，唯如此，才能为先进生产力开拓空间，真正转变经济发展方式。

两年多来，所谓"国进民退"、"政府强制"的说法一度此伏彼起，一些煤矿老板漫天要价、狠敲竹杠的做法试图阻碍改革推进，一些舆论的炒作、责难和怀疑纷至沓来，也不乏无中生有、捕风捉影……

山西省不为任何风险所惧、不被任何干扰所惑，闯过一个个舆论漩涡、化解了一个个难题、扫除了一个个障碍，才走到了今天。山西煤炭工业厅厅长王守祯说："如果当时稍一迟疑，将会失去整合重组的最佳时机，那样会更加被动，结构调整的代价和成本会更高。"

启示二：产业结构优化、产业秩序规范是经济平稳较快发展的坚实基础。

"过去总是陷入'事故发生—停产整顿—事故调查—吸取教训—复产验收—再发生事故'的怪圈。煤矿一停产整顿就是半年，年初的经济指标根本完不成，经济平稳发展受到严重影响。"吕梁市副市长张中生说，煤炭资源整合为经济平稳较快发展撑起了一把"保护伞"。山西省煤炭工业增加值去年实现2400亿元，比上年增长45%，比2005年增长2.5倍；实现利税1136亿元，比上年增长35%，比2005年增长2倍。王守祯说，现在，山西煤炭市

场的运销秩序和市场秩序明显好转，小煤矿隐瞒产量、偷逃税费不存在了，地方税收增加了。省内大集团、大企业的技术水平、保障和调控能力、开拓市场和抵御风险的能力都加强了。

启示三：转变经济发展方式与社会管理息息相关，转方式、调结构，有助于经济社会统筹兼顾、协调发展。

"以前私藏炸药、自制雷管的现象很严重，警犬、控测车齐上阵，干警们一天不间断地寻查。现在煤矿减少了，火工品来源正当了，安保压力减轻了许多。"一位县级干部说。

"全民办矿、分散办矿"的办矿体制导致经营权层层转包、随意转让。承包方只顾自身利益，不顾安全投入、社会责任、环境保护，导致事故多发、村矿冲突，给社会稳定带来了严重隐患。

整合重组后，在国有、民营并存的现代企业里，责、权、利得以明晰，腐败现象得以遏制，中介组织得以规范，涉及煤矿的刑事案件、民事冲突大为缓解，社会管理明显加强。

破除资源诅咒，实现多元发展

煤炭资源整合奏响了山西转型发展的第一乐章，为山西实现"以煤为基、多元发展"奠定了坚实基础。在2010年7月29日召开的全省干部大会上，围绕"以煤为基、多元发展"，山西省规划出7条转型路径，既有煤炭的加工转化，也有围绕煤炭产业的生产性服务业，还有非煤产业的战略性新兴产业，突出了全循环、多联产、抓高端的循环经济理念。

山西省委书记袁纯清说："循环经济是山西加快转变发展方式的必由之路，也是资源型经济转型发展的基本路径。"煤炭资源整合为大企业、行业之间发展循环经济提供了条件。去年以来，以煤炭上下游产业链为纽带，山西省展开了一系列企业兼并重组，多少年难以实现突破的国企改革续写出新的华章。阳煤兼并太化，潞安重组天脊，晋煤重组太原煤气化，能源交通投资公司重组地方铁路局、能源产业等企业，一个个围绕煤炭生产、物流和加工转化的大循环经济圈正在形成。

走入大同煤矿集团塔山园区，记者看不到绵延的黑色矸石山，入眼的是鲜艳的树木花草和点缀其间的蓝白色机械设备，一派生态花园景象。原来，园区中每一种上游企业的废弃物都是下游企业的原材料。通过10多个首尾相连的项目，形成了煤—电、煤—建材、煤—化工等完整的产业链，把煤炭"吃干榨净"，逐层减量利用。

山西投资640亿元建设了20个循环经济园区，其中国有重点煤矿14个园区已初具规模，全省煤炭循环经济园区布局初步形成，煤制油、煤矸石、粉煤灰、煤层气等变废为宝、物尽其用，煤化工产业迈向新型化，成为煤炭行业新的经济增长点。

今年6月，李克强副总理在山西视察时兴致勃勃地考察了潞安集团高硫弃采煤综合利用循环经济项目，这个企业利用弃采高硫煤作为主要原料，焦化厂剩余焦炉煤气和煤矿预抽瓦斯气作为补充原料，加上氢气、氮气和排放的二氧化碳，生产高品质柴油、润滑油基础油、石脑油、合成氨、尿素等，利用低热值尾气进行IGCC发电。李克强高兴地说："你们通过努力，把'臭煤'变成了'香煤'，把废料变成了原料，把废品变成了产品，把宝藏变成了宝物，十分了不起！"

2010年，山西煤炭行业实现非煤收入2139亿元，比2005年增长了10倍。依托煤、延伸煤、超越煤的理念已深入全行业。

同时，山西先进装备制造业、新能源、节能环保等产业异军突起；在国内仍处在示范阶段的物联网技术已被广泛运用于山西的煤炭、环保、物流、民生等领域：太重煤机集团成功收购世界上技术力量较强的煤矿机械运营商

澳大利亚威利朗沃。

2010年12月，国家正式批准山西成为"国家资源型经济转型综合配套改革试验区"，这是全国第一个全省域、全方位、系统性的国家级综合配套改革试验区，也是国家首次以资源型经济转型为主题设立综改试验区，山西破除资源诅咒、实现经济转型上升为国家战略。

"要坚持以煤为基、多元发展，做到依托煤而不依赖煤，兴于煤而不困于煤，让得天独厚的煤炭资源发挥最大的经济效益、社会效益和生态效益，让非煤产业得到更大的发展，使山西的产业结构发生脱胎换骨的新变化。"这是温家宝总理今年视察山西时提出的殷切希望，相信在不久的将来，温总理的希望会一步步变成生动的现实！

在香港《大公报》这篇报道之前，2011年全国"两会"期间，《国家财经周刊》的记者敏锐地捕捉到山西煤炭资源整合必将为山西未来发展奠定坚实基础，并就此采访了全国人大代表、山西省省长王君。文章的开头也很引人入胜：

"如履薄冰。"山西省省长王君谈及自己职业生涯的感受，再一次如是感慨。在这个公认的中国"最难当的省长"职务上，王君已经工作了两年有余。

2008年9月，时任国家安监总局局长的王君火线出任山西省代省长。业界对此的解读为，王君的首要任务是遏制矿难的频繁发生。

然而，事情并非这么简单。摆在王君面前的是一个两难课题：既要应对国际金融危机的严重冲击，保持经济平稳较快发展；又要遏制安全生产事故多发频发的态势，扭转安全生产的被动局面。然而数十年来，山西已经形成以煤为主的经济发展模式，而山西煤矿的地质条件又非常复杂。两者都必须兼顾，对王君而言，这个课题显得分外沉重。

谈到山西获批国家资源型经济转型综合配套改革试验区与转型发展，文章这样写到：

多年来，山西省的煤炭产业付出了生态、安全乃至生命的代价，烧煤对环境的污染同样不容忽视。同时，山西也是中国经济的一个样本。这个样本既有特殊性，也有普遍性。特殊性在于，山西属于比较典型的资源依赖型经济；普遍性则是指高耗能、高污染的经济发展模式，并非山西独有，而是一个全国性的问题。这次山西省承担了国家资源型经济转型综合配套改革试验区这一重大课题，另外一层含义是，山西的问题已经不再局限于一省。

《财经国家周刊》：山西是国家资源型经济转型综合配套改革试验区，在这方面有什么打算，如何通过转型综改试验区建设推动山西转型跨越发展？

王君：去年年底，国务院批准山西为国家资源型经济转型综合配套改革试验区，这是目前全国唯一的全省域、全方位、系统性的国家级综改区。

试验区的获批，充分体现了中央对山西的关心支持和3400万山西人民的关怀。我们将把推动转型综改试验区建设作为重大机遇和重要抓手，切实用好这一大品牌、大载体、大平台，推动我省经济社会全面协调可持续发展。

推动试验区建设主要解决的问题：

一是解决产业结构单一化的问题。在大力改造提升传统产业的基础上，加快培育发展替代产业，建设具有以煤为基、多元发展的现代产业体系。

二是解决生态环境脆弱的问题。建立健全生态建设和环境保护的补偿机制，加大节能减排和生态环境治理修复力度，努力建设"两型"社会，促进人与自然和谐发展。

三是解决城乡区域发展不协调的问题。加快资源型城市转型，积极推进城镇化进程，统筹城乡基础设施建设和社会事业发展，促进城乡协调发展，推动区域良性互动。

四是解决经济社会发展一条腿长、一条腿短和民生欠账较多的问题。大

力发展社会事业，着力保障和改善民生，加强社会管理创新，做好安全生产工作，保持社会和谐稳定，促进经济社会协调发展。

五是解决制约转型发展的体制机制问题。推进改革创新，强化政策支撑，建设区域创新体系，吸引和培养更多的创新型人才，为资源型经济转型提供政策制度保障和人才技术支撑。

目前，我们正在加紧编制总体方案和专项方案，积极准备与国家有关部委搞好政策衔接，市县也都开始积极筹划这项工作，待总体方案报国家批准后，这项工作将在我省全面展开。通过完成上述任务，经过十几年、几十年的努力，真正实现由资源依赖型经济向创新驱动型经济的全面转型。

山西的这种新变化，得益于党中央、国务院的正确领导和大力支持，得益于省委、省政府的果敢部署和强力推进，得益于全省各级领导干部的认真贯彻和有效执行，得益于全省人民的共同努力和万众一心。兴于煤而不困于煤，山西在煤炭资源整合的基础上加快转型发展步伐，确立了"再造一个新山西"的宏伟目标。2012年1月，省委书记袁纯清在接受《环球人物》杂志社记者采访时充满信心地对新山西作了这样的描述："我说的'新山西'是建立在转型基础上的，就是在发展理念上，由传统增长方式向以人为本、转型发展和科学发展转变；在发展模式上，由主要依靠资源开采、初步加工向资源深度开发、深度加工转变；在产业结构上，由资源型产业一支独大向以煤为基、多元发展转变……'新山西'最根本的内涵是有效破解资源型地区发展瓶颈，实现又'好'又'快'发展，让人民群众过上更美好的生活。"

后来，袁纯清将"新山西"概括为五个"新"：一是绿色的新环境，把建设绿化山西、气化山西、净化山西、健康山西作为最重要、最基础的民生工程加以推进实施，让绿色成为山西的主色调，切实走生产发展、生活富裕、生态良好的文明发展之路；二是转型的新业态，全面推广安全发展、清洁发展、绿色发展、低碳发展的发展方式，走出资源型经济全面转型的新路子；三是宜居的新生活，着力保障改善民生，不断提高群众的社会保障水平、收入水平、健康水平、科技教育水平，努力提高人民群众的生活质量和幸福指数，使人民群众共享改革发展成果；四是平安的新形象，杜绝重特大事故发生，实现安全生产形势持续好转、稳定好转、根本好转，促进社会和谐稳定；五是自信的新风貌，山西人民在转型跨越中展现出良好精神风貌，开放、诚信、勤奋、创新，生活得更有尊严、更幸福、更自信。

　　2011年10月召开的山西省第十次党代会描绘出山西今后五年发展的宏伟蓝图：经济总量有新提升、产业发展有新体系、区域发展有新格局、民生福祉有新水准、社会管理有新作为、生态环保有新局面、发展环境有新气象；提出要集中力量办好两件大事，"一件是在全面建设小康社会进程中，力争全面小康实现程度五年达到全国平均水平；另一件是抓住建设转型综改试验区的机遇，率先走出资源型地区转型跨越发展新路"。山西的发展从来不是也绝不会是孤立的发展，它必然地与国际、国内发展相互呼应，相互交织，相互推动；山西的发展从来不是也绝不会是凭空的发展，它必然地与历史、未来发展相互辉映，相互传递，相互影响。省第十次党代会提出抓好两件大事，谋求转型跨越，既是省委、省政府对国际、国内形势与趋势的战略性把握，又是站在山西发展历史与未来维度的全景式擘画。兴于煤而不困于煤，"山西的优势在煤，山西的潜力和希望也在煤。煤炭不仅是能源资源，也是碳材料资源，更是发展新兴产业的重要资本，山西的工业新型化在一定程度上讲要围绕煤来展开和推进。"煤炭行业乃至整个山西经济的未来"以煤为基、以煤兴产、以煤兴业、多元发展"已成为全省上下的共识。山西作为我国重要的能源资源大省，必须要在全国经济发展大局、全面小康社会进程以及加快转变经济发展方式的大趋势中来思考和谋划自身的经济建设。今后五

年乃至更长一段时间，山西要按照国家经济发展战略的统一部署，以解放思想、改革开放、创新创业为先导和动力，围绕"两件大事"，以"三个建设"即建设国家新型能源和工业基地，建设全国重要的现代制造业基地、中西部现代物流中心和生产性服务业大省，建设中部地区经济强省和文化强省为奋斗目标，以"四化"即工业新型化、农业现代化、市域城镇化、城乡生态化为载体，在发展形态上，实现采掘文明向制造文明转变；在发展方式上，实现粗放高耗增长向集约绿色发展转变；在发展定位上，实现煤电基地向综合能源基地和现代产业基地转变；在发展方向上，实现资源大省向经济文化强省转变；在发展动力上，实现资源依赖向创新驱动转变。

只有把握未来前行的方向，才能明确目标，坚定信心；只有掌握时代发展的规律，才能应时而动，与时俱进。

旧的突围已经结束，新的突围又要开始。

煤炭突围

附　录

山西省煤炭资源整合和有偿使用办法

（2006年2月21日山西省人民政府第66次常务会议通过）

第一章　总　则

第一条　为了提高煤炭产业的集中度,加强对煤炭资源的保护和合理开发利用,维护矿产资源国家所有者权益,根据《中华人民共和国矿产资源法》等有关法律、法规,结合本省实际,制定本办法。

第二条　本省行政区域内实施煤炭资源整合和有偿使用适用本办法。

第三条　煤炭资源整合应当坚持科学规划、淘汰落后、明晰产权、资源／储量与生产规模和服务年限相匹配的原则。

煤炭资源有偿使用应当坚持公开、公平、公正的原则。

第四条　县级以上人民政府负责本行政区域内煤炭资源整合和有偿使用工作。

县级以上人民政府有关行政主管部门应当履行下列职责:

（一）国土资源部门负责煤炭资源整合和有偿使用工作的组织协调,负责核实煤炭资源／储量,办理采矿权变更登记,征收采矿权价款;

（二）煤炭工业部门负责对煤矿生产能力进行核定,并负责整合后矿井建设项目初步设计审批、竣工验收,办理煤炭生产许可证;

（三）煤矿安全监察机构负责对整合后矿井建设项目安全设施设计审查、竣工验收,矿井安全生产条件审核,办理安全生产许可证;

（四）工商部门负责对整合后采矿权人发生变更的煤炭企业的股份构成进行审核，依法办理企业名称预先核准和注册登记；

（五）财政部门负责监管采矿权价款的入库，会同国土资源部门审核采矿权价款转国有股份和国家资本金；

（六）国有资产监督管理部门负责监管采矿权价款转国有股份和国家资本金形成的国有股权；

（七）行政监察机关负责对行政机关及其工作人员在煤炭资源整合和有偿使用工作中履行职责情况进行监察。

第二章　煤炭资源整合

第五条　煤炭资源整合是指以现有合法煤矿为基础,对两座以上煤矿的井田合并和对已关闭煤矿的资源／储量及其他零星边角的空白资源／储量合并，实现统一规划，提升矿井生产、技术、安全保障等综合能力；并对布局不合理和经整改仍不具备安全生产条件的煤矿实施关闭。

第六条　煤炭资源整合可以采取收购、兼并、参股等方式。

鼓励大中型企业参与煤炭资源整合，组建和发展大型企业集团。

第七条　有下列情形之一的煤矿（矿井），应当予以关闭，其资源参与整合：

（一）主要产煤县核定生产能力9万吨／年以下的；

（二）证照不全的；

（三）经整改仍不具备安全生产条件的；

（四）不具备采煤方法改革条件的；

（五）不符合环保要求的；

（六）布局不合理的。

第八条　有下列情形之一的煤矿，应当予以关闭，其资源不得参与整合：

（一）风景名胜、文物保护区的；

（二）重要水源地的；

（三）城市规划区的；

（四）交通枢纽区域的；

（五）其他法律、法规规定的。

第九条　主要产煤县核定生产能力30万吨／年以下的煤矿不得整合已关闭煤矿和其他空白资源／储量。

对于下组煤尚未整体开发的，不得进行整合。

第十条　县级行政区域内资源整合后新增资源面积不得超过整合前已占用资源总面积的10％；新增煤炭生产能力不得超过整合前核定生产能力的10％。

第十一条　县级人民政府应当按照资源整合的原则，编制煤炭资源整合和有偿使用工作方案，并逐级上报省人民政府。

县级人民政府应当将拟上报的煤炭资源整合和有偿使用工作方案向社会公示。

第十二条　省人民政府应当自收到煤炭资源整合和有偿使用工作方案15日内，委托国土资源部门会同煤炭工业部门和省级煤矿安全监察机构，组织专家论证，提出审核意见。

煤炭资源整合和有偿使用工作方案经省人民政府批准后实施。

县级以上人民政府应当向社会公布经批准的煤炭资源整合和有偿使用工作方案。

第十三条　经省人民政府批准的煤炭资源整合和有偿使用工作方案确定关闭的矿井，应当自该方案批准之日起30日内，省有关部门要吊销或收回

有关证照,并由县级人民政府按照规定标准实施关闭。对整合改造可以利用的井筒,要拆除所有设备、设施,专人看守,改造设计完成后加以利用或炸毁。

第十四条 煤炭资源整合后的煤矿必须实现壁式开采,达到一矿一井、两个安全出口、全负压通风等法律、法规规定的安全生产条件。对历史原因形成的多井口煤矿,因地质构造因素不能整合为一矿一井的,由省人民政府煤炭工业部门会同省国土资源部门、安全监察机构进行认定,并由国土资源部门分立采矿许可证。

厚煤层采区回采率不低于75%,中厚煤层不低于80%,薄煤层不低于85%。

第十五条 煤炭资源整合后的煤矿必须依法办理采矿许可证、煤矿安全生产许可证、煤炭生产许可证、企业法人营业执照,煤矿矿长应当取得矿长资格证和矿长安全资格证。

第三章 有偿使用

第十六条 煤炭资源有偿使用是指通过行政审批取得采矿权的采矿权人,除缴纳采矿权使用费外,还应当依法缴纳采矿权价款。

在资源整合过程中,适宜公开竞价的空白或者已关闭煤矿的资源应当按照公开竞价的方式出让。

第十七条 采矿权价款由县级人民政府国土资源部门负责收取。

采矿权价款收取标准见附录;省人民政府可以根据市场情况调整采矿权价款收取标准。

第十八条 县级人民政府国土资源部门收取的采矿权价款,按照省、市、县3:2:5比例分配;资源整合过程中通过公开竞价出让采矿权收取的采矿权价款,按照省、市、县2:3:5比例分配。

县级人民政府国土资源部门收取的采矿权价款应当上缴同级财政专户，并由县级人民政府财政部门按照前款比例分别上缴省、设区的市财政专户。

第十九条　未整合煤矿和整合后煤矿的资源／储量应当由有资质的中介机构进行检测，并出具资源／储量检测报告。资源／储量检测报告应当由设区的市人民政府国土资源部门进行核查，并报省人民政府国土资源部门备案，备案结果作为缴纳采矿权价款的依据。

设区的市人民政府国土资源部门对中介机构出具的资源／储量检测报告进行核查时，应当组织专家评审。

中介机构出具的资源／储量检测报告应当真实、可靠。

第二十条　采矿权人缴纳采矿权价款可以采取货币缴纳、转为国有股份、转为国家资本金三种方式。

第二十一条　煤种为焦煤、1／3焦煤、肥煤、炼焦配煤（瘦煤、贫瘦煤、肥气煤）、无烟煤的资源／储量在800万吨以下的煤矿和煤种为贫煤、优质动力煤（弱粘煤）、气煤及其他煤种资源／储量在1000万吨以下的煤矿，采矿权价款缴纳应当采取货币缴纳方式，标准一次确定，价款一次交清。

除前款规定以外的煤矿，资源／储量定量、分期分段出让，价款按省人民政府公布的标准执行。

第二十二条　本办法第二十一条第二款规定的煤矿采矿权价款可以按有关规定转为国有股份和国家资本金。

第二十三条　县级以上人民政府对采矿权价款转为国有股份和国家资本金形成的国有股权，按现行国有资产管理体制管理。

第二十四条　采矿权价款应当纳入同级财政预算管理。

省、设区的市人民政府分配所得的采矿权价款，主要用于矿产资源勘查、保护和管理。

县级人民政府分配所得的采矿权价款,主要用于在煤炭资源整合过程中关闭合法矿井的补偿和煤矿企业所涉及乡村的地质生态环境治理。

第四章　监督检查

第二十五条　县级以上人民政府国土资源部门、煤炭工业部门、各级煤矿安全监察机构及其他有关部门应当密切配合,信息共享,在各自职责范围内加强对煤炭资源整合和有偿使用工作的监督检查。

监督检查可以采取联合执法的方式。

第二十六条　县级以上人民政府国土资源部门、煤炭工业部门、各级煤矿安全监察机构应当公布举报电话、电子信箱,接受公众举报和投诉。

第五章　法律责任

第二十七条　违反本办法第十三条规定,确定关闭的矿井逾期未关闭或者未达到关闭标准的,由行政监察机关对县级人民政府主要负责人、直接主管的负责人及相关责任人员给予行政处分。

第二十八条　违反本办法第十九条规定,中介机构提供虚假检测报告,由县级以上人民政府国土资源部门给予警告,其行为记入企业不良信息,可以在有关媒体公布。情节严重的,根据国家有关规定,取消其相关资质。构成犯罪的,依法追究刑事责任。

第二十九条　煤矿主要负责人及其他相关人员阻挠煤炭资源整合工作,违反治安管理有关法律法规规定的,由公安机关依法予以处理;构成犯罪的,依法追究刑事责任。

第三十条　行政机关及其工作人员在煤炭资源整合和有偿使用工作中徇私舞弊、玩忽职守、滥用职权,尚未构成犯罪的,依法给予行政处分;构成犯罪的，依法追究刑事责任。

第六章 附 则

第三十一条 非煤矿山资源整合和有偿使用工作比照本办法规定执行。

第三十二条 本办法自发布之日起施行。

附 录

2006年采矿权价款收取标准

（一）焦煤、1/3焦煤、肥煤：3.80元/吨;

（二）炼焦配煤（瘦煤、贫瘦煤、肥气煤）：3.10元/吨;

（三）无烟煤：3.30元/吨;

（四）贫煤：2.70元/吨;

（五）优质动力煤（弱粘煤）、气煤：1.50元/吨;

（六）其他煤种：1.30元/吨。

山西省人民政府
关于加快推进煤矿企业兼并重组的实施意见

（晋政发〔2008〕23号）

各市、县人民政府，省人民政府各委、厅，各直属机构：

为加快培育大型煤矿企业和企业集团，提高煤炭产业集中度和产业水平，促进煤炭产业结构优化升级，根据《国务院关于促进煤炭工业健康发展的若干意见》（国发〔2005〕18号）、《国务院关于同意山西省开展煤炭工业可持续发展政策措施试点意见的批复》（国函〔2006〕52号）及《煤炭产业政策》（国家发展改革委公告2007年第80号）精神，现就加快推进我省煤矿企业兼并重组提出以下意见。

一、指导思想、基本原则和思路目标

（一）指导思想。以邓小平理论和"三个代表"重要思想、党的十七大、中央及我省经济工作会议精神为指导，全面贯彻落实科学发展观，以培育现代大型煤矿企业和企业集团为主线，充分发挥大型煤矿企业理念、技术、管理、资金优势，加快煤矿企业兼并重组，着力提高煤炭产业集中度、产业水平和安全生产水平，建设新型能源和工业基地，保障国家能源安全，促进全省煤炭工业健康发展。

（二）基本原则。坚持政府调控和市场运作相结合，依法推进煤矿企业兼并重组；坚持培育大型煤矿企业集团和与建设大型煤炭基地相结合，提高煤炭供应保障能力；坚持发展先进和淘汰落后相结合,依托大型煤矿企业兼并重组中小煤矿,发展煤炭旗舰企业,实现规模经营；坚持大型煤矿企业集团现有开发布局基本不变,优先兼并重组相邻煤矿企业和资源；坚持保障企业正常经营活动和维护劳动者合法权益相结合,促进社会和谐稳定；坚持"总量适度、优化布局、改善结构、提升水平"和"关小上大、产能置换、有序建设"的原则,以市、县（市、区）为单位整合重组,全省保持产能基本平衡。

（三）思路目标。通过大型煤矿企业兼并重组中、小煤矿,形成大型煤矿企业为主的办矿体制,通过科学整合,合理布局,关小建大,扩大单井规模,提高煤矿安全保障程度,提升煤矿整体开发水平。

到2010年底,省内煤矿企业规模不低于300万吨/年,矿井个数控制在1500座以内。在全省形成2-3个年生产能力亿吨级的特大型煤炭集团,3-5个年生产能力5000万吨级以上的大型煤炭企业集团,使大集团控股经营的煤炭产量达到全省总产量的75%以上。

二、兼并重组工作的主要任务和要求

（四）兼并重组的范围。参与兼并重组的煤矿企业包括现有山西省境内国有重点煤矿企业、在晋中央煤矿企业、市营煤矿企业和经省煤炭资源整合领导组批准单独保留和整合的市营以下地方煤矿。其中,因安全生产事故确定为关闭和资源枯竭、非法违法矿井不得作为基数进行兼并重组,其所剩资源可按《山西省煤炭资源整合和有偿使用办法》（省人民政府第187号令）有关新增资源的规定执行。

（五）途径和模式。以三个大型煤炭基地和18个规划矿区为单元,以市、县（市、区）为单位,以资源为基础,以资产为纽带,通过企业并购、协议转让、联合重组、控股参股等多种方式,由大型煤炭生产企业兼并重组中小

煤矿，并鼓励大型煤矿企业之间的联合重组；鼓励电力、冶金、化工等与煤炭行业相关联的大型企业以入股的方式参与煤矿企业兼并重组，但必须由煤矿企业控股，以实现专业化管理、煤炭与相关产业一体化经营。

股份制是煤矿企业兼并重组的主要形式，兼并重组企业应在被兼并企业注册地设立子公司。国有企业之间的兼并重组，可采用资产划转的方式；非国有之间或非国有与国有之间煤矿企业的兼并重组，可采用资源、资产评估作价入股的方式。

（六）重组主体与矿区划分。按照"一个矿区尽可能由一个主体开发，一个主体可以开发多个矿区"的原则，合理确定兼并重组主体企业和矿区划分：

大力支持大同煤矿集团、山西焦煤集团、阳泉煤业集团、潞安矿业集团、晋城无烟煤集团和中煤平朔公司等大型煤炭生产企业作为主体，兼并重组中小煤矿，控股办大矿，建立煤炭旗舰企业，实现规模经营。

其他允许作为兼并重组主体的企业，要通过严格的检验资质并经省人民政府批准予以公告后，可兼并重组一些中小煤矿，建立煤源基地。

具备一定生产规模的地方骨干煤矿企业在不影响大型煤矿企业兼并重组的前提下，由所在市人民政府申报，经省人民政府批准后，也可以作为主体，兼并重组相邻中小煤矿。

大型煤炭生产企业兼并重组的矿区划分范围：

大同煤矿集团：大同矿区、轩岗矿区、朔南矿区、河保偏矿区。

山西焦煤集团：西山矿区、离柳矿区、乡宁矿区、汾西矿区、霍州矿区、霍东矿区、岚县矿区和石隰矿区。

阳泉煤业集团：阳泉矿区、东山矿区。

潞安矿业集团：潞安矿区、武夏矿区。

晋城无烟煤集团：晋城矿区。

中煤能源平朔公司：平朔矿区。

（七）规划与实施。按照兼并重组的原则和全省各个矿区的资源赋存、产能规模以及矿井分布现状等，编制了《山西省煤矿企业兼并重组整合规划》，明确了矿区和区域规模、煤矿企业个数、关闭淘汰矿井数量、产能产量（见附件1《全省兼并重组前后煤矿数量及产能分地（属地）汇总表》）。

各市、各煤炭大集团公司及各兼并重组主体企业应统筹考虑本区域矿井布局、现有产能、生产现状；统筹考虑区域开发与生态环境协调发展；统筹考虑兼并重组范围内的煤炭资源，成片进行重组整合。签订重组整合协议后，编制重组整合方案，政府和重组整合的主体企业提出兼并重组申请报告，上报省煤矿企业兼并重组工作领导组进行审查批准后实施。

（八）项目实施。列入兼并重组的改造矿井直接进入地质报告、初步设计、环保影响评价和安全设施设计等审查程序。新建和改扩建煤矿建设项目要与兼并重组规模挂钩，优先安排兼并重组的大型煤矿企业集团新建和改扩建煤矿、坑口综合利用电站以及煤炭加工转化等项目，鼓励兼并重组矿井进行改造升级，鼓励煤矿企业建立循环经济园区，发展循环经济。

（九）资源配置。按照规划和重组规模，将整合矿区的资源配置给兼并重组企业（2010年前暂缓缴纳采矿权价款）。未达到300万吨/年企业规模且不参加兼并重组的企业，不予新增资源，采矿权到期后不予延期。

兼并重组煤矿企业原则上不得占用过多空白区资源，应按矿井规划能力与储量相匹配的原则进行资源配置。上、下组煤要统一考虑开采，矿井井田下组煤层的划界，原则上要以参与兼并重组的中小煤矿和周边大矿矿井边界为界。

（十）矿业权调整及转让。对未按一个矿区尽可能由一个主体开发原则

发放的矿业权，探矿权用地质勘查资金（周转金）收购，并按照一个矿区尽可能由一个主体开发的原则重新配置。采矿权按照矿区兼并重组规划与有关规定和程序配置给具有规模、技术、资金优势的大型煤矿企业。已全额缴纳采矿权价款的被兼并企业，原则上应将其资源、资产评估后入股兼并重组企业。被兼并企业直接转让采矿权的，兼并重组企业应向其支付矿业权价款，并给予适当经济补偿。煤矿企业兼并重组中所涉及资源采矿权价款的有关事宜，按照煤矿企业兼并重组所涉及资源采矿权价款处置办法执行。

（十一）职工安置。地方人民政府和兼并重组煤矿企业要按照国家及省有关规定，坚持以人为本，制订职工安置方案，妥善安置被兼并企业职工，维护职工合法权益和社会稳定。改扩建和新建煤矿等项目应优先录用被兼并企业分流人员。

（十二）生态与环境保护。兼并重组规划在实施中凡涉及的自然保护区、森林公园、风景名胜区、重点泉域等，要按照国家、省关于生态与环境保护的有关法律、法规及政策执行，明确禁采区和限采区。在禁采区严禁煤炭开采活动；对位于限采区内的煤矿一律不新增资源、不扩生产能力，不允许规划或建设新的煤矿项目。

三、兼并重组煤矿企业享受国家及省有关扶持政策

（十三）国家对兼并重组工作的扶持政策。

1. 安全监管。按照管理权限，由市、县（市、区）煤炭行业管理部门负责对兼并重组企业矿井的安全监管，安全考核指标单列。被兼并企业安全指标3年内按原企业类型、统计口径考核。

2. 运力保障。铁路运输部门优先保障兼并重组企业的煤炭运输。按被兼并企业2005～2008年平均铁路外运量，给兼并重组企业相应增加年度运力计划。

3. 出口经营权。2010年前，年产1亿吨以上的煤矿企业提出申请，国家优先授予其煤炭出口经营权。

4. 市场融资。国家支持具备条件的兼并重组企业上市融资，已上市公司可优先增发或配售股票，支持兼并重组企业通过发行企业债券、股权转让等融资方式筹集发展资金。

5. 信贷支持。各类金融机构应积极支持煤矿企业兼并重组工作，在金融资源投放决策时，优先给予兼并重组企业信贷支持，对其贷款授信和不良债务回购等予以优惠。

6. 中央预算内投资支持。国家对兼并重组企业煤矿安全改造、煤炭产业升级、煤矿地质勘探等项目，优先安排补助或贴息资金支持。

7. 设立专项资金。2008—2010年，国家安排煤矿企业兼并重组专项资金支持煤矿企业兼并重组，中央给予地方财政适当支持。

8. 税收优惠。2010年前，兼并重组后新组建煤矿企业免征印花税；承接被兼并煤矿企业土地、房屋权属免征契税；以资源、技术、管理入股评估增值部分免征所得税。对年产量5000万吨以上的煤矿企业实行消费型增值税。具体办法按财政部、税务总局有关规定执行。

（十四）省对兼并重组工作的扶持政策。

1. 资金支持。按照国家确定的可持续发展基金使用方向，省级煤炭可持续发展基金优先安排兼并重组煤矿企业用于煤矿安全改造、煤炭产业升级、转产转型等，并切块设立专项基金，与中央设立的专项基金一并，按不同产量规模，支持煤矿企业的兼并重组。鼓励兼并重组完成的特大型煤矿企业集团组建集团财务公司，支持其依法依规融资。

2. 资源价款政策。国有大型煤炭生产企业应缴采矿权价款可以转为政府资本金，实现资源资产化，由省、市、县（市、区）人民政府按既定分成比

例持有，应交国家部分按国家有关规定办理。

四、加强领导、明确责任

（十五）地方各级人民政府及部门责任。省人民政府成立省煤矿企业兼并重组工作领导组（以下简称省领导组）。领导组办公室设在省煤炭局。省领导组办公室负责完成煤矿企业兼并重组规划的编制，确定矿区规模、兼并重组主体和煤矿企业个数，并做好牵头组织协调工作；省国土厅负责完成煤矿企业兼并重组资源采矿权价款处置办法的制定工作；省国资委负责完成煤矿企业兼并重组企业资产评估办法的制定工作；其他相关部门要积极配合。各市、县（市、区）人民政府也要成立相应的领导组，加强本地区煤矿企业兼并重组工作的组织领导，在深入调查的基础上，研究制订工作方案，并组织实施，要协调各方面的关系，防止国有资产流失和损害职工合法权益，确保高质量、按时完成煤矿企业的兼并重组工作。

（十六）简化手续。涉及煤矿企业兼并重组的省人民政府有关部门应建立一站式服务的部门协调机制，配合煤矿企业兼并重组工作的顺利实施，按照省煤矿企业兼并重组流程图的规定，在兼并重组企业提出申请30个工作日内，办结有关行政审批和证照变更等工作。

（十七）分离企业办社会职能。产煤市、县（市、区）人民政府要按照《国务院办公厅关于中央企业分离办社会职能试点工作有关问题的通知》（国办发〔2004〕22号）等有关规定，在2009年底前完成分离国有煤矿企业办社会职能工作，并积极支持兼并重组企业主辅分离等。

（十八）企业责任。兼并重组煤矿企业除要发挥技术、资金、人才和安全管理方面的优势，有效解决中小煤矿安全保障水平低、资源利用率不高和环境综合治理方面存在的问题外，还要继续按照工业反哺农业的方针，支持当地新农村建设和公益性事业，承担相应的社会责任，使县、乡、村原有的既得合法利益得到保证。省人民政府参照《国务院关于试行国有资本经营预算的意见》（国发〔2007〕26号）的有关规定，对兼并重组企业从国有资本经营预算中拿出部分资金用于支持当地经济发展。

被兼并企业要从大局和长远出发，主动积极参加煤矿企业兼并重组，通过平等协商，实现平稳过渡和互利共赢。

兼并重组工作必须规范进行，不得弄虚作假和违规运作，否则将予以处罚，并追究有关人员责任。

（十九）完善公司治理结构。兼并重组后的煤矿企业要在明晰各方产权关系的基础上，严格依照《中华人民共和国公司法》规定，组建股份有限公司，完善公司治理结构，保护各投资主体的合法权益，实行同股同权同利，公司股东按股依法享有资产收益、参与重大决策和选择管理者等权利。

（二十）报告和考核制度。承担煤矿企业兼并重组任务的市人民政府和大型煤矿企业每季要向省人民政府报告本地区煤矿企业和本单位兼并重组进展情况，并抄送省领导组办公室。省领导组办公室要加强对煤矿企业兼并重组工作的指导和考核，按照省人民政府下达的年度任务分解目标（见附件2），分年度对产煤市人民政府和大型煤矿企业兼并重组工作进行考核通报，并向省人民政府报告。

加快推进煤矿集团企业兼并重组是我省煤炭工业改革的一项重大举措，关系着山西能源重化工基地的发展，地方各级人民政府主要负责人要亲自抓好组织领导和宣传发动工作，加强舆论宣传，在全省形成有利于企业兼并重组的氛围，并积极协调解决有关问题，促进全省煤炭工业的又好又快发展。

山西省人民政府

2008年9月2日

山西省人民政府办公厅转发省国土资源厅关于煤矿企业兼并重组所涉及资源采矿权价款处置办法的通知

各市、县人民政府,省人民政府各委、厅,各直属机构:

省国土资源厅《关于煤矿企业兼并重组所涉及资源采矿权价款处置办法》已经省人民政府同意,现印发给你们,请认真贯彻执行。

2008 年 9 月 28 日

关于煤矿企业兼并重组所涉及资源采矿权价款处置办法

(山西省国土资源厅 2008 年 9 月)

为推动我省煤矿企业兼并重组工作,根据《中华人民共和国矿产资源法》和《国务院关于同意深化煤炭资源有偿使用制度改革试点实施方案的批复》(国函〔2006〕102 号)、《财政部、国土资源部关于深化探矿权采矿权有偿使用制度改革有关问题的通知》(财建〔2006〕694 号)、《财政部、国土资源部关于探矿权采矿权有偿使用制度改革有关问题的补充通知》(财建〔2008〕22 号)以及《山西省人民政府关于推进煤炭企业资源整合和有偿使用的意见》(晋政发〔2005〕20 号)、《山西省煤炭资源整合和有偿使用办法》(省人民政府令第 187 号,以下简称 187 号令)等有关规定,结合实际,制定本办法。

一、对于被兼并重组煤矿所涉及资源量已全部核定了价款尚未缴清的,原则上在采矿权转让前由原采矿权人缴纳。

二、在我省煤炭资源整合和有偿使用中,按照187号令的规定,只征收了首期资源量(800万吨或1000万吨)价款,而剩余资源量尚未制定价款征收标准和核定价款。对于剩余资源量的价款,仍按187号令规定的价款标准征收,由兼并重组后的企业缴纳。

对于价款数额较大、以资金方式一次性缴纳确有困难的,可采用分期缴纳的方式,但最长不超过10年,第一年缴纳比例不低于20%,并应承担不低于同期银行贷款利率水平的资金占用费。

三、对于被兼并重组煤矿在煤炭资源整合和有偿使用中已批准扩界或增层所涉及的新增资源量,市(县)国土资源部门已核定了价款,因价款额较大而采用分期缴纳尚未缴清的,原则上由原采矿权人在采矿权转让前缴纳。

四、关于被兼并重组煤矿已缴纳资源价款的经济补偿问题。

(一)被兼并重组煤矿如按照187号令规定的标准缴纳了价款,直接转让采矿权时,兼并重组企业应向其退还剩余资源量(不含未核定价款的资源量)的价款,并按原价款标准的50%给予经济补偿,或按照资源资本化的方式折价入股,作为其在兼并重组后新组建企业的股份。

(二)被兼并重组煤矿在187号令实施前按规定缴纳了价款,直接转让采矿权时,兼并重组企业应向其退还剩余资源量(不含未核定价款的资源量)的价款,并按原价款标准的100%给予经济补偿,或按照资源资本化的方式折价入股,作为其在兼并重组后新组建企业的股份。

五、对于兼并重组时进行扩界或增层的新增资源,按照187号令规定的价款标准再上浮100%计征资源价款。兼并重组企业缴纳新增资源价款后,按照资源资本化的方式,以所缴纳新增资源价款的150%折价入股,作为其在兼并重组后新组建企业的股份。

山西省人民政府办公厅关于集中办理兼并重组整合煤矿证照变更手续和简化项目审批程序有关问题的通知

各市、县人民政府,省人民政府各委、厅,各直属机构,省属国有煤炭企业:

目前,我省多数市县已完成了煤矿企业兼并重组整合方案批复工作,为进一步加快推进煤矿企业兼并重组整合工作,确保主体企业尽快到位,现就集中办理兼并重组整合煤矿证照变更手续和简化项目审批程序有关问题通知如下:

一、加强组织领导

煤矿证照变更和项目审批手续办理是加快推进煤矿企业兼并重组整合的重要环节,直接关系着兼并重组整合工作成效。为提高工作效率,省煤矿企业兼并重组整合工作领导组办公室(以下简称省领导组办公室)采取联合办公的方式,实行集中受理、即时送达、倒排进度、限时办结,及时协调解决工作中遇到的问题,并随时掌握有关部门的工作进度。各市、县人民政府要高度重视,落实兼并重组主体责任,加强领导,精心组织。省直有关部门主要负责人要亲自抓,亲自部署,集中力量,集中时间,加快审批进度。各有关部门要进一步简化程序,下放审批权限,密切配合,协调推进。

二、及时组织上报各种资料

市、县兼并重组整合方案批复后,各市、县人民政府要抓紧组织兼并重组双方企业进一步完善协议,按照明确的内容准备兼并重组整合煤矿办理采矿许可证、安全生产许可证、煤炭生产许可证、生产能力核定、营业执照等证照变更及项目审批的有关资料,并在 2009 年 8 月 20 日前将有关资料(一式 6 份)统一上报省领导组办公室。

三、加快审批工作进度

省领导组办公室集中受理各市上报的资料,做好交接、登记工作,并在 1 日内将资料分送到省有关部门。省有关部门接到资料后,及时组织力量进行审查,开展相关工作,对符合条件的,在《审批工作流程图》限定的时间内完成各种证照变更及批复工作;对不符合条件的,要及时提出意见,督促市、县完善资料,并限定办理时间。在办理过程中,各部门要密切配合,每办结完一个手续,就要及时送达省领导组办公室,并由其负责分送或书面通知相关部门和市县及省属国有煤炭企业。省属国有煤炭企业兼并重组中小煤矿,以省领导组批复的文件作为企业经济行为的批准手续,省国资委不再进行经济行为审批,各有关部门依据领导组批复的方案,办理工商登记及相关部门手续。

四、实行全过程监督检查

兼并重组整合煤矿证照变更和项目审批手续办理要坚持公开、公正、公平的原则,实行阳光操作。各级纪检监察部门要全程参与,加强对各种证照手续办理的全过程监督检查,加强煤焦领域反腐败专项斗争,提高行政效率,防止腐败行为的发生,确保兼并重组整合工作规范、健康、有序推进,确保完成兼并重组整合目标任务。

2009 年 7 月 21 日

山西省人民政府
关于进一步加快推进煤矿企业兼并重组整合有关问题的通知

（晋政发[2009]10号）

各市、县人民政府，省人民政府各委、厅，各直属机构：

加快推进煤矿企业兼并重组整合，淘汰落后产能，是完成国家下达我省减少煤矿数量任务的重要举措，是推进煤炭工业转型发展、安全发展、和谐发展的重大决策。为认真贯彻落实《山西省人民政府关于加快推进煤矿企业兼并重组的实施意见》（晋政发〔2008〕23号），提高煤炭产业集中度和产业水平，现就进一步加快煤矿企业兼并重组整合有关问题通知如下：

一、明确兼并重组整合目标

到2010年底，全省矿井数量控制目标由原来的1500座调整为1000座，兼并重组整合后煤矿企业规模原则上不低于300万吨/年，矿井生产规模原则上不低于90万吨/年，且全部实现以综采为主的机械化开采。各市保留矿井数量分别为：太原市50座，大同市71座，阳泉市50座，长治市95座，晋城市118座，朔州市65座，忻州市63座，晋中市110座，吕梁市100座，临汾市127座，运城市18座。国有重点煤炭集团公司保留矿井133座。

二、落实兼并重组整合责任

各市人民政府负责本行政区域内煤矿企业兼并重组整合,是这次兼并重组整合工作的责任主体。2009年是推进煤矿企业兼并重组整合的关键一年,11个市要全部完成兼并重组整合方案的报批工作和矿井压减任务,其中上半年完成一批,三季度再完成一批。各市人民政府要认真按照目标任务、进度要求,抓紧组织实施。省煤矿企业兼并重组整合工作领导组办公室将按季度进行通报。省人民政府将按照《山西省人民政府办公厅关于下达2009年全省安全生产考核指标和考核办法的通知》(晋政办发〔2009〕29号)的要求,对各市煤矿关闭整顿、兼并重组整合任务完成情况进行考核,对未按规定完成煤矿关闭整顿、兼并重组整合年度任务的实行否决,考核结论评定为不合格。

三、确定兼并重组整合主体

落实《山西省人民政府关于加快推进煤矿企业兼并重组的实施意见》(晋政发〔2008〕23号)的规定,大力支持大型煤炭生产企业作为主体,兼并重组整合中小煤矿、控股办大矿,建立煤炭旗舰企业,实现规模经营。同时,允许山西煤炭运销集团公司、山西煤炭进出口集团公司等省属煤炭生产经营企业作为主体兼并重组整合地方中小煤矿,建立煤源基地。

现已具备300万吨/年生产规模,且至少有一个120万吨/年机械化开采矿井的地方骨干煤炭企业,也可作为兼并重组的主体。其他作为兼并重组整合主体的地方骨干煤炭企业(矿井),由各市人民政府提出,原则上应有一个生产规模在90万吨/年及以上矿井作支撑,兼并重组整合后企业生产规模应不低于300万吨/年,所属矿井至少有一个规模不低于120万吨/年。

四、编报兼并重组整合方案

各市人民政府要按照总量适度、优化布局、产能置换、关小上大、提升水平的原则,以省与各市对接完成的兼并重组整合规划为基础,结合本行政区域内煤炭资源赋存情况、矿井开发现状,尽快编报兼并重组整合方案。兼并重组整合方案要达到以下要求:按2010年的目标任务一步到位;保留矿井数量不能突破控制目标;产能基本控制在兼并重组整合前核定和批准的范围内;明确保留矿井数量、名单、井型规模及矿井布局;明确关闭矿井数量、名单及关闭期限;明确符合条件的兼并重组整合主体。兼并重组整合方案以市或县为单位,成熟一批报批一批,成熟一片报批一片。以县或片为单位的方案应与市兼并重组整合目标相衔接,不得突破或降低标准。

五、强化煤矿安全生产工作

各地、各有关部门、各煤炭企业要高度重视做好兼并重组整合期间的安全生产工作,扎实开展煤矿安全生产专项整治。对资源枯竭的矿井一律实施关闭;被兼并重组整合煤矿企业的各类证照到期后一律不再重新换发。复工复产验收工作要严格标准和程序,认真落实"谁验收、谁签字、谁负责"的原则,验收合格矿井最终要由设区市的副市长签字同意,方可复工复产,对安全无保障的和未实现机械化开采的矿井一律停产整顿,不得复工复产。复产矿井要加强人员培训,严格控制下井人数,严禁超能力生产。对未经验收擅自组织生产的煤矿企业要加大打击力度;对在兼并重组整合过程中发生煤矿安全事故的,要加大对责任人和监管人员违法违纪的追查力度,严肃处理。

六、加强组织领导

省人民政府成立煤矿企业兼并重组整合工作领导组,对兼并重组整合工作实行统一领导。各成员单位要按照职责分工，各司其职，密切配合。领导组办公室设在省煤炭局。采取联合办公的方式，对兼并重组整合方案集中受理、审核后上报省人民政府批准实施。各市、县(市、区)人民政府也要成立由主要负责人任组长的专门机构，加强领导，统筹推进本行政区域内的兼并重组整合工作。

各市、县(市、区)人民政府、各有关部门、各煤炭企业要进一步提高认识，统一思想，坚定不移地加快推进我省煤矿企业兼并重组整合工作，紧密结合我省目前正在开展的煤焦领域反腐败专项斗争，加大对兼并重组整合工作的监督检查力度，确保兼并重组整合工作的顺利推进，实现我省煤炭工业转型、安全、和谐发展，促进全省煤炭工业的又好又快发展。

山西省人民政府

2009 年 4 月 15 日

山西省人民政府办公厅关于进一步做实做强煤炭主体企业有关事项的通知

各市人民政府,省人民政府各委、厅,各直属机构,各国有重点煤炭集团公司:

目前,我省在煤矿企业兼并重组整合工作中按相关规定组建形成了煤炭主体企业,一些企业在初始运营阶段存在着资本不实、实力不强、管理不到位、运行不规范等问题,为使这类企业尽快按照现代企业制度和煤炭行业的要求,依法依规运行,切实做大做强我省煤炭企业,现就有关事项通知如下:

一、严格检查公司资本状况,确保规范运行

公司资本状况在相当程度上决定了公司的运行情况,投资按时、足额到位是公司有效运行最基本的保障。各市人民政府和各国有重点煤炭集团公司在近期内,要依照《中华人民共和国公司法》和有关规定对新组建的煤炭主体企业进行一次全面检查,重点检查以下情况:

(一)注册资本金额情况。公司注册资本金额至少须达到现行法律法规规定的最低限额,国家针对煤炭行业特点新出台的规定中有更高要求的从其规定。

(二)资本实际组成情况。公司注册资本中货币出资金额所占的比率和实收资本数额须符合法律法规规定,国家针对煤炭行业特点新出台的规定中有更高要求的从其规定。

(三)资本实际到位情况。首期资本须在规定的时限内依法足额缴纳;

作为出资的非货币性财产须在规定的时限内依法办理财产权转移过户手续;
有足够能力在规定的时限内缴足剩余出资。

二、紧密结合现代煤炭行业发展特点，提升公司资质水平

煤炭行业是高风险的行业，提高行业门槛、严格资质条件可以有效控制
风险，新组建的煤炭主体企业的资质须尽快达到以下标准:

（一）公司主要负责人（总经理、分管生产、安全的副总经理及总工程
师）具有 8 年以上管理大中型煤矿的经历，并具有煤矿相关专业（指地质、
测量、矿建、采矿、通风、安全、机电及运输等专业）高级职称，企业所有
主要专业技术人员中工程师以上（含）职称人数不少于 90 人。

（二）公司所属的保留煤矿须建立健全组织机构，配齐生产、通风、机
电、安全等专业的工程技术人员，明确"六长"，对兼并重组整合矿井进行
实质性接管并开展工作,同时明确兼并重组后保留煤矿的安全生产主体责任
和安全生产管理责任。

（三）公司保留的生产矿井须六证齐全，全部实现机械化开采，符合安
全生产条件，并按程序组织复产验收；过渡期生产矿井按过渡期生产的标
准、程序和有关要求组织生产；整合改造矿井按程序规范建设；列入关闭的
矿井按"六条标准"关闭到位。

三、严格落实安全责任制度，完善煤炭主体企业安全管理体系

煤炭企业生产必须坚持"安全第一，预防为主，综合治理"的方针，全
面贯彻落实国家、省关于煤矿安全生产的方针政策和法律法规，要充分运用
现代管理经验和科学技术，健全安全管理体系。新组建煤炭主体企业在安全
管理方面须尽快达到以下标准:

（一）安全管理机构健全，安全管理人员能有效履行职责。公司内部组

建的安全管理机构实行派驻制，驻各矿安全管理机构由新组建公司直接领导，煤矿的"一通三防"、煤与瓦斯突出矿井的防突、电气设备防爆、水文地质等安全管理工作由有相应资质的专业人员负责。

（二）各项安全管理制度体系基本建立。主要包括：安全生产责任制度；安全会议制度；安全目标管理制度；安全投入保障制度；安全质量标准化管理制度；安全教育与培训制度；事故隐患排查与整改制度；安全监督检查制度；安全技术审批制度；矿用设备器材使用管理制度；矿井主要灾害预防制度；事故应急救援制度；安全与经济利益挂钩制度；入井人员管理制度；安全举报制度；管理人员下井及带班制度；安全操作管理制度；公司认为需要制定的其他制度。

（三）责任管理体系健全。要强化公司法定代表人是安全生产第一责任人的有关规定；各类人员在安全生产中的职责划分明确，分级管理，层层落实；各级管理人员、工程技术人员的安全生产责任制、职能部门的业务保安责任制和各工种的安全岗位责任制建立健全；要加强对安全生产责任落实情况的跟踪考核，奖惩分明，确保安全管理责任落实到位。

（四）以总工程师为核心的技术管理体系健全。以总工程师为核心，建立和完善安全科技开发机制，研究解决安全生产技术难题，加强现场技术管理，加强安全资金足额到位，严格执行"一通三防"技术管理的有关规定，加强矿井水患防治工作。

（五）整合改造矿井的安全管理责任到位。建设项目的安全设施必须与主体工程同时设计、同时施工、同时投入生产和使用。严把建井队伍的资质等级关，杜绝井下工程转包，严禁将煤与瓦斯突出矿井建设工程承包给没有防突专业技术和装备的队伍施工。

四、强化监督指导力度，确保煤炭企业兼并重组期间新组建公司平稳过渡

各市人民政府、各煤炭行业管理部门和国有重点煤炭集团公司要高度重视，加强组织领导，认真督促指导，落实各项制度，严格奖惩标准，确保按时完成兼并重组整合目标任务，做实做强新组建煤炭主体企业。

（一）公司虚报注册资本、提交虚假材料或者采取其他欺诈手段隐瞒重要事实取得登记的，取消其主体资格，工商管理部门将依法撤销公司登记或吊销营业执照，今后在本省行政区域内不得从事煤炭开采。

（二）公司尚未按照上述要求做实并规范运行的，所属煤矿一律不得复工复产。

（三）公司不得过多地从所属煤矿抽调技术骨干，不得影响其保留矿井的正常生产和建设。

（四）公司投资不到位、管理不到位或弄虚作假，造成安全事故或引发社会矛盾的，取消其主体资格。

本次煤矿企业兼并重组整合形成的控股子公司也要参照本通知规定执行。

2010 年 2 月 4 日

煤 炭 突 围（上）

MEITANTUWEI

山西省人民政府办公厅关于认真落实《关于进一步明确煤矿安全监管职责的通知》的通知

各市、县人民政府，省人民政府各委、厅，各直属机构，各国有重点煤炭集团公司：

全省煤矿企业兼并重组整合工作已取得了阶段性成果，形成了以股份制为主要形式，国有、民营并存的办矿格局。为认真贯彻落实《山西省人民政府办公厅关于进一步明确煤矿安全监管职责的通知》（晋政办发[2010]8号）精神，加强煤矿安全监管，现就有关事项通知如下：

一、理顺相关管理职责。原由各市、县人民政府承担的省属五大煤炭集团公司（包括同煤集团、焦煤集团、阳煤集团、潞安集团、晋煤集团，以下同）兼并重组的地方煤矿的煤炭生产许可证申领、变更、延期，煤炭生产许可证年检，矿井地质报告审批，煤矿开办、系统变更，生产能力核定及生产技术管理等相关手续办理，由省属五大煤炭集团公司直接上报省煤炭厅办理。除上述煤矿以外的其他所有煤矿由各市、县人民政府有关部门按规定权限负责办理。

二、在与市、县人民政府和省属五大煤炭集团公司签订安全生产监督管理责任移交确认书后，省煤炭厅承担省属五大煤炭集团公司全资及控股煤矿安全生产监督管理责任，按照《安全生产监管监察职责和行政执法责任追究的暂行规定》（国家安全生产监督管理总局第24号令），制定执法计划，进

316

行安全督查和执法检查。省属五大煤炭集团公司承担对所属煤矿的日常安全管理责任，所属煤矿承担安全生产主体责任。

三、市、县人民政府成立的地方主体企业跨地区兼并重组的煤矿，山西煤炭运销集团公司、山西煤炭进出口集团公司、中煤能源集团公司和其他在晋煤炭集团公司的全资及控股煤矿，按照"属地监管"的原则，由所在市、县人民政府承担安全生产监督管理责任。兼并重组主体企业及煤矿分别承担日常安全管理责任和安全生产主体责任。

四、按照《国务院关于预防煤矿生产安全事故的特别规定》（国务院第446号令）和《山西省人民政府安全生产委员会办公室关于切实加强全省煤矿整顿关闭工作的通知》（晋安办发[2010]3号）等有关精神，列入关闭的煤矿（含省属煤炭集团公司整合后列入关闭煤矿），由市、县人民政府负责实施关闭。各煤炭集团公司要按照协议将补偿资金及时到位，将确定的关闭煤矿名单报送市、县人民政府。

五、省属五大煤炭集团公司兼并重组煤矿的复工复产验收，由主体集团公司按照《山西省人民政府办公厅转发省煤炭局关于规范煤矿复工复产验收工作实施方案的通知》（晋政办发[2008]9号）和《关于加强煤矿复工复产验收工作的补充通知》（晋政办函[2009]13号）组织复工复产验收。验收合格后，由主体集团公司副总经理签字后，方可复工或复产。

六、省属五大煤炭集团公司要认真落实《山西省人民政府办公厅关于进一步做实做强煤炭主体企业有关事项的通知》（晋政办发[2010]5号）精神，切实做实主体企业，严格落实企业安全生产责任制，完善煤炭主体企业安全管理体系。新组建的煤炭主体企业，要健全安全管理机构、配备相应的安全管理人员，并实行派驻制，各驻矿安全管理机构由新组建公司直接领导，同时各煤矿企业兼并重组整合形成的控股子公司，也要按照（晋政办发[2010]

5号）规定执行。

省属五大煤炭集团公司新设立的区域公司、地方新设立的主体企业，都要按照有关法律法规依法取得《安全生产许可证》。

七、省国资委按照出资人职责，负责督促检查所监管企业（包括省属五大煤炭集团公司、山西煤炭运销集团公司、山西煤炭进出口集团公司兼并重组煤矿）贯彻落实国家安全生产方针政策及有关法律法规、标准等工作。

山西煤矿兼并重组大事记（2009）

1月4日，2009年元旦节后的第一个工作日。山西省政府召开全省安全生产工作会议，会议要求要从学习实践科学发展观，推动全省转型发展、安全发展、和谐发展的高度，认真切实做好安全生产工作。

2月3日，国家能源局成立以来的第一次全国能源工作会议在京召开，会议指出，煤炭工业必须大力推进发展方式转变，走可持续发展之路。要推进煤矿企业兼并重组，通过规划和政策支持，从体制和机制上提供保障，促进煤矿企业兼并重组。

2月20日，山西全省安全生产大会上，省长王君向到会的11位市长和119位县长说，宁听骂声，不听哭声。安全发展今年必须干出个名堂来。

2月22日凌晨2时20分，西山煤电屯兰矿南四盘区12403工作面发生瓦斯爆炸，事故共造成78人死亡。山西省在第一时间启动应急救援预案。省委、省政府主要领导迅速赶赴矿难现场，亲临一线指挥抢险。

3月1日起，山西决定对国有重点煤矿和地方骨干煤矿开展为期一年的安全生产专项整治工作。

3月25日，山西省煤炭工作会初步提出，到2010年，全省矿井数量控制在1000处，矿井规模达到90万吨/年，企业规模不低于300万吨/年，实现综合机械化开采。

3月25日，山西省国土资源厅出台《关于煤矿企业兼并重组所涉及资源权价处置办法》。

3月26日，山西省政府召开煤炭工业改革发展座谈会，就煤炭资源整合

和企业兼并重组、安全生产、转型发展、管理体制改革等问题进行座谈，要求切实加强领导，明确责任，采取集中受理、集体办公的办法，提高效率，加快进度，确保按期完成各项目标任务。

4月15日，山西省政府常务会通过了《山西省煤炭产业调整和振兴规划》，规划指出到2011年，山西全省只保留1000座煤矿，兼并重组整合后的煤炭企业规模原则上不低于年产300万吨，煤矿全部实现机械化开采，普遍推广综采技术。将形成3个亿吨级的特大型煤炭企业集团，4个5000万吨级以上的大型煤炭企业集团，10个1000万吨级以上的地方煤炭企业集团。到2015年，大集团煤炭产量达到全省的80%以上。

4月16日，山西省政府下发《煤炭产业振兴和调整计划》，并成立了以省长王君为组长的煤矿企业兼并重组整合工作组，副省长陈川平任副组长，其他成员均为山西省煤炭工业局、国资委等机构的高层。这是山西煤炭产业发展史上规格最高的领导小组，从一个侧面反映出山西对此次煤炭资源重组整合的决心。

4月16日，山西省政府办公厅印发了《山西省资本市场2009—2015年发展规划的通知》，力争在6年内，五大煤业集团完成整体上市。

4月，山西省政府在《关于进一步加快推进煤矿企业兼并重组整合有关问题的通知》中明确了各市保留矿井数量分别为：太原市50座，大同市71座，阳泉市50座，长治市95座，晋城市118座，朔州市65座，忻州市63座，晋中市110座，吕梁市100座，临汾市127座，运城市18座。国有重点煤炭集团公司保留矿井133座。

5月，山西省煤炭工业局下发《山西省煤矿企业兼并重组整合方案编制提纲》，《提纲》中对各市人民政府、各大煤炭生产企业所编报煤矿企业兼并重组整合方案的编制内容、上报时间、环保条款以及提供附件与图纸等具体事项制定了明确的规范要求，为整合方案的编制提供了依据。

5月25日，国家能源局发布《中国能源发展报告2009》，《报告》预测，受金融危机影响，2009年电力、钢铁等主要用煤行业需求下滑，煤炭需求增幅将有所回落，煤炭产量增幅会在去年较高基数上明显回落。

6月，山西省省长王君到阳泉、大同等山西煤炭基地实地考察，推动山西煤炭资源整合和企业兼并重组，成为其在各地讲话的核心内容之一。

6月17日，山西省煤炭工业厅正式挂牌成立。2009年2月19日《山西省人民政府机构改革方案》经党中央、国务院批准，正式公布实施。山西省组建山西省煤炭工业厅，为省政府组成部门，以山西省煤炭工业局为基础，将煤炭工业局职责、山西省经济委员会有关煤炭方面的职责，整合划入山西省煤炭工业厅，不再保留山西省煤炭工业局。

7月5日，国务院总理温家宝在山西考察时说，中国是世界上最大的产煤国，应该有世界上最先进的矿井、最先进的技术和设备、最优秀的产业工人。在应对国际金融危机时，一定要把煤炭生产搞好。必须正确处理保增长与安全生产的关系，任何时候安全生产都是第一位的，在安全生产中实现经济平稳较快增长。

7月5日，国家发改委副主任、国家能源局局长张国宝在山西晋城参加"山西能源建设汇报会"时表示，山西作为煤炭大省，今年提出的"煤炭产业振兴规划"，国家是非常支持的。虽然整合煤矿会有很多阻力，但这确实是一个方向，可以作为试点推广开来。国家十分支持此次行业调整振兴的思路。

7月13日，山西省政府出台了《关于促进民间资本进入我省鼓励类投资领域的意见》。鼓励和引导民间资本从煤焦领域退出，向国家和山西省鼓励的投资领域转型，促进经济协调发展。《意见》提出，2009-2010年政府重点调控的6500亿元投资项目向民间开放，并在土地供应、财政扶持、税费优

惠等九方面给予一定的优惠政策。

7月23日，山西11个地级市的煤炭资源兼并重组整合方案已全部通过审查。

7月24日，省纪委、省监察厅和省煤焦领域反腐败专项斗争领导组办公室开始在全省范围内开展煤矿企业兼并重组整合工作专项监督检查。

7月28日，山西省统计局公布了上半年经济数据：GDP增长为-4.4%。这是在已经公布上半年经济数据的省（区、市）当中，全国唯一一个上半年GDP负增长的省份。

8月，兼并主体企业与被整合煤矿企业进入资产评估、洽谈、协议签订阶段，山西省政府批准了省煤炭工业厅主导的煤炭企业重组方案。

对于山西焦煤集团、同煤集团等山西省大的煤矿企业而言，2009年的8月绝对是一个火热的季节，仅仅一个月，山西省各大煤炭资源整合主体企业，无一例外地将自己的产能翻了一番。而这样的速度在任何一个企业的发展史上恐怕都是空前绝后的。以至于山西省的这场煤炭资源整合行动被媒体冠以"中国规模最大的一次企业重组行动"。

8月11日，山西省煤炭工业厅制定《关于加快兼并重组整合煤矿改造建设工作的安排意见》，其核心内容是简化审批环节，加快煤炭企业兼并重组中的煤矿改造项目及审批验收等过程。

8月19日，山西省政府常务会议上，王君再次部署山西加快煤炭资源整合，全力打造当代煤炭企业"航母大舰"。

8月26日，山西省清徐县率先完成了地方煤矿兼并重组工作。

8月28日，国家安监总局等14个部委联合下发《关于深化煤矿整顿关闭工作的指导意见》。意见明确：鼓励和支持大型煤矿企业以收购、兼并、控股等多种方式整合改造小煤矿，通过资源和产权连接，把更多的小煤矿纳入大型煤矿企业管理控制体系。

8月末，"山西煤老板谢幕"，"山西小煤窑经济终结"等话题成为媒体舆论报道热点。

9月，完成兼并重组的新的企业主体入场开工，新建和改、扩建矿井的基本建设全面推开。

9月4日，2009新晋商大会召开，全国人大常委会原副委员长蒋正华在会上表示煤炭资源整合和企业兼并重组是一件既有利于应对当前金融危机，又能解决山西产业结构深层次矛盾，更有利于山西长远发展的大好事。

9月初，工行吕梁分行成功发放9.7亿元煤炭资源整合并购贷款，这也是山西省内金融机构向全省煤炭并购主体发放的首笔煤炭资源整合并购贷款。

9月23日，国务院总理温家宝主持召开国务院常务会议，讨论并原则通过《促进中部地区崛起规划》。规划要求推进山西等中部地区大型煤矿建设，按照优化布局、集中开发、高效利用、精深加工、安全环保的原则，巩固和提升重要能源原材料基地地位。

9月24日，召开的（山西）省纪委全委扩大会议明确提出了在煤炭资源整合中防止违纪违法问题的"十严禁"，整合项目要逐个接受检查。

9月28日，为给重组双方提供统一的定价依据，山西省政府下发《关于煤矿企业兼并重组资源价款处置办法》（83号令），规定被兼并重组企业如果按标准缴纳了资源价款的，在转让采矿权时，兼并重组企业应向其退还剩余资源量价款，并按原价款标准的50%给予经济补偿。

10月9日，内蒙古发出煤矿整合通知，通知要求煤炭资源配置将重点向国家和自治区重点煤炭转化、综合利用项目倾斜。

10月11日，吕梁西山德威矿业管理公司正式挂牌成立，成为我省第一

家全面完成兼并重组并取得实质性进展的煤矿整合企业。

10月，省煤炭工业厅发文对整合煤矿过渡期生产作出安排，确保完成煤矿企业兼并重组、煤矿安全和煤炭生产增长三项任务。

10月12日，山西省纪委、山西省监察厅、山西省煤焦反腐办公室三家单位联合召开专题新闻发布会，宣读了《关于在煤矿企业兼并重组整合工作中加强纪律约束防止发生违纪问题的若干规定》，其中针对参与资源整合的中介机构的规定，表明了整合双方最核心的资产评估问题已经引起了政府层面的高度重视。

10月25日，山西煤炭工业厅和山西省国土资源厅宣布，首批19家重组煤企已获得国土资源部门的"采矿许可证"，这场重组大戏终于进入实质性阶段。朔州19家民营集团首批领到崭新的《采矿证》，标志着全省大规模的换证工作全面展开。

10月26日，国土资源部召开会议。工业和信息化部副部长苗圩在这次会议上介绍，经国务院批准，国土资源部等12部门发出了《关于进一步推进矿产资源整合工作的通知》，通知要求在2010年继续推行矿产资源整合工作。会上河南省副省长张大卫表示，近期河南省政府正在酝酿出台关于小煤矿安全生产长效机制的特别规定，推进煤炭骨干企业对30万吨以下小煤矿进一步实施整合重组。张大卫表示，河南省政府制定了小煤矿整合总体规划，实行"一次布点、分批到位"，"先易后难、分批推进"。

10月底，基本完成主体企业到位和证照过户换发工作。

11月14日，山西省换发了首批兼并重组整合煤矿安全生产许可证，共5家煤矿企业经审核后取得了这一新的证照。

11月15日，《人民日报》在头版上发表题为《怎样看待山西煤炭重组》的"人民观察"，肯定山西的煤改政策，称山西省将形成国有民营并存的办矿格局。

11月18日，省煤炭工业厅对重组整合煤矿变更煤炭生产许可证作出特别通知，明确兼并重组煤矿生产许可证的办理事宜，此外指出，在2010年年底前关闭的过渡期生产的矿井可办理过渡期煤矿生产许可证。

11月22日，山西省政府召开全省安全生产紧急会议，深刻吸取黑龙江"11·21"事故教训，强调当前全省煤炭行业正处于兼并重组的关键时期，各级各部门各企业必须牢固树立安全第一的理念，任何时候都要真正把安全生产放在第一位。

11月30日，在杭州举行的第七届中国民营企业峰会上，浙江省工商局局长郑宇民谈及"山西煤改"时表示，这不是"国进民退"、大进小退、优进劣退，而是东西部发展时段不对称形成的暂时性摩擦。被媒体认为是该省官方首次对"山西煤改"作出表态。

12月1日，山西省召开"重点产业调整和振兴推进大会"。副省长陈川平表示，目前省内煤炭资源整合已由胜利在望转为胜利在握。媒体分析认为"望"与"握"的一字之差，是对这场自上而下的山西煤炭资源整合行动作了官方定论。

12月3日，山西省省长王君在《人民日报》"经济版"发表题为《结构调整要敢舍善取》的"感言"，表示推进结构调整，要敢舍善取。对于落后产能要敢于舍弃，哪怕忍受发展暂时放缓的阵痛。对先进技术则要善于吸取，才能收获广阔的发展空间。

12月4日，山西省煤炭工业厅办公室印发关于整合矿井过渡期安全生产的补充通知，要求复工复产煤矿认真吸取黑龙江龙煤集团鹤岗分公司新兴煤矿"11·21"瓦斯爆炸事故教训，举一反三，切实处理好"保增长、保民生"与安全生产的关系，继续保持全省安全生产稳定好转的局面。

12月5日至7日，中央经济工作会议在北京召开。会议提出，2010年经济工作重点是经济结构调整，促进发展方式转变和增加居民消费需求。

12月11日，山西省委召开常务会议传达学习了中央领导同志的重要批示，会议指出兼并重组煤矿整合这项工作引起了中央的关注、关心，中央领导同志近日分别作出重要批示、给予充分肯定、提出明确要求。会议要求各相关部门进一步统一思想，以坚决态度和决胜信心扎实推进兼并重组整合工作，实现由煤炭大省向煤炭强省的跨越。

12月18日，山西省煤炭工业厅对整合煤矿过渡期安全生产发出补充通知，要求整合煤矿中从事过渡期生产的矿井要收紧安全"弦"。

12月中旬，国土资源部下达了《关于抓紧做好矿产资源开发整合实施方案编制工作的通知》。该通知要求地方各级国土资源行政主管部门，对本行政区域内矿业权设置情况进行全面梳理，对需进一步推进整合的矿区逐一登记造册，确定整合范围。

12月27日，国家能源局局长张国宝在全国能源工作会议上称，2010年，国家将加快转变煤炭工业发展方式。推进大型煤炭基地建设，继续建设13个大型煤炭基地，批复一批大型煤炭矿区总体规划。其中，煤炭企业兼并重组也将加快。

截至目前，山西全省重组整合煤矿正式协议签订率达到了98%，兼并重组主体到位率达到了94%，采矿许可证换发率达到近80%。

山西煤炭企业兼并重组整合情况通报

尊敬的各位领导，新闻界的朋友们：

大家好！根据会议安排，我就山西煤炭企业兼并重组整合的有关情况做如下通报：

一、山西煤炭企业兼并重组整合是大势所趋，依据充分

山西是我国的煤炭生产、供应基地。新中国成立60年来，山西共生产煤炭110亿吨，约占全国生产总量的1/4；外调煤炭80亿吨，占全国省际间煤炭净外调总量的70%以上，为支撑国家的经济发展作出了重大贡献。

煤炭在山西既是产业问题、经济问题，又是社会问题和民生问题，同时还关系到全国的能源供应和能源安全。长期以来，山西煤炭工业既要履行保障国家的能源稳定供应和确保安全生产的双重使命，还要承载不可再生资源的保护和矿区生态环境修复的历史重任。由于受特定历史时期生产力发展水平制约，形成了"多、小、散、低"的产业格局，导致了浪费资源、环境恶化、矿难频发、滋生腐败等一系列问题，不仅有损党和政府形象、有悖人民群众意愿、有碍国家能源安全，也使山西为此付出了高昂的治理成本和沉重的资源环境以及生命代价。山西煤炭工业这种"多、小、散、低"的发展格局已经难以为继、无路可走，再也不能延续下去了！

山西省委、省政府痛定思痛，立足省情，顺应民意，适时做出了转型发展、安全发展、和谐发展的战略决策，首要之举就是推进煤矿企业兼并重组

整合。这既是大势所趋、民心所向，又有充分依据。是落实党的十七大精神、中央领导要求和学习实践科学发展观的具体行动；是国务院批准山西进行煤炭工业可持续发展政策措施试点的重要任务；是全国小煤矿整顿关闭攻坚战的重要组成部分；是认真落实国务院促进煤炭工业健康发展意见和贯彻落实国家煤炭产业政策的重大举措；是功在当代、利在长远、事关全局、意义重大的战略抉择。

党中央、国务院对山西煤炭企业兼并重组整合工作十分关心，中央领导同志前不久分别做出重要批示，给予充分肯定，提出明确要求，增添了强劲动力；国家有关部委给予了及时指导和大力支持，确保了兼并重组整合工作的顺利实施。

二、山西煤炭企业兼并重组整合取得重大阶段性成果，胜利在握

在各级党委、政府的坚强领导下，山西煤炭企业兼并重组整合工作健康推进，取得了重要阶段性成果。截止目前，协议签订、主体接管已基本到位。全省重组整合煤矿企业正式协议签订率达到98%；主体接管到位率达到94%。85%的企业已完成名称预核准，80%以上煤矿变更了采矿许可证。煤矿的复工复产、改造建设、矿井关闭工作已全面展开，"多、小、散、低"的产业格局将发生根本转变。

一是产业水平明显提升。矿井数由2600座压减到1053座，70%的矿井规模达到90万吨以上，30万吨/年以下的小煤矿全部淘汰，平均单井规模由30万吨/年提升到100万吨/年以上，保留矿井将全部实现机械化开采，比整合前提高2倍多。

二是产业集中度明显提高。办矿主体由2000多家减少到了130家，形成4个年生产能力亿吨级的特大型煤炭集团，3个年生产能力5000万吨级以上的大型煤炭企业集团。

三是办矿机制明显优化。通过这次重组整合，形成了以股份制为主要形

式，国有、民营并存的以现代企业制度运行的办矿格局。其中：国有企业办矿占20%；民营企业办矿占30%；混合所有制的股份制企业办矿占50%。

四是安全保障能力明显增强。重组整合后的保留矿井将建成安全质量标准化矿井，建成一批自动化、信息化和现代化的本质安全型矿井，以实现安全生产持续稳定好转。

五是可持续发展能力明显增强。全省煤炭资源回收率和循环利用率、原煤洗选加工率、主要污染源治理达标率、煤层气（瓦斯）抽采和利用量都将得到显著提高。

三、山西煤炭企业兼并重组整合的主要做法和措施

（一）理清思路，确定原则，确保兼并重组整合健康有序推进。在煤矿企业兼并重组整合工作中，我们始终注意把握以下几个原则：一是坚持政府协调指导和市场作用发挥相结合；二是坚持煤炭企业重组整合与煤炭开采秩序治理整顿相结合，三是坚持上大改中与关小和淘汰落后产能相结合；四是注重发挥省内外国有大企业作用与注重发挥民营骨干企业作用相结合。依托省内外国有大型煤炭企业和地方民营骨干企业以及电力、冶金、化工等与煤相关联的企业参与重组整合中小煤矿。注重政策配套，兼顾各方利益。通过科学整合，合理布局，关小建大，扩大单井规模，实现机械化开采，提高煤矿安全保障能力，全面提升产业水平，实现由煤炭大省向煤炭强省的跨越。

（二）科学规划，明晰目标，确保兼并重组整合符合国家煤炭产业政策要求。根据国家在我省建设晋北、晋中、晋东三个大型煤炭基地和18个矿区的总体规划，结合全省煤炭资源赋存、矿井布局、企业结构等情况，制订了《煤矿企业重组整合总体规划》，参照国家拟出台的《开办煤矿企业准入管理暂行规定》中晋陕蒙地区现有煤矿企业的准入条件规定，拟定了我省煤矿重组整合的预期目标，即：重组整合后全省保留1000座矿井，90万吨/年以上

矿井要达到70%以上，且全部实现以综采为主的机械化开采，实现山西煤炭工业的跨越式发展。

（三）扶优汰劣，因地制宜，确保兼并重组整合符合煤炭工业先进生产力发展方向。按照国家的煤炭产业政策要求，结合我省大型煤炭企业在资本、人才、技术、管理等优势，以先进生产力标准和建立现代企业制度为目标，确定重组整合主体：一是以大同煤矿集团等6家大型煤炭生产企业为主体，兼并重组中小煤矿，控股办大矿，建立煤炭旗舰企业，实现规模经营；二是以山西煤炭运销集团公司等2家省属煤炭生产经营企业为主体，兼并重组整合地方中小煤矿，建立煤源基地；三是以具备一定生产规模的地方民营企业为主体，兼并重组相邻中小煤矿；四是电力等与煤炭行业相关联的大型企业以参股的方式参与煤矿企业兼并重组。

（四）明确整合模式，兼顾各方利益，确保重组整合工作和谐推进。积极探索兼并重组整合的有效途径。以市、县(区)为单位，以资源为基础，以资产为纽带，以股份制为主要形式，通过企业并购、协议转让、联合重组、控股参股等多种方式，由大型煤炭生产企业兼并重组中小煤矿。规定了兼并重组企业应在被兼并企业注册地设立子公司，维持原有税费上缴渠道不变，继续承担原企业相应的社会责任，落实工业反哺农业、以煤补农方针，支持当地新农村建设和公益性事业；国有企业之间的兼并重组，采用资产划转的方式；非国有之间或非国有与国有之间煤矿企业的兼并重组，采用资源、资产评估作价入股或补偿退还；资产处置坚持依法评估、协商协调；采矿权价款补偿在退还企业剩余资源量采矿权价款的同时，以2006年2月28日前后为界，分别再按原价款标准的100%和50%给予经济补偿，做到了被兼并煤矿、当地群众、整合主体、地方政府都满意。

（五）强化组织领导，完善配套政策，确保兼并重组整合规范实施和阳光操作。为确保推进兼并重组整合取得圆满成功，省政府成立了省长任组长，副省长任副组长，省煤炭、发改委、国土、财政、国资、监察、工商、环保、煤监等部门为成员单位的领导组，层层落实责任；制定了审批工作流程图，简化审批办理程序，实行了联合办公、证照变更、限时办结等一系列有效性措施；明确了参与兼并重组企业的范围、新增资源的范围、保障地方合理既得利益、生态环境治理等政策规定。纪检、监察部门全过程参与，全过程监督，加大煤焦领域反腐败专项斗争力度，有效遏制了"打招呼、找关系、走后门"等现象，营造了风清气正的良好氛围。

四、主要体会和启示

山西煤炭企业兼并重组整合工作取得了重要阶段性成果。这是党中央、国务院亲切关怀和大力支持的结果；是省委、省政府正确决策、加强领导和精心组织的结果；也是各市县扎实工作、各部门认真履职，各类企业积极配合、社会各界关心支持的结果。主要体会和启示：一是决策部署符合中央加快转变发展方式的要求和本省总体发展战略。二是推进时机上抓住了国际金融危机倒逼机制带来的机遇。三是组织领导上责任明确，形成了工作合力。省、市、县党委、政府是组织领导的主体，企业是推进实施的主体，调动了两个方面的积极性。四是具体操作上讲究政策和方法。坚持先进生产力标准和现代企业制度理念推进兼并重组整合，坚持用具体明确的政策来指导、推进和保证兼并重组整合。五是整体效果上努力做到统筹兼顾各方利益，完善配套措施，和谐整合。

煤炭企业兼并重组整合是我省转型发展、安全发展、和谐发展的重点工程。我们要认真贯彻落实中央经济工作会议精神，以中央领导同志重要批示为动力，加快矿井建设和改造，关闭淘汰落后矿井，加强基层基础管理，强化安全监管，实现由煤炭大省向煤炭强省的跨越，以此推动全省产业结构优化升级，带动山西经济社会又好又快发展。

谢谢大家！

参考资料

李振吾、李建国，自然物流的一角，山西经济出版社，1996年出版。

董继斌，煤炭大典，山西人民出版社，2010年11月第一版。

李旺明，山西经济发展50年，山西经济出版社，1999年10月出版。

张根虎，山西煤炭发展前景与战略探索，经济科学出版社，2005年8月出版。

山西煤炭工业志编委会，山西煤炭工业志，煤炭工业出版社，1991年1月第一版。

2008年：山西煤炭工业发展报告，山西经济出版社，2008年6月出版。

2009年：山西煤炭工业发展报告，山西经济出版社，2009年12月出版。

2010年：山西煤炭工业发展报告，山西经济出版社，2010年12月出版。

2011年：山西煤炭工业发展报告，山西经济出版社，2011年12月出版。

高春棠，重组之后话转型：探析煤炭行业转型跨越发展之路，山西统计信息网。

张复明，煤炭与山西，理论网。

李承义，山西煤炭工业经济运行述评，山西中小企业网，2008年10月29日。

《人民日报》、《光明日报》、《经济日报》、《山西日报》、《山西经济日报》、香港《大公报》、《财经国家周刊》、《环球人物》等报刊相关报道资料。

新华网、人民网、新浪网、搜狐网、中国煤炭工业网、山西煤炭信息网，大同煤矿集团、山西焦煤集团、阳泉煤业集团、潞安矿业集团、晋城无烟煤集团、山西省煤炭进出口集团、山西省煤炭运销总公司、西山煤电集团、汾西矿业集团、霍州煤电集团、太原煤炭气化集团、山西平朔煤炭工业公司等网站。

中国政府网、山西省人民政府网。

太原市、大同市、朔州市、忻州市、晋中市、阳泉市、临汾市、吕梁市、长治市、晋城市、运城市人民政府网。

山西省发改委、山西省经信委、山西省科技厅、山西省国土厅、山西省建设厅、山西省交通厅、山西省商务厅、山西省财政厅、山西省环保厅、山西省水利厅等网站。

山西省社会科学院、山西省人民政府经济研究中心、山西财政大学等科研单位和高校相关科研成果。